the restaurant

외식사업경영론
– 레스토랑의 기획에서 운영까지

Preface

레스토랑을 개업하는 것은 도전이고 창조적 표현의 기회를 제공해주는 스릴이기도 하다. 메뉴를 개발하고, 새로운 음식을 만들고, 실내장식을 설계하고, 서비스 수준에 힘쓰고, 분위기를 정하는 것 등 레스토랑은 고객의 기대를 넘어서는데 기여를 한다.

그러나 개업하기 이전에 극복해야 할 장애물이 많다. 좋은 점은 인내해야 하는 것은 물론 사업활동관리(BAM)의 특성을 고려하여 철저하게 사업계획서를 작성하고 계획을 수립한다면 성공의 기회가 높아지고 경영주가 될 수 있는 좋은 기회가 찾아온다는 사실이다. 물론 레스토랑을 조직하고 조율하는 과정에서의 부단하고 복잡함을 정리해야 하는 책임감은 따를 것이다. 이러한 과정에서 컨셉은 매우 중요한 요소가 된다. 만일 레스토랑이 성공한다면 운영자는 소도시는 물론 심지어 대도시에서도 큰 명예를 얻게 될 것이다.

21세기에 들어서면서 레스토랑사업은 인건비는 물론 기타 비용의 상승뿐만 아니라 매출액 또한 매년 증가하고 있다. 레스토랑의 성공 조건이 일부 운영자에게는 재정적인 피해를 주며 또한 빠르게 변하고 있다. 새로운 유형의 레스토랑이 등장하고 제품과 서비스의 제공형태도 변하고 있다. 이전에는 이국적이라고 간주되었던 음식이 이제는 일상적인 것으로 받아들여지고 있다. 조리장과 경영주가 흥미로운 음식에 도전하고 맛의 조화를 제공하면서 맛의 감흥을 불러일으키고 있다.

레스토랑의 계속되는 도전을 충족시키는데 도움이 되는 것은 조리법과 레스토랑경영을 연구하고 레스토랑사업을 직업으로 선택하고 싶어 하는 학생들이 늘고 있다는 것이다. 레스토랑은 운영하기에 흥미로운 사업이며 아울러 상당한 이익도 얻을 수 있다. 억만장자 중 한명인 도미노피자의 창업자 탐 모나한(Tom Monaghan)은 피자사업으로 성공했으며, 수십 명의 백만장자가 레스토랑으로 재산을 모았다는 사실을 배우는 것은 흥미로운 일일 것이다. 그와 같은 성공 이야기의 일부가 이 책에서 소개될 것이다.

이 책 『레스토랑(The Restaurant, 5판)』은 다음과 같이 4부로 구성되어 있다.

> 제1부 레스토랑, 경영주, 입지와 컨셉
> 제2부 사업계획과 재무, 법률과 세무
> 제3부 메뉴, 주방과 구매
> 제4부 레스토랑 운영과 관리

각 부의 장에는 독자가 레스토랑을 계획하여 개업하기까지의 복잡한 과정이 단계적으로 수록되어 있다. 이 책은 독립레스토랑 운영자에 초점을 맞추고 있으며, 특히 레스토랑 사업계획에 중점을 두고 있다. 각 장은 페이지 내의 보조 칼럼을 통하여 제공하는 어드바이스, 도표, 표, 사진과 메뉴 등 수많은 외식산업의 사례를 통하여 정리 및 업데이트하고 가치를 높이도록 하였다. 이 같은 사례들이 책의 내용과 형태를 개선시킨다. 제10장 음식조리 부문은 본 개정판에서 새롭게 추가된 내용이며, 위생시설과 같은 중요한 주제도 다시 수록하였다. 본 개정판의 새로운 특징은 교재 각 부분의 시작부분에 레스토랑의 개요를 도입하였다는 점이다.

John R. Walker, DBA, CHA, FMP
McKibbon Professor of Hotel and Restaurant Management
University of South Florida

John R. Walker 교수의 『레스토랑, 기획에서 운영까지(The Restaurant from Concept to Operation)』를 번역하게 되어 즐거운 마음으로 임하게 되었다.

본서는 미국에서 성공한 여러 레스토랑을 예시로 소개하면서 창업, 입지, 메뉴, 서비스 등 각 컨셉별로 독자들이 이해하기 쉽게 대화를 나누듯이 강의식 문체로 집필되어 있다. 그럼에도 불구하고 레스토랑 사업과 관련된 전 분야를 망라하고 있으며, 이론적인 부분에도 결코 부족함이 없는 알찬 내용으로 꾸며져 있다. 외식사업경영학을 전공하고 있는 본 역자도 내용의 충실함으로 흥미롭게 번역작업을 수행해 나갔으며, 상당 부분은 공부가 되었음을 고백한다. 또한 실제 사례를 들어 쉽게 설명해주어서 전공학생이 아닌 일반인이 읽어도 무리가 없도록 서술되어 있다.

따라서, 본서는 전공서적으로도 손색이 없음은 물론, 현재 외식사업을 운영중에 있거나 새롭게 외식사업을 시작하려는 예비창업자에게도 훌륭한 기획·운영 지침서가 될 수 있을 것이다.

외식사업은 계속해서 발전해가는 유망한 산업군이며, 외식업체의 관리자나 음식관련 전문인은 촉망받는 미래직업이다. 모쪼록 본시를 계기로 성공한 외식사업 전문가로 발전하기를 기원드린다.

역자 일동

Contents

Part one

레스토랑, 경영주, 입지와 컨셉

B. Café의 컨셉

B. Café는 벨기에와 미국의 여러 가지 맥주와 퓨전 요리를 제공하는 벨기에 풍의 작은 레스토랑(bistro)이다. B. Café는 Skel Islamaj와 John P. Rees, Omer Ipek라는 3명의 경영주가 운영하고 있다. Islamaj와 Ipek은 벨기에 출신이고 Rees는 미국인이다. 그들은 뉴욕에 벨기에 풍의 레스토랑을 위한 틈새시장이 있음을 감지했다. 뉴욕에 있는 모든 레스토랑들 중에서 이런 유형의 컨셉을 지닌 곳은 한두 군데에 불과해 그들은 성공할 수 있었다. 소유주 중 두 사람이 벨기에에서 성장했기 때문에 벨기에

⇨ B. Café 제공

음식과 맥주에 친숙하고 편했다. 오늘날 B. Café는 25종 이상의 벨기에산 맥주 브랜드를 제공하고 있으며 그 브랜드 숫자는 점차 늘어나고 있다.

입 지

B. Café는 뉴욕시 75번가에 위치하고 있다. 경영주들은 적당한 장소를 물색하기 위해 2년 동안 찾아다녔다. 그들은 그 지역 일대를 조사하면서 시장성이 있는 새로운 브랜드 컨셉의 레스토랑을 찾아다녔고 우연히 그 장소를 알게 되었다. 경영주들 중 한 사람인 Islamaj는 레스토랑의 공간이 확보된 건물은 비용관리하기에 좋은 입지라고 말한다. 그들은 일부를 개조하였으며 기존의 틀에는 큰 변화를 주지 않았다.

메 뉴

B. Café의 세 번째 동업자인 John P. Rees(조리책임자/총주방장)가 메뉴를 개발했다. 사람들은 벨기에와 미국의 퓨전메뉴를 원했지만 그들이 갖고 있는 민족(ethnic) 특유의 배경을 배제하는 것을 원하지는 않았다. 그들은 사람들이 지나치게 민족 전통적인 특성으로 가지게 되는 거부감 없이 메뉴를 선택할 수 있도록 배려함으로써 단골고객 확보를 희망했다.

인허가

오늘날 B. Café가 입점한 건물은 이전에도 레스토랑이었다. 이러한 건물은 이전에 레스토랑이 아니었던 건물보다 인허가를

얻는데 보다 쉬웠다. 일부 면허는 승계되었다. 경영주는 소유권 취득에 필요한 다른 인허가와 면허를 얻기 위해 변호사를 고용했다. B. Café는 세 명의 경영주를 지닌 유한책임회사limited liability corporation(LLC)이다. B. Café의 경영주들은 새로운 레스토랑을 개업할 때에는 이전에 운영되었던 장소를 활용하기를 적극 추천한다.

마케팅

B. Café의 경영주들은 운좋게도 음식비평가와 언론에 잘 알려졌다. 개업하기 전의 마케팅은 오래된 지인들의 인맥을 통해 신문에 기사화 하게 되었다. 레스토랑 개업을 고려중인 사람이라면 한번쯤 언론을 이용할 것을 추천한다.

도전과제

B. Café 경영주들에게 첫 번째로 중요한 도전과제는 훌륭한 직원을 찾는 것이었다. 그리고 공급자들을 확보하고 적당량의 물품을 구매하는 것도 또 다른 도전과제였다. 왜냐하면 처음 개업할 때에는 충분한 양의 재료를 보유하고 있음을 확인하기 위해 "사고, 또 사고, 또 사야만 한다." 필요한 수량이 어느 정도인지를 알지 못하기 때문이다. 예산이 초과될 것도 예상하여야 한다. 최소한 예상되는 예산이 얼마인지를 확인한 다음에도 최소 20%는 추가로 고려해야 한다.

재무정보

B. Café의 연간 매출은 첫 해에 백만달러에 달할 것으로 추정된다. 1주일에 240명의 고객을 맞는다. 계산서는 1인당 평균 35달러이다. 매출대비 명세는 다음과 같다.

- 매출액 대비 임차료 비율: 약 9%
- 음식판매 비율: 85%
- 음료판매 비율: 15%
- 수익률: 조사 3주전에 레스토랑을 개업했기 때문에 수익률을 추정할 수 없다.(현재까지는 0%이다.)

예상과의 차이

첫주 매출은 예상과 같았으나, 둘째주 매출은 휴일로 인해 예상보다 낮은 매출을 나타냈다. 이는 예상 밖이었으며, 그 이외의 사항은 계획대로 진행되었다.

가장 당황스런 순간

Skel Islamaj에게 개업시 가장 당황했던 순간이 무엇이었는지 물었을 때, 그는 "개업하는 날 어느 고객이 커피를 주문했던 일이다."라고 말했다. 이는 고객들이 커피를 주문하리라고는 예상하지 못했다는 것을 뜻한다. 아무도 예상하지 못했지만 별일은 일어나지 않았다. 왜냐하면 서버가 커피숍으로 가서 고객에게 제공할 커피를 사왔기 때문이다.

B. Café의 경영주가 미래의 경영자에게 주는 조언

1. 사업 시작 전 먼저 그 사업을 이해하라.
2. 입지, 또 입지가 가장 중요하다!
3. 자신의 사업을 믿어라. 결코 포기하지 말고 인내하라.

도 입

- 레스토랑을 개업하는 이유
- 레스토랑 운영의 과제가 되는 목록
- 레스토랑 역사의 개요
- 레스토랑의 매수, 신축, 프랜차이징의
  장점과 단점 비교

PhotoDisc/Getty Images 제공

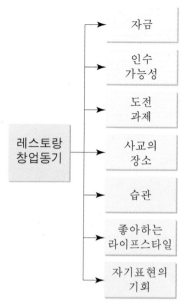

자금

인수
가능성

도전
과제

레스토랑
창업동기

사교의
장소

습관

좋아하는
라이프스타일

자기표현의
기회

○ 그림 1-1 레스토랑 사업의 창업동기

레스토랑은 우리의 라이프스타일에 있어서 중요한 역할을 하며 외식은 사람들이 선호하는 사회활동이다. 모든 사람은 좋은 음식을 먹고 즐길 권리가 있으며, 아마도 친구와의 교제, 유쾌한 분위기에서 즐기는 좋은 음식과 와인 한잔은 삶의 즐거움들 중 하나일 것이다. 외식은 가족을 위한 생활이 되었으며, 오늘날은 이전보다 집 밖에서의 식사 횟수가 증가되고 있다.

성공적인 레스토랑은 투자에 비해 높은 수입을 가져다준다. 처음에는 레스토랑 하나를 운영하다가 두 개로 늘리고, 나아가 소규모 체인으로 성장하여, 나중에는 부자로 은퇴를 한다. 성공한 사람이 되기 위해서는 많은 경험, 계획수립, 재무적 지원, 그리고 에너지를 필요로 한다. 행운 또한 중요한 역할을 한다. 이 책은 레스토랑 창업이라는 꿈을 가지기 시작한 시점부터 운영에 이르기까지를 안내한다. 퀵서비스 레스토랑, 카페테리아, 커피숍, 패밀리레스토랑, 민족음식점ethnic restaurant, 캐주얼 또는 럭셔리 레스토랑 등 여러 종류의 레스토랑이 있다. 레스토랑 창업을 꿈꾸는 사람들은 대부분 수많은 고객과 숙련되고 능동적인 직원, 그리고 사교, 음식, 서비스, 수익이 보장되는 중규모의 레스토랑을 구상한다. 당신이 선택한 종류의 레스토랑 컨셉에 따라 당신의 재능이 결정된다. 재능과 성향은 레스토랑 종류와 관련되어 있다. 퀵서비스 레스토랑을 운영하는 것은 럭셔리 레스토랑의 경영주가 되는 것과는 매우 다르다. 타코벨Taco Bell과 같은 프랜차이즈 레스토랑으로 적당히 운영하려는 사람은 개성적 스타일의 형태에서는 실패할 수도 있다. 레스토랑 종류의 범위는 넓다. 자신의 요구에 따라 선택을 하고 그에 대한 보상이 따른다.

이 책은 꿈으로부터 현실까지, 운영에 있어 레스토랑 컨셉에서부터 목표고객을 찾아내기까지의 논리적 진행과정을 제시하며, 레스토랑 사업의 종합적인 밑그림을 보여준다.

레스토랑 사업을 시작하는 것은 용기 없는 사람들을 위한 것이 아니다. 레스토랑을 개업하려고 오랜 기간 숙고한 사람들은 다양한 배경과 풍부한 경험을 지니고 있다. 그러나 레스토랑 사업, 특히 레스토랑 운영을 계획하고 있는 시점에서는 경험만큼 중요한 요소는 없다.

○ Washington, D.C. Kinkead's Restaurant의 오너쉐프 Bob Kinkead
Bob Kinkead 제공

레스토랑의 창업 동기를 알기 위해 다음의 예를 살펴보고자 한다. [그림 1-1]은 레스토랑 창업 동기들을 도식화 하고 있다.

- **자금**　레스토랑은 잠재적인 화폐 제조 공장이다. 성공적인 레스토랑은 큰 수익을 낼 수 있다. 투자 대비 높은 수익을 창출해 낼 수 있는 사업이 그리 많지 않다. 연간 100만 달러의 매출 규모를 지닌 레스토랑은 세금 공제 전 연간 15만 달러에서 20만 달러까지 이익을 낼 수 있다. 그러나 대규모 투자를 하고 많은 급료를 지불하는 레스토랑 중에는 한 달에 수천 달러의 손실을 입게 되는 경우도 있다. 대부분의 레스토랑은 크게 성공하지도 않으며 크게 실패하지도 않는 것이 보통이다.

- **인수 가능성**　성공적인 레스토랑 경영주는 구매자의 유혹에 빠지기 쉽다. 많은 대기업들은 레스토랑, 특히 소규모 레스토랑 체인들을 인수해 왔다. 체인 운영자 중에는 자신의 체인을 기업에 수백만 달러에 매도한 후 사장으로 채용되는 방법을 선택하기도 한다. 노년기에 접어든 독립 경영주는 자신의 레스토랑을 처분하고 은퇴를 택하기도 한다.

- **사교의 장소**　레스토랑은 사교적인 성향을 지닌 사람들의 욕구를 충족시키는 사회적 교류의 장소가 된다. 교제는 끊임없이 계속되며 다양하다. 사람들에게는 너무나 다양한 사회적 교류가 있으며 레스토랑을 통해서 이를 마음껏 발산하고자 한다.

- **변화하는 근무 환경에 대한 애정**　많은 사람들은 레스토랑의 근무 환경이 항상 밝고 끊임없이 변화한다는 점 때문에 단순하게 레스토랑 사업을 시작한다. 근무일이나 근무 교대시간은 결코 이전과 똑같지 않다. 어느 날에는 매니저로 일하다가 다음 날은 바텐더나 고객 영접 또는 서빙을 할 수도 있다. 날마다 책상에 앉아서 일하는 사무직에 싫증이 난다면 끊임없이 진화하는 레스토랑 세계에 관심을 가져 보도록 권한다.

- **도전과제**　경쟁력 있는 사람에게는 레스토랑 사업보다 더 많은 도전과제를 제공해주는 사업이 없을 것이다. 레스토랑 사업에서는 새로운 방법의 서빙, 새로운 실내장식, 새로운 음식, 교육시킬 새로운 직원 그리고 마케팅이나 판촉의 새로운 방법들이 항상 존재한다.

- **습관**　어떤 사람이 특별한 기술이나 삶의 방법을 배우게 되면 이내 습관이 되어버린다. 습관은 그 사람을 어떤 라이프스타일에 가두기 쉽다. 젊은

사람은 요리를 배우고 그런 일에 편안함을 느끼며 레스토랑에서의 경험을 즐기게 되면, 다른 선택을 신중하게 고려하지 않고 레스토랑 사업에 남게 된다.

- ▪ *좋아하는 생활양식*　특별히 음식과 술을 좋아하는 사람들은 레스토랑의 존재가 자신의 삶의 일부라고 생각하기 때문에 매출에 자유로우며 적어도 외식비용은 절약이 된다고 생각한다. 어떤 사람들은 음식과 음식의 준비 과정 및 음식의 서빙에 짜릿한 기쁨을 맛보기도 하며, 이러한 끊임없는 과정의 일부분이 되는 것을 매우 즐거워한다.
- ▪ *여유로운 여가시간*　많은 사람들은 은퇴를 하고나서 주체하기 어려울 정도로 많은 여유시간 때문에 사업을 시작한다. 더구나 레스토랑 사업은 그들에게 융통성과 사교, 그리고 재미를 제공해주기 때문이다.
- ▪ *자기표현의 기회*　레스토랑 경영주들은 연극 연출자와 같다. 그들은 원고를 쓰고, 배우를 뽑고, 무대장치를 하고, 그리고 자신의 연극에서 주연이 된다. 그 연극은 경영주의 재능과 관객에 대한 이해, 공연이 목표로 하는 관객시장에 따라서 갈채를 받기도 하고 실패하기도 한다.

레스토랑 경영주들은 "오늘날 현재의 당신이 있기까지" 가장 도움이 된 것이 무엇이냐는 질문을 받았을 때, 어떤 다른 요소들보다 꾸준히 근무에 충실해 온 것을 강조한다. 그 다음은 "사람들과 잘 지내기"이다. 그 다음은 대학 졸업장 여부를 든다. 마지막으로 "적절한 시기에 적절한 장소의 경험"을 꼽는다. 주요 관심사는 임금과 직무의 스트레스 정도, 승진 기회, 그리고 직업의 안정성 등이다.

레스토랑을 개업하고 운영하는 것은 일에의 전념, 열정, 야망, 인내, 그리고 이 책 전반에 걸쳐 토론할 몇 가지 다른 요소들을 필요로 한다. 칼스 주니어^{Carl's Jr.}의 창업주인 Karl Karcher가 말했듯이, 자신이 다저 스타디움 밖 손수레에서 핫도그를 판매했던 것처럼 레스토랑 사업은 손쉽게 시작할 수 있다. 커널 샌더스^{Colonel Sanders}로 더 유명한 KFC 창업자인 Harlan Sanders는 고속도로가 이전됨에 따라 레스토랑을 잃어버리게 되었다. 그는 빚을 청산하기 위해서 경매로 자신의 레스토랑을 팔아야만 했다. 그의 나이는 66세였으며, 사회보장 생계비로 월 105달러까지 수령한 경험도 있다. 그 때, "허브와 양념의 비밀 혼합법"과 가정식 압력 쿠커 하나, 낡은 승용차에 동기와 열정, 판매 능력만을 가지고 거리로 나섰다. 밤에는 승용차의 뒷좌석에서 자면서 양념된 닭을 판매하기 위해 레스토랑을 전전하며 다녔으며 결국에는 큰돈을 벌게 되었다.

우리는 레이크락^{Ray Kroc}에 대해서도 알고 있다. 그는 1950년대 후반 소다수 기계를 판매하고 있었다. 어느날 그는 맥도날드 형제로부터 두 대의 소다수 기계를 주문하는 전화를 받았는데, 그 당시 다른 사람은 모두 한 대를 주문했었다. 그래서 그는 캘리포니아로 가서 지금은 친숙한 "황금 아치^{Golden Arches}"에서 그 형제를 만났다. 크락은 그들의 번성 정도와 레스토랑의 청결함뿐만 아니라 운영의 단순함에도 매우 놀랐다. 맥도날드 형제는 레스토랑 하나에 만족했으며 확장시킬 계획도 없었다. 그 때 나이 52세인 크락은 그에게 프랜차이즈 점포를 내도록 설득했다. 나중에 수십억 개의 햄버거를 판매하였는데, 이와 같이 성공을 거두게 된 이유는 음식의 질과 속도, 청결함, 서비스, 그리고 가격 때문이다.

프랑스 요리의 역사

최초의 레스토랑은 "대중식당^{public dining room}"으로 전해지며 프랑스에서 시작되었다. 역사적으로 프랑스는 레스토랑 발전에 있어서 중요한 역할을 해왔다. 테이블에 앉은 고객들과 그들이 선택한 음식을 개인별 제공하는 것으로 구성된 최초의 레스토랑은 Beauvilliers라 불리는 사람에 의해 1782년에 설립되었다. 그 레스토랑은 Grand Taverne de Londres라고 불리어졌다. 그러나 이것이 레스토랑 컨셉의 시초는 아니었다.

현대 레스토랑의 기원은 M. Boulanger로 여겨진다. 그는 Rue Bailleul가에 있는 그의 심야영업 선술집에서 수프를 판매하였다. 그는 이 수프를 *restorantes*(restoratives)라 불렀는데, 이것이 레스토랑^{restaurant}이란 단어의 어원이 되었다고 한다. 그는 이 수프가 만병통치약이라고 믿었다. 그러나 그는 자신의 조리 목록에 수프만 있는 것에 만족하지 않았다. 그 당시 법에 의하면 오직 호텔에서만 음식을 제공할 수 있었는데, 수프는 음식의 범주에 포함되지 않았다. 1767년에 그는 음식점 조합인 트레퇴르^{traiteurs}의 전매권에 도전하여 화이트소스에 양의 다리를 넣은 수프를 개발했다. 그러자 음식점 조합은 블랑저에 대항하여 소송 절차를 밟아 그 소송사건은 프랑스 의회로 넘어가게 되었다. 블랑저는 그 소송에서 이겨서 곧 자신의 레스토랑인 Le Champ d'Oiseau(샹 다조, 새들의 정원이라는 뜻

^{-역자 주})를 개업하게 되었다.

1782년에 진정한 의미의 레스토랑인 Grand Tavern de Londres가 Rue de Richelieu에서 개업했다. 3년 뒤에는 Aux Trois Freres Provencaux가 Palais-Royal 근처에서 개업했다. 1794년 프랑스혁명 시기에는 문자 그대로 많은 사람이 살해되었으며, 귀족의 소유였던 조리사들은 갑자기 일자리를 잃게 되었다. 그 중 일부는 레스토랑을 개업하여 프랑스에 머물렀으며, 나머지 일부는 유럽의 다른 지역으로 떠났고, 많은 조리사들이 대서양을 건너 미국, 특히 뉴올리언스^{New Orleans}로 이주하였다.

미국 레스토랑의 탄생

레스토랑이란 용어는 1794년 단두대의 처형을 피해서 미국으로 이주한 프랑스인 Jean-Baptiste Gelbert Paypalt에 의해 전해졌다. Paypalt는 보스턴에 미국 최초의 프랑스 레스토랑으로 알려진 Julien's Restaurator를 개점했다. 그 곳에서는 송로버섯요리, 치즈 퐁듀, 수프 등이 제공되었다. 미국요리에 프랑스의 영향은 일찍부터 시작되었다. 워싱턴과 제퍼슨도 프랑스 요리를 즐겼으며, 18세기에 종교박해를 피하기 위해 프랑스를 떠나온 위그노 교도^{Huguenots}들에 의해 보스턴에 프랑스 요리 업소들이 개업하였다.

1827년 뉴욕에서 문을 연 Delmonico's는 미국 최초의 레스토랑으로 생각된다. 그러나 다른 사람들은 이런 주장에 반박한다. 델모니코와 그 경영주들에 대한 이야기는 미국에서 가족이 운영하는 레스토랑의 좋은 예가 되고 있다. 가족 레스토랑이 한 세대 이상 지속되는 경우는 거의 없다. 그러나 델모니코 가족은 1827년부터 1923년까지 4대에 걸쳐 9개의 레스토랑을 운영했다. 델모니코는 새로운 경영주에 의해 계속해서 번성하다가 1987년 재정 파산으로 인하여 폐업하게 되었고, 장엄하고 오래된 건물은 1990년대에도 식사를 제공하며 그 자리에 위치해 있었다. 델모니코는 옛 명성을 새연하기 위해 수치례에 걸쳐 정비되었으며, 델모니코 레스토랑은 미국에서 프랑스 레스토랑으로 최고의 명성을 떨쳤다. 대부분의 가족 레스토랑과 더불어 그 브랜드명과 기업은 역사 속으로 사라졌다. 가족 소유의 뉴욕 44번가와 5번가에 위치했던 델모니코의 마지막 레스

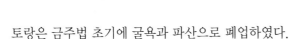

토랑은 금주법 초기에 굴욕과 파산으로 폐업하였다.

미국독립전쟁 이전에 식음료를 판매하고 숙박을 하는 장소는 오디너리^{ordinaries}, 터번^{taverns}, 인^{inns}으로 불렸다. 럼주와 맥주는 자유롭게 유통되었다. 당시 선호했던 플립^{flip}이란 칵테일은 럼주와 맥주, 거품을 낸 달걀, 향신료로 만들었다. 바텐더는 그 음료에 끝이 볼처럼 둥근 뜨거운 쇠봉을 집어넣었다. 플립은 음식이나 술에 준하는 혜택이 주어져서, 플립을 많이 마신 고객에게는 오디너리에서의 숙박이 제공되었다.

레스토랑 운영의 도전과제

장시간 근무는 레스토랑에서 흔한 일이다. 어떤 사람은 이와 같은 근무조건을 좋아하지만 사람에 따라서 적응이 어려운 경우도 있다. 지나친 피로로 말미암아 건강에 이상이 올 수도 있으며 감기와 단핵증^{mononucleosis}과 같은 바이러스에 감염되기도 쉽다. 많은 레스토랑 운영자들은 효율적으로 운영하기에는 너무 긴 매주 70시간 또는 그 이상 근무를 해야 한다. 장시간 근무는 특히 자녀가 어리거나 학생인 가정에서 가족과 함께할 시간이 부족함을 의미한다. 레스토랑 경영주들은 사업 성장에 전력하기 때문에 다른 생각을 할 여유가 없다. 그리고 매니저는 경영주에 고용되어 있기 때문에 직업의 안정성이 거의 없다. 예를 들어, 경영주가 바뀌게 되면 해고될 확률이 높다. 레스토랑 경영주들은 레스토랑이 성공하더라도 너무 많은 시간을 투자해야 하기 때문에 종종 레스토랑에 갇혀있는 것처럼 느끼면서 가정생활도 고통을 받을 수 있다. 이러한 이유들로 인해 레스토랑 매니저들의 이혼율은 높은 편이다. 직무 스트레스는 장시간 근무와 매니저의 통제력에서 벗어난 수많은 변수들로부터 기인된다.

레스토랑 경영주에게 있어 한 가지 큰 도전과제는 그들의 투자금과 친구나 친척일 수도 있는 다른 투자자들의 투자금을 잃을 가능성이다. 레스토랑의 실패로 인하여 집과 같은 담보물도 잃기 때문에 가정의 재정적인 안전을 위태롭게 하는 일이 빈번하게 발생한다. 예비 레스토랑 운영자는 자신의 성격과 기질, 능력이 레스토랑 사업에 적합한지를 고려해야 한다. 몇 년 전 매우 성공한 유명 축구감독이 완벽한 축구선수를 "민첩하고, 기동력 있고, 적의를 품은" 선수로 묘사하였다. 똑같은 맥락에서 완벽한 레스토랑 운영자는 "공손하고, 냉정하며, 끈기 있는" 사람으로 묘사할 수 있다. 다시 말해 사람들에게 서빙하는 것을 즐기며, 실패를 쉽게 회복할 수 있고, 지칠 줄 모르는 사람이다.

이와 같은 속성들 중에 한 가지 또는 그 이상이 부족하지만 레스토랑 운영자가 되고자 하는 경우는 제한적으로, 예를 들어 점심만을 위한 또는 일주일에 5일만 문을 여는 레스토랑을 고려해 볼 수 있다. 또는 투자만 하거나 레스토랑을 운영할 다른 사람을 물색할 수도 있다. 그러나 제한된 시간 또는 날짜만 운영하는 대부분의 레스토랑은 재정적인 성공을 하는 데에는 문제가 있다. 결국 운영자는 고정비의 절약을 위해 시설을 최대한 활용하게 될 것이다.

레스토랑을 운영하는 일은 많은 에너지와 체력을 요구한다. 성공한 레스토랑 운영자들은 항상 정력적이며, 끈기 있고, 중압감을 견뎌낼 수 있다. 체인 레스토랑을 모집하는 사람들은 열심히 근무한 경력을 지닌 야망 있고 개방적인 사람을 찾는다. 신입사원은 보통 하루에 10시간, 주 5일 이상 근무한다. 주말, 휴일 그리고 저녁시간은 보통 가장 바쁜 시간이며, 때로는 주말에 레스토랑 매출의 40% 또는 그 이상을 판매하기도 한다. 레스토랑 사업은 주말에는 쉬기 힘든 직업이다.

음식에 대한 지식은 매우 바람직하며, 특히 정식을 판매하는 레스토랑에서는 필수적인 사항인 반면에 패스트푸드 레스토랑에서는 상대적으로 덜 중요하다. 사업수완, 특히 비용관리와 마케팅 또한 모든 외식서비스 사업에서 필수적이다. 숙련된 조리사들이 이와 같은 사업수완이 없다면 파산하게 된다. 단독경영 레스토랑은 개인적 특성을 필요로 하는데, 만약 경영주가 레스토랑을 그만두면 레스토랑의 성격은 바뀌게 된다.

실제로 사업 실패율이 얼마든 간에 레스토랑을 시작하는 일은 높은 위험을 내포하고 있다는 점은 명백하다. 그러나 그와 같은 위험은 성공을 하기 위해서 감내해야만 한다. 레스토랑에서 수익을 내기 위해서는 1, 2년 또는 보다 더 긴 시간을 요구할 지도 모르며, 생존을 위해 자본이나 신용도 필요하게 된다. 오하이오 주 콜럼버스시의 레스토랑에 대한 실제 실패율을 조사한 H. G. Parsa 박사의 획기적인 연구에 따르면, 개업한지 3년 동안의 실패율은 59%였다. 가장 실패율이 높은 시기는 개업 첫해 동안인데, 이 시기에 레스토랑 중 26%가 실패했다. 2년차에는 19%가 실패했으며, 3년차에 가서는 실패율이 14%로 낮아졌다.

Parsa의 연구는 개업한 레스토랑을 결정하는데 있어서 보건부로부터 받은 자료를 사용했기 때문에 신뢰성이 있다. 어떤 연구에서는 직업별 전화번호부를 포함하여 다른 출처로부터 자료를 얻는다. Parsa 박사에 따르면, 많은 레스토랑들이 재정적으로 성공하지 못했기 때문이 아니라 경영주에 연루된 개인적인 이유 때문에 폐업하게 된다고 언급한다.[1] 만약 어떤 레스토랑이 3년 동안 유지된다면, 계속해서 운영될 확률이 높다. 이는 레스토랑을 인수할 때, 3년 이상 유지된 레스토랑을 선택해야 함을 암시한다. 가족 소유의 레스토랑이 창업시기에 생존하는 이유는 자녀들과 친지들이 적은 비용으로 함께 협력할 수 있기 때문이다. 또한 잘 알지 못하는 직원 보다는 가족 구성원에 의한 절도의 위험성이 더적기 때문일 것이다. 레스토랑 체인점 경영주들은 체인점 중에서 경험이 풍부하고 신뢰할 수 있는 사람을 추천받음으로써 창업시의 위험을 줄일 수 있다. 그러나 가족 소유이거나 체인점으로 시작하는 레스토랑도 성공을 위해 충분하고 유지가능한 시장성에 대해서는 확신할 수가 없다. 일정한 지역에서 새로운 레스토랑을 창업할 때, 그 지역의 인구나 소득이 그 레스토랑을 유지해 줄 만큼 빠르게 성장하지 못한다면 현존하고 있는 레스토랑과 시장을 공유해야만 한다.

많은 레스토랑들이 가족 문제 때문에 실패한다. 너무나 많은 시간을 레스토랑에 쏟아 붓고, 너무나 많은 에너지를 레스토랑에 소모하기 때문에 균형 잡힌 가정생활을 유지하기가 어렵다. 이런 요인들로 인하여 배우자에 대한 불만이 생겨 결국 이혼에 이르게 된다. 결혼하는 것이 공유자산을 가지게 됨을 의미하는 캘리포니아와 같은 주에서는 이혼 청산으로 배우자의 자산을 분할할 수 있다. 만약 이혼하는 배우자가 레스토랑에 관심이 없고 자산의 절반을 요구한다면 위자료 액수에 대한 결정은 운영에 대한 매출액으로 강제로 결정될 수 있다. 남편과 부인이 한 팀으로 레스토랑을 운영할 때 두 사람 모두 사업을 즐겨야 하며 성공하려는 강한 동기부여가 있어야 한다. 이런 점들은 자본을 조달하고 사업을 시작하기 위한 최종 판단 이전에 결정되어야 한다.

매입, 신축, 프랜차이즈 또는 경영관리

레스토랑 사업을 고려하고 있는 사람은 경력과 투자를 감안하여 다음과 같이 선택할 수 있다.

- 개인 업소 또는 체인점 등 다른 사람의 레스토랑을 관리하기
- 프랜차이즈 가맹권을 획득하여 프랜차이즈 가맹점을 운영하기
- 기존의 레스토랑을 매수하여 그대로 운영하거나 컨셉을 바꿔 운영하기
- 새로운 레스토랑을 신축하여 운영하기

레스토랑을 매입하거나 신축하거나 프랜차이즈 매장을 운영하거나 전문경영인으로서 근무하는 것에 대한 장점과 단점을 비교할 때, 개인은 자신의 기질과 야망, 그리고 여러 위험과 잠재적인 보상뿐만 아니라 실패를 회복할 능력을 평가해야 한다. 먼저 레스토랑을 매입하는 것은 미적 취미가 풍부한 개인의 욕구를 충족시켜줄 수도 있다. 레스토랑이 성공한다면 그 보상도 매우 클 수 있다. 반면에 레스토랑이 실패한다면, 재무적 손실 또한 매우 클 것이다. 그러나 신축 건물에 투자하여 입은 재무적 손실보다는 그 피해가 적을 것이다. 실패했거나 또는 여러 다른 이유로 인하여 매각 중인 기존의 레스토랑을 매입할 때 신축 개점자가 가질 수 있는 부족한 정보를 매입자는 가지게 된다. 매입자는 이전의 레스토랑 유형이 그 입지에서 성공하지 못했던 점이나 어떤 특정한 메뉴나 운영 형태가 성공하지 못했다는 점을 알게될 지도 모른다. 그런 정보는 어느 정도 위험을 줄이게 한다. 다른 한편, 매입자는 일정시기에 걸쳐 이전의 운영자에 의해 얻게된 나쁜 평판을 극복하기 어렵다는 것을 알게될 것이다. 그러나 이런 환경에 대한 지식은 분명히 위험을 감소시켜 준다. [그림 1-2]는 레스토랑 경력과 투자를 감안한 선택에 대한 예를 도식화하고 있다.

경험도 없이 처음부터 건물을 신축하는 레스토랑 운영자는 상당한 위험을 감수하게 될 것이다. 레스토랑에서 백만 달러 규모의 투자는 일반적이다. 따라서 레스토랑 사업에 기꺼이 참여할 투자가들을 찾는다면 위험을 줄일 수 있다. 충분한 설비를 갖춘 100석 규모의 레스토랑은 장소를 불문하고 좌석 당 6천 달러부터 1만 달러까지 또는 그 이상의 비용인 총 60만 달러부터 100만 달러의 비용이 소요된다. 그 외에 레스토랑 부지를 매입하거나 임차해야 한다. 레스토랑 사업의 무경험자들이 신축하여 성공한 예도 있지만 불행하게도 실패한 예가 더 많다. 반면에 샌드위치점은 보통 3

○ 그림 1-2 레스토랑 경력과 투자 선택

만 달러보다 적은 예산으로 개업할 수 있다. 한 기업가가 언급했듯이, "당신이 정말로 필요한 것은 냉장고 한 대, 전자레인지 한 대, 그리고 날카로운 칼 하나뿐이다."

프랜차이즈 매장을 내는 것은 건물의 디자인, 메뉴, 마케팅계획이 포함된 레스토랑 형태가 이미 시장에서 검증되었다는 점에서 재무적 위험이 가장 낮은 사업이다. 그렇더라도 프랜차이즈 매장도 실패할 수 있으며 실패를 해왔다.

마지막으로 어떤 경영주를 위해 전문경영인으로 근무하는 선택은 재무적 위험이 가장 낮을 수 있다. 반면에 실패에 대한 심리적 비용은 많을 수 있다.

어떤 사람도 구체적인 고려 없이 결정하지는 않는다. 기존에 성공한 레스토랑을 분석할 수도 있다. 차별화된 모방자가 되는 것이 좋다. 기존에 성공한 레스토랑의 좋은 점과 관행을 모방하여 가능한 한 수정하여 발전시키도록 하는 것이다. 레스토랑을 개선한다는 것이 어렵다고 생각하는 것은 사실 문제가 있다. 놀랍게도 성공한 레스토랑들 중의 몇 곳은 어느 부분에서는 취약한 점이 있다. 가장 유명한 패스트푸드 체인점 중의 하나는 2류 커피를 판매한다. 다른 체인점에서는 표면이 거친 파이를 제공하기도 한다. 또 다른 체인점에서는 야채를 지나치게 삶기도 한다. 또 다른 성공한 체인점은 체인점 내에서 조리준비를 함으로써 많은 품목들을 개선시킬 수 있었다.

레스토랑 사업에는 많은 변수가 있다. 성공한 레스토랑은 경쟁자들 중에서도 뛰어난 레스토랑이라고 여겨진다. 모든 변수를 다 잘 다룰 수 있는 레스토랑은 거의 없다. 프랑스의 모든 레스토랑들 중에서 오직 18개에서 20개의 레스토랑만이 미슐렝^{Michelin} 등급에서 별 3개를 인정받았다. 미국의 수많은 레스토랑들이 목표로 하고 있는 시장에서 받아들여질 수 있는 가격으로 고객의 욕구를 충족시키려는 노력들을 잘 해오고 있다.

	요구되는 초기투자금	요구되는 경험	개인의 잠재적 스트레스	실패에 대한 심리적 비용	재무 위험	잠재적 보상
매입	중	상	상	상	상	상
신축	최상	상	상	최상	최상	상
프랜차이즈(A)(예. Subway)	중하	하	중	중	중	중상
프랜차이즈(B)(예. Applebee's)	상	상	상	상	상	상
다른 경영주의 레스토랑 관리	없음	중상	중	중	없음	중

◐ 그림 1-3 창업방식에 따른 장단점

○ Sean Murphy상을
획득한 Anna Maria
섬의 The Beach
Bistro
Sean Murphy 제공

창업방식 결정에 따른 장단점은 [그림 1-3]에서 보여준다.

새로운 디너하우스를 계획하고 있는 사람은 General Mills와 같은 거대한 기업조차도 큰 실수들을 저지를 수 있다는 사실을 알아야 한다. 한때 이익이 나는 두 개의 디너하우스 체인점인 Olive Garden과 Red Lobster의 경영주였던 제너럴 밀스는 중식 레스토랑, 스테이크 레스토랑, 그리고 건강식 레스토랑으로 실패를 하였다.

소규모 운영자는 대량구매를 통하여 식재료 비용을 10% 정도 절감할 수 있는 체인점 보다는 구매력에서 떨어진다. 신규 운영자는 대개 수요예측에 있어서 미흡하다. 매니저에게 다음날 준비될 개별 메뉴품목의 수를 제공하는 레드 랍스터의 시스템과 비교해 보자. 매일밤, 매니저는 다음날의 매출을 예상하기 위하여 컴퓨터 파일에 수록된 매출기록을 활용한다. 전 주와 전년도 같은 날의 저장파일에 기초하여, 각각의 메뉴품목에 대한 매출을 참고로 해서 다음날에 대한 수요예측을 한다. 수요예측 자료에 따라 냉동품목들을 해동시키고 전처리 품목들에 대한 삭임을 수행한다. 도매 구매와 대량 준비과정은 체인점에 부가적인 장점을 가져다준다. 레드 랍스터 체인점은 대부분의 새우를 플로리다 주 St. Petersburg에서 가공처리한다. 새우의 껍질을 벗기고, 피를 빼고, 조리하고, 급속냉동시켜 포장한 후, 매일 레드 랍스터 레스토랑으로 운송한다. 황새치와

○ City Zen Restaurant
의 식탁 모습
City Zen 제공

다른 생선을 몇 군데의 창고로 보내 점검을 한 후, 어느 점포든지 신선한 상태로 신속히 배송한다.

품질관리^{quality control}는 매우 중요하다. 그러므로 모든 매니저들은 셔츠 주머니 속에 온도계를 지니고 다녀야 한다. 그래야만 음식들이 정확히 적정한 온도에 제공되는지를 언제라도 점검할 수 있다. 예를 들어, 크램 차우더^{clam chowder}는 적어도 150℉(65.5℃)일 때 제공되어야 한다. 그리고 커피는 적어도 170℉(76.7℃), 샐러드는 40℉(4.4℃) 또는 그 이하가 되어야 한다. 황새치는 그릴로 450℉ (232℃)에 한 면을 4~5분 굽는다. 1파운드짜리 바다가재는 10분 동안 찐다. 체인점에서는 사진이 있는 도표를 통하여 조리사는 플레이트 위에 파슬리 가지를 어디에 놓아야 할지를 알게 된다.

개인 레스토랑 운영자는 서빙 온도와 조리관리표를 만들 수 있다. 그들은 체인점 매니저보다도 음식을 보기 좋게 담을 수 있을지도 모른다. 개인 레스토랑 운영자는 업무를 익힐 견습생을 키울 수도 있으며 체인 운영자와 메뉴에 싫증난 고객들을 대상으로한 특정 시장을 공략할 수도 있다. 이러한 것들은 개인 레스토랑 운영자가 체인 경쟁자에 비해 장점이 된다. 열심히 일하는 것과 독특한 특성을 갖는 것은 차별화 요소가 될 수 있다.

레스토랑 사업은 음식의 생산과 전달하는 모든 요소들을 지니고 있다. 음식은 고객이 똑같은 맛을 다시 경험하기 위하여 같은 레스토랑을 다시 찾게 되는 독특한 상품이다. 분위기는 고객에게 중요한 요소이다. 어떤 사람은 레스토랑은 기억할 만한 경험을 제공해주는 사업이라고 주장한다. 브리티시 콜럼비아 주 빅토리아에 있는 Chauntaclair 레스토랑의 Dominique Chapeau가 저술한 『레스토랑 경영자의 삶*The Life of the Restaurateur*』에서 명시되어 있듯이 성공한 레스토랑 경영자는 보통 세상물정에 밝고 정통한 사람이다.

당신이 레스토랑을 가질 수만 있다면, 멋진 삶이 될 것이다. 레스토랑 경영자는 외교관, 민주주의자, 독재자, 곡예사, 때로는 노예가 되기도 한다. 그는 경영주, 산업의 1인자, 소매치기, 도박꾼, 북메이커, 해적, 박애주의자, 소녀, 그리고 뚜쟁이들을 접대하기 위한 시설을 갖추고 있어야 한다. 그는 "정치적 울타리의 양편에 동시에 서 있어야 하며, 또는 그 이상이어야 한다. 그는 주사위 놀이, 카드게임, 경마, 당구를 포함한 어떠한 스포츠에 대해서도 해박한 지식을 가지고 있어야할 뿐만 아니라, 축구선수, 골퍼, 볼링선수, 언어학자가 되어야 하며, 그리고 그렇게 해왔다. 이러한 것들은 가끔 논쟁과 언쟁을 해결해야할 때 유용하다. 레스토랑 경영자는 유능한 복싱선수, 레슬링선수, 역도선수, 육상선수, 그리고 중재자이어야 한다.

비록 그가 앞서 언급했던 고객들 중 두 명, 세 명, 또는 그 이상 되는 사람사이에서 여태껏 중재를 해왔다고 할지라도 은행가, 고위사무직, 배우, 출장온 회사원, 회사대표 뿐만 아니라 일반 신사숙녀와 함께 술자리를 할 때에도 그는 항상 결점이 없는 사람처럼 보여야 한다. 레스토랑 경영자로서 성공하기 위해서는 바, 레스토랑, 귀빈 전용실, 와인 저장실, 또는 고객들로 가득찬 업장을 유지해야 한다. 그러나 자기 자신으로 가득 채워서는 안 된다. 깨끗하고 정직한 직원이 되어야 하며, 민첩한 근로자, 기민한 사고가, 수학자, 기술자, 그리고 항상 바 바깥쪽에서 레스토랑과 고객의 편에 서 있어야 한다.

요약하면, 방관자, 내부를 잘 아는 사람, 반칙을 저지르는 사람, 남을 칭찬하고 신성시하며 자신을 억제하고 바보같은 사람이 되어야 한다. 그리고 만약 강하거나 침묵하는 유형이 아니라면 항상 자신을 죽여야만 한다.[2]

▌처음부터 시작하기

가끔 예술이나 과학 같은 다른 전공 출신의 직원 동료가 레스토랑 개업에 대해 생각하고 있다고 말한다면 나는 이런 충고를 해준다. "다음달 만찬에 친구 몇 명을 당신의 집으로 데리고 가도록 하라. 그 후에 우리는 그것에 대하여 이야기할 것이다."라고 말이다. 지금까지 이에 응한 사람은 아무도 없다. 농담과는 별도로 낮이든 밤이든 간에 100명 또는 그 이상의 식사를 위해 모든 사항을 준비하는 것은 몇 명의 친구와 만찬을 함께하는 것과는 매우 다르다. 그 이유는 메뉴만 해도 다양한 선택을 할 수 있기 때문이다.

미래의 레스토랑 운영자들은 아마도 어린 나이에 시작하는 등, 이미 자기 가족이 운영하는 패밀리 레스토랑에서 일을 경험했을지도 모른다. 야망을 지닌 수많은 레스토랑 미래경영자는 퀵서비스 레스토랑 직원으로서 레스토랑 사업에 대해 경험을 해보았다. 또 다른 사람은 외식사업의 첫 경험을 직업학교나 전문대학교 프로그램 또는 조리학원에서 제공하는 740개의 조리학교 프로그램들을 통해 겪어 보았다. 그러나 외식산업은 아직도 인력이 충분하지 못하며 이직률도 높다. 레스토랑에서 근무하는 수많은 젊은 미래경영자들은 이같은 사실을 잘 알고있을 뿐만 아니라 경험을 기꺼이 받아들이고, 그 일자리를 결코 경력으로 고려하지 않는 다른 젊은이들과 함께 근무하는 것을 즐긴다. 명확하고 강력한 메시지는 다음과 같다: 레스토랑 사업은 매우 경쟁력이 있으며 열정적인 에너지, 장시간 근무할 수 있는 능력, 그리고 기꺼이 저임금을 수용하는 자세 등을 요구한다. 미국 레스토랑협회National Restaurant Association인 NRA에 따르면 레스토랑 산업은 2016년까지 190만개의 일자리를 추가로 창출하여, 2016년에는 총 1,440만명의 고용이 발생하게 될 것으로 예상하고 있다.[3]

조리교육 프로그램의 참가비용은 전국에 걸쳐 제공되는 공립고등학교 프로그램에서 무료로 실시하는 것부터 시작하여 뉴욕시의 프랑스조리학교French Culinary

^{Institute}에서 시행하는 6개월 과정은 유니폼, 도구, 그리고 교재비를 포함하여 27,750달러에 이르는 등 다양하다. 미국조리학교^{Culinary Institute of America}인 CIA는 2년간의 준학위프로그램을 대학 1, 2학년생을 대상으로 8,470달러에, 그리고 3, 4학년생에게는 6,090달러에 제공하고 있으며, 유니폼, 도구, 그리고 교재비는 별도이다. 지역의 레스토랑, 호텔, 클럽의 조리사뿐만 아니라 미국조리연합회^{American Culinary Federation}와 지역 전문대학에서도 설치가 어려운 견습 프로그램을 제공하고 있다.

조리사로 유명해지고자 하는 유럽의 학생들이 뉴욕, 애틀랜타, 시카고, 올랜도, 라스베이거스, 휴스턴, 뉴올리언스, 샌프란시스코, 볼티모어, 로스앤젤레스와 같은 대도시의 유명한 레스토랑에서 일자리를 구하고 있다. 많은 사람들은 똑같은 이유로 해외로 나가고 기술을 익히면서 자신의 개인 이력을 만들어 간다.

부자에 이르는 길, 레스토랑

많은 사람들이 레스토랑을 소유하고자 하는 가장 큰 이유는 아마도 경제적인 보상이 가능하기 때문일 것이다. 상대적으로 적은 자본을 가지고 레스토랑을 매입 또는 임차, 프랜차이즈를 통해 사업을 시작한다. 맥도날드의 레이크락과 KFC의 커널 샌더스, 웬디스^{Wendy's}의 데이브 토마스^{Dave Thomas}와 같은 이름은 일반인이 레스토랑 사업에 있어서 경험할 수 있는 성공의 좋은 예가 된다.

수십 개의 맥도날드 프랜차이즈 점포를 보유하고 있는 사람은 백만장자이다. 그러나 일부 맥도날드 레스토랑은 실패하기도 한다. 몇몇 KFC 경영주와 프랜차이즈 가맹점주들 또한 부유하다. 깜짝 놀랄 정도의 억만장자는 도미노피자^{Domino Pizza} 창업자인 탐 모나한^{Tom Monaghan}이다. 몇 개의 레스토랑을 신축하거나 매입하거나 프랜차이즈 가맹점주로서 부자가 되었지만 상대적으로 덜 알려진 사람이 수백명에 이른다.

다음은 여러분에게 도움이 될 몇 가지 사항들이다.

■ **소유권** 개인 소유권, 동업, 회사 또는 프랜차이즈

■ *사업계획의 개발* 훌륭한 사업계획을 개발하기 위해서는 시간이 걸릴지도 모르지만 사업계획서가 없다면 자본을 조달하기 어려울 것이다.

■ *마케팅/판매* 당신의 고객이 될 사람이 누구인지, 얼마나 많은 사람이 있는지 알 필요가 있다.

■ 입지 입지가 단독 건물이나 몰^{mall} 안에 위치할 것인가? 혹은 도시 중심부이거나 교외 또는 어떤 다른 곳에 위치할 것인가?

■ *누가 당신의 팀에 속하는가?* 조리사와 직원, 변호사, 회계사, 보험, 판매, 마케팅과 홍보.

■ *디자인/환경* 어떤 디자인/환경을 선택할 것인가?

■ *메뉴* 메뉴의 특징은 무엇인가? 얼마나 많은 애피타이저, 주메뉴, 후식을 제공할 것인가? ˎ

■ 음료 누가 음료메뉴를 개발할 것이며, 그 음료에 무엇을 넣을 것인가?

■ *적법성* 어떤 인허가를 필요로 하는가?

■ *예산* 예산을 얼마나 확보하고 있는가?

■ *관리* 어떤 종류의 관리체계를 가지고 그것을 어떻게 운영할 것인가?

■ *서비스* 어떤 유형의 서비스를 선택하여 운영할 것인가?

■ *경영* 레스토랑을 어떻게 경영할 것인가?

summary

요 약

몇 가지 사항들에 대해 앞서 언급했던 것을 참고하면 도움이 될 것이다. 이 책의 목적은 성공적인 레스토랑을 개업하기 위해 필요한 단계를 살펴봄으로써 미래의 레스토랑 경영자의 이해를 돕기 위한 것이다. 성공한 레스토랑에 앉아 있는 것은 매혹적인 경험이 될 수 있다. 음식을 서비스하는 사람들은 복도와 좌석 주위를 능숙하게 움직이며 직무를 수행한다. 그들은 고객을 맞이하고, 좌석으로 안내하고, 주문을 받고, 음식을 가져온다. 캐셔는 계산을 하고 레스토랑을 나서는 고객들의 일정한 흐름을 담당한다. 고객의 유동, 온화한 색, 그리고 조명은 안락하고 멋진 느낌을 만들어낸다.

음식 서버들은 보통 젊고 열정적이며 행복하다. 브로일러^{broiler} 담당 조리사는 무서운 집중력을 가지고 그릴에서 구이요리와 샌드위치에 전념한다. 주문요리들은 연속적으로 들어오는 회전라인을 통해 미끄러져 오거나 또는 주방에 있는 전자게시판 위에 갑자기 나타난다. 주문된 요리가 준비되고 접시에 담겨 카운터 위에 놓인다. 무언의 버저^{buzzer}가 음식을 운반하는 사람에게 요리가 준비되었음을 알려준다. 이와 같은 전반적인 운영은 운동하는 야구팀이나 발레의 움직임에 비유될 수 있다. 레스토랑 직원인 선수들의 감정 수준은 높다. 이는 한 선수의 행위가 다른 선수의 행동과 맞물려 선수 각자가 자기에게 할당된 역할을 수행함으로써 표현된다. 관찰자는 고객의 욕구에 맞춘 정교한 발레 무용을 이해할 수 있을지도 모른다. 레스토랑은 관현악 연주로 편곡되어 점포를 감독하는 지휘자에 의해 아마도 너무나 복잡하고, 너무나 단순하고, 너무나 흥미롭고, 너무나 유쾌하게 지휘되어진다.

배역을 맡은 사람들이 자신의 자리를 지키고, 할당된 역할을 알고 열정적으로 업무를 수행할 때 레스토랑은 순조롭고 효율적으로 운영된다. 레스토랑을 그와 같은 방법으로 유지하기 위해서는 세심한 주의를 기울여야 함을 의미하며, 음식과 조리, 서비스, 직원에 대한 교육과 사기, 조리기구의 관리 및 적절한 사용, 그리고 사람과 레스토랑의 청결에 대해서도 면밀한 주의를 기울여야 한다. 레스토랑 고객이 백가지 일 중에서 한 가지라도 불만족한 경험을 가져서 이로 인해 기분이 상하게 된다면 백가지 일이 모두 잘못될 수도 있다. 대부분의 책임 있는 일자리는 그 자리를 차지한 사람이 많은 변수들을 관리해주기를 요구한다. 많은 직업들이 정확한 타이밍과 마감시간을 요구한다. 그러나 목표치에 또 다른 목표치가 매일같이, 24시간 계속해서 연속식으로 이어지는 것이 특징인 레스토랑 운영처럼, 세팅한 대로 관리되는 직업은 거의 없다. 또한 레스토랑만큼 이직률이 높은 직업도 거의 없다. 직원과 직원의 행동, 몸가짐, 그리고 반응에 대한 끊임없는 교육, 그리고 매일, 매주, 매년 고객과 직원은 물론 다수의 사람들을 만족시키려는 노력을 요구하는 직업도 거의 없다. 순조로운 레스토랑 운영을 보장하기 위해 관리되어야할 변

수들은 불가항력일 수도 있다. 정말로 레스토랑은 다양한 변수가 존재하는 악몽과
도 같은 곳이다. 작은 마을이나 또는 대도시의 유명 인사가 되려는 당신의 여정에
행운이 있기를 빈다.

endnotes 주

1) H. G. Parsa, ICHRIE 컨퍼런스에서 발표, Indian Wells, California, 2003. 8.

2) Holly Carvalho와의 편지, 2006. 11. 17.

3) www.restaurant.org.

CHAPTER
02

레스토랑의 종류와 특징
그리고 경영주

학습목표

- 레스토랑의 다양한 종류와 특징의 목록 및 설명
- 체인, 프랜차이즈, 독립 레스토랑 운영의 비교 및 대조
- 오너 쉐프 레스토랑의 장·단점 기술
- 중앙집중 택배형 레스토랑의 정의와 제공 내용에 대한 개념

Aria 제공

레스토랑의 종류와 특징

넓은 의미로 살펴볼 때 레스토랑은 많은 범주로 세분화할 수 있다.

- **체인 또는 독립 레스토랑, 프랜차이즈 레스토랑**
  - McDonald's, Union Square Café, KFC
- **퀵서비스 레스토랑(QSR), 샌드위치 레스토랑**
  - 버거, 치킨 등; 편의점, 면요리, 피자
- **패스트 캐주얼(Fast casual)**
  - Panera Bread, Atlanta Bread Company, Au Bon Pain 등
- **패밀리 레스토랑(Family)**
  - Bob Evans, Perkins, Friendly's, Steak'n Shake, Waffle House
- **캐주얼 레스토랑(Casual)**
  - Applebee's, Hard Rock Café, Chili's, TGI Friday's

순위	업 종	매출액 (단위: 백만$)
1	버거	$82,301.6
2	캐주얼 다이닝	$22,840.7
3	피자	$20,943.1
4	치킨	$18,674.0
5	샌드위치/베이커리-카페	$17,697.4
6	도넛, 아이스크림, 그리고 트리츠	$13,747.7
7	패밀리 다이닝	$13,536.8
8	스테이크/바비큐	$8,607.1
9	멕시칸: 제한된 서비스	$8,439.0
10	이탈리안	$6,442.6
11	뷔페/카페테리아	$6,165.6
12	씨푸드: 풀 서비스	$4,253.4
13	커피/차	$4,442.3
14	편의점	$4,314.5
15	멕시칸: 풀 서비스	$1,747.0
16	씨푸드: 제한된 서비스	$1,315.0
17	아시안: 풀 서비스	$1,504.5
18	아시안: 제한된 서비스	$879.6

○ 그림 2-1 **업종별 총 매출 순위 Top 400**
자료: "Top 400 Segment Ranking," Hospitality Magazine, 2006. 1.

- *파인 다이닝(Fine dining)*
  - Charlie Trotter's, Morton's The Steakhouse, Flemming's, The Palm, Four Seasons
- *기타*
  - 스테이크하우스, 해물요리, 민족음식, 디너하우스, 회원제 레스토랑 등

일부 레스토랑은 한 가지 이상의 범주에 속한다. 예를 들어, 이탈리아 레스토랑은 캐주얼 또는 민족음식 레스토랑이 될 수 있다. 『*Restaurants and Institutions*』라는 잡지에서는 수년에 걸쳐 컨셉별로 시장을 선도하는 레스토랑들을 조사해왔다. 2005년 조사에 따르면, 연간매출액 상위 400개 레스토랑은 [그림 2-1]에서 보는 바와 같이 최상위 컨셉은 버거와 피자 레스토랑이며, 그 다음이 캐주얼과 치킨 레스토랑이다.

체인 또는 독립 레스토랑

거대한 일부 퀵서비스 체인들이 레스토랑 사업을 완전히 지배하고 있다는 인상은 오해에서 비롯된 것이다. **체인 레스토랑**은 독립 레스토랑에 비해 몇 가지 장·단점을 지니고 있다. 장점은 다음과 같다.

- 시장 인지도
- 강력한 광고 효과
- 진보된 시스템
- 대량구매를 통한 원가절감

프랜차이즈 개업 때 다양한 종류의 본사지원을 이용할 수 있으며, 이와 관련된 사항은 다음 장에서 논의할 것이다. **독립 레스토랑**Independent restaurants은 상대적으로 창업이 용이하다. 창업자에게 요구되는 것은 수천 달러의 자금, 레스토랑 운영에 대한 지식, 그리고 성공에 대한 강한 욕구이다. 독립 레스토랑 경영자의 장점은 컨셉 개발, 메뉴, 실내장식 등에 대해 그들 자신의 것을 만들 수 있다는 점이다. 우리의 습관과 맛이 철저하게 변하지 않는다면 어떤 입지에서든지 독립 레스토랑을 위한 공간은 많다.

레스토랑은 항상 새로 생기고 또한 사라진다. 일부 독립 레스토랑은 소규모

체인으로 성장하며 규모가 큰 기업은 소규모 체인점을 매입하기도 한다. 일단 소규모 체인이 성장과 인기를 갖게 되면 대기업에 매각하기 쉬워지거나 또는 확장을 위한 자본조달이 용이해진다.

소규모 도시에서 레스토랑을 운영하는 초보 경영자는 다른 유명한 레스토랑들처럼 자신도 성공하고 싶은 유혹을 받게 될 것이다. 뉴욕, 라스베이거스, 로스앤젤레스, 시카고, 워싱턴, 또는 샌프란시스코에서 발행되는 저명한 레스토랑 저널들에 의하면, 대도시가 아닌 Des Moines, Kansas City, 또는 Main Town 같은 지역에서도 대도시의 레스토랑과 유사한 컨셉이 등장할 것이라는 느낌을 받게 된다고 한다. 그러나 인구통계학적인 이유로 인하여 이와 같은 고급 컨셉 또는 민족음식 레스토랑이 소규모 도시에서는 성공하기 어렵다.

프랜차이즈 레스토랑

프랜차이즈 레스토랑을 개업하는 일은 레스토랑 경험이 부족한 사람에게는 창업하는 것보다 위험성이 적은 선택 가능한 또 하나의 방법이 될 수 있다. 또는 만약에 당신이 불도저 같은 수완가라면 자신의 레스토랑을 개업하고, 이어서 레스토랑을 하나 더 개업한 뒤에 프랜차이즈 사업을 시작할 수도 있다. 프랜차이즈 본사는 당신이 프랜차이즈 점포로서 성공할 수 있는 요건을 보유하고 있는지를 확인하고 싶어 한다. 그들은 당신으로부터 다음과 같은 사항을 확인할 것이다.

- 프랜차이즈 사업에 대한 가치, 사명, 그리고 본사와의 공존여부
- 다른 사업에서의 성공 경험
- 성공을 위한 동기 보유
- 권리의 매입뿐만 아니라 사업 운영에 필요한 충분한 자금력
- 프랜차이즈에 많은 시간을 투자할 능력
- 상향식^{bottom up} 단계별 교육 시행과 레스토랑 운영의 전반적 관리능력

프랜차이즈 레스토랑을 개업하는 일은 건물디자인, 메뉴, 그리고 마케팅 계획을 포함한 레스토랑 시스템이 이미 시장에서 검증되어 왔다는 점에서 재무적 위험이 가장 적다. 프랜차이즈 레스토랑은 독립 레스토랑보다 많은 이익을 얻기가 용이하지 않다. 프랜차이즈 시스템은 이미 컨셉이 입증되었으며 대부분의 운

영과정이 설정되어 있고, 교육 프로그램도 제공되며 마케팅과 운영지원도 가능하다. 하지만 성공가능성이 낮은 이유는 가맹비, 로열티, 공동광고료 등의 지불, 그리고 실제적으로 가맹점의 최소 수익금 등을 고려해야하기 때문이다.

레스토랑 운영경험이 부족한 사람이 밑바닥에서 시작하는 집중교육과정을 이수할 마음의 준비가 되어 있다면 가맹사업을 시작하는 것도 한 가지 방법일지 모른다. 가맹계약자^{franchisee}들은 프랜차이징이라고 부르는 계약상의 사업협정을 통하여 기존의 사업컨셉을 소유하고, 운영하고 발전시키며 확장하는 기업가라고 할 수 있다.[1] 일반적인 프랜차이즈 사업자들은 다수의 가맹점이 확보되면 확보된 가맹점들의 관리에 전념하고, 야망 있는 레스토랑 경영자는 사업 컨셉에 대한 결심이 서면 지체 없이 자신의 사업을 진행하고 확장하고자 한다.

다음은 프랜차이즈 창업과 관련된 비용의 예들이다.

- *마이애미 서브(Miami Subs)*　3만 달러의 가맹비, 4.5%의 로열티를 요구하며, 그리고 여러 매장의 운영자로서 최소 5년간의 경험, 1백만 달러의 개인/기업 저당, 그리고 5백만 달러의 개인/기업 자산을 요구함.[2]

- *칠리스(Chili's)*　레스토랑 매출성과에 따른 월 수수료(최근에는 월 매출의 4%의 수수료를 요구한다)에 추가로 월 고정임대료 또는 월 매출의 8.5%에 해당하는 최소한의 임대료가 요구됨.[3]

- *맥도날드(McDonald's)*　20만 달러의 차용하지 않은 개인 자산과 4만5천 달러의 가맹수수료를 요구하며, 여기에 레스토랑 매출성과에 기초한 월 서비스 수수료(약 4%)와 월 임대료 또는 월 매출의 일정 비율인 임대료가 더해진다. 시설과 개업 전 비용은 461,000달러에서 788,500달러에 이름.[4]

- *피자 팩토리 익스프레스(Pizza Factory Express Units)*　200~999ft² 면적의 매장, 5천 달러의 가맹수수료, 5%의 로열티, 그리고 2%의 광고수수료를 요구함. 시설비용은 3,200달러에서 9천 달러의 기타 비용과 6천 달러의 개업 식재료를 포함하여 총 2만5천 달러에서 9만 달러에 이름.[5]

- *얼 오브 샌드위치(Earl of Sandwich)*　매장당 75만 달러의 순수 개인자산과 30만 달러의 유동자산 요건을 지니고 있음. 매장 5개당 1백만 달러의 순수자산과 50만 달러의 유동자산을 요구하며, 매장 10개당 2백만 달

러의 순수자산과 80만 달러의 유동자산을 요구한다. 가맹비는 점포당 2만 5천 달러이며, 로열티는 6%임.[6]

프랜차이즈 본사franchisor가 가맹점franchisee에게 제공하는 내용은 다음과 같다.

- 부지 선정과 제안된 입지의 검토
- 설계와 점포 준비 지원
- 개업 준비 지원
- 매니저와 직원 교육
- 개업 전 마케팅 전략의 기획 및 실행
- 매장 방문 및 진행 중인 운영의 조언

레스토랑 프랜차이즈 컨셉에는 수백 개가 있으며 위험이 없는 곳은 없다. 가맹점에 의해 소유되거나 임대된 레스토랑은 매우 성공한 유명한 체인점일지라도 실패할 수도 있다. 프랜차이즈 본사 또한 실패할 수 있다. 적절한 사례는 콜로라도 주의 Golden에 본사를 둔 유명한 보스톤 마켓Boston Market이다. 그 회사의 주식이 일반에게 처음으로 주당 20달러에 제공되었던 1993년에 사람들은 열심히 그 주식을 매입하여 주당 50달러까지 치솟았다. 그러나 1999년에 그 회사가 파산을 선언한 후 주식가격은 75센트까지 하락했다. 많은 매장의 재고가 비용의 일부를 충당하기 위해 경매로 처분되었다.[7] 대부분은 재산을 잃었지만 주식을 매수하고 매도하면서 상당한 서비스 수수료를 챙긴 투자은행은 손실을 보지 않았으며 또한 주식을 일찍 매도한 집단은 주가가 높을 때 팔 수 있었기 때문에 손실 없이 위기를 벗어날 수 있었다. 하디스와 칼스 주니어 처럼 유명한 퀵서비스 레스토랑 체인들도 주가하락기에 사라졌다. 이제는 CKE 소유가 된 두 회사는 소득이 없었던 4년간의 긴 시기를 경험해야 했다.

프랜차이즈 체인이 번창할 것이라는 확신은 없다. 1970년대 중반에 미시간 주의 Farmington Hill에 있는 A&W 레스토랑은 2,400개의 매장을 보유했다. 1995년 그 체인은 600개 이상을 더 개점했으며, 그 해에 매수를 통하여 400개의 매장을 더 확장하게 되었다. 그와 같은 확장의 일부는 키오스크^{kiosks}(가판점포), 화물차 전용 휴게소, 대학, 편의점과 같이 비전통적인 입지에서 이루어졌는데, 그와 같은 곳에서는 풀서비스 레스토랑의 경험은 중요하지 않았다.

레스토랑 컨셉에 따라서 일정 지역에서는 성공할 수 있으나 어떤 지역에서는 실패할 수도 있다. 운영방식에 따라 어떤 운영자에게는 적합하지만 다른 운영자에게는 적합하지 않을 수도 있다. 대부분의 프랜차이즈 운영은 힘든 작업과 장시간을 요구 때문에 많은 사람들이 고된 일임을 인식하고 있다. 만약 프랜차이즈를 통해 사업을 하고자 하는 사람이 충분한 자본이 부족하여 건물이나 토지의 임대방식을 선택한다면, 사업운용비용보다 임대비용에 더 많은 비용을 지불하는 위험이 발생할 수도 있다.

프랜차이즈 본사와 가맹점과의 관계는 대기업에서 조차도 종종 긴장되는 관계가 된다. 이는 보통 서로의 목표가 다르기 때문이다. 프랜차이즈 본사는 최대의 수수료를 원하고, 반면에 가맹점은 마케팅과 직원교육과 같은 서비스에 대해 최대의 지원을 원한다. 때때로 프랜차이즈 본부는 그들의 가맹점과 소송에 연루되기도 한다.

프랜차이즈 본부가 미국 전역에 수백 개의 가맹점을 개점하는 동안, 일부 지역은 포화상태가 되기도 한다. 그 지역에서 수용가능한 수보다 더 많은 프랜차이즈 매장들이 세워지고 있다. 최근 가맹점들은 프랜차이즈 매장이 늘어나는 것은 기존 매장들의 매출을 감소시킬 뿐이라고 불평한다. 예를 들어, 파자헛은 다수 매장의 운영이 가능한 자본력 있는 일부 가맹점주를 제외하고는 가맹점 확산을 중단했다.

해외시장은 몇몇 퀵서비스 체인의 주요한 수입원이다. 맥도날드는 119개국에 매장을 둔 해외 확장의 선두주자였다. 매일 전세계 약 3만 개의 매장에서 약 5천만 명의 고객에게 제공하며, 회사 수익의 절반 정도를 해외에서 얻고 있다.

많은 다른 퀵서비스 체인들도 해외에 많은 프랜차이즈 매장을 보유하고 있다. 초보 레스토랑 경영자는 자신의 지역에서 성공하기 위해 전력을 다하고 있는 반면에, 긍정적이고, 야심 있고, 그리고 열정적인 경영자들은 해외의 미래 가능성에 대하여 깊이 생각하고 있다.

어떤 컨셉을 설정한 기업가는 이를 프랜차이즈 본사에 판매하거나 또는 본사의 도움을 받아 직접 해외로 진출하기도 한다. 왜냐하면 재정적으로 안전하고 그 지역의 법과 문화에 정통한 동업자가 없다면 외국에서 건물을 짓거나 매입하는 것은 어리석은 일이기 때문이다.

미국과 해외에서의 맥도날드 성공 스토리는 지역에 적응하기 위한 조건이 얼마나 중요한지를 입증해준다. 미국에서 맥도날드는 생각지도 못한 입지 또는 실패한 다른 회사 매장 근처에 매장을 개설한다. 해외에서는 지역 관습에 적합하도록 메뉴를 바꾼다. 예를 들어, 인도네시아의 경제위기 때에는 수입이 불가피한 프렌치프라이를 메뉴에서 없애고 감자를 쌀로 대체하기도 했다.

프랜차이즈로 크게 성공을 거둔 사람들의 인생 스토리를 읽게 되면 일단 프랜차이즈가 제대로 설립되면 대체로 순탄하게 항해한다. 도미노피자의 설립자인 토마스 모나한의 예는 다른 종류의 스토리이다. 한때, 도미노피자는 5억 달러의 부채가 쌓였다. 독실한 가톨릭 신자인 모나한은 자신의 죄를 회개하고, 자존심을 버리고, 일생을 "신, 가족, 그리고 피자"에 헌신함으로써 자신의 인생을 변화시켰다고 말했다. 교황 요한 바오로 2세와의 만남으로 인하여 자신의 삶과 개인적이며 영속적인 것으로서의 선과 악에 대한 인식이 변화되었다고 말했다. 이러한 변화의 결과로 연간 약 37억8천만 달러의 매출의 전세계 7,096개 도미노 피자 매장을 보유하게 되었다. 모나한은 소유권의 대부분인 10억 달러를 처분하여 가톨릭교회에 기부하겠다고 발표했다.

최근 대부분의 외식산업 백만장자들은 프랜차이즈 기업이었으나 많은 미래 레스토랑 경영자들, 특히 대학에서 호텔 및 레스토랑 경영을 전공하고 있는 사람들은 퀵서비스 프랜차이즈 가맹점에 대하여 그다지 흥미를 가지고 있지 않다. 그들은 풀 서비스^{full-service} 레스토랑을 소유하거나 경영하기를 더 선호한다. 미래의 가맹자는 외식산업에서의 경험과 자본에 대한 접근성을 검토하고, 어떤 프랜차이즈가 그들에게 적절한지를 결정해야 한다. 만약에 레스토랑 경험이 거의 없거나 전무하다면 그들은 개업에 대한 교육을 제공해주는 비교적 가격이 저렴한 프랜차이즈 레스토랑에서 경력을 시작하는 것을 고려할 수 있다. 검증된 컨셉을 원하는 약간의 경험을 지닌 사람들에게는 1999년에 프랜차이즈 사업을 시작한 Friendly's 체인이 하나의 좋은 선택이 될 지도 모른다. 그 체인은 700개 이상의 매장을 보유하고 있다. 또한, 프리미엄 아이스크림, 샌드위치, 수프, 그리고 퀵서비스 식사로 특징짓는 패밀리 다이닝으로 시작하는 것도 고려할 만하다.

요점을 다시 한 번 강조해보자. 자신의 레스토랑에서 당신이 즐기고 열정을 가지고 싶은 레스토랑에서 일을 하라. 만약에 당신이 충분한 경험과 자금이 있다면, 당신은 자신의 레스토랑을 창업할 수 있다. 그러나 보다 더 나은 것은 동업 또는 소유가 가능하고, 경영주가 은퇴를 고려하고 있으며, 세금 또는 다른 이유로 인하여 초과근무에 대한 보상을 기꺼이 받을 수 있는 성공한 레스토랑에서 일을 하라.

사실상, 프랜차이즈 가맹점주는 기업가이며, 그들 중 많은 사람들은 체인 내에 체인을 만든다. 맥도날드는 퀵서비스 체인 중 최고의 판매시스템 규모를 지니고 있으며, 버거킹이 그 다음이며, 웬디스, 타코벨, 피자헛, 그리고 KFC가 그 뒤를 따른다. 수백 개의 프랜차이즈 회사 중 Subway는 39억 달러의 총매출을 달성했다. 지금부터 10년 후에는 최고의 매출을 가진 회사의 순위가 지금과는 다를 것이라는 점은 의심의 여지가 없다. 최근의 선두업체 중 일부는 매출 저하를 경험하게 될 것이며, 일부는 다른 기업 그 중의 일부는 이전에 레스토랑 사업에 참가한 적이 없던 재무적으로 거대한 회사와 합병을 하거나 매입될 것이다.

SUBWAY® 스토리

적은 투자를 요구하고 프랜차이즈를 원하는 사람에게 적당한 입지를 제안해주는 대규모 프랜차이즈 회사 중의 하나는 Doctor's Associates가 소유하고 있으며, 코네티컷 주 Milford에 본사를 둔 Subway이다. 1965년에 시작한 서버웨이는 83개국에 25,278개의 매장을 보유하고 있으며, 매출은 연간 39억 달러를 상회한다. 프랜차이즈 가맹점주의 책임은 다음과 같은 사항을 포함한다.[8]

- 가맹 수수료 지불
- 임차권 개선
- 기기 임차 또는 구입
- 직원 채용 및 매장 운영
- 매주 본사에 8%의 로열티 지불
- 매주 2.5~3.5%의 광고수수료 지불
- 지역시장의 프로그램에 참가할 시 추가 광고수수료 지불

대신에 프랜차이즈 본사는 다음과 같은 혜택을 제공하기로 약정한다.

- 상품제조 방식과 운영시스템
- 입지 분석
- 본부의 교육 프로그램
- 운영 매뉴얼
- 개업시기 동안 부지 관련 대리인
- 주기적인 점검과 지속적인 지원
- 유익한 출판물 발간
- 마케팅과 광고 지원

서브웨이는 미래의 가맹점을 위해 적극적인 프랜차이즈 가맹점주들의 이름과 주소, 그리고 전화번호를 포함한 정보공개서^{franchise offering circular}를 발행하고 있다. 서브웨이는 미래의 예비 가맹자들로 하여금 그들이 교육하고 있는 레스토랑을 방문해서 관찰할 수 있도록 장려하고 있다.

신규 프랜차이즈 가맹자의 초기 수수료는 1만5천 달러이다. 프랜차이즈 매장을 추가로 운영할 수 있는 자격을 갖춘 가맹자에 대해서는 수수료가 4천 달러까지 낮아진다. 가맹점의 전체 투사비용은 입지와 시설에 대한 수준에 따라서 94,300 달러에서 222,800 달러까지 차이가 있다. 그리고 비선통직인 입지는 상당히 적은 자금을 요구할지도 모른다.

○ 서브웨이 프랜차이즈
매장 내부
Subway 제공

　서브웨이 매장은 학교, 대학, 사무실, 병원, 공항, 군대기지, 식료품점, 그리고 화물차 전용 휴게소, 심지어는 카지노를 포함한 다양한 입지에 위치한다. 괄목할만한 점은 실패율이 1% 미만이라는 사실이다. 여기에는 매장을 매각하거나 본사에 되팔려는 가맹점주의 선택에 의한 것이 부분적으로 포함되어 있다.[9] 회사의 허락여부에 따라서 입지, 영업시간, 제공되는 추가 메뉴들이 유동적일 수 있다. 그러나 서브웨이의 기본 메뉴는 반드시 포함되어 있어야 한다.

　지식과 경험이 없다면 서브웨이 프랜차이즈를 포함한 다른 어떤 레스토랑도 매입(또는 가맹계약)해서는 안 된다. 서브웨이 가맹자는 자신의 비용으로 본부에서 개최되는 프랜차이즈 교육 프로그램에 참가한다. 매년 약 2천 명의 가맹점주들이 경영, 회계와 부기, 인사관리, 그리고 마케팅 등을 망라하는 2주간의 교육과정에 참가한다. 인근 서버웨이 매장 내에서의 직무연수on-the-job training도 총 34시간으로 잘 계획되어 있다. 연수생은 3~4명 단위로 현장에 배치된다.

　구매자는 매출에 근거하여 매주 8%의 프랜차이즈 수수료와 3.5%의 광고 수수료를 지불한다. 구매자는 생명보험에 대하여 선택권을 가지며, 건강보험도 또 다른 선택사항이다. 프랜차이즈 가맹자는 각각 580페이지에 달하는 비밀 운영 매뉴얼의 사본을 받는다.

비용항목	저비용 점포	중간비용 점포	고비용 점포	지불시기When Due
초기 가맹비	$15,000	$15,000	$15,000	가맹계약시
임차료	2,000	5,000	12,000	전대계약시
융자상환금	40,000	75,000	100,000	건축기간중 분할 지급
장비임차보증금	3,000	5,000	7,500	기기 발주 전
보안시스템(모니터비용 제외)	1,000	2,500	6,000	발주 전
운송료(입지에 따라 다름)	2,000	3,750	4,000	배송시
외부 간판	2,000	4,000	8,000	발주 전
개업 준비 재고품	4,000	4,750	5,500	개업 1주간 이내
보험	800	1,500	2,500	개업전
비품	500	900	1,300	개업전
교육훈련비(여비, 숙박비 포함)	1,500	2,500	3,500	교육훈련중
법률과 회계	500	2,000	3,500	개업전
개업 광고	2,500	3,250	4,000	개업경
기타 비용(사업면허, 공공요금, 소도구, 잉여금)	4,000	6,000	8,000	필요시
추가 준비금-3개월분	12,000	26,000	41,000	필요시
총 투자금	$92,050	$157,650	$222,800	N/A

◑ 그림 2-2 서브웨이 가맹점 개점 비용(2006. 4. 미국 달러 기준)
   자료: *www.subway.com, 2006. 9.*

메뉴선택　　다양한 입지에서 서비스를 제공함에 있어 서브웨이의 융통성은 서브마린 샌드위치, 샐러드, 쿠키, 6그램 이하의 지방이 함유된 샌드위치로 특징짓는 저지방 메뉴, 저탄수화물 선택을 특징으로 하는 랩wraps 등 제공되는 음식의 종류에서도 찾아볼 수 있다.

서브웨이는 냉동반죽으로부터 준비되고, 오븐으로부터 신선하게 제공되는 다양한 제빵 품목들이 특징이다. 냉동반죽은 냉장고 속에 있는 리타더기retarder unit에서 해동된다. 빵은 발효기proofer에서 발효시킨 후 대류식 오븐에서 구워지는데, 오븐 안에 있는 팬이 굽는 과정을 촉진시킨다. 제빵 방법은 프랜차이즈 본부에 의해 명시되어 있으며, 세계 공통이다. 신선하게 구워진 제품에는 희고 밀가루에 갈십을 낸 빵, 델리종류이 론, 랩, 조식 셀렉션, 쿠키, 그리고 사과파이 같은 전문품목들을 포함한다.

Subway 역사　　서브웨이 스토리는 공동 설립자인 Fred DeLuca가 17살이 된 시기에 시작되었다. 그와 가족 친구인 Dr. Peter Buck은 서브마린 샌드위치 가게를 위한 사업계획서 수립에 함께 작업했다. 완성하는데 4시간이 걸렸고, Dr. Buck로부터 1천 달러를 빌려서 창업이 착수되었다.

첫번째 레스토랑은 1965년에 코네티컷 주 Bridgeport에서 개업했다. 길이가 긴 대형 샌드위치를 강조하는 "초대형 샌드위치를 드세요"와 "배가 고플 때는 Subway로 서둘러 오세요."라는 광고 슬로건의 도움으로 개업한 첫해 여름은 성공적인 사업이 되었다. 여름이 끝났을 때 대부분의 판매도 끝났다. Dr. Buck은 두 번째 레스토랑을 개업하자고 제안했다. "사람들은 우리가 같은 방법으로 사업을 확장할 것이라고 볼 것이며 우리가 성공할 것이라고 생각한다." 그들은 5개의 매장과 보다 좋은 입지를 가지고 나서야 비로소 이익을 창출하기 시작했다.

DeLuca는 수년에 걸쳐서 프랜차이즈 개발에 대한 시스템을 여러 차례 변경했으며, 프랜차이즈 구매자를 위해 컨셉을 단순하고 상대적으로 저렴하게 유지해 왔다.

퀵서비스 레스토랑

바쁜 미국인들은 가끔 **퀵서비스**$^{guick-service}$ 음식을 선택한다. 최초의 퀵서비스 레스토랑(QSR)은 1870년대로 거슬러 올라간다. 그 당시 플레이트 하우스로 불리던 뉴욕시 푸드 서비스 시설은 점심식사를 약 10분 내에 신속히 제공했다. 많은 사람들이 대기하고 있는 고객들 때문에 식사를 포기해야만 했다. 오늘날 수많은 퀵서비스 레스토랑들은 신속한 제공을 위하여 미리 조리를 해두거나 부분조리를 한다. 퀵서비스 시설에서는 초단위로 계산한다. 퀵서비스 운영자의 과제는 최소한의 시간에 최대한의 고객들에게 음식을 제공하도록 준비시키는 것이다.

음식과 서비스를 제공받기 전에 비용을 지불을 하는 레스토랑을 포함한 QSR 부문은 외식산업의 성장을 촉진시켰다. QSR은 버거, 다양한 형태의 치킨, 타코, 부리토^{burritos}, 핫도그, 프라이, 자이로^{gyros}, 테리야키 등의 특징적으로 제한된 메뉴를 제공한다. 고객들은 메뉴 품목과 가격이 표기된 칼라 와이드스크린이 부착되어 있고, 밝은 조명시설을 갖춘 카운터에서 주문

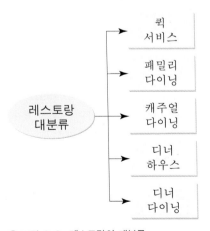

레스토랑 대분류

퀵서비스

패밀리 다이닝

캐주얼 다이닝

디너 하우스

디너 다이닝

◐ 그림 2-3 레스토랑의 대분류

한다. 고객들은 음료와 조미료는 가까이에 위치한 카운터로부터 제공된 트레이에 자신의 음식을 스스로 가져가기도 한다. 비용을 절감하기 위해서 일부 QSR은 소다수를 제공하고, 고객의 요구에 따라 냅킨과 함께 케첩을 건네주기도 한다. QSR은 접근하기 편리한 곳에 위치하면서, 저렴한 가격 대비 높은 가치를 제공하므로 인기가 높다.

Tip

Norman Brinker 스토리

Brinker International의 최고경영자(CEO)인 노먼 브링크^{Norman Brinker}는 야망과 능력으로 회사에서 승진을 거듭했다. 당시 Jack-in-the-Box 햄버거 체인의 신출내기 사장이었던 그는 Philsbury가 매입한 Steak and Ale이라는 자신의 회사에서 외식사업의 첫발을 디뎠다. Brinker는 그 회사의 경영부사장과 이사를 거쳐, 최대 주주가 되었다. 그는 Chili's의 최고경영자가 되었고, 마침내 전세계에 1천개 이상의 매장을 보유한 Brinker International의 회장이 되었다.

브링크는 Steak and Ale, Bennigan's, Romano's Macaroni Grill, 그리고 Chili's를 포함한 외식사업으로 캐주얼 다이닝 분야의 성장에 크게 기여하면서 신뢰를 얻었다. 유사한 캐주얼 다이닝 레스토랑이 1980년대에 개업하였으며, 가끔 대학생들이 제공하는 테이블 서비스, 밝고 명랑한 실내장식, 그리고 패스트푸드 레스토랑보다 한 단계 위인 중간정도 가격의 특징을 지녔다. 종종 새로운 스타일을 선보였는데, 예를 들어, Bennigan's는 바 주위에 화초 배치한 것으로 유명해졌다. Brinker는 레스토랑이 7년의 생명주기를 지니고 있어서, 7년이 지나면 대대적인 변화가 필요하다고 믿고 있었다. 그는 원래의 컨셉이 진부해진다고 느낄 때에는 업그레이드를 시킬 필요가 있다고 하였다.

Brinker 유형의 캐주얼 다이닝 레스토랑은 프랜차이즈를 거쳐, 동업자와의 합작투자, 또는 다른 레스토랑을 인수하여 새로운 주식을 발행함으로써 급속한 확장을 도모했다. 스포츠를 좋아하고 열성적인 승마의 대가인 Brinker는 1993년 폴로 경기 도중 아찔한 사고로 고통을 겪게 되면서 2주 반 동안 혼수상태와 함께 부분마비가 되었으나, 물리치료와 경이적인 의지로 완전히 회복되었다.

오늘날 브닝그는 리더십과 모험적인 삶에 대한 강연을 하고 있다. 그는 모험을 하라며 다음과 같이 말한다 "만약 당신이 하는 일이 즐겁다면, 단 하루만 일하지는 않을 것이다. 노는 것처럼 일하라, 그리고 악착같이 놀아라."

◉ 칠리스는 Norman Brinker에 의해 개발된 성공적인 컨셉의 하나이다.
Chili's Grill and Bar 제공

자료: Norman Brinker and Donald Phillips, On the Brink (Arlington, TX: Summit Publishing Group, 1990)

패스트 캐주얼 레스토랑

퀵서비스 레스토랑과 캐주얼 다이닝 레스토랑 틈새에 패스트 캐주얼^{fast casual} 레스토랑이 자리하고 있다. 고품질의 재료, 신선한 맞춤식 메뉴, 건강식 메뉴, 제한적이거나 셀프서비스 형태, 고급 실내장식과 포장판매^{carry-out}는 패스트 캐주얼 레스토랑의 특징이다. 패스트 캐주얼은 새로운 컨셉으로서 인기 있는 업태로 그 시장이 점차 증가하고 있다. 예를 들어, Rubios Fresh Mexican Grill, Chevy's Fresh Mex, La Salsa와 같은 기존의 체인 및 독립 레스토랑들이 있으며, 텍사스에 본부를 둔 Freebirds World Burrito와 같은 신규 레스토랑도 있다. 또한 Panera, Raving Brands Moe's Southwest, Planet Smoothie, PJ's Coffee and Wine Bar, Mama Fu's Asian House, Doc Green's Gourmet Salads, Shane's Rib Shack, Boneheads Seafood 등과 같이 몇 가지 컨셉이 복합된 레스토랑들도 있다. 독창적 컨셉을 개발한 Chipotle를 비롯해 더 많은 컨셉들이 계속해서 개발되고 있으며, 대부분은 테이크아웃을 통하여 매출을 확대하고 있다. 이 부분의 다른 기존의 선두주자들로는 Atlanta Bread Company와 Au Bon Pain이 있는데 이들은 베이커리-카페들이다.

베이커리가 카페로 변화된 시점은 불분명한데 커피, 샌드위치, 샐러드, 그리고 수프가 요금계산서 상에 개별적으로 기재되면서부터 일 것이다. 신선하게 구워진 빵과 쿠키의 향기는 가정에서 음식을 만들던 추억을 떠오르게 한다. 독립 베이커리-카페와 체인이 확장되고 있는데, 일부는 주로 테이크아웃이며, 나머지는 상당한 규모의 레스토랑이다. 소규모 레스토랑은 새벽 3시부터 업무가 시작되며 숙련된 제빵사에 의해 차별화된 퀵서비스 매장들이다. 많은 베이커리-카페는 고객들의 오해를 살 수 있는데, 이는 직원의 역할을 철저히 단순화시켜서 숙련된 제빵사를 둘 필요가 없도록 만든 운영방침에 따라 매장내에서 모든 공정을 처리하는 것이 아니라 다른 곳에서 빵과 같은 상품을 제조해서 공급하기 때문이다. 독립 베이커리와 체인의 중간적인 접근 방법은 본사에서 생산한 기본 단계의 상품을 가지고, 최종적인 재우기^{proofing}와 굽기 작업만을 담당하는 베이커리-카페로 배송하는 시스템이 있다.

가장 규모가 큰 베이커리-카페 체인인 Panera Bread Company와 Au Bon Pain은 하루 종일 빵을 구우며, 회사는 제빵사를 위한 교육을 담당한다.

매장 직원들은 빵에 대하여 교육받고 어떤 빵이 어떤 샌드위치와 가장 잘 어울리는지를 고객들에게 제안할 수 있다. 다른 대규모 베이커리-카페 체인도 본사 생산 시스템을 도입하고 있다. 예를 들어, 시카고에 본사를 둔 Corner Bakery는 제빵사가 처음부터 150가지 상품을 출시하는 중앙공급식주방을 보유하고 있다.

베이커리-카페는 다양한 분위기와 상품을 제공한다. 텍사스 주 댈러스에 본사를 둔 La Madeleine 체인은 나무 대들보가 있는 다이닝 룸과 진품인 프랑스 골동품을 배치하여 프랑스의 한가로운 시골 분위기를 연출하고 있다. 일부 매장에는 도서관이 있으며, 일부는 와인 저장고가 있다. 점심 메뉴로 수프와 샌드위치 외에도 여러 층의 페스트리 크러스트 사이에 버섯과 베사멜^{béchamel} 소스를 넣어 만든 치킨 프리앙드^{friand}와 같은 품목도 있다. 프랑스 빵 전문점은 초콜렛 에클레어^{éclair}, 크림 브룰레$^{\text{creme brulée}}$, 그리고 나폴레옹 케이크와 같은 품목을 판매하고 있다. 저녁 메뉴로는 소고기 부르귀뇽^{Bourguignonne}과 딜^{dill} 소스를 얹은 연어가 특색이다. 4,500~5,000ft^2 규모의 La Madeleine 각 매장은 120명에서 140명의 고객을 위한 좌석을 보유하고 있다.

보스턴에 있는 독립 레스토랑인 Carberry's는 72 좌석을 보유하고 있으며, 2백만 달러의 매출을 기록하고 있다. 경영주인 Matthew Carberry는 고객이 코로 맛을 감지할 수 있는 향기로운 체험을 제공한다고 말한다. 그의 업장은 신맛의 체리호도와 같은 효모와 건포도, 대추야자, 무화과, 살구, 그리고 신맛의 체리를 넣은 효모를 포함한 40종의 빵을 생산한다. 샐러드, 샌드위치 그리고 포카치아^{focaccias}가 제공된다. 빵을 굽는 전 공정이 매장 내에서 모두 이루어진다.

베이커리-카페는 소규모로 시작할 수 있지만 경영주는 장시간의 근무와 고객수의 증가 속도가 느려지는 것을 예상해야 한다. 대부분의 레스토랑과 마찬가지로 시작하기 위한 최선의 방법은 성공적인 운영자가 되기 위해 근무하는 한 직원으로서의 유대감을 배우는 것이며, 지식을 쌓고 자본을 보유하게 되면 높은 임대료의 입지에 개점을 시도하거나 또는 검증된 자료를 가지고 체인화로 전환하게 된다.

Tip

CHIPOTLE

단기간에 성공 반열에 오른 레스토랑은 거의 없다. Boulder에 있는 콜로라도대학에서 예술사 학위와 조리학교 CIA(Culinary Institute of America)로부터 학위를 받은 32살의 Stephen Ells는 1993년에 덴버 대학 인근에 Chipotle Mexican Grill이라는 퀵서비스 레스토랑을 개업했다. 800평방피트의 공간에 불과한 그 레스토랑은 신선한 라임주스와 밀가루로 만든 큰 사이즈의 토르티야로 감싼 실란트로로 만든 부리토가 특징이다. 살사^{salsa}에 따라 나오는 음식 중에는 구운 칠레^{chile}와 옥수수가 있다. 전통적인 과카몰리^{guacamole}와 콩에는 Ells가 구매할 수 있는 최고의 재료가 포함되어 있다. 1인당 평균 약 6달러에 음료를 곁들인 식사가 제공된다. 치킨, 돼지고기 또는 쇠고기, 구운 고추, 그리고 양파를 혼합하여 요리한 음식에는 숙련된 기술과 감각적인 맛이 배어 나온다. Ells는 자신의 목표는 한 손 가득한 큰 부리토를 15분 이내에 즐길 수 있는 미식가로서의 경험을 할 수 있도록 하는 것이라고 말한다. 그와 같은 컨셉은 새롭지 않으나 Ells가 시도한 방법과 그의 업장 연출은 차별화된다. 첫 매장은 연간 매출이 1백만 달러에 이르렀고, 2006년까지 530개 이상의 매장으로 늘어났다. 착색된 바닥, 물결무늬 금속 장식의 벽면, 강철 파이프로 된 탁자다리와 발걸이 등의 레스토랑 디자인은 그와 같은 컨셉에 어울렸다. 건물 외장재로는 합판을 사용했으며, 이는 전체적으로 잘 어울린다. 현재 McDonald's가 Chipotle의 90%를 소유하고 있다.

패밀리 레스토랑

패밀리 레스토랑은 커피전문점 형태의 레스토랑으로부터 성장했다. 이 분야에는 Bob Evans, Perkins, Marie Callenders, Cracker Barrel, Friendly's, Steak and Ale, 그리고 Waffle House와 같은 우수한 체인들이 있다. 또한 많은 독립적인 가족 경영 레스토랑들도 있다. 패밀리 레스토랑은 종종 시외 또는 시외에서 쉽게 접근할 수 있는 곳에 입지하고 있으며, 가족 단위가 방문하여 쉽게 선택할 수 있도록 준비된 단순한 메뉴와 서비스로 형식에 구애받지 않는 것이 특징이다. 일부는 와인과 맥주를 제공하지만 대부분은 주류를 제공하지 않는다.

캐주얼 레스토랑

캐주얼 다이닝 레스토랑은 보다 편안함을 추구하는 라이프스타일의 추세에 적합하기 때문에 인기가 높다. 이러한 형태의 레스토랑에 대한 정의를 내리는 요소에는 테마가 있는 메뉴품목, 창조적인 바의 메뉴 또는 개선된 와인 서비스, 그리고 안락하고 자기 집 같은 편안한 실내장식 등이 포함된다. 캐주얼 부문에서 인정받는 체인 레스토랑에는 Applebee's, Outback, Chili's, TGI Friday's, Hard Rock Café, 그리고 Ruby Tuesday 등이 있다.

Outback Steakhouse

모든 시기를 통틀어 가장 성공한 컨셉 중의 하나는 Outback Steakhouse이다. 아웃백의 설립자인 Chris Sullivan과 Robert Basham, 그리고 수석 부사장인 Tim Gannon의 "고객이 원하는 것은 안 될 것이 없습니다[No rules, just right]"라는 철학이 그렇게 성공할 것이라는 것은 아무도 상상하지 못했다. 1988년에 아웃백이 개업했을 당시에 쇠고기는 모든 사람의 기호음식이 아니었다. 지금은 880개 이상의 아웃백이 존재한다. Chris Sullivan은 "우리 레스토랑은 매일 강판에 간 신선한 수입 파르마 치즈와 청결한 수입 올리브기름을 사용하여, 가능한 가장 신선한 음식을 제공하고 있다. 중서부 지역의 신선한 곡물을 먹인 최상품 쇠고기를 엄선한 것이며, 우리는 결코 냉동이 아닌 오로지 신선한 치킨과 생선만을 제공한다. 거의 모든 음식은 매일 신선하게 직접 만든다. 우리의 메뉴를 '풍부한 풍미를 간직한' 것으로 묘사하고 싶다."고 말한다.

성공적인 아웃백 컨셉은 1993년에 이탈리아 음식으로 다양화시키기로 결정하고, Carraba's Italian Grill 지분의 50%를 인수했다. 또한 아웃백은 1995년 Carraba's 컨셉의 독점권을 인수하였는데, Carraba's는 개방형 주방에서 주문 즉시 직접 손으로 만든 다양한 이탈리아 음식을 통해 온화한 축제 분위기를 연출하는 캐주얼 디너의 특징을 가지고 있다. 대부분의 모든 컨셉이 지속적으로 성장한 것은 다음과 같은 아웃백의 기업사명 덕분이다.

만약 우리가 우리와 관련된 사람들을 돌본다면, 아웃백의 설립 자체는 바로 성공을 의미한다고 우리는 믿는다. 우리가 아웃백의 일원이 된다면 그 사실만으로도 즐겁고 스스로의 가치를 느끼며 주인의식이 생긴다고 우리는 믿는다. 우리는 개인의 신성함과 다양성의 가치를 인정하고, 친절과 존경심, 이해심으로 사람들을 대접하고 있음을 믿는다. 직원들을 개별적으로 잘 돌봄으로써 아웃백이 자신의 능력을 잘 발휘할 수 있도록 도와준다고 믿는다. 공유한 목표와 공통의 목적을 가지고 서로를 위해 봉사하고, 아웃백 사람들이 서로가 맡은 업무를 잘 처리할 수 있도록 아웃백이 배경이 된다는 것을 우리는 믿는다. 조직의 가장 중요한 기능은 파트너와 매니저가 효율적으로 레스토랑을 운영할 수 있도록 하며, 아웃백 사람들을 후원하는 것이라고 우리는 믿는다.

우리의 목적은 아웃백 사람들이 훌륭한 의사결정을 내리도록 하고, 우리의 원칙과 신념으로 살아갈 수 있도록 준비하는 것이다. 이와 같은 준비는 지속적으로 번창하여, 주주의 가치를 증대시키는 외식기업으로 만들어줄 것이다.[10]

아웃백은 성공을 위한 환대, 공유, 품질, 재미, 그리고 용기라는 다섯 가지 원칙을 가지고 있다. 환대는 받기 위한 것이기 보다는 주기 위한 것으로 정의를 내릴 수 있다. 이러한 요소들을 받아들인다면 아웃백이 지속적으로 성장하고 다른 컨셉들을 취득한다고 하더라도 그리 놀라운 일이 아니다. 1999년에 아웃백은 음식과 와인에 있어서 최상의 것을 제공하며 영업하고 있는 축제의 장소이며, 친구와 가족의 사교장소로 개발된 현대적인 스테이크하우스인 Fleming's Prime Steakhouse를 매입했다. 최상품의 쇠고기와 스테이크 이외에 글라스 단위로 100가지 이상의 와인을 판매하고 있다. 2000년에 아웃백은 영혼을 만족시키는 남부의 안락한 음식을 특징으로 삼는 최초의 Lee Roy Selmon's 레스토랑을 개업했다. 다음해에는 현대식 실내장식과 고급스런 분위기의 인기있는 신선한 해산물 컨셉인 Bonefish Grill을 인수했다. 현재까지 아웃백은 Jimmy Buffett 노래에 영감을 받은 Cheeseburger in Paradise 레스토랑 등 몇 개의 컨셉을 더 시장에 진출시켰다. 다음에는 무엇일까라고 질문을 할지도 모른다. Paul Lee's China Kitchen은 어떨까? 아웃백은 대단한 레스토랑 컨셉들을 엄청나게 축적해 놓았으며, 이 모든 사업은 "좋은 날까지 함께 합시다, 그러면 굉장한 날이 올 겁니다!"라는 접근법으로 시작했다.

파인 다이닝 레스토랑

파인 다이닝^{fine dining}이란 식음료와 서비스가 고품질이고, 보통은 여유로운 레스토랑에서 제공하는 음식과 서비스를 지칭한다. 좌석 회전율은 하루 저녁에 1회보다 적을 수도 있다. 고객 중 많은 사람들은 결혼이나 생일 같은 특별한 경우에 이러한 레스토랑을 이용한다. 상당수 고객은 사업상 접대손님을 모시고 와서

◐ 뉴욕에서 가장 유명한
레스토랑 중 하나인
The 21 Club의 인테
리어
The 21 Club 제공

기업 비용으로 식사비용을 계산한다. 접대고객은 주최자의 호의에 영향을 받아 다른 의사결정을 할 수 있기 때문에 종종 초대받는다.

파인 다이닝은 보통 뉴욕, 샌프란시스코, 팜비치와 같은 도시의 부유층 거주지 또는 중심가에서 찾아 볼 수 있다. 라스베이거스는 관광객과 도박꾼에게 제공하는 파인-다이닝 레스토랑이 몇 군데 있다. 그와 같은 레스토랑은 100석 미만의 좌석을 보유한 소규모이며 개인 소유 또는 동업 방식의 레스토랑이다.

파인 다이닝의 경제학은 일반 레스토랑의 경제학과는 다르다. 식사, 특히 와인 가격이 높다. 평균 객단가는 60달러 이상이다. 임대료도 아주 높을 수 있다. 일반적으로 홍보활동을 위한 예산이 상당한 규모이다. 다양한 요리를 위하여 요구되는 전문지식과 시간, 그리고 매우 숙련된 주방장의 임금 수준이 높기 때문에 인건비가 높을 수 있다. 이익의 성당 부분은 와인 판매로부터 나온다. 세련되고 관록 있는 서비스는 파인 다이닝 경험의 일부분이다. 테이블, 도자기 기물, 유리제품, 은제품, 그리고 식탁용 린넨류는 일반적으로 고급품이며, 그림과 흥미로운 건축물을 포함한 설비들도 모두 높은 가격이다.

◑ Daniel은 요리와 서비스, 분위기의 우아함을 드러내는 파인−다이닝 레스토랑이다.
Daniel 제공

이곳의 메뉴는 푸아그라, 캐비아, 그리고 송로버섯 등 최고급 수입 식재료로 조리된다. 단지 상하기 쉬운 채소류는 신선한 상태로 서비스된다. 다채로운 색깔의 장식은 표현의 일부분이다. 기분을 좋게 만들고 흥미로운 향기가 음식에 첨가되며 업장 전반의 이벤트적인 분위기는 고객의 시각과 청각 및 심리적 경험을 영원히 간직할 수 있도록 계획된다. 보유하고 있는 값비싼 와인의 광범위한 와인 목록 또한 제공된다.

음식의 유행은 계속해서 변화하기 때문에 최고급 레스토랑 운영자는 이러한 트렌드에 뒤쳐지지 않도록 노력해야 한다. 맛이 강한 소스는 약한 소스로 대체되었으며, 식사의 양은 소량으로 바뀌었다. 레스토랑은 외부환경의 변화에 적극적으로 대처해 나가야 한다.

레스토랑 운영자의 입장에서 볼 때, 유사한 부류의 고객들이 방문해주기를 원할 것이다. 하지만, 이러한 운영 방식은 레스토랑을 배타적인 분위기로 만들 수도 있다. 예를 들면, 모든 사람이 볼 수 있도록 입구 근처에 롤스로이스와 같은 고가의 승용차를 주차시켜두는 것이다. 또는 눈에 띄는 테이블에 유명인사를 착석시키는 것도 하나의 방법이 될 것이다. 고가격대의 레스토랑은 부유한 고객에게는 선호되는 곳이겠지만 그곳이 자기와는 어울리지 않는다고 느끼거나 또는 고객이나 직원이 갖고 있는 속물근성을 싫어하는 다른 고객들에게는 거부감을 줄 수 있다.

Four Seasons와 Ritz Carlton 체인 같은 고급 호텔은 프랑스, 아시아, 그리고 미국 음식을 이해하고, 미국조리학교를 다녔거나 명성 있는 레스토랑에서 교육받았으며, 프랑스 음식에 정통한 높은 임금의 조리장을 자랑하는 레스토랑이 있다고 사람들은 믿고 있다. 장래의 레스토랑 운영자는 비록 높은 가격일지라도 최신의 실내장식, 테이블 세팅, 서비스 및 음식에 대한 독특함을 배우기 위해서 호화로운 레스토랑에서 식사를 해봐야 한다. 그러나 보다 좋은 방법은 레스토랑에서 일할 것을 계획하고 있는 사람은 비록 자신이 경험한 것을 적용할 생각이 없다고 하더라도 최상의 음식과 서비스를 느끼기 위해 호화 레스토랑에서 적어도 잠시 동안이라도 근무를 해야 한다.

스테이크하우스

스테이크하우스 레스토랑의 범주에 들어가는 것은 제한된 메뉴로 단순화시켜, 스테이크 애호가와 같이 차별화된 시장에 음식을 판매하고자 하는 사람들에게는 매력이 있다. 많은 스테이크하우스 프랜차이즈 본사는 프랜차이즈 가맹점주를 찾고 있다. 스테이크하우스 컨셉은 스테이크를 특징으로 하지만 제공되는 서비스의 범주는 기본에서부터 최고급 서비스에 이르기까지 광범위하다. 제공되는 스테이크의 크기는 몇 온스의 값이 덜 비싼 쇠고기 조각부터 흰 테이블보 위에 고급스런 자기류에 제공되는 24온스 스테이크에 이르기까지 다양하다. 식재료 원가가 약 34%이며 인건비는 24%에서 28%에 이르는 고급 레스토랑에 비하면, 스테이크하우스는 식재료 원가가 총매출의 50% 정도로 높은 것이 보통인 반면에 인건비는 12% 정도로 낮을 수도 있다. 또 다른 차이는 스테이크하우스 고객 중 남성이 높은 비율을 차지한다. 그들은 숙성시킨 쇠고기를 즐기는데, 그런 쇠고기 안에 들어있는 효소는 특별한 맛을 내고, 육질 내의 결합조직을 매우 부드럽게 만들어 준다.

전형적인 스테이크 애호가는 표면은 불에 그슬리고, 내부는 고유의 맛을 유지기 위하여 매우 뜨거운 그릴 또는 번철 위에서 살짝 데친 스테이크를 좋아한다.

며칠 동안 크라이오박^{Cryovac} 포장지로 싸고 밀봉하여, 마르지 않게 냉장시킨 고기를 습식 숙성^{wet aged}이라고 한다. 건식 숙성^{dry aging}은 온도, 습도 및 기류를 통제하여 15% 이상 무게를 감소시키는 과정으로 진행된다.

스테이크에 대한 지식

스테이크 애호가들은 그들이 선호하는 형태의 스테이크와 스테이크를 만드는 준비과정에 대하여 열변을 토한다. 동물의 등뼈를 따라 붙어있는 등심에서 자른, 가장 운동량이 적은 고기부분인 안심 스테이크는 가장 연한 부위이다. 티본^{T-bone} 스테이크는 허리부분의 작은 부위이며 T자 모양의 등뼈가 포함되어 있다. 중간 허리 부분의 두터운 부위에서 추출한 포터하우스^{porterhouse} 스테이크는 티본과 크기별 텐더로인을 지니고 있다. 대부분의 스테이크하우스는 립아이^{rib-eye} 스테이크, 윗부분의 등심, 로스팅한 프라임 립^{prime rib}을 판촉한다.

미국 전역 수백 곳의 스테이크하우스에서 제공되는 뉴욕 스트립^{New York strip} 스테이크는 탄력있고 조밀한 발골 부위이다. 델모니코^{Delmonico} 스테이크(또는 클럽^{club} 스테이크)는 중간 허리의 앞부분에서 추출한 조그맣고, 뼈가 약간 섞여있는

○ The 21 Club에서 정
  찬을 즐기는 고객들
  The 21 Club 제공

스테이크이다. 써로인^{Sirloin}스테이크는 엉덩이와 정강이 사이의 허벅지 바로 앞부분에서 나온다. 고기의 숙성과 처리방법은 맛에 영향을 미친다. 그러나 근육 내의 섬유질 사이에 박혀있는 지방에 의해 만들어진 마블링의 양은 맛에 더 큰 영향을 미친다.

최상의 운영을 위해서는 기본적으로 약 백만명의 고객을 필요로 한다. 그런 레스토랑은 건물, 시설, 그리고 장비에 상당한 투자를 요구한다. 그 레스토랑은 Outback, Lone Star, Steak and Ale 또는 시장의 중·저가의 다른 스테이크하우스와는 경쟁관계에 있지 않다. Stuart Anderson의 Black Angus 체인 같은 중간 가격의 스테이크하우스는 다른 가격대에 속한 레스토랑과 경쟁한다. 최고급 레스토랑의 40% 이상은 잘 숙성시킨 쇠고기를 제공하며, 연간 5백만 달러의 매출을 기록하는 레스토랑들이 상당수 있지만, 저급의 레스토랑은 연간 5십만 달러의 매출로도 운영이 가능하다. 최고급의 스테이크하우스는 와인과 위스키의 판매 비율을 높이려고 노력하지만, 저급의 스테이크하우스는 맥주와 저가와인을 고집할 지도 모른다. 최고급 스테이크하우스는 일본으로부터 수입한 고베 쇠고기를 비축하여 파운드 당 100달러에 판매할 수도 있다.

2004년에 스테이크하우스는 번성하고 확장일로에 있었다. 의학계는 붉은 고기, 특히 마블링이 많은 붉은 고기는 허리 굵기와 혈관 시스템에 나쁜 영향을 미친다고 주장했다. 그러나 저탄수화물 다이어트의 인기 때문에 파스타 레스토랑을 포터하우스로 변경했으며, 그런 다이어트에 열중한 스테이크 전문가들은 그 맛 또한 더할 나위 없이 좋다고 말했다.

▌씨푸드 레스토랑

식민지 시대의 미국에서 대서양 연안을 따라 풍부한 씨푸드가 터번^{tavern}의 주된 음식이었다. 굴과 여러 종류의 씨푸드는 값싸고 풍부했다. 대구는 뉴잉글랜드에서는 왕의 대접을 받았고 보스턴과 캐리비언 제도, 그리고 잉글랜드 간의 기본적인 교역 대상물이었다. 건조대구는 캐리비언 제도 주민들을 위한 주요한 단백질 공급원이 되었다. 그들이 만든 설탕과 럼주는 영국으로 운송되었으며, 상품으로 제조되어 미국 식민지에 팔았다.

○ Red Lobster는 최대
의 씨푸드 체인으로,
연간 약 28억 달러의
매출을 기록하고 있다.
Red Lobster 제공

씨푸드$^{sea\ food}$ 레스토랑은 미래의 레스토랑 경영자를 위해 운영에 대한 또 다른 선택, 즉 수천 개의 레스토랑에게 고객의 인기가 개선되는 방법을 제시해준다.

수많은 씨푸드 레스토랑은 독립 레스토랑 경영주가 소유하여 운영하고 있다. 677개의 레스토랑을 보유하고 있는 Red Lobster는 연간 매출이 28억 달러이며, 레스토랑 당 평균 매출이 거의 3백만 달러에 달한다. 경제력이 좋은 고객은 씨푸드 한 끼 식사에 주저 없이 30달러를 소비한다.[11]

Shoney's Captain D's와 같은 체인은 평균 객단가가 5.50달러 정도의 저렴한 가격대의 메뉴를 판매한다. 매출의 70%가 어묵요리$^{batter-dipped}$ 품목들이며, 이는 식재료원가를 줄일 수 있다. 어묵은 생선에 비해서 값이 싸다. Captain D's는 그와 같은 컨셉을 프랜차이즈 하고 있다.

양식장에서 기른 생선은 생선의 종류와 식재료원가를 변화시켰다. 프랑스의 가두리 양식장에서 기른 연어가 바다에서 잡은 야생 연어보다 어획량이 50배나 된다. 양식은 일부 해양 생물학자와 수많은 농부를 바다 양식업자로 바꾸어 놓고, 수온과 어류 양식에 관심을 갖게 했다. 미시시피주와 다른 남부 주의 호수에서 기른 tilapia는 상대적으로 가격이 낮다. 어군탐지기를 통해 어획하는 명태도 레스토랑 시장에서는 저렴하다. 가오리와 오징어 같은 다른 씨푸드는 인기리에 양식되고 있다.

씨푸드 가격은 계속해서 오르고 있지만 멕시코, 인도, 그리고 방글라데시에서 기른 새우와 경쟁관계에 있다. 양식업은 계속해서 성장할 것이라고 예측되며, 씨푸드의 가격은 극단적으로 하락할 지도 모른다.

▌민족음식 레스토랑(ethnic restaurants)

멕시코 레스토랑

멕시코 음식은 미국에 있는 보통의 멕시코 레스토랑에서 발견할 수 있는 것보다 훨씬 더 광범위한 선택을 포함하고 있다. 메뉴는 대략 토르띠야^tortillas, 잘게 썬 쇠고기, 실란트로^cilantro, 칠리 고추, 쌀, 콩 등이 있다. 이전의 조리법은 허리부위에 살을 찌우는 주범인 라드^lard라는 돼지기름으로 튀겨내, 미국심장협회가 난색을 표할 정도였다. 오늘날 일부 멕시코 레스토랑은 조리법에 있어서 야채오일을 사용하고 있다. 일반적으로, 멕시코 스타일의 음식은 사용되는 육류의 비율이 낮아서 식재료 원가가 28센트 이하이기 때문에 상대적으로 가격이 저렴하다. 직원 대다수가 이민 1세대의 미국인이거나 최저 임금으로도 기꺼이 근무하는 이민자들이기 때문에 인건비도 낮다.

멕시코 레스토랑의 메뉴, 실내장식, 그리고 음악은 종종 화려하고 자극적이다. 메뉴에는 맛있는 씨푸드 품목과 향긋한 소스가 첨가된다. 밀가루 토르티야로 싼 맛있는 재료로 만든 부리토는 손으로 먹을 수 있는 음식이다. 대규모 멕시코 레스토랑 체인이 되기 전에는 전형적으로 가족이 소유하고 운영하는 영세한 레스토랑이었다. 이와 같은 멕시코 레스토랑은 남서부 주와 캘리포니아에 아직도 많이 있다.

이탈리아 레스토랑

미국에 있는 수백 종류의 민족음식 레스토랑 중에서 피자 체인을 포함하여 이탈리아 레스토랑이 가장 많은 수를 자랑하고 있다. 이탈리아 레스토랑은 미래의 프랜차이즈 가맹점주와 기업가를 위한 일련의 기회와 컨셉을 수정할 가능성을 제공한다.

이탈리아 레스토랑의 기원은 주로 남부 이탈리아 출신의 가난한 이민자와 미국의 동북부 이탈리아 이웃들이 밀집해 있는 곳에서 소규모 식료품점, 바와 레스토랑을 시작한 기업가에게서 비롯된다. 레스토랑은 이탈리아 이웃주민에게 저가에 많은 양의 감칠맛나게 조리한 친숙한 음식을 제공하기 시작했다. 음식은 소맥 밀가루와 물로 만든 페이스트 또는 도우dough와 파스타를 포함한 가정식 음식을 기초로 한다. "끈"이라는 의미를 지닌 'spago'란 단어에서 유래한 스파게티는 전형적인 파스타이다. 또 다른 파스타인 마카로니는 형태가 파이프 모양이다. 이탈리아 북부의 라비올리는 치즈와 고기로 그 속을 채우지만, 남부에서는 고기가 없는 토마토소스로 제공된다. 파스타는 고유한 이름에 따라 다양한 모양을 가지고 있다.

피자는 나폴리가 원산지이며, 제2차 세계대전 중에 그 곳에 있던 많은 미국 병사들이 피자를 즐기는 법을 배웠다. 궁극적으로, 피자는 John Schnatter를 백만장자로 만들어주었으며, 그의 Papa John's 체인은 수백명의 소규모 사업가를 부자로 만들었다.

비록 독립 이탈리아 레스토랑 경영주가 이탈리아 레스토랑 사업의 전형이 된다 하더라도 체인 운영자는 파스타의 컨셉을 세계적으로 확산시키고 있으며, 경험과 신용 등급의 자격을 갖춘 사람들에게 프랜차이즈를 내주고 있다. 프랜차이즈를 위하여 이용할 수 있는 이탈리아 스타일의 레스토랑은 줄을 서서 기다리는 조리 서비스에서 부터 지배인의 접객을 받고, 호화로운 의자에 앉으며, 윤기 있는 은제품에 제공되는 최신의 레스토랑에 이르기까지 폭넓다.

Romano's Macaroni Grill은 신축하고 장비를 갖춰 개업하기까지 350만 달러 이상의 비용이 든다. 고급의 로마 레스토랑에서 그렇듯이 고객이 레스토랑을 방문할 때 신선한 해산물, 농산물, 그리고 다른 여러 종류의 메뉴 품목들을 확인할 수 있다. 광범위한 메뉴에는 목재화덕으로 구운 빵과 피자를 포함하여 30개 이상의 품목이 나열되어 있다.

547개의 매장을 보유하고 있는 Olive Garden 체인은 지금까지 가장 규모가 큰 이탈리아 레스토랑 체인이다. 추측하고 있듯이 많은 이탈리아 스타일 레스토랑은 피자를 특징으로 삼고 있으며, 피자 레스토랑pizzerias이라고 통칭한다. Pasta

House Co.는 상표가 등록된 반달모양의 Pizza Luna를 판매하고 있다. Portobello Frito란 명칭을 붙인 애피타이저는 버섯을 특징으로 한다. Spaghetti Warehouses는 복원된 도시 중심가에, 그리고 보다 최근에는 도시 근교에 입지하고 있다.

어느 점포도 경영주가 이탈리아인이 아닌 Paul and Bill's는 점심용으로 애피타이저, 샐러드, 그리고 샌드위치를 판매하고 있으며, 저녁에는 메뉴가 바뀐다. 샌드위치는 마데이라^{madeira} 소스에 아티초크와 버섯을 곁들인 송아지 스캘로피니^{scallopini} 같은 품목으로 대체된다. 송아지 정강이 고기$^{Osso\ bucco}$는 또 다른 선택 메뉴이다. 포테이토칩은 업장에서 만들며 목재화덕으로 구워진 빵과 피자는 매력을 더해준다.

Fazoli's, Lexington, Kentucky 체인은 패스트캐주얼다이닝으로 간주된다. 고객은 카운터에서 주문을 하고 자리에 앉는다. 수시로 갓 구워낸 빵을 무상으로 무제한 제공하는데, 메뉴에는 스파게티와 미트볼, 라자냐, 치킨 파르메산, 새우와 조개 페투치니^{fettuccini}, 그리고 구워낸 지티^{ziti}(중간크기의 파이프 모양의 파스타)가 있다. 서브마리노^{Submarinos}라 부르는 샌드위치는 7가지 종류가 나온다. 매출의 30%는 드라이브인 시스템을 통하여 이루어진다. 체인 프랜차이즈는 약 400개의 매장을 보유하고 있으며 성장일로에 있다.

◎ Romano's Macaroni Grill은 중저가의 훌륭한 음식과 서비스를 제공하고, 분위기가 좋은 이탈리아 테마 레스토랑이다
Romano's Macaroni Grill 제공

이탈리아 북부 요리를 취급하는 레스토랑들은 대부분 버터와 파르메산 치즈 파우더를 곁들인 녹색의 시금치 국수를 제공한다. 뇨키^{gnocchi}는 세몰리나 밀가루(알이 굵은 밀가루)로 만든 푸딩이다. 살팀보카^{saltimbocca}는 햄과 폰티나 치즈로 둥글게 말은 얇은 송아지 고기를 버터와 마르살라 와인으로 조리하여 만든다. 모짜렐라 치즈는 물소의 우유로 만든다. 밀라노 인근에서 재배한 쌀을 사용하여 만든 리조또는 버터와 치킨 국물로 조리하고, 파르메산 치즈와 사프란으로 맛을 낸다.

중국 레스토랑

비록 모든 레스토랑들 중에서 중국 레스토랑이 차지하는 비율이 낮다고 하더라도, 중국 레스토랑은 수많은 마을이나 도시에서 수년 동안 머물면서 그 지역사회의 한 구성원이 되었으며 북미 대부분 어느 곳에서나 발견할 수 있다. 역사적으로 중국식 레스토랑은 합리적인 가격에 충분한 양을 제공하는 근면한 중국인 가족이 소유하고 있다.

밑바닥이 둥근 커다란 금속 팬인 웍^{wok}에서 회전시키며 조리한다. 밑바닥으로 열을 집중시킬 수 있는 모양을 하고 있다. 가스 연료를 사용하는 웍은 신속을 필요로 하는 고온의 음식조리에 적합하다. 적은 양의 조리는 한 입 크기로 동일하게 나누어 신속하게 만든다. 찜 음식은 바닥에 구멍을 내고 둥근 뚜껑을 씌운 대나무 용기를 쌓아올려 신속하게 조리한다.

중국음식은 사천과 후난(湖南), 광동(廣東), 베이징을 중심으로 한 북방 스타일로 나누어진다. 광동요리는 고기나 해산물로 속을 채운 찌거나 튀긴 딤섬으로 미국과 캐나다에 잘 알려져 있다. 사천요리는 매운 고추를 사용하는 것이 특징이다.

중국요리는 조리장의 출신 지역을 반영해준다. 1850년대 초반, 많은 중국인들은 골드러시에 합류하여 서부 여러 주에 레스토랑을 개업했다. 이런 과정에서 중국요리는 복합적인 형태를 갖추게 되었으며 조리 스타일도 복잡해졌다. 전형적인 중국 정식은 고객 각자가 주요리를 선택하여, 다른 사람과 나눠 먹고 건네주고 하는 방식이다. 최근에는 주식 공모에 의해 자본을 조달하는 새로운 중국 체인 레스토랑이 나타나고 있다.

○ Panda Express는 순
조롭게 성장하고 있다.
Panda Express 제공

P. F. Chang의 China Bistro는 중국 특유의 스타일로 외식산업 시장에 출현했다. 150개의 레스토랑을 보유하고 있고 현재도 확장 중에 있다. 평균 객단가는 앙트레, 애피타이저, 그리고 음료를 포함하여 1인당 약 28달러이다. China Bistro는 중국인에 의해 운영되는 희미한 조명을 갖추고 개방형 주방을 제공하는 레스토랑으로부터 시작하였다. 조리 할 때의 불꽃과 튀김조리 작업 광경을 고객들이 볼 수 있도록 하였다. PeiWei Asian Diner라고 부르는 자매 레스토랑은 약 100개의 업장에서 카운터나 테이크아웃 서비스로 캐주얼 다이닝 경험을 제공하고 있다.

Panda Express는 800여개의 매장을 보유하고 있다. 대부분 쇼핑몰과 일부 슈퍼마켓에 입지한 Panda Express는 이민 온 부부 Cherngs가 운영한다. 조리명장인 Ming-Tsai가 가장 신선한 재료와 조리법을 사용하여 현장에서 모든 앙트레를 준비한다. Panda 레스토랑그룹은 현재 Hibachi-San과 Panda Inn 컨셉도 보유하고 있다.

테마 레스토랑

테마 레스토랑[theme restaurants]은 보통 재미와 환상을 강조하고 있다. 그리고 스포츠, 여행, 구시대 및 예전의 할리우드의 활동 등 거의 모든 활동을 매력있고 낭만적으로 만들려는 생각에서 세워졌다. 유명인들은 많은 테마 레스토랑의 중심이 된다. 일부 유명인사는 부분적인 경영주이며 때때로 레스토랑에 모습을 드러내기도 한다. 예를 들어, 영국 영화배우인 Michael Caine은 동업자와 함께 6개의 레스토랑을 소유하고 있다. George Hamilton은 호텔 내에 있는 몇 개의 레스토랑을 운영하고 있다. 많은 축구스타들은 동업자로서 레스토랑 사업에 참여했지만 시간이 경과하면서 대부분 레스토랑의 운영을 포기했다.

1937년초 캘리포니아의 Trader Vic's 레스토랑은 South Sea Island 테마를 가지고 인기를 얻었는데, 이를 시작으로 이후 수년에 걸쳐 일부 호텔에서 레스토랑 운영에 대한 관심이 높아졌다. 1920년대 세계 헤비급 복싱 챔피언인 Jack Dempsey는 Jack Dempsey's라 일컫는 뉴욕시티 레스토랑과 제휴했다.

1950년대 초에 Joseph Baum은 뉴욕시에 몇 개의 테마 레스토랑을 만들었다. 그는 라틴 아메리카 음식을 주제로 하는 La Fonda del Sol (Inn of the Sun)으로 유명해졌다. 그의 또 다른 초창기 레스토랑인 The Forum of the Twelve Caesars에서는 서버들이 변형된 토가[toga]를 입는 로마시대를 테마로 하여 개점되었다. 와인쿨러로는 로마시대의 헬멧을 사용했다. 한 동안 큰 인기를 누렸던 Planet Hollywood와 같은 테마 레스토랑은 비교적 생명 주기가 짧다. 이러한 레스토랑은 중요 관광지 외곽에 입지하여 잘 운영되었다. 그러나 지역 주민들은 과대광고와 조잡한 음식에 곧 싫증을 느꼈다. 수많은 테마 레스토랑은 이익의 상당 부분 또는 대부분을 레스토랑 로고가 부착된 높은 가격의 기념상품에서 얻는다.

규모가 큰 테마 레스토랑은 대규모 투자를 하며, 건축가, 컬러리스트, 조명과 음향 전문가와 같은 컨설턴트를 고용한다. 색채, 구조, 벽과 마루의 마감재, 가구, 그리고 설비는 감동과 드라마적인 분위기를 만들기 위하여 복합적으로 연출된다. 그와 같은 종류의 테마 레스토랑은 라스베이거스와 대도시에 개점하였으며 많은 예산이 요구된다. 그리고 드라마나 영화 속에서 레스토랑 사업으로 실패하는 경우의 등장으로 인해 종종 실패한다. 새로운 것은 이내 싫증이 나게 되고 고객은 좀 더 안락한 식사를 추구한다. 많은 테마 레스토랑에서 음식은 화려한 모습을 보조하는 부수적인 것에 지나지 않는다.

대부분의 대규모 테마 레스토랑들이 자본은 물론 운영에 많은 비용이 소요된다. 예를 들어, Rain Forest Café는 고객이 열대우림에 있는 것 같은 착각을 일으키게 하는데 많은 자금이 투입된다. 레스토랑에는 정규 직원 이외에도 4명의 조류 조련사와 한명의 보조, 수생 동·식물 관리기사인 전담 큐레이터^{carator}를 보유하고 있다. 실내장식에는 9개의 발이 달린 악어, 살아있는 상어, 열대 어종과 나비 등 전기로 움직이는 여러 가지 동물들을 포함한다. 이러한 실내장식의 창안자인 Steven Schussler는 레스토랑이 적어도 200석은 보유하고 있어야 한다고 조언한다.

소매점과 레스토랑 디자인 분야의 저명한 작가인 Martin M. Pegler는 그의 저서 『Theme Restaurant Design』에서 유럽과 미국에서 성공한 60개의 테마 레스토랑을 기술하고 있다. 그는 테마 레스토랑을 다음과 같이 6개의 범주로 나누고 있다.

- 할리우드와 영화
- 스포츠와 스포츠 이벤트
- 시간 – 아주 먼 과거
- 레코드, 라디오와 TV
- 여행 – 기차, 비행기, 그리고 증기선
- 생태계와 우리 주변의 세계[12]

일부 테마 레스토랑은 구세대에 어필을 하며 향수를 자극하는 옛 모습을 보여준다. 덴버의 Flat Pennies는 철도를 테마로 하고 있다. 강철로 된 철로는 바의 캐노피^{canopy}를 지탱하고 있으며, 발걸이^{footrail}로도 사용되고 있다. 가로등의 기둥은 한 때 철로 궤도의 경계를 이뤘던 전신주를 암시한다. 거대한 Santa Fe 기차 전면부의 벽화는 레스토랑 안으로 직접 향하고 있는 것처럼 보인다.

뉴욕의 Motown Café는 음악의 여러 분야와 미국 음악사를 반영하기 위해서 디자인 되었다. 1950년대와 1960년대를 위한 향수는 테마의 일부분이다. 2층의 캐릭터숍은 수입의 상당 부분을 차지한다. 대부분의 고급 테마 레스토랑에서는 활기찬 원색이 널리 사용된다.

라스베이거스의 Dive 레스토랑은 해저에서 식사하는 환상적 분위기를 연출했다. 건축가, 디자이너, 그리고 색, 음향 및 상상력을 이용한 컨설턴트로 구성된 팀이 엄청난 비용을 들여 업장을 디자인했다. 그 레스토랑은 너무나 비용이 많이 들고 특이해서 많은 사람들이 즐거움을 추구하기 위해 모이는 몇 곳에서만 성공할 수 있었다. 대부분의 실패한 레스토랑이 그렇듯이 Dive는 고객들이 레스토랑을 반복해서 찾아오는 것에 신경을 쓰지 않는다. 인기 메뉴는 서브마린 샌드위치이며, 가격은 계획하고 건축하는 데 소요된 비용을 메울 수 있을 정도로 매우 높게 책정하였다. 대다수의 테마 레스토랑처럼 Dive는 음식보다는 오락에 더 많은 노력을 경주했다. 수입의 상당 부분을 음식 판매 보다 기념품 판매를 통해 획득하고 있다.

캘리포니아 애너하임의 Tinseltown Studios는 당신이 영화에 출연하고 싶은지를 묻는다. 만약 그렇다면 Tinseltown으로 가서 입장료가 1인당 45달러를 내고 1,500만 달러가 투자된 화려한 테마파크와 레스토랑가에 입장하라. 그곳은 700개의 좌석이 배치되어 있으며, 4만4천 평방피트에 이르고 흥분한 10대들이 사인과 사진찍기를 요청하며 방문객을 둘러싼다. 저녁식사가 끝날 무렵에 사진을 구매할 수 있다. 일부 방문객들은 무대 뒤의 스튜디오로 안내되어 영화의 한 장면 속으로 편집된다. 모든 사람은 자신의 역할에 대한 어떠한 노력도 하지 않고서도 유명해진다. Tinseltown의 직원으로부터 스포트라이트, 카메라, 그리고 박수갈채를 받음으로써 방문객은 유명인사가 된 것처럼 느낀다. 그 곳은 환상과 대단한 갈채의 본 고장인 디즈니랜드와 매우 유사하다. 경영주가 Ogden Entertainments인 이 레스토랑의 주요 디너 메뉴는 스테이크와 연어이며, 구입할 수 있는 기념품도 상당수 갖추고 있다.

미래의 레스토랑 경영자는 아일랜드 역사를 다양한 무대에서 연출하고 다양한 펍pub의 모습을 제공하는 캐주얼 체인인 아일랜드 펍 Fado 중 한 곳을 방문해도 좋다. 거의 모든 실내장식 품목은 아일랜드에서 제작된다. 한 업장은 5개 구역으로 구분되어 있으며, 각 구역은 아일랜드 역사의 일부분과 공예품으로 연출되어있다. 'Fado'란 어휘는 게일어Gaelic로 "오래전"을 의미한다. 비공식적인 행사는 "착석해 주세요"라는 문구의 펍 입구 표지판에서부터 시작된다. 아일랜드에서와 마찬가지로 고객은 레스토랑 분위기의 일부분이 되기를 기대한다. Guinness Stout, Harp Lager, Bass Ale와 같은 저명한 생맥주가 흥겨운 분위기를 자극하며, 주류는 매출의 약 70%를 차지한다. 조리사와 서버는 개성을 존중해주는 아일랜드 전통방식으로 교육받는다. 각각의 Fado 펍에는 진정한 아일랜드 어조와 철학을 전달하기 위하여 한명 이상의 아일랜드인을 직원으로 보유하고 있다. 매니저는 아일랜드 출신이거나 지역 출신이다.

음악은 오락의 일부분이며, 특별한 경우에는 전통적인 지그^{jig} 춤이 공연되며 가수가 직접 초청되어 라이브로 연주 되기도 한다. 배경음악은 점심과 저녁 식사시간에 연주되고 자정이 지나면 객석으로 이동하여 연주된다. 음악은 고객의 연령에 따라 바뀌는데, 예를 들어, 초저녁에는 연세가 지긋한 고객을 위해 부드러운 음악으로 시작하여 밤이 점점 깊어감에 따라 20대에서 40대 성인을 위한 보다 생동감 있는 음악을 연주한다.

아일랜드의 주요요리와 동시대에 유행하는 요리 둘 다 제공된다. 콘비프와 양배추 또는 연어로 속을 채운 포테이토 팬케이크가 인기 있다. 닭 가슴살, 버섯, 당근, 그리고 양파를 넣어 만든 커티지^{cottage} 파이는 또 다른 기호음식이다. 미국에 있는 10곳의 Fado의 평균 매출은 연간 약 375만 달러이다.[13]

테마 레스토랑은 컨셉이 천차만별이어서 모두 분류할 수가 없다. 다른 레스토랑들과 마찬가지로 재방문이 가능한 단골고객을 중심으로 그들이 필요로 하는 시장을 만들어야 한다. 미래의 레스토랑 경영자는 시간을 투자하여 자신의 계획을 수립하고 적응시키기 위한 아이디어의 획득을 위해 이러한 레스토랑들을 방문해야 할 것이다.

일본음식 스타일 레스토랑인 베니하나^{Benihana} 체인도 테마 레스토랑으로 간주할 수 있다. 별개의 테이블 그릴에서 매우 숙련된 썰기 작업을 하는 조리사의 잘게 썰기와 주사위 모양으로 자르기 같은 눈부신 묘기는 기억할만한 무대이다. 테마 레스토랑과 경계를 이루는 다른 민족음식 레스토랑의 예는 다음과 같다.

- 캘리포니아 Palo Alto의 Evvia Estiatorio는 캘리포니아의 미적 감각을 지닌 그리스풍 터번을 연상케 한다.
- 시카고의 Tapas Barcelona는 스페인 지방의 타파스(전채요리)와 마리스코(씨푸드)를 특징으로 한다.
- 일리노이 Oak Park의 Cucina Paradiso는 이탈리아 북부요리를 특징으

로 한다. 생생한 벽화, 노출된 벽돌작업, 그리고 스테인리스 강철로 만든 파스타 조각물이 분위기를 더한층 높인다.

훌륭하게 디자인된 모든 민족음식 레스토랑은 한 국가의 문화를 상징하는 조리법, 음식, 그리고 실내장식을 한 테마 레스토랑이라고 할 수 있다. 이와 같은 레스토랑으로는 멕시코, 모로코, 중국, 한국 등이 있으며, 또는 태국-프랑스, 이탈리아-중동, 또는 일본-중국 등 음식이 조합된 레스토랑을 예로 들 수 있다. 레스토랑이 이국적인 음식을 선보이고, 어떤 국가의 의상을 입고 서비스하고 전통적인 민속 고유의 색채와 공예품을 사용하여 장식한 것을 특징으로 하기 때문에 흥미롭다면, 그 레스토랑은 테마 레스토랑으로 분류할 수 있다.

◎ 시카고의 Charlie Trotter's는 최고급 레스토랑 중 하나이다. 이 레스토랑은 제철식품과 유기농 식품의 사용을 강조한다
Charlie Trotter's 제공

오너 쉐프 레스토랑(chef-owned restaurants)

크게 동기부여가 된 사람인 오너 쉐프^{owner chef}는 경험의 이점을 갖고 있으며, 레스토랑의 성공에 똑같은 관심을 가진 배우자나 파트너로 부터 종종 도움을 받는다. 그러나 대부분의 조리사들은 비용, 마케팅, 그리고 레스토랑의 성공에 필수적인 "숫자"에 대한 지식이 부족하다. 많은 오너 쉐프들은 성공을 위하여 조리 준비와 장식만큼 입지와 다른 요소가 중요하다는 것을 힘든 방법을 통하여 배운다. 유명 레스토랑에서 직원으로 일을 하게 되어 훗날 주방장이 되면 연간 10만 달러 이상의 보수를 받지만 레스토랑을 소유하여 운영하는 것은 상당한 위험이 따른다. 오너 쉐프가 사업에 성공하여 아주 부자가 된 경우는 일부이고, 대부분 사업에 실패하기 때문에 성공하게 되면 갈채를 받게 된다.

오너 쉐프는 아버지는 주방장이고, 어머니는 금전등록기가 있는 자리에서 레스토랑 운영을 감독하는 경우가 미국의 전통적인 패밀리 레스토랑에서의 모습이다. 이러한 가족의 자녀들은 어린 나이에 일을 하기 시작하고, 필요한 자리를 채우기도 한다. 중국, 그리스, 독일, 멕시코, 그리고 나머지 에스닉 레스토랑은 식민지에 터번이 생성되던 때 이래로 이러한 형태로 성장하였다.

명성과 부를 동시에 추구하고자 하는 오너 쉐프는 일정 기간 동안 여러 번 언론에 자신의 레스토랑을 노출시키기 위해 언론매체의 홍보직원과 계약을 체결하는 것을 고려해 볼 수 있다. 능력 있는 홍보직원은 누구를 대상으로 홍보할 것인지, 그리고 레스토랑과 오너 쉐프에 대해 흥미 있는 이야기 거리를 만들어 내는 방법뿐만 아니라 레스토랑에 대해서도 많은 것을 알고 있다. 판촉에 관심이 많은 오너 쉐프와 레스토랑 경영주들은 TV 프로그램에 직접 출연하거나 자선행사에 참여하는데, 이는 레스토랑에 투자한 배우나 스포츠 스타가 개인적으로 자신의 레스토랑을 방문한다는 사실이 언론에 노출되면 그 레스토랑이 더 유명해진다는 것을 잘 알고 있기 때문이다.

오너 쉐프가 해야할 첫번째 과업은 경영과 조리 전처리, 그리고 마케팅을 대행할 대리인을 물색하는 것이다. 이러한 준비는 몸이 아프거나 가족의 응급상황, 그리고 휴가 기간에 대신 관리를 해줄 수 있는 경험이 풍부한 사람이 준비되어 있음을 보장해준다.

결혼이나 동업자와의 분쟁 가능성을 고려하라. 성공적으로 레스토랑을 유지하려면 수많은 스트레스를 받게 되는데, 예를 들면, 식사 마감시간을 맞추거나, 배달 지연, 배관 고장, 그리고 기타 예기치 않았던 사고 등을 잘 해결해야 한다. 공동으로 레스토랑을 소유하고 있다면 불화에 시달릴 수도 있다. 만일 남편과 아내가 공동사업자가 되면 비용이 많이 들고 스트레스를 많이 받는 추한 소송에 연루될 수 있어 이혼에 이를 수도 있다. Wolfgang Puck와 Barbara Lazaroff 는 부부조리사이며 공동경영자로 잘 알려져 있다. 오스트리아 출신인 Puck은 로스앤젤레스의 Ma Maison 레스토랑에서 조리사 동업자로서 약간의 명성을 얻었으며, 그후 그와 부인은 역시 로스앤젤레스에서 Spago라는 레스토랑으로 유명해졌다. 개방적이고 우호적인 인품과 레스토랑에 대한 열정이 성공한 이유 중 하나였다. 필요할 때에는 주방에서 하루에 16시간 일할 수 있는 능력이 또 다른 이유다. 예를 들어, Spago 근무 시에 그는 오전 8시에 일을 시작하여 다음 날 새벽 1시까지 계속 일했다. Puck의 부인은 마케팅과 레스토랑과 관련된 새로운 계획의 많은 부분을 처리했다.

Spago에 있는 동안, Puck은 조리할 식재료를 직접 눈으로 확인하고 만져보고 구입하는 것이 중요하다고 생각했기 때문에 일주일에 5번씩 로스앤젤레스 중심가에 있는 수산시장으로 갔다.

1982년에 그의 새 부인과 함께 Spago를 인수한 것은 Puck에게는 현실적인 시도였다. 부부는 단지 3,500달러만 가지고 있었으며 만일 6만 달러를 대출받는데 연대보증을 해줄 친구가 없었다면 개업할 수가 없었을 것이다. 나중에 그들은 보다 넓은 주차공간을 확보하기 위한 부지 매입에 80만 달러를 투입해야 했다. 다른 2명의 동업자가 각각 3만 달러를 투자했다가 1만5천 달러씩을 더 추가하였으며, 나머지는 20명 이상의 다른 투자자들로부터 모을 수 있었다. 몇 년 내에 Puck과 Lazaroff는 천만 달러 이상의 가치를 지닌 레스토랑이 되었다고 말했다. Puck의 사례를 통해서 레스토랑을 유지하는 도중에 발생하는 어려움의 정도와 결단, 인내, 열정, 건강, 그리고 신용을 통해서 성취할 수 있는 것들을 배우게 된다. 자산을 관리한 부인과의 동업관계에서 Puck은 오너 쉐프로서 폭넓게 인정받는 것을 즐겼다.

도쿄로부터 파리에 이르기까지 많은 레스토랑들이 그의 요리 스타일을 모방했으며, Wolfgang Puck Food Company는 냉동피자를 전 세계의 수많은 식료품 체인을 통하여 판매하고 있다. Puck과 Lazaroff는 자선단체들과 사회적

이슈에 대한 관심과 지원으로 유명해졌다.

새로운 레스토랑 경영자들을 향하여 Puck은 열심히 일하고 인내하라고 충고한다. 그는 자신이 소유한 레스토랑들은 전쟁터를 방불케 했다고 말한다. 성공은 쉽게 이루어지는 것이 아니라는 것을 그의 발자취가 증명하고 있다. 그는 14세에 견습생으로 시작하여 프랑스에서 몇 년 동안 일했다. 1974년에 그는 Ma Maison 레스토랑에서 Patrick Terrail과 동업자가 되었고, 또한 Ma Maison 조리학교를 관리했다.

Spago를 개업한 이래로 그는 계속해서 수많은 레스토랑을 개업했다. Puck과 Lazaroff의 동업관계는 많은 다른 유형의 레스토랑을 디자인하고 경영하는 등 다른 사람들이 거의 하지 않은 일들을 했다. 총주방장executive chef과 조리장sous chef이 각각의 레스토랑을 이끌었다. 조리사들은 자신의 어조와 개성을 가미한, 훌륭한 역량을 지닌 스타들이라고 Barbara Lazaroff는 말한다.[14]

조리사가 되기 위해 필수적인 기술, 재능, 그리고 인내에 대한 이야기는 Andrew Dornenburg와 Karen Page의 저서 *Becoming a Chef*에 상세히 적혀있다. 그 책은 조리사 교육과정을 담당하기 위해 요구되는 기술, 기질, 그리고 시간배정에 대하여 알고 싶은 사람이라면 누구나 읽을 가치가 있다.[15]

○ Wolfgang Puck과 Barbara Lazaroff의 작품 중 하나인 Spago Beverly Hills *The Beckworth Company* 제공

Tip

주방의 이상주의자, ALICE WATERS—CHEZ PANISSE

부드럽게 말하자면 Alice Waters는 음식과 지구와의 관계에 대한 우리의 생각을 환기시키기 위한 사명을 가지고 있다. 그녀의 글에서 인간적이고 건강에 좋은 방법으로 재배한 가장 신선한 지역에서 자란 유기 재배된 제철 농산물과 육류만을 사용하는 것의 중요성에 대하여 재차 강조하고 있어 주방의 철학자라고 부른다.

Waters는 프랑스 문화 연구분야로 UC Berkeley에서 학위를 받았다. 교육의 목표는 어떤 학과에 대한 정통함이 아니라 자신과 지구에 대한 책임감에 대해 정통하는 것이라고 그녀는 말한다.

Waters는 레스토랑 사업을 시작할 때 재정적인 문제를 가지고 있었다. 그녀의 아버지는 그녀가 시작할 수 있도록 도움을 주기 위하여 그의 집을 저당 잡혔다. Chez Panisse를 개업한 1971년에 시간당 5달러를 받는 직원을 50명이나 보유하고 있을 정도로 필요 이상의 직원을 두었다. 그 레스토랑은 얼마 가지 않아서 빚이 4만 달러가 되었다. 주방기물점을 운영하던 한 여성이 레스토랑을 너무나 사랑한 나머지 모든 비용의 지불을 감당했다. 하지만 그녀는 곧 Alice의 재무적 동기부여가 부족함을 알게 되었다. 다른 사업파트너들이 Good Samaritan을 매입했지만 그 레스토랑 또한 이익을 내는데 8년이나 걸렸다.

Waters는 "완벽한 어린 상치와 가장 좋은 염소 치즈"에 대한 욕구를 포기하지 않았다. 그 레스토랑은 이제 자체적 예산으로 운영되고 있으며, 일부 직원은 그 레스토랑의 주식을 소유하고 있다. 그래서 그 곳은 이제 돈벌이가 되는 곳이 되었다. "가장 좋고 가장 신선한" 음식재료를 선택하고 있음을 확인하기 위하여 Waters는 음식재료를 찾아다니고, 그 지역에 있는 60명의 농부와 대규모 농장으로부터 가장 좋은 것을 구하기 위하여 유기농산물 수집가를 고용하고 있다.

그녀의 레스토랑과 출판물을 통하여 Waters는 국가적인 관심대상이 되었으며 엄청난 명예를 얻게 되었다. 그녀의 두 레스토랑인 Chez Panisse Café와 Chez Panisse Restaurant로 고객이 꾸준히 찾아올 뿐만 아니라, 주방장, 요리 작가, 그리고 다른 사람들이 음식을 먹기 위해 아주 먼 곳에서도 찾아온다. Chez Panisse는 7일동안에 제공할 메뉴를 미리 발표하는데, 이는 메뉴의 다양성과 우수성을 나타내는 것이라 할 수 있다. 그 곳의 메뉴는 점심과 저녁에 매일 2회씩 바뀐다.

환경친화의 복음과 신선한 유기농산물만을 먹을 필요성을 확산시키기 위하여 Waters는 일종의 텃밭 가꾸기인 Edible Schoolyard 프로젝트를 기획하였는데, 이제 텃밭 가꾸기는 초등학교 교과과정의 일부분이 되었다. 그녀는 또한 San Francisco County Jail의 원예학 프로젝트와 그와 관련된 Garden Project의 고문으로서 참여하고 있다. 1997년, 그녀는 James Beard 재단으로부터 '올해의 인도주의자 Humanitarian of the Year'로 선정되었다.

⊙ California Cuisine의 개척자인 Alice Waters
Alice Waters 제공

여성 오너 쉐프

레스토랑 경영자 또는 동업사업자로서 자신의 재능을 잘 발휘해 나가는 여성 조리사들도 많다. 캘리포니아 산타모니카의 명성이 있는 Border Grill의 공동 경영주인 Susan Feninger와 Mary Sue Milliken은 조리 지식과 쇼맨십 재능을 지닌 훈련된 조리사가 동업을 할 때 발휘되는 능력의 좋은 예가 된다. 레스토랑은 적어도 50%의 확률이 있는 무대라고 할 수 있다. Border Grill을 포함하여 많은 레스토랑에 있어서 그것은 사실이다.

미국조리학교 출신인 그들은 1978년 시카고의 Le Perroquet에서 근무하는 동안 만났다. 나중에 그들은 프랑스 요리를 배우고자 하는 조리사들을 위해 기획된 프랑스 요리연수 여행을 다녀왔다. Feninger는 Riviera가의 Oasis에서, Milliken은 d'Olympe 레스토랑에서 근무했다. 미국으로 돌아오자마자 그들은 동업자가 되어 로스앤젤레스에서 조그마한 City Café를 개업했다.

산타모니카의 Border Grill을 개업하기 전에 그들은 두루 여행을 다녔고, 캘리포니아 주 La Brea에 City Restaurant를 하나 더 개업했다. 활기가 넘쳐흐르고, 재미거리를 좋아하고, 외견상으로도 무한한 에너지를 지닌 그들은 요리와 레스토랑 분야의 명사가 되어 5권의 요리책을 썼다. 또한 *Too Hot Tamales*라는 TV 시리즈에 출연하게 되었다. Feninger와 Milliken은 수준 높은 요리 지식을 TV화면과 라디오를 통하여 알렸다. 그들 둘 다 가르치는 것과 고객과의 호흡을 즐겼다.

1999년에 그린콘green corn 타말레tamales와 세비쉐ceviche(토마토, 양파, 그리고 실란트로와 함께 라임 쥬스에 절인 회와 씨푸드) 같은 애피타이저와 칠면조 토스타다와 생선, 양고기, 그리고 카르니타스carnitas(작은 조각으로 조리된 육류)로 만든 것을 포함하여 다양한 타코와 같은 점심 메뉴를 제공하는 Border Grill의 자매업장을 라스베이거스에 개업했다. 레스토랑 입구에서는 다양한 타코를 제공하였고, 바에서는 20여종의 우수한 테킬라를 제공하였다. 이 레스토랑에 대한 더 넓은 것은 웹사이트 www.bordergrill.com에서 찾아볼 수 있다. 그들의 최근 레스토랑인 Cuidad에 대한 색조, 생기 넘치는 분위기, 그리고 메뉴는 www.ciudad.la.com에서 찾아볼 수 있다.

물론, 레스토랑 경영주나 프랜차이즈 가맹점주 중에 Feninger와 Milliken

만큼의 열정과 특별한 재능을 가진 사람은 거의 없다. 재미를 즐기고 직원과 고객 모두의 사기를 진작시켜주는 사람을 반드시 직원으로 채용해야 한다. 전문적인 홍보계통의 사람들 또한 레스토랑의 이미지에 재미를 불어 넣어 줄 수 있다. 레스토랑 사업은 개업하는 사람마다 사회적, 교육적, 그리고 민족적 출신배경이 다양하기 때문에 민주적이다. 많은 여성들이 레스토랑 사업에서 체인의 대표로서도 크게 성공하였다. 예를 들어, Ruth's Chris 스테이크하우스의 설립자인 Ruth Fertel은 미국에서 가장 큰 고급 레스토랑 체인을 운영했다.

Auntie Anne의 Anne Beiler는 1988년에 펜실베이니아 Gap에 암만교도[Amish] 농부들의 시장에서 부드러운 롤 모양의 프레첼[pretzels]을 도입했다. 프레첼은 고객이 보는 앞에서 손으로 말았고 오븐에서 방금 구운 신선한 것을 제공했다. 오늘날 890개의 점포에서 연간 2억5천만 달러의 매출을 기록하고 있다. Beiler는 통밀, 할라피뇨[jalapeño](매운 고추), 그리고 건포도 같은 프레첼에 덧입히는 재료를 고안해 내기 위해서 마케팅 전문가를 고용했다. 프레첼 애호가도 초콜릿, 캐러멜, 그리고 마리나라[marinara](파스타 소스의 일종)로 코팅한다.[16] IHOP의 사장인 Julia Steward는 법인 레스토랑의 높은 지위에 올라 지금은 소유하거나 프랜차이즈를 낸 레스토랑이 1,206개에 이르며, 연간 19억 달러의 매출을 기록하고 있다.

일부 아프리카 출신의 미국인은 대규모 패스트푸드 회사의 프랜차이즈를 도심 입지에 얻어 큰 성공을 거두었으며, Valerie Daniels-Carter가 한 예이다. 그녀는 C&F Holdings의 사장이자 최고경영자로서 미국에서 버거킹과 피자헛 프랜차이즈 중 가장 규모가 큰 소수민족의 경영주이다. 그녀의 남자 형제와 함께 사업을 한 Daniels는 그녀의 아버지가 그랬던 것처럼 스스로 일 중독증 환자라고 말한다. 1984년에 그녀는 프랜차이즈를 처음으로 매입했고, 이 후 1999년까지 위스콘신, 미시건, 그리고 뉴욕에 98개의 점포를 보유했다. 많은 회사 매장이 가난한 도심에 입지하고 있다. 직원과의 관계에 대한 견해에 대하여, 그녀는 "사람들을 고용할 때, 나는 도덕적인 입장, 근무 경험, 추진력, 그리고 진취성을 찾는다."라고 말한다. 추가로 매장을 구입할 때, "모든 사람에게 경제적인 의미가 있어야 하며, 매우 중요하게도 매니저나 접시닦는 사람을 포함하여 모든 사람에게 기회를 제공해야 한다."고 말한다. 직원에 대한 관심을 반영하는 예로, 그녀는 일부 점포의 근무자와 직원의 안전을 위하여 근무시간을 단축시키도록 버거킹과 타협했다.

미래의 전형적인 레스토랑 매니저는 여성이 될 것이다. 가정을 가진 여성이 레스토랑을 경영하기 위하여 일부 개인의 삶과 시간을 희생한다고 하더라도 스태미나와 야망을 가진 여성은 비슷한 배경을 지닌 남성보다 경영을 더 잘 할 수도 있다. 여성들이 세심함, 공중위생, 그리고 용모에 대한 관심이 크다는 점에 동의한다. 덧붙여, 여성들은 남성보다 고객에 대하여 민감하고 보다 적극적이다. Les Dames d'Escoffier와 Round Table for Women in Foodservice와 같은 두 개의 전국적인 조직망은 레스토랑 산업에 있어서 훌륭한 여성 전문가 네트워크이다.

중앙집중 택배형 레스토랑

싱싱한 꽃 배달과 같은 방법으로 음식도 인터넷을 통하여 주문하고 배달되고 있다. 요즈음 외식산업은 주문과 음식준비를 센터에서 담당하는 컨셉으로 바뀌고 있다. 그곳에서 피자와 멕시코, 이탈리아, 그리고 중국요리 같은 4-5가지 인기 있는 요리품목이 준비되어 자동차와 오토바이 또는 자전거로 그 지역에 배달된다. 센터는 일련의 전화교환원과 점원이 인터넷이나 전화로 주문을 받는 곳일 수도 있다. 택배센터는 신용카드 정보를 점검하고 처리하여 정산을 위해 컴퓨터를 사용한다.

택배방식은 개인 피자점과 피자 체인에 그 기반이 잘 구축되어 있다. 배송에 많은 비용이 드는데 일정부분 고객의 팁에서 충당시키고 있다.

중앙집중형centralization은 주문받기, 조리준비, 그리고 회계 등의 비용을 줄여준다. 그러나 마케팅 비용은 감소되지 않을 수도 있다. 경쟁 때문에 대부분의 사업자들은 과대광고를 하게 된다. 규모의 경제를 통하여 식재료비, 인건비, 그리고 일반관리비용을 줄인다.

이론적으로 주문받기와 회계는 지역적으로나 국제적으로 인터넷이 연결되는 곳이라면 어느 곳에서나 가능하다. 시스템은 운영자가 고객의 주문 내역을 일일이 알 필요를 요구하지 않는다. 그들은 단지 주문내역을 배달하는 사람에게 전달할 뿐이다.

이론적으로 중국에서 피자주문이 이루어지더라도 캘리포니아나 뉴욕에서 조리하여 배달할 수도 있다. 인터넷은 이용비용이 저렴하고, 고객 얼굴이 노출될 필요도 없고 서비스 형식도 요구되지 않으며, 글로벌하다. 고객이 원하는 것은 음식이 뜨겁게, 맛있게, 먹기 좋게 배달될 수 있느냐 하는 것이다.

택배방식은 고급 정찬에도 적용되고 있다. 애틀랜타의 Steak-Out Franchising은 가정배달용 스테이크 정식을 제공하고 있다. 14달러 상당의 가정배달 스테이크 정식에는 구운 감자와 모듬 샐러드, 디너 롤, 음료, 그리고 후식이 함께 제공된다.

부유층 거주지역에는 판촉용으로 특별 제작된 박스나 바구니에 음식을 담아 배달한다. 예를 들어, 일본음식은 칸이 지어져 있고 래커 칠이 되어 있는 벤또^{bento}라고 부르는 박스에 포장되기도 한다.

배달 컨셉에 대한 변형은 시카고에서 찾아볼 수 있다. 그곳에서는 일부 호텔이 12곳의 엄선된 레스토랑부터 룸서비스 고객에 이르기까지 전 객실에 메뉴표를 비치하고 있다. 이 메뉴표를 보고 고객은 룸서비스를 요청할 수 있으며, 선택한 레스토랑에 팩스나 이메일로 주문할 수 있다. 호텔은 25분내지 30분 후에 식사를 가져오고 배달비용으로 6달러에서 8달러까지 추가요금을 부가한다.

몇몇 체인은 보다 복잡하고 고가의 식사를 위한 택배를 계획하고 있다. 그 컨셉은 아파트나 집 밖으로 나오기 어려운 사람들을 위한 사회적 보호대상 음식 배달서비스^{Meals on Wheels}를 수년간 실시되어 왔다. 음식은 영양 균형을 갖추고 있으며 대부분 자원봉사자에 의하여 배달된다. 기업가는 그와 같은 프로그램에 참가함으로써 택배 시스템을 학습할 수 있다.

테이크아웃 음식은 이미 오래전부터 이용되어 왔다. 몇몇 동북부 도시에서 판매되는 전통 양배추 콘비프^{old corned beef and cabbage meal}는 필수적으로 테이크아웃 형태이다. 도시에서의 테이크아웃 음식은 최소한의 시간에 주소지로 배달된다. 고객이 직접 가져가는 경우에는 전화나 팩스로 식사주문을 할 수 있는데, 이는 레스토랑에서의 대기시간을 줄여준다.

summary

요 약

이 장은 레스토랑의 종류와 특징, 그리고 레스토랑의 경영주에 대하여 기술하고 있다. 레스토랑의 범주는 아직까지 정립되어 있지 않으며, 때때로 새로운 컨셉이 등장하기도 한다. 법인 소유, 독립, 그리고 프랜차이즈 레스토랑에 대하여 비교하였다. 오너 쉐프, 주목할 만한 여성 레스토랑 경영자, 그리고 중앙집중 택배형 레스토랑에 대해서도 서술하였다.

endnotes

주

1) Courtesy of Subway, Milford, CT. Vol. 19, no.2, pp. 8-12.

2) www.miamisubs.com

3) www.chilis.com.

4) www.mcdonalds.com.

5) www.pizzafactoryinc.com.

6) www.earlofsandwich.com.

7) www.subway.com.

8) Subway Press Kit, 2006. 3.

9) Outback Steakhouse Press Kit, 2006. 3.

10) www.redlobster.com.

11) Martin Pegler, *Theme Restaurants Design-Entertainment and Fun in Dining* (New York: Reporting Corporation, 1997), 11.

12) www.fados.com.

13) Martin E. Dorf, *Restaurants That Work: Case Studies of the Best in the Industry* (New York: Whitney Library of Design, 1992).

14) 같은 책.

15) Andrew Dornenburg and Karen Page, *Becoming a Chef* (New York: John Wiley & Sons, Inc., 1995.).

16) Hoover's On Line Auntie Anne's, company capsule, 2006. 3. 7.

CHAPTER 03

컨셉, 입지, 그리고 디자인

City Zen 제공

레스토랑 컨셉(restaurant concepts)

레스토랑을 기획하는데 있어서의 목표는 이익을 창출하고 고객과 경영주/운영자를 만족시키는 레스토랑을 만드는데 필요한 아이디어를 서류상으로 수집하는 것이다. 이와 같은 아이디어를 조직화한 것을 레스토랑 컨셉이라고 하며, 이는 레스토랑 이미지로 인식되는 구성요소가 되는 아이디어의 원천이다. 컨셉은 표적시장target market이라고 부르는 고객집단의 관심을 끌기 위하여 고안된다. 마케팅은 사람들의 마음을 끌기 위해 의도된 레스토랑의 총체적인 활동을 말하는데, 표적시장이 컨셉에 대하여 대부분 우호적으로 반응하기 쉽도록 하는 의사결정을 한다.

이 단락에서 우리는 레스토랑 컨셉을 토의하고, 이후에는 컨셉간의 관계, 사업계획서, 입지 선정과 마케팅에 대해 토의한다. 컨셉, 입지, 환경, 그리고 마케팅은 상호의존적이다. 컨셉 개발은 핫도그 노점에서부터 호화스런 고급 레스토랑에까지, 그리고 퀵서비스부터 테마 레스토랑에 이르기까지 어떤 레스토랑 운영에도 모두 적용된다.

레스토랑의 과제는 한정된 표적시장에 적합한 레스토랑 컨셉, 즉 경쟁 레스토랑이 제시한 컨셉보다 시장에 적합한 컨셉을 만들어서 계속 존재하게 하는 것이다. 이는 차별화되고 보다 좋도록 만드는 것으로 알려져 있다. 레스토랑은 경쟁이 치열하다. 분위기, 메뉴, 입지, 마케팅, 이미지, 그리고 경영에 있어서 보다 좋은 컨셉이 계속해서 나타나고 있다. 만약 레스토랑이 경쟁력이 없다면 입지에서 경쟁력이 있거나 도시의 다른 곳, 또는 인근 도시에 있는 레스토랑에게 고객을 뺏길 것이다.

이와 같은 레스토랑의 과제는 새로운 레스토랑을 신축해야 한다는 것을 의미하지는 않는다. 많은 기존의 레스토랑과 다른 건물들이 떠맡게 될 수 있다. 과제는 경쟁 또는 다른 조건 변화로 인해 컨셉 수정의 필요성을 인정하며 새로운 컨셉을 개발하고 정착시키는 것이다.

가장 좋은 컨셉은 종종 실수로부터 배운다. 컨셉을 고민할 때 보다는 아무런 희망이 없다고 포기할 때 한 줄기 빛처럼 컨셉이 재탄생될 수도 있다. 어쩌면, 처음 시작할 때와는 완전히 다른 컨셉으로 조정될 수도 있을 것이다.

모든 레스토랑은 컨셉과 기획이 전반적인 인상과 이미지를 표현한다. 그 이미지는 자녀들, 로맨틱한 사람들, 특별 행사에서 축하하는 사람들, 재미를 추구하는 유형, 공식적이거나 캐주얼한 모임장소를 추구하는 사람들 같이 어떤 특정 시장에 호소한다. 그 컨셉은 입지에 적합해야 하며, 표적시장에 어필할 수 있도록 해야 한다. 레스토랑 컨셉을 기획하는 데 있어서 입지, 메뉴, 그리고 장식 등이 잘 구성되어져야 한다. 어떤 컨셉과 이미지가 호소력을 잃었다면 그것들은 수정되어야 하며, 심지어는 완전히 바뀌어야 한다.

컨셉은 고객이 레스토랑을 판단하는 관점, 즉 홍보, 광고, 판촉, 그리고 운영 그 자체에 영향을 미치는 모든 것을 포함한다. 컨셉은 전반적인 레스토랑에 대한 대중들의 지각에 특정한 틀을 만들어준다. 컨셉은 고객의 유인성과 실외장식 등 건물 외관 요소를 포함한다. 레스토랑이 사람들로 하여금 모험삼아 들어오게 하는가, 아니면 외관을 소홀히 하거나 지저분하게 방치하는가? 실내장식, 메뉴, 그리고 운영 스타일은 컨셉의 일부분이다. 컨셉은 경영주의 개성, 영업장 직원의 외모, 음악, 그리고 실내의 색조 등을 포함한다. 메뉴와 요리, 그리고 그것의 표현은 특히 중요하다. 간판에서 보는 것처럼 심벌, 로고, 색상, 실내 장식품, 그리고 조명은 컨셉의 한 부분이다. 적절한 음악은 컨셉을 보강해준다. 컨셉은 이미지를 좌우하는 틀을 제공해준다.

컨셉: 명확 또는 애매모호?

대부분의 레스토랑은 컨셉이 명확하지 않다. 심벌, 비품류, 서비스, 그리고 레스토랑의 분위기를 만드는 모든 요소들이 고객이 쉽게 알 수 있도록 의도된 하나의 이미지로 통합되어 있지 않다. 이미지로서 로고, 간판, 유니폼, 메뉴, 그리고 장식은 하나의 통일체로서 고객과 함께 어우러져야 한다.

컨셉은 의도적으로 애매모호하게 기획할 수도 있지만 대부분의 레스토랑은 어떤 테마, 특성, 그리고 목적의 성취를 위해 보다 명확하게 구성된다. 컨셉은 활기가 넘치게 하고 쉽게 기억되며, 우호적인 고리를 지닌 어떤 정체성이 확립된다면 더욱 명확해진다. 웬디스$^{Wendy's}$란 상호는 잠재적인 동일시 때문에, 그리고 발음하기 쉽기 때문에 채택되었는데, "옛날 방식의 햄버거" 테마와 쉽게 결부되기도 한다. 그리고 그 상호는 우연히도 웬디스 창업자인 데이브 토마스 딸의 별명이기도 했다. 타코벨$^{Taco\ Bell}$은 '타코'란 단어가 멕시코 음식과 동의어이기 때문에 고객들이 금방 인지할 수 있었다.

레스토랑의 상호는 이미지의 일부분이다. Spaghetti Factory는 이탈리아

만약 당신이 다음의 경우라면, 레스토랑을 개업하지 않는 편이 낫다.

1. 레스토랑 사업, 특히 당신이 운영하기 위해 계획하고 있는 분야에서 경험이 없다면

2. 아침과 오후는 물론이고, 저녁이나 주말 영업을 꺼린다면

3. 개인적인 위험을 감수할 수 없거나, 재무적 위험이 높은 사업을 위한 초기자본이 부족하다면

4. 계획하고 있는 컨셉과 메뉴를 개발하지 않는다면

5. 상세한 사업계획서를 만들지 않았다면

6. 향후 몇 년 개인과 가족의 목표를 위한 계획수립이 없다면

7. 성자와 같은 인내와 두 개의 활동적인 갑상선 샘이 없다면

8. 당신이 개업을 고려하고 있는 레스토랑의 유형에 대한 시장조사가 되지 않았다면

9. 레스토랑 사업은 들어가기는 쉽지만 빠져나오기는 출혈이 심하기 때문에 출구전략을 세우고 있지 않다면

10. 레스토랑 사업에 경험 있는 변호사와 회계사를 고용할 여유가 없다면

◉ The 21 Club의 바 다
이닝 에어리어
The 21 Club 제공

요리에 대하여 퀵서비스, 저비용, 그리고 재미를 위한 장소를 암시한다. El Torito는 멕시코 테마 레스토랑을 암시하고, TGI Friday's는 재미있는 이미지를 나타내고는 있지만, TGI Friday's가 레스토랑임을 모르는 사람들은 무엇을 기대해야 할지 모를 수도 있다. Coco's는 훨씬 더 설명되어 있지 않기 때문에 고객은 그곳에서 기대할 수 있는 것이 무엇인지 전혀 모를 수도 있다.

Pizza Palace, New China House, Taco Bell, Hamburger Heaven과 같은 레스토랑 상호는 고객에게 무엇을 제공해야 할지를 알려준다. 어떤 사람도 Grandma's Kitchen에서 정말로 할머니를 만날 것을 예상하지는 않지만, 그 상호는 메뉴에 달팽이 요리가 없는 곳, 내 집같이 편안하고 다정한 곳이라는 것을 암시한다.

트라팔가 광장 같이 Thinnery Well-known British라는 상호는 영국풍의 분위기와 메뉴를 암시하는 것과 마찬가지로 Seven Grains는 건강에 좋은 음식이 있는 레스토랑임을 예측하게 한다. Mama Mia's는 이탈리아 메뉴를 반영하고 있다. La Campagne는 프랑스 테마 레스토랑을 암시하며, Long John Silver's와 Red Lobster에서는 씨푸드 레스토랑이 예상된다.

Al's Place처럼 레스토랑 상호에 이름을 사용한다고 하더라도 경영주의 이름을 따서 레스토랑의 상호로 사용하는 것은 수세기 동안 성공적이었음이 입증되었다. 개인의 이름은 Al이라는 이름에 의해 누군가가 일이 잘 되어가고 있음을 보여준다는 사실을 내포한다. 많은 Stuart Anderson's Cattle Ranch 레스토랑 중 어느 곳에서도 Stuart Anderson을 발견하기는 쉽지 않지만, 그가 레스토랑 좌우의 어느 빈 곳에서 고객들을 주시하고 있을 수도 있다는 느낌이 든다. 경영주의 이름을 따서 레스토랑 상호로 사용하는 것은 어떤 사람이 소유권에 대한 자부심을 지니고 있음을 암시한다. 개인적인 이름을 따서 명명된 레스토랑은 누군가가 보이지 않는 곳에 맴돌며 돌보고 있다는 이미지를 창출한다.

샌프란시스코의 유니언 가에 있는 한 레스토랑은 Sushi Chardonnay라는 대단한 이름을 지니고 있다. 당신이 무엇을 기대하는지를 안다. 또다른 훌륭한 상호는 라틴 테마의 캐주얼 레스토랑인 Cantina Latina이다. 사람들에게 무엇을 제공할 지를 알려주고, 기억하기에 쉬우며, 발음하기 쉬운 상호는 당신이 상호의 인지를 위해 자금을 소모할 필요가 없기 때문에 광고와 판촉에 있어서 수천 달러의 가치가 있는 대단한 자산이다.

레스토랑 상호의 보호

레스토랑 상호에 대한 소송 사건이 종종 발생하기도 한다. 새로운 레스토랑의 경영주가 하워드 존슨Howard Johnson이라고 불린다 할지라도 상표등록 규정 때문에 자기의 레스토랑을 Howard Johnson's라고 부르지 않는 것이 현명할 것이다. 맥도날드 레스토랑을 창립한 레이크락은 상호와 체제를 계속해서 사용하기 위하여 맥도날드 원래의 경영주들에게 수백만 달러를 지불해야만 했다.

다른 사람이 당신의 레스토랑 상호를 사용한다면 당신이 그 상호의 최초 사용자임을 입증함으로써 그에 대한 조치를 취해야만 한다. 상호를 사용할 권리를 상실했다는 것은 간판, 메뉴, 그리고 판촉자료를 바꿔야 함을 의미한다. 또한 법정 비용과 우수한 운영자에 의해 획득한 명성의 상실을 의미하기도 한다.

맥도날드의 컨셉과 이미지

모든 시대를 통틀어 가장 성공한 레스토랑인 맥도날드의 성공담을 예로 들어보자. 맥도날드의 컨셉은 청결하고, 건강에 좋고, 가격이 저렴하고, 재미있는 모든 미국인의 패밀리 레스토랑이다. 레이크락은 사람들이 "지나치게 오래 머물러 있기" 때문에 맥도날드 내에 주크박스, 담배자판기 또는 전화를 설치하는 것을 허락하지 않았다. 회사의 광고에서, 맥도날드 음식을 서비스하는 사람들은 건강과 신용으로 활기가 넘쳐 보인다. 유쾌한 시골뜨기인 로날드 맥도날드Ronald McDonald는 미키마우스와 산타클로스를 제외하고는 어떤 다른 허구적 인물보다도 어린이들의 마음속에 잘 알려져 있다. Ronald는 재미있는 사람이다. 그러므로 맥도날드 레스토랑도 재미있다. 맥도날드의 TV광고는 미국인의 영혼을 사로잡아 맥도날드에서 먹는 것은 진정한 기쁨이라는 생각을 심어주었다. 이미지 표현은 일관되고 이해하기 쉽다. 단순함은 정돈되고, 신속하며, 효율적인 서비스로 묘사된다. 단순하고, 정직한 메뉴는 맥도날드 광고의 효율성에 대한 한 가지 열쇠이다.

컨셉 레스토랑이란 용어는 상대적으로 새로운 반면에 컨셉 레스토랑들은 이전부터 존재해 왔다. 1920년대에 철거한 철도의 식당차량을 구입하여 식당차로 개조한 사람이 컨셉 레스토랑을 만들었다고 볼 수 있다. 1930년대에, Victor

○ Florida주 Tampa의
Columbia에서 플라
맹고 댄서들이 고객들
에게 여흥을 제공한다
Columbia Restaurant
제공

Bergeron은 차고를 지나치게 감상적인 폴리네시아 레스토랑으로 개조하여
Trader Vic's라고 상호를 붙였다. 1950년대와 60년대에 인기있었던, Rib
Rooms는 옛 향수를 불러일으키는 유명한 rolling-beef-cart 레스토랑인 런
던 Strand가의 Simpson's를 개조한 것이다.

특별한 민족음식 메뉴와 실내장식을 따르거나 특별한 아이디어로 설계된 테
마 레스토랑은 컨셉 레스토랑들이다. 그 컨셉은 Benningan's, Chili's,
Houlihan's, 그리고 TGI Friday's의 경우와 마찬가지로 애매모호할 수도 있
다. 이러한 레스토랑들은 미국식 비스트로^{bistro} 같은 다른 어떤 특별한 테마로 규
정하기가 어렵다.

이와 같은 레스토랑의 장식과 메뉴는 재미있고 자극적이다. 남성 전용의 방
에는 오래된 전차의 손잡이가 소변기 위에 걸려있을 수도 있다. 고객은 자신이
말의 목줄을 두른 거울과 마주하고 있는 것을 발견할 수도 있다. 장식에 놀라는
일은 일반적이다. 외장은 청록색과 같이 이상한 색으로 칠해져 있을 수도 있거

나, 또는 밝은 색의 붉고 흰 차양으로 치장되어 있기도 한다. 그 컨셉의 특징은 유머, 자기비하, 풀서비스, 고품질 음식, 충분한 가치, 그리고 고객들이 쉴 수 있는 장소 등이다.

일부 컨셉 레스토랑은 노출된 나무와 덧칠하지 않은 오래된 차고의 판자벽을 사용함으로써 시골풍과 옛날 양식의 분위기를 만든다. 일련의 골동품은 참신한 결과를 만들어낼 수 있는데, 잘 선택하면 저렴한 가격으로 장식할 수도 있다. 경영주는 최소의 관리비용을 기대할 수 있다.

컨셉과 시장의 정의

레스토랑의 컨셉 선택에 있어서 어느 시장에 어필할 것인지에 대해 명확하게 정의해야 한다. 예를 들어, 계산대와 칸막이가 있고 좌석이 구비된 전형적인 커피숍은 주간(州間) 고속도로로 출퇴근하는 가족이나 여행객에게 매력적일 수도 있다. 다음을 확인해 보자.

- 드라이브 쓰루 drive-through 방식으로 엘리베이터가 없으며 테이블 서비스를 하는 퀵서비스 레스토랑이 젊은 가족, 10대들, 그리고 어린이들에게 매력적인가.
- 오후 5시에 정찬을 제공하기 위하여 개점하는 전망이 좋은 고급 레스토랑이 중상위 계층의 고객들에게 매력적인가.

- 멕시코 풍으로 장식하고 값싼 음식을 제공하는 멕시코 레스토랑이 저녁 외식을 하려는 중산층에 매력적인가.
- 맥주와 와인도 함께 제공하는 피자 레스토랑이 재미있는 장소로서 젊은 가족에 매력적인가.
- 일부 유럽식 메뉴를 포함하여 디너하우스 세팅을 하는 커피하우스 메뉴는 올바른 컨셉인지, 아니면 몇몇 정찬 품목이 첨가된 커피숍이 되어야 하는가.
- 레스토랑이 정통 프랑스, 중국, 또는 일본 요리를 제공하는가. 만약 그렇다면 그 레스토랑의 운영자가 실제 프랑스, 중국, 또는 일본 현지인인가. 예를 들어, La Campagne는 고전적인 프랑스 요리에 매우 능통한 조리사가 담당한다. 정통 멕시코 레스토랑을 만들기 위해 몇 명의 멕시코 인이나 적어도 몇 명의 멕시코 출신 미국인을 고용해야 하는가. Benihana 레스토랑에서 일본인 주방장이 그릴 뒤에 있기를 기대한다.

퀵서비스 에스닉 레스토랑은 풀서비스 에스닉 레스토랑에 비해 요구되는 정통성이 상대적으로 적다. 이 사실은 민족 배경과 관계없이 10대를 직원으로 채용하는 Taco Bell과 Del Taco와 같은 체인에서 충분히 입증된다. 퀵서비스 멕시코 또는 이탈리아 레스토랑은 일단 그 시스템을 배우기만 한다면 쉽게 운영할 수 있다.

컨셉이 무엇이든지 간에 그것을 유지하기 위한 시장, 즉 레스토랑에 걸어서 오든 또는 차를 타고 오든, 제공되는 서비스, 메뉴, 가격, 그리고 분위기를 원하는 고객이 있어야 한다. 레스토랑은 시장이 없다면 존재할 수 없다. 상품컨셉은 시장에 적합해야 한다. 시장은 어떤 지역의 전체 인구에 비하여 단지 낮은 비율을 구성할 수도 있다. 예를 들어, 인근의 고속도로로 여행하는 여행객, 그 지역의 사무실 직원, 쇼핑몰의 유동인구, 또는 레스토랑에서 제공하는 감동을 경험하기 위하여

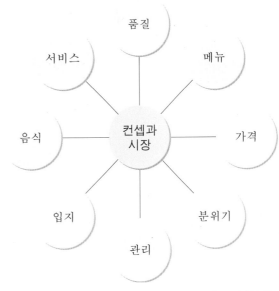

● 그림 3-1 컨셉과 시장은 레스토랑 성장요소들에 둘러싸인 허브로 구성된다

30분 이상 운전하여 기꺼이 방문하는 고객들로 구성된다. 제공되는 컨셉에 대한 어떤 욕구, 즉 시장격차$^{market\ gap}$도 있음에 틀림없다.

[그림 3-1]은 시장과 레스토랑 간의 관계를 나타낸다. 컨셉과 시장은 메뉴, 가격, 서비스, 품질, 입지, 분위기, 음식, 그리고 경영에 의해 지원되는 레스토랑의 중심이다.

컨셉의 모든 면은 어떤 입지가 특별한 시장에 적합한지를 결정하는데 도움이 된다. Chuck E. Cheese의 Paizza Parlors는 어린이를 위해 음식을 제공하고 어린이 파티를 전문으로 한다. 쇼핑몰 입지는 이와 같은 레스토랑을 위해 좋은 입지임을 보증하는 주차, 안전, 그리고 편의를 제공한다. 시장은 쇼핑몰을 단골로 거래하는 가족으로 구성되어 있다. 커피숍 고객은 종종 고속도로 여행객이지만 그 지역사회에 거주하는 가족일 수도 있다. 음식, 좌석 설비, 서비스 종류, 전체 시스템 등 모든 요소가 어떤 특별한 시장, 즉 일정한 연령 집단과 소득 수준을 선택한다. 광고와 판촉은 새로운 시장을 유혹하기 위한 수단으로서 이미지를 어느 정도 바꿀 수 있다. 그러나 보통 광고와 판촉은 10대, 가족, 자가운전자, 사무직 직원, 몰의 쇼핑객 등 기존의 설정된 시장에 집중한다.

인구조사는 제안된 레스토랑 상권의 사람들과 그들의 인구통계적 특성을 평가하는 데 도움이 된다. 이런 정보는 컨셉이 유지 가능한 시장을 보유하고 있는지를 결정하는데 도움을 준다.

성공적인 레스토랑 컨셉

TGI Friday's는 고객과 가깝게 지내 왔으며 재미라는 테마를 결합한 품질과 서비스에 집중했기 때문에 수년에 걸쳐서 성공할 수 있었다. 대부분의 도시에는 열광시키는 몇 개의 레스토랑들이 있다. 그 중 일부는 라스베이거스의 Wolfgang Puck의 Spago와 Chinois와 같은 유명 조리사가 소유하고 운영하고 있다. 일부 레스토랑은 유명인사가 소유하거나 공동 소유하고 있는데, Arnold Schwarzenegger는 Planet Hollywood 레스토랑의 공동 소유자이다. Naomi Campbell, Claudia Schiffer와 Elle MacPherson은 Fashion Café의 공동 소유자였다. Michael Jordan은 뉴욕의 Michael Jordan's The

Steakhouse를 소유하고 있다.

레스토랑을 소유하고 있거나 소유했던 유명 스포츠 스타에는 Dan Marino, Sammy Sosa, Walter Payton, Junior Seau, 그리고 Wayne Gretzky 등이 있다. 텔레비전과 영화 스타들도 이러한 사업에 동참했다. Dustin Hoffman과 Henry Winkler는 유명한 로스앤젤레스 레스토랑인 Campanile의 투자자이다. Steven Spielberg는 캘리포니아 Century City의 Dive를 소유했었다. Dive는 라스베이거스에 있는 한 레스토랑과 함께 갑자기 폐업했다. 이는 아마도 다양한 이유로 인하여 고객에게 매력을 끌 수 없게 되었기 때문일 것이다. 심지어 그들 뒤에 Steven Spielberg가 있었음에도 불구하고 실패했다고 생각한다면 놀라운 일이다. Denzel Washington, George Wendt, 그리고 Dan Aykroyd는 House of Blues를 공동소유했다. 뮤지션 Kenny Rogers와 Gloria Estefan 또한 레스토랑 경영주이다.

Lettuce Entertain You Enterprises가 만든 컨셉은 온화하고 다정하며 시골풍의 환경으로 따뜻한 그리스의 즐거움을 선사하는 진정한 터번으로 Papagus가 있다. 한입 크기의 메제데스^{mezedes}(그리스식 애피타이저)는 그리스 와인과 우조^{ouzo}(그리스 술)와 더불어 즐길 수 있다. 개방형 주방은 체험을 갖게 해주며, 스피트^{spit}(쇠꼬챙이)로 구운 치킨, 바싹 구운 붉은 스냅퍼^{snapper}(도미의 일종), 전통적인 방법으로 삶은 양고기, 스파나코피타^{spanakopita}(그리스식 파이), 그리고 바클라바^{baklava}(달콤한 디저트의 일종)와 같은 특선요리를 제공한다.

Lettuce Entertain You 그룹은 시카고와 인근지역에 걸출한 테마 레스토랑 몇 곳을 보유하고 있다. 그 중에는 예술가의 스튜디오를 연상시키며 이탈리아 시골 요리를 제공하는 Scoozi와 뜨겁기도 하고 차기도 한 인기 있는 "스페인의 작은 생선"인 타파^{tapa}를 특징으로 한 스페인 레스토랑인 Café Ba-Ba-Reeba, 조개껍질에 담아 나오는 굴, 대합, 가재, 그리고 게 요리를 제공하는 굴 바인 Blue Crab Lounge를 보유하고 있는 최고의 해산물 전문점인 Shaw's Crab House가 있으며, 메인 다이닝 룸에서는 40여종의 신선한 해산물에 치킨과 쇠고기가 제공된다.

Corner Bakery Café는 문자 그대로 Maggiano's Little Italy를 위하여 신선한 빵을 구워내는 컨셉으로 성장했다. 그곳은 아침, 점심, 그리고 저녁을 제공하는 제과점 분위기로 신선한 특선빵을 제공한다. 보다 새로운 컨셉에는 신선한 중국과 태국 요리를 제공하는 Big Bowl과 이탈리아 해산물점인 De Pescara가 있다. 미국식 스테이크, 갈빗살, 그리고 해산물 레스토랑인 Wildfire는 1940년 대 디너클럽을 연상시키는 독특한 분위기를 보여준다. Magic Pan Crêpes Stands에서 크레페^{crêpes}("팬케이크"라는 의미의 프랑스어)는 수년 동안 다양한 종류로 접고, 말고, 그리고 감싼 메뉴이다. 채워 넣는 속에는 로열 체리$^{Cherries\ reyal}$, 치킨 디방^{divan}, 시금치 수플레^{soufflé}, 초콜릿 Nutella, 그리고 Crêpes Suzette가 있다. Lettuce Entertain You 레스토랑의 원조인 R. J. Grunts는 1971년 이래로 음식을 제공해오고 있다. 음악과 장식은 캐주얼한 절충식 세팅으로 1960년대와 70년대를 연상하게 한다. 그 레스토랑은 상을 받은 칠리, 특대형 체다 버거, 그리고 매일 제공되는 야채 특선으로 유명하다. 룸서비스는 당신이 좋아하는 Lettuce 레스토랑 요리 중 일부를 문앞에까지 배달할 것이다.

Hard Rock Café는 모든 시대를 통틀어 가장 성공한 레스토랑 체인 컨셉 중 하나이다. 그 당시 영국의 젊은 미국 대학졸업생인 Peter Morton은 런던에는 진정한 미국식 햄버거점이 없음을 깨달았다. 1960년대말 그는 가족과 친구로부 터 6만 달러를 빌려 The Great American Disaster라는 이름의 레스토랑 두 곳을 개점했다.

◑ Hard Rock Café 의
테마는 로큰롤 명예의
전당이다.
Hard Rock Café 제공

Morton은 런던에 미국요리를 제공할 뿐만 아니라 과거와 현재의 음악에 대한 에너지와 열광을 표출할 수 있는 레스토랑이 필요하다는 점을 재빨리 간파했다. 마음속에 이와같은 목표를 가지고, 1971년 런던에서 첫번째 Hard Rock Café(HRC)를 개업했다. 그 레스토랑에서는 로큰롤에 대한 에너지, 재미, 그리고 흥분으로 가득한 분위기에 합리적인 가격으로 따뜻한 미국 식사를 제공했다.

HRC는 즉시 성공했다. HRC 레스토랑은 영화 *Absolute Beginners*에 나오는 데이빗 보위의 2색조의 검고 흰 복스 기타, 지미 핸드릭스의 구슬로 장식하고 가장자리 장식이 달린 스웨이드 가죽 재킷, Elvis Presley의 금장 흰 무대 망토, 존 레논의 기타 한 대, 마돈나의 뷔스티에[bustiere], 그리고 엘튼 존의 의상 한 벌을 포함하여 로큰롤 스타의 기념품들로 실내장식되어 있다.

1982년에 영화감독 스티븐 스필버그, 영화배우 탐 크루즈와 다른 사람들로부터 후원받아서 로스앤젤레스에 미국 최초의 Hard Rock Café를 개업했다. 지금은 샌프란시스코, 시카고, 휴스턴, 호놀룰루, 뉴올리언스, 샌디에이고, 시드니, 마우이, 라스베이거스, 그리고 아스펜에 몇 가지 이름으로 Hard Rock Café가 운영되고 있다.

Morton은 사람들이 방문하여 과거와 현재의 로큰롤을 감상할 수 있으면서 훌륭한 식사도 함께 즐길수 있는 곳을 갖고싶어 하기 때문에 Hard Rock Café를 만들었다고 말했다. 모든 Hard Rock Café는 로큰롤 명예의 전당이라는 똑같은 기본테마로 개업했다. 그들의 가치 있는 기념품을 전시함으로써 오늘날 음악산업의 전설과 훌륭한 예술가들에게 경의를 표한다. 체인 단위를 기본으로 해서 Hard Rock Café는 미국 내에서 레스토랑 당 연간 60 만명 이상을 접대하는 최상위 규모의 레스토랑이다. 현재 40개국에 121개 이상 입지해 있다.[1]

가장 괄목할 만한 사례 중 하나는 "합리적 배려" 하면 떠오르는 데니 메이어[Danny Meyer]의 이야기이다. Union Square Hospitality 그룹의 회장인 그는 동료로부터 가장 멋진 사람들 중 한 사람으로 인정받고 있다. 그는 자신이 하는 일에 대하여 진정한 따뜻함과 열정을 지니고 있다. 탁월한 가치와 헌신으로 그는 뉴욕의 레스토랑 무대에서 정상에 서게 되어 5곳의 레스토랑과 재즈 클럽을 경영하고 있다.

메이어는 미주리 주 세인트루이스에서 태어나고 자랐다. 그는 요리하는 것을 사랑하며, 지금까지 먹었던 모든 음식을 실제로 기억하며, 가족 친목회를 축제 분위기로 꾸미며, 새로운 레스토랑을 시도하고, 옛날에 좋아했던 것을 재현할 것을 갈망하며 성장했다. 어린 시절 동안에, Meyer의 가족은 그의 아버지와 거래했던 프랑스의 Relais & Chateaux 고객의 자녀들을 종종 접대했다. 그 결과 세인트루이스 집의 많은 식사에는 항상 적포도주가 함께하는 골^{Gaul} 사람의 조리 방식 특성이 묻어 있었다.

대학시절 Meyer는 아버지를 위하여 로마에서 여행가이드로 일했으며, 영원한 도시 로마에서 국제정치학을 전공했다. 그는 학업에 충실한 시간만큼 레스토랑에서도 충실하게 보내면서 트라토리아^{trattorias}(이탈리아풍의 작은 음식점이나 대중음식점이란 의미 -역자 주)을 부전공하였다. 졸업 후에는 여러 직장에서 성공하였는데, 그 중에는 도난 방지용 전자추적장치 제조회사의 판매사원으로 수십만 달러의 실적을 올리기도 했다. 그러나 그는 요리와 와인에 대한 진정한 열정을 추구하기 위하여 최고의 판매사원으로서의 일자리를 포기했다.

Meyer는 새로 명명된 뉴욕시의 Flatiron District에 있는 이탈리아 씨푸드 레스토랑인 Pesca에서 대리로 레스토랑의 첫 경험을 하게 되었다. 이후, 그는 이탈리아와 프랑스에서 인턴조리사^{stagiere}로 요리를 연구하기 위해 유럽으로 떠났다. 그는 메뉴를 연구하기 위해 로마시내를 여러 시간 동안 걸어 다니며 다른 레스토랑 메뉴들을 면밀하게 조사했다. 1985년 27살이 된 Meyer는 미국으로 돌아와 창작력이 풍부한 요리와 와인에 환대와 안락한 환경, 그리고 우수한 가치의 제공을 가미한 새로운 형태의 레스토랑을 개업했다. 그는 개업비용의 절반을 평소 회의적이던 친척들로부터 7만5천 달러를 지원 받아 저렴한 레스토랑을 개업했다. Union Square Café는 현재 연간 7백만 달러 이상의 총수익을 올리는 성공적인 운영을 하고 있다.

시작부터 결정적인 성공을 거둔 Union Square Café는 뉴욕타임즈로부터 모두가 갈망하는 별 3개 등급을 두 번씩이나 받았다. 그 레스토랑은 지난 10년에 걸쳐 Union Square 지역이 극적으로 다시 살아나는 계기가

◉ Union Square Hospitality 그룹의 회장, Danny Meyer
Danny Meyer 제공

된 것으로 크게 주목받고 있다. 1994년 7월에 Meyer는 조리사이자 동업자인 Tom Colicchio와 함께 Gramercy Tavern을 개업했다. Gramercy Tavern은 역사적 건물에서 세련된 음식과 따뜻한 환대를 제공하는 전형적인 미국식 타번을 새롭게 변형시킨 것이다.

Union Square Café는 자갓 서베이[Zagat Survey]에 의해 1999년부터 2002년까지 전례 없는 6년 연속 뉴욕의 가장 인기 있는 레스토랑으로서 1등급을 받았다. 자갓 서베이는 또한 Gramercy Tavern도 1999년부터 2002년까지 인기 있는 레스토랑 2등급을 매겼다. 2003년에 Gramercy Tavern은 자매 레스토랑인 Union Square Café(현재는 2등급)를 따라잡았으며, 이제는 뉴욕에서 가장 인기 있는 레스토랑이 되었다.

1998년 말에 메이어는 "실리콘 앨리(Silicon Alley)"의 심장부에 있는 150년 된 메디슨 스퀘어 공원 전망의 멋진 예술 장식이 된 건물에 Eleven Madison Park와 Tabla라는 두 개의 레스토랑을 더 개업하여 고객을 맞이하기 시작했다. Eleven Madison Park는 주방장 Kerry Hefferman의 프랑스 영혼을 담은 대담한 뉴욕 요리를 특징으로 삼는 깜짝 놀랄 만큼 웅장한 레스토랑이다. 창시자가 같은 인근의 Tabla는 주방장 Floyd Cardoz의 우수한 미국 계절상품에 인도의 관능적인 맛으로 양념을 한 절묘한 요리를 제공한다. 각각의 두 레스토랑은 이미 널리 극찬을 받고 있다.

2002년 봄 메이어와 그의 Union Square Hospitality 그룹 동업자들은 East 27번가 116번지에 군침이 도는 바비큐와 활기찬 라이브 재즈를 제공하는 Blue Smoke와 Jazz Standard를 개업했다. Blue Smoke와 Jazz Standard는 개업한 이래로 고객들이 무리를 지어 몰려들었으며, Citysearch.com의 편집자는 그 레스토랑들을 각각 "최고의 바비큐"와 "최고의 재즈"로 명명했다. Blue Smoke는 New York이라는 잡지의 "Where to eat" 목록 첫머리에 존재해왔다.

2004년 여름에, 가판 매장[food stand]인 Shake Shack을 메디슨 스퀘어 공원에 개점하여, 버거, 핫도그, 냉동 커스터드[custard], 맥주, 와인 등을 제공하고 있다. 메이어는 Museum of Modern Art에 The Modern, Terrace, 그리고 Café 2 같은 레스토랑들을 개업했다. 이 레스토랑들은 음식과 예술을 조화시킨 특이한 컨셉을 보여준다.

○ 현대적인 미국요리 contemporary cuisine를 제공하는 Gramercy Tavern은 뉴욕의 인기 레스토랑 이다.
Danny Meyer 제공

메이어는 자신의 철학을 '만약 당신의 직원이 행복하다면, 고객 또한 행복해 할 것이다.' 라는 합리적 배려로 표현하고 있다. Meyer는 400명의 직원 각자에게 매달 자신의 레스토랑 중 한곳에서 시식을 할 수 있는 식권을 준다. 그들은 식사 경험에 대한 보고서를 작성해야 하며, 메이어는 이 보고서 읽기를 즐긴다. 감독이자 교사인 그는 당신이 직원들에게 말해야 하는 것보다는 직원이 당신에게 잘못된 점을 말하게 하는 것이 낫다고 말한다.

메이어는 기아 문제에 대항하여 싸우고 있는 적극적인 지도자이기도 하다. 그는 Share Our Strength와 City Harvest의 이사로 봉사하고 있다. 레스토랑 위원회의 의장을 맡기도 하는 등 NYC & Co.의 집행위원회에서 봉사하며, 뉴욕시의 여러 활동에도 적극적으로 나서고 있다. 그는 Union Square Local Development Corporation의 집행위원회 위원이며, Madison Square Park Conservancy의 의장을 맡고 있다. 메이어는 수많은 TV 쇼에 출연하였으며, 전국적으로 초빙되어 특강을 하기도 한다.

메이어와 그의 레스토랑과 주방장은 Outstanding Restaurant of the Year, Outstanding Wine Service, Humanitarian of the Year, Who's Who of Food and Beverage, Outstanding Service, 그리고 Best Restaurant Graphic Design을 포함하여 전례가 없을 정도로 10개의 James Beard Awards를 수상했다.

메이어는 Union Square Hospitality 그룹이라고 부르는 동업자 팀과 함께 다섯 개의 레스토랑과 재즈클럽을 경영하고 있다. 그는 아내인 Audrey와 4명의 자녀들과 함께 뉴욕에서 살고 있다.

다른 흥미로운 컨셉은 캘리포니아 주 샌디에이고에 있는 Parallel 33이다. 그 레스토랑의 경영주 Robert Butterfield는 그의 정원을 가꾸던 중 그 컨셉의 아이디어가 떠올랐다. 성경에 에덴동산으로 기술되어 있는 티그리스 강과 유프라테스 강 사이에 위치한 인류 최초의 정원으로 되돌아가자는 생각을 하기 시작했다. 지도를 폈을때 에덴이 위도 33도에 위치하고 있다는 사실을 알게 되었다. 이것이 Butterfield와 그의 동업자가 워싱턴 가에 만든 레스토랑의 상호가 되었다. Parallel 33의 메뉴는 일본, 중국, 티벳, 인도, 파키스탄, 이란, 시리아, 그리고 모로코를 포함한 그 위도에 있는 국가들의 음식을 특징으로 한다.

Butterfield와 주방장 Amiko Gubbins는 둘 다 인기 있는 일본 테마 레스토랑에서 매니저와 주방장으로 10년간 일했으며, 개업기간 중에 그들을 도와주고 나중에 단골손님이 된 고객도 있었다. 그들은 상세한 사업계획을 세웠고 계획에서부터 개업할 때까지 모든 것을 서류에 적어 놓았으며, 손익분기점을 결정하고, 거래처 관계자들을 찾아다니면서 과정상 발생하는 모든 과제에 대해 정확히 알게 되었다. 그들은 회사를 주식회사 체제로 만들고 중소기업청의 대출을 받았다. 개업 마지막 며칠 전은 매우 바빴다. 인허가와 투자자들에게 공지된 내용과는 달리, 조금 앞서서 각 단계별 사업계획을 진행시켰다. 그들은 방문홍보를 포함하여 지역 마케팅을 추진했으며, 이러한 마케팅과 멋진 디자인, 훌륭한 서비스로 제공되는 대단한 음식의 형태를 결합한 Parallel 33에 대한 소문을 만들어 냈다. 그들은 개업기념 특별할인 가격을 통해서 성공적으로 개업했으며, 이로 인하여 나중에 가격을 인상하기가 쉬웠다. 이 레스토랑의 과제는 저녁은 물론 점심에도 영업을 한다는 점이다. 점심시간 대에 몰려드는 고객들은 자신의 업무에 몰두한 채로 방문하여 음식이 신속히 나오기를 원한다. Butterfield는 훈련과 신선하고 신속한 요리라는 컨셉을 가지고 문제를 해결해 나갔다. Parallel 33은 경영주들이 빼어난 요리와 걸출한 서비스로 좋은 입지에서 혁신적인 것을 제공했기 때문에 최근 몇 년 동안 성공적인 레스토랑이 되었다.

거의 모든 레스토랑은 탄생하고, 성장하고, 성숙하고 결국은 소멸되는 것과 같이 거의 인간의 삶의 주기를 가진다. 레스토랑의 생명주기^{life cycle}에 대해서는 신비로울 것도 없으며, 레스토랑의 성공에 대하여 절대적으로 적용되는 것도 아니다. 레스토랑도 부활할 수가 있으며, 일부는 해를 거듭할수록 더욱 발전하기도 한다. 뉴욕의 Delmonico는 75년 이상의 생명을 Delmonico 가족의 관심과 열정 부족으로 인해 파업하고 말았다. 체인 운영은 비슷한 방법으로 성공하고 실패한다. 1930년대 미국에서 가장 규모가 큰 레스토랑 체인은 뉴욕시에 있는 Child's Restaurants였다. 그 체인은 세금 문제를 해결하지 못하여 한 호텔리어에게 매입되었다.

Horn과 Hardart는 대공황 이후 나타난 아트 데코^{art deco} 유형과 새로운 산업 추세를 잘 표현한 성공한 컨셉을 가지고 있었다. 그 컨셉은 자동판매식 레스토랑이다. 고객은 여러 박스중 하나에 동전을 넣으면 그곳에서 주문한 음식이 나왔다. 뜨거운 주요리부터 작은 도시락에 이르기까지 엄선된 양질의 메뉴들이 다양하게 비치되어 있다. 박스 뒤에는 주방이 있는데, 직원들이 음식을 준비하여 박스에 넣는 작업을 한다. 그 컨셉은 여러 해 동안 잘 지속되었지만 점차 역사 속으로 사라지게 되었다.

레스토랑 쇠퇴의 중요한 이유는 레스토랑이 입지한 지역의 변화하는 인구통계 때문일 수 있다. 지역은 경제적으로나 사회적으로 흥하기도 하고 쇠퇴하기도 한다. 그 지역 내의 레스토랑도 그 지역 환경에 따라가는 것 같다. 유행도 변한다. 1950년대 번창했던 일부 햄버거 체인이 전체를 흰색으로 처리하는 실내장식은 다른 체인이 색상을 바꾸게 되자 매력을 덜 끌게 되었다. 최고 경영층은 노쇠하게 되고, 그와 같은 노쇠현상은 경영에 반영된다. 처음에 도입될 당시 대중을 열광시켰던 레스토랑 컨셉은 몇년 뒤에 싫증을 느끼게 되며, 대중을 열광시킨 힘은 보다 새로운 컨셉이 같은 지역사회에 도입됨으로써 퇴색되기 마련이다. 한 때 상당한 인기를 누렸던 메뉴도 더 이상 매력을 끌지 못한다.

이전에는 참신하고 매력을 끌었던 레스토랑 디자인과 건물이 보다 새롭고, 더 규모가 크고, 보다 값비싼 디자인과 비교될 때 그 광채를 잃는다. 1960년대에 수십만 달러의 레스토랑 투자는 인상적인 건물을 양산하기에 충분했으나, 1970년대 중반에 백만에서 3백만 달러를 투자한 레스토랑과 비교하면 흥미를 잃게 되었다. 레스토랑 체인이 W. R. Grace와 General Mills와 같은 대기업에 매입되면서 레스토랑 사업에도 새로운 차원과 호화로움을 도입한 매력적인 레스토랑 투자를 위해 엄청난 액수의 자금이 투여될 수 있게 되었다.

최근에 인기 있는 레스토랑 컨셉은 하이테크, 현대적인 캐주얼 스타일, 에스

◯ Scoozi는 화가의 작업실에 온 듯한 인상을 주는 걸출한 테마 레스토랑이다.
Lettuce Entertain You 제공

닉, 디자이너, 그리고 유명인사 레스토랑들이다. 지난 몇년 동안에는 멕시코, 중국, 일본, 그리고 태국 레스토랑이 인기가 있었다. 북부 이탈리아 레스토랑은 강력한 트렌드였으나, 저탄수화물 식이요법의 인기로 인하여 어느 정도 시들해졌다. 10달러 이하의 피자와 파스타는 적당한 가격이며 약 2시간에 걸친 고급 정식을 제공하고 있다. 시장이 포화상태여서 레스토랑의 새로운 컨셉이 더 이상 고객들에게 어필하지 못한다.

▌컨셉의 시장 적응

검증되지 않은 컨셉들은 특별한 시장에 적응할 필요가 있다. 매우 성공한 한 레스토랑이 해산물을 특징으로 하여 개업하였다. 그러나 그 메뉴는 인기가 없어서 변경되었다. 몇 개월이 지나서 그 곳은 수익이 발생하기 시작했지만 경영주는 계속적인 메뉴 변경을 통해 시장수요에 현명하게 적응해 나갔다. 로스앤젤레스 중심가의 초호화 호텔 중 하나는 수개월 동안 레스토랑에서 디저트 수플레 suffles를 특징으로 삼았다. 수플레는 너무나 인기가 많아서 수요를 따라가기 위해 4명의 직원을 추가로 채용해야만 했다. 레스토랑 매출은 달콤한 수플레가 고객들을 더 이상 유인할 필요가 없을 정도까지 증가했기 때문에 수플레는 메뉴에서 사라지게 되었다. 수플레는 매출 상승을 위해 판매되었지만 인건비가 많이 들고 좌석 회전율을 더디게 하는 경향이 있기 때문에 단골고객의 뚜렷한 감소 없이 메뉴에서 제외가 가능했다.

컨셉 개발은 레스토랑산업에서 항상 중요했으나 거의 모든 지역사회의 외식산업에서 그 중요성 더욱 강조되고 있다. 레스토랑 업태로는 패밀리 레스토랑, 파인 다이닝, 캐주얼, 패스트 캐주얼, 그리고 다양한 퀵서비스 레스토랑으로 분류한다. 하지만 분류에 포함시키기 어려운 Bob Evans, Flemings, Applebee's, Red Lobster, Taco Bell, Burger King, Arby's, 그리고 Pizza Hut, 아울러 일부 애스닉 레스토랑의 체인점도 있다. 각각의 레스토랑은 자신만의 개성을 지니고 있다. 그와 같은 레스토랑 모두 서로 경쟁력이 있을 것이다. 이 레스토랑들은 서로간의 고객확보 경쟁을 치를 수도 있다. 그러나 일반적으로 메뉴와 가격의 차별성으로 서로 다른 시장이 형성되고 있다.

레스토랑 시스템이 특정시장에서 신선미가 떨어지면 새로운 컨셉이 개발되어야 한다. 거의 모든 중요한 체인이 새로운 색상으로 도색을 하거나, 좌석 배치에 변화를 주기도 하고, 정원식 창문을 만들어 보기도 하고, 화분을 매달아 보기도 하고, 개인전용의 칸막이 좌석, 메뉴의 다양성, 색다른 유니폼, 또는 새로운 메뉴 품목 등의 쇄신을 하고 있다.

컨셉의 변경 또는 수정

수년간 잘 유지되었던 성공적인 많은 컨셉들이 점진적으로 쇠퇴해졌다. 고객 특성과 상권이 변화되었다. 직원의 사기와 개인 서비스가 쇠퇴할 수도 있다. 기반이 탄탄한 씨푸드 레스토랑인 Anthony's Fish Grotto는 5년 연속 매출이 하락하고 있다. 극도의 변화가 필요하여 경영주들은 컨설턴트를 고용하기로 결정했다.

경영정책과 운영의 변화를 통하여 Anthony's는 회생하였다. 먼저 경영주는 Anthony's의 미래의 비전을 포함한 기업사명을 작성했다. 그 내용이 직원들에게 공개되자마자 기업의 혁신이 시작되었다. 하향식 경영방식은 직원 일정과 새로운 이미지에 대한 아이디어에 대해서 팀별로 구성되는 경영체제로 대체되었다. 서빙 팀은 홀직원 근무시간표를 만들어 한 매장에 40종의 서비스를 전부 만족시켰다. 지원팀은 린넨 제품과 도자기 그릇 종류의 비용을 줄였다.

컨셉 팀은 캘리포니아 주 La Mesa의 객장을 밝은 조명으로 하고, 화려한 색채로 해저동굴에 와있는 듯한 인상을 주는 점포 분위기를 만들기 위하여 디자이너들과 함께 노력했다. 디자인은 벽에서 돌출된 폭포와 해양 생물로 장식되었다. 이와 같은 디자인은 어린 자녀들을 동반한 베이비부머세대들을 매혹시키는데 도움이 되었다.

모방과 개선

새로운 레스토랑 컨셉을 생각해 낼 때는 모방자가 되어라. 성공한 사람들을 살펴보고, 그들의 강점을 조사하고, 약점과 검증된 시스템을 찾아보라. 실수를 피하기 위하여 시스템을 배워 개선시켜라. 새로운 컨셉을 시작하여 적응시켜라. 훌륭한 지휘자는 채택한 선율의 테마로 장엄한 교향곡을 만든다. 훌륭한 레스토랑은 기존 레스토랑 요소들을 적절히 적용시킨다.

완벽한 새로운 레스토랑 컨셉 같은 것은 없다. 단지 수정과 변화, 새로운 조합, 그리고 디자인, 배치, 메뉴, 그리고 서비스의 변화만이 있다. 완벽한 새로운 컨셉을 가지고 있다고 주장하는 것은 순전히 허풍이다. 만약 그것이 사실이라 할지라도 레스토랑이 너무 낯설어서 사람들이 그와 같은 레스토랑을 피할 수도 있기 때문에 고객이 없을 수도 있다. 모든 레스토랑은 수많은 선배들이 만들었다는 사실을 인정하는 것이 옳은 생각이며, 당신이 큰 실수를 피하는데 도움이 될 것이다. 그러므로 모방자, 그러나 비판적이며 창조적인 모방자가 되어라.

시스템을 모방하는 것 이외에도 자신의 레스토랑을 만들려고 노력하기 전에 그 시스템으로 실제 일을 해 봄으로써 정확한 체계를 배울 수 있다. 단순한 관찰로는 충분하지 않으며, 수십 가지의 상세한 업무를 배워야 한다. 그 중 어느 하나라도 잘 파악하지 못하면 불필요한 문제를 야기할 수도 있다. 잘못된 거래처로부터 구매를 하거나, 어떤 요리를 잘못된 온도로 조리하거나, 드레싱에 특정 양념을 빠뜨리거나, 또는 빵을 만들 때 잘못된 공식을 적용하는 것은 운영자에게 고비용과 스트레스를 가져올 수 있다.

많은 멕시코 레스토랑은 비-멕시코인과 함께 일해 왔으며, 주요 주방 직원과 홀 직원이 멕시코 출신 미국인이어서 그 레스토랑에 대한 신뢰성을 가져다주었기 때문에 부분적으로 성공하였다. 경영주 또는 운영자가 그 민족 배경 출신이거나 그와 관련된 업무에 열정이 없다면 풀 서비스 에스닉 레스토랑을 시도하는 것은 아마도 현명하지 못한 일이 될 것이다. 또 다른 대안은 적절한 민족 배경을 지닌 사업상의 동료와 함께 일을 시작하는 것이다.

만약 당신이 기존의 성공한 레스토랑을 모방한다면 잠재적인 시장을 주의 깊게 정의하기 위한 사회분석가는 필요치 않다. 창조적인 모방자는 많은 운영 방법으로부터 아이디어를 차용하여 필요할 때마다 바꿀 수도 있다. 서비스 유형은 커피숍으로부터 얻어낼 수 있으며, 조리 준비 방법은 디너하우스로부터, 메뉴는 성공한 몇몇 운영방법을 조합하여 얻어낼 수 있으며, 여기에 준비, 표현, 또는 서비스에 있어서 한두 가지 수정한 것을 첨가할 수 있다. 가격정책은 대중으로부터 이미 호응을 잘 받은 정책을 조합할 수도 있다. 새로운 맛의 패턴을 설정하거나 정상적인 것에 벗어나 너무 다양화시키려고 노력하지 마라.

레스토랑의 상징물

레스토랑에서 로고, 설계도$^{\text{line drawings}}$, 심지어 린넨 냅킨과 서비스 유니폼 등의 심벌을 사용하는 것은 분위기를 만드는데 도움이 된다. 1890년대 César Ritz는 웨이터에게 연미복을 입게 했는데, 이는 맨션에 사는 엘리트들을 런던에 있는 호텔 레스토랑인 Carlton으로 유혹하는데 도움이 되었다. Chart House 레스토랑은 서빙하는 사람에게 매혹적인 하와이 셔츠와 블라우스를 입게 하여 색다른 이미지를 만들어 냈다. 그 레스토랑은 당시의 선박 장식을 하여 배경과 조화를 이루는 자연스런 외관으로 디자인 되어 있다. 나무와 유리를 광범위하게 사용하여 따뜻한 느낌을 주었다. 가장 이목을 끄는 것은 그 레스토랑이 거의 모두 바닷가에 위치하고 있다는 점이다.

심벌에는 해적, 광대, 그리고 왕 등이 포함된다. 로날드 맥도날드$^{\text{Ronald McDonald}}$는 맥도날드 레스토랑의 장식과 의인화한 요소의 일부분이다. 일부 맥도날드에서 제공하는 미니어처 공원도 또한 그렇다. 어린이에게 마분지로 만든 왕관을 주는 버거킹은 고객의 주의를 끌기위해 로날드 맥도날드, 미키마우스와 경쟁하고 있다.

대기업은 CI전략 수행을 위한 그래픽 작업에 수만 달러를 쓴다. 옥외 간판을 모사한 레스토랑 체인 로고는 그 회사가 전략화하고 싶은 이미지에 맞추기 위해 주의 깊고 정교하게 만들어진다. 독립 운영자는 레스토랑의 컨셉을 반영하는 심벌과 광고물을 구상하기 위하여 대기업으로부터 특정 단서를 얻을 수 있다.

컨셉이 실패할 때

만일 운영자가 경쟁력이 있다면 레스토랑이 실패하더라도 매각할 필요가 없다. 컨셉을 시장에 적합하게 바꿀 수도 있다. 어떤 한 컨셉에서 다른 컨셉으로 전환하는 일은 레스토랑 운영 중에도 추진할 수 있다. 상호, 실내장식, 그리고 메뉴를 변경할 수도 있으며, 떠났던 고객들도 새로운 컨셉이 그들에게 어필된다면 다시 돌아올 수도 있다. 고객들은 오래된 컨셉에 싫증을 느끼거나, 단순히 싫어할 지도 모른다. 오래된 컨셉을 즐겼던 고객들이 떠날 수도 있으며 새로운 시장으로 대체될 수도 있다. 그렇지 않으면, 실내장식, 가격, 그리고 서비스를 완벽히 갖춘 새로운 컨셉이 그 시장에서 더 잘 어필할 수도 있으며 경쟁자가 고객들을 흡수해 갈 수도 있다.

최악의 경우는 경기침체로 인해 모든 레스토랑의 고객수가 급감하는 것이다. 이 경우 고객들은 레스토랑 수준을 아래 단계로 낮춘다. 예를 들어, 이전에 고급 디너하우스의 단골이었던 사람들은 이제 이웃에 있는 커피숍으로 간다. 커피숍 단골은 퀵서비스로 바꾼다. 외식을 할 여유가 없는 사람들은 외식시장에서 완전히 사라진다. 현명한 레스토랑 운영자는 시장점유율을 유지하기 위하여 메뉴가격을 낮추고 심지어 양을 줄인다. 고급 레스토랑들은 결코 단품요리$^{a\ la\ carte}$의 가격을 낮추지 않는다. 그 대신에 그들은 똑같은 요리라면 주문받은 단품요리를 저렴한 고정가격으로 식사를 제공받을 수 있다.

다중브랜드 컨셉 체인

맥도날드와 KFC와 같은 단일컨셉$^{single-concept}$ 체인은 어떤 레스토랑 중에서도 가장 큰 성공을 거두었다. 단일컨셉을 가짐으로써 한 가지 시스템에 노력을 집중할 수 있는 장점이 있다. 그럼에도 불구하고 단일컨셉 레스토랑 체인은 몇 가지 이점을 제공하는 다중브랜드 컨셉$^{multiple-concept}$ 체인으로 바뀌고 있다. 다중브랜드 레스토랑 체인은 각각의 체인이 다른 체인과 경쟁을 하기도 하고, 각기 레스토랑 시장의 일부분을 차지하며, 같은 구역 내에 다섯 개 또는 그 이상의 레스토랑을 가질 수도 있다.

사실 이와 같은 다중브랜드 레스토랑 체인은 비용을 최소화하기 위하여 오랫동안 운영되어 왔으며 미래에는 아마도 서로 다른 시장의 확보에 성공하고 있기 때문에 더욱 확산될 것이다. 1950년대 초 Lawry's는 로스앤젤레스의 한 거리에 도로를 가로질러 서로 마주보며 다른 컨셉의 레스토랑을 열었다. 일반대중은 그 레스토랑이 한 회사가 소유하고 있음을 전혀 알지 못했다. 이 두 레스토랑은 쇠고기를 특징으로 삼았다는 점에서 직접적으로 경쟁관계에 있었다. 이러한 전략은 다른 경쟁사의 입점을 막았으며, 결국 그 지역은 오로지 그들의 쇠고기 레스토랑만이 운영되었다.

일반적으로 레스토랑이 밀집한 지역에서 12종에서 15종의 각각의 서로 다른 컨셉을 가진 레스토랑들이 같은 쇼핑몰 지역에 밀집하여 있을 수 있다. 로스앤젤레스 공항 인근의 비교적 작은 지역인 Marina Del Rey에는 36종 이상의 레스토랑 컨셉이 함께 밀집해 있다.

Ruben's과 Coco's도 동일한 장소에 입지하여, 각각 부지배인을 따로 두고 총지배인 한 사람이 관리함으로써 비용을 줄이고 있다.

로스앤젤레스, 시카고, 또는 뉴욕과 같이 대규모 시장 지역에서는 동일한 회사가 몇 가지 컨셉을 가질 수 있으며, 이들 모두는 서로 유사하지만 실내장식과 메뉴는 약간씩 차이가 있다. 고객들은 동일한 스타일의 레스토랑에서 식사를 하게 되는 것을 좋아하지 않는다. 그래서 레스토랑은 다양하며 다른 브랜드명을 사용한다.

가장 규모가 큰 레스토랑 회사인 트라이콘(Tricon Global Restaurants, Inc., 현재는 YUM! Brands, Inc. ―역자 주)은 KFC, Taco Bell, 그리고 Pizza Hut 등 3가지 컨셉을 보유하고 있다. 이 레스토랑은 동일한 장소에 단일 컨셉 또는 2가지 컨셉으로 입지해 있거나, 심지어 3가지 브랜드 모두가 입지해 있다.

레스토랑 개발의 순서: 컨셉부터 개업까지

어떤 컨셉이 준비될 때부터 일정한 장소를 선정하고, 건축 설계를 하고, 자본을 마련하고, 토지를 임대하거나 매입하고, 건물에 대한 승인을 얻어내고, 공사 입찰 도급을 주고, 계약자를 선택하고, 마침내 건물이 들어설 때까지는 2-3년이 경과할 수 있다. 이와 같은 작업의 순서([그림 3-2])는 다음과 같이 14단계로 이어진다.

1. 사업 마케팅 초기화
2. 배치 및 설비 계획
3. 메뉴 결정
4. 건축 설계 초안 작성
5. 인허가 검토
6. 재정 확보
7. 작업 청사진 개발
8. 공사입찰 도급 계약
9. 계약자 선택
10. 신축 또는 리모델링 시작
11. 가구 및 설비 발주
12. 주요 직원 고용
13. 시간제직원 선발 및 교육
14. 레스토랑 개점

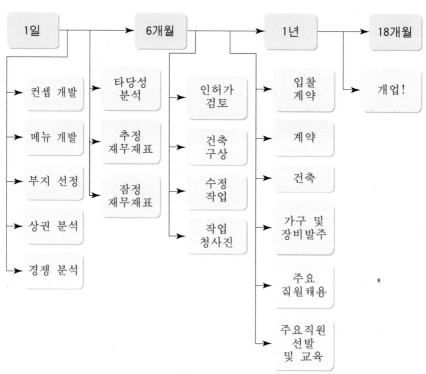

◎ 그림 3-2 레스토랑 개발의 순서를 보여주는 진행도

어떤 경우에 있어서, 특히 기존의 레스토랑을 인수하거나 기존의 건물을 개축할 때 일정을 단축시킬 수 있다. 레스토랑 개발 시스템을 이미 보유한 레스토랑 체인은 일반적으로 6개월에서 12개월까지로 일정이 단축될 수 있다.

개발계획 서비스

레스토랑을 신축하는 사람은 레스토랑 설계에 경험이 있는 건축가를 고용해야 한다. 건축가는 주방을 설비하고 설비 발주를 추천해줄 레스토랑 컨설턴트를 고용해야 한다.

건축업자는 레스토랑 컨설턴트 중 한 명을 고용하거나, 플래너^{planner}또는 고용 플래너$^{employ\ planner}$로서 이중직업을 가진 레스토랑 딜러를 고용할 수 있다. 컨설턴트는 수수료나 일정 비율의 수당을 받는다. 딜러 또한 수수료를 청구할 수 있으나, 만약 자신의 장비를 구매 또는 대여한다면 수수료를 감면하거나 면제받을 수 있다.

플래너/컨설턴트를 선택함에 있어서 최선의 지침은 그 사람의 경험과 평판이다. 어떤 주방이라 할지라도 다양한 방법으로 제 기능을 발휘할 수 있도록 설비되어야 한다는 점을 명심해야 한다. 컨설턴트/플래너는 계약된 수수료를 포함하여 서명한 디자인 계약서를 요구할 것이다. 계약서에는 디자이너가 무슨 서비스를 완수할 것인가를 명시하고 보통은 다음과 같은 사항을 포함한다.

- 기본적인 바닥 계획
- 설비 일정표
- 푸드서비스 전기설비 요건
- 푸드서비스 배관 요건
- 푸드서비스 일반 설비
- 푸드서비스 설비 입면도
- 냉장설비 요건
- 환기설비 요건
- 좌석 배치

레스토랑의 공통분모

어떤 레스토랑 컨셉을 개발할 때 플래너는 모든 종류의 레스토랑에 공통되는 요소를 고려한다. 이러한 공통분모에 대한 분석을 통하여 두 가지 이상의 유형을 혼합한 컨셉이 만들어질 수 있다. 패스트푸드 레스토랑은 커피숍의 특징을 띠고 있으며, 자동판매기는 제한된 서비스를 제공하며, 카페테리아는 고급 레스토랑의 장비가 요구될 수도 있다.

레스토랑의 공통분모는 레스토랑 자체와 메뉴가격, 제공되는 서비스 정도, 고객에게 제공되는 공간, 좌석회전율, 광고 및 판촉비, 직원 당 생산성, 인건비, 그리고 조리 원가에 의하여 충족된 인간의 욕구와 비교될 수 있다.

플래너는 어떤 특정 시장에 가장 적합하리라고 믿는 컨셉을 개발하기 위하여 공통분모로부터 선택한다.

실용성 또는 즐거움

특정한 레스토랑의 목적은 무엇인가? 영양상의 목적이나 즐거움을 위한 음식을 제공하기 위한 것인가? 외식을 통한 식사의 75%까지는 실용적인 목적인 반면에 나머지 25%는 즐거움을 위한 것이다. 그 구분은 분명하지 않다. 개인에 따라서 퀵서비스의 경험은 대단히 신날 수도 있으며 또한 재미없을 수도 있다. 어린이에게는 맥도날드가 흥분과 재미로 가득할 수 있으나, 교양 있는 사람에게는 지루할 수도 있다. 버거킹이나 웬디스를 방문하는 가족은 그 경험이 TV 광고에서 묘사된 것만큼 매우 즐거울 수 있다. 그들에게는 이와 같은 실용적인 레스토랑이 아마도 매우 값비싼 프랑스 레스토랑보다 더 즐거운 재미있는 장소일 것이다. 맥도날드는 놀이공간과 파티공간을 추가함으로써 경계를 보다 모호하게 해왔다. 이는 빠른 좌석회전율을 높이기 위한 맥도날드식 제공을 유지하려는 레이 크락의 원래 계획과는 전혀 다르다. 그러나 대체로 외식의 즐거움은 서비스, 분위기, 그리고 음식의 질이 높아질수록 더욱 커진다. 아마도 메뉴가격의 비싼 정도에 따라서 즐거움 또한 더 커질 것이다. 그와 같은 일직선상의 상호관계에는 많은 요소가 개입된다.

제공되는 서비스 수준

레스토랑의 서비스 수준은 [그림 3-3]에 나타나 있듯이 서비스가 전혀 없는 단계에서부터 최신의 고품격 제공에 이르기까지 다양하다. 대개 메뉴가격이 올

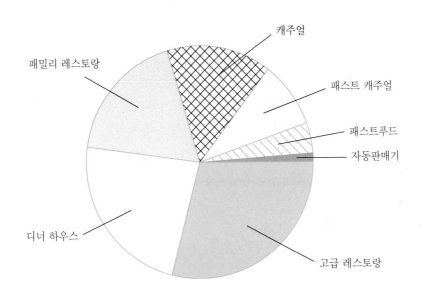

○ 그림 3-3 서비스 수준에 따라 레스토랑의 업태가 달리 분류된다

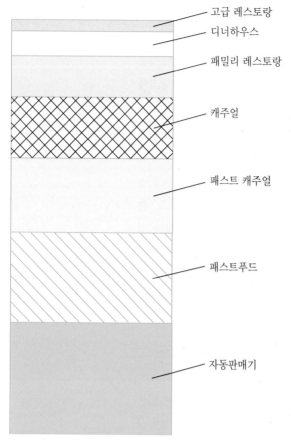

고급 레스토랑

디너하우스

패밀리 레스토랑

캐주얼

패스트 캐주얼

패스트푸드

자동판매기

○ 그림 3-4 좌석회전
율의 차이에 따라 레
스토랑의 업태가 달리
분류된다.

라감에 따라서 서비스의 질도 좋아진다. 자동판매기^{vending machine}는 비인격적이어서 서비스가 전혀 없다고 볼수 있다. 고급 레스토랑에서는 캡틴과 2명의 직원이 서비스를 하는 등 최대한의 서비스를 제공한다. 고객은 음식에 대해서 뿐만 아니라 분위기와 직원의 서비스 수준에 대해서도 돈을 지불한다.

고급 레스토랑과 캐주얼 또는 대중적 컨셉의 레스토랑의 생산성과 수익성을 비교하는 것은 흥미롭다. 캐주얼 레스토랑은 직원의 후임자를 신속하게 교육시킬 수 있으며 상대적으로 낮은 임금을 준다. 프랑스 레스토랑은 근무연한과 숙련된 기술에 따라 차등 지급하며, 또한 상대적으로 비효율적이다. 체인 레스토랑은 시스템과 표준화에 의존하며, 프랑스 레스토랑은 개인에 의존한다. 체인은 레스토랑 자체가 판매의 수단이며, 프랑스 레스토랑은 분위기와 특성, 구전, 홍보로 제한된 고객을 유인한다.

레스토랑 서비스는 자동판매기, 퀵서비스, 패스트 캐주얼, 패밀리 레스토랑, 캐주얼, 디너하우스, 고급 레스토랑 등 7가지 범주로 나눈다. [그림 3-4]는 업태의 종류에 따라 좌석회전율에 차이가 있음을 보여주고 있다.

제공되는 서비스의 수준은 아마도 메뉴가격과 즐거움의 정도와 상관관계가 있다. 그것은 외식하는 고객의 기대치를 나타낸다. 기대치에는 많은 예외가 있으며, 그와 같은 기대치는 심리적인 부분이기 때문에 상관관계에 많은 요소가 개입된다.

식사시간 및 좌석 회전율

　실리적인 식사는 종종 짧은 시간에 이뤄지는 반면, 정찬을 위해 1인당 75달러에서 100달러나 지출해야 하는 고급 레스토랑에서의 전반적인 경험은 오랫동안 기억에 남아 즐거움을 준다. 친구들에게 송로버섯^{truffle}을 곁들인 칠면조 요리에 대하여 이야기하는 것은 그만한 가격의 가치가 있을 것이며, 그 대화는 식사하는 사람에게 윤택함을 더해준다. 이와는 반대로 뉴욕에서 혼자 서서 식사하는 사람은 식사 경험에 매혹되리라는 기대는 거의 할 수 없다.

　좌석회전율과 식사속도는 완벽하게 일치하지는 않지만 레스토랑 유형과 상호 관련되어 있다. 패밀리 레스토랑에서는 고객을 위해서 빠른 서비스와 신속한 좌석회전율, 그리고 유쾌한 분위기를 제공한다. 좌석회전율은 운영의 효율성과도 상관관계가 깊다. 예를 들어, 배치와 관리능력에 따라서 동일한 유형의 2개 레스토랑에서의 좌석회전율이 상당히 차이가 날 수도 있다.

고객당 점유공간

　레스토랑의 업태에 따라서 요구되는 고객 1인당 점유공간의 면적은 차이가 있음을 [그림 3-5]에서 보여준다. 사실 레스토랑 고객은 식사를 위해서 공간을 임대한다고 할 수 있다. 드라이브인 레스토랑은 식사 공간을 따로 제공하지 않으며, 고객의 승용차가 식사 공간이 된다. 규모에 따라서는 고객이 직접 카운터

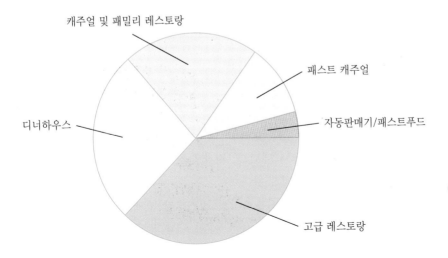

◎ 그림 3-5 　고객당 점유 공간의 크기에 따라 레스토랑의 업태가 달리 분류된다.

	식사 공간 (좌석당 점유공간: ft²)	좌석회전율 (시간당, 좌석회전수)
패스트 캐주얼	10~12	1.75~3.0
디너하우스	15~17	1.25~1.75
고급 레스토랑	13~18	0.5~1.25
캐주얼 레스토랑	11~15	1~2.5

로 걸어가 서비스를 받을 수도 있다. 커피숍은 카운터와 칸막이 좌석, 그리고 명목상 주방을 제공한다. 반면에 고급 레스토랑은 덮개를 씌운 의자와 고객당 15 ft²에서 20 ft²의 공간이 요구되며, 보다 많은 메뉴를 취급할 주방 설비가 필요하다.

점유공간 요건과 시간 당, 좌석당 좌석회전율은 [그림 3-6]과 같다.

좌석당 메뉴가격 및 원가

가격은 제공되는 서비스 정도, 식사시간, 인건비, 고객에게 제공되는 공간 면적, 그리고 레스토랑 자체의 운영비와 매우 밀접한 관련이 있다.

레스토랑의 좌석당 원가는 직접적으로 언급된 다른 요소에 따라 다양하며, 광범위하게 차이가 날 수 있다. 일부 체인 디너하우스는 좌석당 1만8천 달러 이상의 원가가 소요되는 반면에, 소규모 레스토랑은 6천 달러 정도의 원가가 소요된다. 일부 퀵서비스 레스토랑은 패밀리 레스토랑보다 좌석당 원가 비율이 높다. 그러므로 좌석당 원가는 레스토랑 업태와는 다소 관련성이 떨어진다.

적정 좌석 수

입지에 따라서 특정 컨셉의 레스토랑 좌석수가 결정될 수 있다. X라는 입지에는 120석의 레스토랑이 적정한데 반해, 240석의 레스토랑은 잘못일 수 있다. 레스토랑 체인이 자신의 컨셉에 적합한 적정규모에 이르기 위해 일정 기간의 진화를 경험한다. 맥노날드나 데니스, 피자헛 같은 회사들은 입지에 따라 점포규모가 다른 레스토랑을 개발해 왔다.

여러 연구에 따르면, 테이블서비스 레스토랑 고객의 40~50%가 2명씩 방문하고, 30%는 혼자 또는 3명으로, 20%는 4명 또는 그 이상의 단체고객이라

○ The Hard Rock Café
의 테마는 로큰롤 명예
의 전당이다.
Hard Rock Cafe 제공

고 한다. 이러한 고객을 수용하기 위해서 컨설턴트는 함께 앉을 수 있는 2인용
테이블을 추천한다. 레스토랑에 따라 다소 비효율적으로 보이는 4인용 테이블
이 가족단위 고객을 맞이하기 위해서는 이상적이 된다. 보다 규모가 큰 단체는
소규모 테이블 몇 개를 연결하거나, 6인용 부스 또는 큰 원탁테이블로 수용할
수 있다. 좌석 당 필요한 매장면적은 레스토랑 서비스나 분위기에 따라 다양하
게 설정된다. 고급레스토랑이나 테이블서비스 레스토랑은 좌석당 15~20ft²가
필요하고, 커피숍과 작은 레스토랑은 좌석당 약 12~17ft² 정도를 할당해야 하
며, 반면에 카페테리아는 좌석 또는 스툴^{stool}(높은 의자) 당 10~12ft²가 요구
된다.

처음 개업하는 레스토랑 경영자는 소규모로 시작하는 것이 좋을 것이다. 레
스토랑 규모가 입지에 비해 지나치게 크면, 좌석을 모두 채우기가 힘들 것이다.
고객들로 북적이는 레스토랑의 분위기는 흥분감을 자아낸다.

일부 레스토랑은 상권에 비해 너무 클 수도 있다. 가능하다면 일부 공간을
폐쇄하여 다른 고객과 함께 앉도록 유도하는 것이 더 효과적일 수 있다. 넓은
공간의 썰렁한 객장에서 몇 되지 않는 고객들과 같이 있고 싶은 사람은 별로
없다.

▌광고와 판매촉진비

　광고와 판촉에 지출되는 비용은 레스토랑의 업태에 따라 다양할 수 있다. [그림 3-7]은 레스토랑 업태간의 매출 대비 광고 및 판촉비용을 보여준다. 자동판매기 운영자는 광고비 지출을 거의 하지 않거나 전혀 하지 않는다. 퀵서비스 레스토랑은 광고비로 수익의 4~5%를 지출할 것이다. 캐주얼, 패스트 캐주얼, 패밀리 레스토랑 또는 디너하우스는 더 많은 비용을 지출한다. 훌륭한 요리를 특징으로 하는 레스토랑은 많은 홍보비를 책정한다. 판촉은 푸드 칼럼니스트를 접대하거나, 적절한 시간에 적절한 장소에서 적절한 사람들과 경영주와의 만남을 통해 레스토랑이 기사화 될 수 있도록 해주는 광고대행사에 지불하는 비용이 될 것이다.

▌매출 대비 인건비

　직원 당 생산성을 업태간에 비교해 볼 때 퀵서비스 레스토랑이 가장 높고, 고급 레스토랑이나 컨트리클럽이 가장 낮은 생산성을 나타내는데, 여기에는 다양한 요소가 영향을 미친다. 하지만 경영기술과 레스토랑의 배치, 메뉴에 따라서 예외가 있을 수 있다.

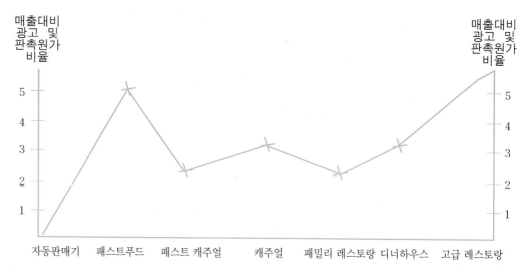

● 그림 3-7　레스토랑의 업태별 광고 및 판촉비용

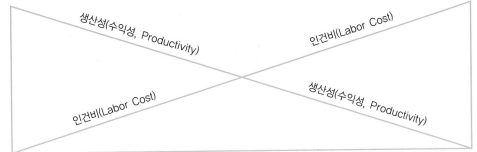

직원 당 생산성
(Productivity/employee)

직원 당 생산성
(Productivity/employee)

생산성(수익성, Productivity)

인건비(Labor Cost)

인건비(Labor Cost)

생산성(수익성, Productivity)

자동판매기　　패스트푸드　　패스트 캐주얼　　캐주얼　　패밀리 레스토랑　　디너하우스　　고급 레스토랑

◉ 그림 3-8 　레스토랑의 직원당 생산성 대 인건비

인건비 원가는 [그림 3-8]에서 나타나듯이 생산성과는 정반대의 결과를 업태별로 보여준다. 퀵서비스 레스토랑은 상대적으로 낮은 인건비를 가지고 운영할 수 있다. 인건비와 관련해서는 13장에서 보다 자세하게 설명할 것이다.

컨셉개발 관련 계획의 의사결정

1. 표적시장, 즉 고객은 누구인가?　　어린이, 십대, 젊은 기혼 커플, 가족, 사업가, 은퇴자, 저소득자, 고소득자, 모험가, 교양 있는 사람 등 배고픈 사람이라면 어떤 사람도 표적시장이 될 수 있다.

2. 경영형태, 매입, 신축, 임대, 또는 프랜차이즈?　　레스토랑을 신축하는 것은 여러 선택 중에서도 가장 시간이 많이 소요되며, 컨셉 설정부터 개업에 이르기까지 2년 이상 걸릴 수도 있다. 자금을 조달하고, 건축가를 고용하고, 토지를 매입하고, 인허가를 취득하고, 그리고 예비계획을 체계적으로 수립하는 등의 준비를 하는 일은 모두 시간과 돈을 투자하게 한다. 프랜차이즈 가맹점을 내는데 있어서의 문제점은 올바른 운영방법을 선택하고, 대부분의 중요한 내용은 이미 확정되어 있으며 나머지 의사결정은 본사에 따라야 함을 인정해야 한다는데 있다.

3. 조리방법, 모든 음식을 조리할 것인가 편의식품으로 조리할 것인가?　　레스

토랑 내에서 얼마나 많은 음식을 조리할 것인가? 메뉴계획 상의 조리 식재료를 얼마나 많이 구매할 것인가? 메뉴 중에 얼마나 많은 부분을 인스턴트식품과 즉석수프, 다른 즉석식품을 통해 준비할 것인가? 일부 레스토랑은 가능한 모든 것을 신선한 재료로 준비한다. 다른 레스토랑은 가능한 모든 것을 즉석식품으로 준비하여 조리시간을 최소한으로 단축시키기 위한 확고한 정책을 가지고 있다. 대부분의 레스토랑에서 일부 품목은 직접 조리하고 나머지 품목들은 구매한다. 체인점은 중앙공급식주방을 통해 음식을 만들어 개별 레스토랑에서 마무리 조리만으로 가능하도록 배달해 준다. 심지어 고급 레스토랑에서도 대부분의 후식과 패스트리를 구매하기도 한다.

4. 메뉴의 수, 제한된 메뉴로 할 것인가 다양한 메뉴를 갖출 것인가?　레스토랑의 입지와 컨셉이 제한된 메뉴를 지원해 줄 것인지 또는 컨셉을 유지하기 위하여 많은 인구를 기반으로 하는 다양한 특성에서 요구되는 다양한 메뉴를 갖출 것인가?

5. 서비스 형태, 어떤 수준의 서비스를 제공할 것인가?　운영자는 자동판매기부터 테이크아웃점, 카페테리아, 드라이브인 레스토랑, 그리고 고급 레스토랑의 풀 서비스에 이르기까지 광범위한 서비스 중에서 적합한 수준을 선택할 수 있다. 어느 것이 레스토랑 컨셉과 시장에 가장 적합한가?

6. 직원 채용, 어떤 경력의 직원을 채용할 것인가?　최근의 외식산업에서는 10대나 20대 초반, 그리고 최저임금 또는 최저임금 보다는 약간 상회하는 급여를 받는 사람들을 직원으로 선호한다. 일부 레스토랑은 다양한 연령 집단을 고용하고 시간제 직원보다는 경력이 있는 직원에 의존한다. 대부분의 레스토랑은 소수의 시간제 직원을 채용한다.

7. 광고, 매체광고를 할 것인가 구전을 통한 광고를 할 것인가?　돈을 지불하는 매체광고나 홍보, 판촉 또는 구전을 통한 광고 중에서 어떤 광고수단을 활용해서 표적시장에 호소할 것인가? 성공한 수많은 레스토랑들은 경비가 들지 않는 매체광고 방법을 가지고 있다. 다른 레스토랑은 주로 매체광고에 의존하고 있으며, 어떤 레스토랑은 판촉 또는 특히 경품 교환권을 사용하는 광고와 판촉을 조합하는 방법에 의존하고 있다.

8. 개업방법, 거창한 개업을 할 것인가 조용한 개업을 할 것인가? 당신은 매우 요란스럽게 개업할 것인가? 아니면 월요일 아침에 조용히 개업을 하여 한 무리의 사람들이 쉽게 들어오도록 할 것인가?

9. 설비형태, 전기설비를 택할 것인가 가스설비를 택할 것인가? 이 결정의 판단은 매우 어렵다. 왜냐하면 일부 설비는 가스가 요구되며, 일부는 전기가 필요하기 때문이다. 그러나 설비는 전체 비용의 일부이기 때문에 의사결정이 중요하다. 가스설비와 전기설비 간의 운영경비의 차이점은? 그리고 각각의 장점은? 곧 지역 공공요금이 중요한 결정요소가 된다. 어떤 지역에서는 전기료가 싸고, 다른 지역에서는 비쌀 수가 있다.

수익성

역시 가장 중요한 요소는 수익성^{profitability}이다. 수익을 많이 낼 수 있는 레스토랑 사업은 퀵서비스 범주의 레스토랑이다. 대규모 퀵서비스 식재료 납품업은 수십 명의 백만장자를 양산했다. 많은 프랜차이즈 가맹점주들은 체인 내 여러 점포들을 취득하여, 어느 한 지역 내에 여러 점포가 무리를 지어 모이게 되었다. 최소한의 임금을 받는 직원과 높은 매출액, 시스템의 사용, 훌륭한 마케팅을 가진 대부분의 퀵서비스 업체들은 대단한 성공을 이루었다. 하지만 안타깝게도 외식사업경영을 전공하는 학생들은 퀵서비스 경영을 거의 선택하지 않는다. 이는 퀵서비스 레스토랑은 서비스와 스타일을 다양하게 제공하는 레스토랑들에서 찾을 수 있는 자기표현을 위한 다양성과 화려함, 그리고 기회가 부족하다고 판단하고 있기 때문이다. 전문 레스토랑 경영자는 레스토랑을 자아확장의 장소로 보고 있다. 투자가는 일반적으로 수익성과 수익을 최대화하는 조건에 가장 많은 관심을 기울인다.

사 명

레스토랑 경영주에 의해서 작성된 사명^{mission}은 사업에 대한 그의 목표를 요약한 것이라 할 수 있다. 사명은 다음의 워싱턴 주 Spokane에 있는 Restau rants Unlimited's Clinkerdagger 레스토랑의 내용처럼 간결할 수도 있다.

Clinkerdagger는 잊지 못할 식사 경험을 할 수 있는 최고의 장소이다. 벽난로의 타오르는 불꽃과 직원의 친절함으로 고객을 맞이하고자 하는 우리의 목표는 정교한 메뉴와 품위있는 접대로 고객을 크게 기쁘게 하는 것이다.[2]

또는 사명은 다음과 같이 본점이 Dallas에 있는 Chili's Grill and Bar와 같이 훨씬 더 많은 내용을 포함할 수도 있다.

우리는 사람, 품질, 그리고 수익에 대하여 균형 잡힌 접근방식을 지닌 최고로 성장하는 회사가 되고, 고객의 말씀을 듣고, 관심을 기울이며 고객에게 품격 높은 식사 경험을 제공함으로써 고객의 고귀함을 익히고, 높은 수준의 윤리, 탁월함, 혁신, 진실성을 높이고, 고객의 마음을 끌고, 개발하여 우수한 팀을 보유하고, 직원과 그들의 환경에 초점을 맞추고, 세심하게 반응하며, 장기간의 주주로서 부의 증식을 목표로 삼는다.[3]

사명은 제공되는 시장, 제공하는 음식의 종류, 그리고 식사 제공 분위기로 분명하게 표현될 수 있다. 준수되어야 할 윤리기준은 사명의 일부로서 진술될 수도 있으며, 또는 별도의 행동규정으로 작성될 수 있다. 고객과 직원, 거래처, 지역사회와 관련하여 이룩해야 할 목표가 포함될 수도 있다. 워싱턴 주 시애틀에 본사가 있는 정식 전문 체인점인 Restaurants Unlimited는 고객과 직원을 바라보는 회사의 도덕적 특징을 다음과 같이 진술하고 있다.

매출 증가와 탁월한 수익을 통하여 성장하는, 재정적으로 성공한 기업을 세우는 것. 이것은 다음과 같은 가치를 실천함으로써 달성할 수 있다. 우리는 고객을 최우선으로 모신다. 우리는 매시간 합리적인 가격으로 고품질의 요리를 제공한다. 우리는 양질의 서비스를 제공하고 고객 각자의 마음을 사로잡는다. 우리는 최고의 직원을 고용하여 그들에게 관심을 갖는다. 우리는 청결하다![4]

사명을 작성하기 위하여 시간을 투자하는 레스토랑 경영주/경영진에게는 몇 가지 장점이 생긴다. 사명 작성 연습을 통하여 레스토랑 경영주는 충분한 생각을 가지고 현재의 레스토랑에 대하여 명확하고 간결한 내용을 만들 수 있으며,

경영진과 직원의 에너지를 집중할 수 있으며, 고객과 직원, 거래처, 일반 대중과의 관계에 있어서 기업의 책임을 제시할 수 있다.

사명에는 직원들의 의견을 포함시킬 수 있다. 직원과의 토론을 통하여 레스토랑의 목적과 존재 이유에 대하여 그들이 생각하고 있는 것을 동원할 수 있다. 수익에 대한 동기부여와 청결, 고객 서비스, 그리고 고객만족과 같은 기업목표에 대한 직원들의 의견을 청취하는 것에 주저하지 말아야 한다.

윤리규정은 일부 사람들에게는 순진하다는 느낌을 줄 수도 있다. 윤리규정은 레스토랑 경영주와 매니저들에게 원칙에 따라 행동하도록 요구하는 부담을 안겨주며, 윤리규정 때문에 그들은 윤리적인 처신을 최우선으로 생각하며, 개인적인 청결, 식품보호, 서비스와 직원관계에 있어서 최고 수준의 기준을 준수할 책무를 생각하게 한다. 어떤 조항은 투자자에게 공정한 가치와 공정한 수익을 제공하고 메뉴가격을 정하기 위해 노력해야 한다는 내용도 다룰 수 있다. 레스토랑이 직원과 거래처 간의 정직하기를 기대하고, 그와 같은 행동의 맹세를 진술하는 것도 가능하다.

사명은 중소기업청, 은행 또는 기타 금융기관으로부터 대부를 지원받기 위해 필요한 업무계획의 유용한 부분이다. 사명에는 다음과 같이 3가지 요소를 포함해야 한다.

1. 사업의 목적과 사업이 제공하는 본질
2. 사업목표와 목적 및 전략
3. 사업과 직원이 준수해야하는 철학과 가치

컨셉과 입지

레스토랑에 좋은 입지를 만드는 요소는 무엇인가? 답은 레스토랑의 종류와 그 레스토랑이 관심을 두는 고객에 달려있다. 그 입지가 레스토랑의 표적시장인 잠재고객이 편리하게 접근할 수 있는가? 전문직이 표적시장인 레스토랑은 일반적으로 점심시간에 그들이 근무하는 곳과 비교적 가까워야 한다. 전문가 집단 중 일부가 이용하는 곳은 건물 내에 있는 유일한 레스토랑이며, 나머지가 이용하는 곳은 할당된 점심시간 내에 사무실로 돌아올 수 있는 곳이라면 입지를 불문하고 인근에 위치하고 있으면 된다. 길가의 레스토랑, 특히 고속도로변에 위치한 레스토랑은 자동차 여행객이 선호한다. 도시의 외곽지대가 아닌 지역 내에 입지하거나 주요 간선도로 변에 위치하고 있으면 플러스 요인이 된다. 맥도날드와 Olive Garden, Outback Steakhouse와 같은 유명 브랜드 레스토랑은 익히 알려진 품질과 가격 수준으로 인해 지역을 방문한 낯선 사람에게는 매력적이다. 여행객은 메뉴 가격을 알고 있으며, Massachusetts나 혹은 New Jersey에 입지하든지 간에 McDonald의 음식 품질과 위생 기준에 상당히 확신을 하고 있다.

잠재시장의 규모가 어떤 특정 업태의 레스토랑을 유지시켜 줄 것인가? 햄버거 퀵서비스 레스토랑을 유지하기 위해서는 단지 5천명의 인구만이 필요한 반면에, 폴리네시아 레스토랑은 20만 명의 인구를 필요로 한다. 캐주얼 레스토랑은 단지 수천 명의 잠재고객만으로도 유지될 수 있지만, 미식가를 위한 레스토랑은 10만 명의 잠재시장을 필요로 한다. 고급 디너하우스 체인점의 마케팅 매니저는 자신의 레스토랑 중 한 곳에 대하여 반경 5마일 이내에 25만 명의 인구가 있어야 유지될 수 있음을 알았다. 어떤 점포가 간선도로에 입지하고 있다면, 반경은 10마일로 확대될 것이다.

레스토랑의 가격구조는 시장을 설정하는데 있어서 중요한 결정요소가 된다. 평균객단가 45달러인 해산물 레스토랑은 인구의 5%에서 10%까지를 흡수할 수 있지만, 평균객단가 12달러인 멕시코 레스토랑은 인구의 60%에 어필할 수 있다. 일반 대중은 특화된 메뉴와 서비스 때문에 레스토랑을 찾지만, 보통은 선택할 레스토랑의 수가 적은 이유 때문에 쉽게 레스토랑을 결정하는 경향이 있다.

▌ 레스토랑 입지선정 기준

월2회 발행되는 *Restaurant Business*지는 레스토랑 성장지수^{Restaurant Growth Index} 연감을 출판하는데, 그 목적은 미국에서 레스토랑 개업 최적지와 최악의 입지에 대한 목록을 작성하기 위한 것이다. 이 잡지의 편집자는 레스토랑 입지와 도시를 선택하는 것은 과학과 예술이라고 말한다. 어떤 지역은 너무 많은 레스토랑이 있지만, 그중에는 고용된 직원, 근로여성, 소득수준, 연령분포, 그리고 가정 밖에서 소비되는 외식에 대한 그 지역의 시장점유율에 따라서 레스토랑을 매입하거나 신축하기에 적합한 입지가 있다. 최근의 조사에 의하면, Pittsfield 와 Massachusetts는 인구가 줄고 있어서 사업의 미래가 불투명하기 때문에 최 저등급으로 시장으로 평가되었다. 이에 반해, Chicago는 미국 레스토랑 산업에 있어서 최고등급으로 평가되었다. 그 뒤를 뉴욕, 로스앤젤레스, 워싱턴 D.C., 애틀랜타, 보스턴, 디트로이트, 그리고 필라델피아가 따랐다.

이같은 정보보다는 현지의 연구나 경험에 의해서만 알 수 있는 현재의 경쟁 규모와 경쟁 정도가 보다 가치가 있기때문에 지역 전문가로부터 그 지역 상황에 대한 정보를 획득하는 것이 유용할 수 있다. 레스토랑의 경쟁은 주요도시에서 더욱 치열하다는 사실은 잘 알려져 있다.

입지선정 기준

레스토랑 특성, 서비스 유형, 메뉴가격, 그리고 관리 등의 요소는 입지선정에 있어서 특별한 기준을 필요로 한다. 어떤 레스토랑에는 유용한 기준이 다른 레 스토랑에는 유용하지 않을 수 있으며, 초점은 잠재시장에 있다. 그 레스토랑이 고객의 거주지나 근무지에서 얼마나 편리한 접근성을 가지고 있는가? 가격이 낮거나 높든지 간에 고객이 합당한 가치를 얻고 있다고 느낄 것인가? 체인 레스 토랑 경영진은 보통 경험에 근거하여 주의 깊게 입지선정 기준에 대한 정의를 내리는데, 보다 명백한 입지선정 기준은 다음과 같다.

- 지역의 인구통계: 연령, 직업, 종교, 국적, 인종, 가족규모, 교육수준, 개인 과 가족의 평균소득. 인구조사국 홈페이지(www.census.gov/FedStats) 와 www.demographicsnow.com 참조
- 주요 간선도로에서의 가시성
- 주요 간선도로로부터 접근성
- 레스토랑 주변의 유동인구(유동인구는 지역방문 단순 관광객, 운전자, 지 역 근로자도 포함된다)
- 잠재고객의 접근가능 거리
- 바람직한 환경

바람직한 입지 요소들은 임대료와 기존 레스토랑 개축비, 기존 레스토랑 매 입비 등에 불리하게 작용한다.

입지선정 요소는 결정적이어서 어떤 입지가 그와 같은 요소를 충족시키지 못한다면, 레스토랑 입지로서 배제되어야 한다. 입지를 결정하는데 있어서 결정적인 요소를 설정하는 것이 첫 번째 과제이다.

레스토랑의 분위기는 입지와 조화를 이루어야 하기 때문에 체인점이라 할지라도 다른 점포와 인테리어를 다르게 기획할 수도 있다. 지역의 인종적 배경, 소득수준, 그리고 가족 당 자녀의 수가 중요하다. McDonald, Burger King, 그리고 Wendy's는 표준 디자인을 없애고 입지특성에 따라 변화를 주고 있다. 만약 부유층이고 고령인구가 많다면, 레스토랑은 젊은 사람이 선호하는 패스트 푸드 형태의 외관보다는 우아한 정찬 형태를 암시하는 장식 칸막이로 배치될 것이다.

일부 레스토랑은 자신의 입지를 창조한다

정찬 또는 패밀리 유형의 레스토랑은 캐주얼과 퀵서비스 레스토랑이 필요로 하는 입지의 편의성과는 달리 기존의 우수한 입지가 요구되는 것은 아니다. 음식서비스와 분위기가 바람직하다면 입지는 새롭게 창출될 수 있는데, 수많은 경영주가 실패해왔던 입지에서의 레스토랑을 새로운 경영주가 양도받아 경영한지 몇 주 되지 않아서 고객들로 꽉 채우는 성공점포로 만들기도 한다. 이 때문에 개발업자와 지방 공무원은 종종 부적합한 시기에 세워진 새로운 쇼핑센터나 쇼핑 지역에 성공한 레스토랑 운영자를 유치하려고 한다. 점점 쇠퇴하고 있는 지역공동체는 검증된 자료로 레스토랑 운영자에게 특별히 매혹적인 제안을 한다. 성공한 레스토랑은 수백 명의 고객들을 유치하고 쇼핑센터, 쇼핑몰, 게다가 다른 지역까지도 활기를 띠게 할 수 있기 때문이다.

화려한 색채의 컨셉을 지닌 레스토랑은 환경, 시장과의 거리, 접근성, 그리고 편의성 면에서 비교적 취약한 지역에서 성공할 수도 있으며, 이러한 레스토랑은 훌륭한 입지에서는 훨씬 더 성공가능성이 높다. 캘리포니아 주에 있는 성공한 멕시코 레스토랑 체인점 경영주는 일반적인 입지선정 요소는 그다지 중요하지 않다고 생각한다. 그는 사람들이 자신의 레스토랑을 방문할 것이라는 짐을 느끼는 데, 이는 경험을 통하여 입증했다. 결과적으로 그는 덜 바람직한 입지에 있는 실패한 레스토랑을 매입하고 개조하여 상당한 고객을 유치했다. 어떤 레스토랑 경영자는 "아무리 좋은 곳에 입지해 있다 하더라도, 레스토랑 사업에서 성공하는 것은 어렵다. 그러므로 오로지 최적지를 구하려고 노력하라."라고 말한다. 하지만 최상의 입지에서 레스토랑을 개점하려면 상당히 많은 임대료를 지불할 각오를 해야 할 것이다.

입지 정보의 출처

입지선정을 하는 일은 정확한 정보를 확보하는 것이 중요하다. 부동산중개업자가 최상의 정보제공자가 되지만 레스토랑 중개업을 전문으로 하는 곳은 별로 없다. 중개업자는 주로 매매를 성사시키고 구전을 얻는데 관심이 있다. 부동산 중개수수료는 대개 건물 매매가의 6%, 개발하지 않은 토지 매매가의 10%를 기본으로 한다. 20만 달러의 토지 거래로 중개업자는 2만 달러의 수수료를 받는다. 물론 중개수수료는 협의가 가능하다. 이러한 이유로 부동산 중개업자는 매입자나 매수자에게는 손해가 되더라도 거래를 성사시키고자 할 것이다. 매입자를 위하여, 중개업자들은 입지선정에 대한 다각적인 정보출처를 확보하고 있어야 한다. 그들은 입지에 대한 가치 있는 정보를 제공해 주어야 하기 때문에 지역의 소득수준과 성장패턴, 교통흐름, 레스토랑 경쟁력, 레스토랑의 전망들을 파악하고 있을 것이다.

정보에 대한 다른 출처는 상공회의소, 은행, 도시계획자, 그리고 믿건 안 믿건 타 레스토랑 운영자이다. 도시계획 담당공무원은 교통과 도시계획에 대한 정보를 제공해 줄 수 있다. 최근의 도시계획 정보는 결정적이지만 도시계획 담당 공무원의 도시 미래를 위한 기안 보다 더 좋은 정보는 없다. 어떤 지역이 재개발될 예정인지, 용지분할 계획은 없는지, 도시계획은 정치가 반영되기 때문에 일단의 공무원 팀이 어떤 계획을 기안했다 하더라도 담당 공무원이 바뀌면 그 계획은 변경될 수도 있다. 건축업자는 광범위한 재개발 계획이 수립되기를 희망하지만 도시계획상 용도변경은 수십만 달러의 가치를 발생시키기 때문에 실제 재개발은 축소되어 시행된다.

지역에 따라서는 환경보호와 자연보존을 위하여 개발금지기간을 설정하고 있는데, 이는 급속한 도시성장이 이루어지고 있는 지역에서는 공익기반시설과 하수처리시스템이 성장 속도를 따라갈 수 없기 때문이며, 레스토랑이 신축되더라도 하수처리에는 문제가 발생할 수 있다. 따라서 그 지역의 기존 레스토랑은 수년 동안 경쟁력을 가진 유리한 입장에 있을 수 있다.

레스토랑을 신축하는 일은 항상 까다로운 작업이지만 인가를 받거나 자재와 인부를 구하는데 있어서 예기치 않은 상황을 맞게 되는 투자가에게는 재난이 될 수도 있다. 레스토랑을 신축한 한 Howard Johnson 프랜차이즈 가맹점주는 수 개월 동안 오렌지색의 지붕을 구할 수 없어서 거의 파산 지경에 이르렀다. 일부 지역에서는 특별한 디자인을 한 레스토랑의 인가를 불허하기도 하며, 점점 더 복잡하게 제정되는 건축법은 최소한의 옥외간판을 설치하도록 규제하는 조건을 명시하기도 한다.

도시에 따라서는 도시계획위원회가 레스토랑 건물과 간판에 까다로운 규제를 가하기도 한다. 대형 네온사인이 있는 레스토랑과 모텔들로 빽빽이 들어선 거리는 불쾌감을 준다.

그 지역에 사는 사람들에 대한 기본적인 인구통계 정보는 지역의 공공도서관과 대학 도서관에서 이용 가능한 표준광역도시통계권Standard Metropolitan Statistical Areas에 대한 국세조사표준구역Census Tracts으로부터 취득할 수 있다. 관심 있는 특별한 장소의 임차인 수와 자택소유자 수, 소득수준 등은 몇 분 이내에 이와 같은 국세조사표준구역의 자료에서 발췌할 수 있으며, 지역주민에 대한 대부분의 정보는 정부자료로부터 얻을 수 있다. 인구통계조사회사는 저렴한 가격으로 수일 내에 해당 정보를 제공해줄 것이다. 대규모 체인점은 통상적으로 이러한 회사들을 이용하지만 개인사업자 역시 시간절약하기 위하여 그러한 회사를 이용해야 한다. 인구의 증감, 인구밀도, 소득수준, 어린이의 수, 소수민족의 수, 소비자 특성과 같은 정보는 미국의 어느 지역이라도 손쉽게 입수할 수 있다. 조사전문회사는 정보 그 자체를 조사하지는 않으며, 다른 출처로부터 정보를 수집하기만 하여 유용한 결과물을 만들어 내며, 그 정보가 당면문제에 적절하기만 하면 효과적이다. 체인본사의 입지 전문가들은 특정 레스토랑에 부합되지 않은 입지를 선정하여 큰 실수를 해왔으며, 특히 초보 입지선정 분석가는 더 많은 문제를 가지고 있을 수도 있다.

부부가 경영하는 소규모 레스토랑은 소도시에서 자신들을 위한 생계비를 벌 수도 있으나, 많은 자본금을 투자한 레스토랑은 경제적으로 실패할 수도 있을 것이다. 경쟁의 세계는 변화하고, 변덕스러운 엘리트 고객들은 새롭게 개업한 레스토랑으로 이동하기 때문에 어느 한 해에는 훌륭한 입지였던 곳이 다음해에는 손해가 발생할 수도 있다.

레스토랑의 입지는 경제와 지역주민의 특성, 새롭거나 쇠퇴해 가는 건물의 존재 또는 부재, 교통 흐름의 변화, 안전성을 포함한 수많은 조건에 따라 흥하기도 하고 쇠하기도 한다. 레스토랑 운영자는 방심하지 말고 항상 그 지역의 일반적인 조건을 주시하여, 필요하다면 메뉴와 컨셉을 변경할 준비가 되어 있어야 하며, 심지어는 이전도 고려해야 한다.

국세조사표준구역은 한때 표준척도였으나 정보를 수집하기 위해서는 15가구 또는 단지 1곳의 상업지구를 포함할 수 있는 새로운 우편구획제도^{ZIP plus Four}가 보다 광범위하게 사용되고 있다.

체인점의 급격한 증가와 라이프스타일의 변화로 말미암아 사람들은 레스토랑을 찾아 멀리 가지 않는 경향이 있다. 그 결과 입지를 선정하는 사람은 어느 곳에 새로운 레스토랑을 개업해야할 지에 대한 의사 결정을 숙고해야 한다.

교통유발 지역

호텔과 상업지구, 야구장, 실내 경기장, 극장, 소매상가, 그리고 인근 거주지 같이 오랫동안 교통량이 많은 지역을 찾아라. 한때 Darden Restaurants가 운영했던 이탈리아 디너하우스 체인점인 Olive Garden은 기존시장에 침투하는 것뿐만 아니라 새로운 시장으로 이전해 들어가는 두 종류의 성장전략을 추구하고 있는데, 그들은 개발비를 줄이기 위해 기존의 레스토랑 부지를 매입하여 자신들의 점포로 개조하는 방식을 취한다.

부적격 기준

다음의 기준 중에서 어느 한 가지라도 충족시키지 못한다면, 그 장소는 레스토랑 입지로서는 부적합하여 배제되어야 한다.

- *적합한 지정용지*　만약 어떤 장소가 레스토랑 부지로 지정되지 않았으며, 재개발될 것 같지도 않으면 그 부지는 매입해도 소용이 없다.
- *배수로, 하수로, 공익기반시설*　어떤 장소가 일부 공익기반시설을 사용할 수 없기 때문에 부지사용이 불가능하거나, 홍수에 유실될 가능성이 있

거나, 중요한 배수문제가 발생한다면 부적격한 입지이다.

- *최소 면적*　특정 레스토랑을 위해 적어도 최소한의 면적은 확보되어야 한다. 독립건물의 커피숍은 대개 4만 ft²의 부지를 필요로 한다. 대부분의 경우, 부지내에 적당한 주차공간이 확보되어야 한다. 예를 들어, 어떤 도시에 있는 200석 규모의 레스토랑은 최소한 75대가 주차가능한 공간이 필요하다. 다른 건축법은 레스토랑 좌석 수의 절반 정도의 주차공간을 명시하고 있다.

- *단기 임대*　임대기간이 5년 보다 짧다면, 그 입지는 대부분의 레스토랑 유형에는 바람직하지 않다.

- *과도한 차량속도*　한 장소를 지나칠 때(시간당 35 마일 이상의) 과도한 속도의 차량흐름이 있는 곳은 제외한다. 직행우선도로throughway와 주간 고속도로interstate highway의 진출입로 입구가 부지로 이용하기 편리할 경우 예외가 될 수 있다.

- *주요도로나 일반도로로부터의 접근성*　접근성은 상당히 중요하다. 그 위치로 쉽게 좌회전해서 들어올 수 있는지는 중요한 기준이 될 수 있다. 새로 설치된 좌회전 금지 교통 신호등으로 인하여 어떤 레스토랑은 매출액이 절반으로 감소했다. 그런 입지는 교통통행량에 의존하는 곳과는 다른 유형의 레스토랑에 적절할 수 있다.

- *도로 양면에서의 가시성*　어떤 입지가 방해물로 인해 가시성이 떨어진다면 일부 유형의 레스토랑을 위한 장소로서 배제될 수 있다.

기타 입지선정 기준

- *상권내 인구*　각 유형의 레스토랑은 그 장소의 유동인구와 자동차의 밀집 정도가 주어진 상권 내의 거주인구에 의존한다. 많은 레스토랑은 반경 2마일 이내에 1만5천명에서 2만명의 거주인구를 필요로 한다. 일부 장소는 일일 5만 대이 자동차 통행량이 요구된다.

- *가구소득*　평균객단가가 높은 레스토랑은 일반적으로 반경 2마일에서 5마일 이내에 소득이 높은 가구들을 필요로 한다. 평균객단가가 낮은 레스토랑은 저소득층 지역에서 성공하기 쉽다.

- *지역 발전성*   그 지역이 경제적으로 나아지고 있는지 또는 악화되고 있는지, 인구는 증가하고 있는지 또는 감소하고 있는지, 이러한 경향이 개선되지 않고 있다면, 그 레스토랑의 수명은 단축될 수 있다.
- *경쟁 레스토랑과의 비교*   그 지역이 이미 햄버거 레스토랑, 커피숍, 패밀리레스토랑, 또는 디너하우스로 포화상태에 있는가?
- *레스토랑 거리*^row *또는 밀집*^cluster *컨셉*   서기 1세기로 거슬러 올라가 이탈리아 Herculaneum에 있는 Vesuvian화산의 폐허에 보존되어 있는 스낵바 거리에서 찾아볼 수 있다. 많은 레스토랑이 밀집되어 있으면 외지에서도 찾아오게 함으로서 전체시장을 배가시킨다. 그러나 레스토랑 가(街)에서는 단지 한두 곳의 햄버거 레스토랑만이 성공할 수 있다. 보통의 클러스터 컨셉은 소규모 지역에 35곳 또는 40곳의 레스토랑이 입지하지만 각각의 레스토랑은 어느 정도 다른 테마, 메뉴, 그리고 분위기를 제공한다. 만약 레스토랑 가가 남부 캘리포니아의 Marina del Rey나 샌프란시스코의 Wharf 지역 같이 특히 매력적인 거리에 입지해 있다면, 각각의 레스토랑은 주변 환경도 한결 돋보이게 만든다. 전체는 부분의 합보다 더 크다. 레스토랑 가는 인구밀집지역의 일부분 또는 인근에 있어야 한다.

교외, 외진 곳, 그리고 쇼핑몰

메뉴와 경영형태에 따라서 레스토랑은 교외, 도심, 학교 부근, 쇼핑센터 내, 산업단지, 스타디움, 그리고 고층건물내 등 다양한 입지에서 성공하고 있다. 예를 들어, 교외로의 확장에 주안점을 둔 맥도날드는 주차장도 갖추지 않고 완전히 걸어서 오가는 입지인 외진 곳을 추구했다. 쇼핑몰의 건물 내에 입지하는 것은 많은 이점은 있지만, 높은 임대료로 인하여 레스토랑이 실패할 수도 있다. 또한 거의 모든 유형의 레스토랑이 쇼핑가에서 성공했다고 할지라도 유형에 따라서는 쇼핑몰에서 더 성공하기도 하기 때문에 적합한 입지를 찾는 것이 비결이다.

레스토랑은 쇼핑몰 건물내부에 입지해야 하는지, 아니면 쇼핑몰 부지 내에 독립 건물로 입지해야 하는지에 대해 Fuddrucker 레스토랑의 경영진은 후자를 선택했다. 대개 부모와 동반한 어린이 고객은 쇼핑몰 내부에 위치한 수십 개의 레스토랑 매장에서는 길을 잃어버리는 일 없이 쇼핑몰과 주차시설을 안전하게 다닐 수 있다.

레스토랑 경영의 특성은 쇼핑몰의 특성에 적합해야 한다. 고가의 크레이프와 오믈렛, 최신 설비의 회전식 크레이프 팬케이크 전문요리센터인 Magic Pan은 음식의 양보다는 실내장식으로 진가를 인정받는 곳이기에 부유층을 위해 운영되는 쇼핑몰에 입지하는 것이 적합하다. 맥도날드 레스토랑이 뉴욕의 화려한 Lexington가에 입점하여 실패했지만, 군부대 쇼핑센터에 입지한 맥도날드는 대부분 성공한다.

컨셉 유지를 위해 필요한 최소 인구

특정 컨셉의 레스토랑을 유지하기 위해 얼마나 많은 인구가 필요한가? 맥도날드나 버거킹 같이 전국적으로 광고하는 체인점이 소규모 지역에 들어올 때 그 레스토랑은 대도시에 있을 때보다 고객들을 훨씬 더 자주 반복해서 맞이할 것 같다. 어떤 도시에 오락시설이 적으면 적을수록 레스토랑의 역할은 더 커질 것이다. 대도시는 레스토랑을 비롯하여 고객이 선택할 수 있는 재미거리가 상당히 많이 존재한다. 하와이의 Kona와 같이 조용하고 작은 도시에 맥도날드가 들어서면 무슨 일이 일어날 지 상상해보라. 선택할 것이 거의 없기 때문에 여가시간을 보낼 방법을 모르는 사람들은 퀵서비스 레스토랑 같은 곳을 빈번히 왕래하게 될 것이다. 맥도날드와 같은 레스토랑은 새롭고, 가격이 저렴하고, 미국식 풍의 음식을 제공하므로 사람들이 모이기 좋은 장소가 된다.

도심 대 교외

점심시간에는 고객들로 붐비고 저녁시간에는 중산층의 이동으로 고객들이 거의 없는 도심지역의 많은 레스토랑이 사라지거나 실패하였다. 하지만 그런 상황은 최근에 다시 바뀌고 있다. 도심에 공동주택이 건설되고 있으며, 맞벌이 부부의 수입으로도 고가의 도심 아파트를 임차할 수 있게 되었다. 뉴욕시의 한 블록은 높은 인구밀도를 나타냈는데 이는 뉴욕 레스토랑의 수가 많아졌다는 사실을 대변해준다.

레스토랑 사업은 오락사업과 연계되어 있다. 인기 있는 영화가 상연될 때 레스토랑은 사람들로 붐비지만, 재미없는 영화가 상연될 때에는 레스토랑의 좌석이 빈다. 도심지 레스토랑은 지하실, 오래된 아파트 건물의 로비, 점포정면, 강변, 아파트단지 상가 등 예상치 못한 곳에서도 문을 열고 있다. 소방서, 기차역, 도서관을 개조한 것처럼 오래된 교회도 레스토랑으로 바뀌고 있는데, 지역에 따라서는 임차료가 더 쌀 수도 있다.

도심이건, 교외건 간에 지역에 레스토랑이 충분히 존재한다는 사실이 그 지역에서 새로운 레스토랑이 성공하지 못할 것이라는 것을 의미하는 것은 아니다. 틈새시장은 존재하며, 대부분의 도시에는 적정수 이상의 레스토랑이 있다. 새로운 컨셉의 레스토랑 창업자는 특정한 시장을 만족시키고, 많은 관심을 제공하고, 흥미로운 것이 보다 많고, 더 매력적인 실내장식을 하고, 더 많은 무대와 고품질의 음식을 제공하면 성공할 수 있을 것이라고 생각한다. 새로운 컨셉의 레스토랑은 오래된 레스토랑을 대체하여 끊임없이 들어서고 있다.

레스토랑의 평균 접근 시간

외식을 하는 사람 대부분은 집, 직장 또는 쇼핑장소에 가까운 레스토랑을 선택한다. 일반적으로 레스토랑 고객은 호텔, 스테이크, 풀코스 메뉴$^{full-menu}$, 생선류 레스토랑에 도착하는데 평균 15분에서 18분 정도 이동할 것이다. 카페테리아와 백화점에 갈 때는 약 10분 정도가 소요된다. 풀 서비스 레스토랑의 이용이나 가족모임 식사를 위한 이동에는 더 많은 시간을 소비하는 경우가 많다. 특히 축하행사를 위한 연회라면 레스토랑까지의 이동시간이 1시간 이상도 기꺼이 소비하지만, 어떤 경우는 가까운 거리에 있는 패스트푸드점이나 테이크아웃을 원하기도 한다.

입지와 컨셉의 조화

어느 특정한 입지가 커피숍에는 적당하지만 디너하우스나 패스트푸드 레스토랑에는 적합하지 않을 수 있다. 사람들의 출입이 빈번한 햄버거점에는 적당하지만 테이블에 앉아서 식사하는 햄버거 레스토랑에는 적합하지 않은 입지도 있다. 부지의 크기, 가시성, 주차 가능 여부, 도로에서의 접근성 등 모든 요소는 입지에 적합한 레스토랑의 유형에 많은 영향을 미친다.

수차례 경영에 실패했다가 그 지역에 적합한 새로운 컨셉과 경쟁력을 가지고 크게 성공하게 된 입지가 있다. 레스토랑이 침체에 빠지면 대부분의 경영주들은 일을 더 열심히 하거나, 광고 홍보에 힘을 쓰거나, 직원들을 교체하는 것 이외에 특별한 방법이 없을 것이라고 느낀다. 하지만 레스토랑을 구할 가장 중요한 요소는 컨셉을 바꾸는 것이다.

레스토랑 체인점 입지분석 명세서

레스토랑 체인점은 보통 부동산 중개업자와 잠재적인 프랜차이즈 가맹점이 사용하기 위하여 입지분석 명세서를 자세히 적어 놓는다. 예를 들어, 다음의 목록은 캘리포니아에 본부를 둔 레스토랑 회사가 선정한 중요한 기준이다.

- 인구 5만명 이상의 대도시
- 모든 도로상에서 일일 2만대의 차량통행, 24시간 교통흐름, 4차선 이상의 도로
- 주거지역과 함께 형성된 모텔, 쇼핑센터 또는 사무실 단지
- 최소 200ft의 전면 폭을 가진 약 4만5천ft²의 대지(만약 레스토랑이 쇼핑센터 내에 있다면, 5천ft²의 공간과 주차장을 위한 적당한 부지가 필요하다)
- 성장과 안정성을 보장되는 지역
- 접근성과 가시성
- 소유건물의 하수구를 포함한 모든 공익기반시설의 이용가능성

한 구획의 대지에 레스토랑이 배치되는 방법을 위 회사는 예시하고 있는데, 그 구획의 폭은 최소 약 170ft, 길이는 200ft이다. 운전자는 거리에서 좌회전하여 그 대지내로 들어올 수 있다. [그림 3-9]는 이 회사의 전형적인 배치도를 보여주고 있다.

Hardee's and La Salsa를 포함하고 있는 퀵서비스 햄버거 레스토랑인 Carl's Jr.의 입지선정 기준은 다음과 같다.

- 쇼핑센터 내에 독립구조로 입지
- (교차로에 교통 신호등이 있는) 독립구조의 길모퉁이 입지

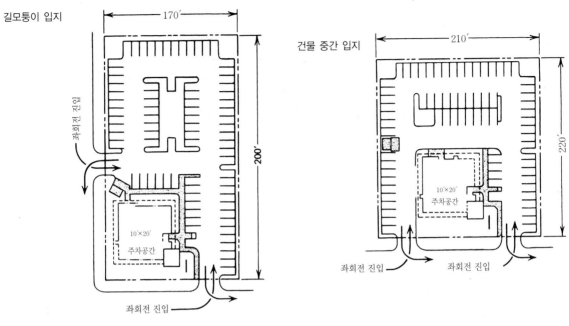

● 그림 3-9 전형적인 독립구조의 패밀리/캐주얼 레스토랑 배치도

- 최소 125ft(38.1m)의 전면 폭을 지닌 부지
- 지붕으로 덮여있는 쇼핑몰 입지
- 반경 1 마일(1.6km) 이내에 1만2천명 이상의 인구(성장 지역 우선 선정)
- 레스토랑까지의 접근성
- 상당한 차량 통행량과 유동인구
- 주택가격과 소득 수준이 평균 이상인 지역
- 사무실과 기타 각종 활동 유발 시설과의 근접
- 3만~5만ft^{2}의 구획 크기
- 현재의 경쟁업체 입지와 2~3마일 이내의 거리에 인접

거의 모든 새로운 퀵서비스 레스토랑의 경영주는 지역에 따라서 고객의 절반 이상이 드라이브인 창구를 이용할 수 있는 시설을 고려하고 있다.

입지의 확보

자본이 부족하거나 위험을 최소화하기 위하여 초보 레스토랑 경영자는 종종

● Blue Point Coastal
Cuisine은 샌디에이고
의 Gas Lamp 지역에
서 유명한 씨푸드 레
스토랑이다.
Dave Cohn 제공

기존의 레스토랑을 임대하거나 매입으로 시작한다. 레스토랑이 실패한다면, 새로운 사업주는 자신이 더 잘 운영할 수 있거나, 그 입지에 적합한 더 나은 컨셉을 보유하고 있다고 느낀다. 레스토랑을 인수할 상황은 언제든 발생가능하다.

레스토랑 경영자는 자금이 거의 필요하지 않고 임대를 위해 이용 가능한 건물과 시설 면에서 조건적으로 유리할 수 있다. 새로운 컨셉의 레스토랑 경영자는 "내가 손해를 볼게 있는가?"라고 생각하지만, 그는 손해를 볼 수 있으며, 가끔 손해를 본다. 왜냐하면 그 입지가 레스토랑 컨셉과 체제에 적합하지 않기 때문이다.

레스토랑 경영자는 가끔 커피숍을 수리하여 디너하우스나 패밀리 레스토랑으로 컨셉을 변경한다. 실외는 다른 자재로 덮어씌우거나 페인트를 다시 칠할 수도 있으며, 실내는 칸막이를 설치하거나 없애고, 벽을 이전하고, 천정을 낮추거나 높이고, 인공물을 배치하거나 색을 덧칠해서 장식을 바꾸기도 한다. 만약 레스토랑이 성공한다면, 또 다른 입지의 레스토랑을 인수하기 시작할 것이다. 컨셉이 입증되었다면 회사는 엄격한 기준에 따라서 더욱 주의해서 입지를 선정하게 되며, 명세서에 따라서 자신이 직접 레스토랑을 신축하거나 레스토랑을 신축할 관심 있는 투자가를 찾는다.

레스토랑의 지형학적 조사

맥도날드의 설립자인 레이크락은 헬리콥터를 타고서 레스토랑의 입지선정하기를 좋아했다. 도시의 상공을 날면서, 그는 교회, 학교, 그리고 교통망을 확인할 수 있었다.

이와 다른 대체방안은 지도를 사용하여 현존하는 레스토랑의 위치를 지도상에 표시하는 방법이다. 위에서 내려다보는 조사는 가치 있는 전망을 제공해준다.

어떤 지역에 있는 거의 모든 레스토랑은 전화번호부의 직업별 페이지에 수록되어 있으며, 잠재적인 경쟁업체를 확인할 수단으로 레스토랑을 분류하는 것은 어렵지 않다. 만약 계획하고 있는 레스토랑이 커피숍이라면, 그 지역에 있는 모든 커피숍을 지도 위에 표시해야 한다. 표시된 커피숍들은 실질적인 경쟁업체로 분류된다. 지도상 일정 지역의 레스토랑 분포를 보면 레스토랑의 포화 정도를 알 수 있다.

로스앤젤레스 동쪽의 Pomona Valley에 있는 수백 곳의 레스토랑 중에서는 퀵서비스 레스토랑이 선점하고 있으며, 서로 치열하게 경쟁하고 있다. 수백 개의 레스토랑은 인구밀도가 높은 도시지역에서는 모두가 잘 운영되는데, 이는 레스토랑이 수적으로 포화상태가 아님을 의미한다. 하지만 평균객단가가 높은 고급 레스토랑은 2~3곳만이 유지되고 있으며, 일부 멕시코 레스토랑도 계속 유지되고 있다. 다른 소수의 에스닉 레스토랑은 소유주가 경영자이며 가족이 함께한다면 잘 운영될 것이다. Pomona Valley 지역에서는 미래의 레스토랑 경영자가 선택한 컨셉이 그 지역에 필요하다면 입점을 결정을 할 수도 있다. 계획한 컨셉의 음식과 서비스 및 분위기가 요구되는 틈새시장을 찾아라.

입지선정 비용

컨셉과 잠재시장이 선택한 입지를 유지할 수 있을까? 레스토랑은 부동산 가치와 수익창출 요인으로서의 가치 등 두 가시의 잠재 가치를 가지고 있다. 이 두 가치는 별개의 것으로 간주되어야 한다. 특히 레스토랑이 실패한다면 레스토랑을 통해 건물의 부동산 가치를 떨어뜨릴 수도 있다. 어떤 면에서는 부동산 가치가 경영가치보다 더 클 수도 있다.

레스토랑 매입자는 부동산 가치에 유의하며, 잠재적인 임차인은 다소 덜 유입지의 확보에 대한 한 예가 Cantina Latina인데, 이곳은 Amanda Garcia와 그녀의 아들 Christian과 딸 Alexandra의 꿈을 현실로 만든 곳이다. Amanda가 가장 좋아하는 추억 중 하나는 어린 소녀시절에 콜롬비아에서 그녀의 교회 사람들과 함께 아코디언을 연주하는 것이었다. 연주를 하는 동안, 신선한 빵을 굽는 냄새와 뜨거운 초콜릿 의 향이 오랜 세월이 흘렀음에도 강한 자극으로 남아있었다. 그녀가 10대가 되었을 때, 생존하기 위하여 푸에르토리코로 이주하여, 거기서 구운 돼지고기, 달콤한 숙성된 플랜테인plantain(바나나의 일종)과 콩을 섞은 밥을 맛보게 되었으며, 그녀의 남편인 Albert를 만나게 되었다.

로스앤젤레스로 이주하여, 맛있는 멕시코 요리와 모성의 기쁨을 처음으로 경험하게 되었다. 나중에 그녀의 가족은 Tampa로 이주하여, 거기서 그들은 Southeast 지방에 첫 번째 토르티야 공장을 세웠다. 몇 년 뒤, 그 기업을 팔고 언젠가 자신의 라틴아메리카 레스토랑을 개점하기를 바라며 코스타리카, 카리브해안, 그리고 멕시코 전역을 두루 여행하였다.

가족 동업관계가 형성되고, 마르가리타margarita(칵테일의 일종) 몇 잔을 마시다가 불현듯 떠오른 Cantina Latina라는 이름을 등록하였다. 그들은 몇 주 동안 적절한 입지를 찾아 다녔다. 마침내 큰 쇼핑몰 건너편의 대규모 슈퍼마켓 근처에 있는 광장의 한 곳을 찾아내게 되었다. 그 곳은 높은 가시성, 용이한 접근성, 그리고 주차공간을 지니고 있어서 적합했다. 그 곳에는 레스토랑이 있었지만 문을 닫은 상태였다. 사실상 스토브와 다른 주방 설비들은 작동되지 않았다. 이전 경영주의 변호사와 긴 협상 끝에, 가구와 비품에 대한 가격에 합의를 하게 되었다. 그리고 건물주와 5년간 갱신할 수 있는 조건으로 임대차계약을 체결하게 되었다. Garcia에게는 평방피트 당 임차료는 훌륭한 조건이었으며, 공동관리비common area maintenance(CAM)는 합리적이었다.

Cantina Latina는 2002년 12월 27일 문을 열었는데, 2002년 과세연도에 개업함으로써 당해연도 분은 합리적인 이유로 일부 공제를 받을 수 있게 되었다. 개업하기 전에 Garcia는 필요한 면허와 레스토랑 경영을 위해 요구되는 면허증을 모두 취득했다. 모든 면허증은 많은 문서작업을 해야 하지만 필수사항이다. 플로리다 주에서는 주류담배화기단속국Bureau of Alcohol, Tobacco and Firearms(ATF)이 주류면허증을 발급한다. 이를 위해서는 지문채취를 위해 경찰서를 방문해야 하며, ATF는 광범위한 배경조사를 실시했으며, Garcia는 8주 뒤에 주류면허증을 받게 되었다. 보건국의 허가증을 받기 위해서는 반드시 국가와 카운티 및 시청에 등록을 해야 한다. 그들은 안전서비스자격증Safe Serve certificate을 받았고, 개업하기 바로 직전에 보건국에 소환되어 조사를 받은 후 허가증을 발급받았다.

Cantina Latina의 컨셉은 처음에는 빠른 서비스 유형을 필요로 하였는데, 그것은 고객이 카운터에서 주문을 하고, 자리에 앉으면 요리가 제공되는 형식이었다. 얼마 후, Garcia 가족은 고객들이 테이블 서비스를 더 선호한다는 사실을 조사를 통해 알게 되었다. 그

○ Cantina Latina는 Amanda와 Christian, Alexandra Garcia의 창조물이다.
Cantina Latina 제공

래서 고객을 즐겁게 하기 위한 서비스로 변경했다. Garcia 가족은 편리한 입지에서 합리적인 가격에 맛있는 음식을 먹을 수 있는 훌륭한 컨셉을 선택한 덕분에 이제 성공가도에 있다. 그들의 메뉴와 음료 목록은 제7장에서 확인할 수 있다.

의한다. 그러나 레스토랑을 임차하려는 사람은 부동산 가치 또는 잠재가치를 고려해야 한다. 왜냐하면 임대차계약서에 임대료 인상 금지 문구를 삽입하지 않는다면 부동산 가치가 증가함에 따라서 부동산 경영주가 임대료를 인상할 것이기 때문이다.

지역 또는 국가구획제도위원회에 의하여 토지구획의 잠재적인 변경이 시장가치에 영향을 미칠 수 있다. 가까운 장래에 토지가격에 영향을 미칠 주요도로의 변경계획 여부는 있는지, 지역이 내리막길을 걷고 있는지 아니면 발전하고 있는지, 지역이 특정 유형의 레스토랑에 대한 상황이 나아지고 있는지, 아니면 나빠지고 있는지, 지역의 변화에 따라서 유지될 레스토랑의 종류도 바뀐다. 소득이 감소하고 있는 지역에서는 퀵서비스 레스토랑이나 커피숍 같이 평균 객단가가 낮은 레스토랑이 필요하다. 부유한 가구가 증가하는 지역에는 더 많은 디너하우스가 창업될 수 있다.

비용은 입지에 달려있다. 건축비는 토지비용을 제외하고 평방피트 당 200~250달러에 이를 수 있다. 임차료는 평방피트 당 월 20달러 이상까지 지불할 수 있다. 레스토랑 경영자가 임차료로 단지 평방피트 당 월 1.50달러를 지불한다면, 평방피트 당 14달러의 비용이 드는 입지와 비교하여 동일한 교통량을 기대할 수는 없을 것이다. 비싼 임대지역을 선택한 많은 레스토랑은 높은 임차료를 만회하기 위해서 보다 적은 공간으로 운영하고 있으며, 그런 레스토랑은 테이크아웃 음식을 더 많이 판매하고 있다. 다른 모든 것과 마찬가지로 당신은 지불한 임차료 수준만큼 수익을 획득하게 될 것이다.

가시성, 접근성, 그리고 디자인 기준

가시성과 접근성은 레스토랑의 유형과 관계없이 중요한 기준이다. 가시성이라 함은 잠재고객이 걸어서 방문하든지 자동차로 방문하든지 간에 일정 시간 동안 레스토랑이 시야에 들어오는 정도를 말한다. 높은 가시성은 퀵서비스 레스토랑에 매우 중요하며, 풀 서비스 레스토랑에서는 다소 덜 중요할 수 있다. 퀵서비스 레스토랑과 높은 가시성 사이에는 매우 밀접한 상관관계가 있다.

접근성은 잠재고객이 레스토랑에 도달하기 쉬운 정도를 말한다. 예를 들어, 주차는 주도로나 간선도로에서 접근할 때 문제가 될 수도 있다.

레스토랑은 무대에 비유되어 왔다. 레스토랑 디자인에는 두 가지의 중요한 구성요소가 있다. 첫번째는 청중 또는 고객이 경험하는 무대 세팅과 다양한 소품이며, 건물의 전방부서(FOH)에 해당한다. 두번째는 후방부서(BOH)인 주방, 저장고, 그리고 서비스 지원 구역들이다. 후방부서의 공간은 레스토랑의 유형에 따라 다를 수 있지만, 보통 전체 면적의 30%를 차지한다.

건물의 전방부서와 후방부서의 디자인은 레스토랑의 테마와 연관시킬 필요가 있다. 디자인과 사업규모는 외관, 입구와 대기석, 바 또는 음료구역, 테이블 배열을 포함한 식사구역, 주방, 배달 진입로를 포함한 검수구역, 저장고와 잔반 처리구역 등 각 구역에 반영된다. 공간구성은 비용이 많이 소요되지만 혼잡한 퀵서비스 레스토랑과 평균객단가가 높은 넓은 공간이 요구되는 고급 레스토랑 사이에서 균형도 유지해야 하기 때문에 레스토랑 디자인에 있어서 중요한 고려 사항이라 할 수 있다.

또한, 레스토랑에서 중요한 요소는 조명이다. 잘못된 조명설비로 인해 레스토랑 전체 이미지를 손상시키기도 하는 반면에, 적절한 조명설비는 레스토랑 전체 디자인을 더욱 빛나게 할 수도 있다.

색채와 조명은 조화를 이루기 위해 서로 보완되기 때문에 색채는 일관된 분위기를 창출하기 위해 조명과 연계하여 선택되어야 한다. 짙은 계열의 색상은 비록 친밀감을 준다할지라도 두드러져서 공간이 좁게 보이는 경향이 있다. 밝은 색상은 뒤쪽으로 들어가서 공간을 넓게 보이게 하는 경향이 있다. 파스텔 색상은 고객들의 마음을 편안하게 해줄 수 있다. 퀵서비스 레스토랑은 약 20분의 빠른 좌석회전율을 위하여 밝은 색채와 혼합된 강렬한 색채를 사용한다.

많은 레스토랑은 건물이나 차양에 인지된 동일한 색들을 사용한다. 이는 사람들을 레스토랑으로 유인하는데 심리적인 영향을 미칠 수 있다.

식사 구역, 특히 테이블과 좌석, 통행로, 그리고 서비스 구역에 대한 배치는 주의 깊게 고려되어야하며, 몇 개의 실물크기의 도면 모형을 필요로 한다. 디자이너는 컴퓨터를 이용하여 도면을 만들 수 있다. 테이블은 천으로 덮을 것인가? 테이블클로스는 어떤 색상으로 선택할 것인가? 아니면, 나무나 타일 같이 딱딱한 재질로 된 표면 상태로 둘 것인가? 냅킨은 천으로 할 것인가 종이로 할 것인가? 의자는 직물이나 비닐 덮개를 씌운 나무재질로 할 것인가? 바닥은 나무재질로 할 것인가 타일로 시공할 것인가, 아니면 카펫을 깔 것인가? 이와 같은 많은 숙제들은 전반적인 레스토랑 테마에 적합한 해답을 필요로 한다.

◎ 뉴욕의 Remi는 Adam Tihany가 우아함과 축제의 두 요소를 복합적으로 디자인한 레스토랑이다.
Tihany Design 제공, Peter Paige 사진

입지선정 체크리스트

 입지선정 요소에서 누락되는 사항이 발생되지 않도록, 주요한 체인점들은 입지분석을 위한 점검표를 개발하고 있으며, 경험한 주요 요소를 요약하는 것은 경영자에게 중요하다. 점검표에 요구되는 모든 정보가 특정 입지의 분석에 모두 필요한 것은 아니더라도, 점검표의 목록들은 간과할 수 있는 요소에 대한 주의를 환기시킬 수는 있다. 점검표는 잠재적인 건물 입지를 평가할 때 매우 유효하다.

1. 입지의 용도와 전체 면적
2. 레스토랑의 전면 길이
3. 가장 가까운 주요 도로로부터의 거리와 방향
4. 전면 도로상 24시간 평균 교통량
5. 접근 도로의 수와 도로의 폭
6. 입지에 영향을 미치는 교통 관리
7. 접근 도로의 제한속도(일부 체인점은 어떤 입지의 진입 제한속도가 시속 35마일임을 명시하고 있다)
8. 노상 주차
9. 주차장 필요조건: 대당 주차면적, 통로의 폭, 필요한 주차구획의 수
10. 조망권과 주차공간을 위해서 건물의 상층부를 좁혀가는 건축방식^{setback}을 요구
11. 레스토랑의 수준, 경사면의 특징, 시내, 개울, 도랑, 홍수 상황을 고려한 지형 선택
12. 토양의 종류(자연 그대로의, 느슨하게 채운, 빽빽하게 채운 토양); 자갈지대, 암석 노출지대, 호수나 연못, 늪지대가 포함된 토양
13. 배수시설(폭우에 대비한 공공중력이용시스템^{public gravity-fed storm system}; 현장에서 요구되는 집배수 시스템^{retention system on-site required})
14. 기존의 구조물
15. 이용 가능한 에너지 형태(LNG, LPG, 전력)
16. 위생적인 하수처리 이용가능성
17. 지하 공공시설

18. 현재의 구획 분류: 영업시간에 대한 제한

19. 인접한 토지의 사용과 구획

20. 건축규제

21. 1마일 이내 지역의 환경 특성(사무실과 산업단지, 관광지, 도매상과 쇼핑센터, 모텔과 호텔, 극장, 볼링장, 학교, 대학, 병원 등)

22. 인구와 소득 특성(수 마일 이내의 인구수, 대표직업군, 중산층의 연소득, 인종 구성, 주택가격 범위, 상업지역 정주인구)

23. 인허가 주무관청
   - 연방주택관리국^{Federal Housing Authority}(FHA)
   - 수자원관리국
   - 국가환경보존국
   - 지방 도시계획위원회
   - 지방 보건국
   - 미환경보호국^{Environment Protection Agency}(EPA)
   - 기타

24. 부속 부지의 도시개발제한지역 포함 상태

25. 간판(허가된 높이와 조망권에 저촉되지 않는 셋백^{setback}형, 기둥에는 규제 받지 않는 구역; 허가된 빌딩가; 허가된 구역, 허가된 높이의 원거리 입구간판)

26. 건축법
   - 건물
   - 기계
   - 배관공사
   - 방화설비
   - 장애인을 위한 설계를 포함한 건축규정
   - 건축허가를 취득하기 위해 필요한 기타 인허가

27. 1마일 이내의 상권내 경쟁업체(패스트푸드, 카페테리아, 패밀리 레스토랑, 커피숍, 디너하우스)

28. 토지가격

부동산중개업자를 통해서 상권지도, 토지가액 지도^{assessors' maps}, 업장 평면도, 관련법규, 구획 지도, 상공회의소 자료, 항공사진, 그리고 다른 유용한 자료 등을 제공 받을 수 있다.

summary ···

요 약

시장과 입지특성 메뉴에 대한 필수요건을 반영해야 한다. 서비스와 실내장식은 컨셉을 보완해야 한다.

성공한 컨셉은 독립 레스토랑과 체인 레스토랑 모두를 위해 존재한다. 일부 성공한 컨셉은 더 이상 유용하지 않는데, 이는 일시적인 유행은 변한다는 사실을 암시한다. 새로운 컨셉의 레스토랑^{gimmick restaurants}은 수많은 시험을 견디어왔다. 레스토랑의 생명주기는 몇 주에서부터 몇 년에 이르기까지 다양하다. 컨셉이 표적시장에 초점을 맞출수록 성공의 기회는 더욱 커진다. 컨셉은 변화하는 시장과 경제상황에 따라 계속해서 변해야 한다.

레스토랑 개발의 순서는 컨셉과 경영 사이에 여러 단계가 있다. 기업사명은 공통의 목표를 향하여 확고한 행동 방침으로 레스토랑 경영을 계속해서 유지할 수 있도록 도울 것이다.

endnotes ···

주

1) 이 부분은 Hard Rock American Restaurant Company(HRC)가 제공한 정보로 작성됨. 저자는 HRC와 www.hardrock.com/corporate/mission을 통한 지원에 감사를 표함, 2006. 3. 10.

2) www.r-u-i.com/cli, 2006. 3. 13.

3) Courtesy Chili's Grill and Bar, www.brinker.com, 2006. 3. 14.

4) Courtesy Restaurants Unlimited, 2006. 3. 15.

Part two

사업계획과 재무, 법률과 세무

Panificio Café and Restaurant의 컨셉

Panificio Café and Restaurant은 유럽풍의 비스트로(bistro)이다. 경영주인 Chris Spagnuolo는 어렸을 때 그의 할아버지 제과점을 기초로 하여 컨셉을 개발하였다. Chris는 Syracuse 대학에 입학하여 가끔 파리와 로마를 여행했다. 그는 성장하여 방문했던 유럽의 제과점들을 좋아하게 되었다.

⇨ Panificio 전경

입 지

Panificio Café and Restaurant은 매사추세츠 주 보스턴 시 Beacon Hill의 Charles가에 위치하고 있다. Chris는 Charles가에서 유리창에 부착된 점포 매매 공지를 보고, 유동 인구가 많은 곳임에도 불구하고 저개발지역이기 때문에 좋은 입지가 될 것이라고 판단하여 매입을 결심하게 되었다. Charles가의 지하철 역 인근에는 상가지역과 거주지역이 아우러져 있었다.

메 뉴

Panificio의 메뉴는 다양한 방법으로 개발되었다. 그 중에는 경영주들(Chris, 그의 형, 그리고 두 친구)이 다른 레스토랑을 방문하여 그들의 컨셉에 적합한지 고려하여 개발했다. 수프와 샐러드 같은 일부 메뉴의 조리법은 Chris의 어머니로부터 전수받은 것이며, 계절 식재료를 이용해 변화를 주었다. 현재 자신의 레스토랑을 운영하고 있는 Chris는 약간은 프랑스식이나 이탈리아식을 가미한 음식이 신선하게 유지되는 것을 좋아한다.

인허가

Chris Spagnuolo와 동업자들은 변호사인 Chris 아버지 친구의 도움으로 인허가를 받았다. 인허가를 취득하기 위하여 그들은 보스턴의 감찰부Inspection Service Department를 방문해야 했는데, 감찰부는 5개의 관리부서로 구성되어 있으며, 시와 주 정부로부터 위임받아 건물, 주택, 건강, 위생, 그리고 안전규정을 관리하고 집행하는 기관이다. 그들은 또한 인허가위원회와 시청을 포함하여 다른 정부기관에서 인허가를 받기도 하였다.

마케팅

마케팅은 주로 구전을 통하여 이루어졌다. Panificio를 처음 개업했을 때, 경영주들은 사람들에게 명함을 나누어 주었고, 지역신문에 논평기사를 냈으며, 파티, 출장연회 등 다양한 행사를 개최하였다.

도전과제

Panificio는 입지 때문에 인허가를 받는 것이 중요한 도전과제였다. 이런 역사적인 지역에서 운영을 하기 위해서는 시연합회의 심의를 통과해야 한다. 연합회는 사업이 그 지역에 어필이 될 것인지, 그리고 네온사인 금지, 운영시간 엄수 등과 같은 일정한 제한을 준수할 것인지에 대한 점검을 통하여 역사적인 그 지역이 보전될 수 있는 지를 확인한다.

재무정보

Panificio Café and Restaurant는 소규모 주식회사[S-corporation] (내국세입법 제1장 S항에 규정하는 주주 35명 이하, 발행주식 1종류 등의 조건을 채우고, 파트너십과 같은 과세를 선택한 회사 -역자 주)이며, 연간 매출은 1백만 달러이다. 주간 방문고객수는 카페의 특성상 유동적이다. 아침에 방문하는 고객은 대개 머핀과 커피를 이용하는 데 비해, 저녁시간에는 제대로된 식사를 위해 방문한다. 1인당 평균지불액은 3달러부터 23달러까지 이른다. 매출대비 명세는 다음과 같다.

- 매출액 대비 임차료 비율: 7% 이하
- 음식판매 비율: 75%
- 음료판매 비율: 25%
- 수익률: 3~4%

예상과의 차이

사람들이 생각하는 것처럼 쉬운 게임은 아니다. 경영주가 예상하는 것과 가장 큰 차이는 시간과 자신이 레스토랑에 쏟아 넣은 작업량이었다. 몇 주간은 일주일에 60시간에서 80시간 일해야 한다.

가장 당황스런 순간

가장 당황스런 순간은 일이 뒤엉켜서 엉망이 되었을 때라고 Chris는 말한다.

미래의 경영자에게 주는 조언

해야 할 최선의 일은 훌륭한 변호사와 회계사를 구하는 것이다. 변호사는 기업과 인허가에 대하여 정통해야한다. 여러분 또한 사업을 시작하기 전에 과제를 해결해야 하며 모든 것을 이중으로 점검해야 한다.

*참조 : www.panificioboston.com

CHAPTER 04

레스토랑 사업과 마케팅 계획

학습목표

- 사업계획의 중요 요소 확인
- 레스토랑 계획 개발
- 시장조사 수행
- 마케팅 믹스 4P's의 중요성 토의
- 레스토랑 판촉 아이디어 기술

Panificio 제공

레스토랑과 같이 창업 시의 복잡한 업무를 착수하기 전에는 사업계획을 세우는 것이 필수적이다. 이는 레스토랑 성공의 가능성을 높이는 데 도움을 줄 것이다. 경영주/운영자와 재정적 지원자가 수립된 계획에 따른 업무를 실행하면 할수록 제안된 레스토랑의 실행가능성에 대해 더 많이 알게 된다. 어떤 운영자는 세부적인 사업계획서를 작성한 뒤, 수치들이 앞뒤가 맞지 않음을 알았는데, 이는 레스토랑이 성공하지 않을 수 있다는 것을 의미한다. 그들이 잃게 되는 것은 계획을 세우는 데 소비한 시간과 노력이지, 금전적 손실을 보게 되는 것은 아니다.

▌사업계획서

정보를 수집하고 훌륭한 사업계획서^{business plan}를 작성하는 데에는 오랜 시간이 걸린다. 그러나 사업계획서에 공을 들인 만큼 성공확률은 더욱 높아질 것이다. 사업계획서의 목차에 따라 작성하다 보면 당신의 레스토랑에 필요한 정보들을 채워나가게 될 것이다. 본 저서는 당신이 작성할 사업계획서의 구성내용을 안내해 주며, 이를 통하면 사업계획의 완성이 한결 수월해질 것이다.

훌륭한 사업계획서는 운영의 성공 가능성을 증진시키며, 잠재적 투자자와 논의하고 그에게 사업목적을 제공함으로써 자금을 얻는 데에도 도움이 된다. 사업계획서는 사업개요로 시작하는데, 이것은 사업계획 요소들의 윤곽을 그린 것이며, 사업계획 구성의 내용이 정리된다.

표지에는 사업명, 로고 또는 상징물, 레스토랑의 현재 장소 또는 제안된 장소, 전화번호, 경영주의 이름과 임원의 이름, 그리고 그들의 경영 자격이 명기되어야 한다. 첨부되는 목록에는 상호와 경영진의 주소, 전화번호, 그리고 사업개요가 포함된다. 각 항목들은 빠짐없이 작성되어야 하며, 이는 연구와 숙고가 필요하다. 운영자는 계획서에서 현재 사업이 어떤 상태인지, 그리고 5~10년 후에는 어느 정도 규모로 발전되어 있어야할지, 또한 어떻게 진행시켜서 목표에 도달할 것인지를 예상 평가해야 한다. 사업계획서의 구성 및 내용은 다음과 같다.

표지

　　경영진에 대한 요약

　　사업 목적

　　목차

　　상호와 법률적 구조(회사의 형태)

사업개요

　　경영 철학: 비전, 목표, 목적

　　조직의 유형

　　경영진의 자격과 경력, 능력

　　보험

컨셉, 인허가, 그리고 임대차 계약

　　컨셉

　　메뉴

　　메뉴 가격

　　주류 판매와 보건, 소방 관련 인허가

　　사업 허가증

　　임대차 계약

상권분석과 전략

　표적시장 기술

　　인구통계적, 심리학적, 라이프스타일

　　시장 잠재력(규모, 성장률)

　경쟁분석

　　경쟁업체의 수

　　강점, 약점, 기회, 위협(SWOT 분석)

　　입지, 접근 용이성과 주차 편의성

　　판매와 시장점유율

　　경쟁 특성

　　잠재적 신규 레스토랑과의 경쟁

　가격전략

　　메뉴와 음료 가격

재원^{resources}과 (과거 5년간의) 소득신고서, 그리고 모든 재무제표의 사본

직무설명서^{job descriptions}

경영부서의 이력서

법률 문서

임대차 계약서

면허증

회사 가치 견적서

샘플 메뉴

가구, 고정 비품 그리고 설비(FF&E)

평면도, 매매의향서^{letters of intent}

기타 관련 사항[1]

사람들은 특성을 구매하는 것이 아니라, 편익을 구매한다. 그리고 제각기 자신의 개인적 또는 직업적인 필요와 욕구, 갈망, 희망, 열망 그리고 꿈을 만족시켜주는 것을 구매한다. 우리는 실제로 사람들이 종종 변하기도 하는 그들의 필요와 욕구를 충족시켜주는 편익들을 구매하도록 동기부여되는 환경 속에서 살고 있다.

Peter Drucker는 사람들은 스스로에게 종종 "내가 지금 어떤 일을 하고 있는가?"를 물어야 한다고 말한다. 나는 현재 서비스업에 종사하고 있는가, 생산업 또는 오락사업에 종사하고 있는가? 레스토랑의 경우는 위의 사항이 모두 해당된다. 그러나 서비스업 쪽이 지배적이기 때문에 우리는 고객들의 필요와 욕구를 판단할 필요가 있다.

사업계획서는 당신이 더 연구해야 할 분야가 무엇인지를 명확하게 해준다. 사업계획서를 작성하는 동안 스스로에게 물을 수 있는 몇 가지 질문들은 다음과 같다.

- 레스토랑 분야와 시장에 대한 예상 전망은 무엇인가?
- 당신의 고객은 누구이며, 어느 정도 규모인가?
- 그들은 어떤 부류인가?
- 그들은 어디에 사는가?
- 당신은 그들이 원하는 것을 제공할 수 있는가? 그리고 그들은 언제 그것을 원하는가?

저명한 경영학자이며 작가인 Peter Drucker는 "사업 목적의 유일한 정의는 고객을 창출하는 것이다."라고
말했다. 하지만 레스토랑에서는 "고객이 다시 찾도록 하는 것이다"를 덧붙여야 한다.
경영주 또는 경영자, 회계사, 은행원, 관리자가 아니라, 중요한 점은 바로 고객이 돈을 지불하고 이윤의 수준
을 결정한다는 사실을 기억해야 한다는 것이다.

- 당신은 어떤 종류의 보험이 필요한가?
- 예상되는 간접비용은 어느 정도인가?
- 당신의 레스토랑을 경쟁자와 어떻게 비교할 것인가?
- 어떤 종류의 판촉 수단을 사용할 것인가?

이러한 질문에 대한 대응과 더 많은 지원 사항들은 사업의 위험을 감소시켜
준다.

우리는 레스토랑 사업에 종사하고 있기 때문에, 다음 단계는 3장에서 논의한
대로 기업사명을 세우는 것이다. 사명은 일반적으로 바뀌지 않는다. 그러나 목
표는 필요할 때마다 검토된다. **목표**는 각각의 주요한 운영 분야, 예를 들면, 매
출, 음식, 서비스, 음료, 인건비 등에 따라 정해져야 한다.

전략이나 **실행계획**action plans은 목표에 도달하는 방법을 설명해준다. 그리고 이것
들은 목표보다 더 명확해야 하며 일반적으로 수명이 짧다. 전략은 언제까지 달성
되어야 하는지와 어느 정도 달성되어야 하는지에 따라 명확하게 수립된다. 전략
에 기초해서 각각의 책임이 정해진 상세한 실행계획이 시행되어야 한다.

레스토랑 실패의 주요 요인은 음식, 서비스, 가격, 그리고 분위기가 좋으면
분명히 고객이 올 것이고 다음에도 방문할 것이라는 단순한 믿음이다. 레스토랑
은 제공되는 음식을 잠재적인 고객들이 원하고 그들이 기다려줄 것이라고 가정
한다. 마케팅은 그러한 가정과 관계가 없다.

"레스토랑 사업으로 돈을 모으는 방법을 아는가?! 그러면 많은 자금으로 시작하라!"는 옛 말이 있다.
레스토랑이 성공하기 위해서는 훌륭한 음식과 서비스 그리고 분위기가 필요하다. 어떤 레스토랑은 특색 없
는 서비스와 분위기로 그럭저럭 버틴다. 맛이 없는 음식으로 살아남는 레스토랑은 거의 없다.

이 장에서는 레스토랑과 마케팅 계획의 의미와 영향에 대해 탐구해본다. 또한 성공을 확신시켜주고 재무적 손실이나 실패를 피하는데 도움을 주는 마케팅 실행방법을 기술하고 있다.

레스토랑 마케팅은 공정, 정직, 그리고 윤리적, 도덕적 경영의 중요성 부각으로 인해 더욱 요구되는 도덕적 경영이라는 측면에서 경영과 소유의 방식을 고객, 직원, 거래처, 일반대중들과 관련시킨 결정사항을 양식화하는 마케팅 철학을 기반으로 한다. **마케팅 철학**을 구축하는 데에는 마케팅의 기술과 실행이 레스토랑 음식과 서비스, 가격, 그리고 분위기 측면에서 표적시장의 욕구를 충족시키기 위한 경영진들의 노력을 요구한다.

마케팅은 고객이 원하는 것을 찾아내어 합리적인 이익을 남길 수 있는 공정한 가격에 상품을 제공하는 것이다. 마케팅은 미래의 운영자에게 스스로 자문하도록 한다. "나의 고객은 누구인가? 그들은 왜 나의 레스토랑을 선택하는가? 그들은 어디서 왔으며 왜 다시 찾아올 것인가?"

마케팅은 고객이 바뀐다는 것과 그들이 새로운 메뉴와 분위기, 그리고 가끔은 새로운 서비스를 원할 것임을 가정한다. 맥도날드의 예를 들면, 그들의 새로운 레스토랑 디자인은 스타벅스와 유사하며, Asian Salad와 같은 메뉴 아이템과 고급 커피의 매출은 모든 이들의 예상을 깨고 있다. 마케팅은 운영자가 시장

◐ 마케팅 계획 부문을 준비 중인 마케팅 이사
Childs Restaurant Group 제공

에서의 변화를 예측할 것과 그러한 변화를 충족시키기 위해 레스토랑을 포지셔닝^{position}하거나 재포지셔닝^{eposition}할 것을 요구한다.

사람들은 적어도 한번 이상은 레스토랑 개업의 유혹을 받아왔다. 아마도 할머니께서 몇몇 훌륭한 조리법이나 조리에 대한 갈망을 전수해주었을 지도 모른다. 이유가 어떻든지 재정적인 문제만 제외하면 개업하는데 실질적인 장애물이 없기 때문에 레스토랑 사업에 뛰어들기는 쉽다.

그러나 레스토랑은 복잡하다. 고객들이 상품을 경험하기 위해서 그들의 모든 감각에 의존하는 사업은 거의 없다. 레스토랑에서 고객들은 제공된 음식을 보고, 냄새 맡고, 만지고, 맛보고 그리고 듣는다.

▌ 마케팅과 판매의 차이

마케팅^{marketing}과 판매^{sales} 그리고 판촉^{merchandising}이라는 용어들을 구별하는 것은 중요하다. **마케팅**은 나머지 두 개를 포함하는 광범위한 컨셉이다. 마케팅은 누가 레스토랑(시장)의 고객이 될 것이며 그들이 레스토랑에 원하는 것(디자인, 분위기, 메뉴, 그리고 서비스)은 무엇인지를 결정하는 것을 의미하며, 고객에 대한 끊임없는 노력과 고객이 될 사람들을 찾아내는 것을 함축하고 있다. 레스토랑을 고객과 연결시키고, 레스토랑이 제공해야하는 것을 고객의 욕구에 맞추며, 그리고 이러한 것들에 만족할 고객들을 찾기 위한 부단한 노력이 필요하다. 마케팅은 현재 고객과 잠재고객의 마음을 사로잡아야 한다. 고객이 원하는 것과 레스토랑이 제공해야될 것을 파악한다면 이 두 요소는 한 곳에 모아질 수 있다.

마케팅은 고객들의 문제를 풀어가는 것과 관련된다. 문제를 찾아내어 해결하는 것은 쉽지 않다. 변화하는 생활양식은 고객들의 또다른 욕구와 요구를 이끌어내고, 이는 입지에 따라 차이가 난다. 사람들은 점점 더 일상적이고 편안한 먹을거리를 선택하고 있다.

이상적인 레스토랑 경험은 제각기 다르다. 어떤 고객은 우아함을 찾고, 어떤 고객은 편안함을 찾는 등 자신이 원하는 가치를 찾는다. 이러한 다른 기대에도 불구하고 설문 조사는 음식의 질이 레스토랑 선택시에 고객들에게 가장 중요하다는 사실을 나타내준다.

그러나 모든 레스토랑 고객들은 하나의 기본적인 욕구를 가지는데, 그것은 배고픔이다. 게다가 그들은 재미거리를 원하며, 활기를 주는 분위기의 레스토랑을 찾을 것이다. 어떤 고객은 자신을 인정해주길 원한다. 그래서 자신을 알아주고 대접해주는 레스토랑에 갈 것이다.

만족한 고객들은 아무런 대가 없이 구전^{word-of-mouth} 광고를 해준다. 어쩌면 그들이 좋은 소문을 퍼뜨리기를 요청해야 할지도 모른다. 그들을 고무시켜, "그런 얘기를 들어서 진심으로 감사하고, 당신이 다른 사람들에게 말해주기를 기대한다."와 같은 말로 응대하는 것은 전혀 잘못된 것이 아니다. 구전 마케팅을 촉진시키는 한 가지 방법은 적극적으로 지역사회의 구성원이 되는 것이다. 밖으로 나와 주민들을 만나라. 당신을 아는 사람이 많아질수록 더 바람직하다.

마케팅은 구매자의 요구에 초점을 맞추는 반면, 판매는 판매자의 요구에 초점을 맞춘다. 레스토랑은 종종 판매의 방식으로 마케팅에 접근하는데 이는 실수이다. 따라서 판매와 마케팅의 차이점은 중요하다.

판매는 마케팅의 일부분이다. 판매 노력은 고객들이 레스토랑이 제공하는 것을 원하도록 자극하는 활동이다. 판매는 종종 고객들이 레스토랑을 다녀간 후, 그들에게 영향을 주는 레스토랑 직원들의 활동으로 간주된다.

판매의 방식은 판매자가 그의 요구만 생각할 때 존재하게 된다. 즉, 고객에게 메뉴에 있는 품목을 강요하는 것이다. 이러한 방식으로는 레스토랑을 다시 찾는 고객이 거의 없을 것이다.

광고, 판촉, 홍보는 판매와 밀접하게 관련되어 있다. 이 세 가지 방법은 유사한 목적을 가진다. 광고는 신문, 라디오, TV 또는 비슷한 매체를 통해 얻는다. 홍보는 차이가 있는데, 광고에 의존하지 않으면서 일반대중에게 호의를 유도하는 노력이다. 판촉은 본 장의 후반부에서 더 자세히 기술하겠다.

마케팅 계획과 전략

모든 **마케팅 계획**은 합리적인 수익을 남기면서 고객의 만족, 시장점유율, 판매, 그리고 원가를 위한 실질적인 **목표**를 가져야 한다.

시장점유율^{market share}과 판매를 위한 목표는 다음과 같다.

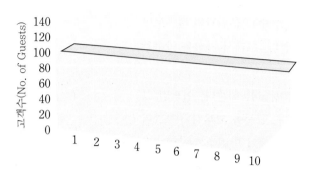

● 그림 4-1 레스토랑의 적정 시장점유율

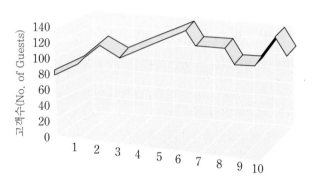

● 그림 4-2 레스토랑의 실제 시장점유율

레스토랑의 시장점유율을 계산하는 것은 어렵지만 시간과 자원을 투자하기 전에 시장의 규모와 기회에 대한 좋은 아이디어를 숙고할 필요가 있다. 이는 다음과 같다. 당신의 컨셉이 캐주얼 이탈리아 레스토랑이라 가정할 때, 만약 시장 상황에서 여유가 있다면, 해당 지역에 비슷한 유형의 레스토랑이 있는지를 우선 확인해 보아야 한다. 같은 컨셉의 레스토랑 끼리 묶게 되면, 이론적으로 100% 혹은 이에 근접한 시장규모를 얻을 수 있다. 하지만, 어떤 컨셉이든 경쟁이 없는 시장은 거의 없다. 다른 모든 조건이 동일할 때, 경쟁 레스토랑을 방문할 평균 고객수를 의미하는 적정 시장점유율을 결정짓기 위해서는 레스토랑 방문 가능 거리의 잠재고객수를 경쟁 레스토랑의 수로 나눠야 한다. [그림 4-1]은 잠재고객수를 5천명으로 가정하고 있는데, 그들 모두가 이탈리아 레스토랑에서 식사를 한다면, 이는 큰 문제가 되지만, 방문 가능 거리에 10곳의 이탈리아 레스토랑이 있다면, 적정 시장점유율은 500명이라고 할 수 있다.

실제로 이러한 현상은 발생되지 않는다. 여러 가지 이유로 특정 레스토랑의 점유율이 높다. 이 레스토랑과 다른 레스토랑들의 고객수를 실제 시장점유율이라고 한다. [그림 4-2]는 경쟁 레스토랑이 획득하고 있는 실제 시장점유율의 예시를 보여준다.

레스토랑의 판매목표는 가장 중요하다. 수익을 발생시키기 위해서 모든 경비가 매출액에서 공제되기 때문에 모든 것은 판매에 달려있다.

개업 레스토랑의 판매목표는 가능한 현실적인 예상고객수와 평균객단가에 근거해서 정해진다. (제5장에서 논의되는 예상매출을 포함한 "예산설정" 부분 참조)

시장점유율과 판매목표로 돌아가자. 심사숙고하여, 우리는 평균 540명 고객의 실제 시장점유율로 시장선도자가 되기 위해 시장점유율 목표를 설정한다. 이는 다른 경쟁 레스토랑들은 이보다 적은 평균 460명의 고객을 흡수한다는 것을 의미한다. 모든 주별, 월별 기간을 합하면 최종 합계가 되며, 판매목표는 1백만 달러로 정해질 것이다. 다른 목표들은 각각의 주요한 운영분야 즉, 청결, 상품의 질, 서비스, 고객 만족도, 주요원가 비율$^{key ratios}$, 가격 등에 따라 정해진다.

우리는 목표설정 뿐 아니라 목표가 어떻게 충족될지에 따른 전략수립 또한 중요하다는 것을 알고 있다. 각각의 목표에는 여러 전략들이 있을 수 있다.

예를 들면

목표(goal): 20XX년 12월 1일까지 고객 만족도를 78%에서 85%까지 향상시키는 것

실제로, 경영자들은 약점이 되는 분야를 판단하고 계획을 세우기 위해 이 수치를 조사하기도 한다. 서비스 점수가 예상보다 낮게 조사된다면, 다음 전략들을 검토할 수 있다.

전략(strategy)

1. 매니저는 모든 직원들이 그들에게 기대되는 서비스 수준을 알도록 결정한다. 그렇지 않다면, 매니저는 직원들에게 서비스 수준을 알려서, 그들에게 예를 보여주고, 그들이 임무를 수행하도록 지시한다.
2. 교육: 트레이너(교육담당 매니저 또는 슈퍼바이저)는 근무교대 직전 5~10분간 교육을 담당한다.
3. 매니저 또는 슈퍼바이저는 직원의 서비스 수준을 감독하고 문제가 되는 서비스는 직원의 주의가 요구되어 개선해야 하는 예로 돌려야 한다.

또 다른 목표는 평균객단가를 2달러 상승시키는 것이다. 이 목표에 도달하는 전략으로는 권유판매 교육을 강화하는 것이다. 목표와 전략은 레스토랑의 모든 영역에서 수립된다. 서비스, 분위기와 더불어 메뉴와 음식 품질도 레스토랑 마케팅의 영역이다.

또 다른 마케팅 기술은 **SWOT 분석**인데, 이는 **강점**^{strengths}, **약점**^{weaknesses}, **기회**^{opportunities}, **위협**^{threats}을 의미한다. 강점과 약점은 내부적 요소에 초점을 맞추고 시간의 경과에 따라 경영에 의해 통제가 가능하다. 기회와 위협은 외부적인 요소

	내부적	외부적
긍정적	강점	기회
부정적	약점	위협

○ 그림 4-3 SWOT 분석

이다. 강점과 기회는 긍정적인 측면으로 회사에 영향을 미치는 반면에, 약점과 위협은 부정적인 영향을 미친다. "긍정은 두드러지게 하고 부정은 제거하라." 라는 격언과 같이, 마케팅 관리자들이 정확하게 찾아내야 한다. [그림 4-3]은 SWOT 분석을 설명한다.

마케팅 전략은 가격과 음식, 제공된 서비스, 분위기, 안락함에 따라 경쟁업체와 비교하여 레스토랑을 포지셔닝한다. 마케팅 전략은 레스토랑의 환경과 일치할 필요가 있다. 예를 들면, 표적시장의 진입전략으로는 기존시장에 진입해 있는 새로운 레스토랑 컨셉이 적절하다. 가격^{price}, 상품^{product}, 장소^{place}, 광고^{promotion} 등 4개의 P에 기초한 경쟁우위요소를 찾는 것이 필요하다.

기존의 레스토랑을 인수할 때는 목표가 시장점유율이 될 수 있다. 그리고 하

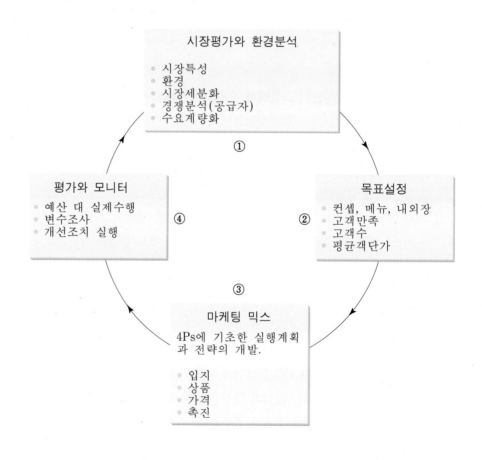

○ 그림 4-4
마케팅 계획 과정

나 또는 여러 전술들의 조합에는 다음과 같은 것이 있을 수 있다. 예를 들면, 가격 하락과 강력한 지역광고는 전략의 목표를 달성시킬 수 있다.

마케팅 전략은 레스토랑을 위해 설정된 목표를 레스토랑 운영자가 달성하기 위한 방법을 말한다. 목표 중 하나는 고객의 수를 10%까지 증가시키는 것이 될 수 있다. 이는 특정음식을 특징으로 하는 레스토랑 메뉴의 홍보전단을 활용함으로써 이루어지기도 한다.

전략은 설정된 목표를 달성하기 위한 것이다. 모든 마케팅에서 맨처음 중요한 요소는 마케팅 계획인데, 이는 마케팅에 초점을 맞추도록 돕고 마케팅을 표적시장으로 향하도록 한다. 마케팅 계획은 시장, 경쟁, 그리고 기존의 또는 제안된 레스토랑의 강점과 약점을 분석하는 것이다. 계획과정은 [그림 4-4]와 같다.

시장 평가, 수요 및 잠재성, 경쟁 분석

시장 평가와 시장 수요

상권의 특성을 평가함으로써 계획한 운영을 예측할 수 있다. 평가는 레스토랑 성공 계획을 위해 도움이 되는 초기 정보를 제공하고 큰 손실을 막아준다. 환경과 예측되는 변화를 조사함으로써 실패하지 않을 확률을 높인다.

대부분의 레스토랑 운영자들은 세상 물정에 밝아서 만약 한 시장 내에 같은 유형의 여러 레스토랑이 있다면, 다른 시장을 찾거나 또는 다른 컨셉을 고려한다.

시장 평가는 지역사회, 잠재고객, 그리고 경쟁업체를 분석하며, "이 지역에 레스토랑이 필요한가?"라는 중요한 질문들에 대한 답을 얻는데 도움을 준다.

- 잠재고객
  - 연령
  - 소득
  - 성별
  - 인종이나 종교
- 고객의 필요와 욕구
- 레스토랑 방문 목적

■ 제안된 레스토랑에 대한 선호 여부
■ 기존 레스토랑에 대한 선호 여부

레스토랑의 고객수요는 개량화하기가 쉽지 않으며 수요예측으로 가능하고, 이는 다음과 같은 두 가지 요소로부터 파생된다.

1. 상권(일상적으로 방문가능한 레스토랑 주변 지역)의 인구
2. 국적, 인종, 연령, 성별, 종교, 직업, 학력, 소득에 따른 인구통계학적 분할

이러한 자료들은 전체 잠재고객의 수를 나타낸다. 최근에는 인구통계학적인 자료가 타당성을 잃고 있다. 그 이유는 우리 사회가 점점 더 다문화 되어가는 특징 때문이다. 또 다른 이유는 변화하는 라이프스타일에 의해서이다. 인구통계학적 경계가 모호해지는 것은 최고경영층들이 맥도날드에서 식사를 할 때 분명해진다. 수년간 효과적인 마케팅 기술을 사용하면서 맥도날드는 그 중요한 질문에 대한 답을 찾았다. "사람들이 요구하는 것이 무엇인가? 그리고 그들은 어느 정도의 가격을 지불할 수 있는가?" 맥도날드의 창시자 레이크락의 공식인 QSC&V(품질, 서비스, 청결 그리고 가치)에 따라 수십억 개의 햄버거가 팔려왔다. 맥도날드의 매출은 이에 근접한 3개 경쟁사들의 매출을 합친 것보다도 더 많다.

○ 시장 평가내용을 검토 중인 Damien Few 부부
Damien Few 제공

이것이 어떻게 타당한 시장가격과 관련이 있을까? 1960년대 초에 레이 크락은 가족들이 교외로 이사하고 자가용으로 이동하는 생활방식을 갖게 되면서 그들의 식사 준비시간이 줄어들 것이라는 것을 알았다. 패스트푸드 햄버거는 이에 대한 답이었고, 곧 미국인들이 가장 좋아하는 음식이 되었다.

잠재시장

상권 내에 잠재고객은 얼마나 많을까? 아침, 점심, 저녁식사 중에서 잠재시장은? 레스토랑이 인접시장지역(1차 상권) 바깥으로부터 고객들을 끌어들일 수 있는가? 표적시장이 관광객, 사업가, 고속도로 여행자, 이웃 주민, 또는 이들의 조합인가? 조찬이나 오찬 시장에서는 편리한 입지가 필요하며, 고급 레스토랑을 제외하면 빠른 서비스가 중요하다. 저녁식사 고객은 좀 다르다. 그들은 그들이 좋아하는 레스토랑이나 음식의 질, 분위기, 서비스 또는 가격으로 명성을 얻어온 레스토랑에 가기 위해 멀리서도 올 것이다.

시장세분화와 표적시장 및 포지셔닝

시장market 즉, 실제고객과 잠재고객의 총합은 일반적으로 유사한 특성을 가진 구매자 집단들로 **세분화**된다. 레스토랑이 상대하기에 최적의 집단으로 인정되는 표적시장은 이들 집단 내에 있다. 시장을 세분화하고 표적시장을 정하는 이유는 제한된 자원으로 최대의 효율을 얻기 위해서이다. 세 가지 전형적인 세분화는 다음과 같다.

- *지리적*Geographic   국가, 주/도, 자치군, 시, 이웃
- *인구통계학적*Demographic   연령, 성별, 가족 라이프사이클, 소득, 직업, 학력, 종교, 인종
- *행동적*Behavior   기회, 편익, 사용자의 지위, 이용률, 충성도, 구매자의 준비단계

[그림 4-5]는 레스토랑의 표적시장 세분화를 보여준다.

표적시장이 정해지면 경쟁에서 이겨내기 위하여 레스토랑을 포지셔닝 시키고 고객을 향한 광고와 판촉 메시지에 초점을 맞추는 것이 중요한데. **포지**

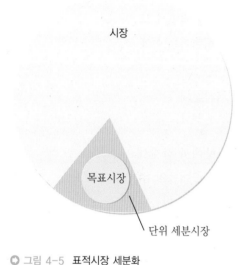

시장

목표시장

단위 세분시장

○ 그림 4-5 **표적시장 세분화**

셔닝^{positioning}의 핵심은 고객이 어떻게 레스토랑을 지각하는가 이다.

웬디스는 햄버거 패티가 냉동육이 아니며 또한 그릴에 굽는다는 사실을 홍보한다. 버거킹은 알려진대로 직화로 굽는 방식이며, 이를 홍보하고 있다. 서브웨이는 Jared Fogle이란 고객의 체중감량 성공사례를 마케팅에 활용하고 있다. 광고를 보면, Jared는 서브웨이에서 건강하게 식사를 하는 지혜로운 사람으로 등장한다. 서브웨이는 Jared의 역할을 홍보와 지역봉사활동으로까지 확장시켰다. 그는 어린이 비만을 겨냥하여 운동과 건강한 식사의 중요성을 강조한 프로그램인 "Jared's School Tour"를 도입했다.

경쟁 분석

경쟁업체의 강점과 약점의 분석은 **마케팅 실행계획**^{marketing action plan}에서 사용될 마케팅 목표와 전략을 수립하는데 도움을 준다. 모든 레스토랑은 경쟁 레스토랑들이 있기 마련인데, 그들은 길 건너편 또는 이웃 도시에 있을 수 있다.

경쟁업체를 분석할 때, 당신의 레스토랑이 경쟁업체와 어떻게 비교되는지를 보여주는 비교우위표^{comparison benefit matrix}를 작성하는 것이 좋다. 이를 통해 상호 인지, 접근 용이성, 주차, 외관을 잘 꾸미는 것, 접객, 대기석, 좌석, 분위기, 음식, 서비스, 청결, 가치, 그리고 유사한 특성을 비교할 수 있다. [그림 4-6]은 비교우위표의 예를 보여준다.

경쟁우위분석은 경쟁업체와 비교한 자신의 강점과 약점을 파악하는 것을 도와준다. 중요한 점은 고객의 입장에 서야 한다는 것과 고객이 자신의 레스토랑을 선택해야 하는 이유에 대해 고민하는 과정이 있어야 한다는 것이다. 레스토랑이 무엇을 제공할 것이며, 다른 레스토랑과 차이점은 무엇이며, 경쟁우위요소는 무엇인가?

잠재적 우위요소	소유 레스토랑	경쟁업체 A	경쟁업체 B	경쟁업체 C	경쟁업체 D
입지					
편의성					
주차					
음식의 질					
서비스					
가격					
음료의 질					
음료 서비스					
화장실					
실내장식/분위기					
도로변 가시성/외관					

● 그림 4-6 **비교우위표**

마케팅 믹스 - 4 P's

마케팅 계획은 합리적인 이윤을 남기면서 매출과 비용에 관한 실제적인 목표를 가져야 한다. 마케팅 계획은 마케팅의 초석으로 알려진 네 가지의 P, 즉 가격^{price}, 상품^{product}, 장소^{place}, 촉진^{promotion}에 기초해야 한다.

장소/입지

레스토랑의 입지는 레스토랑 성공의 가장 중요한 요소 중의 하나이다. 눈에 잘 띄는 가시성, 쉬운 접근성, 편의성, 외관을 잘 꾸미는 것, 그리고 주차공간의 확보는 성공을 위한 입지요소이다.

가시성은 사람들이 레스토랑에 접근할 때, 쉽게 확인할 수 있는가 하는 문제이기 때문에 중요하다. 종종 눈에 띄는 장소에 설치된 간판은 잠재고객들의 주의를 끈다.

레스토랑은 주차공간이 조성된 독립건물 안이나 주차공간이 없는 도심지, 쇼핑몰, 사무용 건물, 그리고 공항과 기차역, 버스정류장에서 만날 수 있다. UC San Diego는 대학 본부 건물 내에 웬디스가 있고, California주 Miramar시

의 해군사단$^{\text{Marine Corps}}$ 공항기지 내에 맥도날드가 있다. 이러한 레스토랑들은 고정된 고객들이 있다는 점에서 행운이다.

종종 식당가$^{\text{restaurant row}}$로 불리는 레스토랑 집단$^{\text{restaurant grouping}}$은 흔하게 발견된다. 이러한 식당가는 선택 가능한 레스토랑들이 많아서 사람들의 주의를 끌 수 있다. 식당가에 두 곳의 프랑스 레스토랑이 있다면, 또 다른 프랑스 레스토랑을 개업해서 경쟁하려는 것은 현명하지 못할 것이다.

대부분의 레스토랑들은 금, 토, 일요일, 즉 주말에는 영업이 잘된다. 문제는 월~목요일의 점심과 저녁에 좌석을 채우는 방법이다. 여기에는 좋은 장소와 멋진 분위기를 제공하고, 훌륭한 음식도 동시에 제공하는 마술사가 필요하다.

유명한 레스토랑 체인점들은 그들끼리 동일한 입지에 모이려 한다. 어떤 체인점은 지역별로 가맹점을 둔다. 그들은 규모의 경제가 구매, 준비, 광고, 그리고 경영에서 발휘될 것이라고 주장한다. 이에 반대하는 사람들은 새로운 점포가 기존 점포의 영역을 빼앗을 것이라고 주장한다. 그러나 레스토랑의 집단화^{clustering}는 특정 레스토랑 체인이 시장에서 고객들에게 긍정적으로 인식될 때 엄청난 상심이 된다.

레스토랑들끼리 컨셉을 상호보완하는 것이 유행이다. 예를 들면, 타코벨 옆에 KFC나 피자헛이 있는 것을 볼 수 있다. 이들은 모두 Yum Brands Inc. 소

·Tip

충고 한마디!

만약 임대료가 비싼 지역을 선택하고 사치스러운 실내장식에 많은 돈을 투입한다면, 고객 기대치가 높아질 것이기 때문에 음식과 서비스도 훌륭해야 한다. 레스토랑 창업자는 임차료로 많은 돈을 투자했기 때문에 자금문제로 곤경에 처해있는 자신을 발견하고는 메뉴와 서비스에 대하여 원칙을 무시한 무리한 변화를 시도하게 된다. 이로 인하여 종종 레스토랑의 권리가 다른 사람에게 넘어가기도 한다.

속 브랜드이다. 다른 퀵서비스 레스토랑들은 다른 레스토랑과 장소를 공유하는 것을 실험중에 있다. 예를 들면, 웬디스, 하디스, 맥도날드 그리고 스타벅스는 백화점과 편의점 내에 각각 임대차계약을 했다. 최근 놀이공원 내에도 또한 패스트푸드 체인점이 입점하고 있다.

때때로 레스토랑은 특이한 장소에서도 성공한다. 그러나 이러한 경우는 높은 가시성을 지니고, 외관을 잘 꾸며야 되며, 접근이 용이해야 하고, 주차 공간을 확보하고 있어야 하는데, 이는 모두 상당한 비용이 소요된다. 좋은 입지일수록 임차료가 더 비싸기 때문에 다소간의 타협이 필요하다.

가격이 지나치게 비싼 레스토랑에서는 식사나 칵테일 등이 기대에 미치지 못하면 오히려 돈을 빼앗긴 느낌을 주기 때문에 다시는 재방문을 하지 않을 것이다. 인테리어 디자인 컨설턴트는 경영주에게 실내장식에 많은 돈을 투자하라고 자문한다. 디자인이 중요하기 때문에 지혜로운 레스토랑 운영자들은 Hard Rock Café처럼 고가의 이탈리아 레스토랑이나 영화 또는 향수(鄕愁)를 테마로 한 레스토랑을 창업해 왔다. 그러나 대학캠퍼스 근처에 있는 그리스 레스토랑의 실내장식에는 투자가 불필요하다. 표적시장인 학생들은 저렴한 가격대를 원하기 때문이다. 반면에 대부분 공적으로 경비를 지출하는 뉴욕의 레스토랑 고객들은 훌륭한 장식과 음식, 서비스를 제공받고 이에 기꺼이 돈을 지불한다.

상 품

레스토랑 상품은 경험적이어서, 음식과 음료, 서비스, 분위기, 안락함의 완전한 묶음으로 고객의 요구와 욕구를 만족시키고, 고객들이 재방문하기를 원하는 기억될 만한 경험을 만들어 준다.

○ 음식 장식은 상품의 일부분이다: 철판에서 조리한 안심 스테이크와 더운 야채
PhotoDisc, Inc. 제공

○ 디저트 트레이
PhotoDisc, Inc. 제공

가장 주된 요소는 **훌륭한 음식**^{excellent food}이다. 사람들은 특히 좋은 **서비스와 가치**, 그리고 **분위기**^{ambiance}가 수반될 때 훌륭한 음식을 제공하는 레스토랑을 찾을 것이다.

표적시장이 일단 정해지면 시장 내 고객들의 욕구에 부응하여 패키지를 제공하는 것이 중요하다. 메뉴 품목은 선택된 표적집단의 욕구를 반영해야 한다. 다시 말하면, 만약 레스토랑이 대학생들에게 매력을 끌려 한다면 대학생들에게 인기 있는 메뉴 품목이 필요하다.

음식 서비스와 분위기는 대체로 형태가 없다. 레스토랑 음식의 구매는 구입 전에 검열하거나 시승할 수 있는 자동차의 구매와는 다르다. 레스토랑에서 고객들은 단순히 음식만이 아니라 전체적인 식사 경험으로 돈을 지불한다. 레스토랑 상품은 세 가지 상품수준^{product level}으로 설명될 수 있다. 이는 핵심상품^{core product}과 실제상품^{formal product}, 확장상품^{augmented product}이다.([그림4-7] 참조)

- **핵심상품**은 고객을 위해 상품을 제공하는 사람이 제품의 기능 중 일부가 된다. 그러므로 미식가 레스토랑은 편안하고 기억에 남는 저녁을 제공한다.
- **실제상품**은 상품의 유형적인 부분이다. 여기에는 레스토랑의 물리적 측면과 실내장식이 포함된다. 덧붙여서 특정한 서비스 수준이 또한 기대된다. 만약 고객이 패밀리 레스토랑을 선택하면 그들은 이 유형의 레스토랑에서 적절한 서비스 수준을 기대할 것이다.
- **확장상품**은 특정 신용카드의 자동결제, 발레파킹, 그리고 테이블 예약과 같은 서비스들을 포함한다.

상품분석^{Product Analysis}은 제공되는 상품의 품질과 가격, 그리고 서비스를 포함한다. 어떻게 상품(메뉴, 분위기, 입지, 편의성, 가격)이 경쟁업체와 차별될 것인가? 상품에 여러 면에서 특이하거나, 고객들이 레스토랑을 연상시켜 각인되는 대표 메뉴를 포함할 것인가? 실내장식이나 분위기가 경쟁업체와 분명하게 차이가 나는가? 서비스가 여러 면에서 더 좋거나, 더 빠르고, 더 관심을 끌고, 더 전문적이며 더 정교한가? 경쟁업체보다 가격에 비해 가치가 더 큰가? 입지가 방문하기 편하고, 주차하기 쉽고 넓은가?

분위기　레스토랑 경영자는 특별한 느낌을 연출하기 위해 사용된 디자인인 **분위기**^{atmosphere}에 더 중점을 두어야 한다. 이전의 레스토랑은 대부분 매우 평범했다. 최근

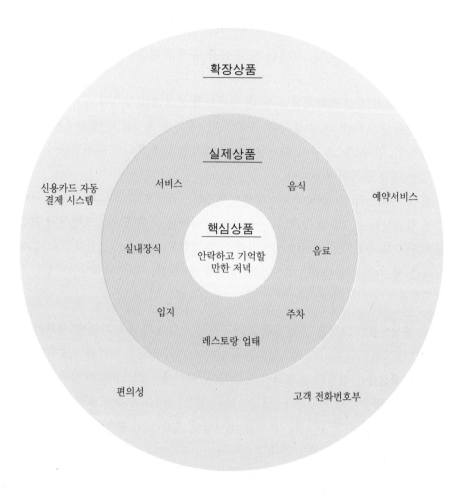

확장상품

실제상품

신용카드 자동 결제 시스템

서비스

음식

예약서비스

핵심상품

실내장식

안락하고 기억할 만한 저녁

음료

입지

주차

레스토랑 업태

편의성

고객 전화번호부

의 레스토랑은 고객들에게 특별한 분위기를 느낄 수 있도록 설계된다.

　주목할 만한 분위기는 테마 레스토랑에서 찾을 수 있다. 테마로는 색채, 소리, 빛, 장식, 질감 그리고 고객들을 위해 특별한 느낌을 전달하기 위한 시각적 도구를 사용할 수 있다. 스포츠 테마는 하드록카페 Hard Rock Café 가 로큰롤 rock-and-roll 향수를 테마로 한 것처럼 많은 사람들이 함께했다. 일부 맥도날드 레스토랑은 분위기에 의존했다. 그들은 자녀들을 위한 놀이공간을 마련했다. 맥도날드는 밝은 색과 밝은 빛, 그리고 딱딱한 의자로 시공되었는데, 모든 요소는 고객들이 20분 내에 자리를 비우도록 유도하기 위해서 디자인되었다. 특정 테마의 수명이 고작 몇 년이기 때문에 테마 레스토랑을 기획할 때에는 신중해야 하며, 분위기가 표적시장에 적합해야 한다.

상품개발　　판매 유지와 증대를 위해 혁신적인 메뉴 품목이 추가된다. 고객들의 관심을 지속적으로 유도함으로써 레스토랑은 시장점유율과 수익을 증가시킬 수 있다. 새로운 메뉴는 고객이 싫증을 느끼는 품목들을 대체한다. 대다수의 정찬 메뉴는 최근까지도 남아있다. 사라진 메뉴는 칼로리가 높은 소스에 버무려진 육류음식들이다. 신선한 파스타, 생선, 치킨, 그리고 더 건강에 좋은 소스가 뿌려진 칼로리가 낮은 음식들이 그 자리를 대신 채우고 있다.

　대부분의 대규모 체인 레스토랑들은 선택된 시장에 그들의 신메뉴를 시험한다. 만약 신메뉴가 받아들여지면 모든 체인에서 시스템화 되어 출시된다. 이는 많은 레스토랑 체인점들이 최근에 도입한 99 센트 가격의 메뉴가 한 예가 된다. 한 회사가 새로운 메뉴를 출시하자마자 경쟁사가 이를 따라야 한다고 느끼는 것에 주목하는 것은 흥미롭다. 어떤 경우에는 이것이 너무 성급하게 이뤄져서 조잡한 상품이나 고객의 불만족을 초래하기도 한다.

상품 포지셔닝　　레스토랑 고객들은 일반적으로 레스토랑이나 음식, 서비스, 분위기, 편의성, 가격, 그리고 지역 내 다른 레스토랑과의 차별성에 대한 인지나 이미지를 갖는다. 포지셔닝은 레스토랑의 가장 좋은 면과 이미지, 고객들이 레스토랑에서 가장 원하는 것 또는 레스토랑이 경쟁 레스토랑으로부터 어떻게 생존하는지를 고객들에게 전달한다. 가치가 그 레스토랑의 가장 큰 특징이라면, 이것은 포지셔닝 도표positioning statement에 강조되어야 하고 광고에서 더욱 강조되어야 한다. 자사 상품이 신선하다는 면에 밑줄을 긋고 강조한 웬디스의 접근은 포지셔닝의 훌륭한 방법이다.

레스토랑 차별화　　레스토랑 경영주들은 보통 음식과 분위기에 고객 관심을 이끌어내기 위해서 그들의 레스토랑이 여러 면에서 차별화되기를 원한다.

　햄버거 레스토랑이 경쟁업체와 어떻게 차별화될 수 있을까? 퀵 서비스 레스토랑이 확산되기 전인 1937년 우연히 발생한 한 예가 있다. 별로 주목받지 못했던 Bob Wian은 그의 낡은 자동차 DeSoto를 350달러에 팔아서, 캘리포니아의 Glendale에서 10개의 의자가 딸린 점심 가판점lunch stand의 착수금으로 사용했다.

　어느 날 한 음악가가 Wian에게 일반 햄버거와는 다른 햄버거를 요구했다. Wian은 잠시 생각하다가, 햄버거 빵을 수평으로 두 조각이 아닌 세 조각으로 잘랐다. 그런 다음, 구운 2개의 햄버거 고기 패티를 빵 사이에 끼우고는 따뜻하게 유지하기 위해 전체를 종이로 감쌌다.

그후, Wian이 레스토랑에서 기발한 일을 해낸 한 소년을 부르다가, 불현듯 햄버거의 이름이 생겨났다. 그는 소년의 이름을 기억하지 못해 "Hey, big boy."라고 불렀다. Wian은 "더블 패티^{double-pattied} 햄버거에 어울리는 얼마나 훌륭한 이름인가!"라고 생각했다.

어느날 만화영화 제작자인 한 고객이 냅킨에 어린 소년을 그렸으며, 현재 수백 개의 가맹점을 보유한 Big Boy 체인의 로고가 되었다. 판촉에 재주가 있었던 Wian은 밀크쉐이크를 "걸쭉해서 스푼으로도 먹을 수 있을 정도"라고 묘사했다. 1960년 대 말에 Wian은 Big Boy 체인을 메리어트사^{Marriott}에 매각하였다.

상품수명주기　　다른 사업과 마찬가지로 레스토랑에서도 도입부터 쇠퇴까지 상품수명주기^{product life cycle}를 경험한다. 상품수명주기는 [표 4-8]에서 보여주고 있듯이, 판매량은 성숙기와 포화기에 최대로 나타나는데, 이 시기를 연장시키는 것이 비결이다.

가 격

가격은 마케팅 믹스에서 유일한 수익창출 변수이다. 가격은 다른 변수들에 영향을 받는다. 예를 들어, 레스토랑이 높은 임대료의 입지에 위치하면 제공되

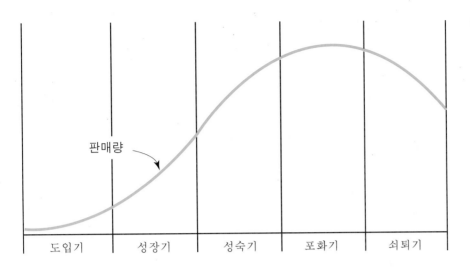

판매량

| 도입기 | 성장기 | 성숙기 | 포화기 | 쇠퇴기 |

는 양이 많지 않더라도 가격은 비쌀 것이다. 가격은 또한 레스토랑 선택에 있어
중요한 고려사항이다. 오늘날 레스토랑 고객들은 가치를 원하고 그들이 느끼기
에 훌륭한 가치를 제공할 레스토랑을 선호할 것이다. Take Five라고 불리는 시
카고의 한 레스토랑은 모든 주요리가 5달러이다. 그것은 매우 저렴하며 얼마나
훌륭한 가격인가. 레스토랑 베테랑인 Joe와 Charlie Carlucci는 Strega Nona
를 더 캐주얼한 레스토랑으로 리모델링했다.[2]

레스토랑 마케팅에서 여러 요소들이 가격에 영향을 준다.

- 수요와 공급의 관계
- 낮아진 고객 충성도
- 판매 믹스
- 경쟁사의 가격
- 운영비
- 가격결정에서의 심리적 양상
- 기대수익

가격 정책의 목적은 고객의 가치 지각과 합리적인 공헌이익[contribution] 간의 균형
을 찾기 위한 것이다. 레스토랑의 목적에 따라서 다른 전략들이 사용될 수 있다.
예를 들어, 시장점유율의 증가가 목적이라면 극단적인 공격적 가격 정책은 다른
모든 양상들이 균등하게 되는 개선된 결과를 가져올 수 있다.

원가 기준 가격결정　창업자들은 원가에 기초한 가격결정 전략을 옹호한다. 일반적인 가격결정 방법은 재료비를 계산하고, 33%의 식재료 원가비율을 얻기 위해서 3을 곱한다. 가격은 운영자의 가격 전략에 기초해서 몇 센트를 올리거나 내린다. 예를 들어, 메뉴에 있는 음식의 재료비가 3.24달러이면 판매가격은 9.75달러가 될 것이다.($3.24×3=$9.72) [표 4-9]는 공헌이익 계산의 예를 보여준다.

경쟁 가격에 따른 가격결정　레스토랑 운영자들은 메뉴 가격을 결정하기 위해서 원가에 기초한 가격결정을 할 수 있고, 경쟁 레스토랑이 동일한 메뉴를 어떤 가격으로 판매하는지 점검할 수 있다. 만약 경쟁업체에 유리한 현저한 차이가 있다면, 운영자는 새로운 메뉴를 선택하거나 기존 메뉴의 식재료를 바꿔서 가격을 맞춰야 한다.

공헌이익에 따른 가격결정　대부분의 운영자들은 원가에 기초한 가격결정 방법을 고가의 메뉴에는 적용하지 않는다. 예를 들어, 고가격 육류 메뉴나 생선 메뉴는 한 접시당 원가가 7달러이지만, 원가 비례로 책정된 21달러의 가격에 먹을 사람은 없을 것이다. 그러므로 가격은 받아들일 수 있는 수준으로 조정되어야 한다. 이러한 메뉴들은 저가 메뉴 보다 공헌이익이 크다는 점을 감안할 필요가 있다. 공헌이익의 계산은 [표 4-9]에서 보여주고 있다.

또 다른 가격결정 방법은 메뉴 품목의 준비와 서비스와 연관된 인건비의 총액이다. 식재료비와 인건비를 합쳐서 프라임 코스트$^{prime\ cost}$라고 하며, 일반적으로 둘을 합쳐서 매출의 55~60%를 넘어서는 안 된다.

■ *수요와 공급의 관계는 가격결정 등식에서 중요하다.* 이 기본적인 요소가 모든 가격 정책을 조절한다. 만약 수요가 높고 공급이 제한되면 가격은 상승할 것이다. 유감스럽게도 대부분의 레스토랑 운영자들이 알고 있듯이 반대의 경우가 일반적이다. 여러 시장에서 점점 더 많은 레스토랑이 개업하면서 포화시점$^{saturation\ point}$이 오고 있다. 마치 기대하지 않았던 고객들이

◐ 그림 4-9 공헌이익에
　따른 가격결정
　(contribution pricing)

	식재료	판매가	식재료 원가율	공헌이익
파스타(페투치니 fettuccini)	$2.15	$6.25	32.80	$4.20
신선한 어류	$4.50	$12.75	35.29	$8.25

식사하러 올 때 여주인이 사과파이를 서비스로 제공하는 것처럼, 레스토랑들은 시장의 평균 수준을 감안할 때 다소 낮아진 시장점유율을 기꺼이 수용하고 있다. 그러므로 기존 시장의 가격뿐만 아니라 수요와 공급도 결정하기 위해서도 시장조사를 하는 것이 중요하다.

- *고객충성도가 떨어지고 있는 것은 가격결정에 영향을 끼친다.* 일시적으로 가격을 떨어뜨림으로써 고객 충성도와 재방문, 그리고 브랜드 충성도를 높이는 것이 가능했다. 그러나 지금은 고객들이 그들의 돈을 더 가치 있게 쓰기 위해서 최선의 구매를 하는 경향이 있다. 주요 항공 체인이나 호텔 체인에서 채택한 전략은 단골고객을 확인해서 정기적인 DM 발송과 할인된 숙박료로 그들의 충성도를 확보하고 있다. 이론적으로는 훌륭하지만 대부분 이 컨셉은 심각한 어려움에 부딪혀 왔고 이윤을 떨어뜨렸다.

- *가격–가치의 관계는 특히, 고객이 돈을 지불하고 획득하게 되는 가치에 더 집중하는 불경기 상황에서 중요성이 부각된다.* 고객이 아무런 서비스 없이 수프, 파스타 그리고 샐러드 바를 6.95달러에 지불했다고 하자. 만약 건너편 레스토랑이 같은 가격에 완벽한 서비스로 수프 또는 샐러드 전채요리가 곁들어진 음식을 제공한다면, 그는 다음에도 이 레스토랑에 방문하는 것을 재고할 것이다. 이는 대다수의 피자, 멕시코, 중국, 이탈리아 레스토랑이 성공하는 이유이다. 대체로 음식 가격이 낮으면 고객들은 가치에 대해 만족한다.

- *판매 믹스는 가격결정시 중요한 요소이다.* 레스토랑에는 다양한 메뉴가 있으며, 어떤 것은 다른 레스토랑보다 더 잘 팔린다. 인기 있는 품목은 충분한 양을 준비하는 것이 비결이다. 이러한 인기메뉴들은 품목당 공헌이익이 낮기는 하지만, 더 적게 팔리는 상품을 상쇄할 수 있다. 그것들은 판매 빈도가 낮기 때문에, 간접비와 수익성에 있어서 그렇게 큰 공헌이익을 내지 못하고 전체적인 원가에도 큰 영향을 미치지 못한다.

가격과 품질

가격과 품질 간에는 직접적인 상호관계가 있다. 양질의 재료가 상용되면 합당한 가격이 부과된다. Ruth's Chris Steakhouse는 UDSA[United States Department of

Agriculture(미 농림부)의 최고 등급 쇠고기를 사용하여 Outback Steakhouse보다 가격이 더 높다. 두 레스토랑은 성공적이며, 가격과 품질의 균형을 유지하고 있다.

가격은 제7장에서 다시 설명할 것이다.

촉진

촉진은 레스토랑 운영자들이 고객을 처음으로 방문하도록 유도할 뿐만 아니라 단골이 되도록 설득하는 활동이다. 커뮤니케이션을 포함하는 촉진은 고객에게 알리고 설득하려 한다. 촉진활동에는 다음의 8가지 목표가 있다.

1. 레스토랑에 대한 고객 관심 유도
2. 레스토랑에 대한 고객 지각 강화
3. 처음 오는 고객들을 레스토랑으로 유인
4. 단골고객 비율 제고
5. 브랜드 충성도(고정고객) 창출
6. 평균객단가 제고
7. 특별메뉴와 시간대의 매출 증대
8. 새로운 메뉴 도입

이 패러다임이 어떻게 역피라미드형이 되는지를 주목하라. 최상위에 있는 사람이 표적시장이며, 그들은 레스토랑을 우선적으로 지각시켜야 하는 고객이다. 고객들이 브랜드 충성도를 가지기까지 다른 활동들이 진행진다. 촉진은 여러 가지 방식으로 판매를 증대시키기 위해 행해진다.

- 레스토랑 또는 특정한 메뉴품목에 대한 고객의 지각을 증가시키는 것. 종종 광고가 이를 담당한다.
- 도미노피자나 서브웨이의 포장판매wraps 같은 새로운 형태를 도입하는 것.
- 경쟁 레스토랑 보다 고객들을 더 유치하기 위한 활동이나 영업활성화를 위한 특별 메뉴를 홍보함으로써 고객들의 방문을 승가시키는 것.
- 평균 객단가의 구축으로 기존고객들의 지출을 증가시키는 것. 이는 개별 판매와 광고에 의해 달성된다.

Tip

샌프란시스코의 Square One에 거주하는 Joyce와 Evan Goldstein 부부는 레스토랑 "경영자와 고객과의 상호관계는 결혼과 같아서 이는 열정적 시기가 끝난 뒤에도 신선함과 흥미로움이 유지된다"고 말한다.

■ 공헌이익이 간접비용에 거의 영향을 미치지 않는다는 점에서 영업이 뜸한 시간의 수요를 증대시키는 것. 매출을 증대시키는 노력의 예로써 맥도날드의 조식메뉴와 이른 저녁에 비어 있을 좌석을 채워주는 노인들을 위한 저녁식사가 있다.

촉진활동은 다양한 형태를 취한다. 경제가 불황이면 어떤 레스토랑들은 52달러의 음식을 세 가지 코스로 된 38달러의 정식메뉴로 대체하는 것과 같이, 홍보를 위한 혁신적인 방식을 찾아서 가격을 낮춘다. 양을 줄이는 것은 낮은 식재료 비용으로 훌륭한 음식을 만들어내기 위함이다.

레스토랑을 위한 많은 촉진 아이디어들은 상황에 따라 다르기 때문에 모두 효과를 발휘하는 것은 아니다. 촉진이 표적시장에 의해 지각될 때, 그 관련성과 가치에 따라 촉진의 성공여부가 결정된다. 맥도날드는 자녀들의 관심을 끌었을 뿐 아니라 자녀들이 부모를 설득하여 함께 맥도날드에 오도록 하기 위해서 아이들을 유혹했다.

지역의 유지들에게 그들이 원하는 메뉴를 생각해내도록 요청하는 것이 계획될 수 있다. 그러면 경영주들은 그 목록 중에서 그들이 개발할 메뉴를 선택할 수 있다.

또 다른 아이디어로 소문내지 않는 개업이 있다. 이것은 광고 없이 영업을 하면서 더 나은 세부사항들을 기획하는데 한 달 정도 지속하는 것을 의미한다. 그런 다음 매체와 함께 웅장한 개업식을 하고 이를 극찬하는 기사를 즐긴다. 어떤 레스토랑들은 카메라를 구비해서 고객들의 사진을 찍어주고 방문에 감사하다는 메모와 사진을 보낸다. 다음은 아메리칸 익스프레스American Express의 "레스토랑에 유용한 50가지 이상의 판촉"이라는 소책자의 내용이다.

■ 점심식사 제공시간의 단축을 위해서, 고객들이 팩스 주문이나 배달 주문을 하도록 하라. 어떤 레스토랑에서 이것은 배달과 포장음식의 판매를 20~25%까지 증가시켰다.

- 만약 당신의 레스토랑이 외국인 방문객이 올 수 있는 곳에 입지하면, 메뉴를 이에 적절한 언어로 읽을 수 있도록 하라.
- 안경을 집에 두고 온 고객들을 위해서 크게 인쇄된 메뉴나 돋보기를 구비하라.
- 한 해 중 특별한 기간 즈음에 판촉물을 만들어라. 예로는 Secretaries' Day(매년 4월의 마지막 주 수요일)가 있다.
- 한산한 저녁을 채우는 식사 클럽을 만들어라. 테마에 초점을 맞추고 메일을 통해 잠재적 고객들에게 클럽이 활동하는 날을 알려라.
- 상품 추첨을 위해 고객들이 명함을 두고 가도록 하라. 이는 메일 목록이 될 것이다.
- 월요일이나 화요일 저녁같이 한산한 때, 월요일과 화요일마다 한 테이블을 무료로 대접할 것이라는 것을 매체에 발표하라.
- 고객들이 그들의 친구에게 이야기 거리라든가 또는 레스토랑 방문 기념품을 제공하라.
- 특별한 생일 이벤트를 제공하라.
- 레스토랑 방문가능 지역에 메뉴나 모든 관련된 자료를 보내라. 예를 들어, 이탈리아 레스토랑이고 이탈리아 여러 지역의 음식과 조리사를 특징으로 한다며 인근 지역 내 표적시장의 모든 주소로 전단을 발송하라.
- 최고의 파이에 상을 주는 조리경연대회를 개최하라. 지역 매체에 이를 알리고 그들에게 심사위원이 되어줄 것을 요청해라. 이것이 무료 방송을 보장해줄 수 있다.
- 방문객 수를 늘리기 위해서 쿠폰을 사용하라. 그리고 목표에 도달하면 이벤트를 폐지하라. 어려운 점은 쿠폰이 표적시장에게 혜택이 돌아가도록 하는 것이다. 쿠폰 사용자는 표적시장이 아닐 수도 있다.
- 고객들에게 당신의 메뉴가 인쇄된 엽서를 보내라.
- 고객에게 다른 도시에 가서 2인 식사를 위한 지원서를 제출하도록 하고, 그들의 활동을 위해 오픈티켓을 구입해서 500달러의 경비와 함께 기꺼이 지불하라.[3]

많은 레스토랑들이 그들의 레스토랑을 홍보하기 위해서 쿠폰을 사용한다. 쿠폰이 좋을 수도 있고 나쁠 수도 있다. 쿠폰은 다양한 상품이 따르고 일반적으로 레스토랑 인근으로 배부된다. 쿠폰의 목적은 평일 밤이나 이른 저녁처럼 영업이 뜸한 시간에 대한 관심과 방문객 수를 늘리고 새로운 고객들이 레스토랑을 찾도록 유도하기 위해서이다. 어떤 레스토랑은 가격을 낮추는 반면에, 다른 레스토랑들은 1+1 판촉메뉴나 다른 형태의 할인을 홍보한다.

타코벨과 같은 기업들은 경기가 좋은 시기에는 가격할인 전략이 상식적으로 맞지 않는다고 생각되어, 이미 0.99달러로 가격을 낮춘 인기 메뉴품목에 대해서는 가격할인 전략을 세우지 않을 것이다. 최근 타코벨의 성공은 레스토랑 업계에서 선망의 대상이 되고 있다.

몇몇 판촉물에는 어린이들에게 인기 있는 만화 캐릭터 상품이 있다. 한가한 시간의 식사 할인은 단골고객들의 더 많은 방문을 이끌고, 처음 방문 고객을 단골로 만드는 수단이 된다. 한가한 시간에는 앙트레 가격을 대폭 할인할 수 있다. 전 미 레스토랑협회(NRA)회장인 Mike Hurst는 Florida주 Fort Lauderdale의 해안가에 위치한 그의 대형 디너하우스 15th Street Fisheries에서 일찍 방문하는 고객들에게 원가에 가까운 금액으로 음식을 제공하는 할인이벤트를 시도하였는데, 이것은 훌륭한 옛날식 광고방법이다. 일찍 방문하는 고객들을 위한 전 메뉴 할인전략은 효과가 있었다. 그 이후, 그의 레스토랑은 오후 7시 이전에도 1.5회의 좌석회전율을 보였다. 그가 말하기를 일찍 오는 고객들이 이 가치에 만족해서 그들의 친구들을 보내거나 데려왔기 때문이라고 한다. 이것은 고정수입을 가진 퇴직한 사람들에게 관심을 끌었다.

San Diego의 유명한 레스토랑 운영자인 Paul Dobson은 일찍 방문하는 고객들로 인한 이익 뿐 아니라 올빼미형 고객들에게도 관심을 끌었다. 그의 레스토랑은 저녁시간에 방문하는 고객들이 식사를 끝마치고 난 후, 새롭게 제공되는 늦은 식사는 이를 즐기는 라틴문화에 기반을 두고 있다.

광 고　　어떤 레스토랑에서 광고가 필요한가에는 여러 가지 변수가 따른다. 만약 레스토랑이 전국단위 체인 중 하나라면 전국단위 광고는 매출에서 자동적으로 지출되며, 지역 광고는 면밀히 책정된 예산으로서 매출의 일부에서 집행된다.

대부분의 독립 레스토랑들은 지역 고객들에게 크게 의존하기 때문에 광고가 지역 신문에 게재된다. 광고의 성공 여부를 정확히 결정하는 것은 어렵다. 운영자들은 대개 광고를 하고난 뒤 반응을 확인하는데, 쿠폰은 유용한 반응확인 도구가 된다. 광고는 고객정보관리를 위해 개인의 전화번호나 이름을 코드화할 것을 요구하고, 고객들이 사용하는 쿠폰을 통해 정보를 확보할 수 있다.

많은 레스토랑 운영자들은 광고대행사의 전문적인 도움을 받는다. 광고대행사들은 삽화, 광고카피, 관련 매체와 같은 매체 서비스에 대한 전문지식을 제공할 수 있다. 광고 비용은 추가될 수 있기 때문에 광고 예산으로 최대의 효과를 달성하기 위한 메시지의 핵심이 잘 전달되어야 한다.

광고 예산은 신중하게 계획되어야 하고 매출의 일부로 제한되어서는 안 된다. 만약 매출이 하락한다면 광고에 사용되는 비용도 축소될 것이지만 오히려 이 시기는 매출증대를 위해 더 많은 광고를 필요로 한다.

어떤 레스토랑은 광고에 돈을 투자하는 것을 거부한다. 지속적인 고객 방문을 위해서 쿠폰을 사용하거나, 다른 경우는 앙트레 음식을 5달러 할인된 가격에 제공한다.

어떤 방법을 선택하든지 광고가 표적시장에 적합한가, 그리고 고객들이 레스토랑에 계속 방문할 수 있는가를 확실히 하기 위해서 주의가 필요하다.

어떤 레스토랑은 의도적으로 절제된 마케팅으로 접근한다. 값비싼 TV, 라디오, 그리고 매체광고 대신에 최상의 음식과 서비스, 분위기, 가치에 집중한다. 구전광고로는 입지, 음식, 서비스의 조합으로 성공한 Chart House가 효과를 보았다. 레스토랑의 입지가 종종 기존의 상식과 맞서기 때문에 흥미롭다. 많은 Chart House 레스토랑들은 California, Hawaii, Florida, Puerto Rico, U.S. Virgin Islands, New England의 유명한 해변에 위치하고 있다. 많은 레스토랑 운영자들은 인근지역의 절반이 해변인 입지에는 접근하지 않을 것이다! Chart House 입지는 관광 목적지 입지^{destination locations}"인데, 이들 중 대부분은 주요 시장과 인접해있다.

1961년 Colorado주 Aspen에서 두 개의 칵테일 바와 네 개의 식사 테이블로 첫 Chart House가 개업했으며, 첫날 단지 4명의 고객이 방문했다. 1991년 Arizona주 Scottsdale에서의 개업은 첫 달에 25만 달러 이상의 매출을 올렸고 많은 수익을 냈다. Chart House는 인내가 미덕이었다. Philadelphia에서 좋은 입지를 얻기 위해 5년을 기다린 것과 Indianapolis에서 개점하기 위해 7년을 기다린 것이 좋은 예가 된다. 하지만 이런 장소들이 항상 성공적이었던 것은 아니다. San Francisco의 레스토랑은 Embarcadero의 중심지로부터 두 블록이나 떨어져 있었기 때문에 여러 해 동안 어려운 경영이 이어졌다.

Chart House 체인의 성공에 기여한 또 다른 요소는 이 레스토랑이 일시적인 유행을 쫓거나 테마에 치중하지 않았다는 것이다. 우아하면서 유행을 쫓지 않는 분위기를 추구했으며, 자연환경과 조화를 이루기 위해 나무와 유리를 특징으로 했다.

내부 광고   어떤 혁신적인 레스토랑 운영자들은 광고활용을 위한 빈 공간을 다른 사업의 내부광고로 사용할 수 있도록 허용한다. 이것은 부가적인 수입을 창출해내거나 연간 2만 달러 정도의 메뉴 인쇄와 같은 비용을 줄여준다. 내부광고는 화장실 칸막이나 종이컵에도 가능하다. 어떤 레스토랑은 고객들이 음식을 기다리면서 읽을 수 있는 매거진 형식의 메뉴판을 만들어 다양한 음식과 서비스를 광고하고 있다. 패스트푸드 체인들은 종종 자녀들의 음식과 함께 영화관련 상품을 끼워팔기tie-ins도 한다. 이렇게 함으로써 체인들은 영화관과 공유하여 홍보비용을 절감한다.

수요 감소기의 대처   레스토랑의 매출 굴곡은 주마다 그리고 해마다 다르게 나타난다. 전형적인 레스토랑의 매출은 1월에 가장 적고, 매출이 최대에 도달하는 6월과 7월까지 점진적으로 증가하며, 그 후 12월까지는 감소해 간다. 주 매출을 보더라도 월요일과 화요일에는 가장 적고 금요일과 토요일에는 최고치에 달하는 전형적인 굴곡을 가진다. 매출은 보통 일요일에 조금씩 감소하며 주간 사이클이 다시 반복된다. 게다가 모든 레스토랑은 각자의 매출 굴곡을 갖고 있다.

마케팅 노력은 연초와 주초의 매출이 적은 시기에 필요하다. 이 기간에도 고정비는 지출되어야 하고, 이 시기에도 손익분기점을 상회하기 위한 노력이 필요하다.

끼워팔기tie-ins와 1+1Two-for-Ones   중심가 레스토랑들은 백화점이나 영화관에서 종종 끼워팔기 상품을 판매한다. 레스토랑에서 식사하는 것과 연극이나 영화 티켓들을 할인하여 구매자에게 결합상품으로 제공한다.

1+1 판촉은 레스토랑을 몰랐던 처음 방문하는 고객들을 레스토랑으로 유인하는데 효과적인 방법이다. 어떤 레스토랑들은 2인의 음식가격을 50% 할인해준다. 1+1 판촉은 신문광고나 할인된 음식판매에 의해서 가능해진다. 특정 주간의 특정시간 동안에는 한명의 식사비용으로 두 명이 식사를 할 수 있으며, 어떻든 기존고객들도 이 홍보의 이익을 얻게 된다.

*미끼상품*Loss-Leader Meals　　레스토랑이 슈퍼마켓에서 시행하는 것처럼 원가로 메뉴 가격을 결정하지는 않지만, 표준보다 훨씬 낮은 수익을 내는 가격으로 하나 또는 여러 품목을 더 제공하기도 한다. 어떤 퀵서비스 레스토랑은 햄버거를 한 개 구입하면 무료로 한 개를 더 제공하기도 한다. 디너 하우스에서는 할인쿠폰으로 선택된 날(보통 주초의 매출이 적은 시기)에 할인된 가격을 제공한다. 이는 시장에 침투하거나 새로운 고객을 유인하거나 더 많은 얻게 하는 음식을 구매하도록 방문하게 만드는 목적에 있다.

어떤 레스토랑은 주류 매출을 통해서 이러한 미끼상품 판촉이 높은 매출을 창출한다는 것을 알아냈다. 운영자는 그러한 매출이 손익분기점을 넘길 수 있고, 식재료 원가가 높더라도 고정비용을 감당할 수 있을 것이라고 생각했다. 서빙 직원도 업무가 늘어나기는 하지만 팁을 더 받을 수 있어서 만족한다.

신규고객을 끌어들이고, 재방문 고객이 증가하고, 고객 감소기에 매출을 제고하고, 평균객단가를 상승시키고, 지역사회와의 관계를 강화시키기 위한 혁신적인 판촉 아이디어는 엄청나게 많다.

광고를 통한 매력요소　　레스토랑을 방문하는 이유는 주변의 레스토랑에서 단순히 욕구를 충족시키는 것에서부터 프랑스 프로방스Provence지방의 3성급 레스토랑과 같은 곳에서의 모험에 이르기까지 다양하다. 존경받는 친구가 레스토랑을 추천하고, 기념일도 축하해야 하고, 시간도 제한될 경우 등 여러 이유가 동시에 발생하기도 한다.

레스토랑 광고에 사용되는 매력적 요소에는 음식의 질, 서비스, 메뉴의 다양성, 가격, 분위기, 편의성 등 여섯 가지가 있다.

음식의 질은 레스토랑 선택에 있어서 가장 중요한 요소이다. 다른 요소들도 각기 중요한 매력요소이지만 레스토랑과 표적시장의 유형에 따라 특정 요소가 다른 요소들보다 광고를 통해 더 중요하게 부각된다.

무료광고를 통한 레스토랑 안내　　중요한 여행안내 목록은 레스토랑 운영자에게 비용이 들지 않으면서도 수천 달러의 추가 매출을 올려주는 가치 있는 노ᅥ가 될 수 있다. 미 레스토랑협회(NRA)는 여행자나 방문객들의 평균 25달러 이상의 객단가가 모든 테이블 서비스 레스토랑 매출의 50%를 차지한다고 공표했다. (www.restaurant.org/reserch/pocket/index.htm) 매년 75만 부가 팔리는『모바일 여행자안내』는 4천개 이상의 도시에 입지한 수백 개의 호텔/모텔과 레스토랑을 목록으로 작성했으며, 이는 www.exxonmobiltravel.com 사이트에서 검색할 수 있다. 이 책에는 레스토랑의 순위가 수록되어 있다.

가장 많이 배포된 여행안내 책자는 4천만 명 이상의 AAA멤버를 지닌『AAA Tour Book』일 것이다. 그 책자에는 주요 관광명소와 레스토랑이 수록되어 있다.

전화번호부 광고　　북미에서 가장 널리 사용되는 광고 매체는 지역 업종별 전화번호부Yellow Pages일 것이다. 이것은 우선 전화를 갖고 있는 사람이라면 누구든지 사용할 수 있기 때문에 레스토랑 운영자들은 전화번호부 광고를 활용한다.

새롭게 레스토랑을 개업한 운영자들은 전화번호부에 레스토랑이 수록될 수 있도록 출간되기 몇주 전에 신청해야 한다. 이는 대부분의 전화번호부가 연간으로 출판되기 때문에 몇달 전에 신청해야될 수도 있다. 공식 전화번호 없이 그리고 전화번호부의 목록에 누락된 채 개업한 레스토랑들은 불이익을 당할 수 있다. 전화번호부에 있는 작은 광고는 레스토랑의 특성이나 메뉴를 일부분 전달해 줄 수 있다. 예를 들어, 채식주의자를 위한 요리를 제공하는 곳에서는, "가장 로맨틱한 식사장소"로, 케이준Cajun 요리를 제공하는 곳에서는, 메스키트mesquite(숯의 원료로 사용되는 남미산 나무 -역자 주)를 사용해서 구운 스테이크나 참나무를 이용한 생선요리와 신선한 해산물 요리라고 간단히 표현한다.

우편 명단 개발　　상당히 안정적인 시장에 호소하는 몇몇 커피숍이나 디너하우스, 그리고 고급 레스토랑들은 고객충성도를 높이고 정기적인 우편물로 매출을 증대시켜야 한다. 우편물을 통해 재미있는 소식이나 정보를 제공할 수 있다. 고객의 사진이나 연회 예약 상황, 새로운 와인에 대한 설명 또는 특별 공지사항들을 우편 명단에 있는 고객들에게 전달할 수 있다. 할로윈 축제나 신년 파티와 같은 연회행사 안내가 우편 발송에 포함될 수 있는 이벤트의 좋은 예이다. 우편 발송 명단을 구매할 수도 있지만 기존고객이나 잠재고객들의 명단을 직접 작성하는 것이 더 좋다.

부자들이 참석하는 자선행사는 주소를 확보할 수 있는 기회이다. 참석자들은 명부에 서명하고 주소를 적도록 요청받는다. 예약자들도 그들의 주소가 요구된다. 만약 예약자가 주소 요청의 이유를 묻는다면, 예약담당 직원은 레스토랑이 제공하는 특별한 이벤트나 계절 특수 행사에 대한 정보를 우편으로 받을 수 있다는 이점을 설명할 수 있다.

[그림 4-6]은 다른 레스토랑과 비교되는 어느 레스토랑의 장단점을 평가하는데 사용되는 비교우위표를 보여준다.

summary ⋯⋯⋯⋯⋯⋯⋯⋯⋯⋯⋯⋯⋯⋯⋯⋯⋯⋯⋯⋯⋯⋯⋯⋯⋯

요 약

훌륭한 사업계획서와 마케팅 원칙에 대한 이해 없이 잠재력 있는 시장에 도달할 수 있는 레스토랑은 없다. 세상 물정에 밝은 소유주이자 경영자는 전문적인 마케팅 기술을 갖고 있지는 않지만, 그들의 비전문적인 기술들은 마케팅 전문가들과 비교해도 손색이 없다. 판매는 레스토랑 운영자의 필요와 욕구에 초점을 맞추는 반면에, 마케팅은 고객의 필요와 욕구에 초점을 맞춘다. 잠재력 있는 시장이 정해지면 계획이 실행된다.

사업과 마케팅 계획은 시장, 경쟁자, 그리고 레스토랑의 강점, 약점, 위협, 기회를 평가한 후에 완성된다. 마케팅 계획이 적절히 완성되어 실행된다면 레스토랑의 목표 달성을 확신시키는 데 큰 도움을 준다. 마케팅 계획의 주된 요소는 4가지의 P(상품^{product}, 장소^{place}, 촉진^{promotion}, 가격^{price})로 알려져 있다.

endnotes ⋯⋯⋯⋯⋯⋯⋯⋯⋯⋯⋯⋯⋯⋯⋯⋯⋯⋯⋯⋯⋯⋯⋯⋯⋯⋯⋯

주

1) A Guide to *Preparing a Restaurant Business Plan* (Washington, D.C.: The National Restaurant Association, 1992), 9.

2) Kenneth E. Crocker와의 개인적 인터뷰, 2006. 4. 19.

3) American Express Establishment Services, "50 More Promotions that Work for Restaurants," ed. Leslie Ann Hogg (New York: Walter Mathews Associates, 1989), 18.

재무와 임대차

- 레스토랑 수요예측
- 손익계산서와 재무예산 준비
- 레스토랑 개업시 필요한 융자조건 확인
- 레스토랑 운영자가 이용가능한 융자 유형의 장단점 토의
- 임대차계약전 고려해야할 질문과 변수의 유형 목록화

Columbia Patio 제공

일단 컨셉과 장소 그리고 메뉴가 정해지고 나면, 다음 단계는 레스토랑의 자금을 조달하는 것이다. 많은 레스토랑들은 주택을 담보로 돈을 융자받아 개업해 왔다. 어떤 레스토랑은 친척이나 친구들로부터 융통하여 사업을 시작한다. 경험 많은 레스토랑 운영자들은 변호사를 통해서 정해진 수의 동업자들(유한책임사원limited partners)처럼 동업자와 투자자들을 관리하는 동업자관계로 구성할 수 있다. 어떤 레스토랑은 대지를 구입하고, 건물을 신축하고, 운영하기 위해 회사를 만든 여러 투자자 집단에 의해 자금을 조달받는다. 회사를 만드는 것은 간단하며 상대적으로 낮은 비용으로 빠르게 설립할 수 있다. 회사는 부채를 감당하고 융자를 보증할 수 있는 합법적인 사업체이며, 개인과 마찬가지로 신용이 있어야 한다. 회사는 소득이 있는 개인처럼 세금을 내야하는데, 이는 경영주가 이중과세를 내야함을 의미한다. 회사는 법인세를 내야하며 회사로부터 취득한 개인소득에 대해서는 개인소득세도 부담해야 한다. 그러나 이중과세를 피하는 방법들이 있으며, 본장에서는 이런 방법들을 검토하게 될 것이다.

✌ .Tip

Ruth's Chris Steakhouse 체인점의 설립자인 Ruth Fertel는 그녀의 첫 레스토랑 개업 자금을 마련하기 위해 1965년에 그녀의 집을 저당 잡혔다. 이는 그녀의 오빠와 변호사, 그리고 은행원들의 뜻과 배치되는 것이었다. 그녀는 그녀가 힘든 일들을 견디지 못할 것이며, 이 사업에 경험이 없기 때문에 집을 잃을 것이라는 경고를 받았다.

충분한 자본

미래의 레스토랑 경영자들은 단지 몇 천 달러의 자금만으로 레스토랑을 시작하려 한다. 그러한 모험은 보통 실패한다. 그러나 레스토랑 실패의 가장 큰 요인은 경영의 부재이며, 두번째가 재정과 운전자본working capital의 부족이다. 너무나 많은 레스토랑들이 사라져가기 때문에 아무도 레스토랑의 실제 실패율을 알지 못하며, 경영주들은 심각한 손실을 보고난 후에야 레스토랑을 처분한다. 사업실패에 대해 분석하는 주요 회사인 Dun & Bradstreet도 사라진 레스토랑의 수를 가늠할 수 있는 방법이 없다고 한다. 종종 어떤 레스토랑이 개업을 해도 경영주들은 수 개월 이상을 유지하는데 필요한 운전자본이 부족하다.

사업자금을 조달할 때, 주도면밀한 사업자들은 그들 자신보다도 투자자들의 자금이 위험할 것을 걱정한다. 많은 사람들이 이를 해결하기 위해 수 년 동안 분투하며 계획한다. 어떤 이들은 그들의 사업에 다른 투자자들을 끌어들이는 재주가 있다.

완전한 경영주로써 부채 없이 사업에 필요한 총자본^{total capital}을 보유한 레스토랑 사업은 거의 없다. 총자본은 부지를 보유하고, 레스토랑 신축 및 설비와 가구를 포함한 레스토랑 개업을 위한 자금, 그리고 운영상 적자의 가능성을 감안한 수 개월간의 예비자금인 운전자본 까지를 의미한다.

경험이 많은 사업자들은 건물과 땅의 임차와 가구나 설비, 그리고 필요한 착수자금을 융자받을 곳을 찾으려한다. 레스토랑 부지의 소유권은 대개 장기투자자들이 보유한다. 레스토랑 건물도 마찬가지이다. 레스토랑 운영자들은 자산의 소유권을 취득하기 위해 자본을 투자하는 것을 선호하지 않는데, 이는 그들의 전문지식이 투자라고 믿고 있기 때문이다. 그들은 자금을 비축하거나, 가능한 가장 유용한 상황에 투입하고자 한다. 그들은 사업이 실패할 때, 자본적 위험을 최소화 하는 방법을 원한다.

일반적으로 상업적 은행이 자금원이지만, 은행의 대출담당 직원은 차용자가 경영주가 아니라 단지 봉급을 받는 고용인이어서 그들에게 부담될 위험을 떠안지 않으려고 함을 알아야한다. 그들은 그들의 실적이 좋은 대출거래에 의해 판단되기 때문에 최소한의 위험도 부담하려 하지 않는다. 대출담당 직원은 극단적으로 보수적인 경향이 있다.

대출담당 직원은 질문을 할 것이고 소득, 채무, 직업, 그리고 신용관련 자료를 원할 것이다. 은행 융자를 얻기 위해서는 저당보험^{mortgage insurance}과 세금, 필수적인 계약금과 부동산 매매 수수료^{closing costs}를 낼 수 있다는 것을 증명해야 한다. 당신은 또한 당신이 몇 개월간의 원금과 이자, 세금 및 보험료를 지불할 수 있을 정도의 자금을 보유하고 있음을 증명해야 할 것이다.

·Tip

부채 없이 충분한 자본으로 레스토랑을 개업하는 것은 어려운 일이다. 현명하게 자금을 융통하고 융자 받는 방법을 아는 것은 사업가 능력의 중요한 부분이다.

레스토랑을 매입하거나 매도할 때, 지켜야할 간단한 규칙이 있다고 전문가들은 말한다. 레스토랑을 매도할 때는 최대한 현금을 많이 받아야한다. 레스토랑을 매입할 때는 최소의 현금을 주어야한다.

일반적으로 개인이 신용을 확립시키지 못하면 은행은 총 필요금액의 최소한 40%(보통은 그 이상)가 개인 또는 기업에 의해 투자되기를 원한다. 이것은 상당한 금액이 될 수 있다. 은행은 또한 담보물을 요구하고 융자는 다양한 기간으로 결정된다.

- *단기융자*^(term loan)는 할부로 상환하며, 보통 1년 이상의 기간이 주어진다.
- *중기융자*^(intermediate loan)는 5년의 기간이 주어진다.
- *단수 부동산 융자*^(single-use real estate loans)는 일반적으로 20년 이하이다.

건설융자^(construction loan)는 건축과정 동안에 가능하며 보통은 단기융자이다. 임차인은 어느 기간까지 융자가 가능한지를 분명히 해야 한다. 즉, 건축의 단계적 공사기간이 정확해야 한다. 임차인은 종종 실제 필요한 금액 이상으로 건설융자를 요청하며, 여분의 자금은 운전자본으로 활용한다. 계약자에게 전액을 선불로 지불해서는 안 된다.

융자 신청 준비

친구나 친척들의 지원이 없다면 레스토랑 개업에 필요한 자금을 확보하기란 결코 쉽지 않다. 레스토랑 개업 예정자는 레스토랑의 가구와 붙박이 장식들의 가치를 3만 달러에 매입해 왔다. 이 돈은 주방, 저장고, 화장실, 영업장, 배관과 전기설비를 포함한 레스토랑을 시작하는데 행해진 작업의 대가로 직전 임차인에게 지불된다.(우리나라에서는 이를 권리금이라 통칭한다. -역자 주)

이 3만 달러는 의무조사행위^(due diligence) 즉, 영업이 정상이며, 보건국이나 다른 정부기관의 법규에 위반하여 폐업하지는 않았는지 확인하는 철저한 조사 뒤에 지불된다. 주방과 주방의 모든 기기들(스토브, 오븐, 그릴, 브로일러, 튀김기,

냉장고, 믹서, 조리대, 선반, 저장고), 그리고 식탁, 의자, 칸막이된 좌석, 그리고 카운터 바는 FF&E(가구, 붙박이 장식, 설비)의 모든 부분이다. 분명 레스토랑을 개조하는 데에는 상당한 비용이 소요된다.

대형 레스토랑은 더 많은 비용이 들고, 적당한 입지와 권리금에 맞는 곳을 찾아내는 것이 문제이기 때문에 입지가 좋을수록 자금은 더 소요될 수밖에 없다. 예를 들면, 당신은 좋은 입지의 허름한 레스토랑을 6만5천 달러에 매입할 수도 있다. 데니 메이어는1985년에 Union Square Café를 7만5천 달러에 인수하였다. 그는 성장지역에서 레스토랑을 시작할 만큼 충분히 현명했다.

레스토랑 실패의 주된 요인 중 하나가 자금난이라는 것을 고려해볼 때, 처음부터 3가지의 주요 재무적인 문제를 점검한다.

1. 자금은 얼마나 보유하고 있는가?
2. 레스토랑을 개업하고 운영하는데 필요한 자금은 어느 정도인가?
3. 사업을 유지하는데 필요한 운전자본은 어느 정도인가?

재무제표는 첫번째 질문에 답을 줄 수 있다. [그림 5-1]은 개인재무제표^{personal financial statement}의 다양한 자산과 부채에 대한 내용을 보여준다.

[그림 5-2]는 자금이 얼마나 필요한지를 말해준다. 일단 레스토랑이 개업하면, 창업비용은 수입이 없는 상태에서 지불되어야 하기 때문에 정확히 평가되어야 한다. 임대차 계약부터 개업일까지 보통 몇 주 또는 몇 달의 간격이 있다. 이 기간 동안 생활비, 그리고 레스토랑 관련비용이 필요할 것이다.

[그림 5-3]은 임대차 계약부터 개업일까지 해당 주/달 동안 지출되는 비용에 대한 분배를 도와주어서 아무런 지연 없이 제 날짜에 개업할 수 있도록 할 것이다. 이 비용들은 일단 레스토랑이 개업하면 계속 지출되고, 손익계산서^{income statement}의 내역이 된다.

레스토랑을 계획하는데 있어 다음은 예산을 수립하는 단계이다.

예산수립

예산수립^{budgeting}의 목적은 "수치로 제시하는 것"이다. 더 정확하게는 레스토랑이 성공할 수 있는가를 예측하는 것이다. 매출은 대출이자를 포함해서 모든 비

● 그림 5-1

개인재무제표
자료: Adapted from
www.sbaonline.sba
.gov/starting/chec
klist.thm

개인재무제표

_____ , 20_____

자산

현금 _____

저금 계정 _____

주식, 채권, 증권 _____

미수금/수취어음 _____

부동산 _____

생명보험(해약환불금) _____

자동차/기타 차량 _____

기타 유동자산 _____

총자산 _____

부채

미지급금 _____

지급어음 _____

계약미지급금 _____

세금 _____

부동산담보대출금 _____

기타 채무 _____

용을 감당해야 하고, 주식이나 채권 또는 부동산에 투자한 것보다 더 큰 이익이 발생하도록 해야 한다. 대출기관 및 투자자는 전반적인 사업계획의 일환으로 예산수립 내용을 요구한다. 예산수립의 첫 단계는 매출을 예측하는 것이다. 그 다음은 많은 이익을 낼 수 있도록 예상된 매출에 맞게 자금을 분배하는 것이다. 이는 모두 경쟁적인 가격-가치-품질 등식과 관련하여 이루어진다.

매출과 레스토랑의 운영비용을 기획하는 회계시스템을 설정할 때, 다음의 기본적인 항목들이 유용하게 사용된다.

- 매출액 sales
- 매출원가 Cost of sales
- 총수익 Gross profit
- 책정된 원가 Budgeted costs

- 인건비 Labor costs
- 운영비 Operating costs
- 고정비 Fixed costs

창업비용 견적서

실내장식비, 리모델링비 _____

장비 및 설비 구입비 _____

장비 및 설비 설치비 _____

서비스 및 물품구입비 _____

기초재고 원가 _____

변호사 및 전문가 자문 수수료 _____

인허가비 _____

전화 보증금 _____

보험료 _____

간판제작비 _____

개업 전 광고비 _____

예비비 _____

　총 창업비용 _____

○ 그림 5-2

창업비용 견적서

자료: Adapted from www.sbaonline.sba .gov/starting/chec klist.thml

월간 운영비

생계비 _____

직원임금 _____

임대차비 _____

광고비 _____

물품구입비 _____

수도광열비 _____

보험료 _____

세금 _____

유지관리비 _____

배송 및 운송비 _____

기타 운영비 _____

○ 그림 5-3 월간 운영비

자료: Adapted from www.sbaonline.sba .gov/starting/chec klist.thml

매출 예측

　레스토랑의 매출을 예측하는 것은 추측을 수치로 표현한 것에 지나지 않는다. 뜻밖의 경제상황이나 천재지변과 같은 기상조건 등 통제불가능한 많은 요소들이 결과에 영향을 미친다. 그러나 고정비나 변동비는 매출액과 관련되어 있기 때문에 정확한 매출 예측 없이는 레스토랑의 성패를 예상하기란 불가능하다. 예산만 잘 수립된다면 매출액 예측의 정확도는 다소 높은 편이다.

매출액은 평균 객단가와 방문 고객수의 두 가지 요소로 구성된다. 평균 객단가는 총매출을 방문 고객수로 나눈 것이다. 음식 및 음료 매출은 평균 객단가를 결정한다. 방문고객수는 특정기간 동안 레스토랑을 방문한 고객의 총 수이다.

첫 단계는 당해 연도에 계획된 방문고객수를 예측하는 것이다. 이는 1년 365일을 29일짜리 하나와 28일짜리 열두 개의 회계기간으로 나누어서 작성하며, 그 다음에는 이를 또 네 개의 7일짜리로 나누어 주간 예산예측을 작성한다. 판매와 직원의 수준은 조화를 이룰 필요가 있기 때문에 매번의 식사때 마다 별도로 기록하여 저장하는 것이 더 효과적이다. 매출일지는 첫날부터 저장하는 것이 추천된다. ([그림 5-4]의 주간 레스토랑 예산예측을 참조)

주간예산의 예측 작성이 완료되면 4주간의 합산을 기간별로 구분한 서식에 정리한다. 그러면 남은 12개의 회계기간 칸들은 당해연도의 총 매출 예측을 알려주면서 완료된다. ([그림 5-5] 참조)

회계기간들의 총합은 한 해의 총 매출 예측액이 된다. 그 결과는 비슷한 레스토랑의 매출 견적을 얻기 위해 다른 레스토랑 직원들 그리고 신용 카드 대리인들과 토의함으로써 확인할 수 있다. 레스토랑의 총 매출을 견적할 때 발생하는 오류는 경험에 따라 줄어들 수 있다.

주간 레스토랑 매출 예산 예측(Budget forecast of Restaurant Sales)

기간	예상 고객수	실 고객수	% + or (-)	예상 평균 객단가	실 평균 객단가	% + or (-)	예상 음식 매출액	실 음식 매출액	% + or (-)	예상 음료 매출액	실음료 매출액	% + or (-)	조식 (B)	중식 (L)	석식 (D)	예상총 매출액	실 총매 출액	% + or (-)
1																		
2																		
3																		
4																		
5																		
6																		
7																		
8																		
9																		
10																		
11																		
12																		
13																		
연간 총 매출액																		

● 그림 5-4 주간 레스토랑 예산예측

노트: B=아침식사, L=점심식사, D=저녁식사

연간 레스토랑 매출 예측

○ 그림 5-5 연간 매출
예측

기간	예상 고객수	실 고객수	% + or (-)	예상 평균 객단가	실 평균 객단가	% + or (-)	예상 음식 매출액	실 음식 매출액	% + or (-)	예상 음료 매출액	실음료 매출액	% + or (-)	조 식 (B)	중 식 (L)	석 식 (D)	예상 총 매출액	실 총매 출액	% + or (-)
1																		
2																		
3																		
4																		
5																		
6																		
7																		
8																		
9																		
10																		
11																		
12																		
13																		
연간 총 매출액																		

노트: B=아침식사, L=점심식사, D=저녁식사

처음 몇 달의 매출예측에서 고려해야 할 것은 개업한 레스토랑이 인기를 끌고 있다는 사실을 사람들이 알기까지는 시간이 필요하다는 사실이다.

주별, 월별 그리고 연도별로 매출 수치가 예측이 되면 매출액이 결정된다. 그러면 예상되었던 이익 또는 손실 정도를 확인하기 위한 고정비와 변동비의 배분이 가능해진다.

손익계산서

손익계산서income statement([그림 5-6] 참조)의 목적은 회계기간 동안 레스토랑의 재무 실적에 대한 경영과 소유권에 대한 정보를 제공하기 위한 것이다. 매출과 비용에 대한 정보가 분석과 비교를 가능하게 하는 체계적인 방법으로 제공된다. 순이익 또는 손실은 매출에서 비용을 제외하면 된다.

손익계산서는 음식과 음료의 매출, 그리고 테이크아웃, 출장연회catering, 궐연cigars, 담배, 잎담배tobacco, 전화 등과 같은 다른 매출로 시작된다. 판매원가는 총매출에서 뺀다. 이것은 총이익gross profit을 남기는데, 즉 매출에서 판매원가를 뺀 것이 된다.

나머지 통제가능한 변동비와 고정비은 세금이 부과되기 전과 이윤이 분배되기 전에 매출이익으로부터 빼야 한다.

[그림 5-7]은 추정 손익계산서를 보여준다. 다른 손익계산서 또는 다른 레스토랑과 쉽게 비교하기 위해서 %가 오른쪽 세로줄에 기록된 것을 주목하라.

◑ 그림 5-6 통제가능한 비용을 나타내는 추정 손익계산서

자료: *Adapted from Agnes L. DeFranco & Thomas W. Latin Hospitality Financial Management John Wiley & Sons, Hobo ken N.J. 2007 p.24*

	금액	비율
매출		
음식		
음료		
기타		
총매출	_____	100.00
매출원가		
음식		
음료		
기타		
총매출원가	_____	
	_____	
수익		
음식		
음료		
기타		
총수익	_____	
	_____	
통제가능한 운영비	_____	
급여와 임금		
복리후생비		
직접운영비		
음악 및 오락비		
마케팅비		
수도광열비		
일반관리비		
보수유지비		
통제가능한 총 운영비	_____	
영업이익		
임차료 및 기타 관련 비용		
이자전 소득, 감가상각비, 세금		
이자		
감가상각비		
세전 순수익	_____	
소득세		
	_____	
순수익		

*전화료, 보험료, 회계 및 법률 관련 사무용품; 종이류, 자기류, 유리제품, 은식기류, 메뉴, 세제 및 청소 용품 등

경비 예산의 책정

고정비fixed costs와 변동비variable costs는 주된 범주들에 따라 경비 예산을 책정할 수 있다.

고정비는 보통 매출액에 영향을 받지 않는다. 즉, 고정비는 사업실적에 따라 변하지는 않는다. 간혹 고정비가 변하기도 하는데, 그러한 변화는 일반적으로 매출과는 무관하다. 고정비의 예로는 임차료, 감가상각비depreciation 그리고 보험료가 있다.

반면에 변동비는 매출에 비례하여 변화한다. 식음료원가가 이 범주에 속한다. 따라서 매출이 10만 달러일 때, 식음료원가가 3만 달러인 레스토랑은 매출이 15만 달러로 상승하게 되면, 식음료원가가 4만5천 달러가 될 것이라고 예측된다.

다음은 간단한 손익계산서의 예를 보여준다.

	1 주차	2 주차
매출	100,000	150,000
매출원가	30,000	45,000
매출이익	70,000	105,000

매출이익

매출에서 매출원가cost of sales를 빼면 매출이익gross profit이 발생하는데, 이는 표준 회계 항목이다. 이것은 회계사에게는 표준일 수 있으나, 레스토랑 경영자에게는 항상 표준이 되는 것은 아니다. 매출이익은 매출원가를 제외한 후에 매출로부터 남은 수익인데, 이 수익으로 다른 모든 운영비용을 감당할 수 있어야 하며 그리고도 여전히 만족스러운 이윤이 남아야 한다. 운영비용 중 일부는 고정비이고 일부는 변동비인데, 변동비는 경영진에 의해 어느 정도 통제가 가능하기도 하지만 매출에 따라 변동된다. 모든 비용은 매출이익에 의해 충당되어야 한다. 매출이익이 나머지 운영비용을 충당할 수 없고 만족스러운 이익이 되지 못할 때, 총매출과 총원가는 다시 계획되어야 한다. 만약 이것이 제대로 완성되지 않으면 사업은 성공할 수 없다.

통제가능 비용

통제가능 비용이란 용어는 단기간에 변화될 수 있는 비용을 설명할 때 사용된다. 변동비는 일반적으로 통제가 가능하다. 다른 통제가능한 비용에는 급여와 수당 그리고, 관련된 수당; 오락비와 같은 직접운영비; 마케팅(판매, 광고, 홍보, 그리고 판촉 포함); 수도광열비; 관리비; 그리고 일반적인 유지보수비가 있다. 모든 통제가능한 비용의 총계는 매출이익에서 감산된다. 부동산임차료나 다른 사용료는 이자비용, 감가상각비, 세금 부과 이전의 소득(세전 순이익)에 이르기 위해 감산된다. 이러한 모든 비용들이 차감되면 최종적으로 당기순이익$^{net\ profit}$이 남게 된다.

레스토랑의 표준회계시스템

외식사업 운영을 위해 추천되는 손익계산서는 미국 레스토랑협회(NRA)에서 발간된 레스토랑 표준회계시스템$^{Uniform\ System\ of\ Accounts\ for\ Restaurants}$(USAR)에 규정되어 있다. USAR은 다음과 같이 여러 가지 이점을 가진다.

- 운영 결과에 대한 표준분류와 프리젠테이션의 밑그림을 보여준다.
- 외식산업 통계와의 용이한 비교를 가능하게 해준다.
- 완성된 회계시스템을 제공한다.
- 장기간 검증된 시스템이다.[1]

회계원리는 보통 한달 또는 일년이라는 특정 회계기간 동안의 매출 및 비용을 나타내는 손익계산서를 사용한다. [표 5-7]은 USAR에 따른 대차대조표를 나타낸다.

대차대조표

대차대조표$^{balanve\ sheet}$는 레스토랑 또는 다른 사업에서도 중요한 문서이다. 대차대조표는 독립사업자나 기업의 모든 자산과 부채를 명부에 기록하여 가치를 결정짓게 된다. 대차대조표는 마지막 회계기간 또는 마지막 회계연도에서의 레스토랑 재무상태를 보여준다. 그 제목은 '20XX년 12월 31일의 ABC레스토랑의 대차대조표'라고 표기한다. 대차대조표는 레스토랑의 자산(소유하고 있는 것)과 부채(빚지고 있는 것)를 보여주며, 항상 균형을 이루어야 한다(즉, 자산^{assets}=부채^{liabilities}+자본$^{net\ worth}$).

대차대조표를 분석해 보면, 사업 트렌드와 경영주의 전략, 즉 자산과 부채, 투자회수율, 재고상황 등이 어떠한지 볼 수 있다. 자산은 유동자산과 고정자산의

대차대조표 양식
2004년 12월 31일 현재 안나 마리아 레스토랑

현 자산:		
보유현금	$20,000	
은행 잔고	15,000	
		35,000
미수금:		
외상매출금	10,000	
직원 외상	1,500	
기타	1,500	
	13,000	
공제액: 대손충당금	(1,000)	
		12,000
재고물품:		
식재료	7,500	
음료	1,500	
기증품 및 잡화	300	
저장품	1,200	
		10,500
선불비용		8,000
현 총자산:	65,500	
고정자산:		
토지	100,000	
건물	200,000	
가구, 기구 및 설비	12,000	
유니폼, 리넨제품, 자기류, 유리제품, 식기류	3,000	
누적감가상각비/분할상환	(58,000)	
고정자산 순 장부가액		257,000
선급비용:		
개업전 비용	5,000	
대부개시수수료	5,000	
		10,000
기타 자산:		
영업권 지불금	7,500	
바 인허가 경비	15,000	
생명보험 해약금	3,000	
		25,500
총자산		$358,000

○ 그림 5-7 레스토랑 대차대조표의 예
자료: Adapted from Raymond Schimidgall, David K. Hayes, and Jack D. Ninemeir, Restaurant Financial Basics (Hoboken, N.J.: John Wiley & Sons, 2002), p. 75.

○ 그림 5-7 (계속)

부채와 자본		
현 부채:		
미지급금:		
외상매입금		$ 12,500
기타		2,000
		127,000
미지급 어음		18,000
미지급 세금		4,500
미지급 비용:		
급여 및 임금	4,000	
지불 급여세	2,500	
부동산 취득세/대인세	8,000	
이자	1,000	
수도광열비	2,000	
기타	1,500	
연회 예약금		19,000
연방소득세(플로리다 주 면세)		7,00
현 장기부채		5,000
현 총부채		12,000
		186,200
현 순장기부채		60,000
이연법인세		2,000
기타 부채		1,000
총부채		249,000
기초자본(개인사업자 자본)		
개인 자본	108,800	
총 부채 및 총 자본		$ 358,000

두 가지 범주로 구분된다. 유동자산은 일 년 이내에 만기가 되는 자산이다. 여기에는 보유 현금, 외상매출금, 재고액, 미수금, 수취어음, 기타 유동자산 등 이 있다. 고정자산은 1년 이상 유효한 물리적 자산을 말하며 토지, 건물, 기계 장치, 가구와 장식, 그리고 임차지 개발비leasehold improvement가 포함된다.

[그림 5-7]은 USAR에서 사용하고 있는 대차대조표로 USAR 방식을 이용하는 모든 레스토랑들은 그림의 양식을 따를 것이다. 그리고 이 양식은 미국레스토랑협회(NRA)가 개발하였다.

창업비용

시설을 새롭게 하려면 개업 전에 창업비용을 고려해야 한다. 계획하고 있는 컨셉에 맞지 않은 시설을 갖추고 있거나 기존시설을 구매하는 것이 아니라 할지라도 새로운 시설로 신축하거나 개업할 때에는 창업비용을 고려해야 한다. 개업 전에 사무실에서 이루어지는 비용들에는 도자기류, 커트러리^{cutlery}(포크와 나이프, 스푼 등), 글라스류를 포함한 모든 식기의 초기구매, 직원의 채용과 교육, 그리고 개업전 광고비 등이 있다. 다음과 같은 분류로 예산이 예측 분배되어야 한다.

고정비(레스토랑 건물을 소유하고 있을 경우)

- 감가상각비
- 보험료
- 재산세
- 상환부채^{dept service}

변동비는 식재료 원가, 음료원가, 인건비, 수도광열비, 전화료, 기타 설비비 로써, 매출에 정비례하여 변화된다.

Tip

실수의 예로, 본 저자의 친구인 Jim은 은행으로부터 단기융자를 받아 성공적으로 레스토랑을 개업했다. 그는 은행에서 대출금 회수의 요청을 받았을 때, 두 번째 레스토랑을 개업하기 위한 금융지원을 얻고자 다른 은행과 협의 중이었다. Jim은 두 번째 은행에서 융자를 받아 다른 업장들을 성공적으로 개업하기도 전에, 첫 은행의 채무를 상환하기 위해 거의 알지 못하는 친척들로부터 자금을 빌려야만 했다.

현금유동성 예산책정[2]

어떤 사업이라도 이용 가능한 현금이 필요하다. 만약 맥도날드가 이윤을 올릴 수 있는 잠재력만 가지고 있고 필요한 식재료를 구매할 현금이 없다면, 다른 외식기업과 마찬가지로 곤경에 처할 것이다. 실제 사업의 규모가 클수록 더 많은 현금이 필요해진다. 만약 청구한대로 지불하지 못한다면 수익은 의미가 없게 된다. 특히 레스토랑의 운영 초기인 처음 몇 달간은 현금관리가 매우 중요하다. 효율적인 현금관리 체계의 유지 없이 모든 시간을 레스토랑 경영에 투자하는 것은 현명하지 못하다. [그림 5-8]은 가상 레스토랑의 6개월 동안의 현금유동성 예산을 보여준다.

	첫째 달		둘째 달		셋째 달		넷째 달		다섯째 달		여섯째 달	
	예산	실제	예산	실제	예산	실제	예산	실제	예산	실제	예산	실제
개업시 현금잔고												
현금 매출												
신용카드 매출												
0-30일												
31-60일												
총 현금매출												
현금지출												
현금구매												
신용카드 구매												
0-30일												
31-60일												
급여지불총액												
복리후생비												
지불급여세												
복리후생비												
광고비												
전화료												
보험료												
회계/법률 자문비												
보수유지비												
사무용품												
수도광열비												
세금												
기타 잡비												
총 현금지출												
순 현금수익 [손실]												

긍정적인 현금유동성은 비용이 발생될 때 매출을 늘리거나, 매출이 유지될 때 비용을 줄임으로써 강화된다. 레스토랑의 현금유동성 관리를 위하여 Bank of America는 이용가능한 유입자금은 빨리 회전시키고 지불자금은 최대한 지연시켜, 현금흐름cash flow의 총액을 정확히 통제할 수 있는 현금관리시스템을 권장한다.[3]

이것은 다음을 통해 성취된다.

- 일일 거래 현금수입장^{cash receipts journal}과 현금지출장^{cash disbursement journal}을 보관한다.
- 현금흐름과 잔고장^{balance books}를 추적할 수 있는 기간별 현금유동성 예산안을 준비한다.
- 최대한 빨리 선수금과 외상매출금을 받는다.
- 미지급금과 외상매입금은 최대한 지연한다.
- 재고회전율을 개선시킨다.
- 자금을 더 효율적이고 유익하게 사용하기 위해 지불준비금^{cash reserves}을 모아 둔다.

거의 모든 레스토랑 고객들은 현금이나 신용카드로 지불하고 몇몇 신용카드 회사들은 이틀 내로 고객의 계좌에서 레스토랑으로 자동이체할 수 있다. 그렇지 않으면 카드 소유자가 지불해야될 금액을 신용카드 회사가 레스토랑에 지불하는데 평균적으로 2주가 걸린다. 개업한 레스토랑이 사전에 신용카드 결제방식을 갖추지 않으면 판매와 동시에 거래처에 현금을 지불해야한다. 재고관리를 잘 하면 긍정적인 현금흐름에 도움이 된다. 레스토랑들은 일반적으로 한달에 4번에서 8번 정도 재고자산을 회전시킨다.

생산성 분석과 원가관리

직원당 하루 생산된 음식 수, 직원당 시간에 생산된 음식 수, 교대조별 홀 직원당 맡은 고객의 수, 매출에 근거한 음식 당 인건비 원가 등 다양한 생산성 척도가 개발되어왔다. 가장 간단한 직원 생산성 측정 방법은 연간 각 직원에 의해 창출된 매출(그해의 총매출을 정규직의 수로 나눈 것)일 것이다. 쉽고 의미 있는 척도는 시간당 매출을 직원수로 나눈 것이다. 어떤 레스토랑은 시간당 70달러의 생산수율^{productivity rate}을 달성한다. 인건비 원가가 예상에 어긋나게 되면, 매니저는 문제의 원인을 알아내기 위해서 교대조별 비용이나 심지어 시간당 생산성을 분석해 볼 수 있다.

각 지출 항목이 총매출에서 차지하는 비율을 모르면 매니저는 큰 불이익에 처한다. 예를 들어, 매니저는 일반적으로 수도광열비는 매출의 4%를 넘어서면

	비율
매출액[a]	100
판매원가	33.0-43.0
총수익	57.0-67.0
운영비	
통제가능비용	
급여[매니저 포함]	23.0-33.0
복리후생비	3.0-5.0
직접운영비	3.5-9.0
음악 및 오락비	0.1-1.3
광고 및 판촉비	0.8-3.0
수도광열비	3.0-5.0
일반관리비	3.0-6.0
보수유지비	1.0-2.0
점유비용	
임차료, 재산세 및 보험료	6.0-11.0
이자	0.3-1.0
프랜차이즈 로열티(if any)	3.0-7.0
감가상각전 수익	12.0-19.0
감가상각비	0.7-5.0
세전 순수익	5.0-15.0

[a] 이 수치는 캘리포니아의 레스토랑들이 사용하는 운영 비율의 전형적인 범주를 보여준다. 이 자료는 세로로 합산할 수 없다. 예산상의 균형을 유지하고자 하는 운영자는 급여와 같이 비율이 높은 항목이 직접운영비 같은 다른 영역의 낮은 비율에 따라 차감하면서 조절해야 한다는 것을 발견할 수 있다.

안 되며, 음료원가는 매출의 25%를 초과해서는 안 되고 훨씬 낮아야 하며, 부동산 사용료occupancy cost가 대부분의 경우에서 총매출의 8%를 초과하면 안 되는 것을 알아야만 한다. 레스토랑 업태(커피숍, 패스트푸드점, 디너 하우스)에 적합한 비율분석ratio analysis을 알아야 한다. ([그림 5-9] 참조)

더구나 비율은 지역에 따라 적절하게 조절되어야 한다. 예를 들면, 보통 미북부에 비해서 남부가 레스토랑의 인건비가 낮다.

좌석회전율

레스토랑 경영자들은 시간당 좌석의 회전수를 경영에서 가장 중요하게 생각한다. 이 숫자는 대체로 매출규모를 나타내고 경영 전반에 대한 효율성의 지표가 된다.

시간당 좌석회전율^{seat turnover}의 정도는 경영의 스타일과 경영자의 달성하고자 하는 목표에 따라 다르다. 바^{bar}에서 주류를 판매하는 레스토랑의 경우에는 고객의 체류시간이 늘어남으로써 더 많은 주류를 소비하도록 좌석회전율이 낮아지기를 바랄 것이다. 점심을 위해 줄을 서서 기다리는 레스토랑의 경우에는 최대한 빠른 좌석회전에 관심이 있다.

몇몇 레스토랑들은 좌석회전율을 시간당 7회로 정한다. 반면 어떤 곳은 두 시간당 1회의 좌석회전율을 설정한다. 빠른 좌석회전 스타일을 지닌 레스토랑은 일반적으로 평균객단가는 낮은 반면 매출은 높은 편이다. 높은 좌석회전율을 가진 레스토랑은 신속하게 생산하는 메뉴를 특징으로 하는데, 거기에는 이미 만들어져 있거나 빨리 준비될 수 있는 것들이 있다.

가장 고객이 많은 시간인 금요일과 토요일 저녁의 디너 하우스는 미리 준비된 구운 쇠고기를 특징으로 할지도 모른다. 조리사는 단지 고기를 자르고 그것을 접시에 올려놓기만 하면 된다. 이러한 컨셉은 비축해둔 노동력으로 알려져 있는데, 이는 번잡한 시간에 대비하기 위해 한가한 시간에 가능한 많이 준비를 해두는 것이다.

높은 좌석회전율에 의존하는 레스토랑들은 빠르게 음식을 제공하기 위해 많은 기술을 보유하고 있다. 직원들은 최대한 빨리 식기류를 세척하도록 교육받는다. 시스템은 고객들에게 다른 요청사항이 없는가를 묻도록 하는데, 식사후 일이 바쁜 고객들은 그러한 신속 서비스에 관심이 없는 반면, 디너 하우스에서 식사하는 고객들은 그러한 대접에 불쾌감을 가질 수도 있다.

서버들과 전 직원들이 빠른 서비스에 동원될 수도 있다. 서투르거나 느리게 행동하는 직원들은 매출증대를 위해 좌석회전율에 의존하는 경영시스템에서는 골칫거리가 된다. 번잡한 시간은 한 시간 또는 한 시간 반 정도밖에는 계속되지 않을 지도 모른다. 최대 매출액은 그 시간 동안에 이루어진다. 빠른 좌석회전은 경영자뿐 아니라 신속한 서비스를 원하고 필요로 하는 고객들에게도 중요할 수 있다. 메뉴와 주방 생산, 서비스, 운영 스타일 등이 모두 좌석회전율에 영향을 미치고 좌석회전에 따른 적절한 목표 수치를 결정하는 데 도움을 준다.

신속하게 서비스를 받지 못한 채 자리에 앉아 있는 고객은 문제가 될 수 있다. 고객은 해주지도 않을 서비스를 기대하고 바에 앉아서 기다리는 것에 더 만족해 있을 지도 모른다. 하지만 경영자들은 주류 판매 증가를 위해 고객을 바에서 기다리게 해야 한다고 배워 왔다. 하지만 고객은 빈 테이블을 보면서 화가 나서 떠날지도 모른다.

주로 점심식사 운영에 의존할 새로운 레스토랑이라면 개업 때부터 빠른 서비스를 정확하게 해야 한다. 고객들은 점심식사를 45분 이내에 끝내기를 기대하기 때문이다.

대출 확보

최상의 계획도 자금에 문제가 있다면 진척될 수가 없다. 개인적으로 부유하거나 또는 부유한 투자자를 가진 사람만이 자금문제를 겪지 않는다. 누구라도 대출을 확보하는 것이 필요하다.

이자율 비교

운영자나 미래의 레스토랑 경영자는 대출 받을 곳을 찾을 때 먼저 이자율을 비교해야 한다. 수년 동안 이자 1%의 차이는 엄청난 금액이 될 수 있다. 돈을 빌려주는 사람은 종종 포인트points 즉, 이자율이 가산된 금액을 요구한다. 그러나 가능하다면 이것은 피해야 한다.

지난 수년간, 이자율은 요요yo-yo처럼 부침이 있어왔다. 최근 이자율은 20%대로 진입했다가 11%로 추락했고, 5.5% 정도까지 떨어졌다. 레스토랑의 개업이나 확장을 연기할지라도 가능하다면 이자율이 높은 시기에 자금을 빌리는 것은 피해야 한다. 지난 수년간 중소기업청Small Business Association의 대출 이자율은 대출금과 약속된 담보물에 따라 7~10%를 유지하고 있다.

선이자 어음할인interest discounted in advance이나 보상예금compensating balance(은행이 융자처에 요구하는 최저 필요 예금 잔고 -역자 주)을 요구하는 은행원들을 주의해라. 대출자들은 비용에 관계없이 대출받는 것에 만족하지만 대출조건을 간과해서는 안 된다. 그러한 조건 중 하나는 어음할인으로 언제 선이자가 지불되는가이다. 대출자는 원래 대출받았던 금액보다 더 적은 액수를 수령하면서 이자를 내게 된다.

대출과 관계되는 또 다른 조건은 보상예금의 요구이다. 은행원들이 언제나

일정금액을 남겨 두고자 한다. 결국 대출자는 전액을 빌리는 것이 아니라, 보상
예금을 제외한 금액을 대출받는 것이다.

실제금리

국세청(IRS)에 의해 인정된 이자는 대출이자의 상당 부분을 공제해주며, 과
세등급이 높을수록 공제이자가 증가된다.

레스토랑 경영주가 28%의 과세등급이고 11%의 유효이자effective interest로 레스토
랑이 대출을 받는다고 가정하면, 연방정부소득세와 주 소득세 공제를 고려했을
때 이자의 실제비용은 세금 공제 후에는 7.5% 이하가 된다. 물론 연방정부소득
세법이 변경되면 이자의 실제비용 또한 변하게 된다.

사업자에게는 연방정부소득세 납부시의 이자공제로 인해 은행에 지급되는
높은 이자율이 그렇게 높지 않게 여겨진다. 또한 이것은 다소 높아 보이는 이자
율이라도 경영자들이 두려워하지 않는 이유가 된다. 세법은 자주 바뀌기 때문에
이상의 예는 어쩌면 관계가 없을 수도 있다.

대출의 원천

레스토랑의 개업자금을 조달하기 위해서 찾아갈 수 있는 대출기관들은 많다.

- *지방은행*　　은행은 대출의 담보권으로 대출금의 최소한 1.5배에서 2배에
  달하는 담보물을 원한다. 5만 달러를 대출하고자 한다면, 약 8만 달러에
  서 10만 달러의 담보물을 제시해야 한다. 은행들은 레스토랑을 운영하기
  위해 대출을 받는 사람들을 매우 꺼려한다.
- *지역 저축대부조합*local savings and loan associations　　상호저축은행인 지역 저축대부
  조합은 보통 다른 대출들과 유사하게 안전하다고 볼 수 있다.
- *친구, 친척, 무언의 동업자, 신디케이트*　　이러한 사람들로부터 확보된
  자금은 매입하거나 신축될 자산에 비해 안정성이 떨어진다. 개인적 합의
  는 무이자 대출에서부터 사업의 적극적 참여나 소유권에 이르기까지 매우
  다양하다.
- *합자회사*limited partnerships　　경영 파트너가 감독하는 합자회사로부터의 대출
  은 부채 없이 레스토랑을 개업하는 데 있어 좋은 방법이다. 보통 자금이

거의 없거나 전혀 없지만 전문지식을 지닌 경영 파트너들이 의사결정을 하고 다른 파트너는 이윤의 어느 정도를 배당받는 식으로 협의하여 공동 투자를 한다. 이러한 자금조달 방법의 이점은 매우 적은 자금으로도 레스토랑을 개업할 수 있다는 것이다. 사업의 일부가 이윤이라는 형태로 빠져나간다는 것이 불리한 점이다. 그러나 창의적인 합자회사의 협정서에는 인수, 자금 회수, 그리고 개업 초기 수개월의 임차료로서의 수익비율에 관한 조항들이 포함되어 있다.

중소기업청

중소기업청(SBA)은 레스토랑에 자금을 융자해 주는데 있어서 이용자에게 친근하며 우수한 성공실적을 기록하고 있다. 사실 2년 동안 레스토랑의 50%가 실패했으며, 나머지 50% 중에서도 절반은 이윤을 내지 못했다. 이것은 개업한 레스토랑 중 25%만이 2년 후에 이윤을 낸다는 것을 의미한다. 이러한 실패율과 비교해서 중소기업청의 레스토랑 대출성공률은 65%에 달한다.

수년간 중소기업청에서 보증을 받는 융자프로그램은 처음 시작할 때 자금을 구할 길이 없었던 애플컴퓨터^{Apple computer}나 페덱스^{Federal Express}, 인텔^{Intel}과 같은 미국 최대 사업 성공의 시작을 도왔다.[4] 지난 수년간, 수천명의 레스토랑 경영주들이 그들의 사업을 창업하고, 인수하고, 확장하기 위해 SBA 융자보증 프로그램을 이용해 왔다.

중소기업청(SBA)에서 보증하는 융자에 대해 중요한 세 집단이 있다: SBA, 중소기업 대출자, 그리고 개인 대금업자. 여기서 개인 대금업자는 대출의 핵심 역할을 한다. 중소기업은 최초의 검토를 받기 위해 융자자에게 대출신청서를 제출한다. 만약 융자자가 신청서를 받아들일 것이 확인되면, 융자자는 신청서와 신용분석을 가까운 중소기업청으로 보낸다. SBA의 승인이 끝나면 융자자는 대출심사를 마치고 자금을 제공한다. 그러면 대출자는 융자자에게 조건에 따라 이자 및 상환금을 주게 된다.

SBA 대출의 가장 좋은 점은 정부가 그것을 보장함으로써 대출에 공동서명을 해준다는 것이다. SBA 대출을 신청할 때, 임차인은 사업비의 33%에서 50%의 사업자금을 가지고 있어야 하는데, 이 자금은 순수 자기자본이어야 한다. 즉, 신용카드로는 1만 달러 이상을 차용할 수 없다.

·Tip

임대차 계약 전 주의사항

Little and Associates Architects사의 Bruce Barteldt는 다음과 같이 조언한다.

- **건물의 규모와 형태를 추측하지마라.** 건축 예비조사를 하라. 모든 2,500피트 공간들이 똑같이 만들어지지 않는다. 공간의 모양에 따라 80좌석이 적당할 수도 있고 50좌석만 들여놓을 수도 있다. 이 차이가 레스토랑의 특성에 중대한 영향을 끼칠 수 있다.

- **햇빛이 영업에 방해가 되지 않도록 하라.** 햇빛이 따갑게 비추는 것은 식사를 성가시게 할 것이며, 빛의 강조와 예술 작업을 훼손할 것이다. 창문 블라인드나 착색한 필름을 붙이는 것이 눈부심을 조절할 수 있지만, 제대로 디자인하지 않으면 기대보다 덜한 분위기를 만든다.

- **추가 공조시설을 설비해라.** 대부분의 임대차 계약에서 임대인은 공조시설(HVAC: Heating, Ventilating, and Air Conditioning)을 제공하거나, 세입자에게 공조시설 설비를 위한 개선비용을 제공할 것이다. 그러나 국가에서 규정한 새로운 에너지 법규에 따라 레스토랑들은 외부공기의 유입비율을 증가시켜야하는데, 이는 결과적으로 필수 HVAC 용량을 증대시킨다.

- **주방 후드의 흡입처리 정도를 파악하라.** 주방에 대한 규정은 엄격하고 복잡하다. 임대차 계약 전에 후드를 어디에 설치할 것인지 조사해야 한다. 후드는 반드시 지붕방향으로 향해야 하고 현관이나 창문 또는 공기가 들어오는 곳으로부터 최소 10피트가 떨어져 있어야한다. 복층 건물에서는 각 세입자의 공간 위에 통로를 만들어야 함을 의미한다. 이는 비용이 많이 들기 때문에 임대차 계약시 협의되어야 한다.

- **동력 공급이 되도록 하라.** 일반적으로 소매업에서는 200 암페어의 전기가 제공되지만, 작은 레스토랑만 하더라도 가전기기나 냉각기, 전등을 가동하는데 대략 400 암페어가 필요하다. 이렇게 막대한 전력공급의 설비가 되어있지 않다면 소매업에서 그 누가 임차료를 지불하겠는가?

- **지붕의 품질을 유지하라.** 레스토랑은 후드나 가스, 화장실 배기, 신선한 공기의 유입, 그리고 공조시설 설비를 위해서는 지붕을 많이 관통해야 한다. 관통이 많을수록 물이 샐 위험이 크다. 지붕을 관통하고 구멍을 뚫기 위해서는 항상 최초에 건물 지붕을 설치했던 사람을 고용해야한다. 종종 최선의 옵션은 주인에게 지붕 보수작업을 하자고 제안하는 것이다. 그것을 주인에게 맡겨라, 그러면 그와 지붕 보수를 계약한 사람이 지붕의 상태를 유지시켜 줄 것이고, 물이 샐 때 임차인과 임대인에게 돌아갈 책임을 방지해 준다.

- **완벽한 타이밍을 위해 노력해라.** 사업의 허가가 나면 설계가 시작되고, 90일 안에 운영을 시작할 수 있다. 따라서 임대차 계약이 끝나고, 대부분의 업장 개발자들은 사업주들에게 60일에서 90일의 기간을 제시한다. 그러나 설계 및 인허가와 신축에 많은 시간이 소요된다. 임차료가 지불되기 전에 더 긴 유예기간을 위해 협의하고, 레스토랑이 개업하기 전에 임차료를 내기 위해 필요한 자금의 예산을 세워야 한다.

자료: Bruce A. Barteldt, "Strategy for Best Leasing Contraction," Nations Restaurant News 31, no. 28. (1997. 7.)

SBA의 필요조건을 충족시키기 위해서는 3가지 조건만 필요하다. 신청서, 회사 재무사항 공개^{disclosure}, 그리고 개인 재산사항. SBA는 금융정보를 잘못 제철저한 사업조사^{due diligence}가 이루어지기 전까지 레스토랑 임대차 계약에 서명하지 마라. 사업조사는 안전산업에서 빌려온 법률용어로 모든 사실과 수치들이 이용 가능한지, 독립적으로 입증되었는지를 근본적으로 확실히 해두는 것을 의미한다. 어떤 관점에서는 이것은 회계감사와 유사하다. 회사의 모든 문서들은 모아지고 검토되며, 경영진들은 금융전문가, 변호사, 회계사로 이루어진 팀에 의해 인터뷰를 받게 된다. 보건부, 소방국, 주류관리국^{Liquor Control Board}은 레스토랑들이 모든 규정에 잘 준수하는가를 확인하기 위해 서로 연결되어 있다. 왜냐하면 한때 주류 판매를 허용했던 당국이 개입할 수 있고, 소유권에 변화가 있을 때 레스토랑이 규정*을 따르도록 당국이 광범위한 교체를 요구하기 때문이다. 따라서 관련 면허를 취득하는 조건으로 임대차 계약을 하라.

*http://www.geocities.com/athens/forum/6297/hm048.html, 1999. 12.

시한 것을 대출이 거절된 가장 큰 이유라고 말한다. 은행과 SBA 대출신청서에는 일반적으로 통용되는 회계원칙에 따라서 준비된 계산이 반드시 포함되어야 한다.

SBA 대출에는 4가지 기본 조건이 있다.

1. 사업의 정확한 유형
2. SBA 대출 프로그램이 가장 적합하다는 분명한 생각
3. 적절하게 작성한 대출신청서
4. 요구되는 상세한 금융, 시장 자료의 제공[5]

중소기업청은 양도증서가 아닌 사업대출을 해주기 위한 사업을 하고 있다. 대출신청서는 다음의 자격요건을 충족시켜야 한다.

- 바람직한 특성을 겸비한다.
- 기업을 성공적으로 경영할 수 있는 능력을 보여주어야 한다.
- SBA 대출로 안정된 재정기반으로 경영할 수 있도록 현재의 회사에 충분한 자본을 보유하고 있어야 한다.
- 제안된 대출이 건전한 가치를 지니고 있으며, 합리적으로 자금을 상환할 수 있을 만큼 안정적이라는 점을 보여주어야 한다.
- *대출신청이 현재의 사업을 보호하기 위한 것이라면:* 과거의 소득자료와 회사의 미래 전망이 수익을 통해서 대출금과 고정부채의 상환능력이 있는가를 보여주어야 한다.

■ *신규사업이라면*: 특히 초기단계에는 발생 가능한 손실을 극복하기 위해서 순수 자기자본으로 충분한 자금을 부담할 수 있어야 한다.

다른 대출기관들처럼 SBA도 대출을 보증하거나 달리 이용할 자금을 위해 담보를 원한다. 담보의 형식은 토지를 저당잡거나 장비를 담보로 하기, 보증인 또는 개인적인 배서가 될 수 있다. SBA는 또한 계획된 또는 현재 사업과 관련한 많은 정보를 원한다. SBA에서 요구하는 레스토랑에 관한 정보는 다음과 같다.

■ 계획된 레스토랑에 대한 상세한 설명
■ 신청자의 경험과 경영 능력에 대한 설명
■ 신청자의 가치와 사업투자비용, 또는 대출금액에 대한 견적
■ 자산과 부채가 작성되어 있는 재무제표(대차대조표)
■ 레스토랑 경영의 초기년도 수익에 대한 자세한 계획
■ 대출의 안정성으로서 제공되는 담보물과 목록에 있는 각 항목의 현재 시장가치 견적서

SBA는 그들이 보증하는 모든 대출을 위해 다음 여섯 가지 사항을 검토한다.

1. 회사의 자산과 부채, 자기자본을 기록한 대차대조표
2. 가장 최근 회계기간과 회계연도 손익계산서
3. 경영주 또는 각 파트너들과 회사 주식의 20% 이상을 소유하고 있는 주주들의 개인 재산 내역서
4. 대출의 안정성을 위해 제공되는 담보물의 목록과 목록에 있는 각 항목의 현재 시장가치 견적서 및 모든 담보물에 대한 미처리분[outstanding balance]
5. 계획 중인 사업의 자산 규모와 대출의 상세한 목적을 기록한 내역서
6. 최근 3년간의 소득신고서[tax return]. 즉 사업경력에 대한 소득신고서 또는 회사의 소득신고서[6]

신용 축적

대출 처리에 다소 시간이 소요되기 때문에 임차인은 대출이 필요한 시기에 임박하여 대출신청을 해서는 안 된다. 대출시 필요한 자료와 정보 중 많은 부분

이 양식 안에 기술될 것이다. 정보들을 수집하고 관리함으로써 그 과정을 더 원활하게 할 수도 있다.

1. 개인 재무제표
   a. 학력, 사업관련 경력
   b. 신용평가서
   c. 지난 3년간 연방정부소득세 내역 사본
   d. 자산과 부채, 생명보험을 기록한 재무제표
2. 사업 중일 때
   a. 사업 연혁
   b. 현 대차대조표
   c. 현 손익계산서
   d. 전년도 현금흐름표
   e. 지난 3~5년간 연방소득신고서 사본
   f. 가입한 생명보험과 상해보험
   g. 임대차 계약
   h. 주류판매허가
   i. 보건국의 허가

허락될 수 있는 제안

돈을 빌리는 것은 임차인이 성공할 것이라는 믿음으로 임대인을 납득시키는 것과 연관된다. 이를 위해 임차인은 신중하게 검토한 사업계획서가 준비되어 있고, 자금만 가능하다면 성과를 얻을 수 있다는 사실을 설득해야만 한다. 사업계획서는 무엇을 제안하였는지 뿐만 아니라 신청자의 재무, 신청자가 외식사업을 성공할 것이라는 의견을 뒷받침하는데 필요한 자료가 되는 경영 경력을 포함한다. 사업계획서는 신청자가 논리적으로 생각하고 있다는 것과 미래의 계획을 기획하고 있는 정도를 나타내는 증거물이다. 발표를 하는 태도는 인상적일 수 있고, 잘 기획된 이력서만큼의 영향력을 지닌다. 따라서 신청자는 때때로 유료로 사업계획서를 작성해주는 전문가에게 의뢰하기도 한다.

어떤 대출은행이라도 개인의 신용 내역을 확인할 것이다. 따라서 은행에 가기 전에 자신의 신용등급을 확인해야 한다. 먼저 개인 신용기록을 소지해야 하는데, 이는 Trans Union, TRW 등 미국내 신용조사기관들을 통해 전화로 확인할 수 있다. 개인의 신용도에는 문제가 있을 수 있고 별로 쓸모가 없을 수도 있다는 것을 명심하라. 모든 영수증이나 청구서가 개인의 신용기록이 되지는 않는다. 이런 종류의 문제를 수정하는 데에는 3~4주 정도가 걸리고 재확인하는 것은 본인에게 달려 있다. 개인 신용기록을 통해 신용카드, 융자, 그리고 학자금 대출과 같은 과거의 신용정보 목록을 보게될 것이다. 각각의 신용기록은 당신이 어떻게 지불하는가에 따라 작성된다. 문제가 있는 신용기록은 가장 상단에 기록되고, 이는 대출시 장애가 될 수 있다.

미국 은행은 대출신청서를 작성할 때 지침이 되는 사업계획의 개요를 제공하고 있다.([그림 5-10]을 보라.)

중소기업청(SBA)은 대출신청시 임차인이 준비한 사업계획서를 가장 중요하게 생각한다. SBA는 사업계획서가 다음과 같이 7가지 부문으로 작성되어야 한다고 제안한다.

1. 요청된 대출금액과 기간, 그리고 상환 기간을 포함한 자기 소개서
2. 레스토랑의 상호, 입지, 메뉴, 표적시장, 경쟁분석, 사업목표, 그리고 사업 소개가 포함된 사업개요
3. 레스토랑의 종류와 전체 산업에 적합한 입지를 설명해주는 시장분석
4. 제안된 메뉴의 사본을 포함한 메뉴 분석, 제공될 특화 품목과 경쟁자와의 메뉴 비교
5. 표적시장을 흡인할 판촉 및 광고 계획을 포함한 마케팅전략
6. 조직도, 직무설명서, 사무직원 이력서를 포함한 경영 계획
7. 임차인의 재무 경력과 첫해에는 월별, 둘째 해에는 분기별, 셋째 해에는 연간 재무계획을 포함한 재무자료(매출 대비 식재료, 인건비, 음료 원가와 같은 주요 비율에 대한 계획과 산업 평균 및 경쟁사의 계획과의 비교 방법)

결국 중소기업청(SBA)은 대출신청자에게 최소 3년간 레스토랑 운영 경험을 원하며, 또한 레스토랑 총 개업비용 중 최소한 20%는 개인자본으로 투자되기를 원한다.

◐ 그림 5-10 　대출신청
용 사업개요 샘플
*자료: "Financial Small
Business," Small
Business Report,
Bank of America*

Ⅰ. 요약

  A. 사업 특성

  B. 대출 규모와 대출 목적

  C. 상환기간

  D. 자산 대비 부채비율(대출 후 자산 대비 부채 비율)

  E. 사업안정성 또는 기타 사항(융자기간에 구매될 설비비의 발췌 및 평가된 시장가치 목록)

Ⅱ. 개인정보(20% 이상의 사업소유권을 가진 자)

  A. 학력 및 사업경력

  B. 신용정보

  C. 최근 3년간 소득세 납부 실적

  D. 재무제표(60일 이내 상황)

Ⅲ. 회사 정보(A나 B, C 모두 유효함)

  A. 신규사업

    1. 사업계획서

    2. 화재 재해 보상보험

    3. 임대차계약서

  B. 사업취득(주식인수)

    1. 취득 정보

      a. 사업 연혁(구매자 성명, 구매 이유)

      b. 현 대차대조표(60일 이내 상황)

      c. 현 손익계산서(60일 이내 상황)

      d. 연방소득세 납부 실적(최근 3년~5년간)

      e. 전년도 현금흐름표

      f. 투자자들, 고정 장식, 설비, 인허가, 권리금, 그리고 기타 비용에 관한 명세가 기록
       된 계약서 사본

      g. 품목과 내구연한

    2. 사업계획서

    3. 화재 재해 보상보험

  C. 기존 사업의 확장

    1. 기존사업 정보

      a. 사업 연혁

      b. 현 대차대조표(60일 이내 상황)

      c. 현 손익계산서(60일 이내 상황)

      d. 연방소득세 납부 실적(최근 3년~5년간)

      e. 전년도 현금흐름표

      f. 임대차계약서와 계약 만기

    2. 사업계획서

    3. 화재 재해 보상보험

Ⅳ. 추정 재무재표

  A. 추정 손익계산서(월간, 연간)와 설명

  B. 추정 현금흐름표(월간, 연간)와 설명

  C. 추정 대차대조표(1년 후의 채무상황)와 설명

다른 자금원

다음과 같은 다른 대출원들도 이용가능하다.

■ *임대주로부터 차용*　　종종 임대주는 경영자만큼이나 레스토랑에 관심을 가진다. 레스토랑의 개업비용을 조달하는데 도움을 줄 수도 있고, 더 높은 임대료를 받을 수 있도록 상환가능한 차용도 가능하다.

■ *임대주 거래은행에서의 대출*　　임대주는 경영자보다 더 높은 신용도를 가지며 대출을 보증하는 데에도 유리하다.

■ *지방정부로부터 대출*　　지자체 당국은 산업수익채권industrial revenue bonds(산업 설비의 임대료 수입을 이자 지급 재원으로 하는 채권 -역자 주)를 팔아 거액을 벌어왔다. 이 자금은 보통 현행 비율보다 낮은 비율로 이용 가능하다. 여러 퀵서비스 체인점들은 이 자금을 이용하여 보통은 이자로 지불되는 비용을 절약해 왔다.

■ *만약 토지나 건물이 레스토랑 소유라면, 그것을 매각한 후 임차를 함*　　많은 레스토랑 체인점들은 임대차조건부매각sale-and-leaseback 계획으로 건설되었다. 레스토랑을 매입한 투자자들은 건물과 장비들의 감가상각까지 포함한 자산에 대한 수익을 보장받는다.

■ *일반인들로부터 융자*　　레스토랑의 주식을 일반인들에게 팔아라. 150만 달러 미만의 주식이라면 법률고문의 도움으로 간단히 해결가능하다.

■ *채권이나 전환 사채의 매도*　　채권은 레스토랑이 부담해야하는 빚으로 채권 소지자에게 특정 비율의 이자를 지불하고 지정된 날짜까지 전액을 상환해야 한다. 전환 사채는 비슷하긴 하지만 지정된 기간에 따라 발행인의 주식으로 전환될 수 있다.

■ *농업인 지원청*Farmer's Home Administration에서 보증한 은행 대출　　시골이나 인구가 5만 명 미만인 도시에 있는 업체에 해당된다. 지역의 고용창출과 세수 증대를 위해 사용되어야 한다.

■ *경제개발청(EDA)으로부터 대출*　　지역의 고용창출과 세수증대가 가능한 기업에게 주어진다.

■ *도시개발지원계획*Urban Development Action Grant(UDAG) 프로그램 적용 도시로부터 *의 대출*　　UDAG는 320개의 대도시와 2천 곳 이상의 빈민지역으로 정의

된 소도시들을 돕기 위해 만들어졌다. 차용자가 도시에 이익이 되는 투자 제안을 가지고 정부에 허가를 신청한다.

담보물

대부자를 위한 보증인 담보물은 차용자가 부채를 상환할 것에 대한 약속으로 설정하는 개인 또는 타인의 재산을 말한다. 부채가 상환되지 않으면, 대부자는 담보물의 주인이 되는 것이다. 가장 중요한 담보물은 대출신청자의 특성이다. 대부자는 어떻게 대출신청자의 성품을 판단할 수 있을까?

- 개인적인 관찰을 통해 – 차용자에 대한 오랜 시간의 경험
- 참고자료를 통해 – 차용자 제시자료나 이전의 차용과 상환에 대한 기록
- 신용 평판을 통해 – 이전의 신용 거래에 의해 설정된 것, 특히 은행과 같은 대부자들은 신용 평판을 위해서 신용정보회사를 활용한다.

차용자가 은행과 같은 대부자들에게 이미 신용거래가 이루어진 것이 아니라면, 대부자는 담보물(대부자가 수용할 수 있는 모든 자산)을 원할 것이다. 이러한 형식의 담보물들은 통상적으로 은행에 의해 수용되었다.

- *부동산(주택, 가치 있는 건물, 토지)* 대부자는 재산의 가치와 수반된 보험금액을 결정한다.
- *주식과 채권* 은행은 대출 보증을 사용하며, 가치 하락을 감안하여 50%까지 주식과 채권을 할인한다.
- *동산 저당(chattel mortgages)* 차량이나 기계와 같은 명시된 물리적 자산에 대한 유치권(합법적 요구)이 사용된다.
- *생명보험* 보험회사들은 보통 돈을 납부해야 되는 보험증권과는 반대로 은행보다는 낮은 이자율로 대출을 해준다. 만약 보험증권이 은행에 이관된다면 생명보험증권의 현금 가치로 대출을 해줄 수 있다.
- *임대차계약서의 양도* 보통 은행은 레스토랑 건물을 저당 잡고 자금을 융자해준다. 운영자와 가맹본사 간에 임대차계약이 이루어져서 임차료가 자동이체 되도록 처리한다. 이런 방식으로 은행은 상환을 보장받는다.
- *보통예금 계좌* 때때로 대출은 개인의 보통예금 계좌를 통해 성립되기

도 하는데, 이러한 경우 계좌는 은행에서 서명이 되고 보통예금 계좌는 통장으로 유지된다.

- *배서인, 연대보증인, 보증인* 　　대출 상환이 가능함을 증명해야 하거나, 차용자가 상환을 하지 못했을 경우 부채에 책임을 져야하는 사람에 의해 보증되는 대출은 다른 형태의 담보물과 밀접하게 연관된다.

배서인은 전적으로 대출에 책임이 있다. 만약 차용자가 상환하지 못한다면, 대부자는 배서인이 대신 상환할 것으로 기대한다. 배서인은 차용자와 같은 방식으로 담보물을 약속하도록 요구될 수도 있다.

연대보증인은 차용자와 함께 대부자에게 동일한 조건의 의무를 가진다. 대부자는 차용자와 연대보증인 둘 중 하나로부터 직접적으로 대출금액을 상환받을 수 있다. 보증인은 증서에 서명하고 납부를 보증한다.

민간 대부자나 정부의 융자기관은 종종 레스토랑의 간부들에게 보증인으로써 서명할 것을 요구하는데, 이는 그들이 상환을 하는데 있어 개인적인 책임감을 가지도록 한다.

대출의 유지

대출은 또 다른 대출로 이어질 수 있음을 명심해야 한다. 신용거래는 사업자들에 의해 역량이 개발되는 귀중한 자산이다. 대출담당 직원과의 친분이 도움이 되지만, 더 중요한 것은 일련의 대출들을 계획대로 상환하는 것이다. 달리 말하면 필요할 때 더 많은 자금을 융자받을 수 있는 곳에서 대출을 받는 것이 중요하다.

사채 회피

대규모 체인점들은 보통 개인적인 보증이 필요 없이 대출을 받을 수 있는 충분한 신용을 갖고 있다. 큰 액수의 대출을 보증받고 있는 사람은 채무 불이행의 경우 개인 자산에 대한 요구가 거의 없을 것이라는 점을 잘 알고 있다. 사업이 실패했을 경우 차량, 주택, 토지, 그리고 다른 자산들의 소유권에 대해 채권자가 요구할 것이 거의 없도록 배우자나 다른 친척들에게 자신의 재산을 이전한다. 그러나 재산을 다른 사람에게 이전하는 것은 위험할 수 있다. 예를 들면, 배우자와의 별거나 이혼 후에는 그 재산을 잃을 수도 있게 된다.

임대차계약

사업 초보자들은 레스토랑 건물과 장비들을 구입하는 것보다 빌리는 것을 더 선호한다. 건물을 짓거나 매입하는 것 보다는 임차하는 것이 더 적은 자금이 소요되기 때문이다. 투자를 줄여서 사업이 실패했을 때의 손실을 줄일 수 있다.

그러나 임대차계약에 서명하는 것은 서명자가 임대 만료기간까지 임차료를 납부해야 할 의무가 있음을 명심해라. 이것은 만약 건물의 5년 임대기간 중 레스토랑의 개업 첫 해에 문을 닫는 불행한 사태가 온다면, 임차인은 잔여기간 동안 임차료를 대신 납부해줄 수 있는, 그 자금을 추가로 차용해줄 수 있는 적당한 대부자를 찾거나, 임대인이 임대차계약을 종료해주도록 설득해야함을 의미한다. 임차인이 절망적인 재무적 곤경에 처한다면 그는 파산을 선언할 수도 있다.

레스토랑 임대차계약은 집주인(임대인)과 세입자(임차인) 모두를 만족시켜야 한다. 확실히 자리잡은 레스토랑들은 보통 20년간 임대차계약을 한다. 초보자들은 아마도 추가적으로 5년 단위의 갱신 계약을 옵션으로 하는 5년간의 계약을 해야할 것이다. 초보 레스토랑 경영자가 실패를 두려워한다면 재계약을 옵션으로 하는 단기간의 계약 또는 월 단위의 임대차계약이 바람직하다.

만약 재계약이 최초 임대차계약과 동일한 액수로 갱신이 된다면, 재계약 옵션은 상당한 재무적 요소가 될 수 있다. 최초 임대차계약 기간 동안에 물가상승률이 높다면 레스토랑 경영자는 큰 이득을 볼 수 있다. 그러나 대부분의 임차료는 월 고정금액에 총매출의 일정비율이 추가된 것이며, 이 비율에는 물가상승률이 반영된다.

현금이 부족한 초보 레스토랑 경영자들은 보통 레스토랑 설비 뿐 아니라 건물도 임차한다. 대개 임대차계약은 건물과 설비를 포함하여 일괄적으로 이루어

Tip

기존 레스토랑 인수시 주의할 점

레스토랑을 위한 완벽한 장소를 찾았다고 생각했을 때, 한번 더 생각해라! 레스토랑 소유권을 이전하게 되면 인허가 주무기관은 법규에 적합한 고비용의 레스토랑 변경을 요구한다. 레스토랑 임대차계약에 능숙한 변호사를 선임하여 소유권 이전에 필요한 모든 인허가 조항들을 조건부로 삽입해야 한다.

진다. 초보 경영자는 각 종류별 기기를 차용할 수 있다. 예를 들면, 커피판매자에게는 커피메이커가 임차될 수 있고 식기세척기도 가능하다. 임차인이 아이스크림 제품을 거래한다면, 아이스크림 냉장고의 임차가 가능하다.

임차료

임차료는 협의된 계약기간과 유형에 달려 있다. 일반적으로 임차료는 입지에 따라 매출의 5~8%, 예외적인 경우 약 12% 정도를 요구한다. 임대방식은 보통 NNN임대^{triple net lease}(기본적인 임대 외에 장기간의 사용을 보장하면서, 세금, 보험, 유지보수비용 등은 임차인이 부담하는 임대 형태 -역자 주)이다. 즉, 재산에 가해지는 어떤 변경도 임차인의 비용으로 처리되어야함을 의미한다. 임차료는 평방피트를 기초로 계산되고 입지에 따라 매월 평방피트당 2~50달러 정도이다. 교외의 상가^{strip mall}(교외에 상점과 식당들이 일렬로 늘어서 있는 곳)은 2달러 정도이고, 중심가^{Main Street}는 14~18달러, 뉴욕시는 50달러일 것이다. 따라서 뉴욕 레스토랑의 테이블들은 서로 다닥다닥 붙어 있는 것이다. 레스토랑 운영자는 임차료의 타당성을 판단하기 위하여 매출규모의 수요예측을 한다. 입지 선택은 어떤 레스토랑에는 적절할 수 있지만, 다른 레스토랑에게는 너무 비쌀 수 있다.

평방피트 또는 좌석당 매출은 평균적인 고객 수와 좌석회전율에 달려 있다. 평방피트 당 매출이 상당한 California Pizza Kitchen은 주말에 평균 10~11회의 좌석회전율을 보인다. 좌석회전율이 높고 평균객단가가 10달러 정도이며, 상대적으로 좁은 주방은 평당피트당 높은 매출을 설명하고 있다. 높은 매출과 상대적으로 낮은 인건비의 California Pizza Kitchen은 고가의 쇼핑몰이나 임차료가 높은 지역에서의 임대차계약이 가능하다.

임대차계약서 작성

임대차계약을 하기 전에 다음 사항을 점검한다.

1. 왜 임대용으로 건축하였는지, 공항인근 입지인지, 고속도로가 확장되고 있는지, 우범지역인지, 주차공간은 충분한지, 건물의 보수상태는 어떤지, 나쁜 입지(예를 들면, 비료공장 인근 등)인지, 쥐는 없는지, 화재 위험은 없

는지 등의 정보를 얻기 위해서 소방서나 경찰서, 보건국에 문의하라.

2. 마지막 세입자가 누구이며, 그는 왜 계약을 종료했는지.

레스토랑의 임차인은 다음 조항들은 물론 다른 임대차계약도 참조해야 한다.

- 계약 당사자들(임대주와 세입자)의 성명과 주소; 임대차계약의 효력 기간
- 임차료
- 지불방법. 임대차계약에 "선불"이라는 조항이 없다면, 매달 마지막 날에 임차료를 지불한다.
- 수용인원(임대공간에 수용가능한 최대인원); 이용가능한 시설과 이용시간
- 주차공간(이용가능한 공간의 정확한 크기)
- 임대차계약에 포함된 가전기기와 설비
- 수선 유지 및 기기의 대체에 관한 명시
- 세입자가 임차물에 손상을 입히지 않았을 때, 임대차계약 종료시 환불될 보증금
- 양도 또는 전대(轉貸) 조항– 예를 들면, "세입자는 임대주의 허가 하에 다른 세입자를 들일 수 있는 권리가 있다." (임대주는 특별한 사유가 없는 한 허가를 거절할 수 없다.) 양도시의 임차료는 새 세입자가 임대주에게 직접 지불해야 하며, 원 세입자는 잔여 임대차계약에 대한 책임으로부터 벗어난다. 전대계약 시에는 "새 세입자는 원 세입자에게 전대임차료를 지불하고, 원 세입자는 임대주에게 이전과 동일하게 임차료를 지불해야 한다. 원 세입자는 여전히 잔여 임대차계약에 대한 책임을 진다." 라고 되어 있다.
- "임대주는 전대 또는 양도하고자 하는 세입자에게 부당하게 허가를 거부하면 안된다." 라는 조항의 명시
- 건물유지보수비common area maintenance(CAMs). 임대주는 보통 공간 크기에 비례해서 세입자에게 세금, 보험, 그리고 건물을 운영하는데 소요되는 관리비용들을 부과한다. 임차인의 건물유지보수비(CAMs) 납부를 통해 임대주들은 비용관리의 부담이 없다. 임차 건물에 관리비가 부과된다면 한도액(예를 들면, 최소 임대료의 10%)을 정해야 한다. 따라서 임대료가 평방피트당 3달러면, 관리비는 30센트 이하가 된다.[7]
- 수용금지조항. 임대건물에서 성공한 기업은 임대주가 수용을 요구할 수도 있다. 임대차계약서에 명시한 수용금지조항은 세입자를 보호해 준다.

임대차계약서에 다음 명시사항을 포함시킨다.

- 레스토랑의 경영권
- 건물 개보수 승인
- 간판설치 승인(간판은 임대주에게 더 많은 보험료를 납부하게 할 수 있다)
- 조경 또는 실외등 설치 승인
- 정확한 주차공간(평면도로 도식화)
- 외벽과 내벽을 도색할 때 원하는 색상 선택 권리
- 주류판매허가, 보건국의 허가, 사업 허가, 소방서의 허가. "본 임대차계약은 위의 허가없이는 무효이다. 임대차계약은 필요한 인허가를 조건으로 한다." 라는 조건부 조항 명시
- 임대차계약을 연장할 수 있는 옵션과 그 시기의 임차료 산출방법
- 건물을 원래 형태로 복원시킨다고 했을 때, 설치 장비들의 철거 권리
- 독점 제공 조항 – 임대주가 특정 반경 내에 다른 레스토랑을 임대하지 않을 것이라는 조항
- "배우자나 동업자가 임차인 대신 임대차계약을 종료할 수 있다."와 같이, 임차인의 사망 또는 정신이상 등의 타당한 문제 발생시 세입자 보호 조항
- 쉽게 근절되지 않는 악취로 임대차계약을 중단할 수 있음을 명시한 조항
- 업태나 업종에 구애받지 않을 권리. 메뉴와 서비스의 종류에 제한을 받지 않고 자유의사로 운영을 할 수 있는 권리 조항 명시. 어떤 날은 샌드위치를 팔 수도 있고 메뉴에 피자를 포함시킬 수도 있다. 더구나 광범위하게 정의된 업태나 업종으로 더 많은 잠재고객을 확보할 수 있다.
- 부동산 공동소유 조항. 쇼핑센터 내에 임차했을 때 3개월도 경과되지 않은 시점에 핵심이 되는 입주자가 인근의 번화가로 이전을 한다면 손해가 크게 발생한다. 쇼핑센터의 이용고객수가 65%의 큰 폭으로 감소했다면 특정기간 후에 30일전의 통보와 함께 계약을 해지할 수 있는 옵션 조항을 명시한다. 대안으로는 이용고객수가 적은 비수기 동안은 임차료를 감하는 조항을 명시한다. 대개의 임대주는 임차인이 옵션을 시행하기 전에 발생가능한 손실을 감안하여 약 6개월의 합당한 기간 동안 임차료를 낮춰준다.

임대차계약서의 용어와 기간

임대차계약시 계약 당사자 모두의 오해를 피하기 위해서 부동산 용어에 정통한 변호사의 상담을 받아야 한다. 전문화된 의미를 지닌 임대차계약 용어의 한 예로는 NNN임대^triple net lease(기본적인 임대 외에 장기간의 사용을 보장하면서, 세금, 보험, 유지보수비용 등을 임차인이 부담하는 임대 형태 -역자 주)가 있다. 즉, 이 용어는 임대인이 임대건물의 개보수와 세금, 보험료 증가액 납부 책임을 임차인에게 전가하는 임대차계약을 일컫는다. 이는 임대주가 임대차계약이 성립되었을 당시의 투자액에서 더 이상 비용을 추가하지 않도록 보장해준다. 다시 말하면, NNN임대를 체결한 레스토랑 경영자는 건물의 유지보수비, 세금, 보험금의 부담을 떠안아야 한다. 혼란과 악감정 등 심각한 문제 발생시의 책임소재를 명백하게 합의해야 한다.

경영자들은 이상적인 임대차계약 기간과 세부사항에 대해 다른 의견을 가진다. 어떤 전문가들은 가능하면 장기적으로 연장 가능한 임대차계약을 추천한다. – 보통 장기 임대차계약은 20년으로 계약할 수 있다면 30년도 가능하다. 20년까지 기간을 연장할 수 있다는 옵션은 관심을 끌 수 있다. 레스토랑의 안정성은 장기간 잘 운영될 수 있다는 전제조건이 있어야 한다.

경우에 따라서는 3회에 걸쳐 5년씩 연장 옵션계약을 선호한다. 이러한 계약을 선호하는 경영자는 임대차 계약기간은 짧을수록 좋다고 말한다. 계약 연장과 갱신기간의 임차료 계산시 공정한 방법을 유지하도록 명시해야 한다. 외식사업 환경이 급격히 변할 수 있고, 상황에 따라 사업에서 손을 떼기 쉽도록 하기 위해서이다. 추가 옵션으로는 경영자가 1년 기한의 계약해지 통보를 받으면, 마지막 연도에 해당하는 임대차계약 위약금 없이 해지가 가능한 조항이 명시된 단기 임대차계약으로 할 수도 있다.

임대차계약시 기억해야할 중요사항: 만약 사업이 유지되지 못한다하더라도 임차인이 개인 보증에 서명을 했다면 여전히 납부에 대한 책임이 있다. 만약 이것이 체결된다면 긴어 부채가 완전히 깅리될 때끼지 띠믿게 된다.

레스토랑 임대차계약의 세부사항

임대 공간의 년 임차료는 매달 평방피트 당으로 계산되고 이는 통상 기준금리로 알려져 있다. 예를 들어, 레스토랑 Chex Ralph는 평방피트 당 5달러에 임대된 4천ft²의 공간이다. 월 임차료와 년 임차료의 계산은 다음과 같다.

월 임차료 : 4천ft² × 5달러/ft² = 월 2만 달러

년 임차료 : 2만 달러(월 임차료) × 12개월 = 24만 달러

평균적으로 임차료는 매출의 7.3%가 되어야 한다. 만약 임차료가 10%까지 오른다면 다른 비용은 적절한 수익을 유지하기 위해서 그와 비례하게 축소되어야한다.

임대차 기간　　대부분의 외식사업 임대차 계약기간은 5년이고, 2회에 걸쳐 5년간씩 연장 계약을 옵션으로 해서 총 15년이다. 첫 5년의 계약기간 후에 합리적인 임차료 인상을 세부사항으로 하는 임대차계약에서 에스컬레이션 조항 escalation clause(물가나 외환시세의 변동에 따라 수출입계약, 공사도급금액, 임금 등 변경할 사항을 미리 계약이나 노동협약에 정해두는 조항 -역자 주)을 추가하는 것이 통상적이다. 임차료 인상분은 소비자물가지수Consumer Price Index(CPI)나 일반시세 prevailing market rate(유사한 입지에서 임대차계약을 할 때 어떻게 계약이 되는가)에 근거해야 한다. 임대차계약에서 임차료 인상요인의 근거를 자세히 설명할 수 있도록 해야 한다.

재무적 책임　　임대차계약 협의 초기에 레스토랑이 문을 닫아야만 할 경우 임차비용 부담에 대한 민감한 주제도 논의되어야 한다. 만약 임대차계약에 서명을 했다면, 그의 자본으로 그 비용들을 감당해야할 책임이 있다. 임대차계약이 주식회사 명의로 서명된 것이라면 기업은 법적으로 책임이 있다. 곧, 임대차계약에서 주식회사 명의로 서명을 할 경우는 주(州)당국에 수수료를 선납해야 한다.

주식회사 동업자들이 회사 운영에 관여할 경우, 각자의 역할에 대한 특정 계약이 이루어져야 한다. 동업자 중 회사와 결별을 선언할 경우 해당 지분에 대한 처리방법도 결정되어야 한다. 이러한 중요한 계약사항들을 검토해 보면, 변호사나 회계사의 수수료가 충분한 가치가 있다고 판단될 것이다.

건물 보수 계약　　임대계약의 또 다른 중요한 부분은 건물의 유지보수에 대한 책임소재이다. 임대계약에 따라서, 세입자가 전적으로 유지보수에 책임을 지도록 한다. 또다른 계약은 병충해 방지, 배관, 전기설비와 같은 내부수리를 세입자

가 맡는 반면에 지붕수리나 기초공사와 같은 구조적인 보수와 외부수리는 집주인이 책임을 진다. 입지에 상당히 흡족하여 유지보수 문제에 관심을 덜 가지면 책임소재를 불분명하게 정리할 수도 있다. 그러나 모든 건물은 유지보수가 필요하고 유지보수비용은 실제로 추가된다는 점을 잊어서는 안 된다.

재산세   행정당국은 토지와 건물의 가치를 결정하고, 평가된 가치에 기초하여 세금을 부과한다. 이러한 세금들은 매년 1회 일시불로 납부하지만, 대부분의 임대주들은 임차료나 보험료와 함께 매달 분할하여 지불하도록 요청한다. 이는 NNN임대에 해당한다.

행정당국의 승인   임대차계약서에 서명했다는 것으로 그 지역에서 음식을 판매할 수 있다는 것을 의미하지는 않는다. 행정당국이 레스토랑 또는 바, 카페 , 기타 등의 개업을 위한 장소를 허가해주지 않는다면 임대차계약은 무효가 될 수 있기 때문에 이러한 사항들도 계약서에 명시해야 한다. 잠재적인 방해물 예를 들어, 술을 제공할 것인지, 직원의 옷이 짧거나 하는 것 등과 같이 레스토랑 컨셉에 논란의 여지가 없는지에 관하여 임대차계약서 내용에서 이러한 부분들을 허용하거나 처음부터 행정당국의 인허가를 취득했다면 많은 시간과 경비를 절약할 수 있을 것이다. 사업 시작 전에 필요한 모든 인허가를 정중히 요청하라.

임대와 보험   일반적으로 세입자는 사고나 피해에 대비한 일반적인 책임보험뿐 아니라 화재, 침수, 그리고 다른 자연재해에 따른 보험에 가입해야 한다. 보험료 지불은 매년, 또는 매달 지불하는 것이 통상적이지만 임대차계약에서 보험료가 어떻게 지불되어야 하는지 정해야 하고, 그리고 보험료는 얼마인가를 명시해야 한다. 임차인과 임대주가 모두 보험당사자이기 때문에 임대주는 기록을 위해 모든 보험증권의 사본을 소지해야 한다.

레스토랑 보험

레스토랑 성녕수는 다음의 유형을 포함해서 다양한 보험들을 고려해야 한다.

- *자산/건물 보험*   일반적으로 경영주가 화재나 공공기물 파손 등과 같은 예기치 못한 손실로부터 보호해준다. 부가적인 특약으로 홍수, 지진, 허리케인으로 인한 피해에도 보상이 가능하다.

■ *일반 책임보험*　　만약 누군가 부상을 당하거나 절도 등으로 재산 손실이 발생하면 책임보험은 소송의 경우를 대비하여 사업을 보장해준다. 레스토랑은 포괄적인 책임보험을 드는 것이 매우 중요하다. 원래 레스토랑은 빠르게 회전되며 많은 고객들의 유동이 있다. 사업이 부진에 빠지는 것과 같은 사태가 일어날 수 있어서 사전에 대비하는 것이 최선이다. 책임보험의 특약으로 부당한 해고, 성희롱, 차별대우를 받는다고 주장하는 불만직원으로부터 레스토랑이 보호받기 위한 사항들이 추가될 수 있다.

■ *사업소득 보험*　　사업이 중단되거나 일반적인 운영이 유보되면 사업운영 보험에서 이를 인수하여, 정상적인 상황에서 얻을 수 있는 소득으로 보상해준다.

■ *산업재해 보상보험*　　레스토랑이 3인 이상을 고용했다면 대부분 이 보험은 의무적이다. 이는 근무 중의 상해와 질병을 다룬다. 일반적으로 의료 또는 사회 복귀비용, 장애발생시의 소득, 그리고 사망 보험금이 포함된다.

■ *직원복지 책임보험*　　직원복지 책임보험은 선택적이다. 여기에는 치과 진료나 건강진료와 같은 복지가 포함될 수 있다.

■ *주류 책임보험*　　대부분의 주(州)에서 고객의 만취상태에서 일어난 사고와 범죄는 주류를 제공한 사람에게도 책임을 지을 수 있다는 법안이 유효하다.

■ *설비고장 보험*　　컴퓨터 시스템이나 냉난방기, 그리고 전화시스템과 같은 설비를 보장해준다. 레스토랑들이 점차 컴퓨터시스템과 인터넷에 의존하기 때문에 이런 보험은 가치가 상승되고 있다.

■ *음식 오염/부패 보험*　　오염되었거나 변질되어가는 음식에 대해 보장해준다. 예를 들어, 장기간의 단수나 비위생적인 음식물 처리의 경우 이러한 보장이 효과가 있다.

■ *범죄/직원부정 보험*　　직원의 부정 행동으로 레스토랑에 피해가 발생했을 경우에 해당하는 비용을 보장해준다.

■ *자동차/주차요원 책임보험*　　레스토랑이 차량으로 배달을 하거나 다른 곳으로 음식을 조달하고 또는 주차관리직원이 차량을 주차시킬 때, 차량 사고나 손상의 경우에 대비하여 보장해준다. 게다가 운전자가 다칠 경우에 차량관련 사항을 보장해준다.

- *상위/초과 책임보험*   보험증권이 한계에 도달하면, 다른 보험으로 보호 받지 못하는 특정한 부가적인 보장을 제공해준다.
- *화재보험*   화재보험은 레스토랑에 있어 필수적이다. 다음의 몇 가지를 제안한다.
  - 임대하고 있다면 누구(운영자 또는 임대인)의 명의로 화재보험에 들 것인가가 분명해야한다.
  - 사업중단 보험 (화재를 비롯한 여러 이유로 레스토랑이 문을 닫을 경우와 같이 특정한 기간에 지불되는 보험)에 가입되어 있는지. 대부분의 경영자들은 비용 때문에 이 보험에 가입하지 못한다.
  - 보험이 건물 뿐 아니라 재고품까지 포괄 가입되어 있는지.
  - 손실을 대체하기 위해서 현재의 보험금이 충분한지, 인플레이션과 새로운 설비들은 주기적으로 대체비용을 반영하기 위해서 보험금을 새롭게 산정하는 것이 필요하다.
  - 보험비용을 줄여주는 스프링클러시스템이 정상 위치에 설비되어 있으며 작동은 제대로 되는지 확인한다. 또한 보험료는 건설자재나 경보시스템, 주방 환기 설비, 소화 설비, 비상구 표시등, 그리고 시설관리 실무가 반영된다.

레스토랑 가치란 무엇인가?

레스토랑 건물에 대한 공정한 가격이란 무엇인가? 레스토랑은 부동산 가치와 이윤 창출자로서의 가치 등 두 가지 잠재적 가치를 지니며, 각각의 가치가 고려되어야 한다. 특히 건물이 레스토랑으로 한 번 또는 여러 번 실패했었던 적이 있거나 주의를 끌지 못한다면, 이는 실제로 부동산 가치를 하락시킬 수 있다. 부동산 가치가 운영 가치보다 더 클 수 있다.

따라서 레스토랑 매입자는 부동산 가치에 더 관심을 갖고, 잠재적인 임차인은 덜 관심을 갖는다. 그러나 레스토랑을 임차하려는 사람조차도 부동산 가치 또는 잠재적 가치를 고려해야 한다. 왜냐하면 임대차계약에 인상을 막기 위한 명시가 없을 경우 가치가 오르면 경영주는 임차료를 인상할 것이기 때문이다.

부동산 가치란 무엇인가? 이 가치는 보통 지역 내 경쟁 가치들에 의해 결정된다. 부동산의 시장 가치는 지역의 유사한 입지에 의해 정해진 가치를 따르기 마련이다. 요구한 가격이 지역의 시장가치보다 높거나 낮을 수 있다. 지역 또는 주(州)의 구획 경계에 의해 정해진 부동산의 잠재적 변화는 시장가치에 영향을 미친다. 가까운 장래에 부동산 가치에 영향을 미칠 수 있는 고속도로나 다른 변화들을 확인한다. 지역의 쇠퇴 또는 활력 여부를 분석한다. 지역이 특정 컨셉의 레스토랑에게 더 유리하게 변화되는지 불리하게 변화되는지를 분석한다. 지역이 변화하면 생존가능한 레스토랑의 종류 또한 변화한다. 쇠퇴하는 지역은 패스트푸드점, 커피숍 등 보통 낮은 객단가의 레스토랑이 필요할 것이다. 부유해지면 디너하우스가 더 많이 소개될 것이다.

명심해야 할 것은, 레스토랑 성공의 보장은 단지 유리한 재무 거래의 성립으로 이루어지는 것이 아니라는 점이다. 너무나 많은 사업자들이 레스토랑 소유권 문제로 피해를 입는다. 그들은 다방면으로 고려하고, 저금리의 자금원을 찾고, 투자 세액공제의 이익과 감가상각을 숙고하면서까지 레스토랑 경영주가 되기를 기다리지는 않는다. 그들은 그들의 레스토랑에서 고객들에게 제공할 훌륭한 음식들과 세제혜택에만 관심이 높다. 그들이 간과하고 있는 것은 컨셉 개발의 필요성과 메뉴 개발, 입지, 그리고 다른 계획들이며, 또한 자격을 갖춘 총지배인과 조리사도 부족하다. 재무계획은 레스토랑 성패의 단편적인 부분일 뿐이다.

레스토랑 개업을 위한 모든 단계를 밟는 과정에는 시간과 인내가 필요하다. Korianne Hoffman과 그녀의 동업자인 존경받는 조리사 Dudley는 향후 유행할 시카고의 South Loop 창고지역에서 적절한 입지를 찾아내어 훌륭한 멕시코 레스토랑 개업을 할 당시, 그 곳에는 이미 두 곳의 멋진 레스토랑이 있었고, 불행히도 인수하기 적절한 가격의 레스토랑은 없어서 창고 형식의 건물을 개조하는 데에만 150만 달러가 소요되었다. 임차료는 평방피트당 월 18달러~35달러였다. 그들은 "빠른 좌석회전"으로 돈을 벌 것을 계획했다. 하지만 그렇게 많은 자금이 소요될 것이라는 예상은 애초에 하지 못했다.

부동산중개인은 그들에게 교외의 장소를 추천했다. 이것은 새로운 전환점이 되었다. 왜냐하면 Korianne와 Dudley는 Oakbrook의 외곽이 아니라 도시에 익숙해져 있었기 때문이다. 그러나 기존의 30년 된 프랑스 레스토랑이 매도 중이었고 그 가격에는 건물 비용도 포함되어 있었다. 희소식은 중소기업청(SBA)

이 첫 6개월 동안에는 3%의 특별대출 이자율을 적용한다는 것이며, 그 이후에는 기본적으로 2%가 추가되거나 아니면 현재처럼 8%가 된다. 더 좋은 소식은 그들이 부담해야할 융자금의 규모가 South Loop 지역의 임차료보다 적다는 것이다. 건물의 가치가 상승할 긍정적인 잠재력을 생각해보라.

그 레스토랑은 8층짜리 아파트형 건물이었다. 레스토랑은 지하실까지 6천 평방피트 였다. 프랑스 레스토랑이었기 때문에, 가열 기구는 많았지만 그릴은 없어서 그들은 한 두 개를 구입해야만 했다. 운이 좋게도 다른 모든 주방기구들은 상태가 좋았다. 레스토랑은 115개의 좌석이 있었지만, 이는 형식적인 배치여서 그들은 그것을 125개로 늘리는 것을 고려했다. 그들은 평균적으로 점심 평균객단가는 15달러, 저녁은 31달러 정도를 예상했다. 이 지역은 평균적인 가계소득이 18만7천 달러인 부유층 주거지이다. 한 주에 4만 명의 유동인구가 있는 사무용 건물들이 근처에 있다. 이 레스토랑은 실제로 40대분의 발레서비스 주차공간을 포함하여 무제한의 주차공간을 보유하고 있었다.

Korianne와 Dudley는 건축가인 친구가 있어서, 그가 개조 계획을 담당했고 그들은 실내장식가를 찾아 나섰다. 그 분야를 잘 아는 여러 친구가 고객들의 특성에 대해 충고해 주었다. 그들은 또한 책이나 잡지로부터 디자인의 아이디어를 얻어냈다. 그들은 누구를 데리고 가는 것이 가장 적합한가를 알기위해서 그리고 그들과 그들의 단골고객들을 데려오기 위해서 지역의 바텐더들과도 대화를 나누었다.

서버들은 모두 경험이 많고 다른 레스토랑에서 그들과 일했거나 또는 지역의 레스토랑 출신이다. Korianne는 조리사 주도의 레스토랑이 빠르게 개업할 수 있도록 언론 광고와 홍보를 했다. 그들은 레스토랑을 면밀히 검토하기 위해 두 달 정도의 휴업도 예상하고 있다. Korianne와 Dudley 그리고 사업 동반자들에게 행운을 빈다.

summary ··· 요 약

컨셉에서부터 운영에 이르기까지 레스토랑의 전개과정 각 단계는 모두 중요하다. 레스토랑의 전반적인 성공을 위해서 재무와 임대차계약도 중요하다. 필요한 자금의 정도, 개업 초기 몇 달간의 운영을 위해 얼마 정도의 자금을 비축해야 되는지, 자금을 어디서 융자받을지, 그리고 자금을 차용하는데 비용은 얼마나 소요되는지는 모두 중대한 사안이다. 중소기업청 대출을 요청하는 것은 시간이 오래 걸리고 복잡한 과정이다. 다른 대출처들도 논의되어야 한다.

임대차계약 역시 복잡한 계약이다. 일반적으로 임차료는 협상된 기간에 따라서 총 매출의 일정 비율을 추가하여 매달 평방피트당 고정된 금액으로 설정된다. 레스토랑 운영자는 NNN임대로 건물의 유지보수비와 세금, 그리고 보험료 등의 부담도 감안하고 있어야 한다.

endnotes ··· 주

1) Raymond S. Schmidgall, *Hospitality Industry Managerial Accounting*, 5th ed. (East Lansing, Mich.: Educational Institute of the American Hotel and Lodging Association, 2002).

2) 이 부분은 Small Business Reporter(San Francisco: Bank of America)에서 발췌함.

3) 같은 책.

4) Joseph R. Mancuso, "The ABCs of Getting Money from the SBA," *Your Company 6*, no. 4 (1996. 6/7.).

5) 같은 책.

6) 같은 책.

7) 같은 책.

법규와 세무

법규와 세무에 관련된 사항들의 의사결정은 레스토랑과 경영주에게 중요하다. 능력이 되는 한 많은 사람들이 추천하고, 레스토랑과 경영주 관련 사항의 취급 경험이 풍부한 최고의 변호사와 회계사를 고용하여 자문받을 수 있다.

레스토랑의 컨셉과 입지, 메뉴, 인테리어를 결정하는 것은 사무직 보다 더 즐거운 일이다. 새로운 레스토랑 운영은 어떻게 운영하느냐에 따라서 법률적 형태를 갖는다. 여기에는 개인소유권[solo proprietorships]의 형태, 둘 이상의 공동 소유의 형태로 단순 투자 또는 의사결정과 법적 책임에 참여하는 동업권[partnerships]의 형태를 취하기도 한다. 그리고 주식회사로도 운영이 가능한데, S주식회사[S corporation]는 주식회사와 개인사업체의 장점을 모두 갖추고 있는 형태이다.

변호사와 회계사는 사업상 발생가능한 문제를 예방하도록 체계를 만드는데 도움을 준다. 모든 부분에서 법률(주, 연방, 지방정부)이 고려되어야 한다. 주류판매허가가 필요하다면, 개업 전에 취득해야 한다. 보건국과 소방서가 주무관청이다. 변호사나 회계사는 세무관련 사항도 자문해 줄 것이다. 세부적이고 자주 바뀌는 법규에 대한 일반적인 정보는 경험이 풍부한 변호사와 회계사의 도움을 받는 것이 좋다.

▌ 어떤 사업 형태가 가장 좋은가?

경영주 직영, 공동 경영주와 동업, 주식회사 등 어떤 형태로 레스토랑을 개점할 것인가.

모든 레스토랑은 법적으로 개인사업이나 동업, 또는 주식회사 형태로 운영된다. 벤처 경영도 사업의 한 형태이며, 사업 형태에 따라서 과세문제[tax consequences]와 각자의 장단점에서 차이를 가지고 있다.

레스토랑에서 발생가능한 문제로 매각, 다른 회사에 합병, 도산, 상속자에게 승계 등 4가지 경우를 고려해야 한다. 가족 구성원이 운영하는 레스토랑에서의 고려사항은 때때로 의견일치가 되지 않는 점과 이혼문제이다. 누군가가 최종적인 의사결정을 해야 하는데, 그중에는 잘못된 결정이 발생될 수도 있을 것이다.

개인사업자로 시작한 Ingrid Croce가 그녀의 레스토랑 앞에 서 있다. Croce는 샌디에이고의 Gaslamp지구 개발의 선구자였다.

다른 사람의 제안을 받아들이는 것이 더 좋은 의사결정이 될 수도 있지만, 책임과 권한의 분리는 위험을 초래한다.

사업 형태의 선택은 다음 사항에 영향을 미친다.

- 연방 소득세
- 채권자와 다른 사람들에게의 책임
- 경영주 간의 법적 또는 개인적 관계
- 사업의 법적 유효기간 또는 양도 문제

사업 형태의 선택뿐만 아니라, 세금방식의 선택은 신규 사업체의 최초 연방 소득세 신고 기록으로 사전에 작성된다. 본 장에서는 이러한 내용들을 검토하고자 한다.

개인사업자

세금 목적으로 선택되는 가장 단순한 사업형태는 단독 소유의 개인사업이다. 개인사업sole proprietorship의 경우 변호사나 회계사가 필요하지 않으며 단순한 컨설팅만이 이루어질 뿐이다. 대다수의 주에서 신규 개인사업자는 사업장명(경영주가 다른 사람일 때)을 신고해야 한다. 연방소득세 신고를 위해 1040형의 스케줄 C(미 연방소득세신고 양식, www.irs.gov/pub/irs-pdf/f1040. pdf?portlet=3 참조 -역자주)를 작성해야 한다.

개인사업의 레스토랑 운영자는 연방소득세를 신고할 때 자신의 급여를 책정하지 못한다. 운영자는 당해연도 수입이나 당해연도 손실관련 비용을 공제한 소득을 보고한다. 세무상 개인사업자는 고용인이 아니며, 그의 소득은 자영세self-empolyment tax(미국에서는 사회보장 및 노인의료보험에 해당함 -역자주) 대상이다. 세율은 사회보장세율 보다 조금 높게 책정되며, 직원의 경우와 마찬가지로 근로소득의 납세기준과 동일한 기준에 따른다. 이 세금은 연방소득세와 함께 납부된다. 부부가 공동으로 운영한다면, 소득 총액이나 세금 한도에 따라 각각 자영세를 납부한다.

보통의 개인납세자는 연방소득세를 1년 단위로 신고한다. 결국 레스토랑의 총수입은 투자 소득과 배우자 소득에 근거하여 매년 합산된 과표로 과세된다.

개인사업자의 장점

- 서식이 간단하다. 소책자로 된 세무상 양식에 기재하면 된다. 조세법과 규정은 개인 소득이 정확하게 보고될 수 있도록 기록 유지를 요구한다.

■ 모든 수입이 운영자의 소유이다. 주식회사 형식으로 경영할 때 질문 받게
되는 타당한 급여의 책정에 대해서는 아무런 문제가 없다.

■ 과세결과와 관계없이 운영 중에도 사업자금을 자유롭게 인출할 수 있다.

⬡ 샌디에이고의 Gaslamp
지구내 그들 레스토랑
에서의 David & Leslie
Cohn 부부
David Cohn 제공

- 주식회사 형태와 관련하여 야기되는 과세문제와 비교해 보면, 사업은 최소한의 세금문제에 따라 중단하거나 매도할 수 있다.

개인사업자의 단점

- 개인사업은 연금이나 수익 배분 제도의 적용에 대한 자격이 없다. 단지, 자신이나 직원들을 위해 키오플랜[Keogh retirement plan](자영업자를 위하여 연금불입액의 일정금액에 세금공제혜택이 주어지는 1962년 제정 퇴직연금제도 -역자주)을 적용할 수 있으며, 그 한도는 법률로 정하고 있다.
- 레스토랑 관련 경영주의 모든 채무와 제3금융권의 불법 채무에는 제한이 없다. 법인으로 전환하면 제한되지만, 경영주들은 회사 부채에 배서 또는 보증을 해야 한다.
- 개인사업체는 법적인 문제가 경영주와 분리되지 않는다. 경영주가 사망하거나 능력이 부족하면 다른 사람들의 의사와 관계없이 사업이 종료되는 법적 영향과 결과를 초래한다. 유산[willed property]은 시간이 소요되고 법률 수수료가 부담될 수 있는 입증절차를 거쳐야 한다.

동 업

동업[partnership]은 법적으로 둘 이상이 수익 창출을 위해 노력하는 벤처사업으로서, 합명회사법[Uniform Partnership Act]에 근거하여 정의된다. 동업에는 일반과 유한의 두 종류가 있다. 일반 동업(합명회사)[General Partnership]은 완전한 채무를 가짐과 동시에 경영에 대한 전권도 소유한다. 유한 동업(합자회사)[Limited Partnership]은 경영에는 참여하지 않으며 제한된 채무를 분담한다.

둘 이상의 개인이 레스토랑의 창업 계획을 수립할 때, 그들은 경영 수행에 적합한 동업 형태를 원할 것이다. 동업으로서 운영상 발생되는 세무는 기본적으로 개인사업체와 동일하며, Form 1065(미 국세청 동업사업체 소득세 신고양식 -역자주) 양식에 정리하여 연간 소득세를 납부한다. 동업사업체는 연방소득세 없이 국세만 납부한다. 동업사업체의 과세에는 각 동업자들의 연간 자본금계정[capital account]이 함께 조정된 기초 및 기말 대차대조표가 요구된다. 결국 양식에 맞는 부기작성이 요구된다. 각 동업자들은 동업사업체 소득신고 양식 Schedule K-1(동업사업자의 출자 관련 세무서식 -역자주)을 수령하고, 개인소득 신고시

Schedule K-1 상의 예상 수입 또는 손실을 보고한다.

동업자들은 사업체로부터 절세의 목적으로 세금공제가 가능한 급여를 수령할 수 없다. 동업자가 급여를 수령하더라도 근로소득세가 공제되지 않는다. 연말에 동업자는 그의 급여를 보고하고 개인소득세 신고양식 Form 1040에 따른 수입 또는 손실을 분담한다. 동업사업체는 세무적으로 매우 유연한데, 한 동업자가 자본을 투자하든, 다른 동업자가 단지 용역만 투자하든, 아니면 용역과 함께 약간의 자본을 투자하든 상황에 맞게 운영할 수 있다. 과세 문제가 사업 현실과 일치하는 한, 동업사업체에서는 어떤 사업 형태로든 구성이 가능하다.

사업으로 동업은 법적 책임에 대해 개인사업체와 동일한 문제가 있으며, 동업자는 사업체를 위해 부채를 발생시킬 수 있다. 모든 동업자들은 이러한 방식이 안고 있는 위험을 알고 있어야 한다. 동업자의 관심은 회사의 자산에 있는데, 상황에 따라 동업자 개인의 채권자나 다른 채권자의 법적 청구를 당할 수도 있다.

동업관계는 언젠가 와해될 수 있다. 사망, 불화, 질병 또는 다른 안 좋은 상황이 악몽처럼 발생할 수 있다. 부부가 사업 파트너가 되는 레스토랑은 부부싸움이나 이혼으로 사업이 분리될 수 있다. 부부공동재산법community property laws이 시행되는 주(州)에서는 이혼한 배우자에게는 레스토랑을 강제 매각한 자산 절반의 소유권을 준다. 동업은 일반적으로 운영이 잘되면 문제가 없지만, 손실이 발생하면 즉시 상대방의 잘못으로 떠넘기는 경향이 있다.

동업 사업체는 여러 형태로 설립될 수 있다. 동업 조건은 동업자의 채무 상환에 따라 한계가 있다. 유한 동업자는 레스토랑 운영에 관여하지 않고, 경영 동업자는 책임이 따른다. 상당수의 유한 동업자가 존재할 수 있지만, 경영에 참여하는 사람은 단지 소수의 경영 동업자에 불과하다.

주식회사 형태의 레스토랑

주식회사corporation는 사업을 임차하고 매입하고 운영할 수 있는 어떤 사람과 유사한 법인체이며, 주와 연방에 소득세를 납부해야 한다. 주식회사를 통한 활동에는 장단점이 있다.

법인화의 결정은 보장보험의 정도에 달려 있다. 보장보험이 이용가능하다면 보험이 보장되고 개인의 채무에는 한도가 있기 때문에 레스토랑을 법인화 하지 않을 것이다. 그렇지 않으면 경미한 사고나 소송 등으로 재무적 파산을 야기시킬 수도 있기 때문이다. 어떻든 보험의 보장은 쉽지가 않다. 이 경우의 법인화는 유한책임을 제공하기 때문에 적절한 가치를 인정받고 있다.

법인화의 첫 단계는 변호사의 자문을 받는 것이다. 생각보다는 다소 많은 경비가 지출될 것이다. 장기간의 안정적인 법률자문은 반드시 모든 필요 요청을 해결해줄 것이다.

두번째 단계는 법인화의 유형을 선택하는 것이다. 유형은 법규와 법인화 비용, 다른 수수료와 세금, 그리고 각기 다른 소유권 때문에 중요하다.

레스토랑을 주식회사로 설립하는 데에 가장 큰 단점은 이중과세이다. 회사의 소득에서 과세되고 난 다음, 그 수입이 개인소득으로 다시 적용되면서 개인에게로 이관된다. 이중과세를 피하려면, 다음에서 설명하는 S주식회사를 이용할 수 있다.

주식회사 설립시 경영자는 주식의 51%를 소유하고 이를 유지 관리할 수 있어야 한다. 이보다 적으면 완벽한 통제가 부족함을 의미하며 심지어 경영에서 제외될 수도 있다. 주식회사의 주식은 공식적으로나 개인적으로 양도가 가능하다.

주식회사는 독립된 사업체이며 주된 사업장을 보유한 형태의 법인체이다. 법인화의 법규는 주(州)마다 다르다. 주식회사의 경영주는 주주shareholder라고 부른다. 주주는 이사진을 선출하고, 이사회는 임원을 선출하고 레스토랑 운영의 최종적인 법적 책임을 진다. 주식회사는 회사의 경영주와 주주로부터 분리된 법적 존재이다. 주주는 회사의 자본금에는 전적으로 투자하지만 채무에 대한 보증은 하지 않아서 회사 채무에 대한 책임은 없다.

법인화로 결정하기 전, 투자자들은 사업의 미래에 실질적 영향을 주는 경영형태와 세무관련 의사결정을 해야 한다. 주식회사에 얼마나 많은 투자를 할 것인가? 일부분은 주식 자본금으로써 투자되고 나머지는 융자를 받을 수 있으며, 회사가 충분한 자금을 확보하였을 때 융자금은 상환한다. 세무상으로 볼 때, 융자로써 회사의 자금을 설정하는 것이 주식자본으로 자금을 끌어들이는 것보다 더 이롭다. 융자의 상환에는 세금이 없는 반면에, 주식이 상환은 회사의 세후 순이익의 정도에 따른 배당금에 과세되기 때문이다. 부채에 지불되는 이자는 세금 공제된다. 반면에, 배당금 지급은 이익의 분배로 취급되어 공제대상이 아니다.

채권자가 만족할 정도로 주식으로 충분히 지불되어야 한다. 주식 수량이 주주 자본의 정도에 미치지 못하면 미국 국세청Internal Revenue Serivce(IRS)은 모든 투입된 자금은 자본금으로 간주하고, 그리고 모든 상환은 회사의 세후 순이익 정도에 따른 배당금에 대해서 과세한다. 자본 규모는 적고 부채 규모가 큰 회사는 "위험한 회사thin corporation"이다.

주식회사는 분리된 법인체이기 때문에 레스토랑 운영자는 주식회사의 고용인이다. 따라서 운영자의 급여는 다른 직원과 같이 근로소득세payroll tax에 적용되며, 역시 단체보험으로 보장된다. 주식회사는 비과세로 건강보험이 포함된 기간보장 단체보험에서 개인당 최대 5만 달러까지 제공된다. 의료비용 변제, 병가급여, 연금과 이익분배제 등과 같은 복리후생비fringe benefit가 제공될 수 있다. 주주사원shareholder employee을 위한 합당한 임금은 무엇인가? 주주사원은 본질적으로 이중과세를 회피하고자 하며, 경영자 및 주주에게 급여로서 지불되어야할 소득이 합리적이어야 한다. 불합리한 부분은 배당금으로 처리되고, 회사에서 공제되지 않는다. 주식회사의 경영형태는 법률 회계 자문 없이 이용되지는 않는다.

S주식회사　　S주식회사S Corporation는 주식회사의 특별한 이용을 위해 제공된다. 주식회사로 운영되는 사업으로 허가되지만 법인세 지불을 피하는 것이 허용된다. 빌트인게인제도built-in gain(이중과세를 피할 수 있는 제도로써 현재는 built-in gain tax의 시행으로 2009년 이후 매입 자산에 대해서는 7년이 경과해야 이중과세를 면할 수 있다 -역자 주)로 인해 자산의 가치가 증가되더라도 매각시 역시 이중과세를 피할 수 있다.

레스토랑 경영주가 주식회사 세후 순이익 축적을 원하지 않거나, 주주가 낮은 과세등급이거나, 개인소득세가 감면된다면 S주식회사는 이상적이다. 주주에게 이관된 소득에 덧붙여서 경영주가 주주들에게 배분한 배당금과 공제된 비용 또는 자본과 부채의 기준으로 조정된 운영 손실을 통하여 소득세가 절감된다. 만약 손실을 입는다면, 회사 존립의 첫 해로서는 좋은 보약이 될 수도 있다. 일단 흑자 운영으로 돌아서면, S주식회사의 형태는 종료되고 주식회사로 전환하여 레스토랑은 규정 법인세율로 과세될 수 있다. 가족 운영 레스토랑으로서 S주식회사의 형태는 매우 유용하다. 만약 자녀나 부모가 함께 운영하는 곳이면 S주식회사는 세제상 유리함이 많다. 레스토랑 주식은 가족이 배당을 받을 때, 소득 정도에 따라서 혜택이 주어진다. 법인세를 피할 수 있고 레스토랑 수입은 가족에 의해 적용되는 저세율로 과세된다.

국세청(IRS)은 레스토랑의 소득이 과도하지 않도록 회사 관리자가 공정한 급

회사구조	소유형태	세무사항	채무관련	장단점
개인사업체 Sole Proprietorship	1인 소유	연방 사업소득세에 반영[a]	사업 채무는 개인 무한 책임	창업이 용이하나, 개인 재무 위험이 따르고, 세금공제의 기회 상실
S주식회사 S Corporation	주주의 수는 75인 이하; 단일액면가 주식; 투표권에 다소 유연성	연방 사업소득세에 반영[a]	유한책임	창업은 용이하나, 이후의 재무 옵션이 제한됨
주식회사 Corporation	주주의 수는 무제한; 주식 액면가와 투표 방식에 제한 없음	회사와 주주의 등급을 적용하여 배당 소득세 과세; 손실과 공제분은 회사에서 처리	유한책임	세무 비용이 많이 드나, 투자자 친화적임
유한회사 Limited Liability	사원의 수는 무제한; 유연한 사원 방식과 투표권 및 수익 배분	연방 사업소득세에 반영[a]	유한책임	장점이 많으나 재무적 분배 위험으로 투자자들을 조심스럽게 함; S나 C주식회사로의 전환은 불가함
합명회사 Partnership	둘 이상의 공동 소유	연방 사업소득세에 반영[a]; 동업자 간의 수익배분 방식 유연	사업 채권자로부터 운영파트너의 개인자산 위험성[b]	세제 혜택이 다양하나, 개인 채무 위험이 높음
합자회사 Limited Liability Partnership	둘 이상의 공동 소유	연방 사업소득세에 반영[a]; 소유방식이 다소 유연	유한책임	전통적 동업의 대안으로 장점이 많음; 사업전환 용이하나, 모든 주에서 승인되지는 않음

a 사업소득세에 반영된 수입과 손실이 경영주에게 "반영"되고, 개인 수준에 따라 국세청IRS에서 부과함.

b 합명회사의 변수로, 유한 동업자의 채무는 최초 투자금에 제한될 수 있다.

◐ 그림 6-1 회사의 형태 비교

여를 분배하도록 요구한다. 그런 다음 순이익은 주주에게 비율대로 배분된다. S 주식회사의 단점으로는 레스토랑의 주주가 의료 장애보험이나 생명보험 같은 편익에 대해 연봉의 최대 2% 까지만 공제혜택이 있다는 점이다. 회사 구조의 다양한 형태는 [그림 6-1]에 비교되어 있다.

▌ 동업자와 매입 - 매각 계약

사업체의 매입-매각 계약은 사업의 소유권을 유지하도록 지켜준다. 매입자와 같이 매도자간에 공정한 거래가 이루어져야 한다. 매입-매각 계약은 사업결

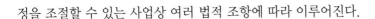
정을 조절할 수 있는 사업상 여러 법적 조항에 따라 이루어진다.

- 탈퇴하고자 하는 동업자나 주주의 운영지분을 누가 매입할 것인가
- 인수의 계기가 된 요인은 무엇인가
- 동업자 지분의 액수를 얼마로 책정할 것인가

주식회사와 동업관계를 면밀히 연결하려면, 여러 주주나 동업자와 매입-매각 계약을 처리하는 것이 현명하다. 그러한 계약은 매각이 필요할 때 가격 책정방법이나 계약금액이 구체적으로 명시된다. 이러한 상황은 경영주의 사망이나 다른 이유로 이탈하고 싶을 때 발생한다. 매입-매각 거래는 실제 가치기준 일자의 주식시가가 비록 더 높더라도, 국세청에서 용인되는 과세가격tax value으로 정해진다. 매입-매각 계약은 동업자나 주주의 생명보험에 따라서 금액이 결정될 수 있는데, 이는 경영주가 사망할 때 생명보험료와 절차비용을 부담해야 하기 때문이다.

가격 합의와 거래가격 산정방법의 합의는 하나 또는 둘 이상의 경영주가 매각을 원할 때나 레스토랑 경영주의 부동산 소유권이 정리되어야 할 때, 경영주 간에 발생 가능한 수많은 잠재적 갈등을 소멸시킨다.

감가상각비와 현금유동성

사업은 소득을 창출하지만, 세금을 포함하여 관련 비용들이 지출되기 때문에 남은 자금 모두가 수익이 되는 것은 아니다. 레스토랑에서 건물과 주방, 레스토랑 설비와 붙박이 장식은 가치가 없어지거나 폐품으로 남을 때까지 해마다 그 가치가 떨어진다. 이를 대체하기 위하여 별도의 자금을 떼어놓는데, 이를 감가상각 충당금depreciation allowance이라고 한다. 실제로는 그런 자금을 거의 따로 떼어놓지 않으며, 건물의 경우는 오히려 가치가 하락하지 않고 상승하기도 한다. 그렇다 하더라도 감가상각비는 세금공제가 가능하며 경영주 및 운영자가 사용가능한 자금이다. 감가상각비를 고려하기 전에 취득한 자금의 흐름을 현금유동성cash flow이라고 한다. 레스토랑 운영자는 현재의 채무를 충당하기에 적절한 현금유동성을 유지하는데 많은 관심을 갖고 있다.

레스토랑 경영주와 시설을 한 경영주는 감가상각 충당금을 받아들이지만, 토지 경영주는 그렇게 생각하지 않는다. 토지는 감가상각할 수 없는 항목이며, 내구연한이 있는 다른 유형자산들은 감가상각할 수 있다. 감가상각에 대한 문제는 레스토랑 성공에 있어서 중요하며 특히 건물 경영주에게는 더욱 중요하다. 레스토랑과 동시에 토지도 소유하고 있는 회사가 있는 반면, 건물과 설비만을 소유한 회사도 있다. 레스토랑 운영 초기 몇 개월 동안은 가능한 최소한의 세금 납부를 위하여 감가상각비를 최대치로 책정하기도 한다. 레스토랑에 대한 권위 있는 참고서적인 미국레스토랑협회에서 발간된 *The Uniform System of Accounts for Restaurants*의 최신판과 국세청(IRS)의 회보를 참조하라.

가속 또는 정액 감가상각

조세목적을 위해 감가상각 되고 있는 품목의 가치는 실제 가치와는 거의 관계가 없을 수도 있다. 예를 들어, 세무상의 기준에 따라 레스토랑 건물은 31년에 걸쳐 완전히 감가상각 되지만, 건물은 그 기간 동안 가치가 상승되어 건축비용보다 훨씬 더 높은 가액으로 매각될 수도 있다. 곧, 감가상각 후의 장부상 가치와 실제 시장가치는 차이가 있다.

레스토랑의 설비와 붙박이 장식, 그리고 건물 자체는 조세목적을 위해 예상되는 내구연한에 따라 감가상각될 수 있다. 감가상각될 수 있는 모든 품목은 감가상각비 항목으로 정리되어야 한다.

신규 레스토랑 운영자의 대부분은 가속감가상각accelerated depreciation법을 선택함으로써 충분한 현금보유를 원하고 또한 필요로 한다. 가속감가상각법은 건물이나 설비 초기에 감가상각비를 높게 책정하며, 시간의 경과에 따라 낮은 감가상각비를 책정한다. 개업시는 받아들일 수 있는 모든 감가상각을 요구한다. 신속한 감가상각은 세후 순이익에 따라 레스토랑 개업 초기 몇 년 동안의 세금을 적게 납부하도록 돕는다. 연방소득세 안내서에는 감가상각 방법에 대해 설명해주고 있지만 감가상각에 제대로 대비하기 위해서는 전문가에 의한 조세관련 자문이 필요하다. 정액 감가상각straight line depreciation법은 어떤 품목에 대하여 고정된 수명, 예를 들어 오븐은 7년, 카펫은 3년 등으로 가정하여 그 품목의 원가를 감가상각 충당금에 이르는 예상 수명으로 나눈다. 오븐의 원가가 2천백 달러이고 수명이 7년이라고 예상한다면, 7년 동안 매년 3백 달러씩 감가상각하게 된다.

퇴직금 감세수단

퇴직금 감세수단retirement tax shelters의 상세한 내용은 시대에 따라 변하지만 절세효과는 상당하다. 이용 가능한 연방정부 퇴직연금제도로는 개인퇴직연금individual retirement annuity(IRA)과 자영업자를 위해 제정된 퇴직연금제도인 키오플랜Keogh plan의 두 가지가 있다. 키오플랜에 의하면 자영업자나 다른 소득을 가진 자영업자가 자영업으로부터 감세된 퇴직금에 이르기까지 연간 3만 달러 또는 연소득의 25%를 절세할 수 있다. 퇴직금으로 창출된 자금으로부터의 소득은 세금부과가 유예된다.

키오플랜과 개인퇴직연금(IRA)은 개인을 위해 상당한 금액의 자금을 절약할 수 있게 하는데, 이는 생성된 이자도 세금부과가 유예되고 그 제도가 효력이 있는 동안 세금 없이 자금의 축적도 가능하기 때문이다. 궁극적으로 관계자 모두는 세금을 납부하지만 퇴직금에 대해서는 과세등급이 낮으며, 축적된 수익에는 직접 소득세율straight-income rates이 아닌 자본이익률capital gains rates에 따라 과세되기 때문에 낮은 비율로 과세된다. 투자상담전문가들은 이 제도들이 가장 안전하며 이용 가능한 절세제도 중 가장 바람직하다고 믿고 있다.

자금은 계좌보유자의 감독 하에 관리인custodian을 통하여 자금이 관리될 수도 있으며, 계좌의 관리인인 은행은 수수료를 부과한다.

부부가 각자의 직업을 가지고 소득을 올렸다면 별도의 IRA 제도를 설정할 수도 있다. 레스토랑 경영주는 직원도 포함시켜야하는 키오플랜이나 직원을 포함시킬 필요가 없는 IRA 제도 중 하나를 선택할 수 있다. 이외에도 다양한 유형의 자영업자 퇴직금제도Self-Employment Retirement Plans가 마련되어 있으며, 선택한 제도에 따라서 연간 세금공제혜택은 자영업 소득의 13%부터 20%까지 다양하다.

Tip

1999년 10월까지 미국 국세청(IRS)은 레스토랑 운영자들에게 직원들이 받은 팁 소득에 대하여 정확히 신고하도록 책임을 부여했지만, 외식산업 업계은 그동안 반대했던 관행이 IRS의 정책으로 시행되지는 않기를 원한다고 말했다. IRS는 레스토랑 운영자들을 회계감사를 위하여 자신의 권력을 사용했지만, 결국 IRS 정책의 전환으로 외식산업 업계는 환영하게 되었다.

자료: Associated Press, 1999. 10.

72의 법칙

정부가 승인한 연금제도의 장점은 가입자의 연간 분담금에 대하여 세금이 공제된다는 점이다. 그 제도가 기금을 조성하고 있는 동안 분담금으로부터 발생한 이자와 배당금, 투자수익은 복리식으로 세금이 감면되는데, 이는 가입자에게는 놀라운 차이를 보여준다.

키오플랜과 같은 적립금에 세금이 부과되지 않으면 상당히 빠른 기간내에 두 배의 가치에 도달한다. 두 배가 되는 기간을 계산하는 방법은 72의 법칙을 따르는 것인데, 72를 이자율의 수치로 나누면 자금을 두 배로 만드는데 요구되는 기간(연수)을 얻을 수 있다.

만약 유예된 연금으로 1만 달러를 투자하고 이자수익으로 매년 10%가 적립된다고 가정하면, 2만 달러가 되는 데에는 7.2년(72/10)이 걸린다. 계산의 예는 다음과 같다.

8%(72/8) = 9년

9%(72/9) = 8년

10%(72/10) = 7.2년

11%(72/11) = 6.5년

12%(72/12) = 6년

합리적인 투자 회수

사업가들은 투자수익률^{return on investment}(ROI)에 관심이 많다. 레스토랑에 10만 달러를 투자한다면, 합리적으로 얼마의 수익이 예상되는가? 이는 유사한 위험 부담을 지닌 유사한 투자에서 예상되는 결과를 찾을 수 있다. 자금시장 펀드가 위험 부담 없이 6%에서 10%의 수익을 낸다면, 레스토랑 투자는 최소한 15%에서 20%의 수익을 내야한다. 지방채 펀드가 위험 부담이 거의 없이 6%에서 10%의 수익을 내고 세금도 없다면, 레스토랑 투자는 더 많은 수익을 내야한다.

운영비용과 세무

사업 운영에 소요되는 비용에 대해 만약 IRS가 동의한다면 세금공제가 가능하다. 공제를 받는 것 중 많은 부분은 모호한 영역에 속하고 일부는 논쟁거리가 될 수 있다. 예를 들면, 레스토랑 운영자가 시카고에서 개최되는 레스토랑박람회National Restaurant Show에 참가할 경우 모든 비용은 공제 가능하지만, 배우자의 비용은 상황에 따라 다르다. 만약 그 배우자가 레스토랑의 회계담당자라면, 그의 박람회 참가가 사업에 이익이 될 수 있다는 데에는 의심의 여지가 없다.

운영자가 런던에서 개최되는 유사한 박람회에 참가한다면, 그 비용도 공제될 수 있다. 만약 미국 또는 미국령 밖에서는 연간 2회 참석까지만 세금공제가 가능하며, 같은 목적으로 푸에르토리코나 버진아일랜드, Pacific Trust Territories (태평양군도 내 미국이 통치하는 UN 신탁통치지역 —역자 주) 등지의 참석은 외국으로 간주한다. 이같이 참가비용에 대한 공제에는 한도 제한이 있고, 회의 참석과 경비의 증거자료가 요구된다. 이때 세금공제혜택은 자주 변경되기 때문에 명확히 검토해야 한다.

레스토랑 소유의 차량은 세금공제가 가능하며, 주요 임원의 생명보험은 임원진과 그들의 가족을 위한 의료보험과 마찬가지로 세금이 공제된다.

세무상 합법적인 부가혜택의 목록은 광범위하며 창의적이다. 레스토랑 임원진에게 제공되는 혜택은 다음과 같다.

- 골프장과 헬스클럽, 테니스클럽 등의 회원권
- 연례 건강검진을 포함한 광범위한 의료혜택
- 회사 정책을 초과한 휴가비용
- 정규 연금과 이익배당금 등 또는 추가적인 퇴직금 혜택
- 저금리 대출
- 추가적인 생명보험
- 세무계획과 투자, 개인 소득세의 준비 등 재무계획에 대한 전문가 자문

개인의 과세등급에 따라서 모든 수입은 직접소득에 비해 1.5배 이상의 가치가 있음을 명심해야 한다.

▮ 주의사항

세금은 항상 따라다닌다. 법률과 법규의 해석은 매년 변경되기 때문에 레스토랑 경영주는 사업을 수행하고 조세를 피하기 위하여 가장 유리한 방법을 제안하는 회계사나 법률 고문에 의존한다. 소득신고서를 위조하거나 소득신고를 누락하는 것은 탈세이며, 법적인 수단에 의해 세금을 피하는 것은 절세이다. 탈세와 절세의 차이는 검토해야할 세무기법tax advice이다.

국세청(IRS)은 도움이 되는 많은 자료를 보유하고 있으며, 이 중에서 출판물인 "사업의 시작과 장부 기록Starting a Business and Keeping Records"이라는 제목의 Publication 583은 IRS의 웹사이트인 www.irs.gov와 마찬가지로 도움이 되는 정보를 제공하고 있다.

레스토랑을 어떤 사업 형태로 운영할 것인가를 결정한 후, IRS가 신고내용을 처리할 수 있도록 납세자 고유번호taxpayer identification number를 취득할 필요가 있다.

다양한 법률과 규정에 의하여 모든 사업이 통제되고 있다. 최신 법률과 규정을 알기 위한 최선의 방법은 NRA와 소속 주(州)의 레스토랑협회의 회원이 되는 것이다. 협회는 지역과 주(州), 연방의 필수사항들에 대하여 회원들에게 지속적으로 정보를 제공할 책임이 있다.

신규 레스토랑 운영자는 운영을 위한 인허가와 신축, 그리고 기존 구조를 리모델링한다면 건축허가를 받아야 한다. 건축허가를 위한 신청서에는 설계사 또는 계약자로부터의 청사진과 견적서가 첨부되어야 한다.

시 위생과는 모든 경영주에게 요구되는 인허가를 발행하며, 이러한 인허가증은 사람들이 볼 수 있는 곳에 비치하여야 한다.

모든 사업장은 소방허가를 요구하며, 지역 소방서 직원의 조사 후 허가증을 발급한다. 모든 레스토랑은 화재 대피용 비상구가 있어야하며, 경영주들은 비상대피방안을 개발해야 한다. 소방서 직원은 레스토랑 화재가 발생 가능한 요인이 되는 연통과 기름 덮개의 범위 내에 있는 위험요소들에 대해 관심을 가진다.

일부 주(州)에서는 판매원의 허가를 요구한다. 판매세를 부과하는 주(州)는 레스토랑 운영자가 세금을 모아 납부하는데 관심을 가진다. 운영자는 판매세나 다른 세금을 다른 용도로 유용하거나 차용하지 말아야한다, 적발될 경우는 법규위반으로 기소된다.

레스토랑 운영자가 법을 위반한 사실을 몰랐다고 가정해도 법규에 대한 무지는 변명의 여지가 없다. 심각한 위반을 회피하는 일은 사업의 한 요소, 즉 최신 법률과 규정의 숙지를 태만히 하는 것이다.

지자체와의 관계는 개업전 일정 시점부터 시작된다. 지역 토지이용규제법 zoning law을 준수해야 하고, 착공할 건축물은 공사가 시작되기 전에 승인을 받아야 한다. 대부분의 지자체는 모든 사업에서 관할구역에 따라 주무관청의 인허가 취득을 요구하며, 주정부 또한 등록서류를 요구한다.

지방세와 주세, 연방세

운영자의 과업 중 가장 부담되는 것은 기록을 보관하고 세무보고서를 제출하는 일이며, 레스토랑 매출에 따른 세금 납부뿐만 아니라, 시와 주, 연방정부에도 세금을 모아서 납부할 책임이 있다. 예를 들어, 캘리포니아는 실업보험세 unemployment tax(SUTA State Unemployment Tax Act), 고용훈련세employment training tax, 장애세disability tax, 소득세 등이 이에 해당된다.

근로자들의 산재보험은 연방정부로부터 위임받아 주에서 관리하며, 재해를 당할 경우 고용주와 고용인 모두를 보호한다. 산재보험을 통하여, 고용주는 직원에 의해 제기된 소송에 대하여 보호를 받으며, 직원이 상해를 입으면 치료를 받거나 필요하다면 복직과 재교육을 받게 된다.

연방정부는 직원의 근로소득세와 사회보장세Social Security taxes를 국세청을 통해 원천징수한다. 경영주 이외에 적어도 한명 이상의 직원이 있는 모든 사업체는 IRS에 등록하고, 고용주 신분증명서를 취득하고, 직원의 급료로부터 연방근로소득세federal payroll taxes를 원천징수한다. 원천징수된 세금은 적어도 분기별로 IRS에 납부하고, 원천징수 금액은 직원에 의해 신고된 공제 사항에 근거한다. 고용주는 직원 각자에게 원천징수된 근로소득세 금액과 직원의 FICA(Federal Insurance Contribution Act, 보통 사회보장세라 통칭함) 기부금 등을 기재하는 W-2 양식(근로자의 연간 소득액, 세금 납부액이 표시된 명세서 -역자 주)을 제출한다. 법률은 기업공제에 대하여 규정하고 있다. 직원 연봉이 5만3천4백 달러까지는 7.65%이며, 그 한도를 넘은 임금에 대해서는 FICA 목적을 위한 세금으로는 부과하지 않는다.

연방실업보험세법^{Federal Unemployment Tax Act}(FUTA)은 고용주에게 직원의 총임금이나 (명시된 액수까지) 월급의 일정 비율을 기부할 것을 요구한다.

레스토랑 사업체가 주식회사 형태라면, 연방 법인세 신고 양식으로 파일이 정리되며, 이런 파일들은 개인소득세에 첨부된다. 대부분의 주와 일부 지자체들도 세무 파일을 보유하고 있음을 명심하라.

운영자가 직접 회계장부를 담당하거나 회계장부 담당자 한 명을 고용해야 한다. 소규모 레스토랑 운영자는 일반적으로 장부 정리와 세금 문제에 대한 조언을 위해 독립 회계사를 고용하는데 반하여, 대규모 레스토랑은 장부 정리를 위해 회계사를 직원으로 채용하고 세무에 대한 전문가 조언을 구한다.

지방 위생과는 식품보호규정을 공고하고 집행함에 있어서 적극적이다. 주 고용센터는 고용 규정을 집행하는 책임을 맡고 있으며, 다른 주의 기관이 참여할 수도 있다. 일부 주에서는 특별한 규정이나 법규의 정의에 따라 한 기관 이상 참여할 수도 있다.

제 15장에서 자세히 언급되는 미국장애인법^{Americans with Disabilities Act}(ADA)은 장애인에 대한 차별을 금지하고 있으며, 그들의 물리적 활동을 포함하여 직무수행^{work practice}과 근로 조건이 손쉽게 성취될 수 있도록 수정되어야 한다고 규정하고 있다.

지방정부와 주정부기관은 집행 정책에 따라 달라진다. 몇 년 동안 책에만 있고 무시되었던 규정이 새로운 행정기관에게는 갑자기 중요하게 될 수도 있다. 그 결과 일반적인 관례였던 사안이 운영자에게 과중한 벌금으로 요구될 수도 있다. 이런 일이 메뉴 진정성^{truth-in-menu} 시행방침으로 발생하였다. 변화의 추세에 따르기 위하여 운영자는 보통 외식산업을 담당하는 협회에 의존한다.

규정은 너무 자주 바뀌므로 본 저서에서 법률을 자세하게 설명하기는 어렵다. 본 저서가 출판될 시기에는 재해석되거나 변경되어 있을 수도 있다. 그러나 레스토랑 운영자에게 영향을 미치는 중요한 법률에 친숙해지는 것은 도움이 된다.

연방 고용안정법

연방 임금과 근로시간법Federal Wage and Hour Law(공정근로기준법Fair Labor Standard Act)

1933년에 통과된 공정근로기준법(FSLA)은 주당 평균근로시간의 단축을 통한 임금인상과 고용증대를 목적으로 설계되었다. 이 법률은 적어도 50만 달러 이상의 연매출을 달성하고 있는 레스토랑의 직원에 해당한다(별도로 진술된 소매상 수준에서는 소비세가 제외됨). 이 액수보다 적은 매출액의 레스토랑 운영자는 연방 임금과 근로시간법에 적용을 받지 않지만, 관련 주의 법에는 적용을 받는다. 대부분의 주에서 운영자는 연방 최소임금보다도 적은 임금을 줄 수 있으며 실제로 그렇게 시행하고 있다. 이 법률에 적용되는 운영자는 임금시간 담당부서Wage and Hour Division의 공무원으로부터 지급받은 포스터를 게시해야 하며, 직원들은 포스터를 통하여 그 법률의 기본적 요건에 대한 개요를 볼 수 있다. 연방최소임금에 적용되는 레스토랑은 시간당 최소임금으로 5.15달러를 시급제 사원에게 지급하고, 팁을 받은 직원에게는 시간당 최소 2.13달러 이상의 임금을 지급하도록 규정하고 있다. 그러나 이것은 직원이 주와 연방 최소임금법 모두 해당되는 업체에서 적용되는데, 그 직원은 두 최소임금 이상의 급여를 받을 수 있다.

매니저와 최소임금

관리직으로 근무하는 사람은 연방의 최저임금법에 적용받지 않는다. 문제는 수습직원이나 매니저가 주당 40시간을 초과하여 근무한 시간에 대해 50%의 초과근무수당을 받는가의 여부이다. 레스토랑 법인체는 매니저 훈련생이나 매니저로 채용하여, 시급제가 아닌 고정급으로 주당 50시간에서 60시간 또는 그 이상의 시간을 근무하도록 요구한다. NRA는 매니저로 간주되는 직원은 다음과 같은 조건을 충족시켜야 한다고 설명하고 있다.

- 매니저의 첫 번째, 그리고 기본적인 업무는 회사의 운영 또는 관례상 회사의 인정된 부서나 하위 부서를 관리하는 것이다.
- 매니저는 정기적으로 적어도 두 명 이상의 직원을 관리한다.
- 매니저는 직원의 채용 또는 해고의 권한이 있으며, 채용과 해고, 전출 및 승진에 대하여 추천할 권한을 지닌다.

- 매니저는 종종 자유재량권을 행사한다.
- 매니저로서의 임무가 아닌 업무는 근무시간의 40%를 초과할 수 없다.[1]

노동부(DOL)는 매니저가 최소임금법의 면제를 위한 자격을 받기 전에 충족되어야 할 6가지 조건을 제시하고 있는데, 이 중 5가지는 NRA가 사용하는 위의 조건과 같고, 여섯 번째 조건으로 매니저는 숙식이나 다른 편의를 제외하고, 적어도 주당 일정한 금액의 급여기준으로 직무에 대한 보상을 받아야 한다는 것이다. 정확한 금액은 해당 주의 레스토랑협회에서 확인할 수 있다.

충족시키기에 가장 어려운 조건은 매니저로서의 임무가 아닌 업무와 관련된 것이다. 레스토랑 매니저는 현금등록기를 조작하거나 음식을 조리하고 테이블 세팅을 하는 등 레스토랑 운영을 원활하고 효율적으로 유지시키기 위한 다양한 업무를 수행하도록 요청받는다.

노동부는 샌드위치점에서 주방장과 교대조 매니저의 자격을 박탈해왔다. 만일 자격을 상실하게 되면 직원은 주당 40시간을 초과하여 근무한 시간에 대하여 50% 초과근무수당을 받아야 한다. 어떤 경우에는 매니저 자격을 상실한 직원의 초과 근무로 인해 의도한 것보다 훨씬 많은 임금이 지급될 수도 있다.[2]

법정으로까지 비화된 몇 가지 사건이 있다. 법률 한도 내에서 레스토랑을 운영하지 않으면 엄청난 시간 비용이 소요될 수 있다. 매니저는 면제되는 직원이어서 초과수당 없이 주당 40시간 이상 근무할 수 있음을 명심해야 한다. 그럴 수도 있지만 그렇지 않을 수도 있다. 그렇지 않은 경우는 매너저가 자신의 임무만 수행하고 시급제사원이 해야 하는 일은 돕지 않는 사례이다. 노동력 부족을 경험하고 있는 레스토랑으로서는 매니저에게 시급제사원들의 직무를 수행하기 위해 더 많은 시간을 근무하도록 요구한다. 공정근로기준법에 의하면, 직원은 초과수당을 받을 권리가 있다. 이 법에 근거하여 Krystal과 Shoney's는 각각 1천3백만 달러와 1천8백만 달러의 비용을 들여 소송사건을 해결하였으며, 특히 Shoney's는 변호사 수수료로 도합 8백만 달러를 추가로 지출해야했다. 최근에 스타버스는 1천8백만 달러를, Brinker International은 7백3십만 달러를 보배해주어야 했다.

근로시간　　정상적으로 부여되는 30분의 식사시간을 고용주는 임금이 지불되는 근로시간으로 계산하지 않는다. 휴식시간과 간식시간은 직원의 근로시간의 일부로 간주되며, 직원은 그 시간에도 임금을 받아야 한다. 만약 식사시간 동안 업무를 수행하라는 요청을 받아서 식사를 중단해야 하는 경우가 종종 발생하면, 그 식사시간은 근무시간으로 간주되어 임금으로 보상을 받아야 한다.

초과근무수당 다른 직원의 업무를 대신하는 직원은 1주일에 40시간을 초과하는 근로시간에 대하여 일정한 자신의 임금에 적어도 1.5배를 받아야 한다. 캘리포니아에서는 직원이 하루에 8시간 이상 근무를 하면 초과수당을 받도록 규정하고 있다.

육아휴가 다른 직원이 무급으로 휴가를 떠나거나 자신의 업무와 관련이 없는 여행이나 교육문제를 위해 누적된 연차휴가를 허락받듯이, 유아를 돌볼 목적으로 휴가를 원하는 사람에게도 같은 유형의 휴가가 인정되어야 한다. 보험료 납부자와는 상관없이 직원이 이용할 수 있도록 만들어진 건강, 장애 또는 몸이 아파서 청구하는 병가 계획 등 다른 의학적 조건과 동일하게 임신문제도 취급되어야 한다.

기타 규정 법률로 정한 기준을 초과한 근로시간에 대하여 50%의 초과근무수당을 지급하라고 설정되어있다. 이 법률에 근거하여 최소임금법과 근로시간 단축규정이 시행된다. 이 법에는 직원이 받는 팁의 허용과 주당 40시간을 초과하는 근로시간에 대한 초과근무수당, 직원에게 제공되는 식사에 대한 공제, 그리고 성별에 차별받지 않는 급여제공 등과 같은 사항들을 자세히 설명하고 있다. 주법은 연방법을 최소한으로 따라야 하지만 보다 정밀해야 하며, 연방법보다 엄격하게 적용되어야 한다. 예를 들어, 캘리포니아 주는 현재 팁의 수수가 허용되지 않는데, 이는 과거에 그 주의 최저임금이 연방법이 요구하는 것보다 높았기 때문이다.

직원정보

연방정부의 요구에 따라 운영자는 다음 정보를 포함한 직원들의 모든 기록을 보관해야한다.

1. 직원의 성명
2. 우편번호를 포함한 집 주소

3. 19세 미만 직원의 생일

4. 성별과 직종

5. 비상연락망

6. 직원의 주간 근로가 시작되는 날짜의 시간과 요일

7. 급여에 따른 정규 근로시간 대비 초과근무수당이 지급되는 주간 근로시간의 비율; 임금지급 기준(시간당 6달러, 1일당 48달러, 주당 240달러에 수당 첨가)

8. 일일 및 주간 규정노동시간 소득^{straight-time earnings}

9. 일일 및 주간 규정노동시간 소득 합계

10. 주간 초과근무수당 합계(해당 지역)

11. 일일 지급되는 임금에 추가되는 금액 또는 공제액 합계

12. 기간마다 지급되는 임금 합계

13. 급여 지급일과 지급 기간

연방 균등임금법^{Federal Equal Pay Act of 1963}과 연방 미성년자보호법^{Federal Child Labor Law}

공정근로기준법^{Fair Labor Standard Act}을 개정하여 1963년에 제정된 연방 균등임금법은 성차별에 의한 부당한 급여책정을 금지시켰다.

연방법에 따라 근로허용 최소연령을 14세로 규정하고 있다. 식품 슬라이서와 그라인더, 조리 차퍼^{chopper}와 커터^{cutter}, 제빵 반죽기와 같은 위험한 기기들을 나이 어린 사람이 조작하는 것을 법으로 금지하고 있다. 18세 미만은 주방용 승강기와 동력구동기기^{power-driven hoist}나 제빵기기의 작동을 할 수 없다.

레스토랑과 운영자에게 있어서 18세 미만에게 적용되는 일련의 규정들의 준수사항을 명심해야 한다. 주 당국 담당자는 16세 미만의 미성년자를 고용할 때 학교의 허가를 득하지 못한 레스토랑에게는 무거운 벌금을 부과할 것이다. 일반적으로 미성년자보호법은 14세나 15세를 대상으로 오전 7시부터 오후 7시 사이에, 등교일에는 3시간 이하, 비 등교일은 8시간 이하, 학기 중에는 주간 18시간 이하, 방학 중에는 주간 40시간 이하로 근로하는 것을 허용한다. 노동부(DOL)는 임금 및 미성년자보호법 위반이 의심된다면 영장 소지 없이 근로시간표를 점검할 권한을 가지고 있다. 미성년자보호법을 위반할 시 1천 달러 이하의 벌금이 부과된다.

도급계약의 법률적 측면

레스토랑 운영자는 에어컨 수리와 유지, 청소 서비스, 해충방제와 같은 서비스에 대해 도급을 주기도 한다. 각각의 도급계약자는 자신의 분야에서 전문가이며, 레스토랑 운영자는 실업보험과 근로자의 보상금, 잘못된 해고, 직원의 과실로 의한 제3자의 부상, 그리고 기타 요구사항 등에 대한 책임을 회피하고자 하기 때문에 도급계약은 선호된다.

운영자는 세무당국이 도급계약자를 직원이 아닌 독립적인 사업체로 인식시키기 위해서 작업의 특성과 기간을 명시한 계약자와의 서면 계약서를 보유하고 있어야 한다. 계약자는 소속된 주와 함께 고용주 계좌를 보유하고, 근로자의 보상보험의 책임을 떠맡는다는 사실을 운영자는 확실하게 해야 한다. 주 당국이 도급계약자로서 뮤지션의 고용을 의심하는 것도 당연하다. 뮤지션이 법률상 도급계약자인가 하는 문제의 소송사건은 끊이지 않고 발생한다.

직원 해고시 문제점

계약의 규정이 확립되어 있지 않을 당시에는 매니저가 직원을 마음대로 해고할 권한을 가졌었지만, 현재는 해고 결정에 대해 미로같이 복잡하게 중복되어 있는 법규와 행정명령으로 제한되어 있다. 전국노동관계법[National Labor Relations Act](NLRA)은 회사가 노조활동에 참여한 직원을 임의로 해고하는 것을 금지하고 있다. 평등고용기회법[Equal Employment Opportunity Act]과 주 법령, 행정명령은 인종과 연령, 성별, 종교 또는 근무조건들이 불안정하거나 불건전하다는 이유로 산업안전보건공단[Occupational Safety and Health Agency](OSHA)에 제소한 사실만으로 해고결정을 내리지 못하도록 보호하고 있다. 조정위원회가 고유의 집행권을 보유하고 있기 때문에 조정위원회에서 고용주가 승리했다고 하더라도 다음번 조정위원회에서는 고용주의 요구를 들어주지 않을 수도 있다. 그러나 노동조합 소속이 아닌 매니저는 고용주가 마음대로 해고할 수 있다.

팁에 대한 소득 신고

팁을 신고하는 것에 대하여 레스토랑 운영자와 국세청 사이에 오랫동안 논쟁이 있었다. IRS는 팁을 수수한 직원들에게 팁 소득에 대한 정확한 신고와 고용주들에게 적어도 월 1회씩 팁 소득을 신고하도록 요구한다. 문제는 대부분의 직원들은 팁 소득을 적게 신고하고 있다고 의심받고 있다는 사실이다.

미성년자 주류 판매

주류판매위원회Alcoholic Beverage Commission(ABC)는 주류 판매와 관련된 사항을 규정하고 있다. 주류 판매는 권리가 아니라 특권으로 간주되어, 레스토랑 경영주가 규정을 위반하면 면허를 철회할 수 있다. ABC는 주류 판매시간과 여흥, 푸드 바의 판매비율 등을 규정하고 있다.

합법적으로 주류를 구매할 수 있는 연령에 대해서는 주법에 따라 다양하지만, 판매자가 합법적으로 주류를 구매 자격이 있는 사람들에게만 판매할 책임이 있다는 데에 동의하고 있다. 예를 들어, 캘리포니아에서는 California Business and Professions Code가 다음의 사항을 제공하고 있다.

1. 21세 미만의 사람에게 주류를 판매하거나 제공하는 사람은 경범죄에 해당한다.
2. 술에 취한 사람에게 주류를 판매하거나 제공하는 사람은 경범죄에 해당한다.
3. 주류판매면허를 보유한 직원이라도 새벽 2시 이후에 주류를 제공하면 경범죄에 해당한다.

바텐더와 웨이터, 웨이트리스는 그 법규에 적용받으며 기소될 수 있다. 미성년자에게 주류를 판매한 사건에 연루된 법정소송에서 구속된 바텐더와 웨이터, 웨이트리스 10명 중 8명은 미성년자에게 연령을 입증할 증서나 증거물을 요청하지 않았다.

투표를 위한 휴가

선거를 위해 휴가를 적용하는 법을 보유한 주는 30개에 이르며, 주(州)에 따라 다양하다. 이때 요구되는 휴가기간은 일반적으로 2~4시간이다. 일부 주에서는 직원이 투표권에 대한 자격을 부여받기 위하여 투표를 위한 특정한 휴가 지원서를 작성해야 한다. 주의 레스토랑협회에서 법률에 대한 최신 정보를 구할 수 있다.

임금과 근무시간 감사

노동부 또는 주(州) 노동부 담당공무원은 레스토랑 운영자가 72시간 이내에 임금과 근무시간에 대한 보고서를 제출하도록 요구한다. 그 보고서를 검토한 후, 조사관은 직원과의 인터뷰를 원하기도 하는데, 운영자는 직원들에게 조사관과의 인터뷰를 위한 시간을 배려해야 한다. 인터뷰는 고용기록과 직원의 업무로서 작성된 서류에 대한 정확성을 확인하기 위하여 이루어진다. 조사관이 위반사항을 발견하면 운영자는 레스토랑을 대표할 변호사를 채용할 수도 있다. 변호사는 운영자와 함께 조사관과 인터뷰를 하기위해 동반하여 참석할 수 있다.

정부 규정의 해석 및 설명

운영자가 규정과 규정의 해석에 대한 끊임없는 변화를 이해하려면 자문이 필요하다. 최저임금과 근로조건, 실업 장애보험, 직업 규정의 안전성과 같은 문제에 대하여 개인사업자가 최근의 동향을 파악하기 위하여 합법적으로 교육받은 사람을 고용하는 것은 너무나 비용이 많이 든다. 주 레스토랑협회는 소속 주의 외식과 주류서비스 산업에 영향을 미치는 규칙과 규정에 대하여 회원들에게 정보를 제공하고 있다. 다음은 포함된 영역의 일부를 보여준다.

- 최저임금과 근로조건 규정(주와 연방노동법에 대한 가능한 최대의 정보)
- 주류 판매 관리법^{Alcoholic Beverage Control Act}과 관련규정

- 보건과 위생
- 불법적이며 부당한 요구의 방지법을 포함한 실업보험
- 주(州)의 실업 장애보험
- 근로자 보상보험
- 국세청(IRS) 조세와 규정(사회보장세, FUTA 등)
- 판매세(시와 주)
- 신축 또는 개조에 영향을 미치는 사업규정
- 공정고용실천^{Fair Employment Practice}과 평등고용기회 법률과 규정

보험과 관련된 문제 또한 복잡한데, 일부의 주 레스토랑협회는 외식산업 요구에 적절한 보험을 제공하고 있다. 보험보상 범위는 전체 근로자의 보상보험과 경영주를 위한 단체생명보험 프로그램 및 단체종합의료보험을 포함한다.

낙상사고

근로자의 보상금은 대부분의 주에서 고용주에게 주(州) 승인 개인 보험회사의 상품으로 매입하도록 요구하는 보험혜택이다. 근로자의 보상금은 근무 중에 사고가 발생한다면, 과실에 관계없이 사고 희생자와 부양가족에게 임금과 의료혜택으로 제공된다.

고용주는 직원의 수와 업무의 종류에 근거하여 보험료를 지불하고 있다. 대부분의 보험과 마찬가지로, 한번 청구가 되면 보험료는 인상될 것이다. 그러므로 보험금의 지급 청구 건수를 최소화하는 것이 고용주를 위한 것이다. 안전한 근로환경을 제공하는 것이 중요하지만, 사고를 자주 일으키는 직원을 특별 관리하고 사고를 유발하는 환경을 줄이는 방법도 중요하다. 고무매트를 깔고 미끄럼 방지 신발을 신도록 하는 것처럼 교육과 체크리스트를 사용하는 것도 도움이 될 것이다.

가장 일반적인 소송사건은 미끄러지거나 넘어져서 일어난 사고와 연루된 것이다. 고객이나 직원이 젖은 바닥이나 바닥의 이물질에 의해 미끄러져 부상을 당할 때 발생한다. 레스토랑 경영주와 운영자는 고객과 직원을 위하여 안전한 환경을 제공해야 한다. 고객이 미끄러져 넘어졌을 때 소송이 발생되기 쉬운데, 보통은 법정 소송 없이 합의로 해결되며 보험료는 이에 대한 좋은 투자이다.

summary

요 약

레스토랑을 운영하는 다양한 형태의 법적 사업체에 대한 장단점을 주의 깊게 평가하는 것은 운영자가 최선의 사업체를 선택할 수 있도록 하는데 도움을 준다. 투자한 시간과 노력은 사업을 성장시킬 때 발생하는 문제를 감소시키는 것으로 보상받게 될 것이다. 레스토랑 운영자가 중요하게 고려해야할 사항에는 감가상각비와 세무, 임금 등이 있다. 사업을 시작하는 것은 상당한 시간과 노력을 수반하며, 일반적으로 도움이 필요한 수많은 법적인 필요조건을 충족시켜야 한다는 사실을 포함한다. 이러한 사실은 경영주로서 운영하기 전에 외식사업에서의 경험의 가치를 높여준다.

사업체에는 지방세와 주세, 연방세와 같은 세금이 부과된다. 시간을 어기지 않고 세금을 알고 납부하는 것은 즐거운 일이 아니며 책임사항이다. 개인 레스토랑 운영자가 자신에 대한 법적인 필수요건 모두를 잘 알 수 있는 방법은 없다. 대부분의 운영자는 법적인 필수요건의 변경사항에 대한 정보를 제공받고 최근의 필수요건에 대한 의문에 대한 답을 구하기 위하여 주로 자신이 소속된 주의 레스토랑협회에 의존한다.

endnotes

주

1) www.restaurant.org/wasingtonreport, 2006.4.

2) 위와 같음.

Part three

메뉴, 주방과 구매

Niche Restaurant의 컨셉

Niche Restaurant은 폐업한 302West 레스토랑을 인수
한 조리사 Jeremy Lycan과 소믈리에 Jody Richardson
에 의하여 2006년 4월에 설립되었다. 302 West는 1987
년에 미국의 모든 와인리스트와 유럽풍 음식 초점을 맞춘
"동시대의 미국 레스토랑"으로서 문을 열었다. 302West에
서 Jody Richardson은 6년간, Jeremy Lycan은 3년간
근무하였다. 302West이 폐업하기 직전에 12명의 직원이
만나서 다시 함께 근무할 기회에 대하여 토론하였다. 이것
이 오늘날 Niche Restaurant으로 알려지게 된 출발점이
었다. 302West에 이어 근무하게 된 직원들은 컨셉을 유지
하기 위한 교육과 준비가 잘 되어 있었으며 편안함을 느꼈다.

⇨ B. Café 제공

입지

Niche Restaurant의 경영주들은 입지를 위하여 특성과 분위기가 있으며 독특한 건축양식을 지닌 건물을 찾아 다녔다. 그들
은 관리가능하며 적당한 규모의 부지를 원했다. 여러 입지를 찾아다닌 후, 그들이 원했던 곳을 찾아내게 되었다. 이전에 프랑
스 레스토랑이었던 그 건물은 약간의 개보수가 필요했지만 Niche를 위하여 원했던 만큼의 독특함을 보유하고 있었고, 이와
더불어 일리노이 주 Geneva 3가의 주 도로에 있어서 유동인구가 매우 많았다. "Niche의 영업장은 다른 사람으로부터 방해
받지 않으며, 고객을 편안하게 하는 탁월한 경험을 제공해주는 분위기로서 한 폭의 그림과도 같다."

메뉴

Niche의 경영주들은 302West 메뉴의 컨셉을 도입하기를 원했고 메뉴개발에는 전 직원의 창조력이 발휘되었다. 이러한 주
의 깊은 노력으로 인하여 맛과 질감, 표현을 세밀하게 나타낼 수 있었다. 메뉴는 매일같이 바뀌었고 제철 식재료로 개발되었
다. "음식에는 계절에 맞는 최상품과 창의성과 융통성이 가능한, 끊임없이 진화하는 메뉴를 포함하고 있다." Niche는 지역의
식품재배자와 버섯채집가를 통하여 식재료를 공급받는다.

와인 목록

Niche Restaurant는 모든 미국산 와인리스트를 제공하는 특징을 갖추고 있으며, 그들은 와인을 팔레트^{pallet} 단위로 대량판매

하지 않는 와인전문점에서만 구매한다. 고객친화적인 메뉴에는 포도품종의 기원과 맛에 대한 설명이 기술되어 있다. Niche 는 140여종의 와인을 병 단위로 판매하고, 미국인이 선호하고 소량생산되는 12종의 와인은 잔^{glass} 단위로 제공하고 있다. Jody Richardson은 Wine Enthusiast Award of Distinction상을 수상한 302West를 위하여 와인리스트를 개발했다.

인허가

Niche 건물은 기존 레스토랑 입지에 입주하여서 인허가를 취득하는 데는 용이했다. 주류면허와 같은 일부 인허가는 양도받았으며, 다른 인허가 지원서는 작성 후 승인을 위해 시청으로 보냈다. Niche Restaurant은 유한회사이다.

마케팅

경영주와 직원들은 레스토랑 마케팅의 주요한 조력자였다. 그들의 마케팅 기술은 웹사이트 개발, 언론에 기사 게재, 그리고 분기별 소식지 발행 등을 포함하고 있다. Niche Restaurant은 운이 좋게도 302West의 고객명단을 양도받아 개업전 고객에게 DM과 소식지를 발송할 수 있었다. 입지 또한 마케팅에 도움이 되었다.

도전과제

레스토랑 개업을 위한 경영주들의 중요한 도전과제는 투자자를 모집하는 일이었으며, 그 다음에는 적절한 입지를 찾는 것이었다. 그들은 302West의 컨셉을 유지하기로 결정하고 레스토랑의 입지가 당시의 디자인과 조화를 이루도록 하였다. 그들은 Niche가 고전적이지만 현대적인 컨셉을 유지하기를 원하여 도자기류에 어울리는 크림용기^{creamer}를 찾는 일부터 적절한 카펫을 고르는 일 등 레스토랑의 세팅에 요구되는 세세한 모든 일까지가 중요한 도전과제였다.

재무 정보

Niche Restaurant의 연간 매출액은 개업 첫 해에 130만 달러에 달할 것으로 예상된다. 주간 방문고객은 320~350명에 달한다. 평균객단가는 65달러부터 70달러이다. 매출대비 명세는 다음과 같다.

- 매출액 대비 임차료 비율: 약 6%
- 음식판매 비율: 58%
- 음료판매 비율: 37%
- 기타 비율(예를 들어, 상품권): 5%
- 수익률: 7.2%

예상과의 차이

Niche의 직원 대부분은 302West에서 데려왔으나, 2명의 직원은 새로 고용해야 했다. 경영주들은 기존의 직원들이 오랫동안 함께 근무하여 끈끈한 유대관계가 형성되었기 때문에 고용한 신규직원들이 그들 사이에서 적응을 잘할 수 있을지 걱정했다. 그러나 그들은 잘 적응하여 한 가족과 같이 지냈다.

가장 당황스런 순간

경영주인 Jody Richardson은 가장 당황스런 순간은 개업식에서 투자자에게 실수를 저지른 일이라고 말했다. 개업식에서 Niche Restaurant의 개발과 개업에 도움을 준 모든 사람들에게 감사의 연설을 요청받았을 때 그녀는 대중연설가가 아님을 밝히고, 모든 사람의 이름을 일일이 호명하며 감사의 표현을 하였다. 그러나 연설이 끝난 뒤 그녀는 한 명을 언급하지 않았음을 알게 되었다.

당황스런 순간을 모면하기 위한 조언

생각에 앞서 경솔하게 말하지 말고, 정보를 쉽게 노출시키지 마라.

*참조 : www.nichegeneva.com

CHAPTER

07

메뉴

학습목표

- 메뉴를 계획할 때 고려해야할 사항들
  의 확인
- 몇 가지 일반적인 메뉴유형의 작성과
  기술
- 메뉴 품목의 가격을 결정하는 방법
  토론
- 메뉴판 디자인과 배치를 결정할 때
  고려해야할 사항들의 확인

PhotoDisc/Getty Images 제공

좋은 입지에 있는 레스토랑은 음식보다는 종종 그 입지에 더 초점을 맞춘다. 많은 레스토랑들이 그 메뉴를 결정하기 전에 레스토랑의 디자인과 장식, 심지어 마케팅과 판촉활동까지 계획하기 시작한다.

주방공간은 종종 많은 레스토랑에 제약을 가져다주는 요인이다. 준비과정, 냉요리 주방, 패스트리와 디저트, 조리, 서비스 등은 자주 레스토랑이 이용할 수 있는 것보다 더 많은 공간을 요구한다. 만일 레스토랑이 점심과 저녁을 다 제공한다면 아마도 디저트를 준비할 시간이 없을 수도 있다. 그러나 레스토랑이 저녁만을 제공한다면 패스트리와 디저트는 오전에 미리 준비할 수 있을 것이다.

메뉴와 메뉴 계획수립은 레스토랑 사업에 있어 가장 핵심이 된다. 고객은 기분 좋은 저녁식사를 경험하기 위해 레스토랑을 찾고 메뉴는 이러한 경험에 가장 중요한 요소이다. 고객이 레스토랑을 결정할 때 가장 중요한 요인들 중 하나가 음식의 질이다. 따라서 경영자는 고객을 즐겁게 하기위해 더 맛있는, 더 건강한 음식을 제공하고 새로운 특별한 맛을 창조해야하는 어려움에 처하게 된다. 메뉴 계획시 고려해야할 사항들이 많다는 것은 그만큼 레스토랑 사업이 복잡하다는 것을 보여주는 것이다.

메뉴를 계획할 때 고려해야할 사항들

- 고객들의 필요와 욕구
- 조리사의 능력
- 설비 수용능력과 배치
- 식재료의 지속성과 이용가능성
- 가격과 가격결정 전략
- 영양적 가치
- 공헌이론
- 메뉴의 정확성
- 메뉴 유형

Tip

컨셉은 메뉴에 가장 잘 표현되기 때문에 메뉴를 잘 알면 그 컨셉을 발전시킬 수 있다.

- 실제 메뉴품목
- 메뉴 분석
- 메뉴판의 디자인과 배치
- 표준양목표
- 식재료원가율

메뉴는 레스토랑 컨셉에서 가장 중요한 부분이다. 메뉴 아이템을 선택하는데 있어서 신중한 분석이 요구된다. 경쟁 레스토랑을 분석하는 것은 경쟁과 차별화라는 측면에서 레스토랑을 자리매김하는데 도움이 될 것이다. 메뉴는 그 레스토랑 컨셉을 반영해야하고 그 반대도 마찬가지이다. 레스토랑 컨셉은 목표로 삼고 있는 고객들의 기대에 토대를 두고, 그 메뉴는 그들의 기대를 만족시키거나 능가해야한다. 메뉴개발에 대한 책임은 조리장이 전적으로 질 수도 있으나, 경영주나 매니저, 조리사나 서버들이 함께 감당할 수도 있다. 높은 실적을 올리고 있는 3개의 레스토랑을 갖고 있고, TV 요리쇼의 교재를 집필한 뉴욕의 조리장 Bobby Flay 조차도 때때로 "너의 감정이 너를 배신한다."라는 사실을 인정한다. 그는 몇년 전 그의 스페인풍의 레스토랑 Bolo를 오픈했을 때 "나는 랍스타와 Arborio 쌀을 이용한 오리 파에야duck paella에 대한 좋은 생각을 갖고 있었어요. 나는 그것이 얼마나 훌륭한지, 얼마나 잘 팔릴 것인지에 대한 확신에 차 있었습니다. 그런데 그것이 크게 실패했어요."라는 사실을 기억하고 있었다.[1]

파스타가 특징인 85석을 보유한 그 카페의 메뉴는 아마도 대략 5종의 에피타이저, 2종의 샐러드, 오늘의 수프, 그리고 12~14종의 앙트레(치킨, 고기, 씨푸드, 채식주의자 요리-아마도 스테이크, 구운 치킨, 2~3개의 생선요리)로 구성된다. 고기는 굽거나 살짝 튀기거나 찌고, 채소는 증기로 찐다.

능력과 일관성

적절한 양과 품질로 음식을 생산하는 조리장이나 조리사의 **능력**은 기본적으로 고려되고 있는 사항이다. 표준양목표standard recipe와 조리과정을 준수하는 것은 **일관성**을 유지하는데 도움이 된다. 표준조리표는 시간이 지나면서 검증된 것으로 식재료의 표준량을 목록화하고 질좋은 음식을 만들기 위한 단계별 방법이 된 레스토랑을 극장에 비유하면 메뉴는 연극의 프로그램이다. 조리사와 직원은 배우이며, 실내장식은 무대이다.

다. 메뉴의 복잡성, 제공되는 식사의 수, 관리하는 직원의 수 또한 조리사의 능력과 일관성에 영향을 미치는 요인들이다. 오늘날 조리장과 조리사는 조리방법의 접근에 있어 더 혁신적이고 창의적이다. 요리올림픽^{The Culinary Olympics}, 지역조리장협회, 대학에서의 다양한 조리 프로그램들은 조리장과 조리사의 창의성을 향상시키는데 많은 역할을 하고 있다.

주방장비

만족스런 메뉴를 만들어 내기위해 올바른 조리 장비가 효율적으로 배치되어야한다. 직원으로부터 고객에게까지 메뉴품목이 체계적으로 전달되는 것이 작업효율성에 결정적으로 중요하다. 체인 레스토랑이나 경험이 많은 독립 레스토랑 운영자들은 최대의 생산 효율성을 얻기 위해 장비를 주의 깊게 계획한다. 메뉴 품목은 한 종류의 장비가 과다하게 사용되지 않도록 선택되어야한다. 예를 들어, 구이 메뉴를 너무 많이 선택하면 브로일러^{broiler}가 그것을 다룰 수 없기 때문에 서비스가 늦어질 수 있다. 대부분의 메뉴는 주요리 준비와의 마찰을 피하기 위해 스토브탑^{stovetops}과 그릴을 사용하지 않는 전채요리^{appetizers}의 선택으로 시작된다. 몇 가지 전채요리는 미리 준비되어 냉장고에 보관되었다가 차갑게 제공되도록 한다. 다른 전채요리는 준비되었다가 튀길 수도 있다. 10장에서는 이 문제에 대하여 더 많은 것을 제시할 것이다.

식재료 구매용이성

메뉴를 위한 식재료들은 언제든지 구매가 가능한가? 적절한 가격으로 믿을만한 식재료들이 지속적으로 공급될 수 있는 공급처를 만들고 유지되어야 한다.

좋은 품질의 재료가 좋은 음식을 만들어내며, 신선함은 반드시 지켜져야 한다. 거의 모든 식재료들은 어디서든지 구입이 가능해야 한다. 운영자는 가장 낮은 가격에 가장 좋은 품질을 얻을 수 있는 제철식품을 이용해야 한다. 식재료 가격의 등락은 California Café의 경우에서처럼 총지배인 Volker Schmitz가 자신의 컴퓨터에 저장하고 있는 계절메뉴나 오늘의 메뉴를 이용해 부분적으로 극복할 수 있다. 이것은 멕시코 만의 허리케인 또는 캘리포니아나 플로리다가 서리로 인해 신선한 생선, 과일, 야채 등의 가격이 극적으로 폭등하는 상황이 되었을 때 신속하게 메뉴에서 품목을 제거할 수 있다. 결정은 가격을 조정하거나 메뉴에서 그 품목을 빼도록 하는 것이다.

가 격

가격은 메뉴선택에 있어 주요한 요인이다. 가격-가치 관계에 대한 고객의 지각과 경쟁 레스토랑과의 가격비교는 중요하다. 또 다른 중요한 요인은 가치창조 전략이다. *Pizza Today*를 저술한 John Correll은 "가치창조전략은 경쟁사의 가격보다 더 높게 지각되는 가치를 만들 필요가 있다. 당신만의 가치창조전략을 결정하라 또는 명확히 하라."고 강조하고 있다.[2]

가치창조에는 두 가지 기본적인 구성요인이 있다. 레스토랑이 제공하는 것과 레스토랑이 대가를 청구하는 것. 지각되는 가치를 만들기 위해, (a) 레스토랑이 제공하는 것에 대한 가치의 지각을 증대시키고, (b) 제공에 대하여 청구할 가격을 낮추거나, (c) 이 두 가지를 다 병행할 필요가 있다. 지각되는 가치의 창조 요인에는 다음과 같은 것들이 있다.

- 음식의 양(분량)
- 음식의 질(식사하는 즐거움)
- 음식의 신뢰성 또는 일관성
- 음식의 독특함
- 음식의 선택성(새로운 음식을 포함하여)
- 서비스의 편리성(서비스 속도와 같은)

- 편안함(공손함, 다정함과 그 사업과의 친밀함)
- 서비스 신뢰성 또는 일관성
- 메뉴에 포함된 무료제공음식^{tie-in} 또는 경품

캐딜락을 판매하는가 아니면 시보레를 판매하는가? 만일 값비싼 캐딜락을 판매한다면, 캐딜락 가격, 시보레라면 시보레 가격을 청구해야한다. 개인 운영자의 가장 일반적인 가격에 관한 실수는 시보레 가격으로 캐딜락을 판매하려고 애쓰는 것이다.

컨셉과 표적시장이 메뉴가격을 결정하는 변수가 된다. 예를 들어, 이탈리아 레스토랑은 전채요리를 $2.95~$5.95의 범위에서 제공하고, 주요리는 $6.99~$11.95 범위에서 제공할 수 있다. 퀵서비스 멕시코 레스토랑에서는 $.99~$3.89 범위에서 제공되는 제한된 메뉴를 가질 수 있다. 각 메뉴 항목의 판매가는 그 판매시장에서 받아들여질 수 있고 레스토랑에는 이익을 가져다주어야 한다. 이를 결정할 때 요구되는 질문에는 다음의 문항들이 있다.

- 유사 메뉴 품목에 대한 경쟁자의 가격은 얼마인가?
- 해당메뉴의 식재료원가는 얼마인가?
- 해당메뉴에 들어가는 인건비는 얼마인가?
- 다른 비용들이 추가되어야 하는가?
- 운영자들은 얼마의 수익을 기대하는가?
- 해당메뉴에 대한 공헌이익^{contribution margin}은 얼마인가?

원가와 수익을 감당할 수 없다면, 그 레스토랑은 운영될 수 없고 시간이 경과되면 실패하게 된다. 따라서 모든 요소들을 고려해야한다. 역동적인 외식산업시장에서 경쟁력도 지속적으로 변화한다. 수많은 개인 및 체인 레스토랑들이 부침하고 있다. 새로운 레스토랑들이 개업을 하고 기존의 레스토랑들이 문을 닫는다. 새로운 마케팅과 발전적인 컨셉들이 계속 만들어지고 소개되고 있다. 새로운 경영계획과 디자인, 새로운 광고들, 그리고 더 천천히, 더 새롭게 변형된 음식들이 꾸준히 등장하고 있다. 하지만 어떤 다른 요인보다도 메뉴가격을 결정하는 것이 경쟁력이다.

가격결정 요인

메뉴 아이템들은 레스토랑의 이미지를 보완하고 표적시장에 어필하도록 선택된다. 예를 들어, 햄버거는 셀프서비스인지 테이블서비스인지, 매장 규모나 곁들임 메뉴, 분위기, 레스토랑의 접근용이성에 따라 다양한 가격으로 제공된다. 어떤 사람도 카운터에서 제공되는 것과 똑같은 가격으로 하얀 식탁보가 있는 테이블에 앉아 제공되는 햄버거를 먹을 것으로 기대하지는 않는다. 뉴욕에서 어떤 햄버거는 $21 이상이며, 프렌치프라이와 깍지완두$^{snow peas}$가 함께 제공된다. 퀵서비스레스토랑 햄버거는 약 $1.49이다. 선채로$^{walk-up}$ 선택한 스테이크는 플로리다주 Tampa에 있는 Bern's Steak House와 같은 조용하고 매력적인 레스토랑 테이블에서 제공되는 것의 3분의 1 미만의 가격일 것이다. Bern's는 다수의 룸과 프랑스 포도정원 벽화, 고대장식, 기둥, 티파니 램프를 포함한 값비싼 장식을 갖추고 있다. Bern's의 명성은 고기에서 나는 은은한 향을 개발해냄으로써 지난 40년간 명성을 유지해왔다. 이 레스토랑은 미국의 프라임급 고기만을 구매하는데, 구매 후 4주에서 10주 동안 습도와 온도가 조절되는 특수 라커에서 숙성시킨다. 메뉴에는 부드러운 스테이크에서 대형 스테이크에 이르기까지 6가지 기본적인 커트가 있다. 이는 어떤 두께로도 이용될 수 있고 8단계로 구워진다.

플로리다주, Tampa의 Bern's Steakhouse에서 정찬을 즐기는 고객들
Bern's Steakhouse 제공

메뉴 가격결정 전략

두 가지 주요한 가격전략이 있다. 비교접근법은 경쟁사의 가격을 분석하고, 전채요리, 주요리, 그리고 디저트의 선택을 결정하는 것이다. 각각의 범주 안에서 개별적인 항목들이 선택되고 가격이 책정된다. 식재료원가는 미리 결정된 식재료원가 비율food-cost percentage과 같아야 한다.

두 번째 방법은 각각의 메뉴 품목에 가격을 정하고, 그 가격에 요구되는 식재료원가비율을 얻는데 필요한 총원가율을 곱하는 것이다. 이 방법은 각 메뉴 품목에 대해서 같은 식재료원가 비율이 기대된다. 가치에 대한 고객의 인지 또는 경쟁사가 책정한 가격과 비교할 때, 이 방법은 최선의 전략이 아님을 알 수 있는데, 고가의 신선한 생선 메뉴는 상당히 높은 가격으로 결정될 수도 있다. 아이스티 한잔은 15센트의 음료원가로서 75센트에 판매될 수 있고, 경우에 따라서는 1.5달러로 가격이 정해질 수도 있다.

이는 가중평균 접근법weighted average approach이 될 수 있는데, 이것에 의해 식재료원가 비율, 공헌이익, 판매량이라는 요인들이 적용될 수 있다. 이 전략은 성공메뉴stars가 실패메뉴dogs를 구제할 수도 있다. 성공메뉴는 공헌이익(총수익)도 높고 판매량도 많은 메뉴이다. 이러한 메뉴항목은 전략적으로 메뉴판에서 가장 눈에 잘 띄는 곳에 배치한다. 이 방법의 문제점은 가중평균에서 덜 팔리는 메뉴와 잘 팔리는 메뉴를 분류시키는데 있다. 고객들의 선택이 식재료원가 비율을 편중되게 할 수 있다.

식재료원가율 계산법

식재료원가는 가격결정에 반영된다. 식재료원가는 변동비로서 판매량에 따라 변한다. 식재료원가는 주방장과 경영자에게 목표치를 제공하고 그 레스토랑의 수익성 척도가 된다.

전통적으로 메뉴는 식재료원가에 고정비와 수익을 더한 가격으로 제시된다. 이 시스템은 고정고객을 확보하여 잘 운영되고 있는 레스토랑에서 다른 비용의 예측 가능하다는 점에서 매우 효과적이다. 예를 들어, 판매금액의 33%가 식재료원가 비율이고 다른 비용이 고정적이라면, 주요 메뉴의 식재료원가에 3을 곱하면 판매가가 된다. 커피, 차, 콜라, 디저트와 수프와 같은 품목들은 훨씬 낮은 식재료원가율로 판매된다. 이 품목들이 높은 식재료원가의 메뉴 및 전략메뉴와 균형을 이루어 목표원가율 33%를 달성하게 한다.

Steakhouse가 성공적이고, 운영자들은 전통적으로 식재료원가율인 33%를 적용하지 않고 있다. 스테이크는 미리 자르거나 가공된 고기를 구매하여 40% 또는 그 이상의 식재료원가로 가격을 책정하고 있다. 그럼에도 운영은 성공적이었는데 그 이유는 스테이크를 준비하고 서빙하는 인건비를 15~20% 또는 그 이하로 관리하고 있기 때문이다. 낮은 인건비가 더 높은 식재료원가를 허락한 것이다. 운영자는 주요비용인 식재료원가와 인건비를 결합하여 사용했으며, 이 비용은 판매액의 55~60%에 근접해야 하는 것이다. 이는 15~20%의 운영수익을 가져다준다. 식재료원가율은 레스토랑 사업에서 가장 자주 언급되는 비율로서, 주 또는 월단위로 계산된다. 식재료원가율을 간단히 계산하는 방법은 다음과 같다.

> 전월(기초) 재고원가 + 구매원가 – 당월(기말) 재고원가
> = 소비된 식재료원가
> 식재료원가/ 판매액 = 식재료원가율

> 기초재고원가 $10,000 전월 재고조사
> + 구매원가 $66,666 구매 + 창고 반입품
> 총 소비된 식재료 $76,666
> – 기말재고원가 $10,000 당월 재고조사
> = 소비된 식재료원가 $66,666

만일, 한 달 동안의 전체 판매액이 20만 달러라면 20만 달러로 나눠진 $66,666이라는 식재료원가는 33%의 비율을 만들어낼 수 있다. 이것은 기본적인 계산이며, 대체, 반품, 파손, 실수, 고객의 반품, 유출, 직원 식사, 판촉용 식사 등의 요소들을 고려할 때 더 복잡해진다. 복잡한 식재료원가율을 계산하는 방법은 다음과 같다.

> 기초재고원가 + 구매원가 = 판매 가능한 총 식재료원가
> – 공급자에게 반품비용
> + 조리용 주류 (cooking liquor)
> – 라운지와 바 음식비용(판촉용)

－ 판촉용 식재료원가

　＝ 식재료원가

재고조사는 시간이 상당히 소요되며 복잡한 과정이다. 창고와 주방은 조사원이나 목록작성자의 업무가 수월하도록 정돈되어야 한다. 한 가지 방법은 식품항목에 가격을 표시하거나 재고품목을 컴퓨터 파일 또는 장부에 기록하는 것이다.

영양적 가치

레스토랑 고객들이 음식의 영양적 가치에 대한 관심이 증가하고 있다. 따라서 닭이나 생선과 같은 건강에 좋은 아이템을 더 많이 요구하게 된다. 사실 모든 해산물의 3분의 2는 레스토랑에서 소비되고 있다. 생선과 조개류는 다른 단백질 식품보다 지방의 비율이 훨씬 낮다. 해산물은 콜레스테롤과 나트륨 비율이 낮고, 불포화된 오메가 3 지방산의 양이 매우 높으며, 이는 심장마비 예방에 도움을 주는 것으로 알려져 있다. 건강에 좋은 음식과 개개인의 웰빙에 대한 인식이 증대되면서 운영자들도 조리방법을 바꾸고 있다 – 예를 들면, 닭을 튀기는 대신에 굽기broiling, 찌기poaching, 증기찜steaming, 오븐찜casseroling, 회전식 꼬치구이rotisserie. Kentucky Fried Chicken은 튀긴다는 것에 대한 관심을 희석시키기 위해 그 이름을 KFC로 변경했다. 또한 일부 동물성 지방을 사용하던 것을 100% 식물성 기름으로 바꿨다. 어떤 레스토랑에서는 메뉴 품목 옆에 하트 표시를 하여 저지방 식이요법이 필요한 고객을 위한 배려를 하고 있다. 또한 어떤 레스토랑에서는 메뉴 품목 옆에 칼로리 수치를 표기해 놓는다. 대부분의 체인 레스토랑에서는 칼로리가 더 적고 건강에 더 좋은 메뉴를 만들기 위한 조치를 취하고 있다. 한 예로, 맥도날드는 메뉴 품목별로 영양성분을 완전히 공개하고, 감자튀김에 사용되는 기름도 콜레스테롤이 없는 100% 식물성 기름으로 개선하고 있다.

소비자들은 콜레스테롤과 나트륨보다는 식품에 함유된 지방에 대해 더 염려한다. 많은 레스토랑에서는 지방이 적게 함유된 고기와 해산물과 가금류가 많이 들어있는 메뉴를 제공하고 있다. 시카고에 있는 Lettuce Entertain You Enterprises의 부사장 Bob Wattel은 대체적으로 심장에 좋은 메뉴가 잘 팔리고 있다고 강조한다. Lettuce의 프로그램에서 가장 많이 판매되는 메뉴는 참치 바비큐요리, 참치피자와 새우파스타이다. 건강이란 트렌드에 적합한 메뉴의 계획시 해산물은 빠지지 않고 주도적인 역할을 하고 있음을 말해준다.

NRA에서는 레스토랑에서 육류가 없는 주요리 또는 채식주의자들이 선택할 수 있는 메뉴를 제공하기를 권하고 있다. 레스토랑 고객의 약 15%는 채식주의 메뉴를 찾고, 최소 20%는 육류가 없는 메뉴를 주문하고 있다. Oregon주 Portland에 있는 Wholesome and Hearty Foods에서는 "몸에 좋은 음식을 먹어라"고 권한다. 그들은 고기를 넣지 않고 채소로 속을 채운 다양한 채소버거 Gardenburgers를 전문으로 한다. 오리지널 채소버거 메뉴는 버섯, 양파, 맷돌에 간 귀리, 현미. 치즈와 향신료로 구성되어 있다. 많은 사람들이 건강한 음식섭취가 우리의 활동적인 삶을 연장시키는데 기여하고 있다고 믿는 데는 의심의 여지가 없다. 이미 자리 잡은 레스토랑에서는 건강을 의식하는 고객을 위해 더 많은 선택을 제공하고 있다. 그러한 경향 속에서 레스토랑 운영자들은 저지방 메뉴에 대한 고객들의 관심이 증가하고 있다고 NRA에 보고하였다. 퀵서비스 레스토랑은 패스트푸드가 비만과 연결되어 있다는 이유로 압박을 받고 있다. 맥도날드는 "슈퍼사이즈 메뉴"를 판매 부진으로 중단하였다. 영화 *Supersize Me* 또한 슈퍼사이즈 메뉴의 판매를 떨어뜨리는데 기여한 것으로 보고되었다.

점점 더 많은 레스토랑들이 채식주의자와 극단적 채식주의자vegan, 그리고 최근 마니아들에게 날음식raw fare을 제공하고 있다. 캘리포니아주 오클랜드에 있는 New World Vegetarian과 맨해튼에 있는 Radha와 같은 채식주의자 레스토랑에서는 육류, 즉 소고기, 가금류, 생선 또는 부산물을 제공하지 않는다. 샌프란시스코에 있는 Good Karma와 맨해튼에 있는 Strictly Roots와 같은 극단적 채식주의자 레스토랑은 일반 채식주의자 레스토랑보다 더 엄격하다. 그들은 채식주의자 레스토랑이 배제하고 있는 것에 유제품도 추가한다. 극단적 채식주의자는 또한 동물들의 죽음이나 고통과 관련된 가죽, 실크, 털과 같은 의류를 입는 것을 삼간다. 어떤 극단적 채식주의자는 꿀을 소비하는 것도 금지한다. 캘리포니아주 버클리에 있는 Raw Energy Organic Juice & Cafe와 같은 날음식 바 & 레스토랑raw bars and restaurants에서는 화씨 116도(약 46.7℃) 이상으로 가열된 음식은 제공하지 않는다. 어떤 레스토랑은 단지 한 두 가지 채식주의자 음식만 제공한다. 플로리다주 Tampa에 있는 Grassroot Organic Restaurant와 같은 레스토랑은 채식주의자나 극단적 채식주의자, 그리고 날음식을 찾는 사람들을 끌어들이기 위해 그들의 메뉴를 설정하고 확대하고, 결합한다.

영양적으로 더욱 우수하면서 친환경적인 음식을 제공하는 것은 도전과제이다. 방목으로 사육된 소나 돼지, 닭처럼 자연친화 상태로 사육된 단백질 음식을 제공함으로써 패스트푸드에 대한 사람들의 사고방식을 바꾸는 일을 하는 멕시칸 음식점 치폴레(Chipotle)는 2가지 큰 어려움을 가지고 있다. 하나는 구매가능성인데, 이는 친환경적으로 사육된 단백질 식품을 충분히 공급받아서 모든 점포에서 식재료로 이용할 수 있도록 하는 것이다. 두 번째는 가격으로서, 고객들은 요금을 더 지불할 수 있도록 하는 것이다. 예를 들어, 부리또^{burrito}에 대해 6달러가 아니라 15달러를 지불해야 한다. Chipotle에 대한 해결책은 경제적 모델에 따라 공급 균형을 맞추는 것이다. [i]

몇몇 도시에서는 현재 트랜스지방산^{trans fatty acids} (일반적으로 불포화지방이면서 단일 또는 합성 불포화될 수도 있는 지방을 일컫는다)을 금지하고 있다. 오늘날 소비되는 대부분 트랜스지방은 식물성 지방의 부분적 수소화라는 부작용으로 만들어진다. 그 과정은 지방의 분자구조를 변화시켜서 용해점을 올리고 부패를 줄인다. 그렇게하여 보존기간도 늘린다. 하지만 이 과정을 통해 지방이 트랜스지방으로 변화된다. 트랜스지방을 섭취하는 것은 관상동맥 심장병의 위험을 증가시킨다. 그것은 LDL 콜레스테롤(건강에 해가 되는 콜레스테롤)을 증가시킬 뿐만 아니라, HDL 콜레스테롤(건강에 유익한 콜레스테롤)을 감소시킨다. 많은 회사들이 자발적으로 그들의 제품에서 트랜스지방을 제거하고 있다. [ii]

공헌이익

공헌이익^{contribution margin}은 판매가격과 식재료원가간의 차액이다. 판매가격에서 식재료원가를 차감한 나머지 금액(총수익)은 고정비와 변동비를 포괄하는 총 수익을 나타내는 공헌수치이다. 레스토랑 A가 원가 5달러의 스테이크를 제공하고 10.95달러로 판매를 하면, 공헌이익은 5.95달러가 된다. 5.95달러의 수익은 채소나 소스와 같은 부재료 조리비용 15%를 포함한 고정비와 변동비를 모두 지불하고 나면 어느 정도의 수익금이 남는다.

풍미

풍미^{flavor}는 어떤 음식이나 화학적 감각을 결정하는 어떤 물질에 대한 감각적 인상, 즉 맛이다. 음식의 맛을 결정할 때 역할을 담당하는 다른 요소에는 향기^{aroma}, 질감^{texture}, 시각^{sight}, 그리고 소리^{sound}이다. 다시 말하면 맛은 오감과 밀접한 관계가 있다. 모든 음식의 맛이 변화되기 위해서는 풍미가 가미되어야 한다.

21세기가 되면서 미국의 외식산업은 광범위한 풍미를 가지고 다양한 인종적, 국제적 음식으로 변화되어가고 있다. 고객들은 레스토랑 사업자들이 서로 차별성을 갖기 위한 주요 수단으로 풍미를 개발함에 따라 이전에 없었던 소수 민족의 음식^{ethnic cuisine}을 포용하고 있다.

미국인들의 기호^{palate}는 음식에 있어 광범위하고 복잡한 풍미를 갈망하고 있다. 강한 맛, 매운 맛, 신선한 맛 −미국의 레스토랑 음식을 빠르게 바꾸어 놓고 있는 다양한 문화에서 나오는 풍미− 등이 있다. 조리장들은 퓨전음식이 트렌드에 따라 개발되고 있고, 미국인들은 외국음식의 영향을 가미한 −아마도 두드러진 풍미, 식재료, 조리방법 등− 친숙한 맛을 원하고 있다고 생각하고 있다. 양념에 절인^{marinated} 또는 훈제^{smoked}라는 용어는 메뉴에 많이 등장하는 특징과 함께 풍미가 강한 음식의 트렌드를 보여주고 있다.

*Flavor and the Menu Magazine*에 따르면, 메뉴 아이템의 경향이 건강과 풍미^{healthy flavors}, 조절된 분량^{portion control}. 간편한 음식^{humble foods}, 소수민족 음식^{authentic ethnic}, 이국적인 마무리^{exotic endings}에 초점을 맞추는 방향으로 예측되고 있다. [그림 7-1]은 Union Square Café의 풍미 있는 메뉴 *yum*를 보여주고 있다.

메뉴의 정확성

대부분의 주에서는 레스토랑을 포함하여 기업들이 그들의 메뉴를 잘못 표기해서는 안 된다는 규정을 법규화하고 있다. 레스토랑은 메뉴상의 음식을 설명할 때 정확하고 사실적이어야 한다. 이는 메뉴상에 명기된 송어가 아이다호 송어양식장 생산물이라면, 외국에서 수입된 것으로 오인하도록 설명되어서는 안 된다

그림 7-1 유명한 상을 받은 Union Square Cafe의 메뉴는 시골풍의 이탈리아 맛을 지닌 미국요리를 특징으로 한다.

Danny Meyer 제공

Union Square Cafe

● 그림 7-1 (계속)

Appetizers

Bibb and Red Oak Leaf Lettuce Salad with Grated Gruyère and Dijon Vinaigrette	11.50
USC's Green Salad with Garlic Croutons and Oregano Vinaigrette	8.50
Black Bean Soup with Lemon and a Shot of Australian Sherry	8.50
Heirloom Tomato Salad with Crumbled Coach Farm Goat Cheese, Sweet Onions & Basil	13.00
Risotto with Rock Shrimp, Cucumber, Jalapeño and Cilantro	13.50
Tagliarini with Sweet Corn, Roasted Tomatoes, Pancetta and Gorgonzola Cream	12.00
Penne alla Norma – Sicilian-Style Pasta with Roasted Eggplant, Tomato and Ricotta Salata	11.00
Fettuccine Papalina al Tartufo – with Proscuitto, Parmigiano Reggiano and Black Truffle Butter	12.50
Strozzapreti alla Campidanese – Pasta Twists with Saffron, Tomatoes, and Sweet Fennel Sausage	11.50
Insalata Siciliana - with Crispy Sardines, Roasted Peppers, Green Olives and Caciocavallo	13.00
Sheep's Milk Ricotta Gnocchi with Wilted Arugula and Lemon Cream	12.50
Terrine of Spiced Duck Foie Gras with Peach-Fig Chutney	15.00
Union Square Cafe's Fried Calamari with Spicy Anchovy Mayonnaise	11.25

Main Courses

Herb-Roasted Organic Chicken with Summer Vegetable Panzanella	26.00
Indian Spiced Vegetables – Glazed Eggplant, Potato Bread, Mushroom Basmati, Chick Peas & Spinach	23.00
Sautéed Wild Striped Bass with Roasted Roma Tomato Vinaigrette, Greenmarket Summer Squash, Baby Zucchini and Cipollini Onions	27.00
USC's Grilled Marinated Filet Mignon of Tuna with Gingered Vegetables and Wasabi-Mashed Potatoes	30.00
Seared Wild Alaskan Salmon with Balsamic Butter, Sautéed Spinach, Sweet Corn and Shiitake Mushrooms	28.00
Crispy Lemon-Pepper Duck with Peach-Fig Chutney, Farro and Swiss Chard	26.00
Grilled Lamb Chops *Scotta Dita* with Potato-Gruyère Gratin and Sautéed *Insalata Tricolore*	29.00
Grilled Smoked Black Angus Shell Steak with Mashed Potatoes and Frizzled Leeks	29.00

Michael Romano, Executive Chef-Partner

Specials for Thursday Dinner

Iced Oysters	Salutation Cove (PEI) Steamboat (WA) Totten Inlet (WA)	1.95ea
Cocktail	USC's Campari Citrus Cooler – *Campari, Aranciata and Lime*	9.00
Chef's Soup	Hearty Split Pea with Bacon and Herbed Croutons	8.50
Appetizer	*Tonnarelli all' Aragosta* – Housemade Square-Cut Spaghetti with Roasted Lobster-Heirloom Tomato & Basil Sauce	14.00
Entrée	Pan Seared Scallops with Sautéed Chanterelles, Roasted Brussels Sprouts, Crispy Cardoons and Golden Tomato-Pancetta Butter	28.50
Cheeses	Taleggio (Lombardy) – *Soft-ripened raw cow's milk with salty & nutty nuances* Saint-Maure (Loire, AOC) – *Ash coated, pleasantly salty fresh goat's milk* Bingham Hill Sweet Clover (Fort Collins, CO) – *Rich, nutty, semi-firm raw sheep's milk*	9.50
Dessert	Greenmarket Apple Pie with Caramel Ice Cream	8.50

Featured Wines by the Glass

Lieb Cellars Pinot Blanc (North Fork) 2001	GLASS	9.00
	BOTTLE	35.00
Bedell Cellars, Merlot (North Fork) 2000	GLASS	9.25
	BOTTLE	35.00

Weekly Specials

Monday	USC's Lobster "Shepherd's Pie"— with Mushrooms, Mashed Potatoes, Spinach, Carrots and Lobster Sauce	29.00
Tuesday	Roast Dry-Aged Prime Rib *au Jus* with Twice-Baked Gruyere Potatoes and Sautéed Green Beans	32.00
Wednesday	*Porchetta Arrosta* — Roast Suckling Pig with Rosemary, Garlic, Sautéed Greens and Herb-Roasted Potatoes	28.00
Thursday	*Bollito di Vitello* — Fork-Tender Veal Steamed in White Wine with Braised Vegetables, Aromatic Herbs and Tangy Salsa Verde	28.50
Friday	Roman Style Roasted Baby Lamb with Sautéed Wild Mushrooms, Eggplant and *Fagioli all'Ucceletto*	29.50
Saturday	Grilled Rib Steak for Two with Béarnaise Sauce, Grilled Red Onions and Potato-Gruyère Gratin	30.00 Per Person
Sunday	*Osso Buco* – White Wine-Braised Veal Shank with Sautéed Dandelion and Crispy Polenta	28.00

Vegetables and Condiments

Sautéed Broccoli Rabe "Mama Romano Style"	5.00	Creamy Polenta with Mascarpone, Toasted Walnuts and Crumbled Gorgonzola	6.00
Union Square Cafe's Mashed Potatoes with Frizzled Leeks	5.00	Sautéed Spinach with Lemon and Extra-Virgin Olive Oil	6.50
Fagioli alla Toscana – Simmered White Beans with Savory Herbs and Pecorino	5.00	Grilled Slices of Sweet Red Onion	4.50
		Hot Garlic Potato Chips	5.00

The Union Square Cafe Cookbook
&
Second Helpings from Union Square Cafe
Autographed Copies, $35.00 each

● 그림 7-1 (계속)

Union Square Cafe

21 East 16th Street New York, New York 10003   Tel 212 243-4020

더 풍미있는 음식을 찾는 추세를 고려할 때, 향이 좋은aromatic, 매운spicy, 코를 톡 쏘는tangy, 바삭바삭한crisp, 훈연된smoked, 숯불구이된char-broiled, 양념에 절인marinated, 신선한fresh, 아삭거리는crunchy, 장작에 구운wood-fired, 그리고 지글지글거리는sizzling과 같은 설명으로 인하여 메뉴가 가진 풍미의 느낌을 향상시켜 준다.

는 것을 의미한다. 유사하게, 만일 쇠고기가 프라임으로 기술이 되어 있다면, 그것은 반드시 미 농무성 표준의 프라임급이어야 한다. 버터를 마아가린으로 변경해서는 안 된다. 그리고 신선한 크림은 반드시 신선해야한다. 몇몇 레스토랑들 중에는 메뉴의 정확성을 위반하여 무거운 벌금을 내기도 한다.

어린이 메뉴

가족들의 음식을 조달하는 레스토랑들은 별도의 과감한 색깔과 현혹하기 쉬운 캐릭터를 이용한 어린이 메뉴를 제공하고 있다. 어린이들은 재미와 유머를 좋아하는데, 유아에서 10대에 이르는 다양한 연령층이다. 따라서 하나의 사이즈가 모두에게 적합한 것은 아니다. 아이들은 작은 경품을 집에 가지고 가는 것을 좋아하고 실제 연령보다 성인처럼 관심을 받거나 대접받기를 좋아한다. 버거킹은 10대 이전의 어린이들을 위한 Big Kid 식사를 도입했으며, 다른 곳에서도 이를 모방했다.

맥도날드 같은 레스토랑에서는 아이들을 위한 놀이 공간을 마련하고 있다. 모든 레스토랑에서 가능하다면 어린이를 위한 코너를 마련할 수 있다. 고급 레스토랑에는 차라리 부모들이 자녀를 데리고 오지 않는 것이 나을 것이다.

대부분의 레스토랑은 놀이매트, 크레용, 작은 집 등 경품들을 어린이들에게 제공할 수 있다. 어린이들을 좋아하고 어린이들을 다루는 것을 즐기는 직원이 어린이들의 서빙을 담당하는 것이 좋다. "멋있고cool" 어린이들의 언어를 잘 사용하고, 흥미로운 헤어스타일에 활기차고 잘 웃는 사람이 그 일에 적합하다.

팬케이크를 판매하는 레스토랑에서는 팬케이크 위에 약간의 딸기나 색깔을 가진 재료로 재미있는 얼굴 등을 만들 수 있다. 맥도날드에서 힌트를 얻어 동물, 바보스런 캐릭터 또는 괴물 같은 고유의 마스코트를 생각해볼 수도 있다. 그 캐릭터는 여성일수도 남성일수도 있다. 아이들은 또한 가짜 스파이더, 큰 벌레, 그리고 다른 별난 동물과 같은 해롭지 않은 물체들의 형태를 즐긴다.

Restaurant Hospitality 잡지는 해마다 미국대회에서 최고의 어린이 메뉴(Best Kid's Menu)를 선정하고 그 결과를 발표한다.[3] 여기에는 몇 가지 표준이 있다.

- 어린이와 함께 온 가족들을 기다리게 하지 말 것.
- 직원은 어린이들을 보호하려고 하지 말고, 몸을 구부려 눈높이를 맞추어 어린이들과 대화를 나누고, 단순한 어휘를 사용해야 한다.
- 어린이 메뉴는 아이들에게 익숙한 메뉴가 되어야 한다. 왜냐하면 어린이들은 보통 낯선 음식에는 거부감을 갖기 때문이다. 주요리가 나오기를 기다리는 동안 스낵이나 채소가 제공되어야 한다.
- 어린이의 39%는 좋아하는 음식으로 미국 음식을 선택한다. 21%는 이탈리아 음식, 20%는 중국음식, 그리고 15%는 멕시코 음식을 선택한다.
- 어린이의 연령이 8살 또는 9살이면, 그 아이는 광범위한 성인 음식을 먹는다. 주니어 메뉴에는 나이든 어린이들을 위하여 채소, 버무린 샐러드, 갈비, 스테이크, 생선, 그리고 감자요리 등을 포함하여 더 많은 양의 음식이 제공되어야 한다.

메뉴 품목

독립레스토랑의 메뉴는 체인 레스토랑보다 더 창의적이고 모험적인 경향이 있다. 조리사는 더 광범위한 음식 배경과 혁신에 대한 재능을 가지고 있다. 체인 레스토랑은 광범위한 시장에 호소하고 있기 때문에 대중에게 인기 있는 품목을 반영하는 메뉴를 제공한다.

메뉴품목의 선택은 레스토랑의 유형에 따른다. 메뉴의 수나 범위는 전반적으로 레스토랑의 성공에 결정적 역할을 한다. 만일 제공되는 메뉴들이 지나치게 광범위하면 시기적절하게 고객들에게 메뉴를 제공하는데 문제가 생길 것이다. 예를 들어, 패밀리 레스토랑의 주 고객층은 모든 인종집단들이며 대중적인 메뉴를 제공할 필요가 있다. 뜨겁거나 차가운 전채요리, 수프, 샐러드를 선택하게 함으로써 균형을 유지할 수 있다. 정식요리에는 몇 종류의 육류, 가금류, 생선, 파스타, 디저트가 포함된다. 수프로는 쇠고기 채소수프 같은 가장 인기 있는 수프에 그날의 스페셜 수프가 추가된다. 샐러드도 메인 요리로 제공될 수 있는데, 하우스 샐러드, 쉐프 샐러드 또는 오리엔탈 치킨, 파히타fajita 또는 시저 샐러드가 포함될 수 있다. 주요리는 숯불구이 치킨, 넙치구이나 대구, 튀긴 새우, 스테이크, 버거와 다양한 샌드위치를 포함한 전형적인 미국 가족식 형태의 식사가 제공된다. 디저트는 아이스크림과 케이크나 패스트리가 선택될 수 있다. 일반적으로 샐러드드레싱은 선택할 수 있도록 한다.

메뉴에 새로운 아이템을 추가하는 것은 위험할 수 있다. 본사에 의해 결정되는 대규모 체인 레스토랑은 그 위험을 줄여야만 한다. 왜냐하면 일부 레스토랑에서 메뉴 품목의 실패가 큰 비용 부담이 될 수 있기 때문이다. 대부분의 체인점들은 합리적인 의사결정과정을 사용한다([그림7-2] 참조). 체인점들이 사용하는 순서는 다르며, 이러한 과정이 모든 유형의 레스토랑에 적절한 것은 아니다.

개인레스토랑은 새로운 아이템을 특별메뉴로 첨가할 수 있으며, 인기가 좋으면 주 메뉴에 추가한다. 오늘날은 실적이 좋은 고급 레스토랑만이 산업을 이끌어 가고 있는 것은 아니며, 평범한 체인 레스토랑도 그 역할을 수행해나가고 있다.

Emeril Lagasse와 Wolfgang Puck, Charlie Trotter, Jean-Georges Vongerichten, Danny Meyer와 같은 스타 쉐프는 매우 익숙한 이름들이다. 하지만 산업에 참여하기 위해 반드시 스타 쉐프가 될 필요는 없다. 예를 들면, Einstein/Noah Bagel Corporation과 Famous Dave's, Panera Bread들도 메뉴 마스터상Menu Masters Awards을 받았다.

○ 그림 7-2 메뉴품목 선택을 위한 합리적인 결정 과정

1. 목표와 일정표를 작성하라.
2. 가능한 모든 메뉴 아이디어 목록을 개발하라.
3. 아이디어 목록을 줄여라.
4. 고객을 통해 메뉴를 검증하라
5. 표준메뉴prototype를 구축하라.
6. 내부 검증을 통해 표준메뉴를 축소하라.
7. 시범점포에서 표준메뉴를 시범판매하고 개선하라.
8. 표준메뉴를 메뉴에 등재하라.

전채요리와 수프

대다수의 레스토랑에서는 6~8개의 전채요리가 적절하다. 대부분은 서비스 속도와 조리에 이용되는 도구 사용을 피하기 위해 찬요리이거나 사전조리되어 전자레인지에서 신속하게 처리하기도 한다.

다양한 고객들의 취향을 수용하기 위해 일반적으로 각각의 고객층에 적합한 품목을 선택하여 전채요리에 대한 메뉴의 균형을 유지해야한다. 예를 들면, 다음과 같다.

- 사프란 레몬티로 조리된 찬 왕새우(Chilled fresh tiger prawns cooked in saffron lemon tea with couscous semolina, almonds, bell pepper, angel hair, and avocado)
- 훈제 오리 가슴살(Home-smoked duck breast served with baby corn and wild rice)
- 새우로 속을 채운 라비올리(Ravioli of Pacific prawns served with fresh thyme cream sauce and diced bell pepper)
- 캘리포니아 포푸리 샐러드(California potpourri salad served with almond raspberry vinaigrette and tender lettuce and oak leaves, dressed with warm goat cheese and rosemary)

전채요리의 선택은 고객이 한 번 먹어보고 싶어 할 정도로 충분히 흥미로워 야 하지만 주요리에 대한 관심을 떨어뜨릴 정도여서는 안된다. 최소한 일부 전 채요리는 주요리를 위해 사용되는 기구와는 다른 주방기구를 이용하는 것이 좋 다. 패밀리 레스토랑을 조사해보면 닭채^{chicken strips}나 양파링^{onion ring}, 호박튀김^{fried zucchini}, 치즈튀김^{fried mozzarella}과 같은 아이템을 위해 튀김기^{fryer}를 자주 사용하고 있음 을 볼 수 있다. 튀기지 않거나 부분적으로 튀긴 아이템에는 나초 슈프림^{nachos supreme}이 있다.

개인 디너레스토랑은 체인레스토랑보다 더 모험적인 경향이 있다. 전형적인 전채요리에는 세리포도주 허브소스의 표고버섯요리와 훈제연어요리, 구운 브리 치즈요리, 새우칵테일^{shrimp cocktail} 세리크림 게요리, 신선한 굴, 그리고 절인 아티 초크^{marinated artichokes}가 포함될 수 있다.

전채요리를 제공하는 것은 고객들이 눈으로 즐기고 맛보는 첫 번째 아이템이 므로 중요하다. 저녁 메뉴의 전채요리가 점심과 같아야 하는가를 고려해 본다.

제공되는 수프의 종류와 수는 레스토랑 컨셉과 고객 특성에 달려있다. 수프 의 종류에는 걸쭉한 것, 묽은 것, 담백한 것, 크림이 들어있는 것, 차가운 것 또 는 차우더^{chowder}(생선이나 조개 종류로 만든 걸쭉한 수프 -역자 주)가 있다. 특별하게 는 닭고기 국수나 오늘의 특선수프 또는 더 이국적인 루이지애나 대합 차우더와 같은 인기품목이 포함될 수 있다.

샐러드

다양한 샐러드 메뉴와 그 메뉴를 연중 제공할 수 있을 정도로 식재료 공급이 원활해지면서 수많은 레스토랑들이 샐러드를 코스의 첫 메뉴로 선호하고 있다. 대개 샐러드는 가벼운 전채요리로 식사 전에 제공된다. 최근에는 많은 미국인들 이 샐러드를 메인 코스로 주문하는 경향이 있다. 레스토랑에서는 고객들에게 더 다양한 샐러드를 제공하기 위해 새로운 재료를 첨가하고 있다.

샐러드를 만들기 위해 혼합되는 재료는 매우 다양하다. 고전적인 가든 샐러드 에서 만다린 오렌지와 아몬드가 섞인 샐러드, 가벼운 오리엔탈 드레싱이 뿌려진 바삭거리는 누들과 치킨 샐러드에 이르기까지 그 영역이 매우 넓다. 고객들이 그 들이 먹는 음식에 과일과 채소를 추가하려는 방식으로 치킨과 비프, 해산물, 과 일, 그리고 이국적인 드레싱이 뿌려진 채소로 만들어진 샐러드의 인기가 상승하 고 있다. 전통적인 시저샐러드와 카브^{Cobb} 샐러드는 최고의 인기 메뉴이다.

맥도날드조차도 그들의 메뉴에 더 건강하고 가벼운 메뉴를 첨가하고 있다. 오늘날 맥도날드에서는 치킨시저^{Chicken Caesar}, 카브, 랜치^{Ranch}, 피에스터^{Fiesta} 등을 포 함하여 다양한 샐러드를 제공하고 있다.

▌주요리

일반적으로 테이블 서비스를 하는 레스토랑에서는 최소 8가지 앙트레^{entrees}가 있어야 한다. 이는 다양한 조리방법(오븐구이^{baked}와 직화구이^{broiled}, 옅은 튀김 ^{sauteed}, 튀김^{fried}, 철판구이^{grilled}, 삶기^{poached}, 끓이기^{simmered}) 중 최소한으로 선택되는

데, 균형을 이루기 위해 주요 육류, 파스타, 가금류, 해산물, 어류 중에서 한두 가지 메뉴는 포함시켜야 한다. 닭요리와 같은 메뉴는 다양한 방법으로 조리하여야 한다. 즉, 직화구이인 레몬허브치킨(lemon herb chicken), 생강 식초에 절인 닭가슴 철판구이(grilled chicken breast marinated in ginger vinaigrette), 살짝 튀기는 소테 방식의 치킨 파히타(chicken fajitas), 또는 부르고뉴 방식의 끓인 닭요리(chicken in the style of Burgundy) 등이 있다.

디저트

디저트로는 과일, 파이, 케익, 아이스크림과 패스트리 중에서 선택되어진다. 디저트는 평균객단가와 운영수익을 올릴 수 있다. 대부분의 레스토랑은 제과장을 고용할 여유가 없으나 고객들에게 고품질의 디저트를 제공할 대안은 있다. 그것은 지역의 패스트리 숍이나 제과점에서 구매할 수도 있기 때문이다. 어떤 레스토랑은 고객이 직접 아이스크림과 냉동 요거트를 뜨고 다양한 토핑을 첨가하는 선데바^{sundae bar}를 구비하고 있다.

조화/궁합[4]

과거에는 굴과 화이트와인 샤블리^{Chablis} 또는 로스트비프^{beef roast}와 레드와인 클라레^{Claret}나 본^{Beaune}처럼 음식과 와인의 궁합을 최상의 결합으로 간주하였다.

최근 메뉴의 경향은 영감을 유럽뿐만 아니라 아시아, 라틴 아메리카, 그리고 한 때 무시되었던 미국의 변방까지도 받아들이고, 와인은 남극을 제외한 전 대륙에서 들어오고 있다. 새로운 최고급 요리는 조리표가 제공되면서 일반적으로 요리가 한 종류의 와인과 짝을 이루고 있다. 예를 들어, 구운 염소 치즈^{baked goat cheese}는 샐러드나 피자 또는 구운 멜란지^{baked melange}에 혼합되어 메뉴에 등장한다. 동반되는 와인은 백포도주 소비뇽 블랑^{sauvignon blanc}이다. 이는 고트 치즈가 과일 코스의 일부일 때 효과가 좋다. 여기에서 소비뇽 블랑과 같은 상쾌하면서 단맛이 적은 드라이한 와인은 식사 후반부의 치즈 코스에 잘 어울린다.

다른 예는 참치로서 참치의 붉은 자주색은 조리가 되면 회색으로 변하지만 날 것일 때에는 즙이 많은 보석 같은 빛을 띤다. 참치를 날 것으로 제공하는 스시 바에서 힌트를 얻어, 조리사들은 전채요리로 일본식 양념과 함께 조리되지 않은 참치를 제공할 뿐만 아니라 양념하거나 참치표면을 재빨리 살짝 익혀서 더 많은 미각을 전달하는 방법을 고안했다. 오늘날 이러한 최고급 요리를 보충해주는 와인은 백포도주 샤르도네^{chardonnay}일 것이고, 숙성과 보관과정에서 나오는 이 와인의 향이 가볍게 조리된 참치의 강한 향과 질감을 부드럽게 만들어준다.

구운 연어와 함께 제공될 와인의 선택은 적포도주 피노누아^{pinot noir}가 적합하다. 연어에 레드와인이라는 선택은 태평양 북서쪽에서 시작된 것 같은데, 그 곳에서 와인을 마시는 사람들은 Oregon주의 피노누아가 생선과 잘 어울린다는 것을 발견해냈다.

훈제 토마토는 최근에 메뉴로 등장했는데, 신선한 토마토를 요구하는 요리에 독특하게 달콤하면서도 훈제향이 첨가되었다. 파스타 프리마베라^{primavera}와는 다소 차이가 있다. 이러한 새로운 최고급 요리와 조화를 이루기 위해 작은 오크통에서 숙성된 훈제향이 가미된 현대적 스타일의 끼안띠^{chianti}(이탈리아 토스카나 지방의 레드와인 -역자 주)를 마시게 되면, 파스타와 훈제 토마토와의 결합으로 인해 그 향이 더 오래 남을 것이다.

▌메뉴 유형

프랑스 전통 레스토랑은 각각의 범주에 동일한 수의 메뉴를 제공하고 고전적인 식사 순서를 따른다. 먼저 전채요리가 나오고, 수프, 해산물, 앙트레, 그릴에 이드^{grillades}(그릴에 구운 육류), 콩류(채소), 샐러드, 마지막으로 디저트의 순서를 따른다.

"프랑스 고급요리^{la grande cuisine francaise}"를 제공하는 고급 레스토랑은 몇 종류의 조리장 특선 또는 오늘의 특별메뉴를 제공하기도 한다. 별도의 정식메뉴^{table d' hôte}가 제공될 수도 있다. 정해진 가격으로 수프 또는 애피타이저, 샐러드, 앙트레와 채소를 포함한 완전한 식사. 나머지 아이템들은 전형적으로 가격이 따로 붙어 있는 일품요리^{a la carte}이다.

디너하우스의 메뉴판은 비슷한 앙트레로 분류하는데, 예를 들어, 한 영역은 쇠고기 메뉴, 또 다른 영역은 해산물 메뉴로 분류한다. 특별메뉴는 한꺼번에 편집하여 제공할 수 있다. 많은 메뉴들이 아침식사 메뉴, 디저트 메뉴, 음료메뉴 등의 영역으로 분류되어 있다.

커피숍에서는 통상적으로 모든 메뉴가 24시간 이용가능할지라도 아침식사 메뉴를 다른 페이지로 분리하여 제공한다. 전형적인 테이블 레스토랑은 아침 식사, 점심식사, 저녁식사 등 3종 또는 4종의 메뉴판을 각각 별도로 제작하여 사용한다. 양을 줄인 낮은 가격의 어린이메뉴도 제공될 수 있다.

일품요리 메뉴에서는 개별적으로 가격이 정해진 메뉴들을 제공한다. 대부분의 음식점에서는 이러한 메뉴유형을 이용한다. 정식메뉴는 정해진 가격으로 고객들이 완전한 식사를 할 수 있도록 몇 가지 선택을 제공한다. 전채요리와 수프, 샐러드, 주요리, 디저트에 대한 선택이 가능하다. 정식메뉴에 대한 장점으로는 보증된 고정가격으로 고객이 편안하게 식사를 할 수 있다는 신뢰를 주기 때문에 가치가 있다. 레스토랑 운영자에게도 정식메뉴는 메뉴선택의 수를 제한할 수 있다는 이점이 있다.

몇몇 레스토랑에서는 일품요리 메뉴에 그 날의 특별메뉴를 첨가하고 있다. 일품메뉴는 특히, 분주한 저녁 시간대에는 조리직원에게 많은 압박을 주게 된다. 왜냐하면 고객의 약 70%가 일품메뉴를 "선택"하기 때문이다.

다른 메뉴 유형에는 오늘의 특별 메뉴^{du jour menu}가 포함되는데, 이는 특정한 날에만 제공되는 메뉴이다. Du Jour는 글자 그대로 오늘의 수프^{soup du jour}에서처럼 "그 날의^{of the day}"를 의미한다. 보통 7, 10, 14 또는 28일 마다 순환적으로 반복해서 제공되는 순환메뉴도 널리 이용된다.

캘리포니아 메뉴는 많은 캘리포니아 레스토랑에서 고객들이 어떤 시간이든지 어떤 메뉴든지 주문이 가능하기 때문에 그러한 이름이 붙여졌다. 레스토랑에서는 아침, 점심, 저녁, 그리고 브런치 등 각각의 식사에 대해서 별개의 메뉴를 가지고 있다. [그림 7-3]은 메뉴 틀의 예시를 보여주고 있다.

관광객을 위한 메뉴^{tourist menu}는 때때로 여행자들의 관심을 끌기위해 이용된다. 일반적으로 이런 종류의 메뉴는 음식이 완전히 다른 관광지로 여행하고 있는 고객에 대해 특별한 가치와 만족을 제공해줄 것이다.

점심과 저녁 메뉴

고객과 레스토랑 운영자 양측의 관점에서 점심메뉴는 저녁메뉴와는 차이가 있다. 오늘날 대부분의 점심 고객들은 식사를 주문하고 즐기는데 약 45분의 시

전채요리
_____   _____
_____   _____
_____   _____

수프
_____   _____
_____   _____
_____   _____

주요리
_____   _____
_____   _____
_____   _____
_____   _____
_____   _____

디저트
_____   _____
_____   _____
_____   _____

음료
_____   _____
_____   _____
_____   _____
_____   _____

간을 사용한다. 이는 메뉴가 이해하기 쉽고 주방에서는 음식을 신속히 조리할 수 있어야함을 의미한다. 대부분의 도시에서 점심메뉴에 대한 심리적 가격장벽은 10달러 미만이다. 저녁에는 고객들이 식사를 여유롭게 즐길 수 있는 시간이 더 많기 때문에 식사량과 가격 둘 다 다소 높은 경향이 있다.

시식용 미각 메뉴

고급 레스토랑에서는 고객들에게 맛을 음미할 수 있도록 의도된 시식용 미각 메뉴degustation menu를 제공하고 있다. 미각 메뉴는 조리사 최고의 요리에 대한 견본이다. 이는 몇 가지 코스로 제공되며 향과 질감에 대한 조리사의 실력을 발휘한다. 이 메뉴는 보통의 식사보다 제공 시간이 더 소요된다.

시카고에 있는 Charlie Trotter's에서는 고객들에게 몇 년 동안 몇 가지 맛볼 수 있는 메뉴를 선택해왔다. 매일 조리되어지는 미각 메뉴는 당일 구매한 가장 신선한 재료임을 강조한다. 메뉴는 3가지 형태로 제공되는데, 제각각 독특한 시각을 제공한다. 고객들이 선택한 와인에 어울리도록 주방에서는 저녁메뉴를 조정하기도 한다.

Grand Menu

Amuse Gueule

Steamed Skate Wing with Marinated Radish, Shellfish Gélée
& Saffron Infused Yellow Taxi Tomato Broth

Alaskan Halibut with Trout Roe,
Dungeness Crab, Roasted Shallots & Watercress

Roasted Poussin Breast with Cauliflowers, Cumin,
Chanterelle Mushrooms & Spicy Date Purée

South Dakota Bison Tenderloin with Lobster Mushrooms
Braised Oxtail & Red Wine Braised Fennel

Hawaiian Pineapple & Preserved Ginger Sorbet with Manni Olive Oil & Thyme

D'Anjou Pear Crisp with Spiced Walnuts, Birch Ice Cream & Rosemary Emulsion

Mignardises

○ 그림 7-4 Charlie Trotter's의 Grand Menu는 호화로운 풀 코스 요리로 제공된다.

그랜드메뉴^{Grand Menu}에는 오염되지 않은 계절식품과 함께 조리된 다양한 메뉴를 제공한다. 이 메뉴는 해산물, 채소와 곡물로 사육된 육류로 특징지어진다. 가벼운 화이트와인에서 강한 레드와인에 이르기까지 경험할 수 있으며, 제공되는 와인의 성질에 따라 각 코스의 개별적인 향과 균형을 맞추려는 Trotter's의 능력을 보여준다. 그랜드메뉴의 예를 [그림 7-4]에서 보여주고 있다.

Trotter's는 또한 Kitchen Table Degustation(소형 연회실에서 개인적으로 시식용 미각 요리를 제공을 받는 형태 -역자 주)을 갖추고 있는데, 이는 소형 연회실에서 식사하는 특별고객에게 제공된다. 이 메뉴는 향과 그 분량의 조화를 이루려는 Trotter의 능력을 가장 잘 보여준다. 대략 15가지 코스로 구성되어 있지만 이는 여전히 완벽한 식사로 충분하다. Trotter의 진정한 천재성은 메뉴에서 증명되는 것처럼 균형과 조화에 대한 그의 높은 감각, 다양한 풍미, 질감과 문화적 영향력을 함께 고려하는 그의 능력에 있다.

미국 최고의 라스베이거스 레스토랑들

라스베이거스에 있는 최고의 레스토랑 25곳은 세계 최고의 25곳 레스토랑만큼 훌륭하다. 오늘날 라스베이거스는 아마도 미국 요리의 중심이며 최고의 조리사들이 모여 있는 장소이다.

몇년 전 Benihana는 이 도시에서 최고의 레스토랑이었다. 얼마 전에는 California Pizza Kitchen이 오픈했고, 사람들은 뷔페식 갈비와 75센트짜리 새우칵테일 이외에도 부가적인 것을 얻을 수 있어 환호했다.

New York New York호텔이 개장했을 때, 맨해튼 고객들에게 친숙한 레스토랑인 Chin Chin, Il Fornaio, Gallagher's Steakhouse들을 입점시켰다. 그리고 Rio호텔은 미국 최고의 프랑스조리사 Jean-Louse Palladin을 데리고 왔다. 마찬가지로 Mirage호텔은 James Board Award를 받은 그리시 Alessandro Stratta를 Renoir 레스토랑에 배치했다. 그곳의 그림들은 르느와르의 진품들이다. Bellagio호텔은 Le Cirque and Todd English's Olives 레스토랑을 가지고 있다.

스테이크하우스로는 The Palm Gallagher's, Morton's of Chicago,

Emeril Lagasse's new Delmonico와 Smith and Wollensky에서 선택할 수 있다. 프랑스 조리사로는 Jean Louis Palladin, Charles Palmer, Jean-Georges Vongerichen, Joachim Splichal, Jean Voho,와 Eberhard Miller가 있다. 라스베이거스에는 조리사 근무일에 따라 다양한 Wolfgang Puck 레스토랑, 즉 Spago, Chinois, Trattoria del Lupo, Postrio, the Wolfgang Puck Café가 있다.

메뉴 분석

수년간에 걸쳐 메뉴 분석에 대한 몇 가지 접근 방법이 추천되어 왔다. 어떤 방법을 선택하든지 기억해야 할 중요한 점은 식재료원가가 너무 높은 메뉴는 조리를 포기하게 한다는 사실과 식재료원가가 너무 낮은 메뉴는 고객을 기만하는 일이라는 사실에 따라 균형을 유지해야 한다는 것이다. 운영자는 무엇보다도 높은 수익을 얻을 수 있는 메뉴를 기대하고 있다.

Jack Miller교수는 메뉴분석에 대한 초기 접근방법 중 하나를 개발해냈다. 승자는 높은 매출뿐만 아니라 또한 낮은 식재료원가를 갖고 있는 메뉴이다. 1982년 카사바나(Michael Kasavana)와 스미스(Donald Smith)는 메뉴공학 menu engineering 을 제안했다. 이 분석법에서 최고의 메뉴는 단위당 최상의 공헌마진을 내고 가장 높은 매출을 보이는 것이었다. 1985년 David Pavesic은 식재료원가율, 공헌이익, 판매량 등 3가지 변수의 결합을 제안했다. 이 분석법에서 최고의 메뉴는 프라임으로 부르며, 낮은 식재료원가율과 높은 공헌이익, 높은 판매량을 기록한 메뉴를 말한다.

그 이후 Mohamed E. Bayou와 Lee B. Bennett는 식사 때마다 나오는 각 메뉴를 분석하는 방법을 제안했다. 아침, 점심, 저녁식사 메뉴들에 대해 수익가능성의 계산으로 분석된다. 그들은 다음과 같은 분석을 추천하고 있다.

- 개별적인 메뉴 품목
- 제공되는 식사의 범주(예, 전채요리, 주요리)
- 식사 시간 또는 사업 범주 (예, 아침식사 시간, 연회장 사업)[6]

Pavesic은 레스토랑 운영자는 우선적으로 고객들의 가격인식에 영향을 줄 수 있는 심리적 요인들을 생각해야 한다고 말한다. 그는 메뉴가격을 정하는데 몇 가지 지침을 제안하고 있다.

1. 소수점 오른쪽에 표기할 센트 가격의 표시는 홀수를 사용한다.
2. 이전 가격에 수정된 인상 가격을 덮어쓰지 않는다.
3. 급격한 인상은 하지 않는다.
4. 가격이 급격히 인상된 아이템은 메뉴에서 눈에 덜 띄는 곳에 배치한다.
5. 가격을 올리기 전에 제공되는 분량을 줄이도록 한다. 몇몇 레스토랑 운영자들은 그 품목을 메뉴에서 없애거나 접시를 바꾸도록 제안한다. 왜냐 하면, 자주 방문하는 고객들은 줄어든 음식량을 알아차리고 자기들이 속고 있다고 느끼기 때문이다.
6. 메뉴 전체의 가격을 인상하면 절대로 안 된다.
7. 식재료원가의 변동이 심한 품목은 "시가$^{market-priced}$"라고 표기한다.
8. 식재료원가에 따라 메뉴 품목 목록을 작성하지 않는다. 메뉴가격은 일직선보다는 아이템 설명 뒤에 표기한다.[7]

메뉴가격을 홀수 센트로 하는 것은 패스트푸드 레스토랑에서 널리 이용된다. 98센트 방법을 이용하여 메뉴가격을 정하는 것은 단일 규모의 레스토랑에서는 적절치 않으며 사용해서는 안 된다. 대부분의 메뉴 가격은 95센트로 끝난다. 예를 들어, 19.95달러의 바닷가재 메뉴는 적절해보이나 19.98달러는 그렇지 않다.

메뉴 디자인과 레이아웃

메뉴 디자인과 레이아웃은 레스토랑의 소리 없는 영업사원이라 이른다. 전반적으로 메뉴 디자인은 레스토랑의 분위기를 반영해야 한다. 그래픽 아티스트, 디자이너, 컴퓨터의 도움으로 메뉴는 상식과 분위기를 부와하도록 디자인될 수 있다.

메뉴판 크기는 한 페이지에서 몇 페이지에 이르기까지 가능하다. 일반적으로 9×12인치 또는 11×17인치이다. 인쇄는 정교하거나 단순해야 한다. 인쇄와 제작은 전반적으로 레스토랑의 테마와 조화를 이루어야 한다. 메뉴 명칭은 읽고 이해하기 쉬워야 하며, 메뉴의 표지는 레스토랑 정체성의 상징이 되어야 한다.

단일 페이지가 아닌 형태의 메뉴판은 겉표지에 레스토랑 상호와 그에 적합한 사진이 배치되어야 한다. 레이아웃, 활자체, 사진, 그래픽 디자인, 색상, 메뉴의 문구는 개인적인 선택의 문제이다. 인터넷world wide web의 메뉴 디자인과 관련된 사이트에서 메뉴판 가장자리 장식과 여러 디자인들의 예시를 검색할 수 있다. 오늘날 컴퓨터를 통한 특별한 소프트웨어 프로그램을 이용하여 그 날의 메뉴를 손쉽게 만들 수 있다. 자신만의 메뉴판 제작의 장점은 유연성과 그 날의 특별 메뉴를 상기시킬 수 있는 능력이다. 고가의 디자이너 수수료와 인쇄소에 지출되는 비용을 절약할 수 있는데, 기록 보관은 용이하지만, 그래픽은 클릭 한 번으로 사라지기도 한다.

우리는 보고 듣는 것의 처음과 마지막 것은 더 잘 기억하는 경향이 있다. 메뉴판을 읽을 때, 최고의 공헌이익을 가지고 올 것으로 기대되는 특정 메뉴의 판매를 증대시킬 이미지와 그래픽, 아이콘에 사람들이 매력을 느껴야 한다.

메뉴의 레이아웃과 배열은 얇은 플라스틱 판에 짜여 있는 단일 페이지 구성일 수도 있다. 만일 그 메뉴가 더 연장되면 디저트나 음료메뉴는 뒤 페이지의 공간을 이용한다. 단일 페이지 메뉴의 초점은 중앙 상단이며, 판매 증대를 위해 강조되는 특별 메뉴의 레이아웃에 이상적인 공간이다. 이 메뉴들은 높은 판매량을 기록할 것이기 때문에 또한 고수익을 창출할

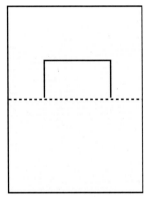

◐ 그림 7-5 단일 페이지 메뉴판의 초점

수 있어야 한다. [그림 7-5]는 한 쪽 짜리 메뉴판의 초점을 보여주고 있고, [그림 7-6]은 2~4 페이지 메뉴판의 초점을 보여주고 있다.

2페이지 이상으로 제작된 메뉴판은 핵심부분이 강조되거나 박스로 처리된 주요 메뉴 또는 특별 요리에 대해 관심을 끌 수 있도록 배치하여야 한다. 음료는 뒤쪽 페이지나 또는 특정 식사의 제안 아이템으로 첨가시킬 수 있다.

더 정교한 메뉴판은 추가로 접거나 더 많은 페이지로 제작될 수 있다. 어떤 메뉴는 3개 영

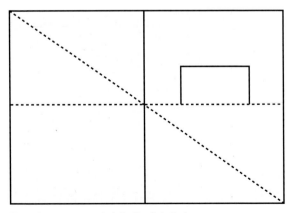

◑ 그림 7-6 2~4 페이지 메뉴판의 초점

역으로 구분되기도 하고, 전략메뉴로서 삽입되기도 한다. 칼라 사진이나 그래픽 디자인은 고객들이 선택하는데 도움이 될 수 있다. Olive Garden은 사진 메뉴로 상을 받았다. 다수의 레스토랑들이 메뉴 아이템을 설명하기위해 사진을 이용한다. 레스토랑의 많은 고객들이 그들의 눈으로 식사를 한다는 것을 고려하면 사진 메뉴는 효과적인 판매도구이다.

[그림 7-7]은 Berkeley에 있는 Alice Waters의 잘 알려진 레스토랑 Chez Panisse의 메뉴를 보여준다. [그림 7-8]은 Florida주 Sarasota에 있는 라틴 테마의 새로운 레스토랑 Cantina Latina의 메뉴를 보여준다.

메뉴가 인쇄되어 있는 종이의 품질은 레스토랑의 분위기를 반영해야 한다. 파인 다이닝의 경우에는 짙은 색상의 값비싼 종이를 사용하고, 고객들이 휴대할 수 있는 저렴한 축소 사이즈의 메뉴도 구비한다. 퀵서비스 레스토랑에서는 서비스 센터 바 상단에 밝은 전시용 와이드컬러 메뉴에 전적으로 의존할 수 있다. 커피숍 메뉴는 메뉴 아이템 사진과 함께 플라스틱에 둘러싸인 두꺼운 인쇄용지를 사용할 수 있다. 메뉴 아이템을 자주, 또는 매일 바꾸는 레스토랑은 칠판을 이용하거나 메뉴를 만들어내는 컴퓨터를 이용할 수 있다.

레스토랑을 개업할 때에는 초기 몇 주와 몇 달 동안은 고객들이 어떤 메뉴 아이템을 선호하는지 결정하기 위해 2~3개의 메뉴를 만들어 시험판매하는 것이 비용면에서 효과적이다. 레스토랑 운영자가 정교하고 고가의 메뉴판을 제작하고자 한다면, 변화가 요구되고 새로운 메뉴의 인쇄시 비용이 많이 소요될 것이다.

표준양목표

표준양목표standard recipe는 음식의 질을 일관되게 유지하기 위해 이용된다. 주의 깊게 개발된 조리표는 분량, 재료. 무게, 조리 방법과 조리 시간을 포함한 조리 과정이 명백하게 제시되어있기 때문에 조리사에게 도움이 된다. 레스토랑 고객들은 지속적으로 높은 품질의 식사를 제공받게 된다. 표준조리표는 또한 시간이 경과되어도 동일한 분량의 동일한 재료가 사용된다는 점에서 관리지침으로도 활용된다.

:CHEZ:PANISSE:

○ 그림 7-7 캘리포니
아주 버클리의 Chez
Panisse는 신선한
유기농 재료만을 사용
한다.
Alice Waters 제공

DOWNSTAIRS DINNER MENUS

MONDAY, OCTOBER 13 $50
Cipollini onion tart with DeeAnn's garden lettuces
Epaule d'agneau farcie: shoulder of Niman Ranch lamb stuffed with chard and olives, with
   wide noodles and herbs
Baked Bartlett pear with raspberry ice cream

TUESDAY, OCTOBER 14 $65
Elizabeth David's heirloom tomato salad with crème fraîche and herbs
Bay scallops sautéed *à la provençale*
Spit-roasted Sonoma County Liberty duck with quince sauce, Chino Ranch carrots, flat black
   cabbage, and crispy potatoes
Warm chocolate fondant with hazelnut ice cream

WEDNESDAY, OCTOBER 15 $65
Roasted pepper salad with fresh anchovies
Giuliano Bugialli's lasagne verde
Spit-roasted Niman Ranch pork loin with fig and cipollini onion compote, haricots verts, and
   straw potato cake
Three fall sherbets with *pizzelle*

THURSDAY, OCTOBER 16 $65
Warm wild mushroom toasts with DeeAnn's garden lettuces
Potato gnocchi with wilted escarole and garlic
Spit-roasted Hoffman Farm chicken with fried onion rings and green beans with red peppers
Raspberry-almond meringue

FRIDAY, OCTOBER 17 $75
An aperitif
Two color tomato soup with fried polenta sticks and basil oil
Garlic and cheese soufflé with herbs and garden salad
Grilled last of the season local king salmon with bacon, chardonnay sauce, and fennel mirepoix
Pear and frangipane tart

SATURDAY, OCTOBER 18 $75
An aperitif
Fall tomato and hook-and-line caught Atlantic cod salad with basil
Tuscan farro and shell bean soup
Grilled Paine Farm squab with garlic sauce, fried eggplant, and braised fall greens
Tiramisù

Service charge: 15 percent   Corkage: $20 per bottle, limit two (750 ml.) per table.   Sales tax: 8¼ percent
Most of our produce and meat comes from local farms and ranches that practice ecologically sound agriculture.
Other fish varieties may have to be substituted.
1517 Shattuck Avenue, Berkeley, California 94709

www.chezpanisse.com
Reservations: (510) 548-5525

그림 7-8 Cantina Latina의 메뉴는 제3장에서 언급한 것처럼 라틴아메리카의 적당한 가격의 메뉴를 특징으로 한다.

Cantina Latina 제공

FIESTA GRILLE

APPETIZERS

Argentinian Sausage & Arepa $4.50
Made by our friends in Miami, this chubby & authentic
sausage is broiled and served on a Colombian corn cake.

Colombian Sausage & Arepa $4.50
This authentic herb & spice encrusted sausage is broiled and
served on the traditional Colombian corn cake.

Beef Empanada $2.50
Argentinian style ground beef turnover served with
salsa fresca.

Chips & Salsa Fresca $2.50
Amanda's famous recipe. Featuring finely chopped fresh
cilantro, jalapenos, garlic and onions. Mild Heat.

Chips & Chile De Arbol $2.50
Tree grown chile peppers simmered with garlic. Full Heat.

Chips & Pico De Gallo $3.50
Mixed "coaster bask" sized chunks of fresh tomatoes, onions,
jalapenos and cilantro.

Chips & Guacamole $3.50
Featuring finely chopped onions, cilantro, jalapenos and a hint
of garlic.

SOUPS & SALADS

Pollo - Chicken Noodle .... Cup $2.95 ..... Bowl $4.95
Tender chunks of slowly simmered chicken breast in a
savory broth.

Garbanzo Bean Soup .... Cup $2.95 ..... Bowl $4.95
Traditional Spanish favorite featuring finely diced ham, potatoes
and carrots.

Mixed Salad $3.95
Shredded lettuce garnished with tomatoes, manzanilla
olives, slivered carrots and queso fresco. Mexico's farmers
cheese. Served with Cantina's "Ajo Dressing".

Chicken Salad $4.95
Shredded lettuce crowned with tender chunks of marinated
chicken breast, queso fresco, tomatoes, manzanilla olives
and slivered carrots. Served with Cantina's "Ajo Dressing".

Taco Salad $5.95
Shredded lettuce topped with ground beef sauteed in a rich
tomato sauce, queso fresco, manzanilla olives and slivered
carrots. Served with guacamole, sour cream and salsa fresca.

Salad Alexandra $6.95
Baby spinach gently tossed with queso fresco, Genoa salami,
hard boiled eggs, button mushrooms, sliced onions and bananas.
Served with Alexandra's herb & spice dressing.

MEXICO CITY STYLE TACOS

SERVED ON OUR FRESH HAND MADE CORN TORTILLAS
AND TOPPED WITH FINELY CHOPPED CILANTRO AND ONIONS

Ground Beef $1.95

Chicken Breast $1.95

Steak $1.95

Chorizo $1.95

Vegetarian $1.95

SANDWICHES

SERVED ON HOT PRESSED CUBAN BREAD WITH A MIST OF GARLIC
BUTTER AND MUSTARD, WITH A SIDE OF CHRISTIAN'S YUCCA FRIES

Cuban $6.50
Tender slices of our slowly roasted pork, topped with
imported Swiss cheese, oven baked ham, Genoa salami
and thin kosher dill pickle slices.

Steak $6.50
Marinated steak sauteed with fresh garlic, bell peppers,
onions and queso quesadilla - Mexico's authentic melting cheese.

Chicken $6.50
Chicken breast sauteed with fresh garlic, bell peppers,
onions and queso quesadilla.

◑ 그림 7-8 （계속）

HOUSE SPECIALTIES

ALL ENTREES SERVED WITH YOUR CHOICE OF 2 HOMEMADE SIDE DISHES

CARIBBEAN

Palomilla Steak $9.95
Richly marinated top sirloin sautéed with fresh onions.

Grilled Tilapia $9.95
Served blackened or with garlic butter.

Mojo Garlic Shrimp $9.95
Sautéed in a delicate wine, butter and herb broth.

Roast Pork $8.95
Slowly roasted garlic marinated pork with herbs and Caribbean seasonings.

Chicken Fricasse $7.95
Slowly simmered chicken breast served in an herb & wine tomato sauce.

Steak & Salsa $7.95
Braised steak tips with onions served in a rich brown tomato sauce.

Beef Picadillo $6.95
Lean ground beef accompanied by manzanilla olives, sautéed onions and ground fresh tomatoes.

SIDE DISHES

Cotija Corn $1.95
Roasted corn-on-the-cob slathered with real Crema Mexicana and rolled in grated queso cotija – the parmesan of Mexico.

Colombian Green Beans $1.95
Fresh and sautéed with tomatoes and onions.

Spanish Yellow Rice $1.95
Saffron flavored featuring finely chopped ham.

Lita's White Rice $1.95
Our great grandmother's recipe - awesome!

Cuban Black Beans $1.95
Simmered fresh with garlic, onions and Caribbean sofrito.

Costa Rican Red Beans $1.95
Cooked fresh with authentic herbs and spices.

Sweet Ripe Plantains $1.95
The caramelized cousin of the banana.

Tostones $1.95
Smashed green plantains, freshly fried and salted.

Yucca in Mojo $1.95
Served in a garlic butter sauce.

Christian's Yucca Fries $1.95
Fresh fried and lightly salted.

MEXICAN

Steak Fajitas $9.95
Richly marinated steak strips grilled with fresh onions and bell peppers. Served with flour tortillas.

Chicken Fajitas $9.95
Tender strips of chicken breast grilled with fresh onions and bell peppers. Served with flour tortillas.

Cheese Fajitas $7.95
Strips of queso panela - Mexico's #1 favorite cheese, grilled with onions and bell peppers. Served with flour tortillas.

Steak Quesadillas (2) $7.95
Marinated steak strips sautéed with bell peppers, onions and queso quesadilla – Mexico's authentic melting cheese, in grilled flour tortillas.

Chicken Quesadillas (2) $7.95
Tender strips of chicken breast sautéed with bell peppers, onions and queso quesadilla in grilled flour tortillas.

Veggie Quesadillas (2) $7.95
Featuring sautéed fresh mushrooms, bell peppers, onions, green beans, carrots and queso quesadilla in grilled flour tortillas.

DESSERTS

BAKED WITH LOVING ADHERENCE TO OUR GRANDMOTHER MARIA'S COSTA RICAN RECIPES.

Cream Cheese Flan $3.95
Drizzled with a delicate caramel sauce.

Torta De Chocolate $3.95
Moist and rich chocolate cake enhanced with chopped almonds.

Maria's Hot Apple Pie $3.95
Fresh Pippin apples baked with butter and cinnamon.

ALL DESSERTS CAN BE TOPPED WITH A SCOOP OF VANILLA ICE CREAM FOR AN ADDITIONAL $.75

BEVERAGES

Sodas	$ 1.00
Iced Tea	$ 1.00
Bottled Water	$ 1.50
Colombian Coffee	$ 1.25
Cuban Espresso	$ 1.25
Cappuccino	$ 2.00
Café con Leche ~ Latte	$ 2.00
Domestic Beers	$ 2.25
Imported Latin Beers	$ 3.00
Sangria	glass $3.00 pitcher $12.50
Argentinean & Chilean Wine	by the glass or bottle

"OUR STORY"

어린 시절 콜롬비아에서의 가장 재미난 추억은 우리 교회 교인들과 함께 아코디언을 연주하는 것이다. 연주를 하는 동안, 신선한 빵을 구워 뜨거운 초콜릿을 입힐 때 나는 향은 긴 시간 휴식을 취하게 하는 자극제였다.

10대에 푸에르토리코로 이주를 하여, 그 곳에서 구운 돼지고기roast pork와 달콤하고 잘 익은 플랜테인ripe plantain과 콩을 넣어 지은 밥rice with pigeon peas 등의 이국적인 풍미를 알게 되었으며, 코스타리카 출신의 남편 앨버트를 만났다.

그 이후, 로스앤젤레스로 이사하여 기발한 멕시코 음식과 어머니로서의 기쁨에 매료되었다. 크리스천은 1981년에, 알렉산드라는 1983년에 그 곳에서 태어났다.

1984년에 탐파Tampa로 이사하여 토르티야 공장을 지었다.

1988년에 공장을 매각하고, 우리 소유의 라틴아메리카 레스토랑을 개점하기를 꿈꾸며, 코스타리카와 카리브 지역 그리고 멕시코 전역을 두루 여행했다.

우리의 꿈이 실현되어, 우리만의 음악과 "칸티나 칼라Cantina Color"라는 활기찬 유산인 진정한 Cantina Latina 음식을 즐기시려는 여러분을 초대합니다.

마라카스maracas를 흔드세요!
아만다, 크리스천과 알렉산드라

금요일과 토요일 오후 9시-12시에 저희 라틴 밴드에 맞춰 춤을 추세요.

summary ···
요 약

메뉴와 메뉴계획은 레스토랑에서 가장 중요한 요소이다. 메뉴계획에 대한 많은 고
려사항들은 성공적인 레스토랑 운영을 위해 필요한 일반적인 계획의 영역과 깊이
에도 도움을 준다. 메뉴가격을 결정하기 위한 중요한 두 가지 방법은 비교 가격과
개별 가격이다. 공헌이익은 아이템마다 다양하며 식재료원가율이 높은 아이템일수
록 높은 공헌이익을 창출해낸다. 메뉴 디자인과 배치와 함께 다양한 메뉴와 메뉴
아이템에 대하여 논의하였다.

endnotes ··
주

1) Madrall Sanson, "Bright Lights Big City," *Restaurant Hospitality* 82,
   no.1(1998):45.

2) John Correll, "Pie R. Square," *Pizza Today* 15, no.7(1997. 7.).

3) Restaurant Hospitality Magazine Online, www.restaurant-hospitality.com,
   2006. 4. 29.

4) This section draws on Harvey Steiman, "Made for Each Other," Wine
   Spectator 24, no.11(1999. 10.):45-71.

5) www.charlietrotters.com, 2006. 10. 24.

6) Mohamed E. Bayou and Lee B. Bennet, "Profitability Analysis for Table
   Service Restaurants," *Cornell H. R A. Quarterly* 33, no.2(1992. 4.):49-55.

7) Davis Pavesic. "Taking the Anxiety Out of Menu Pricing." *Restaurant
   Management* 2, no.2(1998. 2.):56-57.

ⅰ) Erin J. Shea Watchful Eyes Restaurants and Institutions Chicago : 2006. 7.
   15., Vol. 116, Iss. 14;65-66.

ⅱ) http://en.wikipedia.org/wiki/Trans_fat , 2007. 3. 16.

주방 계획과 설비

이 장에서는 주방계획의 원리와 주방 설비의 선택에 관해 설명하고자 한다. 주방계획은 필요한 설비에 근거한 주방 내부 공간의 배분과 공간적 관계, 그리고 주방 내부의 동선traffic flows에 필요한 최소한의 공간을 포함한다. 주방에서 조리되기 전에 식재료가 검수되고 전처리prepared되어 지며, 조리된 음식은 서빙 카운터serving station로 이동되어 진다.

이장의 후반부에서는 가장 빈번하게 사용되는 주방 설비의 예와 사용법, 그리고 설비의 특성에 설명하고자 한다.

현 레스토랑을 매각할 때 구매자들은 레이아웃 변경이나 설비에 대한 고려를 많이 한다. 그들의 자금이 허용된다면 현재의 설비를 평가하고 레이아웃 변경을 제안하기 위해 레스토랑 장비 판매자들에게 자문을 구할 것이다. 어떤 레스토랑 장비 판매자들은 배치 변경에 대해 상당한 전문지식을 갖고 있지만, 아닌 경우도 많다.

레스토랑 기업과 병원과 같은 기관들은 대규모이며 복잡한 주방구조를 가진 기존의 레이아웃을 새롭게 하거나 개조하기 위한 계획을 수립하기 위해 경험이 많고 전문적인 기획자들에게 의존한다.

레이아웃 계획의 전반적인 목표는 홀 직원들과 주방직원들의 동선을 최소화시키는 것이다. 퀵서비스 레스토랑에서는 서버들이 최소한의 걸음만으로도 직무수행이 가능한 근접된 위치에 장비가 배치된다. 파인 다이닝에서는 특정 요리가 홀 직원에 전달되기 전에 다섯 차례의 손을 거친다 하더라도 같은 원칙이 적용된다.

풀서비스 레스토랑에서 대개 주방 흐름은 검수구역receiving area에서 냉장과 건조 저장 공간으로 그리고 대량의 재료들이 계량되고 캔식품이 개봉되는 전처리구역pre-prep area으로, 채소들을 세척하고 껍질을 벗기며 생선과 육류, 가금류를 가공하는 준비구역prep area까지 연결되도록 설계된다. 이러한 흐름은 수프와 육수stocks가 준비되고 다른 요리들이 만들어지는 조리영역으로 계속 이어진다. 마지막 단

| 식재료 검수 | 저장 | 전처리 | 식품조리 | 접시에 담기 |

○ 그림 8-1 **주방 흐름도**
The American Gas Association 제공

$\longrightarrow$ $\longrightarrow$ $\longrightarrow$ $\longrightarrow$

계는 최종 마무리^{final prep}를 하는, 즉 음식이 완성되고, 접시에 올려지며, 담당직원에 의해 전달될 준비가 되는 곳이다.

디저트와 샌드위치가 준비되는 제빵구역과 팬트리구역^{pantry area}은 별도로 구획되어질 수 있다. 가능하면 식기세척기, 주전자, 팬 등은 동선에서 벗어난 한편에 배치 및 보관하는 것이 좋다. 레스토랑의 레이아웃과 규제는 때때로 특별한 설계와 디자인을 요구한다. 환기와 필수적인 공기의 흐름은 건축법에 의해서 특별한 제재를 받을 수 있다.

[그림 8-1]은 식재료가 검수되고, 저장되고, 전처리되고, 조리되고, 접시에 올려지는 주방의 흐름을 도식화 하고 있다.

복잡한 주방을 위한 최고의 레이아웃에는 매우 정교한 기술과 예술이 요구된다. 매릴랜드주 Rockville에 본부를 둔 세계적인 외식 및 호텔사업, 디자인 컨설팅 회사인 Cini Little사의 회장이자 대표이사인 John C. Cini는 "준비, 조리, 그리고 제공 과정에서 실제로 발생하는 행동을 고려한 우리의 설계에는 엄청난 아이디어들이 고려되었습니다."라고 말했다.[1]

레스토랑 운영 경험이 있는 설계사는 시설을 이용할 직원들의 직무와 관련된 활동을 예상할 수 있다는 장점을 가지고 있다. 예를 들어, 직원들이 설계 의도를 이해하거나 준수할 것이라고 가정할 수는 없다. 설계사는 서버들이 일반적으로 한 장소에서 다른 장소까지 가장 짧고, 편리한 루트를 이용한다는 것을 알아야 한다. 조리사들은 그들의 작업이 과도한 활동범위와 불필요한 보행을 최소화하는 방법으로 구성되기를 원한다. 이러한 컨셉이 설계에 반영되지 않는다면, 직원들은 그들의 요구를 충족시키기 위해 임시변통으로 시설을 이용할 것이다. 이것은 설계의 가치를 감소시키고 작업의 효율성을 저하시킨다. 작업수행에 있어서 직원들의 효율성과 편의성은 중요하다. 직원들의 피로와 불편을 줄이기 위한 기기 설계의 응용과학인 인체공학^{ergonomics}과 같은 최근의 트렌드는 외식사업 시설 디자인에 은 외식사업 시설 디자인에 영향을 준다. 이것은 델리미트^{deli meat}(소시지 등 조미된 가공육 -역자 주)를 슬라이스하는 일을 용이하게 하기 위해 조리대의 높이를 낮추거나 몸이 빨리 피로해 지지 않도록 하는 바닥 깔개 등의 제공을 포함한다.

법규와 공공정책 등의 정부 규제 또한 외식 매장 설계에 영향을 미친다. 예를 들어, 정부의 규정을 준수하는 것은 장애를 가진 직원과 고객들의 요구를 충족시키기 위한 표준을 유지하는데 중요한 역할을 한다. 이러한 영향은 통로를 넓히거나 장비의 사용을 용이하게 하는데 책임이 있다. 공중위생은 업장 설비의 또 다른 중요한 요소이다. 설계사들은 미국위생재단^{National Sanitation Foundation}의 표준을 이해하고 그것을 직원들의 행동에 적용시켜야만 한다. 안전한 작업 환경을 제공함으로써 사고를 예방하고, 사기를 진작시키고, 직원들의 이직을 감소시키는 것이 레스토랑에게는 이익이 된다. 식중독의 방지, 질좋은 서비스 그리고 전반적으로 양질의 식사 경험은 고객들에게 만족이 된다.

Cini는 주방기기와 그들의 사용 경향을 목록화 하고 있다.

- 새로운 기기는 렌지와 그릴의 하단에 냉각장치를 결합한다. 이것은 조리되지 않은 식재료가 손 가까이에 닿을 수 있게 함으로써 조리사가 냉장고를 열기위해 몸을 돌릴 필요가 없다.
- 냄새와 연기를 흡수하는 자동세척장치가 부착된 후드와 환기통은 사용하지 않는 시간에는 뜨거운 물과 세제를 후드 위에서 분사하는 펌프에 의해 자동적으로 관리가 됨으로써 기름때가 생기는 것을 방지할 수 있다.
- 오븐과 찜통^{steamer}의 결합은 조리사가 습열이나 건열, 혹은 두 가지를 조합하여 사용할 수 있도록 해준다. 하나의 기기로 채소도 삶고, 쿠키도 굽고, 육류도 찔 수 있다.
- 과거에 요리박람회와 카페테리아에서 사용되어오던 인덕션히터^{induction heating}(유도가열)는 조리사가 고객의 앞에서 조리를 하는 동시에 배출열기와 기름이 넘치는 그리고 시끄러운 환기소음에서 해방시켜준다.
- 주방기기는 자동적으로 오븐을 조절하는 컴퓨터 장치가 되어있다. 제빵사는 서로 다른 빵들을 굽기 위해 특정 시간동안 다른 온도와 습도의 수준으로 오븐을 프로그램화 시킬 수 있다. 적정 오븐 온도들은 컴퓨터의 메모리에 저장할 수 있다[2]

미국가스협회^{The American Gas Association}는 전형적인 주방 레이아웃 내의 작업 흐름을 보여줄 주방 계획의 예를 발표하였다([그림 8-2] 참조). 계획은 다양한 작업 스테이션을 통한 전달에서부터 고객에게까지 식재료의 이동 흐름을 보여준다. 그림에서 나타나는 것처럼 원형의 작업 흐름 패턴은 효율적이지 않다. 정사각형의 설계 또한 서비스 영역의 중앙공간을 낭비한다. 가장 선호되는 주방 계획은 주

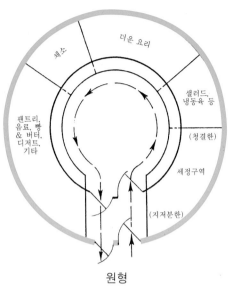

원형

이상적이지만 비실용적 구조

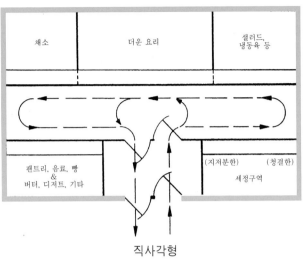

직사각형

측면동선이 긴 주방입구구조

레스토랑 주방 서빙 영역의 설계에서 선호되는 구조. 작업구역들간에 인접해야 할 필요가 없다면, 이동이 짧은 동선을 나타냄.

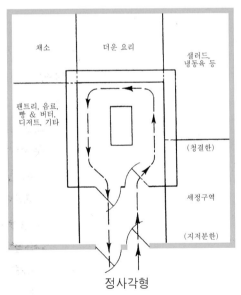

정사각형

원형에 가까운 디자인이지만, 서빙 영역의 중앙에 불필요한 공간이 생김

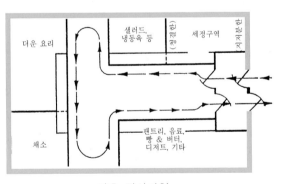

깊은 직사각형

측면 동선이 짧은 주방 입구 구조

더운 요리 제공시 이동거리가 길고, 여러 구역의 서버들이 객장을 오가는데 상당한 방해를 받을 수 있음

◐ 그림 8-2 서빙 영역 동선

The American Gas Association, Washington, D.C. 제공

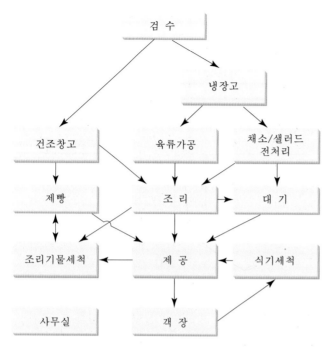

방 내에서 서비스가 제공되는 모든 스테이션들이 인접해 있을 필요가 없을 때 가장 짧은 통로를 제공하는 직사각형 구조이다.

■ 원형 – 이상적이지만 비 실용적 구조
■ 직사각형 – 측면 동선이 긴 주방 입구 구조: 이 모형은 선호되는 레스토랑 주방 서빙영역의 배치이다. 작업 스테이션 간에 인접해야할 필요가 없다면 이동이 짧은 동선을 나타낸다.
■ 정사각형 – 배치가 원형과 유사하다. 서빙영역의 중앙에 쓸모없는 공간이 생긴다.
■ 깊은 직사각형 – 측면 동선이 짧은 주방 입구 구조: 더운 음식은 상당한

○ 그림 8-3 생산공간의 배열
Purdue대학 명예교수 Dr. Arthur C. Avery 제공

거리로 이동해야 하고 다양한 스테이션의 서버들은 홀영역을 출입하는 동선상에서 방해를 받을 수 있다.

Purdue대학의 명예교수인 Er. Arthur C. Avery는 주방 효율성을 연구하여 매우 한정된 메뉴를 제공하고 있는 전형적인 레스토랑 내의 생산공간work centers에 대한 배열을 만들었다. [그림 8-3]의 흐름도는 저장고와 준비구역에서부터 음식이 조리되는 주방의 중앙부까지 음식의 이동경로를 나타낸다. 음식은 조리영역에서 서비스영역으로 이동하고, 이어서 식사 장소로 제공된다. 시스템 요소들은 상호의존적이어서 조리는 육류가공 영역에서 전달되고, 육류가공은 냉장저장 영역에서 전달되고, 저장파트는 검수영역에서 전달된다.

Avery는 주방 효율성을 높이는 방법을 다음과 같이 제안하고 있다.

■ 대량공급 기반을 갖춘 납품업자를 선정하라.(배달횟수를 줄일 필요가 있음)
■ 음식을 서비스영역으로 전달하기 위하여 컨베이어를 사용하라.

- 주방으로 향하는 출입 동선을 줄이기 위해 영업장 서비스 스테이션에 은 기물, 음료, 수프를 함께 배치하라.
- 영업장에서부터 컨베이어를 이용해 식기세척기를 통과시킨 랙^{racks}(세척기 용 식기걸이 -역자 주)을 다시 영업장으로 이동시키기 위하여 자동 컨베이어 를 사용하라.[3]

개방형 주방

전시형 주방이라고도 불리는 개방형 주방^{open kitchen}은 자체 장비를 보유하고 있어서 점차 인기가 높아지고 있는 추세이다. 조리사와 고객 간에 구분되는 벽 을 허물음으로써 레스토랑은 상호작용을 하고 긍정적인 분위기를 창출해낸다. 샌프란시스코에 있는 La Folie의 오너쉐프이며 Left Bank 레스토랑의 오너 ^{Propriétaire}이자 총주방장^{Chief Culinary Officer}인 Roland Passot에 따르면 "개방형 주방 이 가지는 장점은 영업장에 에너지를 전달하고 고객에게는 공연을 보는 것처 럼, 고객 "내면"의 오감을 자극함으로서 실제 TV쇼와 흡사한 쇼를 제공하는 것이다"[4]

개방형 설계는 때때로 주방을 강조하는데 초점을 맞춘다. 이전의 경우에는 장비에 주안점을 두었다. 스테이크하우스에서는 육류 요리에 초점을 맞췄고 이 탈리아 레스토랑은 피자에 초점을 맞추고 있다. 이러한 초점은 주방보다는 다소 낮은 조도의 영업장 조명에 의해 강조된다. 냉장고와 같은 기본적인 주방 장비 는 눈에 띄지 않는 부분에 배치된다. 기본 전처리영역은 보통 개방되지 않는다.

개방형 주방은 다소 화려한 시설로 장식되고 있다. 밝고 빛나는 국자^{ladle}, 구 리로 된 각종 용기, 스테인리스로 된 작업대가 있고, 이 작업대는 직원들이 음식 을 반출하는 곳이다. 작업대의 구멍은 쓰레기를 용기에 떨어뜨리기 위해 사용된 다. 전시용 주방은 인덕션 코일로 조리한다. 몇몇 개방형 주방은 공간을 절약하 고 일을 더 신속히 처리하기 위해 조리대 하부에 냉장장치를 사용한다. 개방형 주방을 별도로 설치하기 위해서는 표준 주방보다 시설비용이 약 25% 더 소요된 다. [그림 8-4]는 개방형 주방의 평면도를 보여주고 있다.

개방형 주방에는 몇 가지의 단점이 있다. 완전한 개방형 주방은 소음을 줄이

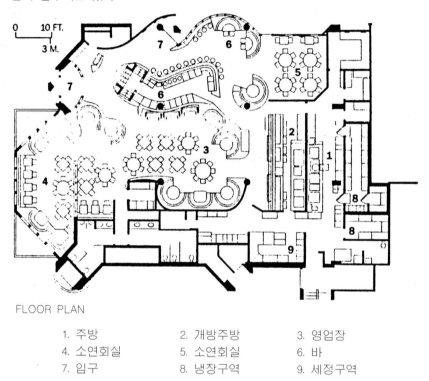

● 그림 8-4 **개방형 주방 평면도**

the California Café Bar and Grill, Schaumberg, Illinois 제공

일리노이주 Schaumburg에 소재한 Engstrom Design Group의 California Café & Grill은 캘리포니아 요리를 제공하고 있다. 200석 전 좌석에서 보이는 개방주방은 멀리 떨어진 인접한 Woodfield Mall과 대형주차장에서도 보인다. 주방은 상단이 화강암으로 설치된 선반으로 구획되어져 있고, 영업장쪽으로는 베니어합판으로 덮여있다. 조리작업대는 단풍나무 도마 또는 스테인리스로 제작되어 있다. 개방주방의 후방벽은 세라믹타일과 스테인리스로 덮여있고, 부식코팅된 동^cooper 창유리벽은 후드를 가려주고 있다. 바닥은 사각타일이며, 실제 조리재료는 팬트리 뒷벽 상단 금속선반에 정리되어 있다. 영업장의 소음은 천장타일과 카펫, 부스를 구분시켜주는 커튼 등을 통해 흡수되며, 전체 영업장은 오픈영업장과 각종 소연회실을 구분하는 육중한 휘장으로 소음이 흡수되고 있다.

FLOOR PLAN

1. 주방	2. 개방주방	3. 영업장
4. 소연회실	5. 소연회실	6. 바
7. 입구	8. 냉장구역	9. 세정구역

기 위해서 천장은 물세척이 가능한 방음타일로 시공해야 한다. 영업장과 연회장은 카펫과 천을 씌운 의자, 세척 가능한 창문커튼과 방음천장으로 시공해야 한다. 부분 개방형주방은 유리로 둘러 쌓여 있는데 이것은 소음을 제거해 준다. 주방장과 조리사가 완전하게 고객에게 노출된다는 것은 모든 지시와 행동들을 직접 눈으로 볼 수 있다는 것을 의미한다. 조리사와 주방장은 부담을 안고 그들 자신을 통제할 수 있어야 한다. 또한 고객들은 주방장과 조리사와 직접 대면할 수도 있기 때문에 그들에게 말을 거는 것은 당연한 일이라고 생각할지도 모르지

만, 불평이나 칭찬이 바쁜 시간대에는 문제가 될 수도 있다.

Costas Katsigris와 Chris Thomas의 공저인 『Design and Equipment for Restaurants and Foodservice: A Management View, Second Edition』에서 그들은 다양한 레스토랑 활동에 필요로 하는 공간을 나타내는 테이블의 수를 정리하였다.([그림 8-5]에서 [그림 8-9]까지 참조) 이러한 분류는 레스토랑의 구입 또는 신축 및 개조시 참고자료로 활용될 수 있다. 레스토랑 업태에 따라서 많은 예외가 있으며, 주방은 영업장의 절반 정도의 크기가 적정하며 좌석에 요구되는 공간은 다양하다.

고급형 – 좌석당 15~20ft^2
일반형 – 좌석당 12~18ft^2
연회형 – 좌석당 10~15ft^2

후방부서에 요구되는 공간은 다음과 같다.

고급형 – 좌석당 7~10ft^2
일반형 – 좌석당 5~9ft^2
연회형 – 좌석당 3~5ft^2 [6]

업 태	영업장 좌석당 주방 활동공간	좌석당 후방부서 활동공간
카페테리아/일반레스토랑	6~8	10~12
커피숍	4~6	8~10
테이블서비스 레스토랑	5~7	10~12

◐ 그림 8-5 일반적인 외식사업체 주방의 공간 면적(단위: ft^2)
자료: Jay R. Schrock

일일 제공 식사수	평방피트당 검수구역
200~300	50~60
300~500	60~90
500~1000	90~130

◐ 그림 8-6 검수구역의 공간 면적(단위: ft^2)
자료: Carl Scriven and James Stevens, Food Equipment Facts (New York: John Wiley & Sons, 1999)

일일 제공 식사수	건조창고 면적
100~200	120~200
200~350	200~250
350~500	250~400

◐ 그림 8-7 건조창고 공간면적(단위: ft^2)

출입문 수	높이(inches)	폭(inches)	길이(inches)	입방피트(feet)
1	78	28	32	22
2	78	56	32	50
3	78	84	32	70~80

냉장고 크기	평방피트	입방피트
5′ 9′′ ×7′ 8′′	35.7	259.9
6′ 8′′ ×8′ 7′′	47.4	331.8
7′ 8′′ ×7′ 8′′	49.0	340.2
8′ 7′′ ×11′ 6′′	86.4	604.8

▌주방 바닥재

주방 바닥은 보통 4각타일, 대리석, 테라초terrazzo(인조대리석), 아스팔트 타일 등 흡수력이 없고 닦기 쉬우며, 화학제 청소용품의 연마 작용에 저항력이 강한 재료의 콘크리트를 사용한다. 예를 들어, 식기세척기 주변과 같이 물이 쉽게 고이는 장소에 있는 네오프렌neoprene(합성고무제품) 매트는 딱딱한 표면에서 보다는 걷거나 서있을 때 긴장을 덜어주는 신축성을 제공한다. 주방의 모든 구역의 표면은 미끄러지지 않는 재료로 덮여 있어야 한다. 가장 빈번한 사고는 미끄러지는 것과 넘어지는 것이다. 나이가 많은 직원이 넘어지면 뼈가 부러지거나 충격으로 고통받을 수 있으며, 이러한 상황은 영업장에서도 자주 일어난다. 넘어져서 뼈가 부러진 고객이 레스토랑을 상대로 승소한 판례도 있다.

건축법은 주방에 카펫 등을 까는 것을 허가하지 않는다. 코빙coving(주방내의 구부러진 곳, 봉인된 모서리, 날카로운 모서리 혹은 틈을 제거하거나 메우는 것)은 필수적이다. 주방이나 레스토랑에서 미끄러지거나 넘어지는 것을 예방하기 위한 가장 효과적인 방법은 물을 포함한 액체류가 바닥에 떨어졌을 때 즉시 제거해야하는 원칙을 준수하는 것이다.

주방장비

개인경험에 따라 주방장비의 선택은 단순하거나 복잡할 수도 있다. 개인 레스토랑은 대부분 주방 배치와 장비설치를 위해 기존 레스토랑을 벤치마킹할 수 있다. 기존의 레스토랑을 인수한 운영자들은 기존 장비들을 계속하여 사용할 것이다.

[그림 8-10]은 제안된 설계도를 보여 준다. 수많은 장비 제조사는 매년 레스토랑 박람회에서 그들의 상품을 선보인다. 미국 레스토랑협회에서 운영하고 시카고에서 개최되는 박람회가 가장 규모가 크다. 유사한 전시회가 뉴욕과 캘리포니아에서도 매년 개최된다. 수많은 외식사업 경영자들은 식품과 장비에 대한 새로운 정보를 얻기 위해 박람회에 참석한다. 앞서 논의한 바와 같이 전문적인 레스토랑 기획자들은 상업적 목적으로 계획을 세우고, 설계를 하고, 레스토랑 장비를 추천할 수 있다. 그들은 컨셉을 개발하고 수정함으로써 도움을 줄 수 있다.

주방장비의 범주

레스토랑 주방에서 요구되는 표준장비는 주방장비의 범주와 목적에 따라 분류된다.

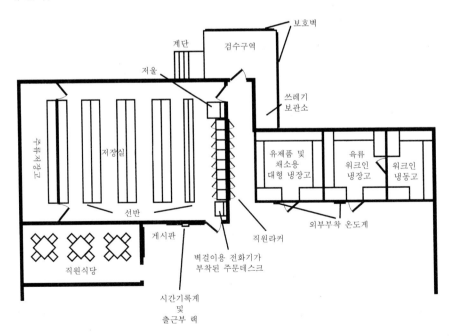

● 그림 8-10 후방부서

- 식재료 검수 및 저장
- 식재료 가공 및 전처리
- 식재료 준비와 조리
- 음식의 구성과 일시적 보관과 제공
- 주방과 주방용품의 청결 및 위생처리

올바른 장비 선택

초보자이건 전문가이건 주방장비를 선택하는 데에는 몇 가지 의문이 발생한다.

- 이용 가능한 장비 중에서 계획하고 있는 메뉴와 품목에 가장 효과적인 장비는 무엇인가?
- 장비의 구입가격과 운영비는?
- 가스용이나 전기용 중 어떤 장비를 사용할 것인가?
- 수요를 충족시킬 만큼 해당 장비가 신속하게 음식을 생산할 수 있는가?
- 대용량 또는 둘 이상의 소규모 용량 중 어떤 종류를 구입하는 것이 좋은가?
- 대체 부품과 서비스 제공은 원활한 회사인가?
- 믿을만한 중고 장비는 이용가능한가?

메뉴 및 생산일정에 적합한 장비 설정

메뉴에 따라 사용 장비가 결정된다([그림 8-11] 참조). 메뉴를 항목별로 보면, 각 항목별 필요 장비를 결정할 수 있다. 그 외에 고려되는 변수는 다음과 같다.

- *각 메뉴 아이템의 계획된 판매규모*   필요 장비의 크기와 수. 장비를 과도하게 많이 구비해두는 것은 바람직하지 않다. 시장 조건이 메뉴의 변화를 야기할 수도 있다.
- *고정메뉴 또는 변동메뉴*   고정메뉴는 보다 적은 종류의 장비를 필요로 한다.
- *메뉴 사이즈*   메뉴의 수가 많아지면 다양한 장비를 요구할 수 있다.

- **바람직한 서비스 속도** 빠른 서비스는 대용량의 장비를 요구할 수도 있다. 조리시간의 단축은 높은 좌석회전율을 가져온다.
- **영양의 인식과 기기 선택** 영양에 대한 관심은 기존의 조리법에도 더 많은 관심을 요구한다. 튀김조리는 지방의 섭취를 감소시키기 위해 피해야 한다. 육류나 어류, 가금류를 조리하기 위한 오븐구이와 직화구이, 찜 방식은 건강에 좋은 조리법이다.

장비를 다양하게 사용한다는 것은 좁은 주방 면적에서의 효율적인 장비사용을 의미한다. 주간에는 오븐기 사용을 위해 공간을 할애해야 하므로 오븐에서 장시간 조리하는 것은 밤시간 동안에 작업이 가능하다. 소량의 채소를 번갈아가며 익히는 요리는 소형 증기압력기기로도 가능하다.

저장

리치인^{reach-in} 냉장고   대형^{walk-in} 냉장고

전처리^{fabrication & pre-preparation}

제빵기	절단기^{cutters & slicers}	믹서
오프너	칼갈이	박피기^{peelers}

조리 및 가공

브로일러	회전식 오븐^{revolving tray ovens}	핫도그조리기
치즈용해기^{cheese melters}	핫플레이트	스티머
컨벡션 오븐	전자레인지	증기솥^{steam-jacketed kettles}
오픈조리기기^{display cooking equipment}	이동식 미니주방^{mobile mini-kitchens}	스팀보일러
계란조리기^{egg cookers}	틸팅후라이팬^{tilting fry pans}	오븐
튀김기	보호캐비넷^{proof cabinet}	환풍기
그리들과 그릴	가스레인지	와플구이기

연회, 대기, 서빙

음료기기	음식분배기^{dispensing equipment}	이동식 뷔페 및 연회장비
커피제조기	농축음식 환원기^{food reconstitutors}	토스터
쉐이크와 소프트아이스크림 제조기	커피레인지^{coffee ranges}	더운요리 제공장비
찬요리 제공장비	원적외선온열기^{infrared warmers}	접시분배기

세척 및 위생

위생세척기	식기세척기	잔 세척기
잔반분쇄기^{compactors}	잔반처리기^{disposers}	순간온수기

○ 그림 8-11 레스토랑의 기본적인 전기 기기

총원가 대 기초원가

장비의 최초원가는 비용 방정식에 있어서 하나의 요소이다. 장비 평균수명과 부품 교체는 어느 정도인가? 전자레인지의 마그네트론^{magnetrons}은 얼마나 자주 교체하는가? 적외선램프의 수명은 어느 정도인가? 튀김기 안의 자동온도조절장치는 수명이 어느 정도인가? 하지만 장비의 수명보다 더 중요한 것은 각 장비에 소비되는 에너지 비용이다. 대부분의 지역에서 가스는 전기보다 상당히 저렴하다. 전기기기는 예열시간을 필요로 하지만 가스기기는 예열이 필요 없다. 때때로 사용 중이던 장비가 중단되면 예열에 요구되는 시간의 비용이 상당하다. 1년 동안에 걸쳐 지출되는 장비조작비용의 차이는 장비 선택에 있어서 중요한 요인이 된다.

조작가능한 사람과 기술에 따른 가장 효율적인 장비의 선택

대체로 주방은 거의 사용하지 않거나 전혀 사용하지 않는 장비들로 가득 차 있다. 메뉴를 위해 가장 효율적이고 필요한 장비들만을 선택하도록 한다. 유럽의 주방과 미국의 소규모 레스토랑 주방은 가스레인지와 주전자, 팬, 몇 자루의 칼, 그리고 기타 소형장비만을 사용하여 훌륭한 음식을 준비한다. 일부 해산물 레스토랑에서는 오직 딥프라이어$^{deep\ fryer}$만 사용하여 많은 양의 음식을 생산한다. 맥도날드 레스토랑은 그리들^{griddle}과 딥프라이어를 설치해놓고 있다. 몇몇 다른 대형 햄버거 체인점들은 컨베이어 타입의 브로일러^{broiler} 중심으로 장비가 이루어져 있다.

장비를 사용한 조리작업의 단순화

새로운 주방장비의 대부분은 조리기술을 단순화시키거나 배제할 수 있도록 설계되었다. 이러한 종류의 장비들 중 가장 좋은 예는 몇몇 패스트푸드 햄버거 체인점에서 사용되는 컨베이어타입의 브로일러이다. 직원은 컨베이어벨트 위에 냉동패티^{patties}를 놓아두기만 하면 시스템은 위아래에서 직접 열원을 통과시킨다. 정해진 시간으로 입력된 컨베이어 벨트 위의 패티가 브로일러의 다른 끝에 도달하면 조리가 완성되는 것이다. 직원은 패티를 뒤집어야할 시간과 그리들의 온도

조절 및 청소 방법에 대해서 신경쓸 필요가 없다. 새로운 컨베이어 피자 오븐도 같은 원리이다.

자동 크레페^{crêpe} 제조기들도 조절에 의해 시간을 맞추거나 뒤집을 필요 없이 완벽한 크레페가 자동적으로 생산된다. 홈이 파인 그리들$^{grooved\ griddle}$이 구이방법을 단순화시킨다. 일정한 온도를 유지되는 그리들 위에 고기를 올려놓기만 하면 된다. 전통적인 브로일러처럼 온도 조절을 위해 선반을 높이거나 낮출 필요가 없다. 석영을 통해 열원이 나오는 그리들은 아래에서 나오는 만큼의 열이 위에서도 발생하므로 음식을 뒤집을 필요가 없다.

쿡칠시스템$^{cook-chill}$과 진공포장방식$^{sous\ vide}$은 일반적으로 선호되는 두 가지 기술이다. 쿡칠시스템은 주방장이 대량의 음식을 미리 준비하여 안전하고 효율적으로 냉장상태에서 장시간 저장할 수 있도록 해준다. 음식은 박테리아의 성장을 막기 위해 급속히 냉각되며 다양한 사이즈로의 분배가 가능하다. 일관된 품질과 상당한 인건비의 감소로 인해, 주방에서 받게 되는 스트레스를 줄여준다. 음식은 주문보다는 재고의 비축을 위해 준비된다. 쿡칠시스템을 가장 잘 적용할 수 있는 경우는 중앙주방에서 향후에 각 점포로 배분하기 위해 대량의 음식을 조리해둘 때이다.

진공포장방식은 유럽, 특히 이것을 개발한 프랑스에서 인기가 있다. 레스토랑 주방에서는 종종 한가한 시간에 이 기술을 사용하여 음식을 준비한다. 준비된 음식은 개별적으로 진공포장되고 다음 사용을 위해 냉동보관된다. 아마도 진공포장방식을 가장 잘 적용할 수 있는 곳은 일품메뉴 레스토랑과 중앙주방을 공유하는 레스토랑일 것이다. 진공포장방식은 냉동저장기기와 진공포장기를 필요로 하지만, 인건비 절약과 보다 효과적인 1인분 양의 조절로 그 비용을 만회할 수 있을 것이다.

주력장비

중요한 조리장비 즉, 주력장비는 주메뉴를 잘 준비하기 위해 선택된다. 다른 장비는 주력장비 주변에 배치되어 지원하게 된다. 햄버거 레스토랑의 주력장비들은 그리들 또는 브로일러와 딥프라이어이다. 커피숍과 팬케익 레스토랑도 이와 같다. 풀서비스 레스토랑에서는 가스레인지, 오븐, 브로일러가 현장을 지배한다. 중국 레스토랑에서의 주력기기는 보조기기들이 배열된 주변의 대형 팬인 웍^{wok}이다. 주방을 설계하고 장비를 선택할 때 판매가 가장 많을 것으로 기대되는 주메뉴에 대해 숙고하라. 그 아이템들을 위한 조리장비는 조리장소를 지원하는 곳에 배치하라. 이 음식들의 준비는 다른 구역에서도 할 수 있지만 가급적이면 인접한 곳에서 수행하라.

스토브/오븐

풀서비스 레스토랑 주방에서 가장 중요한 장비는 아마도 전형적인 레인지와 가스 또는 전기로 가열되는 콤비네이션 스토브 오븐일 것이다. 주방은 종종 스토브/오븐을 중심으로 설계된다. 대류식 컨벡션 오븐과 증기솥$^{steam-jacketed kettles}$, 그리고 틸팅 프라이팬$^{tilting skillets}$의 활용도에 따라 주방 설계자들은 레인지가 거추장스럽고 비효율적이라는 이유로 일부러 제외하기도 한다. 공간을 낭비하는 구형레인지보다는 더 효율적인 신형 기기를 선호한다. 중요한 조리기기는 오븐, 틸팅 프라이팬, 콤비네이션 컨벡션과 마이크로 오븐, 컨벡션 스팀조리기, 전자레인지 그리고 딥프라이어 등이다. 그래도 레인지 탑 스토브는 여전히 풀서비스 레스토랑 주방에서는 주력장비이다.

화구마다 온도가 별도로 조절되는 그리들은 다른 온도에서 동시에 다른 음식들을 조리할 수 있다. 예를 들어, 300°F(148.9℃)에서는 계란을, 350°F(176.7℃)에서는 소시지를, 400°F(204.4℃)에서는 소형 스테이크의 조리가 가능하다. 별도의 화구로 구분된 그리들은 융통성을 제공한다. 만약 햄버거만 조리한다면 모든 화구를 동일한 온도로 소셜할 수도 있고, 고객의 수요가 예측불가능할 경우에 일부 화구는 다소 천천히 식히기 위해 낮은 온도로 설정할 수 있다.

◯ 버너와 그리들이 장착된 스토브는 구입비용이 약 1,750달러에서 2,500달러까지 이른다.

그리들의 윗부분은 보통 0.5인치에서 1인치 두께의 강철 가열판으로 만들어진다. 강철이 더 두꺼울수록 잘 휘어지지 않는다. 어떤 경우는 상단이 얇은 알루미늄판으로 만들어지고 어떤 브랜드는 표면에 크롬이 도금된 강철로 만들어진다. 그리들의 형태는 박스형으로 설치될 수도 있고 테이블에 올려지거나 레인지 탑의 일부분으로 제작될 수도 있다. 그리들 표면을 통과한 열원이 설정온도까지 도달하기 위해 열 파이프가 사용된다.

필요한 그리들의 크기를 결정하기 위해 설계자는 피크시간동안 조리되는 음식의 양과 각 아이템을 조리하기 위해 필요한 시간들을 예측해야 한다. 만약 햄버거가 조리되는데 4분이 소요되고 피크시간에 100개가 필요하다면, 한번에 25개의 햄버거가 조리되어야 하며, 한 대의 그리들이 필요하다. 만약 피크시간 중에 계란, 팬케익, 그리고 다른 음식들의 주문이 들어온다고 가정해보자. 그러면 2대의 그리들이 필요할 것이다. 나란히 배치된 2대의 그리들은 2명의 조리사가 동시에 조리작업을 할 수 있다. 2대의 그리들은 수련중인 조리사가 숙련된 조리사 곁에서 보고, 일하고, 배우는 것을 가능하게 한다. 대부분의 커피숍에서는 2대의 그리들 모두 사용되는 경우가 하루에 한 두시간 뿐이라 할지라도 2대의 그리들을 나란히 비치한다. 그 대신에 각 그리들의 분리 조정이 가능한 그리들 한 대로 그 일을 대체할 수 있다.

피크 시간대에 그리들을 최대한으로 활용하기 위해 다소의 음식들을 스티머에서 미리 초벌조리한 후 식사시간동안 그리들 위에서 빠르게 완성할 수 있다. 그리들은 음식을 보관하고 준비하기 위해 작업대에 인접하여 놓일 필요가 있다. Avery교수는 그리들이 7분에서 12분 이내에 350°F(176.7℃) 또는 400°F(204.4℃)로 사전가열 가능한 제품을 구매할 것을 추천한다. 에너지 절약을 위해 그리들을 사용하지 않을 때는 금속이나 압축된 폼 커버로 덮어놓을 것을 추천한다.

그리들은 다양한 목적으로 사용되며, 표면이 견고한 레인지solid-top range의 역할을 대신할 수도 있다. 만약 한 부분이 그리들로 사용된다면 다른 부분은 스토브 탑으로 활용할 수 있다. 그리들은 고기를 갈변 조리하고browning and cooking, 팬케익과 계란을 요리하며, 번즈빵buns과 샌드위치를 굽기 위해서도 사용된다.

최근에는 스테이크를 조리하는데 홈이 파인 그리들grooved griddle이 널리 사용된다. 다수의 패스트푸드 레스토랑에서는 브로일러로 대체되고 있다. 그리들의 볼록한 표면이 스테이크 면에 브로일러 라인과 비슷한 무늬를 만들어주고, 홈을 통해 이전의 브로일러에서 발생된 대부분의 연기를 흡수함과 동시에 기름과 즙이 빠져나갈 수 있도록 한다. 또 다른 중요한 점은 홈이 파인 그리들은 브로일러보다 연료 사용량이 적다는 것이다. 육류를 조리하는데 별다른 기술이 요구되지 않기 때문에 홈이 파인 그리들은 체인점 운영자들에게 인기가 높다. 홈이 파인 그리들로 조리된 햄버거는 잘 타지 않는다. 브로일러를 사용할 때, 만약 조리사가 1~2분 정도 한눈을 판다면 햄버거는 시꺼멓게 타버리게 될 것이다.

딥프라잉 튀김기

제조업자들은 212°F(100℃)까지 상승되는 온도조절장치가 부착된 물끓임용 튀김기를 생산한다(딥팻 튀김기^{deep-fat fryers}는 390°F(198.9℃)까지 조절된다). 운영자들은 이러한 딥프라이어^{deep fryers}로 해산물과 채소, 그리고 파스타류를 삶는다.

압축 튀김기^{pressure fryers}는 뚜껑을 닫게 되면 튀김솥 안에서 압력이 발생한다. 증가된 압력은 대개 증발 냉각의 감소로 인한 열효율의 증가로 조리시간을 최대 30분까지 단축시킨다. 일부 압축 튀김기는 수분주입 장치가 있으며, 주입된 물은 증기로 변한다.

딥팻 튀김기^{deep-fat fryers}는 냄비의 역할을 할 수도 있다. 물을 가득 채우고 채소를 신속히 익힐 수도 있고, 햄과 프랑크소시지를 조리하며, 음식을 다시 데우거나 계란을 완숙하거나 마카로니와 스파게티를 조리하며, 캔이나 용기에 담긴 음식들을 일시적으로 온장보관할 수 있다. 전기 튀김기로는 불가능한 방법이지만 물은 가열 역할을 할 수 있기 때문이다.

신선한 채소를 제공하는 레스토랑에서는 채소들을 딥프라이어에 데친 후 옮겨서, 조리의 진행을 멈추기 위해 즉시 얼음으로 덮는다. 데친 채소들은 나중에 제공하기 위해 냉장고에 보관한다. 마지막 조리과정에서 채소들을 살짝 튀긴 후 즉시 제공하게 된다.

저온오븐기

낮은 온도에서 익히고 굽는 것이 가능한 저온오븐기^{low-temperature ovens}는 고기의 수축을 줄여주며 오븐에 보관되어 주문과 동시에 바로 제공되기 때문에 레스토랑사업에서 널리 이용된다. 이러한 오븐중 하나인 전기가열방식의 Auto Sham

◉ 딥프라잉 튀김기
　지방이나 기름을 채운 전기 또는 가스 열원솥으로 제작된 바구니가 담긴 튀김조리기기로서, 325℉
~400℉(162.8℃~204.4℃)의 온도로 조절이 가능하다.

은 육류구이 조리에 인기가 있다. 대규모 커피숍 체인점에서는 등심을 큰 덩어리로 자른 2, 3파운드의 팁^{tips}을 구매한다. 팁들은 250℉(121.1℃)에서 4시간동안 구워지고 140~150℉(60~65.6℃)에서 보관된다. 모든 육류는 레어^{rare}상태나 그보다 약간 더 구운 단계로 조리된다. 만약 미디엄^{medium}으로 주문이 들어온다면 끝부분을 사용하여 제공한다. 만약 웰던^{well done}이 주문되면 뜨거운 육수^{au jus}를 고기에 부어서 웰던 단계로 익힌다.

대류식 컨벡션 오븐

대류식 컨벡션 오븐^{forced-air convection ovens}은 주로 뒤쪽에 부착되는 공기의 신속한 순환과 음식의 빠른 가열을 돕는 팬이나 회전자를 제외하고는 일반적인 오븐과 유사하다. 예열과 조리시간은 보통의 오븐보다 상당히 적게 소요된다. 컨벡션 오븐으로 빵을 구울 때에는 반드시 사용법을 따라야 한다. 그렇지 않으면 얇은 케익 조각과 같은 음식들은 윗부분이 지나치게 말라버릴 것이다. 오븐 내에 습기를 유지하게 하고 음식의 수분 손실을 줄이기 위해 어떤 음식을 구울 때에는 물 한 냄비를 오븐 안에 넣어 두는 것이 좋다.

◐ 컨벡션 오븐
표준 또는 레인지 오븐은 오븐기 내의 공기를 가열함으로써 음식을 조리한다. 이러한 공기는 대류식으로 음식을 감싸면서 조리한다.

전자레인지

전자레인지의 조리공간은 그다지 클 필요가 없이 전통적인 대형 오븐이나 다른 종류의 오븐들보다 적은 면적을 요구한다. 오븐 상단에 설치된 마그네트론이 전자파^{microwaves}를 방출한다. 915 또는 2,450메가사이클^{mega cycle}의 전자기파들^{electromagnetic waves}은 오븐 내의 음식에 침투되어, 수분을 함유한 음식재료에 흡수된다. 전자기파는 열을 생산하기 위해 수분과 지방분자를 순환시켜 그득을 둘러싸고 있는 다른 종류의 분자들에 전도시킨다. 전자레인지에 의한 조리는 전자파가 음식에 침투되어 분자간 마찰에 의해 형성된 방사 에너지로 인해 식품이 가열되면서 조리되어진다.

전자파가 생성되면 그들은 빛의 속도로 움직이고 거의

순간적으로 식품에 침투하므로 예열시간이 따로 필요없다. 일반적인 오븐과 비교하였을 때 전자레인지 안에서 한번에 준비되는 양은 상대적으로 적지만, 적은 양의 음식을 재가열하는 데에는 우수한 조리기기이다. 어떤 물질들은 투명한 전자파에 의해 가열되지 않는데, 유리와 도자기, 종이 용기들은 전자파를 흡수하지 않는다. 금속은 전자파를 반사시키기 때문에 전자레인지에 사용할 수 없다.

전자파는 물에 의해 선택적으로 흡수되기 때문에 조리가 일정하지는 않다. 음식의 표면에 가해지는 열 대신에 내부로 서서히 전도되므로 전자파 에너지를 통해 식품 표면의 내부도 잘 익혀낸다. 오븐이 적외선 가열 요소를 가진 특별한 갈변장치browning unit가 없다면, 표면은 조리되지 않고 비교적 차갑게 남겨질 것이다.

전자레인지 조리의 장단점   전자레인지 조리는 전통적인 조리법에 비해 몇 가지 장점을 가지고 있다. 첫째, 에너지가 직접적으로 전달되기 때문에 열 손실이 적고 적은 양의 조리시 속도가 매우 빠르다. 둘째, 갈변장치 없이 정확히 사용된다면 엎지르거나 튈 것이 없어 청소하기도 용이하고 화재의 위험요소 또한 적다.

전자레인지의 단점으로는 영업용 주방에는 상대적으로 작은 용량이다. 통상적으로 볶음밥, 핫도그 샌드위치, 랍스타 혹은 송어 등을 가열하고 해동하고 조리하는데 이용가능한 가장 신속한 조리기기이다. 이들은 모두 수분을 많이 함유한 재료들이다. 오븐 내의 재료들이 추가될수록 가열시간이나 조리시간은 품목당 75% 또는 그 이상으로 늘어난다. 아이다호 감자 하나를 굽는데 일반적인 오븐에서는 한 시간이 소요되지만 전자레인지에서는 5분에서 7분 이내에 구워낼 수 있다. 두 개의 감자를 구울 때는 거의 두 배의 시간이 걸린다. 일반적인 오븐은 두 개든 50개든 감자들을 모두 한 시간 이내에 구워낼 수 있다.

전자레인지의 두번째 단점은 최대의 장점으로 언급한 속도문제이다. 단지 몇 초만 짧거나 길어

◉ 그릴은 육류나 어류를 굽기 위해 사용되어지는 주요기기로서 인기가 높다.

도 음식은 덜 익거나 더 익게 된다. 식재료가 다르면 시간설정을 달리 해야 한다. 예를 들어, 냉동샌드위치 빵은 속이 다 녹기 전에 겉이 지나치게 익어버린다. 지방이나 수분은 살코기보다 빨리 가열된다. 또한 전자파는 식품에 균등하게 분배되지 않아서 일정하지 않은 조리 결과를 낳는다. 이러한 다양한 변수로 인해, 최근에는 주방내에서 사용되는 모든 조리기기 중 전자레인지의 조작이 가장 복잡하다. 레스토랑에서 전자레인지는 조리가 거의 완료된 식품 아이템을 최종 가열할 때 사용된다. 8파운드가 넘는 분량의 음식을 조리할 때에는 전자레인지보다 일반 오븐이 더 신속히 조리된다. 전자레인지의 주요 용도는 다음과 같다.

- 조리된 음식 재가열
- 신속하게 디저트 데우기
- 해동
- 특별 주문 사항
- 1차조리

전자레인지의 주요한 용도는 아마도 이미 조리된 냉동식품을 재가열하는 것일 것이다. 구이용 도우 아이템이나 발효음식에는 전혀 쓸모가 없다.

적외선 조리기기

전자파 에너지와 같이 빛의 속도로 투과되는 적외선 또한 가열될 때에 습기가 있는 식품을 둘러싸고 있는 수증기막을 관통할 수 있다. 조리시 사용되는 적외선 파장의 단위는 마이크론이다. 대략 1.4에서 5 마이크론의 파장이 음식을 조리하는데 가장 효과적이라고 한다. 적외선 오븐은 냉동식품의 재가열 목적으로 판매된다. 조리시간을 단축시키는 적외선 브로일러와 오븐들도 생산된다.

비교적 새롭게 출시된 기기들은 컨베이어 벨트의 위쪽과 아래쪽이나 또는 일반 오븐과 유사한 카막이 내면에 적외선 방사체를 장치한다. 전기로 가열되는 방사체들은 조리되는 상품에 따라 별도의 온도 조절이 가능하다. 예를 들어, 8온스의 필레미뇽^{filet mignon}은 윗판과 아랫판 모두 700℉(371.1℃)의 온도를 사용하여 10분 이내에 조리할 수 있다. 9인치의 딥디시피자^{deep-dish pizza}(도우가 두터운 시카고방식의 피자 -역자 주)의 경우 아랫 판은 575℉(307.7℃), 위판은 650℉(343.3

℃)를 사용하여 14분간 조리된다. 12온스의 수플레^{soufflé}는 위아래판 모두 530℉ (276.7℃)에서 12분 이내에 구워낼 수 있다. 쿠키들은 500℉(260℃)에서 7분 이내에 만들어진다.

워밍 테이블

음식은 보관되는 동안 품질이 떨어지기만 대부분의 레스토랑에서는 음식을 서비스하기 전에 음식을 일시보관할 수밖에 없다. 카페테리아 서비스에서는 온장고$^{\text{hot tables}}$를 통해 보관한다. 요즘은 예전에 사용되었던 이중냄비$^{\text{bain marie}}$ 형태에서 발전된 워밍 테이블$^{\text{warming tables}}$을 사용한다. 예전의 이중냄비는 데워진 물로 단순히 냄비나 항아리 안에 들어있는 뜨거운 음식을 따뜻하게 유지하여 더 이상 조리가 진행되는 것을 막기 위해 사용되는 수조이다. 현대의 스팀테이블$^{\text{steam table}}$은 가스나 전기, 또는 증기로 가열되며 온도조절장치가 부착되어 있다.

보다 정교한 워밍 테이블(워머)은 특정 음식에 대해 특정한 온도에서 보관할 수 있도록 설정되어 있다. 예를 들어, 수프는 180℉(82.2℃), 육류는 145~150℉(62.8℃~65.6℃), 채소들은 140℉(60℃)이다. 가열된 물이 채워진 워머는 식품의 수분을 유지시켜주며 음식의 건조를 지연시킨다. 전형적인 워머에는 각각의 크기가 12×12인치인 스팀테이블용 팬들이 담겨진다.

워밍테이블이 조리용은 아니지만 140℉(60℃) 이상으로 보관되는 음식은 조리가 진행되고 있다는 사실을 알아야 한다. 따라서 음식을 얼마동안 보관해야 하는지를 고려하여 약간 덜 익힐 필요가 있다.

냉장고와 냉동고

냉장고와 냉동고는 절연체에 의해 두 칸으로 분리되어 있다. 냉각시스템에 의해 형성된 냉기는 내부에서 나온다. 절연체는 보통 폴리우레탄 거품이다. 냉각시스템은 냉각된 내부에서 팽창되는 압축가스로 구성되어 있다. 팽창된 가스는 열

● 리치인 냉장고는 제공되기전 전처리된 재료의 저장을 위해 사용된다.

을 흡수하고 컴프레서^{compressor}로 되돌아가 액화된다. 냉장고는 최소한 2인치, 냉동고는 3인치 이상의 폴리우레탄 절연체가 요구된다.

대규모 레스토랑에서는 냉장고와 냉동고의 공간을 상당히 필요로 하는데, 대체로 사람이 걸어 들어갈 수 있을 만큼 넓다. 이러한 냉장고를 워크인 박스^{walk-in boxes}라고 부른다. 냉장고에는 서랍형 냉장고나 작업대 하단^{under-counter}에 매립된 냉장고로도 설비할 수 있다. 리치인^{reach-in} 냉장고(열전도 방지용 신소재의 개발로 이동하여 조립할 수 있는 형태의 냉장고 -역자 주)는 에너지 절약형으로 제작된다. 다수의 랙이 장착된 바퀴달린 선반 카트는 음식을 최대로 저장시킬 수 있어서 냉장고에서 입출되는 식품의 이동시 에너지가 절약된다. 유리 소재 투명문이거나 플렉시글라스^{Plexiglas} 문으로 제작하면 안을 들여다볼 수 있어서 냉장고의 문을 열 필요가 없다. 주방 설계자들은 고급 레스토랑의 한끼 식사당 냉장고 공간면적을 다음과 같이 추천한다.

육류/가금류	.030ft³
유제품	.015ft³
농산물	.040ft³

워크인 냉장고는 검수구역 가까이에 위치한다. 문은 두 개를 설치하게 되는데, 입고는 검수구역 쪽, 출고는 전처리구역 쪽으로 배치된다. 따라서 필요에 따라 식재료를 출고하기가 용이하다. 컴프레서는 발생하는 열기가 주방으로 흘러 들어가지 않고 기계의 소음이 발생하지 않도록 주방에서 멀리 떨어진 곳이나 지하실에 설치되어야 한다.

효율적인 작동을 위하여 냉장고 안의 코일들은 반드시 서리를 제거하여 얼음이 얼지 않도록 유지되어야 한다. 냉각 코일이 얼음으로 덮여진다면 냉장고의 효율이 떨어지게 된다.

제빙기

레스토랑에서는 얼음물과 청량음료, 아이스 티, 다양한 주류를 위한 얼음을 제작할 수 있는 제빙기가 적어도 한 대는 구비되어야 한다. 제빙기는 얼음을 넣음으로써 톨드링크^{tall drinks}(알코올 음료에 소다나 과즙, 얼음 등을 넣어 마시는 잔이 높은 칵테일류 -역자 주)가 많아 보이게 하는 작은 크기의 정육면체 각얼음을 만

업 태	실제필요량	생산/저장 권장
비공식(청량음료 포함)	0.5~1 파운드(1인당)	400/540 파운드(125~200석)
공식(주류 불포함)	0.5 파운드(1인당)	300/540 파운드(100~125석)
공식(주류 포함)	1.5 파운드(1인당)	800/750 파운드(200석)
드라이브인	0.5 파운드(1인당)	–
패스트푸드	0.25 파운드(1인당)	800/750 파운드(매출액 $1백만)
카페테리아(냉샐러드바)	0.5 파운드(1인당)	–
	10 ft²(진열대)	200/400 파운드(분쇄얼음)
칵테일라운지(레스토랑을 겸한)	1 파운드(1인당)	400/540 파운드(125석)
바(음식 비제공)	0.5 파운드(1인당)	평균 200/120 파운드
		또는 300/235 파운드
타번(제한된 음식과 맥주 제공)	소형 100 파운드(1일)	100/65 파운드(언더바 적용)
	중형 200 파운드(1일)	200/170 파운드
	대형 300 파운드(1일)	300/235 파운드

◐ 그림 8-12 업태에 따라 제안되는 필요 얼음의 생산 및 저장량

들어 준다. 각얼음은 연회에 제공되는 음료에도 적합하다. 큰 사이즈는 더 천천히 녹고 오래 지속된다. 분쇄 얼음crushed ice은 음료의 온도를 신속히 떨어뜨리고, 샐러드 바, 굴 바 또는 주스 등을 진열할 때 사용된다.

날씨가 더울수록 더 많은 용량의 얼음이 요구될 것이다. 대개는 바bar에서 관리하는 별도의 제빙기가 설치된다. 바가 설치되어 있는 100석의 레스토랑은 대략 영업시간동안 400파운드의 얼음을 생산할 수 있는 능력과 540파운드의 저장능력이 있는 제빙기가 필요할 것이다.([그림 8-12] 참조)

전문가들은 고장 날 경우에 대비하여 하나의 메인 제빙기만 구매하는 것 보다는 제빙기 여러 대를 구매하여 사용가능한 각각의 장소에 배치할 것을 추천한다.

파스타 제조기

파스타를 테마로 하는 레스토랑에서는 파스타 제조기계를 구입하여, 마카로니, 버미첼리vermicelli, 페투치네fettuccine 등 다양한 종류의 파스타를 만들어낸다. 밀가루의 원가가 낮고, 대량 판매가 보증된다면 이 기계를 통해 단기간에 기계 구입비를 회수할 수 있다. 기계의 작동은 간단하여서, 단지 반죽을 밀어넣는 부분인 성형기의 상단 틀을 교체해줌으로써 다른 종류의 파스타를 생산해낼 수 있다.

기타 특별 조리기기

특별 조리기기는 특별한 메뉴를 만들기 위하여 발전되어 왔다. 예를 들어, 멕시칸 메뉴의 핫푸드 아이템들은 평균 온도보다 높은 온도에서 제공되는 것이 좋다. 그래서 멕시칸 레스토랑 운영자들은 컨벡션 오븐을 사용한다. 특징적인 것은 앙트레가 제공되기 직전에 치즈 용해기 아래에 앙트레를 놓고 빠른 시간 내에 칠리소스나 치즈 소스를 뿌린다. 치즈 용해기는 머리 위쪽에 위치한 브로일러 타입으로서 단지 몇 피트 정도의 길이와 접시를 놓을 만큼의 충분한 너비의 크기이다. 이것은 굽고, 갈변시키고, 마무리하는데 사용되며, 또한 랍스타와 마늘빵, 그리고 감자 그라탕 조리에도 추천된다.

샐러드를 테마로 하는 레스토랑에서는 원심력을 이용하여 샐러드 채소들의 물기를 빼주는 회전식 탈수기$^{spin\ drier}$를 보유하고 있다. 냉동음식의 신속한 재가열을 위해 특별한 오븐기$^{quartz-fired\ oven}$를 사용할 수 있다.

특별 스파게티 조리, 반죽기, 파스타 제조기, 피자 오븐, 그리고 기타 특별 조리기기가 사용 가능하다. Adaptations Old사의 제품은 새로운 용도에 따라 지속적으로 개조되고 있다.

새로운 형태의 열원 또한 계속 개발중이다. 열원으로 마그네틱 인덕션 코일을 사용한 스토브탑이 지금은 신기하고 새로운 것이지만 미래에는 평범한 것이 될 수 있다.

일부 체인점들은 고객 앞에서 특색있는 아이템을 생산하기 위해 특별한 기기를 개발해 왔다. 크레페 제조기가 좋은 예이다. 이 기계는 레스토랑의 입구나 고객들이 크레페가 만들어지는 것을 볼 수 있는 위치에 배치된다.

대형$^{heavy-duty}$ 전기기기의 작동은 주택용 표준 110/120볼트로는 작동되지 않는다. 회전식 유리잔 세척기$^{revolving-brush\ glass\ washer}$는 110볼트로 작동하지만, 대형이 요구되는 기기는 208, 240 혹은 480볼트를 감당하는 강력한 전선을 필요로 한다. 대형 모터들은 208/240-60의 단상전류가 요구되고 다른 모터들은 440/480-60의 삼상전류가 요구된다. 가열기$^{booster\ heaters}$는 550볼트를 필요로 한다. 특정기기를 설치하기 위해 주방의 전선을 교체하는 데에는 상당한 비용이 소요될 수 있다.

천연가스는 LP가스와는 다른 크기의 분출구와 다른 배치를 요구한다. 둘의 화력은 차이가 있다.

증발식 냉각기

주방에 설치된 증발식 냉각기^{evaporative coolers}는 디저트 영역과 같이 외부 습도가 낮은 곳을 냉각시키는데 소요되는 비용을 상당히 감소시켜준다. 냉각기는 외부의 건조한 공기를 들어오게 하여 느슨하게 짠 패드를 통과시킨다. 일정하게 공급되는 물은 패드 위로 떨어지거나 끌어올려진다. 신선한 공기는 송풍기에 의해서 유입될 때 냉각되고 패드를 통하여 걸러진다. 그로인해 젖은 패드의 수분은 증발되고 물이 수증기로 변할 때 열을 흡수한다. 이것이 증발식 냉각으로, 한 형태에서 다른 형태로 물질이 변화될 때 수반되는 융합 에너지의 열로 알려져 있다.

증발식 냉각기가 비싸지는 않으나 외부로부터 유입된 공기가 수분을 흡수하기 때문에 객장에서는 만족스럽지 못하다. 후덥지근한 날이나 습도가 높은 기후에서 수분은 영업장에 축적된다. 주방은 외부로 나가는 공기의 움직임이 신속하며, 공기는 주방의 유독가스와 냄새 그리고 조리기기에서 발생되는 열기를 제거하기 위해 배기 수송관에 흡입된다. 증발식 냉각기는 높은 습도로 유명한 St. Louis에서도 사용된다.

증발식 냉각기는 컴프레서가 필요없기 때문에 비슷한 냉각 능력을 가진 에어컨 가동비의 약 25%가 소요될 뿐이다.

평소에는 증발식 냉각기만 가동해도 무방하나, 가장 무덥고 습한 날에는 에어컨과 함께 사용하는 것이 유익하다. 증발식 냉각기는 외부 습도가 낮을 경우, 주방을 작업하기에 보다 쾌적하고 효율적인 장소로 만들어주는 비교적 저렴한 방법이다.

기타 장비

소규모 주방 아이템은 특정 메뉴를 위해 유용하게 이용할 수 있다. 이러한 아이템들로는 아이스크림 보관장치^{icecream holding units}, 디스플레이 박스^{display cases}, 크림 분배기^{cream dispensers}, 패티 제조기^{meat patty-making machines}, 잔반처리기^{garbage disposals}, 적외선 가열 램프^{infrared heating lamps}, 음료수 분배기^{drink dispensers}, 반죽분배기^{dough dividers} 그리고 제빵용 스토브^{bakers' stoves} 등이다.

상당수의 레스토랑들이 폐업을 하기 때문에 중고장비는 항상 장비 중개인을 통해 구입이 가능하다. 구매 후 가치가 급격히 하락되는 아이템은 거의 없다. 한

번 판매되었다면, 레스토랑 기기는 최대 80%까지 가치가 떨어질 수 있다. 레스토랑 장비의 경매는 우수한 중고 기기를 제공해준다. 작동시 부품이 필요없는 중고는 새 것만큼 상태가 좋다. 예를 들면 싱크대, 와이어 셸빙^wire shelving, 작업대, 스팀 테이블, 도마^cutting boards, 주방 도구들 그리고 냉각 선반^cooling rack 등이다. 그러나 구형 기기들은 교체부품을 구입하기가 어렵기 때문에 저렴하지는 않다.

주방장비의 관리

장비관리는 예방 약품과 유사하다. 정확하게 관리만 되면 발생가능한 문제들을 피할 수 있다. 적절하게 기름을 첨가해주면 작동되는 부품들은 유지기간이 연장된다. 컴프레서의 기름 먼지를 제거해주는 것은 기기를 혹사시키지 않는 방법이다. 깨끗하게 관리된 그리들은 표면에 기름때가 있는 것보다 더 잘 작동된다. 가스와 공기의 혼합^gas-air mixtures으로 조절되는 가스버너는 좀 더 많은 열을 제공한다. 전선들의 느슨한 연결이나 마모된 절연체를 점검함으로써 화재와 기기 고장을 예방할 수 있다.

레스토랑 기기는 일반적으로 10년 정도의 수명을 갖고 있다. 하지만 적절하게 관리한다면 훨씬 더 오래 사용할 수 있다. 유지 관리를 위한 가장 좋은 정보는 제조업자가 제공한 사용설명서를 참고하면 된다. "모든 조치가 소용이 없을 때, 사용설명서를 보라."는 옛 격언을 상기할 필요가 있다. 레스토랑 운영자들은 장비에 신경을 쓰기 보다는 사람 지향, 판매 지향, 그리고 식품 지향으로 되기 쉽다. 기기관리 일정표는 업무기술과 사업의 기본을 확립하는데 도움이 되어 바람직한 레스토랑이 되도록 해주는 주요사항이다.

레스토랑 운영자들은 식품 구매, 검수, 직원교체, 고객불만 해소, 원활한 운영 등 산적한 문제들로 인해 하루하루 유지하는 데에 급급한 나머지 주방장비의 규칙적인 관리를 간과하고 있다. 이러한 사실을 알고 있는 체인레스토랑 운영자들은 레스토랑의 장비 관리 및 점검을 담당하거나 기기를 수리할 수 있는 정규직 기사를 채용하기도 한다. 기기는 결국 고장 나거나 가치가 떨어지기 때문에 고장이나 비상사태가 발생하기 전에 사전 시스템을 설정하고 이를 준수하기 위해 경비를 할당해 놓는다.

기기 관리가 가장 어려운 곳은 식기 세척기 내부이다. 식기 위생에 필요한 온도인 180℉(82.2℃)까지 끌어올리는데 사용되는 온수 부스터 히터hot-water booster heater가 고장나는 일은 흔한 일이다. 결과적으로 상당수의 접시들은 살균처리가 되지 않은 상태로 세척된다. 부스터 안의 물이 가열됨에 따라 물 안의 무기물들은 침전되어 히터의 파이프와 벽에 부착되는 경향이 있다. 이 침전물들은 주기적으로 물로 씻어서 제거해야 한다. 하수 밸브를 열고 탱크에서 2~5 갈론gallons의 물을 배출한 다음 물이 맑아질 때까지 흘려보낸다. 만약 지역에 따라 석회질과 다른 무기물을 많이 함유한 물이라면 히터는 매달 세척되어야 할 것이다.

식기세척기를 수리하는 것은 매니저나 주방 직원의 업무가 아니며, 반드시 정비공을 불러야 한다. 기기를 수리하는 동안, 식기세척기 구역은 아수라장이 될 수 있으며 불가피하게 식기류의 파손율도 높아질 것이다.

만약 식기세척기 내의 물이 증기로 가열된다면 보통 응축액이 흘러들어가는 증기 배출장치가 설치되어 있다. 액체 상태의 응축액은 보일러로 다시 흘러들어가고 그곳에서 재가열되어 다시 증기로 전환된다. 증기배출장치는 증기상태가 아닌 응축액이 히터를 통과하여 외부로 배출되도록 유도한다. 배출장치는 증기를 막고 물이 히터 밖으로 배출되기 전에 액체 상태로 응축되도록 한다. 배출장치는 닫히거나 열린 채로 꼼짝 못하게 될 수도 있다. 만약 배출장치가 열린 상태로 정지된다면 증기는 배출장치를 통해 분산되기 때문에, 에너지는 낭비되고 시스템의 다른 부품은 장애를 일으킨다. 만약 닫힌 상태로 정지된다면 증기나 응축액 모두 통과할 수 없고 어떠한 물도 가열되지 않을 것이다. 대부분의 기기에는 배출장치가 작동되는지 배출을 확인하기 위한 테스트 밸브가 부착되어 있다. 제조사가 제공한 사용설명서를 참조하라.

증기배출장치는 증기가 히터 밖으로 배출되는 것을 막기 때문에 그것이 작동하는지 알아보는 방법은 캔버스 타입의 작업용 장갑을 끼고 배출장치로 들어가는 파이프와 나오는 파이프를 동시에 잡아보는 것이다. 만약 배출장치가 작동중이라면 현격한 온도의 차이가 확인될 것이다. 배출장치는 히터로 다시 들어가기 위해 응축된 증기와 응축액만을 허용하여야 한다. 만약 증기가 배출장치를 통해 분산된다면, 들어가는 파이프와 나오는 파이프 모두 같은 온도일 것이다.

만약 식기세척기가 고장 나거나 온수가 없다면 냉수로 세척하고, 희석된 클로락스나 냉수 소독에 쓰이는 다른 화합물로 위생처리할 수도 있다. 바에서 사용하는 유리제품들은 대부분 냉수로 위생처리된다. 식기세척기 내부의 스프레이 노즐은 식기류를 세척하는데 강력한 분사작용을 한다. 석회 침전물은 노즐 안에 형성되기 때문에, 주기적으로 와이어를 틈새에 집어넣어 청소를 해야만 한다.

저온 식기세척기는 임차할 수 있다. 이러한 경우는 임대회사가 관리와 작동에 대한 책임을 진다. 임대인은 조작담당자에게 새 식기세척기의 작동법을 교육시킨다. 전통적인 식기세척기는 세척용 물은 140℉(60℃)까지, 헹굼용 물은 180℉(82.2℃)까지 온도를 상승시키는데 상당한 비용이 들지만, 저온 세척기는 100℉(37.8℃) 정도의 낮은 온도로도 세척이 가능하다. 살균을 위해 가열방식 대신 살균용 화학약품이 투입된다. 저온 식기세척기로 교체한 레스토랑 체인점들은 식기세척 비용을 절반으로 감소시켰다.

▌ 위생담당자의 검열

레스토랑을 실질적으로 운영하기 전에 반드시 공중보건담당 공무원의 엄격한 조사를 통과해야 한다. 담당공무원과 담당위원회는 대중들이 관할구역내 레스토랑에서의 안전한 식사가 보장되기를 원한다. 결국 담당공무원은 바닥재, 화장실 용기의 수, 외식서비스 기기, 조명, 비상구 그리고 레스토랑 운영과 관련하여 영향을 미치는 다른 위험요소들에 대한 광범위한 자격요건을 점검한다. 자격요건들은 지역마다 다르다. 어떤 지역에서는 장애인을 위한 화장실의 완비와 화장실과 주방에 방수 바닥재 설비를 요구하지만 다른 지역에서는 아닐 수도 있다. 바닥 배수시스템, 배기관, 영업장의 테이블간 간격, 허용된 좌석수, 요구되는 주차공간, 주차장과 레스토랑 간의 진출입 경로의 수까지 모든 요구조건을 충족해야 한다.

심지어 건물이 몇 년 동안 레스토랑으로 사용되어 왔어도, 신규 경영사는 위생과 건축물 담당공무원의 정밀한 조사를 통과하여야만 한다. 신규 경영자나 임차인은 담당공무원으로부터 많은 사항을 지적받게 되며, 요구된 지적사항은 모두 수정하여 승인받아야만 한다. 열정적인 운영자는 화장실에 설치된 리놀륨 바닥재를 제거하고 규정된 바닥재로 교체해야한다는 것을 알고는 당황하고 좌절하기도 한다. 상당수의 직원들이 이미 급여대장에 올라와 있고 이자 지출은 계속되며, 예정된 개업이 지연됨에 따라 심한 타격을 줄 수 있다. 위생검사와 건물검사를 통과하기 전까지 레스토랑을 개점할 수 있는 방법은 없다. 건축 설비와 수정 승인은 사전에 확실히 해두어야만 한다. 곧 승인이 날 것이라고 가정하는 것은 위험할 수 있다.

summary
요 약

주방계획은 장비구매 이전에 이루어진다. 일부 레스토랑 장비 판매자는 주방의 배치와 기기 선정에 도움을 준다. 주방계획은 주방 안팎으로 음식물 이동의 원활한 흐름을 보장하는데 도움을 준다. 장비간의 거리와 장비 사용 담당직원을 최소화하는 방법으로 장비를 배치하는 것이 이상적이다. 입안자에 의해 의뢰된 전문기획자 professional planners 는 수수료를 받고 기획을 한다. 전문기획자는 메뉴와 레스토랑 고객에 적합한 장비를 추천하고, 조리사와 주방직원이 주방을 운영할 지식과 기술을 보유하고 있는지를 확인한다. 레스토랑 장비의 목적과 사용, 제한 그리고 가격이 토의되었다. 바람직한 주방계획과 장비 선정을 통해 에너지를 절약할 수 있다.

endnotes
주

1) Cini Little의 사장 겸 CEO인 John C. Cini 제공.

2) 위와 같음.

3) Arthur C. Avery, "Up the Productivity," *Commercial Kitchens* (Baltimore, MD American Gas Association, 1989), 205-14.

4) Bob Ecker, "The Kitchen Is Now Open," Wave Magazine Online, wavemagazine.com 2006. 5. 6.

5) Costas Katsigris and Chris Thomas, *Design and Equipment for Restaurants and Foodservice: A Management View, Second Edition* (New York: Hohn Wiley & Sons, 1999), 96-105. This is by far the best book available on the subject. Costas Katsigris is director of the Food and Hospitality Service Program at El Centro College in Dallas, Texas. Chris Thomas is a professional writer specializing in food and wine topics.

6) 같은 책, p. 90.

식재료 구매

학습목표

- 상품명세서의 중요성 설명
- 구매시스템 설정 단계의 기술과 목록
- 평균재고와 재주문 시기 설정시의 고려요인 확인
- 육류, 농산물, 통조림 식품, 커피와 기타 품목의 구매를 위한 선택요소 설명

이 장은 식재료 구매에 대한 기본적인 요소를 다룬다. **식재료 구매 시스템**food-purchasing system을 설정할 때, 다음과 같은 사항을 고려하라.

- 사용되는 식재료 품목(상품명세서)에 대한 표준 설정
- 노력과 손실을 최소화하고, 도난 관리를 철저히하는 시스템 설정
- 재고로 남아 있어야 할 각 품목의 양을 설정(평균재고와 재주문 시기)
- 식재료 구매시스템을 통해 구매와 보관을 맡고 있는 관리담당자 확인
- 각 품목의 검수, 저장, 그리고 출고 담당자 확인

구매 역학은 몇 가지 핵심기법으로 변화되어 왔다. 레스토랑들은 주문시간과 검수시간을 절약하기 위하여 수차례에 걸쳐 주문하거나 부적합한 시간대에 배달되어 오는 품목들에 대해서도 성실한 납품이 가능한 엄선된 납품업자와 제휴 관계를 구축하고 있다. 납품업자들은 1박스든 100박스든 동일한 유통비용을 적용하게 된다.

레스토랑 운영자는 메뉴에 따라 사업을 운영하고 있으며, 대개는 메뉴와 가격을 연 4회 정도 조정한다. 공급업자와 친밀한 관계를 유지하게 되면 갑작스런 원가상승과 식재료의 품귀현상에 대비할 수 있는 정보 취득이 용이해진다. 예를 들어, 1년 전 생고기 가격이 파운드 당 65센트였지만, 현재는 도축되거나 가공되거나 또는 운송되지도 않은 상태에서도 파운드당 1.05달러로 인상되었다. 어떤 주는 지난 주에 비해 쇠고기 안심 단가가 파운드당 95센트나 인상되기도 했다. 그리고 다음 주에는 칠면조가 대폭 할인된 가격으로 구매가능하기도 한다. 레스토랑이 고급 메뉴판을 제작했다면, 이러한 변화들에 의한 가격 조정은 상당히 어려워진다.

훌륭한 공급자는 장기적인 성공을 조언하는 컨설턴트에 가깝다. 그들은 메뉴에 가장 적합한 원료의 구매를 도와준다. 예를 들어, 치킨은 통째, 가슴살만, 4조각, 1/4 조각, 8조각에 날개와 다리가 각각 추가된, 또는 다리만 별도 등과 같이 여러 형태로 납품된다. 가슴살은 4 10온스 등 다양한 사이즈로 납품된다. 일반적으로 가슴살 하나보다 두 개를 한 세트로 구매할 때가 저렴하며, 닭이 크면 클수록 나이가 많거나 육질이 질기다.

냉동기술들은 예를 들면, 어선들이 장기간 출항할 경우가 발생하면서 발전해 갔다. 매일 밤 항구로 돌아오는 것은 너무나 많은 경비가 지출되기 때문에 어선

들은 며칠 혹은 몇 달 동안 출어한다. 급속냉동^{flash freezing}이라고 불리는 새로운 가공방법으로, −265°F(−165℃)까지 빠르게 도달시켜 물 분자가 결정이 되지 않도록 하는 화학 액체에 어류들을 저장시킨다.

게다가, 조리방법도 발전되어 왔다. 고객들은 양질의 음식을 기대하고, 이에 혁신적인 조리방법으로 대응해 왔다. 예를 들면, 냉동 치킨 로티세리^{rotisserie}(육류를 쇠꼬챙이에 끼워 돌려가면서 굽는 기구 −역자 주)는 그릴에서 일정한 품질로 조리가 가능한 도구이다. 이는 고가이긴 하지만, 인건비와 음식물 쓰레기들을 줄여준다.

◐ 신규 메뉴 제안에 대해서 토론중인 공급업자와 주방장 그리고 매니저
Sysco Food Services 제공

채소들은 갓 수확해서 데치고, 얼려서 요리로 제공되기 위해 준비하는데 두 시간이면 충분하다. 채소들의 단가는 시장가격 보다 더 일정하다. 샐러드에 곁들여지는 로메인 상추^{romaine lettuce}는 상자당 19달러에서 45달러까지 가격변동이 심하다. 주방에서 상추를 한입 크기로 자르거나 세척하는 것에 비해서, 잘 알듯이 한 봉지에 25장의 채소를 정리하여 상추가 4봉지 한 박스로 가공되어온다면 인건비가 절약된다. 게다가 제품에 습기가 많을 경우에는 유통기한이 단축될 것이다.

이는 요구되는 식재료의 종류, 사용시기, 적정단가를 정확히 파악하고 있는가의 문제이다. 그러므로 메뉴를 계획하는 것은 공급자와 상담을 한 뒤에 시작해야 한다.

NRA의 구매담당 스터디그룹^{Foodservice Purchasing Managers Executive Study Group}에서는 공급업체의 수를 줄이는 방법과 그들과 사업파트너를 맺는 방법 등 구매에 관하여 쓸만한 추천사항을 제공하고 있다. 이는 시장에 대한 정보와 미래 시장의 공급 정도 및 가격변동을 예측하는데 도움이 되며, 시장에서 성공하는 전략이 된다. 그러나 여전히 시장가격을 정확히 정의하는 것이 중요하다. 이를 달성하기 위한 최선의 방법 중 하나는 가능하다면 가격변동에 관계없이 매년 고정된 가격으로 장기계약을 맺는 것이다. 일부 상하기 쉬운 제품은 공급자들을 초청하여 한 주 또는 한 달 단위로 품목들에 대한 입찰을 실시할 수도 있다. 레스토랑 경영자들은 이러한 일련의 과정들을 통하여 구매관리를 하게 된다.

레스토랑을 개업하기 전에 **식재료표준(식재료명세서^{food specifications})**을 설정해야 하며, 이는 가급적 수기로 작성하도록 한다. 구매량은 수요예측에 기초해야 하는데, 판매경험이 전무하다면 추정하여 예측해야 한다. 유사 레스토랑에서의 경험은 매우 중요하다.

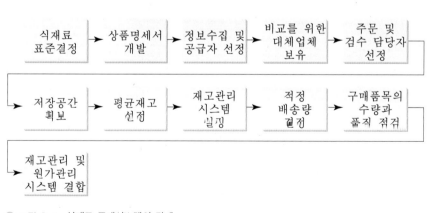

● 그림 9-1 **식재료 구매시스템의 단계**

종이 종류, 청소도구, 유리제품 등의 소모품들을 구매하는데도 동일한 절차가 수반된다. 신용거래가 구축되면 납품업체들과 전화상으로도 식재료의 납품이 가능하다.

운영상, **평균재고**(보유하고 있는 적당량)와 **재주문 시기**(추가로 주문되어야 하는 시점)가 구축되어야 한다. [그림 9-1]은 식재료 구매시스템의 단계를 보여주고 있다.

[그림 9-2]는 Red Lobster의 새우 품목의 식재료명세서의 세부사항을 보여준다.

상품명: 조리되고, 껍질 있고, 머리 절단된 새우, 미국산   컨셉: RL

DRI 상품코드: 1063 검수일: 9/16/99

1. 상품 정의

표준에 맞는 시판용 종류 중 IQF(개별적으로 급속 냉동시킨), 세척 및 위생처리가 완료되고, 껍질 있는 새우. 조리되고 껍질이 있는 상품은 1등급 원재료를 사용한다. 재료는 92%의 냉수와 4%의 Carnal 659 S 그리고 4%의 소금으로 된 용액으로 한 시간 동안 처리한다.

상품은 연방법규 123조의 미국 식약청 해산물 위해요소중점관리기준(Hazard Analysis Critical Control Points) 법규 21항을 따라야한다.

이 상품은 식품 등급이 매겨져 있고 상표 부착을 포함한 모든 면이 1938년에 제정되어 수정된 연방 식품 의약 화장품법 (Federal Food, Drug and Cosmetic Act)에 따라야 하며, 그 법률에 따라 모든 사항이 적용된다.

이 상품은 FDA의 최근 Good Manufacturing Practices에 따라 엄격한 위생 조건 하에 가공되고 포장되어야 하며, 어떠한 형태의 이물질과도 접촉이 없어야 한다.

2. 감각 특성

외관과 냄새, 맛은 신선하게 잡아서 가공한 새우가 되어야 한다. 새우의 조직은 촉촉하고, 단단하며 부드러워야 한다. 상품에서는 불쾌한 맛이 없어야 하며, 불필요한 냄새와 맛, 색이 없어야 한다.

3. 물리적 필수사항

A. 순중량: 순중량은 미국에서 검사받을 때 신고한 순중량 보다 덜 나가서는 안 될 것이다.

B. 파운드 당 수량: 파운드 당 평균 수량은 신고한 수량 범위 내에 해당되어야 한다. 최종 수량 범위는 로트/선적량 당 평균 63마리를 표준으로 40~80의 범위내가 되어야 한다. 어떤 개별 샘플도 67마리를 초과해서는 안된다.

C. 방부제[sulfiting agent]: 미국 식약청이 인정한 공식절차에 의해 검사한 것으로 새우살코기에 잔여 아황산수소나트륨이 0.001% 이하여야 한다.

D. 조리 평가 절차

D.1 방법론: 샘플백에 무작위로 선택한 새우 10마리를 골라 소량의 물을 채운 백에 넣어 밀봉하고 끓는 물에 조리된 새우를 자루 채 넣는다.

D.2 감각 평가

(계속)

◎ 그림 9-2 식재료명세서의 예

Red Lobster 제공

D.2.1 냄새: 상품을 개봉할 때 나는 불필요한 냄새와 맛의 점검을 위해 자루와 마리별로 새우의 냄새를 맡아라.

    D.2.1.1 진흙/풀과 같은 강한 지오스민^{geosmin} 냄새

D.2.1.1 진흙/풀과 같은 강한 지오스민^{geosmin} 냄새

    D.2.1.2 신 냄새나 암모니아 냄새

    D.2.1.3 배설물이나 부패한 냄새

    D.2.1.4 석유나 디젤 냄새

    D.2.1.5 화학 약품 냄새

D.2.2 맛: 위에서 언급된 모든 불쾌한 맛의 평가

D.2.3 조직: 조직은 흐물흐물하거나(가루투성이거나), 질기거나(퍼석퍼석하거나), 끈적끈적(상하거나) 하지 않아야 할 것이다.

E. 크기의 균일성: 크기는 1.4~2.4의 범주내에 포함되어야 한다.

균일성 비율 = 가장 큰 새우 15마리의 무게
가장 작은 새우 15마리의 무게

F. 결함: 총결함은 각각의 로트에서 중요하거나 사소한 결함의 총량이며, 15%를 초과하지 않아야 한다. 결함이 있는 상품을 의도적으로 포장하지 말아야 한다.

결정적 결함: 결정적 결함은 용납되지 않는다. 결정적 결함은 다음과 같은 3가지 유형이 있다.

– 감각 특성: 3.D.2.1부터 3.D.2.3까지 열거한 어떠한 결함도 결정적 결함이 된다.

– 외부 재료: 상품에는 가공 과정에서 발생하는 부스러기와 금속 조각, 유리, 곤충과 같은 식재료 위험요소와 안전문제를 제기할 수 있는 모든 형태의 이물질이 없어야 한다.

– 미생물학적 결과 (미생물학적 필수요건 섹션 4 참조)

중요 결함: 어떤 중요한 결함도 3%를 초과하지 않아야 한다. 중요 결함이나 단일 중요 결함의 총합이 5%를 초과한다면 상품검사^{production code}가 거부될 수 있다. 예는 다음과 같다.

1. 흑색소 침착층^{melanosis} – 육질 위의 검은 반점
2. 갈변육^{brown meat} – 육질의 목 주위 부위에 질병이나 효소 반응으로 인한 갈변현상
3. 사용 불가능한 새우 – 조각나거나 부서져서 상품으로 사용이 불가능한 새우

사소한 결함: 사소한 결함은 잘린 꼬리와 사라진 꼬리, 껍질 위의 검은 반점을 제외하고 새우의 무게의 5%를 초과하지 않아야 한다. 잘린 꼬리와 사라진 꼬리가 있는 새우의 양이잘린 꼬리가 척추 중간 부위보다 짧지 않다면 무게의 10%를 초과하지 않아야 한다. 껍질위의 검은 반점의 양이 무게의 8%를 초과하지 않아야 한다. 이에 대한 예는 다음과 같다.

1. 목부위 – 목부위는 새우의 첫 마디 길이의 반보다 길지 않아야 한다. 첫 마디에서 문제가 될 수 있다.
2. 꼬리의 부패와 검은 꼬리 – 꼬리가 부패되거나 꼬리의 3분의 2가 검게 변했을 때
3. 껍질 위의 검은 반점 – 껍질 위에 흑색소 침착증
4. 윤곽이 뚜렷하지 않은 꼬리 – 생산과정에서 본래의 모습을 유사하기 어려울 정도로 모양이 뚜렷하지 않은 모든 꼬리
5. 잘린/사라진 꼬리 – 상품은 개별적으로 급속 냉동되고, 냉동과정에서 꼬리는 약해지고 부서지기 쉽다.

A. 탈수: 상품은 탈수되지 않아야 한다.
B. 분해: 상품은 분해되지 않아야 한다.

● 그림 9-2 (계속)

식재료 구매 시스템

구매는 일단 한번 정해지고 나면 계속 반복하는 총체적인 레스토랑 시스템의 하부 시스템으로 간주된다. 구매 시스템을 구축하는 데에는 11단계가 있다.

1. 메뉴에 기초하여 시장에 제공될 식재료 표준을 결정하라. 채소를 캔에 담을 것인가, 신선한 상태로 사용할 것인가, 얼릴 것인가? 육류는 메뉴에 있는 각각의 육류 품목에 어느 정도의 등급과 크기로 자르는 것이 적당한가? 어류는 날것으로 또는 얼려서 혹은 둘 다의 형태로 사용할 것인가?
2. 상담과 이용 가능한 최적의 정보에 기초된, 원하는 것에 대해 상세하게 설명한 상품명세서를 개발하라. 그리고 제품의 일관성과 품질에 대한 책임은 공급자에게 있다.
3. 재료이용가능성에 대한 정보를 수집하고, 서비스와 가격, 정직의 신뢰성에 기초해서 공급자를 선택하라. 식재료의 샘플을 얻어서 최적의 상품을 고르기 위해 시험해보라.
4. 비교를 위해서 대체 공급자를 지정하여라.
5. 식재료 주문과 검수를 위해 담당자를 선정하고 그에게 품목별로 인수를 거절할 수 있는 권한을 주어라. 주문자와 검수자를 다르게 하고, 경영진은 육류나 부패가 용이한 식재료는 경영진이 책임을 지고 각 주문이나 검수에 관여하는 것이 좋다.
6. 최대 이용한도에 맞추어 저장 공간을 설정하라.
7. 각 제품이 비축되어야 하는 양을 명확히 설정하라.
8. 재고관리시스템을 구축하라.
9. 주문비용과 저장비용을 최소화하기 위해서 적정주문량을 설정하라.
10. 모든 구매상품의 품질과 수량, 무게를 점검하라.
11. 재고관리와 원가관리시스템을 함께 묶어라.

구매 사이클

운영자는 최소한의 수요로 매일 반복되는 시스템을 효율적으로 순환시키는 구매사이클을 설정할 수 있다([그림 9-3] 참조). 소비자와 메뉴의 변화 그리고

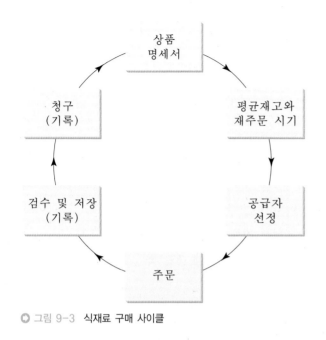

상품
명세서

평균재고와
재주문 시기

청구
(기록)

공급자
선정

검수 및 저장
(기록)

주문

● 그림 9-3 **식재료 구매 사이클**

신제품과 납품업체만을 고려했을 때, 반복되는 시스템 내에서도 사이클의 각 부분은 조금씩 변화된다. 하지만, 식재료가 주문될 때마다 상품명세서가 검토되어야 하며 재설정되어서는 안된다. 평균재고와 재주문 시기는 상대적으로 고정되어 있으며, 매출이 현저하게 변화되거나 메뉴의 변경이 발생할 경우에만 변동이 된다. 상품명세서와 평균재고는 뒷부분에서 상세히 설명될 것이다. 주요 공급자들은 쉽게 변동되지 않는다. 검수하고, 청구하고, 기록하는 것은 체계적으로 수행되며 기록된 정보는 원가관리시스템의 기본 자료가 된다.

구매시스템 설정자 및 운영자

대부분의 레스토랑 경영자들은 주방장과 관계자들의 상담을 토대로 상품명세서를 결정하고, 납품업체를 선정하며, 평균재고와 재주문 시기를 고려한 대략적인 수량을 파악하고 있다. 식재료 원가관리와 레스토랑 시장에 대한 분명한 이해를 가진 사람에게만이 식재료 구매시스템을 설정하고 운영하는 것이 추천되는데, 이는 보통 경영자이다. 높은 단가로 주문하는 경우는 거의 대부분 경영주가 아닌 주방장과 그의 거래처 친구이다. 숙련된 레스토랑 운영자들은 납품업체가 "평균 단가 이상par up"을 책정하지 않도록 관리한다. 공급자는 식재료나 음료, 레스토랑과 관련된 품목들을 납품하는 업체이며, 그들은 경영자와 파트너 관계를 맺으려 할 것이다.

식재료 품질 표준

식재료 품질의 표준은 특정시장에 제공하기 위해서 설정된다. 어떤 운영자들은 냉동어류는 취급하지 않고 선어fresh fish만 구매한다. 선어가 없을 때에는 어떤 생선도 제공되지 않는다. 다른 레스토랑들이 냉동 채소만을 구매할 때, 어떤 레

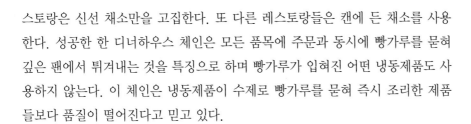

스토랑은 신선 채소만을 고집한다. 또 다른 레스토랑들은 캔에 든 채소를 사용한다. 성공한 한 디너하우스 체인은 모든 품목에 주문과 동시에 빵가루를 묻혀 깊은 팬에서 튀겨내는 것을 특징으로 하며 빵가루가 입혀진 어떤 냉동제품도 사용하지 않는다. 이 체인은 냉동제품이 수제로 빵가루를 묻혀 즉시 조리한 제품들보다 품질이 떨어진다고 믿고 있다.

명세서에 따른 구매

레스토랑들이 각각의 구매된 식재료 품목에 대해서 상세한 명세서를 밝히지는 않지만 그 명세서의 내용에 대해서는 대개 경영자가 잘 인지하고 있다. 레스토랑들 마다 시장에 적합한 식재료의 품질이 요구된다. 요구되는 품질은 시장마다 다르며 또한 조리될 메뉴에 따라 다르다. 보조 장식용으로 사용되는 통조림에 든 채소는 좋은 품질을 요구하지 않는다. 햄버거에 사용되는 분쇄육은 미국산 양질의 쇠고기 또는 이보다 낮은 등급의 쇠고기를 사용해도 무방하며 아직까지는 만족스러운 편이다. 통조림에 든 쇠고기는 조미된 슬라이스 샌드위치에 적합하다. 외형이 중요한 애플파이에 사용되는 사과는 테이크아웃용이어서 동일한 품질일 필요가 없다.

단지 등급만으로 원하는 품질이 보증된다고 기대할 수도 있지만 반드시 그렇지는 않다. 예를 들면, 통조림에 든 채소는 다른 나라와 비교했을 때 나라마다 재배조건이 다르기 때문에 다양한 등급으로 분류된다. 대부분의 대형 외식기업 운영자들은 매년 과일과 채소 작물이 수확되어 캔 포장된 통조림을 개봉해서 검사를 한다. 운영자는 개별단가를 알기 원할 뿐 아니라 제품의 색과 질감, 맛 그리고 균일함도 비교하려고 한다.

재고량의 정도

모든 식품에는 품질과 중량의 현저한 손실 없이 저장가능한 시간의 정도를 나타내는 유통기한이 있다. 많은 양의 수분을 포함하는 거의 모든 식재료들은 저장 시에 부피가 줄어든다. 아이스크림의 이상적인 냉동조건인 영하 $20°F$ ($-6.7℃$)에서 조차도 부피는 준다. 또한 자금이 재고에 묶여 있다고 가정해보라. 이는 자금이 이자도 발생시키지 못하며 기업을 위해 아무런 역할도 하지 못함을 의미한다. 일정 배송일에서 다음 배송일까지 관리하는데 실제 필요한 수량보다 더 많은 재고가 남아서는 안 된다. 이러한 목표를 위해서는 배송에 문제가 있다거나 식재료의 생산지와 거리가 있다면 실현될 수 없다.

가격이 하락할 때 다량의 식재료를 미리 확보해두는 것이 유리하다. 재고에 거의 영향을 받지 않는 주류라면 더 효율적이다. 그러나 대부분의 품목에서는 별도의 공간과 시간이 요구된다. 단지 판매자가 식재료 구매자에게 해당 과일이 구매의 적기이거나 구매시 경품이나 사은품을 받게 될 것이라는 유혹에 통조림 과일의 경우는 일년치 물량을 저장고에 미리 비축해두기도 한다.

평균재고와 재주문 시기   식재료 구매시스템에는 각 품목의 평균재고와 재주문 시기가 설정된다. 이는 필요 수량과 저장가능 공간 그리고 제품의 유용성에 기초한다. 어떤 스테이크하우스는 주 1회 쇠고기를 구입하는 것을 정책으로 하고, 주문량을 다음 주의 예상 판매량에 기초한다. 우유는 정기적으로 주 2회 배달된다. 신선한 농산물은 이틀에 한 번씩 배달된다.

통조림 식품이 평균재고에 이르렀을 때, 재주문 시기와 같이 설정한 수량보다 공급량이 부족할 때 안전한 재고로 간주되는 지점까지 채울 수 있도록 부족분을 주문한다. 경영진은 한 상자의 와인보다 더 많은 양을 결코 원하지 않을 것이며, 마지막 두 병 보다 적을 때에만 주문을 할 것이다. 회전율이 빠른 품목은 평균재고로 10상자가 요구되기도 한다.

전처리된 식재료에 기초한 평균 재고   고정메뉴를 판매하는 운영자들은 구매에 유리하다. 앙트레의 전처리 과정은 반가공된 상태에서 수행되며, 많은 접시들은 냉장고에 저장되어진다. 1938년에 설립된 Chicago의 Pump Room에서는 입구에 수년간 그 곳에서 식사한 수백명의 유명인사들의 사진들이 정렬되어 있다. 그 레스토랑은 훌륭한 미국요리를 제공하며 최상의 갈비와 오리구이로 유명하다. 그곳의 평균재고량은 이전 분기의 수치에 기초한다. 소갈비 한 짝은 60명의 고객을 위해 전처리되며, 10마리의 오리는 100명의 고객을 위해 준비된다. 이 수량은 주말이나 겨울에는 변동이 된다.

여러 품목들이 전처리되고 저장되는 레스토랑에서의 구매는 냉장고나 냉동고에 있는 가공처리되지 않은 식품에 기초하는 것이 아니라 철저한 재고관리를 통해 전처리되거나 저장된 품목의 평균재고에 기초한다. 경험이 풍부한 레스토랑 운영자들은 식품의 가격변동이 심하기 때문에 빈번하게 판매업자를 호출할 것이다. 신선한 채소와 육류, 생선은 특히 대규모 레스토랑에서 가격견적을 빈번하게 요구하는 품목들이다.

○ Prado 레스토랑에서의 저장고. 저장일과 내용물을 표시하는 것은 중요하다.

주문 기법

식재료와 공급물품을 주문하는 최선의 방법에 대해서는 의견이 분분하다. 어떤 전문가들은 주문하기 전에 경쟁가격을 요청할 것을 추천한다. 이는 시간이 걸리는 일이다. 또한 공급자와 운영자 간에 분쟁이 일어날 수 있고, 결국 공급자가 운영자에게 작은 배달품목에 대해 과도한 금액을 부과하기도 한다. 다른 운영자들은 오직 신뢰하는 한명 혹은 두 명의 공급자와만 거래를 한다. 또 다른 운영자들은 지역 슈퍼마켓에서 그들의 식재료를 조달하기도 한다.

대개 레스토랑 운영자들은 다른 구매자들보다 더 많은 구매비용을 지불한다. 이는 공급자들이 주방까지 전달하는 배달비용과 그들이 레스토랑과 사업상 유지가 됨으로서 보상받게 되는 신용 및 기타 서비스 비용이 포함되기 때문이다.

정기주문은 정기적으로 배달되는 미리 결정된 주문이다. 정기주문은 월요일에는 우유 배달 수량이 어느 정도이고, 화요일에는 추가해서 우유가 배달되는 등 요일에 따라 다를 수 있다. 대형 레스토랑들은 구매 주문을 포함하는 보다 체계적인 구매 시스템을 갖추고 있다. 이는 3장 또는 4장의 사본 형식으로 되어 있다. 한 장 또는 2장의 사본은 공급자에게, 나머지 한 장은 배달시에 전달된다. 구매자는 회사장부에 사본을 보관한다. 네 번째 사본은 검수담당자에 의해 보관되기도 한다. 저장에 대해서는 제 10장에서 설명하고자 한다.

구매 유형

납품업체로부터 전 품목 구매

대부분의 미국내 거주지역에는 시스코^{Sysco}와 같은 식재료 배급업체가 있다. 이러한 배급업체는 원스톱 구매를 원하는 레스토랑 운영자가 필요로 하는 물품과 식재료를 대규모로 판매하고 있다. 전 품목 배급업체는 물품과 판촉 자료, 그리고 식재료의 사용과 준비과정에서 필요한 교육을 제공하는 등 일상적인 의미에서의 상품보다 더 많은 것을 제공할 수 있다. 전 품목 배급업체로부터의 구매를 통하여 운영자는 주문을 하거나 수령할 때 시간을 절약할 수 있다. 대부분의 대규모 배급업체는 온라인 주문과 간소화한 청구 절차를 위해 컴퓨터를 사용한다. 대규모 배급업체는 일정한 주문량을 명시하지만, 어떤 전문 배급업체는 요구하지 않기도 한다. 원스톱 구매를 통하여 매일같이 쇼핑할 필요는 없지만 가격 비교를 하려는 레스토랑 운영자의 욕구를 충족시켜 주지는 못한다. 시스코와 같은 회사는 매주 시장보고서The Market Report라고 부르는 외국산 과일과 채소 목록을 작성한다. 예를 들어, 22종의 토마토를 연중 다양한 시기에 구매할 수 있다. 시스코는 전 품목의 준비된 후식을 판매하고 있으며, 그 중 일부를 여기에 소개한다.

미리 만들어진 후식은 상당히 훌륭하며, 제과장과 준비 과정 및 조리과정이 필요없도록 만들어준다.
Sodexho Food Services 제공

협동조합(co-op) 구매

많은 지역에서 찾아볼 수 있는 또 다른 배급업체는 협동조합 구매이다. 협동조합 경영진은 원가에 협동조합 운영비를 충당할 충분한 가격을 더한 가격으로 상품을 공급하는데 합의한다. 협동조합은 이윤을 추구하는 납품업체보다 저렴한 비용으로 레스토랑 식재료와 물품을 제공할 수 있는 비영리 기관이다.

주의사항

품질검사관에 의하여 인증 받지 못한 공급업자를 지닌 공급업체와 공조하는 것을 피하도록 한다. 전문요리는 조리과정에서 종종 식재료 오염의 위험과 식재료를 통한 일련의 질병을 전염시킬 가능성을 깨닫지 못하는 초보 조리사에 의해 만들어지기도 한다. 미국의 모든 식재료 조리기기는 주기적인 위생검사를 포함하여 보건 규정에 따라야 한다. 그러나 검사의 질과 빈도는 주마다 매우 다양하며, 작은 육류 포장기계나 두부와 같은 전문조리 가공기기는 규정에 적합하지 않은 것이 발견되어 시정되기 전까지 몇 개월 또는 심지어 몇 년 동안 위반하여 사용될 수 있다. 예를 들어, 가공하지 않은 땅콩은 간에 치명적인 아플라톡신aflatoxin이라는 균류를 성장시키기 쉽다. 만약 설비에 대해 적절한 검사를 하지 않는다면, 땅콩과 땅콩버터는 아무도 그런 사실을 모른 채 여러 형태로 오염되어 고객에게 제공될 수도 있다.

우리가 방문하였던 소규모 식품가공공장인 어느 두부공장에서는 신선한 무명천 대신에 낡은 천을 사용하고 있었으며, 위생처리하지 않은 여과체^{strainer}로 빠져 있는 생쥐를 제거하였다. 소규모 식품가공업자에 거래가 성사될 레스토랑 운영자가 방문할 수도 있다.

육류 구매

● 스테이크와 랍스타 정식
PhotoDisc, Inc. 제공

육류는 대부분의 레스토랑에서 가장 값비싼 식재료 품목이기 때문에 식재료 명세서를 작성할 때 가장 신중히 고려해야할 가치가 있다. 다행히도 연방정부는 **농무부**^{USDA}를 통하여 통상적으로 구매되는 모든 육류에 대하여 많은 정보를 제공하고 있다. 다른 유용한 정보는 국립축산협회^{National Livestock}와 시카고에 본부를 둔 육류협회^{Meat Board}로부터 얻을 수 있다. 육류 구매에 있어서 중요한 요소는 육류의 부위별 조각, 육류의 USDA 등급(지방 함유량, 연한 정도, 원가), 그리고 유형(형태: 생고기, 도매용 조각, 가공된 1인분)이다. 레스토랑 고객은 메뉴와 가격에 따라 구매할 최상품 쇠고기를 결정한다. 고품격 스테이크 전문점은 부위와 연령을 고려하여 최상의 스테이크가 될 허리부분을 구매하고자 한다. 햄버거 전문점은 목초사육 쇠고기를 필요로 한다. 두 전문점의 운영자는 그들의 고객들을 만족시켜야 한다.

신선한 과일과 채소 구매

많은 운영자, 특히 고가격의 메뉴를 판매하는 운영자는 신선한 과일과 채소를 레스토랑의 간판으로 삼는다. 과일과 채소가 싱싱하고 최소한의 조리로 제공한다면, 냉동 또는 통조림으로 된 과일보다 맛이 더 좋을 것이다. 구매와 준비

비용 또한 더 많이 소요될 것이다. 현대적 의미에서 최초의 레스토랑으로 불리는 Lorenzo Delmonico 이래로 지금까지 유명 레스토랑 경영자는 가능한 한 가장 신선한 농산물을 찾아내는 것을 가장 중요하게 생각하여, 아침 일찍 도매시장을 방문하거나 과일이나 채소를 전문으로 하는 소규모 농부로부터 구매하기도 한다. 어느 프랑스 레스토랑 경영주는 제철일 때 매일 신선한 작은 호박을 제공하는 것을 특징으로 한다. 일부 체인점 운영자를 포함하여 많은 운영자들은 멕시코, 뉴질랜드, 칠레에서 수입해야 함에도 불구하고 연중 신선한 딸기의 제공을 특징으로 한다.

저렴한 가격의 메뉴를 제공하는 레스토랑은 제철과일을 간판으로 삼기 쉽다. 사과나 바나나, 오렌지 같이 인기 있는 과일은 연중 내내 구입할 수 있기 때문이다. 미농무성에 의해 준비된 [그림 9-4]는 신선한 채소를 고르는 방법을 보여준다. 개인적으로 과일과 채소를 선택할 때는 다음의 지침을 적용하라.

- 엄선되고 잘 익은 신선한 품목을 선택하여 가능한 한 단시간에 사용하라. 특히 사탕옥수수는 일단 수확하게 되면 당 성분이 다른 탄수화물로 변하기 때문에 당 성분을 잃기 시작한다. 비타민 손실 또한 수확과 동시에 시작된다. 아보카도와 바나나 같은 과일은 미리 수확하더라도 익는 속도는 느리며, 파인애플 같은 과일은 수확한 후에도 익지 않는다.
- 상처가 나는 것을 피하기 위해 가능한 한 과일과 채소는 신중하게 취급하라.
- 단지 외형에만 영향을 미치는 흠과 맛에 영향을 미치는 흠을 구별하라.
- 품목의 성숙 정도를 점검하라.
- 너무 익거나 부패가 진행되는 과일과 채소는 피하라.
- 크기와 총 수량을 고려하라. 가능하다면 큰 품목을 선택하라. 크기는 보다 좋은 구매 방법이 될 수 있다.
- 용기의 크기를 파악하고 내용물을 점검하라. 느슨하거나 부족한 꾸러미에 주의하고 꾸러미의 맨 위나 밑바닥에 있는 내용물의 품질을 각각 하나씩 점검하라.

대부분의 운영자는 개인적으로 도매시장을 방문할 수 없어서 납품업체에 의존한다. 이때 등급 표준grade standard을 이용할 수 있는데, 미국 농무성은 선적 시점

아스파라거스

구매단위:

통	15~16 pounds
피라미드형 박스	30~32 pounds

조밀한 끝자락과 선명한 녹색이 아랫부분까지 이어지는
단단하고, 아삭하고, 부드럽고, 깨끗한 가지를 선택함.
가지가 모서리지고, 구부러지거나 또는 끝자락이
벌어지고 아랫부분에 흰색 부위가 과도하게 많은 것은
좋지 않음

유의사항: 시들고 축처진 가지거나 끝자락이 물렁거리면
시든 상태이며, 불쾌한 냄새가 남

아보카도

구매단위:

1단 통	12~15 pounds

아보카도는 신선하고 밝은 색상, 무겁고, 중간 크기,
적당한 단단함을 가지고 있거나 갓 수확한 듯
부드러움을 가진 것을 선택함. 껍질에 군데군데
연갈색 얼룩이 있다면 신선한 상품이 아님

유의사항: 짙고 움푹들어간 반점은 합쳐지고
부조화적인 부분으로 남음. 표면에 깊게 금이 갔거나
부서졌으면 상한 징후임

콩, 그린피스 또는 그린빈스

구매단위:

바스켓	부셀	28~30 pounds
	1/2 부셀	14~15 pounds
박스	부셀	28~30 pounds
통		28~30 pounds

어리고, 부드럽고, 흠 없는 잘 영근 콩, 신선하고
아삭아삭한 콩을 선택함. 녹색이나 노란 꼬투리가 달린
어떤 다양한 상품이라도 색상이 밝은 것을 선택할 것.
콩은 익어서 접히기 전에 두 조각으로 부러짐

유의사항: 시들고 마른 콩은 수확 후에도
너무 익어서 풍미가 없음.
씨가 커져버린 완숙 콩은 억세고 섬유질을 띰

브로콜리

구매단위:

박스	4/5 부셀	15~20 pounds
박스, 철사묶음		20 pounds
바스켓	8 쿼터	6 pounds
통	14 부셀	20~23 pounds

송이가 진녹색을 띠며 작고 개별적인 싹을 가진 알차고
단단한 겉모양과 보기에도 신선한 상품을 선택함

유의사항: 부드럽고 미끈거리고, 수침상 반점이나
불규칙한 갈색 반점은 상한 징후임.
상부가 펼쳐지고 시들고, 노랗게 변하거나,
꽃의 싹이 커져버린 것이 많으면 이미 시기가
지난 것이며, 맛에도 문제가 있음

방울양배추

구매단위:

나무통		25 pounds
1단	12 10-온스 컵	7-1/2~8 온스 컵
통		25 pounds

알맹이가 신선하고 밝은 녹색을 띠며,
알차고, 겉잎이 단단해야 함

유의사항: 알맹이가 노랗거나 다른 색상의 잎,
또는 알맹이가 부드럽고, 벌어졌거나 시든 상품.
작은 구멍이 나거나 헤어진 잎은 더위에 의한 손상임

양배추

구매단위:

박스	1-3/5 부셀	50~55 pounds
통		45~50 pounds
크기 조절되는 색		50~60 pounds

잘 손질한 녹색의 상부와 신선한 겉잎과 상부,
크기에 비해 단단하고 무거우며, 벌레 먹은 곳이 없고
흠이 없는 상품을 고름. 창고의 저장품은 녹색이 다소
결핍되지만 다른 만족한 맛을 주기도 함

과 최종 시장에서 지속적인 검사를 시행하고 있으며 위와 같은 검사표준을 개발
해 왔다. 하지만 농산물의 빠른 부패용이성 때문에 등급에만 의존하는 것은 어
렵다. 구매자는 등급, 크기, 총 개수, 용기크기, 그리고 숙성정도를 명세서에 기
입한다.

USDA 도매 농산물 등급

등급 표준은 광범위하다. 과일과 채소는 종류와 재배 조건에 따라 품질이 매우 다르다. 연방 표준은 모든 변수를 포함한 광범위한 허용한도를 보유해야 한다. 일련의 과일과 채소 **등급 표준**은 워싱턴 DC 20250에 있는 미국의 농무부 산하 과일·채소부Fruit and Vegetable Division로부터 이용가능하다. 등급과 표준은 다음과 같다.

- *U.S. Fancy*   전체 작물 중 극소수 비율에 해당되는 매우 전문화된 농산물에 적용된다. 이 등급은 너무 고가여서 꾸러미로 채워넣을 수 없기 때문에 대부분의 농산물에 대해서는 거의 적용되지 않는다.
- *U.S. No. 1*   농장에서부터 시장에 이르기까지 농산물 거래에 있어서 가장 널리 사용되는 등급이며, 평균 품질이 좋음을 나타낸다.
- *U.S. Commercial*   U.S. No. 1 보다는 못하지만 U.S. No. 2 보다는 우수한 농산물에 적용된다.
- *U.S. Combination*   U.S. No. 1과 U.S. No. 2의 비율을 조합한 농산물에 적용된다.
- *U.S. No. 2*   보통 선적하기에 용이한 가장 낮은 품질로 간주되는 상품에 적용된다. 이 등급의 농산물은 보통 U.S. No. 1 보다는 상당히 저급한 외형을 지니고 있으며 다소 쓸모가 없다.
- *U.S. No. 3*   매우 전문화된 제품을 위해 사용되는 농산물에 적용된다.

Tip

일부 수프의 주성분에는 상당량의 소금이 함유되어 있다. 소금은 파운드당 가격이 싸다. 세계에서 가장 널리 사용되는 음식의 맛 첨가제인 소금(염화나트륨)은 적당히 사용하면 매우 가치가 있다. 그러나 일반적으로 미국인은 너무 많이 사용한다. 하루에 1/2스푼보다 적은 양으로도 일일 소금섭취량을 충족시킨다. 그러나 미국인은 전형적으로 매일 3과1/2스푼의 소금을 소비한다. 소량이 요구됨에도 불구하고 과도한 섭취의 이유가 무엇인가? 과용은 신장에 해를 끼치고, 영양분 흡수를 방해하고, 그리고 고혈압의 원인이 된다. 과도한 소금 섭취로 인하여 사람들은 울혈성 심부전congestive heart failure 때문에 심장 질환에 걸린다. 대부분의 통조림 또는 병으로 된 제품은 과다한 소금을 함유하고 있다. 예를 들어, 10온스짜리 치킨수프 통조림에는 거의 1,000밀리그램에 가까운 소금을 함유하고 있다.

소규모 슈퍼마켓 체인점은 자신들의 구매자가 대규모 체인점이 관심을 갖고 있지 않은 적은 양의 농산물을 엄선하여 선택하기 때문에 노점상 보다 저렴한 가격으로 농산물을 제공한다. 레스토랑 또한 슈퍼마켓에서 특가품으로 판매하는 농산물을 특징으로 내세울 수 있다. 수프에 사용되거나 생과일컵에 잘게 썬 과일의 품질은 생과일의 상태나 신선한 과일 접시에 제공되는 것과 똑같을 필요는 없다. 프리미엄급 농산물을 잘게 썬 상태에서 구매할 필요가 없다. 수프에 넣은 샐러리나 생과일컵에 넣은 수박 등이 좋은 예가 된다.

통조림 과일과 채소

통조림 과일과 채소에 대한 많은 정보는 USDA와 식품의약국[FDA]에 의하여 개발되었으며 이용가능하다. 품질표준과 용기 내용물에 대한 표준은 FDA의 관심사이다. FDA는 일부 성분을 포함하고 있는 대부분의 식재료 품목에 표기사항을 부착하도록 요구하고 있다. 중량 중 함유된 성분의 내용을 나타내는 목록에는 모든 성분명이 용기에 부착되어 있어야 한다. 일부 제품은 첨가물임이 입증되고 있다. 주(州)와 주 사이에서 선적된 모든 식재료는 FDA의 통제를 받는다. 주와 시 법은 주에서 생산되고 판매되는 품목에 대하여 규정하지만, 대부분은 연방법과 유사하다.

통조림 과일 또는 채소를 사용하는 운영자는 수확기가 끝난 늦가을에 통조림 개봉 테스트[can-cutting test]를 한다. 테스트에서 여러 판매업체의 통조림에 부착된 표기사항은 가리고, 맛과 질감, 색, 균일성, 가격과 크기 등에 대한 내용물의 등급을 매긴다. 또한 그 내용물이 스팀테이블 위에서 얼마나 잘 견디는지를 비교할 수도 있다. 중요한 비교 척도는 고형물(固形物) 중량이다. 이와 같은 테스트의 결과는 가끔 놀라운데, 상대적으로 단가가 낮은 제품이 우수한 것으로 판명될 수도 있기 때문이다.

☕ Tip

커피 판매업자는 커피 끓이는 방법을 레스토랑 직원에게 교육시키고 있으며, 주기적으로 커피 끓이는 기계를 무료로 청소해주기도 한다. 많은 커피애호가들은 커피를 185°F(85℃)의 온도에서 30분 이내에 끓여야 하는 데에 동의한다.

올바른 커피 선택

메뉴에 기재된 다른 상품처럼 커피도 고객과 잘 맞아야 한다. 운영자의 선택이 제공하고자 하는 시장의 선택과 다를 수도 있다. 미국 전반에 걸쳐 선호도는 다양한데, 대개는 자신이 성장하며 마시던 커피를 선호하는 경향이 있다. 여행을 즐기는 사람들은 강하게 볶은 진한 커피를 더 선호하는 경향이 있다.

레스토랑에서 제공되는 커피는 재배조건이 탁월한 고산지대의 원두를 혼합한 블렌드 커피이다. 아마도 커피를 선택하는 최선의 방법은 단골고객들로 구성된 맛 평가단이 선택하는 커피를 사용하는 것이다.

일반적으로 커피는 단단하고 진한 맛이 나는 커피(일반적인 로부스타^{robusta} 커피 $_{-역자 주}$)와 보다 부드럽고 순한 고산지대에서 재배된 커피(일반적인 아라비카 ^{arabica} 커피 $_{-역자 주}$)로 구분된다. 조그만 나라에서 생산된 두 품종의 커피가 판이하게 다를 수도 있다. 볶는 정도와 커피를 끓이는 방법에서 커피의 최종적인 맛에 현저한 영향을 미치기 때문에, 단순히 가장 값비싼 커피를 구매하는 것으로는 충분하지 않다.

만일 운영자가 그 판매업자로부터 모든 종류의 커피를 구매하기로 동의한다면, 커피 판매업자는 레스토랑 운영자에게 커피제조기를 임대비용 없이 제공하기도 한다. 때때로 판매업자는 기계 사용료로 커피 파운드 당 일정비용을 청구하기도 한다. 자본이 부족한 초보 레스토랑 운영자는 그러한 제안을 환영할 것이며, 아이스크림 쇼케이스도 가끔 유사한 방법으로 제공된다.

summary

요 약

성공한 외식사업 운영자는 고객을 만족시키는 식재료 품질 표준을 정한다. 또한 식재료를 구매하고, 저장하고, 도난이나 낭비, 그리고 과잉생산을 최소화시키기 위한 지침을 확실하게 하는데 도움이 되는 구매시스템을 설정한다.

시스템의 기본은 고객의 종류에 적합한 식재료 표준과 수익을 달성할 수 있는 가격을 설정하는 것이다. 햄버거의 지방 함유비율과 달걀 프라이드의 크기, 밀크셰이크의 성분, 그리고 스테이크의 육류등급 등이 식재료 표준을 설정하기 위해 필요한 정보의 예이다. 그 표준은 식재료 구매를 주문하고 감시하는데 사용되는 식재료명세서에 의하여 표현된다.

개인 레스토랑에서 식재료 구매에 대한 책임은 보통 매니저에게 주어진다. 체인점 운영에 대해서는 본사에서 표준과 명세서를 설정한다. 구매 관리는 도난의 가능성이 높기 때문에 필수적으로 엄격하게 적용된다. 판매업자와 매니저 그리고 직원들이 공모하여 불법행위를 범하기도 한다. 한 사람 또는 책임 있는 몇 사람에게만이 창고 열쇠를 엄격하게 관리하도록 하는 것이 현명하다.

식재료를 수령하고 저장하는 업무는 자세하게 명시되어야 한다. 통조림이나 건조 상품들은 저장이 용이하며, 빈번히 사용되는 품목은 입출이 편리한 가까운 위치에 저장하는 것이 좋다.

육류와 생선 그리고 가금류 등의 품목에 대한 정부 표준은 레스토랑의 표준을 설정하는데 활용될 수 있다. 통조림 품목을 많이 사용하는 레스토랑에서는 매년 다양한 브랜드의 통조림 상품들의 품질과 가격을 비교하는 통조림 개봉 테스트를 실시하는 것이 유익하다. 주문하거나 저장할 식재료의 수량을 통제하는 재고관리는 과거 기록을 참고함으로써 구매시스템에 적용될 수 있다. 과도한 재고는 자본과 저장공간과의 문제로 인해 식재료의 낭비를 초래한다. 특정 품목을 재주문할 시기의 설정이나 정상적인 저장 정도인 평균재고는 구매시스템의 중요한 부분이다.

경영정책 문제에 익숙한 판매업자는 확실성, 단가, 신뢰성 등에 기초한다. 모든 품목의 납품이 가능한 판매업자의 선택은 시간과 자금을 절약할 수도 있다. 예를 들어, 일부 판매업자는 레스토랑 직원에게 식기세척기 사용법과 커피 끓이는 법 등의 교육을 제공한다.

식재료 구매시스템은 현재의 구매 행위와 고객의 선호도에 대한 주기적인 검토가 이루어져야 하며, 필요시 그 시스템의 일부를 과감히 변경할 수도 있어야 한다.

Part four

레스토랑 운영과 관리

Aria 레스토랑의 컨셉

Aria라는 현대적 미국의 레스토랑 컨셉은 공간 배치와 오너쉐프인 Gerry Klaskala의 열정, 이 두 가지 요소들로 인해 개발되었다. Aria의 경영주들은 소도시에 입지하여 소규모, 고소득층을 겨냥한 컨셉으로 운영할 것을 결정했다. 그와 같은 컨셉으로 결정하는데 있어서 두 번째 요소는 현대적 미국 요리에 대한 Gerry Klaskala의 열정이었다.

입 지

Aria Restaurant은 조지아 주 애틀랜타의 기존 레스토랑이 입점했던 빌딩에 위치하고 있다. 경영주인 Klaskala는 그 지역을 분석한 후에 매도물건으로 나와 있는 레스토랑을 발견하고 매입 제안을 했다. 이제는 Aria로 알려져 있다.

메 뉴

오너쉐프인 Gerry Klaskala가 Aria의 메뉴를 개발했다. 그 메뉴는 자신의 영혼 추구에 근거하였으며, 레스토랑 개업시 이미 최신요리로 준비완료된 상태였다. 메뉴는 끊임없이 진화하고, 인내를 가지고 준비하는 "슬로푸드"로써 분류되는 품목에 초점을 맞추었다. 삶고, 굽고, 찌고, 끓인 맛있는 육류가 제공된다. 신선한 제철 식재료로 조리된 일일특선메뉴도 제공된다.

수상내역

개업 이래로 Aria는 다음과 같은 다수의 수상경력을 가지고 있다.

- *Esquire Magazine*으로부터 2000년 전미 최우수 레스토랑 중 하나로 선정
- *Gayot Dining Guide*는 Aria를 애틀랜타 탑5 레스토랑에 선정
- Gerry Klaskala는 2001년 Robert Mondavi Culinary Award of Excellence를 수상
- *Esquire Magazine*로부터 The Definitive List of the Best New Restaurants in America 탑22에 선정
- *The Atlanta Journal-Constitution*로부터 John Kessler's 탑50 레스토랑에 선정

- *Bon Appetit*로부터 Best New Atlanta Formal Restaurant에 선정
- *Atlanta Homes and Lifestyles*로부터 애틀랜타의 탑10 초콜릿 디저트 부문에 2위 수상
- Robert Mondavi Winery의 Culinary Award of Excellence 수상
- 최우수 레스토랑, 최우수 초콜릿 디저트, 최우수 요리 및 와인, 최우수 분위기 부문에서는 지역의 수상 목록에서 빠지지 않음

인허가

Klaskala는 인허가 서류를 작성, 제출하기 위하여, 경찰서, 보건소 등 여러 정부기관을 방문했다. 레스토랑 건물이어서 이미 모든 사항이 설정되어 있었기 때문에 구획조정 문제는 다룰 필요가 없었다.

마케팅

Aria의 경영주들은 원래 마케팅에 관심이 없었다. 그들은 개업 전에 홍보를 통하여 대중매체를 통해 기사화하는 것에 의존하였다.

도전과제

Aria 개업의 중요한 도전과제는 손익분기점을 지나 매출을 증진시키는 것이었으며, 그들은 매우 빨리 달성하였다.

재무정보

Aria 레스토랑의 연매출은 250만 달러를 기록했으며, 주당 약 800명의 고객을 담당한다. 평균객단가는 75달러에서 100달러까지이다. 매출대비 명세내역은 다음과 같다.

- 매출액 대비 임차료 비율: 2%
- 음식판매 비율: 55%
- 음료판매 비율: 45%
- 수익률: 15% 이상

예상과의 차이

Aria의 개업은 계획대로 잘 진행되었다. 계획과 다른 내용은 9.11사건이었다. 그날 이후 "매출이 급격하게 떨어졌다." 그래서 Aria는 관광객과 컨벤션에 의존할 수밖에 없었다. 매출이 원상복귀하기까지는 1년이라는 시간이 걸렸다.

미래의 경영자에게 주는 조언

열정을 가져라! 그러면 돈은 따라올 것이다.

* 참조: www.aria.atl.com

조리와 위생

학습목표

- 미국음식 유래의 토의
- 미국 조리의 유래에 대한 토의
- 부패하고 보존하기 쉬운 식재료의 검 수 및 저장시 주의요소 설명
- 조리시 핵심 포인트 기술
- 여러가지 식중독과 이를 피하는 방법 에 대한 토의
- 음식물 보호시스템의 개발 및 유지

음식의 유래

음식을 생산하는 조리를 연구하기 전에, 먼저 음식의 유래를 살펴보도록 하자. 이는 음식이 오늘날 우리가 어디에서 왔으며 또한 미래는 어떻게 변화되어 희망을 보여줄 것인가를 예측하도록 해주기 때문이다.

기존의 많은 참고자료들은 학문적 깊이와 감각을 제공해 주었다. 미국식 조리법은 전국적인 조리법에 모체를 두며, 많은 국가와 집단의 조리와 전처리방법들의 혼합으로 형성되어졌다. 초기의 식민지 주민들은 영국으로부터 쇠고기와 양고기 조리법을 도입했다. 그들이 신세계에 도착하면서 인디안 옥수수Indian corn(보통 식용이 아닌 추수감사절 같은 때에 장식용으로 사용되는 알갱이가 큰 옥수수 -역자 주)에 빠르게 적응하였다. 사실상 그것은 수년동안 주식이 되었다. 이후 연이어 이주해 온 아일랜드인, 스코틀랜드인, 독일인 그리고 스칸디나비아인들을 통해 그들의 음식과 준비방법이 도입되었다. 남미의 잉카제국이 기원인 감자는 유럽을 경유하여 미국에 도입되어 주식이 되었다.

밀과 다른 곡물들이 풍부해짐에 따라, 빵은 끼니마다 등장하는 음식이 되었다. 많은 미국인들은 육류와 감자, 빵과 우유를 먹으며 성장했다. 육류와 빵은 샌드위치로, 우유는 밀크쉐이크로, 감자는 프렌치프라이로 개발되어 오늘날 패스트푸드점 메뉴의 중요한 요소가 되었다.

로스트 비프와 스테이크는 스테이크하우스 레스토랑에서는 기본 메뉴이다. 미국의 중서부 지방과 남부 지방에는 그들이 선호하는 방식으로 구워진 쇠고기와 돼지고기 업장이 있다. 육류와 감자, 빵에 대한 신드롬이 미국사회에서는 높은 영양과 충분한 만족을 줌에도 불구하고 음식평론가들에게는 실망스런 음식으로 보여진다.

이후 이탈리아인들은 치즈와 파스타요리를 가지고 이주해 왔다. 이탈리아 레스토랑은 미 전역에 확산되었고 피자점들은 거의 모든 지역에서 찾아볼 수 있게 되었다. 중국 노동자들이 천도 건설을 돕기 위해 이주해 와 서부지방에서 일을 시작하였을 때, 그들은 그들의 조리기술과 음식을 가지고 왔다. 커피숍은 비엔나와 17세기 영국과 프랑스의 커피하우스에서 유래되었다. 패밀리레스토랑의 시작은 영국과 초기 미국의 타번tavern이며, 음식을 제공하는 하숙집의 일종인 "오디너리ordinary"에서 자취를 찾을 수 있다. 더욱 복잡하고, 미묘한 식사 경험은 프랑스 레스토랑에서 찾아볼 수 있다.

멕시코인들과 이전의 스페인 사람들은 오늘날의 멕시칸 레스토랑의 배경을 제공하였다. 최근에는 인도, 태국, 한국, 일본 등 동양으로부터 도입된 전문음식을 취급하는 레스토랑들이 생겨나고 있다. 유대인 사회가 있는 곳에는 유대인의 전통음식과 델리 레스토랑(delicatessen, 조리된 육류나 치즈, 흔하지 않은 수입식품 등을 파는 가게 -역자 주)이 있다.

미국의 일반적인 레스토랑에서 제공되는 메뉴는 전 세계에서 제공되는 다양한 조리법이 혼합된 방법으로 유래되었으며, 식품과학, 가정경제학, 신문의 푸드 섹션에 자세히 설명되고 있다.

모든 요리는 연구해볼 가치가 있지만 본서에서는 레스토랑에 대해서만 검토하기로 한다. 우리는 이탈리아와 프랑스 요리에 초점을 맞추었으며, 이는 복잡하고 이해하기 어렵지만 영향력이 있는 것들이다. 또한 멕시코 음식이 빠른 속도로 확산되고 있으므로 멕시코 음식에 대한 것도 검토해보고자 한다.

이탈리아 음식의 영향

"이탈리아 요리"라고 하면 스파게티와 피자를 떠올리지만, 이탈리아는 풍부한 음식 전통을 가지고 있으며 다양한 종류의 음식을 제공하고 있다. 역사적으로 보면, 이탈리아인들이 프랑스인 보다 훨씬 이전에 훌륭한 요리를 개발해왔다. 고대의 부유한 로마인들은 음식과 음료에 시간과 돈을 아낌없이 소비하였다.

이탈리아 요리와 프랑스 요리의 영향은 많은 공통점을 가지고 있으며, 이는 프랑스의 많은 매력적인 음식들이 이탈리아에서 건너온 것이기 때문이다. 플로렌스Florence가 르네상스를 지배한 16세기 1533년에 카트린느 드 메디치Catherine de' Medici라는 14세의 소녀는 프랑스 프란시스 1세의 둘째 아들이며 오를랑의 공작인 앙리Henri의 신부가 되기 위해 프랑스로 갔다. 그녀와 동반한 두 명의 조리사는 특히 단 음식을 만드는 방법에 대해 많은 지식을 가지고 있었다. 카트린느는 빙과water ice인 젤라띠gelati를 유별나게 좋아했다.

카트린느는 향신료 무역의 일부분인 소금, 후추, 샤프란, 생강, 육두구와 정향 등을 재배했다. 또한 그녀는 이탈리아 조리법을 도입했는데, 그 중에는 올리브 오일과 오렌지, 설탕, 아티초크, 브로콜리, 콩 그리고 아주 작은 완두로 조리하는 오늘날 프랑스에서 '쁘띠 프와petits pois'라 불리는 요리도 있었다. 유년시절 카트린느는 종종 동양에서 들여온 쌀로 조리된 리조또를 먹었다.

십자군은 프랑스에 시금치를 가지고 들어왔다. 오늘날 Florentine이라는 단어는 조리 재료로 시금치가 사용되었음을 의미한다. 명금(鳴禽)songbirds의 맛이 나며, 스위트브레드sweetbreads(조리 재료로 쓰이는 송아지·어린 양의 췌장 -역자 주)와 비슷한 송로버섯truffles은 이탈리아로 부터 왔으며, 와인 커스터드wine custard는 이탈리아의 자발리오네zabaglione(노른자위, 설탕, 포도주 등으로 만드는 커스터드 비슷한 디저트 -역자 주)로 알려졌으며, 프랑스에서는 사바이옹sabayon(계란 노른자, 설탕, 화인트 와인, 향료 등을 섞어 만든 소스 -역자 주)으로 변형되었다. 플로렌틴 요리의 기본은 소스와 단순함에 있다. 향기로운 허브인 바질은 이탈리아에서 수입되었다.

18세기에 Procopio라는 이름의 이탈리아 사람은 파리에서 리큐어와 패스추리, 맛 좋은 빙과¹⁾를 제공하는 아이스크림점을 열었다.

▌ 프랑스 음식의 영향

조리용어는 조리 현장에서의 프랑스인들의 공헌을 반영하고 있다. 조리는 프랑스인들에 의해 발전되었고 용어는 음식 준비와 차림새와 서비스 스타일을 언급하고 있다. 데치기blanch, 프리카세fricassee(닭·송아지·토끼 등을 가늘게 썬 고기의 스튜 또는 프라이 -역자 주), 삶기poach 등의 모든 용어는 프랑스어에서 유래됐다. 조리시 아몬드의 준비는 "알망뎅almandine"으로, 꼬치조리는 "앙 브로셰트en brochette"라는 용어로 사용되듯이, 고전적인 조리용어는 대부분 프랑스의 주방에서 비롯된 것이다.

대부분이 음식전문가들은 여러 국가의 요리들 중에 프랑스 요리를 최상위 혹은 그에 가깝게 순위를 매기고 있다. 미국의 호텔 레스토랑과 고급레스토닝의 메뉴는 소스를 통한 미묘한 맛, 버터와 크림의 사용, 양질의 음식의 강조, 식욕을 돋우는 음식의 조합에 관한 프랑스인들의 관심을 반영하고 있다. 다른 나라보다 프랑스 사람들이 음식의 미묘한 차이와 복잡성에 대한 관심을 오랫동안 보여 왔을 것이다. 프랑스 조리사의 독창성은 서양 요리사회에서 채택되어온 다양한 고전음식에서 나타난다.

고급 레스토랑에서 흔히 볼 수 있는 프랑스 소스에는 올랑데즈^{Hollandaise}(달걀 노른자와 버터, 레몬주스 혹은 화이트 와인, 후추를 배합하여 유화시킨 소스), 베아르네즈^{Béarnaise}(홀랜다이즈와 비슷하나 타라곤, 샬롯, 처빌을 더한 소스), 뫼니에르^{meuniere}(뜨거운 버터와 레몬주스를 혼합한 소스) 등이 있다. 빌 까르동 블뤼^{Veal Cardon Bleu}(송아지고기에 햄, 치즈를 더한 요리)는 일반적인 송아지 요리이다. 투르느도 로시니^{Tournedos Rossini}(쇠고기 필레 부위에 얇게 썬 거위 간 빠떼를 덧댄 요리)와 부야베스^{bouillabaisse}(생선과 조개가 들어간 스튜 종류의 수프)는 전통적인 프랑스 음식이다.

프랑스 용어는 조리방식과 심지어는 디너 레스토랑의 형태에도 큰 영향을 미쳤다. 예를 들어, 감자의 조리방식에는 포테이토 뒤셰스^{potatoes duchesse}(으깬 달걀 노른자와 소금, 설탕을 섞는 방식)와 포테이토 안나^{potatoes Anna}(원통 모양으로 얇게 썰어 클래리파이드 버터^{clarified butter}를 층층이 쌓아서 조리하는 방식), 포테이토 빠리지엔^{potatoes Parisienne}(작은 공 모양으로 자르는 방식), 포테이토 샤토^{potatoes château}(원통 형태로 굽는 방식) 등이 있다. 키쉬^{quiche}는 몇몇 체인 레스토랑에 의해 유명해졌는데, 베이컨과 잘게 썬 햄, 계란 노른자, 우유, 크림 등으로 속을 채운 얇고 바삭바삭한 패스트리 플랑^{flan}(달걀, 치즈, 과일 등을 넣은 파이)인 키쉬로랑^{quiche Lorraine}이 제공되었다.

프랑스 조리사들의 조리 역사 주도

수많은 조리사 중에 단지 소수만이 역사의 기록에 남는데, 대부분이 프랑스인이다. 1671년, Conde가문^{Prince de Conde}의 집사장^{maitre d' hotel}인 Vatel은 중요한 연회에 사용할 생선이 도착하지 못하자 자살했다. 왕자는 주말에 샹티이^{Chantilly} 성에서 봄 사냥을 하기 위해 루이 14세와 그 측근들을 초대하였다. Vatel은 조리재료인 생선이 도착하지 못하자 스스로 세 번을 찔러 자살하였다. 당시의 편지대서인이자 왕족인 Madame de Sevigne는 "그의 죽음으로 파티를 망쳤다."고 비난했다.

프랑수아 피에르 드 라 바렌느^{Franois Pierre de La Varenne}는 1651년 요리책 조리사 프랑수아^{Le Cuisinier Francois}의 발간으로 유명해졌다. 라 바렌느는 육류에 양념을 강하게 첨가하는 것을 싫어했다. 대신 오쥬au jus에 레몬이나 식초를 섞거나, 필요하다면 루roux 혹은 달걀 노른자로 걸쭉하게 조리하는 것을 선호했다. 그는 소스인 뒥셀Duxelles을 발명하였는데, 뒥셀은 버섯과 샬롯, 양파를 잘게 다지고 버터와 기름으로 양념하고 검은색이 될 때까지 끓인 것이다. 라 바렌느는 그 혼합물을 그의 스승인 Marquis de' Uxelles의 이름을 따서 명명하였다.

카렘Careme은 고전 요리를 의미한다. 주방장 보다 오히려 조리의 재능이 뛰어났던 앙토넹 카렘Antonine Carême은 자신의 목표를 "왕의 식탁을 현존하는 최상의 요리로 호화롭게 차려내는 것"이라고 말했다. 실제로 그는 영국의 짧은 왕자 섭정기를 포함하여 왕족을 위해 일하였으며, 1817년의 한 연회에서는 116개의 요리를 준비하기도 했다. 카렘은 고전적 형식의 정찬에서 주목 받은 세트요리set pieces에 깊은 인상을 받았다. 이 작품들은 냉어묵젤리fish aspics, 가금류 갤런틴poultry galantines(육류나 어류를 고기 살만 삶아서 차게 굳힌 요리 -역자 주)과 과일 바구니, 솜사탕과 같은 창작물로 장식적 형태를 보여주고 있었다. 잘 알려진 카렘의 후식으로는 샬로트 루스Charlotte Russe, 컨콕션 오브 레이디 핑거스concoction of lady fingers, 바바리안 푸딩Bavarian pudding, 휘핑크림이 있다. 카렘은 1833년 50세가 되기 전에 과로로 사망했다. 한 동료는 그의 사망을 "그의 천재적 열정과 오븐기 연료의 소진"이라고 표현했다.

프로이센 왕의 요리사였던 두보아Felix Urbain-DuBois는 그의 저서 고전요리La Cuisine Classique로 기억되고 있다. 미식가들에게 가장 잘 알려진 조리사는 에스코피에Georges August Escoffier이다. 그는 유능한 창조적 조리사이며 저술가란 사실과 세자르 리츠César Ritz와의 성공적 제휴로, 조리 역사에 그의 이름을 화려하게 각인시켰다. 에스코피에의 주요 인사로는 친구이자 후원자였으며 뒤에 에드워드 7세가 된 웨일즈 왕자 알버트이다. 역사상 가장 독창적인 조리사는 에스코피에일 것이다. 그는 아름다운 여성들과 함께 즐겼고 그 여성들의 이름을 붙인 새로운 메뉴를 탄생시켰다. 그 중 몇몇 요리는 지금까지도 인기를 유지하고 있다. 그 메뉴로는 여왕인 유게니Eugénie이 이름을 딴 리자 렝페라트리스Riz a l' Imperatrice와 웨일즈 왕자의 부인을 위한 피치 알렉산드라Peaches Alexandra, 호주의 오페라 스타인 그의 친구 Dame Melba를 위한 피치 멜바Peaches Melba 등이 있다.

오늘날 우리가 개구리 뒷다리를 먹는 이유 중 하나는 에스코피에와 웨일즈 왕자에게서 찾아볼 수 있다. 왕에게 친숙한 저녁요리를 준비하라고 요청받은 에스코피에는 새벽 요정의 넓적다리^{Les Cuisses de Nymphes a la Aurore}라 칭하던 요리를 준비하였다. 다음날 영국 왕실의 별궁인 말보로궁^{Marlborough House}에서 왕족들은 조리법을 물었고, 단지 새벽 분위기의 연출을 위해 와인 소스로 덮은 파프리카 속의 개구리 뒷다리를 그들이 먹었다는 사실을 알았다. 타라곤^{tarragon}의 잔가지는 해초를 연상시켰다.

영국에서는 음식에 대한 모험을 하지 않기 때문에 절대로 개구리는 먹지 않았다. 하지만 왕자가 개구리를 좋아했기 때문에 곧 런던의 시민들을 위한 메뉴로 정착되었다. 미국에서는 개구리 뒷다리 메뉴가 상당히 늦게 등장하였는데, 제1차 세계대전 기간 중에도 프랑스에 파병된 미군 보병들은 프랑스인들을 개구리들^{Frogs}이라 부르며 조롱했다. 에스코피에의 저서인 조리입문^{Le Guide Culinaire}은 미국에서 1903년 에스코피에 조리서^{The Escoffier Cookbook}로 번역되어 오랜 세월동안 상당수의 조리사에게 바이블이 되었고 경이롭게 지금까지도 언급되고 있다.

1960~1970년대 미국에서 가장 유명한 음식평론가는 조리사도, 프랑스인도 아닌 "프랑스 조리사^{The French Chef}" 줄리아 차일드^{Julia Child}이다. 그녀는 수십개의 TV 방송국과 그녀의 요리책을 통해 프랑스요리 예술에 대해 상세하게 소개하였다. 프랑스요리는 아직도 상당부분 우리와 함께 존재한다.

프랑스 조리사들은 특히 그들의 주인이 사망하게 된 1789년 프랑스대혁명을 계기로 부유한 가정과 고급 레스토랑으로 진출하게 된다. 몇몇 조리사들은 직접 레스토랑을 개업하기 위해 파리로 갔다. 소수는 미국으로 이주하였으며, 또다른 조리사들은 영국의 대 저택이나 클럽에서 종사하게 되었다. 미서부지역에 있는 유명한 레스토랑들은 프랑스 조리사들을 고용하였고, 유럽대륙에 도제로 보내어진 다른 사람들은 대부분 강력한 집중훈련을 받았기 때문에 대개 14살쯤 되는 어린 나이에 조리를 시작하였다.

레스토랑^{restaurant}이라는 단어는 원래 프랑스어이고, 환자의 원기회복제 restorant(레스토라티브^{restorative})로 내과의사가 추천하는 수프에서 유래되었다. 파리에서는 1765년 한 빵집주인^{a Monsieur Boulanger}이 최초로 레스토랑을 개업했다. 추측건대 다음과 같은 라틴어로 적힌 문구가 정문에 걸려있었을 것이다. "배가 아파서 괴로운 자는 이곳으로 오세요, 제가 회복시켜 드리겠습니다(Venite ad me omnes qui stomachs laboralis et ego restaurabo vos)."

프랑스인들과 중국인들은 조리에 대한 집중력과 조리를 위한 시간과 재능에 헌신하여 역작을 만드는 것으로 정평이 나있다. 다음 페이지에 나오는 주방 조직도는 프랑스 주방의 다양한 섹션을 언급하였으며, 대형 프랑스 레스토랑에서 찾아볼 수 있는 고도로 전문화된 주방형태를 나타낸다. 전채요리^{hors d' oeuvres} 담당자, 아이스크림 제조사, 생선 쿡^{cook}, 육류 쿡, 채소 쿡, 그리고 치즈 전문담당자를 모두 갖춘 특화된 주방은 쉽지 않다.

프렌치 소스와 향신료

향신료 사용에 대한 프랑스의 영향이 광범위하게 확산되었는데, 특히 말린 월계수 잎과 파슬리, 타임(백리향), 셔빌 등이 많이 활용된다. 과거 우리는 프랑스 조리법이라 하면, 버터, 크림, 푸아그라 빠떼^{pâté}(지방질의 거위간 반죽), 패스트리 속 다진 생선, 와인 그리고 진열된 케이크와 패스트리로 프랑스 요리를 생각하는 경향이 있었다.

소스 특히 밀가루와 기름을 같은 양으로 볶은 루^{roux}에 의해 걸쭉해진 소스는 프랑스 요리의 특징이다. 전문 주방장들은 최소한 100개의 소스를 알고 있으며, 보통 실습생들은 수년간 공부해야 한다. 조리 현장에서 프랑스인들의 기여를 제대로 이해하기 위해서는 소스 조리법에 대한 심층연구에 얼마나 주의를 기울여 왔는지 살펴보아야 한다. 프랑스 요리는 그야말로 수백 개의 소스를 포함하지만, 근본적으로 다양한 소스로 제조 또는 변형하는 데에는 5가지의 "엄마 손맛 소스^{mother}" 또는 리딩 소스^{leading sauces}가 있다. 기본 소스는 [그림 10-1]에서 볼 수 있다.

소스는 흰색, 금발색^{blond}, 브라운색, 빨간색, 그리고 수지(지방)색으로 구별된다. 화이트소스의 원액은 우유나 크림이다. 생선이나 치킨, 송아지 고기를 삶은 육수^{stock}는 금발색 소스에 사용된다. 졸인 육수는 브라운소스의 원료가 된다. 계란 노른자는 옐로우 소스의 원액이 된다. 걸쭉해진 원액은 흰색, 금발색, 브라운 소스를 위한 루에 사용된다.

소스명	재료
베샤멜^{Béchamel}	우유(클로버를 넣어 삶이고 양파로 깅 릭힌) ㅓ 하이트 루^{roux}
벨루테^{Veloute}(닭, 생선, 송아지)	화이트 스탁^{stock} + 화이트 루^{roux}
브라운 또는 에스파뇰^{Espagnole}	브라운 스탁 + 브라운 루
토마토	토마토 + 스탁 + 루(선택 가능)
홀란데즈^{Hollandaise}	버터 + 계란노른자

◑ 그림 10-1 리딩 소스 또는 "엄마 손맛" 소스

화이트소스는 대부분 데워서 사용한다. 최초의 프랑스 소스인 베샤멜소스는 송아지고기 육수로 만들어졌다. 화이트소스의 종류로는 가장 널리 사용되는 모르네이^{Mornay} 소스와 파프리카와 샬롯, 쉐리와인, 버터를 첨가한 뉴버그^{Newburg} 소스가 있다. 또 다른 기본 소스인 벨루테^{volute} 소스(매끄럽고 부드러운 소스를 의미함)는 송아지고기 또는 치킨이나 생선의 걸쭉한 육수로 만들어진다.

물론 프랑스에만 소스 개발자들이 있는 것은 아니다. 미국에서 개발된 것도 있는데, 그 예가 알라킹^{a la king} 소스이다. 알라킹 소스는 화이트소스에 치킨이나 다른 고기와 얇게 썬 스페인산 피망^{pimientos}, 그리고 피망^{green peppers}이나 간혹 버섯을 첨가한 것이다. 미국 가정요리에는 그레이비^{gravy} 소스가 특징인데, 이는 고기에 밀가루나 옥수수녹말을 두껍게 입혀서 우려낸 육즙이다.

프랑스의 브라운소스는 [그림 10-2]에서 보는 것과 같이 훨씬 더 복잡하다. 브라운소스는 소뼈와 다진 야채, 허브를 삶은 육수가 기본이 된다. 에스파뇰^{Espagnole} 소스를 만드는 데는 많은 시간이 소요되므로 인건비 문제가 가격에 고려될 수 있다.

데미글라스^{Demi-Glace}	에스파뇰 + 브라운 스탁(졸인)
폰드 리에^{Fond Lie} 주 리에^{Jus Lié}	에스파뇰 + 옥수수녹말과 향신료
보르돌레즈^{Bordelaise}	레드와인, 샬롯, 허브, 향신료로 졸여서 골수^{bone marrow}로 장식
샤세르^{Chasseur}(사냥꾼의 뜻)	버섯과 토마토, 화이트와인
디아블^{Diable}(맵게 양념한)	화이트와인, 채썬 샬롯, 으깬 고추를 졸여서, 데미글라스를 첨가하여 끓인 후, 붉은 고추^{cayenne}로 간을 함
마데이라^{Madeira}	데미글라스를 졸여서 마데이라 와인을 첨가함
마르샹 드 벤느^{Marchand De Vine}	레드와인과 샬롯을 졸임
버섯^{Mushroom}	슬라이스한 버섯, 버터에 다진 샬롯 소테에 데미글라스를 첨가하여 끓인 후, 세리와인과 레몬주스 한방울을 첨가함
페리고^{Perigeaux}	마데이라 소스에 깍두기 모양으로 썬 최상품 송로버섯으로 장식
로베르^{Robert}	데미글라스를 첨가한 화이트와인을 졸여 버터 속에 양파를 넣고 소테 처리한 것에 건겨자와 소량의 레몬주스에 녹인 약간의 설탕을 첨가함

◑ 그림 10-2 정통 스몰 브라운소스 – 부문 목록
Wayne Gisslen, Professional Cooking, Sixth Edition (Hoboken, N.J.: John Wiley & Sons, Inc. 2007), p. 175에서 인용하여 수정함.

미국 요리는 때때로 기본 소스와 수프로 시작된다. 프랑스가 제공하는 또 다른 소스인 홀란데즈^{Hollandaise} 소스가 널리 사용되어지며 홀란데즈 소스에서 유래된 베아르네즈^{Bearnaise} 소스는 복합적인 메뉴에서 종종 볼 수 있다. 가장 널리 사용되고 있는 케첩은 보통 소스라고 생각하지 않는다. 실온에서 공급되고 기본적인 토마토소스와 매우 유사하지만 케첩 또한 소스이다.

프랑스 주방은 전통에 충실하기도 하지만 유연성도 있다. 포화지방과 향미가 가득한 전통적인 따뜻한 소스는 여전히 우리와 친근하지만, 젊은 프랑스 조리사들은 맛을 유지하면서 칼로리를 낮추는 방법을 연구하고 있다. 신선한 음식, 저지방과 함께 진한 루 소스는 가급적 사용하지 않는 것을 특징으로 하고 있다. 예를 들어, **누벨퀴진**^{Nouvelle Cuisine}(새로운 요리)과 퀴진 맹세르^{Cuisine Minceur}("저칼로리 다이어트 요리")가 있다.

진한 루 소스 대신에 과일 퓨레와 야채를 사용하고 조리를 하면서 적당한 농도로 원액를 졸여준다. 미국의 다이어트 레스토랑에서 누벨퀴진은 송아지고기와 생선, 과일 그리고 샐러드를 강조한다. 그곳에서는 설탕의 사용을 줄이고 과

○ Nouvelle Cuisine의 예, 앙트레 치킨구이 요리
PhotoDisc/Getty Images 제공

일이나 채소에서 자연적으로 생성되는 당을 더 중요시 여긴다. 예를 들어, 신선한 토마토를 믹서에 갈아서 껄쭉한 퓨레로 만들어 토마토소스로 사용하지만 아무 것도 첨가하지는 않는다.

전통적인 프랑스 음식, 특히 고급 요리(복잡하고, 값비싼 요리)는 조리작업과 관계가 있다. 긴 조리 시간, 포스미트^{forcemeats}(고기나 야채를 잘게 다져 혼합하고 조미한 고기 -역자 주)의 가공, 야채를 맵시 있게 깎고 모양을 내는 작업, 음식을 친숙한 방법으로 조합하는 일들이 그것이다. 누벨퀴진은 과일과 채소의 조화와 좀 더 짧은 조리시간, 전혀 조리하지 않은 자연 그대로의 '오 나뛰랄^{natural}' 푸드에 중점을 둔다. 연회를 위한 오르되브르^{Hors d'oeuvres}는 익히지 않은 당근, 콜리플라워, 샐러리 등과 같은 "원재료 상태^{crudities}"를 특징으로 한다.

누벨퀴진이 소개될 때인 1980년대 초반, Alice

Waters는 캘리포니아 버클리에 "셰 파니즈^{Chez Panisse}"라는 레스토랑을 열었다. 셰 파니즈의 특별메뉴 중 하나는 지역의 신선한 재료를 제공한다는 것이다. 그곳은 알라 카르트^{a la carte}를 제공하지 않는 대신에 무엇이든 그날의 신선한 재료로 정식^{table d' hôte}을 제공하였다.

1990년대 후반 퓨전요리^{fusion cuisine}가 등장했다. 퓨전요리는 일본요리와 프랑스 요리, 지중해요리와 중국요리, 태국요리와 이탈리아요리와 같이 서로 다른 두 요리의 조리기술과 재료의 혼합을 의미한다.

오늘날 퓨전요리와 다른 영향으로 인해 미국 요리는 다른 문화로부터의 조리 법과 재료를 사용하면서 진화되어 왔다. 각 지역별 요리 또한 더욱 두드러지게 진보되었다. 최근의 또 다른 추세는 스페인식 타파스^{tapas}(여러 가지 요리를 조금 씩 담아내는 스페인식 음식 –역자 주)에서 변화된 컨셉으로 적은 양의 요리로 4종 또는 5종의 애피타이저를 손님들에게 제공하여 다양한 종류의 음식을 즐길 기 회를 제공하고 있는 것이다. 수많은 유명 조리사들은 지역적이기도 하며 국제적 인, 그리고 신선하면서도 유기농을 사용하는 독창적인 음식을 고객들에게 제공 하고 있다.

검 수

레스토랑 경영자는 모든 구매 식재료가 정해진 시간인 오전 8시에서 11시 사 이 또는 오후 2시에서 4시 사이에 배달해줄 것을 공급업자와 사전 약속한다. 저 녁에만 운영을 하는 레스토랑들은 대개 오전 8시에서 오후 3시 사이에 식재료 들을 공급받는다.

검수자는 구매명세서의 사본에 따라 누락된 식재료는 없는지 또는 주문 물품 의 수량과 품질은 정확한지 확인하는 것이 매우 중요하다. 더 중요한 것은 모든 배달 물품에 대해 확인하고 서명하는 일이다. 모든 물품들은 수량(크기, 무게, 개수 등)과 품질에 대해 정확히 확인해야 하며, 서명하기 전에 단가도 확인해야 한다.

경영자는 모든 물품을 확인할 여유가 없다. 하지만 그는 원료 단가가 높은 품 목은 반드시 점검해야 하며, 어떤 식재료가 부족한가를 관리 시스템을 통해서 확인해야 한다. 한 성공적인 레스토랑 시스템은 한 달 사이에 400파운드의 감자 부족분을 발견했다. 총지배인이 모든 감자 자루의 무게를 달아보고서야 배달 수량이 부족하다는 것을 발견할 수 있었다. 공급업자는 수긍하였고, 재배자가 감자의 무게를 달지 않았다는 것을 알아냈다. 레스토랑은 배달물품의 부족분을 추가로 받기로 약속받았다. 이러한 상황은 때때로 거래명세서에 있는 모든 물품을 확인하는 것이 얼마나 중요한가를 보여주고 있다.

구매명세서를 사용하는 레스토랑은 주문 물품의 조건과 품질을 좀 더 쉽게 확인할 수 있다. 식재료 검수에 있어 유용한 정보는 다음과 같다.

- 검수장소는 위생적이고 청결하게 유지할 것
- 상품의 신선도를 확인하라. 시각과 후각을 사용하고, 필요시에는 직접 맛을 볼 것
- 물품의 무게를 확인하기 위해 저울의 눈금을 정확하게 유지하라. 물품의 포장을 벗기고 원료 자체의 무게를 측정해야함을 명심할 것
- 배달된 모든 물품을 확인하라. 배달직원의 재촉으로 인해 서두르지 말 것
- 물품의 온도를 확인하라. 냉동제품은 냉동상태인지, 냉장제품은 냉장상태인지, 43°F(6.1℃)가 유지되어야 할 물품의 온도가 50°F(10℃)가 넘으면 반품할 것
- 배달물품의 검수를 끝내면 검수일시를 기록하고 라벨을 붙인 후 적절한 장소에 저장할 것

저 장

식품과 다른 공급물품의 저장은 식품생산시스템의 일부이며, 따라서 그들은 전체 시스템에 적합해야한다. 이는 용이한 검수와 청구, 용이한 재고관리가 가능한 저장시스템을 의미한다. 통조림류나 포장된 대용량의 건조식품들은 용도에 따라서 건조식품창고에 저장된다. 사용빈도가 높은 식재료들은 문에서 가까운 곳에 저장하며, 사용빈도가 낮은 식품들은 접근이 용이하지 않아도 되는 구석이나 선반에 배치한다.

저장시스템이 구축되고 품목들이 활용도에 따라 저장되고 나면, 저장된 순서

에 따라 목록을 작성하게 되며, 실제 재고조사physical inventory를 위해 사용 저장고 마다 스프레드시트spreadsheet를 사용한다.

식품을 수령하면 저장고 선반의 안쪽으로 배치하고, 기존 재고물품들을 먼저 사용할 수 있도록 앞쪽으로 옮겨놓는다. 이러한 회전시스템은 물품이 장기 저장되는 것을 방지하도록 도와준다.

물품의 회전시스템은 원가계산과는 무관하다. 재고품의 원가계산 방법인 후입선출(LIFO) 시스템은 마지막으로 구매한 상품 가격을 지불 대금으로 적용하는 것이다. 선입선출(FIFO) 시스템은 실제로 지불하는 가격을 적용한다. 물가상승inflation 기간의 두 시스템 가격은 확연히 차이가 있다. 어떠한 방법을 선택하던 간에, 일관되게 적용하여야 한다. 방법을 바꾸려면 국세청(IRS)의 승인이 필요하다.

즉석식품은 최소한의 공간에도 저장이 가능한 형태로 입고되며, 어떤 식품들은 소요되는 저장 공간을 줄이기 위해 사용가능한 형태로 전처리되어 저장된다. 양상추가 좋은 예이다. 상자에 담겨진 양상추는 다듬거나, 심을 도려내어 얼음 아래의 적은 공간에 저장할 수 있다.

운영자들은 이미 전처리된 샐러드용 채소를 구입한다. 시간과 공간을 모두 절약할 수 있겠지만, 점포 내에서 준비하는 야채보다는 품질이 다소 떨어질 것을 예상해야 한다. 레스토랑의 빠른 회전율은 원료의 신선함을 보장한다.

제품의 유통기한을 최대로 연장하기 위해 모든 물품은 적정온도에서 저장하는 것이 중요하다. 저장 온도에 대한 기준은 다음과 같다.

건조 저장품	50~75°F(10~23.9℃)
농산물produce	37~40°F(2.8~4.4℃)
육류, 가금류meat & poultry	33~38°F(0.6~3.3℃)
유제품dairy	33~38°F(0.6~3.3℃)
해산물seafood	33~38°F(0.6~3.3℃)
냉동식품	0~15°F(영하 17.8~영하 9.4℃)

매니저는 배달시간에 입회하여 모든 물품이 적정하게 저장되고 있는지를 확인해야 한다.

레스토랑의 규모와 운영에 따라 저장구역과 대형냉장고는 견습 조리사에게

⬀ 미국인들이 즐기는 햄버거와 포테이토칩
PhotoDisc, Inc. 제공

공개하여도 무방하다. 지혜로운 레스토랑 경영주들은 절도를 예방하기 위한 방편의 하나로 주방직원들에게 높은 급여를 지급하고, 사기를 진작시켜주고, 양호한 근무환경을 제공한다. 그리고 월 2회의 재고조사와 원가계산을 실시한다.

주문과 재고조사가 용이하도록 영구적 재고조사법을 사용할 수 있다. 이 시스템을 통해 개별 품목의 재고 기록과 출고 및 총재고는 클립보드^{clipboard} 형태로 관리되어진다.

조 리

지속적으로 고품질의 음식을 계획하고, 조합하고, 생산하는 것은 쉬운 일은 아니다. **주방매니저**인 **쉐프**^{chef} 또는 조리사^{cook}는 추후 며칠 동안 예상되는 고객의 수를 결정함으로써 생산과정이 시작된다. 전년도 같은 시기의 내역을 근거로 예상 수량과 각 메뉴 아이템의 판매량 에 대한 좋은 지표를 얻을 수 있다. 전날 판매된 상품 목록을 나타내는 제품믹스는 아이템의 평균재고를 유지하기 위해 준비해야할 품목의 지표를 제공한다. 일주일 중 주초인 월, 화, 수요일의 평균재고 수준은 주말과는 다르다.

주방매니저나 쉐프는 식재료 주문서를 총지배인에게 전달하기도 하며, 어떤 경우에는 주방매니저/쉐프가 권한을 갖고 직접 주문을 하기도 한다. 매일 아침 쉐프나 주방매니저들은 각각의 메뉴 품목을 준비하기 위한 수량을 결정한다. 냉장고 안에 있는 메뉴 품목들의 평균재고량^{par levels}를 점검하고 조리일지^{production sheet}는 주방의 각 부서에서 작성하여 완성시킨다. ([그림 10-3] 참조)

준비단계는 대부분 이른 아침이나 정오쯤에 완료된다. 조리일지는 각 메뉴 품목에 따라 준비해야할 수량을 알려주며, 조리일지의 사용은 추정요소글 제기함으로써 효율성과 생산성을 증가시킨다. 음식 준비에 있어서 표준시간^{slower times}의 활용을 통해 라인 조리사^{line cook}들은 식사제공 직전 또는 식사제공 동안 조리

금-토 　　　　　　　**준비조리실 검수품목**

페이지	일일 준비 품목 — 일일 준비	회	기준	재고	준비
82	조각 토마토 1박스=6등분. 팬	2	1X		
82	슬라이스 토마토 1박스=층진 3등분. 팬	2	1X		
82	토막 토마토 1박스=6등분. 팬	2	8X		
21	피칸 1박스=6등분. 팬	3	11X		
15	과카몰리 1박스=6등분. 팬	2	3X		
81	오이 1박스=6등분. 팬	2	2X		
138	껍질 벗긴 3색 혼합 야채/양질	2	2X		
137	화이트 콘칩/저열	2	5X		
120	살짝 구운 베이컨 1박스=5호	2	5#		
80	토막 계란 2온스	2	20		
32	샐러드 3.5온스. 1인분	3	50		
32	샐러드 7온스. 1인분	3	50		
35	상추 4온스. 1인분	4	30		
35	상추 4온스. 1인분	4	40		
31	오리엔탈 4온스. 1인분	4	30		
31	오리엔탈 8온스. 1인분	4	30		
31	오리엔탈 2온스. 1인분	4	25		
13	양배추샐러드 1박스=1~6등분. 팬	4	6X		
80	윙셀러리 1박스=2등분 렉스	4	2X		
	샐러드 믹스 7온스. 1인분씩	3	20		
	통 상추	4	20		
99	새우 샐러드 세트	4	8		
101	야채 퀘사 믹스 1박스=14/5온스	4	5X		
90	BLK/콘 살사 1박스=12호 20접시	3	8X		
33	스페니 샐러드 (1인분=2.5온스)	4	15		
33	스페니 샐러드 (1인분=5온스)	4	15		
71	고추/홍양파 (2온스/1온스)	4	30		
107	콥 샐러드 세트 (각 1/4컵) (6온스)	4	10		

페이지	핫 프렙	회	기준	재고	준비
128	허브 갈릭 으깬 감자 (1박스=3개)	2	1X		
127	페투치니 파스타 10호=24/10온스	2	1X		
133	멕시코 쌀 1박스=18/6온스	4	4X		
132	아몬드 쌀 1박스=19/6온스	4	8X		
103	백미 1박스=43/3온스	4	45		
45	지역 그래비 소스 1박스=11/6온스	4	1X		
139	윙 10인분=5드럼/닭날개 5개	4	40		
130	뚜껑 있는 포트 파이 12/TR/설탕물	4	20		
131	조리된 새끼양갈비	6	3CS		
91	그릴 조리된 반쪽 레몬 1박스=1개	4	50		
	지역 감자 1박스=1개	4	5		
18	4겹 치즈롤 세트	4	5		
19	펼친 치즈롤 (1박스=12개=30호)	6	5X		
27	크랜베리 칠면조 세트	4	10		

페이지	각종 준비품목	회	기준	재고	준비
5	마늘버터 브로컬리 (4온스)	4	200		
108	브로컬리 (6온스 1인분)	4	60		
3	데리야끼 야채 볼 1박스=9/8온스	4	4X		
1	꽃핀 브로컬리 1개/3온스	4	25		
80	슬라이스한 버섯 1박스=10호 박스	4	10X		
25	야채 믹스 1박스=16/5온스	6	5X		
136	살짝 볶은 양파 1팬=10호	4	20X		
135	살짝 볶은 GR. 후추 1박스=10호	4	10#		
204	토스타다(멕시칸) (1-1/2)	2	30/30		
22	속을 채운 퀘사디아 1박스=26/6온스	4	4X		
100	레몬 허브 2온스 1인분	4	5		
92	고수풀 드레싱 1박스=2/4	4	1X		
92	고수풀 드레싱 (1인분)	4	10		
106	데리야끼 소스 1박스=21/1.5온스 국자	4	2X		
105	살사 랜치드레싱 1박스=26/1.5온스 국자	4	1X		
98	바베큐 랜치 1박스=21/1.5온스 국자	4	5X		
12	로스트 브루스케타 (1박스=12-1/4컵)	2	2X		
49	버번 스트리트 멜트 소스	6	2X		
51	레물라드 소스	6	1X		
50	구운 아지아고 소스 (1박스=44-20호)	6	2X		
73	파히타 5.5온스 마리네이드 소스	6	2X		
53	파히타 소스 (1박스=4컵)	6	1X		

페이지	냉동 준비	회	기준	재고	준비
61	탈피 양파 6온스 1박스=1케이스	90	2CS		
61	튀긴 고구마 6온스 1박스=1케이스	90	2CS		
61	뼈없는 닭발 1개=6온스 백	90	4CS		
61	버터밀크 새우 (1박스=1케이스 10개)	90	2CS		
61	반죽옷 입힌 생선 1박스=1케이스 4조각	90	1CS		
61	브라우니 1박스=1개	4	15		
61	블론디 12캐럿 1박스=1개	4	15		
61	속을 판 사과 1박스=1개	4	15		
61	애플파이 1박스=1개	4	15		
207	키라임 파이				

페이지	파트 준비	회	기준	재고	준비
70	라이 포트 1박스=12/10온스 1인분	8	12		
63	구운 콩 1박스=18/4온스	6	40		
60	알프레도 소스	6	25		
205	키라임 파이 소스 (1박스=10/3온스)	6	1X		
114	앙글레즈 소스 (1박스=10/3온스)	6	2X		
115	매이플 소스 1박스=12/4온스	4	1X		
110	애플-버터 소스 1박스=15/2온스	4	45		
206	마르가리타 라임버터 (1박스=26/#20)	6	1X		
64	소 민찌육 1박스=1백/ 8~9온스 1인분	4	5X		
64	소 민찌육 1박스=1백/ 2온스 1인분	4	24		
46	하바나라 소스 1박스=10/4온스	10	15		
	아몬드 1박스=1개/ 1온스	14	60		
	아몬드 1박스=1개/ 2온스	14	60		
	검은 콩 1박스=16/1/4컵	4	1X		
	허니 비비큐 파트 1박스=24/3온스	6	30		
	오렌지 글레이즈 1박스=1개/ 3온스	6	50		
	데리야끼 소스 (3온스 1인분)	10	30		
	치파를 치킨 1박스=1백-21/4온스	6	2X		
	치파를 치킨 1박스=1백-28/3온스	6	2X		
155	마늘빵 1박스=1렉스	3	5LEX		
	CHX로 말아서 싼 4온스 CHK/8온스 치즈	6	30		
65	클럽 그릴 세트 1개=(3온스 햄 /칠면조)	4	15		
68	화이타용 밀 또띠아 1박스=4개	4	30		
66	베이비 백립-완전 포장/일자	2	20		
66	베이비 백립-반 포장/일자	4	30		
153	반가공 버거 1박스=1개 5개당 1백	10	2CS		
	1인용 립 10온스/ 랩포장/ 일당	6	ALL		
96	비스듬히 담긴 테리 새우 1박스=2개	2	25X		
24	제철 새우 1박스=13/7 마리	4	5X		
158	가공 안된 꼬치 (1박스=2꼬치 백)	4	20X		
	토막 샐러리 (1/4컵 1인분)	2	20		
	박살낸 BL. 치즈 (1/4컵 1인분)	6	20		
	밀감 (1/4컵 1인분)	6	15		
67	크랜베리 (1온스) 피칸 (1온스)	6	15		

페이지	치즈	회	기준	재고	준비
	잭/체다치즈 1/4컵 1백=88	10	2 BAG		
	피자치즈 1/2컵 1백=35	10	1 BAG		
	파마산치즈 1/4컵 1백=42	10	1 BAG		
	저지방 치즈 1/4컵 1백=42	10	1 BAG		
72	필라델피아치즈 소스 2온스 1박스=18	8	20		
11	블루치즈 1박스=12 40호 접시	3	5		
23	퀘소치즈믹스(멕시칸) 1박스=4-1/6팬	6	4X		
20	파마산치즈 토핑 1박스=7/320 접시	6	3X		
	후추가미 잭치즈 (1/4컵)	6	2BG		
	비스트로 1인분(5.5온스) 5쉐이크 타바스코	6	30		
	게 케익 (2조각 1인분)	6	1 BG		
	붉은 양파 슬라이스 (4링 1/2컷)	4	30		
52	사과 호두 드레싱 (1박스=16/2온스)	4	2X		
28	그라니 스미스 사과 (1박스=12 1인분)	2	1X		
	향이 강한 붉은 소스	6	1X		
200	잘게 조각낸 쇠고기 믹스 (1박스=32/12 접시)	6	2X		
202	남부 야채 (1박스=14 1/4온스)	4	4X		
4	야채 파히타 세트	4	4X		
203	꿀 라임 고수 와인 (1박스=14/4온스)	4	3X		
201	엔칠라다 세트 (크림 두른 프라이팬)	4	20		

※ ****** (53행 준비 칸)

● 그림 10-3 **조리작업일지**
플로리다 주 사라소타의 *The Anna Maria Oyster Bar* 제공

를 마무리^{final preparation}할 수 있는 여유를 갖는다. 주방매니저들은 메뉴에 근거하여 조리일지를 작성한다. 조리일지는 믹서, 스토브, 오븐, 팬트리 등 조리 구역이나 기기에 따라 세분될 수 있다.

조리라인^{cooking line}은 주방설계에서 가장 중요한 부분이다. 조리라인은 구이 구역^{broiler station}, 개방 구역^{window station}, 튀김 구역^{fry station}, 샐러드 구역^{salad station}, 소테 구역^{sauté station}, 디저트 구역^{dessert station}으로 구성되는데, 후방부서^{back of the house}의 배치에 따라 더 세분된 구역으로 나뉘어질 수 있다. 주방은 흔히 고객의 주문 빈도에 따라서 배치가 결정된다. 예를 들어, 만약 고객이 구이 메뉴나 소테 메뉴를 더 많이 주문한다면 수요에 대응하기 위해 구이 구역과 소테 구역은 더 넓어질 것이다.

환대와 관광산업의 모든 분야에서 성공의 전제조건인 팀워크는 특히 주방에서는 중요한 요소이다. 번잡한 상황에서 팀 구성원이 조화를 이루지 않는다면 그 결과는 음식이 지연되거나, 표준에 미치지 못하거나, 또는 둘 다일 수 있다.

조직과 수행기준은 필요하지만 준비하고 조리하면서 서로를 돕는 것이 팀워크를 이루는 것이다. 주방에서의 팀워크는 각 연주자가 연합하여 조화를 이루는 악단과 같다. 조직과 팀워크의 또 다른 예는 효율적인 주방 운영을 위한 TGI Friday's의 5가지 관리규칙을 살펴볼 수 있다.

1. 잘 주문하라

◐ 메뉴 샘플을 자랑스럽게 선보이고 있는 Geddy's Pub의 경영주들 *Geddy's Pub* 제공

2. 잘 검수하라

3. 잘 저장하라

4. 조리법을 준수하라

5. 창구^{window}에서 지체하지 마라

양질의 식사를 규정 시간에 준비하고 제공하며 풀가동하는 주방의 팀워크는 실로 놀라운 광경을 연출한다.

조리과정

주방에서의 조리는 메뉴 상의 조리법뿐만 아니라 조리과정을 통해 생산되는 상품의 수량과도 직접적으로 연관이 있기 때문에 레스토랑 성공에 있어 중요하다. 또한 빠른 제공을 원하는 고객들에게는 타이밍도 매우 중요하다. 그러므로 조리과정을 관리하는 것은 하나의 도전과제가 된다.

조리일지를 작성하는 첫 번째 단계는 각 구역에서 보유하고 있는 식재료 수량을 점검하는 것이다. 일단 조리 수준이 결정되면, 각 조리 수준에 따라 요구되는 필요 식재료의 수량이 결정된다. 이 계산이 완료되면 조리일지는 조리사에게 전달된다.

영업시간이 가까워지면 조리사가 출근하기 전에 조리를 위해 필요한 준비시간의 정도를 고려하여 계산해두어야 한다. 예를 들어, 레스토랑이 점심이나 저녁 영업을 위하여 오픈할 경우, 점심시간에 붐빌 것에 대비하여 조리사가 완벽한 준비를 하기 위해서는 오전 11시까지 충분한 식재료가 구비되어 있어야 한다.

평균재고는 판매 추세에 따라 바꾸어야 하는데, 이는 식재료의 낭비를 최소화하고 식재료관리에도 도움이 된다. 낭비요소는 식재료원가 상승의 주된 요인이다. 따라서 주방은 단지 하루 동안 사용할 필요 식재료의 수량을 정확하게 결정해야 한다.

식재료마다 각각의 유통기한을 가지고 있다. 따라서 주방이 과잉생산하거나 유통기한 내에 소모하지 않는다면 식재료는 버려지고 말 것이다. 더욱 중요한 사실은, 이러한 과정들을 통해서 고객들은 가장 신선한 상품을 매일매일 제공받을 수 있게 되는 것이다.

고객들이 붐비는 점심시간 이후에 주방에서는 얼마나 많은 상품이 판매되었고 저녁 영업을 위해 식재료가 얼마나 남아 있는지를 확인한다. 식재료가 바닥나는 것은 있을 수 없으며 있어서도 안 된다. 만일 적절한 조리과정이 이어진다면, 레스토랑은 어떤 메뉴도 취소할 필요는 없을 것이다.

모든 조리가 모든 구역에서 완료된 후에 조리된 상품을 점검해야 한다. 조리내용을 점검하고 조리된 상품에 대해 책임을 묻는 것은 필수적이다. 만약 점검을 받지 않는다면, 상품이 무책임하게 제공되어 레스토랑과 고객에게 부정적인 영향을 미칠 것이다.

조리일지의 사용은 조리사의 식재료 사용을 관리하는데 있어 중요하다. 모든 조리법에는 지켜야할 특별한 지침이 있다. 조리법에서 한 가지라도 벗어날 때, 품질은 떨어지고, 일관성은 사라지고, 조리의 원가는 상승한다. 이것이 조리법을 준수해야 하는 중요한 이유이다.

조리는 **준비조리**^{mise-en-place}(미장쁘라스, 조리법에 따른 재료와 도구의 조합)로부터 시작된다. 레스토랑에서 모든 서비스의 중심은 사전 준비된 조리법에 따라 모든 특별 재료를 완비하는 것이다. 육수와 소스는 매주 1회 만들어지며, 장식할 부재료와 양념한 육류 등을 준비해 둔다. 만약 2시간 내에 350명의 고객에게 제공해야 한다면, 얼마나 많은 식재료를 준비해야하는지는 오랜 경험을 통해 예상할 수 있다.

적절한 수량의 냄비, 용기, 소스통^{sauce bins} 등 모든 도구는 각 조리구역에서 준비되며, 조리사는 별도의 재료를 요구하는 일이 없도록 한다.

조리과정 동안 품질과 재고관리에 대한 적정 규격과 치수, 비율, 온도 그리고 식품 위생의 준수 등의 표준을 유지하는 것이 중요하다. 조리사들은 시간을 준수하여 작업을 진행하고 지속적으로 식재료의 수량과 품질을 확인할 필요가 있다.

일반적으로 점심 메뉴는 저녁과는 다르다. 무엇이 얼마나 소모되었는지 저녁 영업을 위해 무엇이 사용될 것이며 무엇을 준비해야하는지 파악하기 위해 점심 영업 후에 재고사항을 검검할 필요가 있다.

모든 음식 서비스가 종료된 후에는 담당구역을 싱소한 후 서비스를 준비해야 한다. 조리 일정은 계획과 담당구역의 조직을 위해 활용된다. 품목의 수량과 조리 단계별 일정표를 기록하면 조리사는 진행상황을 확인할 수 있다. 저녁에는 보통 표준업무량에 메뉴가 추가되어 고객들에게 선택의 폭을 넓혀줄 수 있도록 좀 더 다양한 메뉴 품목을 보유하게 된다.

직원배치와 작업일정

직원을 적절히 배치하여 경영하는 것은 성공적인 주방 운영에 있어서 매우 중요하다. 충분한 직원의 보유는 레스토랑 스케줄 상 근무시간을 조정하기가 용이하다. 주방의 직원이 부족한 것보다는 직원의 수에 여유가 있는 것이 오히려 낫다. 그 이유는 첫째, 직원이 부족하여 급히 사람을 구하는 것보다는 여유직원을 돌려보내는 것이 관리상 편하기 때문이다.

둘째, 여유직원을 보유하고 있는 것은 널리 사용되고 있는 방법인 교차훈련cross-training과 회사 성장에 대비하기 위해서이기도 하다. 예를 들어, 인적자원계획에 따라 필요한 직원의 수가 확정되면 배치 문제는 자연히 제거된다. 이러한 인적자원 계획은 매출 추이와 기본적인 직원의 수에 따라 조정되어야 한다.

식중독

한 대학의 주방에 이런 문구가 붙어있다. "청결은 신을 공경하는 것 다음으로 중요하다." 레스토랑 고객들은 종교적인 의미를 가진 문구를 믿는 것이 아니라, 그들에게 제공되는 음식에 해로운 미생물과 이물질 없이 위생적일 것이라고 믿는 레스토랑 경영자의 성실함을 절대적으로 신뢰한다는 것이다.

미국공중위생국The United States Public Health Service은 음식을 통하여 옮겨질 수 있는 40종 이상의 질병을 구분하고 있다. 대부분 심각한 질병을 초래할 수 있으며, 심지어 어떤 것은 치명적이다. 식중독food-borne illness은 음식으로 인해 인간에게 옮겨지고 감염되는 질병이다.

안전한 음식을 위협하는 세 가지 위해요소에는 생물학적, 화학적, 물리적 요소가 있다. 이 중 생물학적 위해요소가 가장 높은 비율로 식중독을 일으킨다. 질병을 유발하는 미생물로 알려진 세균, 곰팡이, 효모와 같은 병원균은 생물학적 위해요소로 간주된다.

생물학적 위해요소 – 박테리아

20분 내에 재생가능한 단세포 미생물인 박테리아는 식중독을 가장 많이 발생시킨다. 조건만 적당하면 한 마리의 박테리아가 7천 2백만개의 집단(colony)으로 확산되어 심각한 질병을 발생시킬 수 있다.[2] 박테리아를 이해함으로써 소멸시키거나 통제할 수 있고 무해하게 만들 수도 있다. 다른 살아있는 유기체와 같이 박테리아는 기능과 번식을 위해 영양분이 필요하다.

박테리아는 두 가지 방법으로 질병을 유발시킨다. 첫째는 위험한 음식에서 영양분을 공급받아 유리한 조건에서 빠르게 번식하는 병원균pathogens인 박테리아를 통해서 질병이 유발된다. 다른 박테리아는 원래는 해롭지 않으나 증식하면서 독소를 배출하고, 이러한 독소를 함유하고 있는 음식을 섭취한 사람에게는 독이 된다.

병원성 박테리아는 중독, 감염, 독소매개체감염 등 3가지 방법으로 병을 유발할 수 있다.[3] 가장 잘 알려진 중독의 예는 몇몇 박테리아에 의해 발생된 독소인 보툴리누스식중독botulism이다. 이것은 보이지 않으며 냄새도 맛도 없다. 다른 박테리아와는 달리 보툴리누스균은 고온에서도 소멸되지 않기 때문에 질병 예방을 위해서는 식품 취급에 특별한 관리가 필요하다.

살모넬라salmonella는 박테리아를 통해 감염되는 가장 널리 알려져 있는 병원균이다. 이 박테리아는 닭이나 오리, 생쥐, 들쥐의 장내에 서식하며, 좋은 조건에서의 살모넬라균은 사람에게 질병을 초래할 수 있다. 165℉(73.9℃) 이상의 온도에서 식품을 조리하면 사멸시킬 수 있는 균이다.

독소매개체감염toxin-mediated infection은 중독과 감염 등 두 가지 특징을 모두 가지고 있다. 예를 들면, 클로스트리디움균Clostridium perfringens과 병원성대장균 O157Escherichia coli O157:H7(E.coli)이다. 음식물 섭취 후 살아있는 유기체들은 사람이나 동물의 장내에 집단을 형성하여 독소를 생산한다. 어린아이들과 노인들은 이러한 박테리아에 취약하다.

레스토랑 음식의 안전에 대한 대중들의 신뢰는 간혹 소수 레스토랑의 식중독 발병에 대한 뉴스를 접하게 되면서 무너지게 된다. 어떤 경우에는 식중독으로 인한 사망자가 발생하여 해당 레스토랑뿐만 아니라 전체 레스토랑 산업에도 영향을 미쳐 심각한 재정상의 손실을 초래한다. 최근 캘리포니아의 한 식품공장에서 생산된 시금치에서 대장균이 발생되었다.

식품보호규정^{food protection practices}은 실행하기가 쉽지 않다. 모든 직원들은 잠재적으로 위험한 박테리아를 옮길 수 있고 그들의 대소변, 코와 입으로 퍼뜨린다고 짐작할 수 있다. 환자의 대변 1g 당 약 10^9개의 박테리아 세포를 퍼뜨린다. 만약 화장실을 사용할 때 화장지가 약간만 스쳐도 사용자의 손끝에는 약 10^7개의 박테리아가 묻어있을 것이다.

손과 손톱을 깨끗하게 하기 위해 브러시^{fingertip brush}를 사용하여 2회의 손 씻기를 해야 한다. 손 씻기는 손이 편안하게 견딜 수 있을 만큼의 뜨거운 물을 사용하고, 브러시를 사용하며, 20초 동안 두 손에 마찰을 일으키고 비비는 것을 포함한다. 두 번째 씻을 때는 브러시를 사용하지 않는다. 손을 말리기 위해 종이 타월이나 열이 사용되어야 할까? 또 다른 식품보호규정은 뒷부분에서 설명하고자 한다.

식중독의 원인

어떤 종류의 음식이든 식중독의 매개체가 될 수 있다. 일반적으로 우리가 정기적으로 먹는 고단백 식품이 식중독의 가장 큰 요인이 된다. 고단백 식품들은 미국공중위생국에 의해 잠재적 위험군으로 분류되며, 우유나 유제품, 달걀, 고기, 가금류, 생선, 조개, 식용 갑각류, 굽거나 삶은 감자, 두부나 콩 단백질 식품, 가열 처리된 가공식품, 새싹채소나 조미료 등 모든 음식들을 포함한다.[4]

복통이 발생하는 수많은 경우는 레스토랑 음식으로 인한 것이다. 식품 보호에 대한 무관심은 외국의 경우에 더 심각하다. 개발도상국을 방문한 많은 북미 여행자들은 식중독에 걸린 경험이 있다.

외식사업 운영자는 직원의 문화적 배경을 고려하고 식품위생 규정과 청결에 대한 태도가 문화마다 각기 다르다는 것을 이해해야 한다. 일본인들은 위생에 중점을 두는 것으로 알려져 있다. 동경에서는 감기에 걸린 사람은 감기가 다른 사람들에게 옮겨지는 것을 방지하기 위해 마스크를 착용한다. 다른 문화권에서는 청결과 위생을 덜 강조한다.

개발도상국에서 복통의 원인이 되기 쉬운 세균들은 주로 병원성대장균(O157:E.coli)의 변종으로 세균은 손에서 음식을 통해 장으로 전해진다. 대장균은 일반적으로 개발도상국으로 여행 경험이 있는 다수의 사람들에게서 발병된다. 식품보호 문제는 바퀴벌레가 있고, 파리가 들끓고, 쥐들이 음식과 서식지를 찾는 무덥고 습한 기후에서 증가한다.

위생설비 관리자는 정직하고 비교적 순진하다하더라도 지속적인 주의와 관심으로 일관된 수행을 요구한다. 습관은 거대한 플라이휠^{flywheels}과 같아서 한번 학습되고 몸에 배어버리면 변화되기 어렵다. 위생학자는 비누와 물의 경이로움에 대한 찬사에 만장일치로 동의한다.

NRA의 공중위생운영매뉴얼^{Sanitation Operations Manual}은 식중독 발병의 많은 경우에 대해 그 원인을 조사하고 논의한다.[5] 여기에는 레스토랑에서 일어나는 전형적인 문제로 음식 준비가 제대로 되지 않았을 때이다.

- 많은 고객들이 시내의 대형 레스토랑에서 추수감사절 식사 후에 병을 앓게 되었다. 정오부터 저녁 사이에 위험한 장소에서 낮은 온도로 보관되었기 때문에 칠면조 요리와 육수에서 살모넬라균이 생성되었으며, 한 조리사가 양성의 살모넬라균을 옮겼다고 확인되었다.

- 한 샌드위치 가게에서는 주인과 두 직원에 의한 22가지 사례의 살모넬라균 감염 사실을 찾아냈다. 바비큐된 돼지고기는 소나무로 만든 도마 위에서 손으로 잘게 썰어졌지만 두 시간 동안이나 냉장되지 않은 채 방치되었다.

- 피크닉의 음식조달을 위해 50℉(10℃)의 기온에서 100파운드의 감자샐러드를 식히지 않은 채 통에 넣어 밤새 대형냉장고에 보관되어졌다. 감자샐러드의 내부가 완전히 익혀지지 않았기 때문에 살모넬라균이 생장할 수 있었다. 살모넬라균은 샐러드 담당자의 대변에서 발견되었다.

- 로스트 비프는 때때로 클로스트리디움균에 감염된다. 칠면조를 자르고난 후 튀긴 비닐봉지로부터 나온 액체가 묻은 도마에서 다시 쇠고기를 자르면서 오염되었다.

- 드라이브 인 레스토랑의 포도상구균^{staphylococcus} 중독은 초콜릿과 크림파이에서 생성된 수많은 포도상구균에 의한 것이다. 파이들은 냉장고 온도가 52℉(11.1℃)에서 60℉(15.6℃) 사이에서 저장되었었다.

미국에서 식중독 발병과 가장 연관이 있는 3가지 미생물은 황색 포도상구균*staphylococcus aureus*, 살모넬라균 그리고 클로스트리디움균이다.

포도상구균은 우리의 코와 피부에 기생하고, 종기나 여드름 그리고 다른 피부질환에 많은 수가 밀집되어 있다. 포도상구균은 특별한 문제를 발생시킨다.

유리한 환경에서 그들은 100℃의 온도 또는 일반적인 조리와 관련된 다른 온도에서도 파괴되지 않는 장독소*enterotoxins*를 생산한다. 이것은 일정 온도에서는 포도상구균 독이 파괴되지 않음을 의미한다. 육류, 가금류, 생선, 달걀 그리고 유제품과 같은 고단백 식품들은 보통 포도상구균 중독과 관계가 있다. 미생물은 44℉(6.7℃)보다 높은 온도에서 번식하고 빠르게 성장하며, 특정한 환경에서는 140℉(60℃)나 그보다 높은 온도에서도 살아남는다.

살모넬라균은 사람과 동물의 장기를 통해 지속적으로 순환하는 약 2천종에 가까운 박테리아의 명칭이다. 1885년 Daniel E. Salmon 박사에 의해 돼지에서 처음으로 발견된 살모넬라균은 달걀이나 육류, 우유와 같은 육류 제품과 같이 감염되며 수백개의 다른 종으로 발생한다. 연구자들의 발표에 따르면, 살모넬라균의 감염은 단지 1%만이 보고된다고 한다.

클로스트리디움균은 식중독 발병의 원인으로는 세 번째에 해당한다. 박테리아는 토양과 사람을 포함한 동물의 장기와 하수구에 존재한다. 이것을 카페테리아 세균*cafeteria germ*이라고 알려져 왔는데, 왜냐하면 화씨 70℉(21.1℃)에서 170℉(76.7℃) 사이의 온도에서 방치된 음식에서 잘 성장하기 때문이다. 클로스트리디움균의 문제는 보통 조리온도에서 박테리아의 생장세포는 파괴되는 반면, 포자세포는 파괴되지 않는다는 것이다. 클로스트리디움균은 육류의 자연 오염물질이며 흔히 건강한 사람의 장기에서 발견된다. 조리되어 일정 시간동안 실온에 방치된 육류에는 거의 확실하게 이 박테리아들이 성장한다.

오염된 코와 입에서 배출되는 연쇄상구균*streptococcus* 감염은 재채기나 상한 음식을 취급함으로써 퍼지며 성홍열과 패혈증, 인두염의 원인이 된다. 배설물로 오염된 청결하지 못한 손으로 접촉된 음식물은 장기에서 연쇄상구균 감염을 유발한다.

바실러스 세레우스균*Bacillus cereus*은 토양과 물, 그리고 먼지에서 발견된다. 뜨거운 음식은 뜨겁게, 차가운 음식은 차갑게 유지하면서 교차오염을 예방하면 이 박테리아를 제어할 수 있다.

시겔라 이질균^{Shigella dysenterial}은 외식업계에서 또 다른 심각한 위협적인 존재이다. 샐러드 안에 있는 겨우 10개의 세균만으로도 건강한 사람들을 병들게 할 수 있다.

기생충도 감염을 유발한다. 선모충, 어류촌충 그리고 몇몇 종류의 아메바들은 북미사람들에게서 가장 쉽게 접할 수 있는 기생충들이다. 감기와 바이러스성 간염의 감염은 레스토랑에서 발견되는 또 다른 위험요소이다. 바이러스는 사람을 통해 음식에 전달된다. 다행히도 바이러스는 음식 내에서 번식하지는 않지만 가열에 의해 제거되지는 않는다.

익히지 않거나 조리가 덜 된 돼지고기는 기생충인 선모충^{Trichinella spiralis}의 숙주로 근육 내에 파고들어가 생존할 수 있다. 오염된 물에서 잡힌 어류 속의 어류촌충은 또 다른 위험요소이며, 생선회로 제공할 때 감염되기 쉽다. 익히지 않은 쇠고기에서도 발견되는 촌충은 숙주의 장벽에 달라붙어 30피트 길이까지 성장할 수 있다.

몇몇 식중독은 심각한 결과를 초래하는 기생충들로부터 발생된다. 예를 들어 아메바성 이질은 설사를 스스로 제어할 수 없으며 몇 달 동안 지속되는 경우도 있다. 열대지방에 널리 퍼져있는 바실러스성^{bacillary} 이질은 스스로 설사를 제어하며 이틀간의 발병기간을 가지나 6일간 지속될 수도 있다. 콜레라는 비브리오 코마^{Vibrio comma}라는 바이러스가 포함된 오물에 의해 오염된 음식이나 음료를 섭취함으로써 확산된다.

전염성 간염은 위험하며 치명적일 수 있다. 보통 며칠 동안 진행되는 식중독과는 달리 전염성 간염은 황달, 식욕감퇴, 체중감소, 발열, 그리고 극심한 피로의 증상이 나타나기 전에 10일에서 50일의 긴 잠복기간을 갖는다. 바이러스로 인해 유발되는 전염성 간염은 대개 감염된 사람의 대·소변과 오염된 물에서 배양된 날 조개류 등에서 발견된다.

식중독은 손의 청결과 몇 가지 간단한 습관으로도 예방할 수 있다. 살모넬라균은 의심스러운 음식에 대해 165°F(73.9℃) 이상의 가열로 문제가 해결된다. 손으로 머리를 빗지 말고, 손가락을 코 안에 넣지 말고, 돈을 거슬러줄 때나 쓰레기와 같은 잠재적 오염물질을 접촉한 후에는 반드시 손을 씻어야 한다.

식중독의 원인이 되는 3가지의 주된 병원균은 대개는 발병 징후를 통해 어떤 미생물에 의한 식중독인지 추정한다. 이 박테리아들은 모두 구토나 설사를 동반하는데, 포도상구균^{Staphylococcus aureus}의 징후는 감염된 음식을 섭취한 후 2~6시간 뒤에 나타나며 하루나 이틀 동안 발병이 지속된다. 살모넬라의 징후는 보통 음식을 섭취한 후 12~36시간 뒤에 나타나며, 2~7일 동안 발병이 지속된다. 클로스트리디움^{Clostridium perfringens}의 징후는 식사 후 8~24시간 뒤에 설사와 통증을 수반하고 발병은 하루 안에 종료된다.

식중독의 원인인 미생물은 육안으로 보이지 않는다. 포도상구균은 포도송이 모양의 세포이며 살모넬라는 막대 모양의 세포로 함께 무리를 형성한다. 클로스트리디움균 또한 막대 모양의 세포이지만 살모넬라와 같이 무리를 형성하지는 않는다.

식품 취급에서 예를 들 수 있는 가장 빈번한 실수는 다음과 같다.

1. 음식을 적절히 냉장 처리하지 않을 때
2. 가열이나 조리를 철저히 하지 않을 때
3. 직장이나 집에서 개인위생을 등한시하여 감염된 직원
4. 하루 또는 그 이전에 사전조리된 준비 음식
5. 조리가 되지 않은 날 것이나 오염된 식재료
6. 박테리아의 서식이 불가능한 온도까지 식히지 않은 식품
7. 조리된 식품을 박테리아 소멸 온도까지 재가열하지 않았을 때
8. 날 것과 조리 식품의 교차오염, 또는 직원들에 의해 잘못 취급된 음식, 또는 장비의 청소 불량에 따른 오염[6]

박테리아의 통제 또는 살균

다른 생물과 같이 박테리아도 최적의 생장조건을 가지고 있다. 박테리아의 생장을 위해서는 음식과 수분, 적절한 수소이온농도(pH), 그리고 시간이 필요하다. 세균이 번식되고 있는 음식은 잠재적인 위험요소이다. 잠재된 위험 음식들 중에는 고단백의 육류와 우유 그리고 유제품, 특히 달걀, 생선, 그리고 조개류 등이 있다. 커스타드, 마요네즈, 홀란데즈 소스 그리고 키시^{quiche}(달걀과 우유에 육류와 야채, 치즈 등을 섞어 만든 파이의 일종 -역자 주)와 같은 것은 특히 오염에 취약하다.

온도는 박테리아의 생존과 생장에 매우 중요한 요소이며, 레스토랑 운영자가

가장 손쉬운 방법으로 통제할 수 있다. 위험한 온도범위^{temperature danger zone}인 40℉ (4.4℃)~140℉(60℃) 사이는 박테리아의 생존이 용이한 범위이며, 가장 빠른 속도로 증식하는 온도이다. 이 온도범위를 벗어나면 세균이 활동하지 않는 휴면상태가 되며, 위험한 온도범위의 상태로 되돌아가면 박테리아의 활동이 재개된다.

운영자들은 음식의 내부온도를 최소 140℉(60℃)로 가열하는 것이 중요하다. 다음은 기타 안전조치를 포함한 중요사항들이다.

1. 음식의 내부를 최소 140℉(60℃)의 온도상태로 유지한다.
2. 위험한 온도범위를 피하기 위해서 음식을 신속히 가열한다.
3. 한 번에 소량씩 가열한다.
4. 가열된 음식은 빠른 시간 안에 제공하여야 한다.
5. 조리된 음식의 재가열할 시, 곧바로 스팀테이블을 사용하지 말고 신속히 140℉(60℃)로 가열을 한 다음 스팀테이블로 옮긴다.
6. 뜨거운 음식을 냉각할 때는 신속히 얼음 수조에 담그든가 흐르는 물로 식혀야 한다.
7. 조리된 음식을 냉장고 안에 보관할 때에는 조리되지 않은 음식보다 상단에 놓아야 한다. 이것은 교차오염을 피하는데 도움이 된다.
8. 실온에서 음식을 해동시키지 않는다.
9. 해동시킬 음식은 냉장고 안에서 서서히 녹인다. 다른 음식에 떨어져 오염되는 것을 방지하기 위해서 용기에 담는다.

레스토랑 운영자의 황금룰은 뜨거운 음식은 뜨겁게 그리고 찬 음식은 차게 유지하는 것이다. 세균의 성장과 번식 가능한 환경을 통제함으로써 레스토랑 운영자는 식중독 발생을 막을 수 있다.

박테리아는 수분을 함유하고, 중성 또는 약산성의 단백질 식품에서 번식한다. 일반적으로 미생물은 높은 산성이나 높은 알칼리성의 음식에서는 성장할 수 없다.

박테리아와 온도

박테리아가 해롭든 아니든 대부분 열에 의해 파괴가 된다. 예를 들어, 180℉ (82.2℃)의 열은 식기세척기의 최종 단계인 린스 세척시 사용된다. 화학적 위생은 대부분 75℉(23.9℃)와 120℉(48.9℃) 사이에서 가장 효과적이다. 일반적으로 화학소독제로 염소, 4급 화합물quaternary compound, 그리고 요오드 등 세 가지가 사용된다. 만약 식기세척을 할 수 없다면 염소를 50ppm의 농도로 희석한 물에 1분간 담가두면 되는데, 식기와 주방기구는 염소가 용해된 용액에 75℉(23.9℃) 이상의 온도에서 1분간 담가두어야 한다.

초단파가열microwave heat은 전자레인지에서 사용되는 것처럼 음식 내 물 분자의 진동에 의해 가열된다. 음식 내의 불규칙적인 수분 함량과 전자레인지가 열을 고르게 분배하지 못하기 때문에 음식은 전자레인지에서 제대로 가열 조리되지 않는다. 따라서 전자레인지의 조리시에는 안전한 내부 조리온도를 위해 추천된 지침보다 최소 25℉(13.9℃)해야 한다. 예를 들어 전자레인지에서 조리된 닭고기는 일반적으로 추천된 165℉(73.9℃) 대신 190℉(87.8℃)의 내부 조리온도를 사용해야만 한다. [그림 10-4]는 다양한 뜨거운 음식에 대한 최소한의 안전 온도를 제시하고 있다.

바이러스

바이러스는 레스토랑 운영자가 우려하는 미생물의 또다른 유형이다. 왜냐하면 A형 간염이나 노르워크Norwalk 바이러스도 식중독의 원인이 될 수 있기 때문이다. 바이러스는 생존하기 위해 유해식품이 필요하지 않다. 그들은 어떤 음식이나 표면에서도 생존할 수 있다. 번식하지 않으면서, 그리고 세균과 같이 가열이나 냉각에 영향을 받지 않으면서 용이하게 음식이나 또는 다른 물체의 표면으로

제 품	온 도
전자레인지 내의 돼지고기, 햄, 소시지, 베이컨	170 ˚F(76.6 ˚C)
이전에 제공되고 냉각시킨 재가열용 음식	165 ˚F(73.9 ˚C) 2시간 이내의 조리
모든 가금류와 사냥 조류	165 ˚F(73.9 ˚C)
채운 고기stuffed meat	165 ˚F(73.9 ˚C)
채워넣을 소stuffing	165 ˚F(73.9 ˚C)
다른 가열요소 용의 돼지고기, 햄, 베이컨	150 ˚F(65.6 ˚C)
잠재적 유해식품	140 ˚F(60 ˚C)
레어 상태의 로스트 비프	130 ˚F(54.4 ˚C) 2시간 동안 조리
레어 상태의 쇠고기 스테이크	130 ˚F(54.4 ˚C)(또는 고객 요청에 따라)

○ 그림 10-4 더운 음식에 대한 최소한의 내부 안전온도

전달된다. 일단 바이러스가 체내의 세포에 들어오면 세포는 바이러스를 받아들여 더 많은 바이러스의 생산을 돕는다.

음식 또는 물을 매개로 한 질병의 발생은 일반적으로 정수가 되지 않은 물의 음용과 오염된 물로 인한 조개류의 섭취, 그리고 특히 부주의한 개인위생이 원인이 된다. 조리되지 않은 대부분의 식품을 통해 바이러스성 질병을 일으킬 가능성이 있다. 예를 들어, 샐러드, 구운 제품, 우유, 샌드위치용 육류, 생선류, 그리고 조개류가 있다.

최근 A형 간염이 발생한 LA보건당국은 의무 예방접종의 비용과 혜택에 대한 조사를 준비하고 있다. Wolfgang Puck's 급식회사는 그들의 음식을 먹은 3,500명의 사람들에게 급식 회사에 근무하는 준비담당자에 의한 질병 발생 유무를 확인하기 위한 메시지를 발송했다.[7]

화학오염물질

살충제 사용의 증가는 음식에 화학물질에 대한 오염의 우려를 불렀다. 살충제 외에도 화학적 오염의 4가지 종류는 식품공급체인에 따라 모든 상황에서 발생할 수 있다.

1. 레스토랑의 화학물질인 세제, 소독약, 기타 광택제, 부식제 그리고 세척제나 건조제를 포함한 유사한 제품의 인체에 대한 중독성 오염
2. 방부제와 첨가제: 채소나 과일, 그리고 냉동 감자와 와인의 신선도와 색상의 유지를 위해 사용하는 황산염물질과 같은 방부제의 과용, 특정 유해세균의 성장을 막기 위한 치료와 맛을 돋우기 위해 사용되는 질산염 같은 첨가제의 사용으로 인한 오염
3. 내부에 금속 처리를 한, 특히 황동 또는 구리나 아연으로 코팅된 용기로 인한 식품의 산성반응 오염
4. 유독성 금속인 구리로 된 관을 통과한 탄산음료로부터 야기된 오염[8]

식중독 발생은 개인위생에 주의를 기울이지 않는 사람이 원인이 된다, 특히 잠재적 위험식품을 다룬 후 손을 자주 씻지 않거나 음식을 취급할 때 위생장갑을 착용하지 않는 직원이 음식을 오염시킬 수 있다. 심지어 건강한 사람에게도

그들의 입과 목, 그리고 코 안에 포도상구균과 같은 미생물들이 잠복되어 있을 수 있다. 기타 미생물인 시겔라, 클로스트리디움, 살모넬라, 그리고 A형 간염은 사람에 의해 전달된다. 식중독 발생을 막기 위한 방법으로는 개인위생을 청결히 하는 개인의 습관이 중요하다.

레스토랑 어느 곳에나 세균이 존재하기 때문에 관리자는 모든 직원들이 위생을 철저히 지키는 분위기를 조성해야 한다. 관리자는 직원들에게 병원균의 통제에 대한 중요성을 지속적으로 인식시켜야 한다. 음식 서빙과 기물을 다루는 올바른 방법과 잘못된 방법을 [그림 10-5]에서 비교하면서 잘 보여주고 있다.

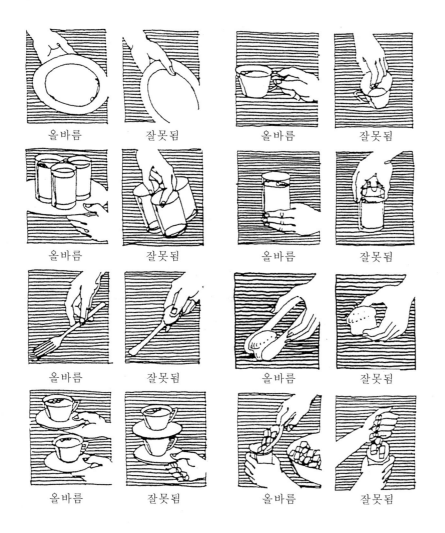

올바름　잘못됨　　올바름　잘못됨

올바름　잘못됨　　올바름　잘못됨

올바름　잘못됨　　올바름　잘못됨

올바름　잘못됨　　올바름　잘못됨

◑ 그림 10-5　위생적인 기물 취급법과 음식 제공 요령
자료: Applied Food service Sanitation, A Certification Cou rse book, 4th ed. (Educational Found ation of the National Restaurant Associa tion, 1995), pg. 141.

위해요소중점관리기준

우주비행사는 어떤 종류의 질병이든 피해야하기 때문에 NASA에서는 우주비행사들이 식중독을 예방하는 프로그램을 개발하였다. 그 프로그램이 위해요소중점관리기준(HACCP)[hazard analysis of critical control points] 이다. 주방에 존재할 가능성이 있는 병원균을 체계적으로 제거하는 방법이다. 이 시스템은 7가지의 기본 단계를 거친다.

1. 위해요소의 분석과 엄격한 위험평가
2. 조리준비시 중요관리점(CCPs)의 설정
3. 분석된 각 CCP에 대한 허용한계(CCLs)의 설정
4. CCPs 감시 관리와 데이터 기록
5. 모니터링을 통한 허용한계 초과 시 개선조치 확립
6. HACCP 제도의 효과적인 기록보존시스템 설정
7. HACCP 시스템의 적합성 검증절차 설정[9]

1단계는 주방에서 식품 이동시 각 단계별로 어떤 위해요소가 존재하는지, 그리고 전체의 안전에서 얼마나 심각한 요소인지를 결정하는 것이다. 아래의 항목이 주요 점검사항이다.

- 조리법 검토: 해동, 조리, 냉각, 재가열, 그리고 잔반처리 등의 시간에 주의를 기울여야 한다.
- 온도계 사용법에 대한 직원교육: 전원 온도계를 지급하고 정확한 온도계 측정법을 교육한다.
- 배달된 제품의 신선도와 냉동 제품들의 냉동상태 점검
- 음식준비과정 중 특정 장소에서의 손 씻기 필수: 직원들에게 위생을 위한 올바른 손 씻기 방법을 교육한다.
- 1쿼트 또는 4파운드 이상의 음식을 더 신속히 냉각시킬 수 있는 급속냉각 시설의 추가

2단계는 중요관리점(CCPs)을 확인하는 것이다. CCP는 시스템상 관리 소홀로 인해 건강에 위해가 되는 어떤 시점이나 과정이다. 조리사가 채소를 자르고

난 후 세척하지 않은 채로 닭의 뼈를 발라내는데 동일한 도마를 사용한다면, CCP는 개선이 필요하다. 거래처 배달차의 청결도 점검해야 하는데, 차량온도를 식재료 적정온도의 5도 범위 내에서 유지해야 한다. 식품의 항목별 유통기한을 명확히 표시하여야 한다. 장비는 위생 처리되어져야 하며, 목록은 기록 유지되어야 한다.

3단계는 주방에서 CCP 범위가 용인되는 것과 용인불가한 기준과 허용한계를 설정하는 것이다. HACCP 시스템의 4단계는 2단계에서 설정된 CCP 내에서 위해발생을 방지하기 위한 조치가 확실히 실시되고 있는지 감시하는 단계이다.

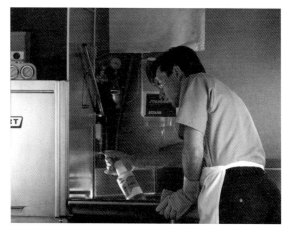

◎ 레스토랑의 청결프로그램 설정은 조리와 위생에 있어서 중요하다.
Copyright Ecolab, Inc. 승인에 따른 재인용

어떤 CCP는 지속적인 감시를 위해 목록화시켜야 한다. 어떤 CCP는 과정의 수정작업을 통해 차후 목록에서 제거될 수도 있으며, 어떤 CCP는 필요에 따라 감시 목록에 추가되기도 한다.

5단계는 CCL(허용범위)을 초과할 때마다 수정하고 개선조치를 취해야 한다.

6단계는 모든 과정이 문서로 기록되어야 한다. 만약 소비자의 건강이나 안전에 영향을 미치는 문제점이 발견된다면, 반드시 기록 보관되어야 하다.

마지막 7단계는 작업을 수행할 때 HACCP 시스템의 적절한 운영상태에 대한 확인 절차의 설정을 요구한다. 이것은 6단계에서 기록된 서류의 검토와 건강과 안전에 대한 토론을 위해 정기적으로 개최되는 위원회의 구성을 의미한다.

식품 안전관리의 일반적인 실수

날마다 행해지는 식품생산에서 가장 공통적인 식품 안전 위험은 시간의 남용과 온도의 오용, 교차오염, 그리고 안이한 개인위생 등 세 가지이다.

시간과 온도

박테리아 증식의 위험온도범위는 40°F~140°F(4.4℃~60℃)이다. 모든 찬

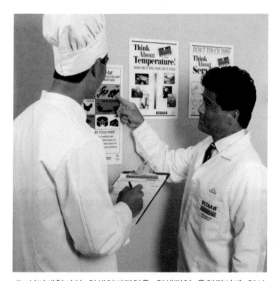

식기세척기의 위생처리작업은 위생적인 운영관리에 있어서 중요한 과정이다.
Copyright Ecolab, Inc. 승인에 따른 재인용

식품들은 40°F(4.4℃) 이하를 유지해야 하며, 모든 더운 식품들은 140°F(60℃) 이상을 유지해야한다.

■ 긴 침이 부착된 디지털 온도계 또는 열전대^{thermocouples} (熱電對, 온도가 서로 다른 두 종류의 금속의 조합으로, 그 접점 간의 온도차를 이용하여 고열도의 온도를 측정하는 장치 -역자 주)의 구비(몇 개의 새로운 온도계들이 온도의 기록유지를 위해 필요함). 오븐과 냉장고에도 온도계를 부착한다.

■ 배송식품의 수송시 냉장온도 유지 관리의 적절성을 확인하기 위해 무작위로 견본식품의 온도를 점검한다. 냉장저장이 요구되는 배송식품은 즉시 냉장처리되어야 한다.

■ 더운 식품을 냉각할 때는 얕은 팬에 넣어 얼음이 담긴 그릇에 넣어두거나 차가운 주걱으로 식히든지 또는 냉장고 안에 넣기 전에 얼음을 사용하라. 냉장고 안에 더운 음식을 넣는 것은 냉장고 온도를 높일 뿐만 아니라 많은 음식들을 규정된 4시간 이내에 40°F(4.4℃)로 냉각시키는 것을 방해할 것이다.

■ 미국식품의약국(FDA)에서 권고하는 온도로 식품을 조리한다. 재가열 식품은 165°F(73.9℃)의 온도에서 한번에 가열해야 한다. 음식이 조리되거나 재가열된다면 온도는 140°F (60℃)이상을 유지해야 한다.

■ 많은 양의 음식을 준비할 때 전처리하는 동안 실온에서 다량의 식품이 방치되지 않도록 해야 한다.

교차오염

대부부의 교차오염은 음식을 준비하는 과정에서 발생한다. 위험 인식 없이 비위생적인 식품의 처리에 관여하는 낀은 바람직하지 않다. 스푼의 볼 부분을 집는 것은 자신의 손가락을 다른 사람의 입안에 찔러 넣는 것과 같다. 얼음을 식접 집는 것도 똑같은 결과이다. 돈을 만져도 분명히 손으로부터 세균이 이동된다. 손으로 가리고 재치기를 하는 것도 똑같은 결과를 가지고 온다.

고객이 주문한 음식을 전달하는 동안 파이 조각을 집어서 입안에 넣는 직원을 본적이 있는가? 그러한 행위는 손을 오염시키는 것이 확실하다. 담배를 피운 후에 손을 씻지 않은 것은 입에서 나온 세균을 손으로 이동시킨다.

- 다양한 색깔의 구별된 도마를 구비한다. 예를 들어, 닭고기용, 채소용, 제빵용 등으로 구별하여 사용하도록 특정한 색깔을 지정한다. 뜨거운 물로 표면을 씻고 사용한 후에는 살균처리를 한다. 표면이 검어지면 세균이 그 안에서 성장하고 있다는 의미이므로 즉시 폐기처분한다.
- 오염된 액체를 흡수하기에 용이한 타월 대신에 비흡수성 재질이며 물로도 세척이 가능한 매트를 구입하고, 매트는 도마를 사용할 때마다 교체해 준다.
- 도마와 마찬가지로, 칼 또한 특정 식재료마다 다른 색을 지정하고 모든 도마 작업 사이사이에 세척하고 살균처리를 한다. 항상 용도대로 사용하기 위해서 칼 수납함에 라벨을 붙여놓는다.
- 도마 작업 사이에 청결하고 뜨거운 천으로 칼날을 깨끗이 닦고 살균처리한다.
- 소독제를 구비하는 데 투자한다.(굳어진 소독제의 덩어리는 슬라이서를 이용하여 썬다).
- 각각의 도마 작업이 끝날 때마다 조리대를 청소하고 살균처리한다.
- 음식을 냉장고에 보관할 때 준수해야할 규칙들: 조리된 음식과 제공할 날 음식들은 선반 맨 위에 놓는다. 조리되지 않은 원재료는 선반 아래에 둔다. 이것은 먹을 수 있도록 준비하는 음식에 오염물질의 액체가 떨어지는 것을 방지해준다.
- 집게나 국자 그리고 숟가락을 집었다가 내려놓고, 용기통 내에서 교체되고, 수많은 손들이 접촉하고, 기침을 하는 등 뷔페의 상황은 교차오염에 가장 취약하다. 집기들은 30분마다 청소하거나 살균처리하거나 교체되어야 한다.

식품안전에의 접근

외식서비스에 대한 전반적인 책임은 FDA에 있다. 주와 지역의 보건국은 종사자와 고객을 보호하기 위한 구체적인 기준을 명시한 조례를 제정하고, 정기적

조사와 조례의 시행을 주관한다. FAD가 제공하는 조례의 모델은 지역보건조례의 기초가 된다.

레스토랑 운영을 위해서는 공중보건허가증이 필요하다. 하지만 건강위해물질이 발견 또는 의심된다면 그리고 기준에 맞지 않는다면 허가는 취소된다.

레스토랑 신축시 또는 기존 시설의 인수시, 위생감독관이나 보건담당 공무원이 위생조사를 하거나 변경 요청을 할 수 있다. 예를 들어, 샐러드 바에 플라스틱(유리) 덮개sneeze guards를 설치하거나, 배관, 바닥표면, 화장실 설비의 개보수 등이 이에 해당된다. 대부분은 법적으로 신체장애자를 위한 화장실을 완비하도록 규정하고 있다.

레스토랑이 갖추어야할 필수조항과 정기 검사는 운영자에게는 부담이 될 수도 있으나 대중을 보호해야 하고 또한 레스토랑의 장기적 성공을 보장받기 위해서는 당연히 받아들여야 하는 수단이다. 일부 레스토랑 체인 운영자들은 자체적으로 음식을 보호하고 모니터링하기를 원하고, 그리고 세균전문가를 고용하여 유리류, 자기류, 식기류와 같은 레스토랑 기물의 세균 개체수 측정을 실시하기도 한다.

직원의 정기적 신체검사는 당연한 제도이기는 하지만 시간과 비용이 따르기 때문에 실천하는 레스토랑은 매우 적다. 적어도 기존직원들을 보호하기 위해서, 그리고 물리적 근로기준의 학습을 위해서 직무상 장애가 발생하여 문제가 일어나는 경우와 관계없이 신규 직원은 신체검사를 받아야 한다. 보건국은 이를 위해 무료 또는 저렴한 신체검사를 제공한다.

정기검사 결과 양호하다고 판정된 직원을 보유하고 있다는 것은 음식 보호를 위한 제규정의 준수가 필요하다는 점을 강조하고 있다. 개인은 자신의 몸에 전염성 병원균이 잠복되어 있을 수 있다. 이러한 보균자들은 징후가 나타나지 않아도 타인에게 질병을 전염시킬 수 있다. 대다수의 질병은 이러한 보균자들을 통해서 감염된다.

대다수의 수와 시사체는 정설과 식품보호조례의 준수시항에 대해 레스토랑을 감시한다. 그러나 대부분 조사요원의 부족으로 감시가 소홀하다. 일부 주는 외식업체의 전 직원들이 식품보호 교육을 이수하고 식품 취급자의 자격을 갖추도록 요구하고 있다.

대부분의 지자체는 그들의 공중위생 감독관에게 모든 레스토랑의 직원들이 식품보호에 대한 기초교육의 이수여부를 확인할 책임을 부여하고 있다. 수료증과 핀^{pin}은 과정을 이수한 사람에게 지급된다. 그러나 회전율이 높은 레스토랑은 보건규정에 따른 이수교육의 실행이 사실상 불가능하다. 식품보호에 대한 경영자의 관심과 위생의 강조는 다수의 고객들이 객장에 앉아서 식사를 할 때 발생하는 질병으로부터 고객과 직원을 보호하는 유일한 실천 방법이다. 오염의 위험을 줄이기 위해 대부분의 레스토랑에서는 식품을 다룰 때 주방직원에게 장갑을 착용하도록 요구한다.

형평성을 잃은 규정의 집행은 외식산업에서 혼란을 야기할 수 있다. 예를 들어, 일부 지자체에서는 공중보건담당 공무원이 유리잔과 컵이 엎어져 있지 않거나 나이프와 포크 그리고 스푼이 쌓여져 있거나 덮여져 있지 않다면, 식사가 제공되기 전에 유리잔이나 컵, 나이프, 포크, 그리고 스푼을 테이블에 세팅하도록 허용하지 않는다.

체계적 식품보호

제도로서 수립되어야 할 위생 규정이 많으면 많을수록 실행되어야할 실천사항이 더 많아진다. 그 제도 속에는 간과될 수 있는 세부사항도 포함된다. 제도 내에서 훈련된 직원은 시스템에 따라 직무를 수행한다. 맥도날드 체인이 성공한 이유 중 하나는 그들이 위생을 강조하였기 때문이다. 맥도날드 감독관은 "왜 바닥에 이쑤시개가 있지?", "왜 식탁이 깨끗하게 청소되지 않았죠?", "왜 화장실을 청소하지 않았나요?" 라고 다그친다. 그들은 위생 규정을 체계화하기 위하여 관리자용 일일스케줄을 작성해야 한다. [그림 10-6] 참조.

Alabama에 본부를 둔 체인점인 Waffle House의 매니저는 출근하여 건물의 외관을 점검하는 오전 6시 30분부터 금전등록기와 공급물품을 점검하는 오후 9시 퇴근시까지 하루종일을 책임져야 하는 것이 그의 일정이다. 도착 후 첫 번째 직무는 오픈 전에 건물주변의 종이, 쓰레기 그리고 맥주 캔을 점검하는 것이다. 5분 뒤는 정문 유리와 바닥, 부스, 화장실, 그리고 카운터 뒤 바닥을 점검한다. 오전 10시 30분에는 바닥을 청소하고 오후 2시에는 대걸레로 닦으며, 오후 4시 30분에는 점포의 전반적인 청결상태를 점검한다.

구역: _____ 날짜: _____ 시간: _____ 요일: _____

Heritage Restaurant은 다음의 위생기준을 준수하고 있나요?

예 아니요	예 아니요	예 아니요	예 아니요
외장	절단기	벽	상표와 날짜
주차장	직원휴게실	천장	**냉동고**
파종기	대기구역재고품	조명틀	바닥
잡초제거	대기구역청소	오븐기	분류표
물주기	분수	선반	용기
쓰레기처리구역	파이상자보관소	싱크대	**저장실**
기름구역	냉장고	조리대	바닥
현관	메뉴	믹서기	랙
보도	코스터	절단기	선반
조명	설탕기	스팀테이블	벽
간판	크림그릇	필터	용기
후문잠금	**화장실(남자)**	그릴	상표
기타:	바닥	냉장고	기타:
내장	소변기	냉장테이블	기타:
바닥쓸기	대변기	기름망	기타:
바닥닦기	세면기	기타:	**직원**
문/손잡이	거울	기타:	직원 외모
환영간판	쓰레기통	**세정구역**	유니폼
배수로	휴지	식기세척기	명찰
창문	시트커버	싱크대	머리
창문틀	타월	선반	조리사 외모
벽	비누 디스펜서	**카운터구역**	모자와 스카프
천장	기타:	쓰레기통	앞치마 위생상태
통풍구	**화장실(여자)**	바닥	임시직 외모
조명틀	바닥	벽	**서비스기준**
조명전구	대변기	천장	인사
식탁바닥	세면기	접시꽂이	서비스시간
의자	거울	대걸레와 양동이	직원협력
카운터의자	쓰레기통	직원테이블	고객인지
장의자	시트커버	**냉장고(워크인)**	조리시간
카운터 주변	타월	바닥	서비스 우선순위
기타:	생리대 디스펜서	벽	대기직원 준비사항
기기	비누 디스펜서	천장	매니저 외모
담배자판기	기타	분류표	
커피기기	**주방**	용기	
금전등록기	바닥		

지적사항: _____

감독관서명: _____ 매니저서명: _____

⊙ 그림 10-6 Heritage Restaurant의 점검표

자료: Heritage Restaurants 제공

주요 청소구역에 더 관심을 가지기 위해서 주간 단위의 청소일정표를 기획해 놓는다. 요일별 주요 청소구역을 정해놓는다. 일요일은 바 후방구역, 월요일은 그릴과 조명, 화요일은 보도와 블라인드, 수요일은 천장과 부스, 목요일은 냉장고와 식기세척기 아래쪽, 금요일은 장식장, 담배자판기, 뮤직박스, 토요일은 메뉴판, 사무실 창문, 그리고 주차장 청소를 정해 놓는다.

레스토랑 운영자는 그들에 적합한 점검표를 제작하고 인쇄하여 사용한다. 점검표는 간과될 사항들을 시간대별로 점검해야 한다는 것을 상기시켜 준다. 점검표가 없다면 청소되지 않은 사항들을 그냥 지나치게 된다. 더러운 카페트나 때묻은 유니폼이 평상시 대로 사용하게 된다. 만약 정기적으로 점검한다면, 점검표는 위생을 제도화시키게 된다. 위생에 대한 최종 책임은 반드시 경영진에게 있다는 사실을 명심해야 한다.

summar 요 약

음식의 유래를 보면 이탈리아나 프랑스, 중국 그리고 몇몇 나라들로부터 아주 다양한 조리법을 받아들였으며, 프랑스 셰프는 조리의 역사를 지배했다.

양념과 소스에 대한 프랑스의 영향은 소스의 모체인 베사멜소스, 벨루테소스, 에스파뇰소스, 홀란데즈소스, 그리고 토마토소스가 선도적으로 사용되어졌다.

누벨 퀴진은 사람들에게 더욱 건강을 의식하는 요리로 소개되어 지고, 두 가지 요리로부터 기술과 음식의 융합인 퓨전요리가 뒤를 이었다. 오늘날 다수의 유명한 조리사들은 고객들에게 친환경 재료와 지역의 음식들을 제공한다.

식품 조리는 검수로부터 시작된다. 레스토랑 운영자들은 편리한 배송시간대를 지정할 필요가 있고 모든 사항을 점검한다. 특히 최고가의 식재료는 무게와 신선도를 빠뜨리지 않고 점검해야 하며, 온도를 체크하고 주문한대로 배송이 되었는지 반드시 확인한다.

저장은 자신의 특별한 필요에 따라 품목들이 저장되는 식품생산시스템의 일부이다. 품목에는 품목표를 부착하고, 저장온도와 날짜들을 자세하게 기록해 놓는다.

조리 매니저/셰프는 당일 그리고 그 다음 며칠까지의 예상고객의 수를 결정함으로써 그들의 조리 계획을 세운다. 그리고 평균재고량의 기준에서 전처리된 재고량을 파악하여 생산 일정을 수립한다. 고객의 주문이 들어오면 각 조리구역에서 준비조리(미장쁘라스mise-en-place)를 하고 전처리와 조리를 실시한다. 접시 위에 조리된 음식이 준비되고, 장식되고, 담당자에 의해 점검된다.

병원이나 학교처럼 레스토랑도 각계 각층의 사람들이 모이며 만나는 공공의 장소이다. 모든 사람들은 음식이나 음료로 전염될 수 있는 위험한 미생물이나 바이러스를 보균하고 있다. 레스토랑 운영자는 병원균에 감염되지 않도록 신경을 집중해야 하며, 뜨거운 물과 열, 냉장, 그리고 화학물질을 사용하여 세균과의 전쟁을 치러야 한다. 주방은 해충과 벌레를 차단해야 하며 청결은 레스토랑의 신조가 되어야 한다. NRA는 위생을 주제로 한 많은 소책자를 출간하고 있다. 해당 웹 사이트는 www.nraef.org에서 확인할 수 있다.

endnotes

주

1) See Marjory Bartlett Sanger, *Escoffier, Master Chef* (New York: Farrar Straus Giroux, 1976).

2) Wayne Gisslen, Professional Cooking, *Sixth Edition* (Hobokin, N.J.: John Wiley & Sons, Inc., 2007).

3) 같은 책, p. 21.

4) www.fsis.usda.gov/Fact_sheet/foodbourn_illness_&_Disease_Fact_Sheets/index.asp.

5) *The Sanitation Operations Manual*, The National Restaurant Association, 1200 Seventeenth Street, N.W., Washington, DC 20036-3097.

6) *Applied Foodservice Sanitation, A Certification Coursebook, Fourth Edition* (The Educational Foundation of the National Restaurant Association, 1995), 46.

7) Jack Leonard and Rong-Gong Lin 11, All food workers could face vaccinations; L.A. County officials consider moves to protect against more outbreaks of hepatitis A. Los Angles Times, 2007. 3. 7, Part B; pg. 1.

8) 같은 책, 53~55.

9) Costa Katsigris and Chris Thomas, *Design and Equipment for Restaurants and Foodservice, Second Edition* (Hoboken, N.J.: John Wiley & Sons, Inc., 2005), 209~210.

고객서비스와 고객관계

- 유능한 서버와 영접담당자의 특성에 대한 설명
- 고객서비스 7가지 원칙 확인
- 고객불만 대처요령 기준 목록 작성

서버들은 실내장식, 가구, 배경음악, 조명, 그리고 제공된 음식 이상으로 고객들의 식사 경험에 크게 기여를 한다. 고객 인지를 포함하는 고객서비스는 모든 레스토랑에서 중요한 요소이다. 특히, 디너하우스와 파인 다이닝 레스토랑들은 더 좋은 서비스를 제공하기 때문에 고객서비스는 더욱 중요하다. 서비스는 고객들이 레스토랑을 선택하는 가장 중요한 요인으로 평가된다. 또한, 서비스 품질도 가장 빈번한 불만요소로 고객에 의해서 지적되고 있다.

　　고객관계는 마케팅과 판매의 한 부분이다. 어떤 레스토랑들은 상당한 경비가 소요되는 매체광고 보다는 고객이 좌석에 앉자마자 무료로 제공되는 특선 애피타이저의 개발을 통해 몇 달만에도 상당한 수익을 발생시켰다.

　　서버에 의해서 수행되는 음식서비스는 핫도그 시장에서부터 대규모 디너하우스에 이르기까지 그 형태가 매우 다양하다. Arby's의 10대 직원들은 아마도 에어컨과 멋진 조명, 훌륭한 설비들을 완비한, 개점이 용이한 점포의 일원으로서 일하게 되는 데에 매우 감동한다. 더구나 정형화된 음식 주문과 단순화된 조리 기술, 잔돈 거슬러주기 등 직원에게 요구되는 기술은 최소화되고 있다. 가장 중요한 것은 고객과의 만남과 동료간의 근무를 통한 즐거움이다. 직원의 동기부여는 고객의 요구를 적절히 해결하도록 권한을 부여해 주는 데서 오기 때문에 감독 기능은 최소화된다.

　　디너하우스에서 보다 복잡한 관계와 요구되는 기술을 고려해 보자. 영업장은 주로 식탁과 구획된 공간^{booth}으로 구분된다. 각 부스는 나름의 분리된 환경을 조성해주며, 구역을 보호해 준다. 부스의 칸막이는 어떤 방해요소들을 막고 다른 고객과의 사회적 거리^{social distance}를 제공해주며, 부스 내에 있는 동안 사회적 교류를 용이하게 한다. 부스는 사회적·심리적 안정감을 제공해 줄 뿐만 아니라, 그룹 상호관계를 돈독하게 해준다. 부스의 인테리어는 친밀감을 가질 수 있도록 디자인되고 더 편안한 공간이 되도록 제작된다.

　　서버들은 부스의 앞쪽에 서서 착석한 고객들의 관심이 무엇인지 주목하고 고객 개개인 보다는 그룹의 개념에서 그들과 상호작용을 하게 된다. 부스 내의 모든 사람들은 고객 각자가 주문한 내용을 포함하여 일행들이 말하는 것을 듣는다. 그러므로 서버는 질문에 대답을 되풀이할 필요는 없으며 그룹으로서 개인적인 교감^{rapport}을 갖고 질문에 대한 대답이나 메뉴의 설명, 권유 등을 할 수 있다.

　　혼자서 레스토랑을 방문하는 개인 고객은 커플이나 단체와 비교되는 아웃사이더와 같은 기분을 느낀다. 개방된 식탁에 앉았을 때 더욱 소외되고 불편한 감정마저 느낄 것이다. 더구나 영접담당 여직원이나 주임 웨이터$^{maitre\ d'}$는 혼자 온 고객에게 부스 좌석을 배정하는 것을 주저하게 된다. 하지만 고객이 매우 부끄러워하거나 불편해 한다면 그 고객에게 부스를 제공하라. 한 연구에서는 신속하고 친근한 서비스를 통해 고객을 편안하게 해줌으로서 1인 고객이 감동했다고 보고되었다. 연구에서는 1인 고객이 테이블에 동석하거나 1인용 특별구역에서 식사하기를 원하지 않았다. 남성들은 더 세심한 관심을 보여주는 것을 더 좋아하는 반면에 일부 여성들은 부가적인 서비스가 오히려 방해가 된다고 생각하는 경향이 있다. 하지만 와인 서비스는 좋아하며, 여성들이 남성보다는 혼자서 식사하기를 더 좋아한다고 보고되었다. 서버에게는 개방형 좌석에 착석한 고객들에게서 더 많은 문제가 야기될 수 있다. 주요 불만은 옆 좌석의 소음, 불쾌감, 음식제공시간, 그리고 방어행동들이다.[1]

연회 고객은 유사한 양상의 고객 행동을 보이는 경향이 있다. 대부분은 단지 편하게 또는 정중히 자신이 아는 사람 옆 좌석에 앉고자 한다. 때로는 그것이 냉랭한 분위기를 깨는 적극적이고 자신감 넘치는 사람으로 비춰지기도 한다.

디너하우스에서는 안정감을 주고 사회적 거리를 좁혀주는 낮은 조도를 선호한다. 신속한 식사와 활동을 원하는 고객의 요구에 부응해야 하는 패스트푸드점과 커피점은 조명이 밝다. 사람들은 어두운 실내에서 더 친근하게 대화하고 식사하는 경향이 있는데, 그들은 레스토랑의 방문과 출입 또는 동선 등으로 분위기가 산만해지는 것보다는 그들만의 정찬에 초점을 맞추고 있기 때문이다.

서비스 접점

많은 서버들은 서비스 접점$^{service\ encounter}$상황에서의 연기자로 훈련되고 있다. 디너하우스 특히, 라운지가 무대가 된다. 매일 점심과 저녁 2차례에 걸쳐 동일한 작품으로 공연된다. 서버나 고객 모두가 연극의 배우가 된다. 둘다 뻔히 아는 드라마에 관여한다. 고객에 대한 보상은 따뜻함, 친근감, 그리고 자부심 고취이며, 직원에 대한 보상은 많은 팁과 연기의 흥분감이다.

어떤 직원들에게는 공연이 곧 일이며, 그들은 그 일을 연기하고 또 사랑하며,

또한 고객들을 "사랑"한다. 고객들은 무대에서 표현되는 직원의 열정^{love affair}과 동일한 감정을 전달한다. 서버의 변함없는 미소와 관심을 통해 고객의 모든 말과 동작, 발산되는 호의, 만족 욕구가 좌우된다. 식사가 종료되고, 공연이 끝나고, 고객이 떠나면 서버는 다음 무대를 준비하게 된다. 다음날 아침 고객과 서버가 슈퍼마켓에서 마주치더라도 그들은 서로를 거의 모를 지도 모른다.

디너하우스에서 주류가 제공되면 고객은 어색함을 풀고, 지각이 흐려지며, 불안과 적개심이 감소되는 경험을 하게 될 것이다. 목청이 높아지고, 억제된 욕구가 드러나며, 대화는 활기를 띠며, 자기방어력은 낮아지고, 농담으로 즐거운 분위기가 될 것이다. 이는 레스토랑 경영자와 매니저, 서버들에게 책임 있는 음주류 서비스의 인식과 실행의 필요성을 증가시킨다.

혼자 식사하러온 여행자는 불편하다. 특히 커플과 단체고객들이 유쾌하게 즐기는 디너하우스는 더욱 그러하다. 소외감을 느끼거나 남을 의식하는 사람들은 음식 가격에 민감하고, 다른 사람이 먹는 것에 흥미를 느끼게 되었을 때 여유가 된다면 평소 보다 다소 비싼 음식을 주문할 수도 있다. 여행객은 신속한 서비스와 신속한 식사와 함께 가능한 한 신속히 좌석을 떠나고자 한다.

단체 중에 어떤 사람은 친구와 만나 들뜬 나머지 완전히 다른 성격으로 변하기도 한다. 고객과 직원의 사이가 아니라 새로운 친구처럼 대하는 것이다. 연회장 세팅시 대규모이거나 비교적 낯선 사람들로 구성된 모임이라면 서버들은 존재감이 무시될 것이다. 비록 가까이 있어도 고객들은 제 3의 인물로 간주하고 대화의 목소리가 커질 수도 있다. 이러한 대우는 누구도 좋아하지 않는다. 서버들은 때때로 자신감의 결여, 과도한 존중, 지나친 열심으로 비춰지는 취급을 받게 된다. 적어도 어떤 국민들은 본능적으로 서비스 직원을 열등하게 취급하고

Tip

Four Seasons 레스토랑의 공동 경영주인 Alex von Bidder는 그들의 고객수가 감소할 때 때때로 사적인 전화로 가장 가까운 고객에게 전화를 한다. 그의 의도는 고객들에게 관심을 갖고 있다는 것을 보여주고 고객 복지에 대해 연구하고자함이다. 이 친회는 그득이 경험하게 될 어떤 서비스 실패에 대해 토론할 기회를 제공한다. von Bidder는 전화를 통해서 사적인 서비스 활동을 하며 관련 깅모도 수집한다.

자료: Beth G. Chung and K. Douglas Hoffman, "Critical Incidents: Service Failures That Matter Most," Cornell University School of Hotel Administration Online, www.hotelschool.cornell.edu, June 27, 2006.

심지어는 굴욕감을 주기도 한다. 이러한 국가의 방문자들은 서비스 직원 중에 특히 대학생들이 많아서 놀라게 되는데, 대부분 서버의 재정적 교육적 수준이 고객보다 더 높은 경우가 많다.

게임을 유리하게 이끄는 능력

고객 자극요소$^{snob\ appeal}$를 가진 레스토랑에서는 고객과 서버가 하나는 얻고 하나는 포기하는 일종의 작은 게임을 하게 된다. 이러한 레스토랑을 방문하는데 익숙하지 않은 고객들은 주임 웨이터나 캡틴, 서버의 무관심으로 인해 제공된 서비스보다는 두려움 때문에 황급히 지나친 팁을 주기도 한다. 많은 서버들은 고객과 직원간의 관계를 신경전이라고 생각한다. 게임의 상대^{opponent}는 고객이며, 게임의 목표는 가능한 많은 팁을 받아내는 것이다. 매일 저녁 종료시에 가장 많은 팁을 받은 직원이 호명된다. "Ashley 250달러!", "Jordan은 145달러!". 만약 서버들끼리 서로 경쟁하여 가장 많은 팁을 획득한 사람에게 시상이 된다면, 2차 경쟁상대인 레스토랑 고객과의 게임은 변질되기 쉽다. 때때로 레스토랑이 식사보다는 서버를 위해 설계된 것처럼 비춰지기도 한다. 확실히 하루 저녁에 200달러 이상 팁을 획득하게 되면 그 서버는 스타가 된다. 물론 힘든 일을 하면서도 보상은 상대적으로 적은 주방 직원이나 버서^{buser}들과는 서로 어울리기가 어렵긴 하지만 말이다.

레스토랑의 모든 직원들에게 조화로운 한 방법은 팁을 모두 모아서 전 직원에게 분배하는 것이다. 관례적으로 버서들의 분배비율은 서버들이 결정한다. 대개 주방 직원들은 제외된다. 유럽이나 중동지역에서는 정해진 비율을 기준으로 모두에게 분배된다. 이것을 TRONC$^{trunk\ or\ box}$ 시스템이라 한다. 노조규정에는 일반적으로 팁의 공동분배를 금지하고 있다.

영접직원

영접직원^{greeter}은 레스토랑에서 고객을 만나는 첫 직원이자 마지막 직원이다. 따라서 자연적으로 그들이 보여주는 인상은 중요하다. 미소, 용모단정, 친절의

유능한 서버가 되려면

레스토랑 경영주가 요구하는 훌륭한 서버가 갖추어야 할 5가지 태도

1. 개인적 특성

서비스의 기술적 측면을 명확히 알아야 하지만, 고객은 서버에 대해 태도와 개성을 보다 강조한다.

2. 조직지향성

서버는 팀 활동의 참여에 적극적이어야 한다. 자신의 담당구역이든 아니든 고객만족을 위해 노력해야 한다.

3. 상품의 기술적 지식

서버들은 음식과 와인에 대해 철저한 지식을 함양하고 있어야 한다. 고객의 식탁 옆에서 자신감 있는 태도를 보여야 한다.

4. 고객 요구의 예측 능력

어떤 고객은 특별한 주의를 요한다. 다른 고객은 그들의 대화가 서버에 의해 방해받는 것을 원치 않는다.

5. 더 좋은 서비스 관점에 대한 지식

특성을 가진 직원은 레스토랑의 자산이다. 하지만 그 직책은 더 많은 것을 요구한다. 레스토랑을 아는 영접담당이라면 좀더 깔끔하게 단장하고 특별하든 일반적이든 다양한 고객들의 질문에 대응할 수 있어야 한다. 영접담당의 주요 직무는 레스토랑을 대표하여 고객을 친절하게 영접하고 좌석의 착석을 돕는 것이다. 또한 라운지나 대기석에 있는 고객들에게 공손하게 기다려달라고 요청하기도 한다. 훌륭한 영접은 기술이므로 연습을 통해 숙련시켜야 한다. 이 직무의 다른 중요한 부분은 서버나 주방에 무리를 주지 않고 고객을 좌석으로 안내하는 방법을 체득하는 것이다. 이는 경험에서 나온다.

영접직원은 고객들이 예약을 하고 방문을 하든 called in 예약 없이 방문을 하든 walk-ins 예약확인서를 소지해야 한다. 예약확인서는 여러 칼럼으로 되어 있는데, 각 칼럼은 한 테이블 크기를 나타낸다. 레스토랑 업계에서는 이를 탑 top 이라고 하는데, 2-탑 또는 듀스 deuces 에 1칼럼, 4-탑에 1칼럼, 6-탑에 1칼럼, 그리고 더 큰 파티에 1칼럼을 할애한다. 무임명은 각각의 테이블 크기 하단에 기록된다. 레스토랑은 그들의 좌석회전 시간을 측정한다. 예를 들어, 듀스의 회전시간은 4-탑이나 6-탑 보다 짧을 것이다. 일반적으로 풀서비스 레스토랑은 듀스에 1시간반, 4-탑에 2시간, 6-탑에 2시간반을 허용한다.

❊ ·Tip

고객들은 전화로 예약하는 순간부터 그들이 레스토랑의 문을 밀고 나가는 순간까지, 그들은 단순한 방문이 아니라 고객서비스 상황으로 레스토랑을 판단한다. 더 중요한 고객서비스는 그 이후에도 제공해 주는 것이다.

고객들이 싫어하는 행동인 직원을 크게 부르는 행위를 방지하기 위해서 고객들에게 그들의 좌석이 준비되었음을 알려주는 무선호출기를 제공한다. 영접담당은 서버로부터 신호를 전달받아서 좌석이 준비되었음을 알게 된다. 만약 대기 고객이 좌석을 지정받아 착석한 후, 바의 계산서^{bar tab}를 확인하고 바로 지불해야 하는 불편을 덜어주기 위해 서버에게 계산서를 건네주는 방법이 선호된다. 라운지나 대기석으로 제공된 음료는 영접담당 여직원이 영업장으로 옮겨주어야 한다. 이때 각 고객의 음료를 정확히 옮겨놓기 위해서는 누가 어떤 음료를 마셨는지 기억해두는 것이 중요하다.

테이블에 도착하면 호스트는 창가의 가장 좋은 좌석 의자를 당겨줄 것이다. 이 좌석은 대개 파티에서 가장 나이 많은 여성분 차지가 된다. 이어서 동반자들이 착석하게 되고 메뉴가 전달된다.

일련의 레스토랑들은 성공하든 실패하든 상황에 적절한 서비스 표준을 갖추고 있다. 다음은 표준화된 서비스 11 단계이다.

1. 고객을 1분 내에 영접하라.
2. 주문요청시 넌지시 음료를 권유 판매하라.
3. 4분 내에 음료를 제공하라.
4. 특별 메뉴를 먼저 설명하고 그 다음에 다른 메뉴를 제시하라.
5. 6분 내에 전채와 수프, 샐러드를 제공하라.
6. 15분 내에 앙트레(주 메뉴)를 제공하라.
7. 모든 사항을 2분 내에 완벽하게 점검하라.
8. 디저트 주문을 받아라.
9. 4분 내에 디저트를 제공하라.
10. 모든 사항을 한번더 완벽하게 점검하라.
11. 재방문을 권유하고, 2분 내에 계산서를 제공하라.

경험이 많은 서버들은 고객을 간파하는 방법을 익히고 그에 따른 상황대처를 한다. 어떤 고객들은 서두르고, 어떤 고객들은 주문방법을 도와줄 것을 원한다. 훌륭한 서비스는 섬세하고 차분한 서비스를 의미한다. 예를 들어, 서버가 팔에 한가득 접시를 들고서는 다른 식탁에서 어떤 주문을 요청하더라도 달려갈 필요는 없다.

이와 같은 표준들은 서버들이 목표로 하거나 달성하고자 하는 것을 제시한다. 그렇지 않으면 서비스가 고객 기대 이하가 되기 때문이다.

개인사업자로서의 서버

개인사업자로 설정하기란 쉬운 일이다. 개인사업자란 개인이 자신의 일을 행하는 것으로서, 서버는 무료로 빌린 사업장에서 개인사업을 운영하는 것과 같다. 익명을 요구한 한 인사관리 이사는 서버들을 "용병 soldiers of fortune"이라 칭한다. 어떤 상황은 협동보다 경쟁이 조성될 수 있다. 빠른 진행이 요구되는 다이닝 레스토랑의 팀워크 상황이라면 조화와 호의, 신뢰로 근무할 것이 요구된다. 6명의 파티고객에게는 1명이 서비스하는 것보다는 2명이 서비스하는 것이 더 용이하고 더 빠르고 또 더 즐겁다. 대체로 서버는 4장을 초과하는 접시를 운반하기는 어렵다. 6명의 고객을 처리하려면 2차례 주방을 들러야 한다. 결국 나중에 제공되는 2인분의 식사는 식을 수도 있다. 6명 또는 8명의 고객은 대개 같은 코스의 식사를 하게 된다. 만약 샐러드가 모두 도착할 때까지 기다려야 한다면, 결국은 메인 요리와 디저트도 기다려야 되고, 이러한 지연은 골칫거리가 된다.

음식서비스 팀

다이닝 레스토랑의 서비스 소식에는 다양한 형태가 존재한다. 서버와 버서의 조합은 가장 일반적인 형태이다. 어떤 레스토랑은 한 팀에 2명의 서버도 구성되고, 적어도 한 팀은 객석 밖이 아닌 객석 내에서 대부분의 시간을 고객과 소통하며 직무를 수행한다.

○ Philadelphia의 LaBec Fin의 음식서비스는 추억이 될 만한 경험을 제공한다. 이곳 서버들은 고객에게 제공된 접시의 덮개를 들어 올리는 이벤트를 보여준다.

  팀 시스템은 직무가 테이블 정리와 세팅에 국한되는 일반적인 서버와 버서의 관계와는 구별된다. 다른 상황에서 전담 서빙 직원은 한 팀으로 수행한다. 누군가가 주방으로 주문서를 전달하면, 다른 직원은 테이블에서 접시에 불을 붙이거나 다른 임무를 수행한다. 그 서버는 비록 자신의 담당구역이 아니더라도 협력을 하게 된다. "항상 손에 무언가를 들고 다니면서, 무슨 일이든지 수행하라$^{Full Hands In, Full Hands Out}$"는 슬로건은 전 직원이 각자 다른 사람을 도와줘야함을 의미한다.

  팀 시스템은 큰 이점이 있다. 더운 음식은 뜨겁게 제공해야 한다. 카운터에

Tip

돌아온 말성꾸러기들

레스토랑의 저녁 모임에서 일어난 일이다. 모든 고객들의 주문이 끝난 상태에서 한 고객이 전채를 메인 요리와 함께 달라고 요구했다. "특별 주문을 받을 수 없다"고 서버가 정중히 거절했다. 그 고객은 "왜 안돼요?"라고 물었고, 서버는 "주방장이 내게 화를 낸다."고 답했다. "당신의 요구를 들어주게 되면 다음에도 또 요구할 것이기 때문에, 그들은 단 한 번도 그런 요구를 받아준 적이 없다."

자료: Jennifer Waters, "Eye on Service," Restaurants and Institutions 108, no. 28(1 Desember 1988): 46.

가장 가까이 있는 직원이 음식을 들고 서빙을 하게 된다. 주문을 하면 계산서가 첨부되며, 계산서에는 테이블 번호가 기재되어 있다. 각 테이블의 의자들은 시계방향으로 번호가 지정되어 있고 지정된 기준점에 가장 가까운 좌석부터 서빙은 시작된다.

또한 옆 테이블 고객이 레스토랑을 떠나고자 할 때, 문밖으로 나갈 때까지 고객들을 유의해서 보아야하기 때문에 두 서버의 담당구역은 팀워크로 조장되어 테이블을 교대로 관리하게 된다.

▌강매와 부드러운 판매

레스토랑 논문과 교육 프로그램은 서비스 직무의 한 부분으로서 서비스 직원에게 한 목소리로 판촉 및 판매를 권장한다. 그 이유는 그 직무가 정확히 수행될 때 매출과 팁이 증가되고 고객은 만족된 식사 경험을 갖게 되기 때문이다. 서버들과의 토론으로 그 이론은 확인되는데, 여기에도 어떤 기술이 요구된다. 확실히 몇몇 단골들은 특별한 식사에 소요되는 시간에 대해서 확고한 생각을 갖고 있는데, 그런 고객들은 "어떤 칵테일을 좋아하세요?", "디저트는 드시겠습니까?", "식후주를 드시겠어요?"와 같은 권유판매hard sell를 불쾌하게 여길 것이다. 고객들은 중압감을 갖고 때때로 그렇게 말하기도 한다. 특히 서버의 권유가 강매hard sell라면, 그가 예상했던 금액보다 더 많이 지불될 때, 다음번에는 그 레스토랑을 방문하지 않을 것이다.

고객의 부류에 따라 하드든 소프트든 가장 좋은 판매방법을 결정한다. 저자세의 풀서비스는 예상된 대로 진행될 것이다. 신분상승을 원하는 일부 고객들은 권유판매를 환영하고, 특별히 자유분방한 부류로 구분되어 의도적으로 계산이 더 많이 나오게도 한다. "우리의 기념식은 어떤 상품으로도 충족되지 않는다."또는 기업고객이나 예상 거래처이다. 회사 공금으로 지출되는 필요경비는 최상의 상품을 주문하는 것이 타당하다.

서버들은 특히 업무 중에 취득한 팁의 정도를 가지고 다른 서버들과 경쟁한다. 어떤 서버들은 다른 서버들보다 50% 또는 100% 까지도 더 벌어들이기도 한다. 팁의 수수는 정찬을 잘 주도한 것으로 인식되어 왔고, 서버가 정찬시 권유

판매를 많이 하여 요금과 팁 비율이 증가된 것으로 판단한다. 팁과 계산서는 함께 움직인다. 경영진은 대개 "고객이 망설일 때, 판촉하라."라는 사고를 주입시킨다.

판매를 떠나서, 서비스는 쇼맨십, 와인서비스의 의례화, 정찬 중인 고객의 대화에 집중, 세심한 주의력, 물잔 다시 채우기, 재떨이 청소, 얼룩진 실버기물의 대체 등 일련의 다른 요소들과 실행들을 포함한다. 서버는 정찬 중인 고객의 행동을 통제하려고 시도한다. 그것을 조작^{manipulation}이라고 하는데, 태도에 영향을 주고, 친구로 만들고, 교감을 유지하며, 당신이 무엇을 하든지 어떻든 판매 중에 일어나는 일들이다. 바람직한 서버는 기술과 자신감을 보여준다. 대부분의 상황에서, 지치고 소극적인 서버는 고객들로 하여금 동정심을 유발하기도 하지만, 이해심을 자극하거나 불편을 끼치기도 한다. 많은 고객은 조르고, 친근한 척하고, 사탕발림하고, 심지어는 비위맞추기까지도 요구한다. 다른 고객들은 그러한 유형의 행동에 화를 낼 수도 있다.

고객 서비스의 7계명

1. *사실을 말하라.* 고객 서비스와 관련해서는 정직이 최선의 정책이다.
2. *규칙을 준수하라.* 어떤 규칙이 왜 가장 앞서 있는지를 학습하라. 우선 규칙의 이유와 경계를 알고, 그 규칙이 고객 서비스시스템 수행에 효과적인 방법이라면, 즉시 실행하고 준수하라.
3. *적극적이고 의욕적으로 경청하라.* 고객은 당신이 알고자하는 모든 것에 대해 대답할 준비와 의도를 갖고 있다.
4. *종이와 펜을 비치하라.* 대화 뒤의 편지와 이메일은 사실과 세부사항을 확인하고 또는 간단히 고맙다고 전하는 훌륭한 방법이 될 수 있다.
5. *진실의 순간에 정통하라.* 광고를 통해 어떤 약속을 했는지, 전화벨이 몇 번 울리기 전에 전화를 받아야 하는지, 주차장에는 몇 대의 차량을 더 주차할 수 있는지 등의 세부사항에 주의한다면 고객은 알고 참작할 것이다.
6. *환상적 연출자가 되라.* 효과적인 고객 서비스회복 과정에는 문제에 대한 사과와 경청, 공감, 신속하고 공정한 해결, 보상처리, 약속 준수, 사후처리 등이 있다.
7. *진심이 담긴 감사의 말의 가치를 과소평가하지 마라.* 단골고객과 우연

한 방문고객의 방문을 당연하다고 생각하는 것은 잘못되었다. 고객은 서비스나 상품을 필요로 할 때마다 선택권을 가지고 있다. 당신의 영업장을 선택해준 사실에 감사하라.[3]

격식 또는 비격식

고객과 직원 관계를 어떻게 격식의 틀에 묶을 수 있는가? 그 격식은 서버가 보아온 것인가 아니면 들어본 적도 없는 것인가? 고객은 격식을 원하는가 아니면 격식이 없는 것을 원하는가?

그 대답은 서비스 전달 경험에 따라 다양하게 나타난다. 어떤 레스토랑은 격식 없이도 번성하고 있다. 그 서버들은 테니스화에 청바지를 입고 나타나서 말한다. "안녕! 나는 오늘 저녁 당신의 서버인 밥입니다. 내가 즐거운 식사를 제공해 줄테니 어떤 일이든 저를 찾아주세요."

격식을 차린 다른 점포에서는 서버가 제한된 대화를 사용하는데, "안녕하세요, 사모님. 좋은 저녁입니다. 선생님", "부인, 저는 부인이 즐거운 식사가 되길 원합니다." 등등.

일반적인 원칙은 모든 레스토랑에 적용된다.

- 레스토랑은 본질적으로 서비스 지향적이다. 전 직원은 최상의 서비스를 제공하기 위한 지속적인 도전을 받아들여야 한다. 고객불만은 항상 직면한다. 이는 물질 없이도 가치가 수락된다는 사실이 증명될 때까지 서비스는 진행된다.
- 고객 관점은 직원이나 매니저의 관점과는 차이가 있다. 대부분은 불만을 이야기하지 않는다. 고객이 불만을 토로할 때, 오히려 홍보의 기회가 된다. 음식은 다른 사람과 같은 것으로 다시 대체되거나 새로운 것으로 교체된다. 와인 1병이 무료로 제공되거나 우아한 편지가 곁들여진 식후주가 제공된다.
- 왜 잘못되었는지 굳이 설명하려고 하지마라. 고객은 변명에는 관심이 없다.

- 레스토랑의 일반적인 분위기는 친밀해지는 것이다. 따스한 미소는 어디서나 필요하다.
- 팀워크는 항상 유용하다.
- 생일케이크나 식사시 폴라로이드 촬영 같은 작은 이벤트도 항상 유용하다.

뉴욕 Waldorf Hotel의 유명한 호텔맨 Oscar는 자신을 무대 매니저로 간주하고 자주 식탁에 접근하여 음식을 검사하고, 잘못이 없을지라도 가벼운 손질이나 먼지제거, 교체 등을 지시한다. 그는 월도프Waldorf의 Oscar로 널리 알려져 있으며, 조리사가 아님에도 불구하고 방대한 요리책을 발간했다. 또한 그는 Eggs Benedict, Veal Oscar, Waldorf 샐러드 메뉴의 개발자로 잘 알려졌으며, 싸우전 아일랜드 드레싱을 유행시키는데 큰 기여를 했다.[2] 웨이터들은 그를 롤모델로 삼았다. 수신호hand signal로 웨이터의 업무를 전달한다. 그의 태도는 고객만족에 대한 진심어린 관심을 표현했다. 그는 모든 고객에게 매우 정중하고, 매우 격식 있으며 고객맞춤형으로 실행하였다. 훌륭한 고객 서비스의 결과물은 고객충성도Customer loyalty로 나타난다.

테이블 세팅

테이블 세팅은 고객을 즐겁게 초대하는 것이다. 고객들은 물기의 흔적, 지문, 음식조각 등이 없는지 식기와 접시들의 청결상태를 주의 깊게 살펴본다. 식기세척기에서 나온 즉시 마른 천으로 물기를 제거한다. 중계파트로부터 식기를 전달받는 연결 스텝이나 서버들은 지문을 제거해야 한다는 사실을 기억해야 한다.

유능한 웨이터maitre d'는 유리기물 점검시 눈높이에 맞추어서 그의 무릎을 구부리고, 거리를 두고 얼룩을 확인한다. 식기와 같이 모든 유리기물에도 물기얼룩과 지문이 없어야 한다. 행굼물이 깨끗하지 못하면 얼룩이 발생한다. 행굼물에 함유되어 있는 화학성분이 유리제품에 라인을 형성할 수 있다. 이는 식기세척제의 잘못된 혼합으로 선과 물자국 없도록 물이 컵을 씻어내는 작용이 부족하기 때문에 나타난다.

테이블 세팅이 완전할 때 눈이 즐거워진다. 이는 모든 것이 균형잡힌 결과로 성취되는 것이다. 모든 기물은 청결해야 하고 지문자국이 없어야 한다.

○ Charlie Trotter's의
테이블 세팅은 눈을
즐겁게 한다.

Tip

선택을 보다 적게

메뉴를 축소하라. 사람들은 종종 서비스가 주문을 결정하는데 소요되는 시간과 관련이 있다는 사실을 잊는다. 선택할 것이 많으면 시간 소모도 상당하다.

자료: Junnifer Waters, "Hurry, Please," Restaurant and Institutions 108, no.11(1 May 1998): 119.

주문받기

만약 고객이 무엇을 주문할 것인가 정하지 않았다면, 서버는 자신을 소개하고 먼저 음료를 권하게 된다. 고객에게 직절한 2~3종의 음료 설명으로 진행된다. 국제회의 참가 고객들에게는 바텐더가 마티니에 정통하다면 특선 마디니료 아니면 와인을 선택하게 할 것이다. 중요한 점은 고객에게 단순히 "예"나 "아니요"라고 유도하기보다는 고객이 다양하게 상품을 선택하도록 해야 한다. 처음 대면하는 고객에게 서버는 오늘의 특별요리를 설명하고, 고객이 식사주문을 결정하는 동안 음료준비를 위해 테이블에서 떠난다.

식사주문은 나이 많은 여성 고객의 주문을 먼저 받고 이어서 다른 여성의 순서로 주문을 받는다. 서버는 고객들이 다른 사람들에게 방해가 될 정도로 큰 소리로 주문하지 않도록 예의바르게 그 상황을 통제해야 한다. 이어서 연배의 남성고객의 주문 순서로 이어진다. 서버 팀원은 보통 입구 좌석부터 좌석 번호 순으로 주문을 받는다. 이는 주문한 사람 앞에 정확하게 각 접시가 놓여지도록 하기 위함이다. 어떤 레스토랑은 시계방향 시스템을 사용한다.

레스토랑은 일반적으로 부요리side food는 어떻게 제공되고 접시정리는 어떤 식으로 한다는 규칙이 있다. 음료는 접시의 오른편으로 제공되고 오른편으로 빼낸다. 어떤 레스토랑은 고객마다 식사가 마무리되는 즉시 그때그때 정리하고, 다른 레스토랑은 모두가 식사를 마칠 때까지 기다리기도 한다. 선택되는 방식은 선호의 차이이며, 근무조의 업무량에 따라 또는 얼마나 신속하게 식탁정리를 해야 하는가에 달려있다.

마법의 화술

커피숍 서버가 "내일 또 뵙기를 원합니다."라고 고객 배웅시 전하는 인사에서 잊을 수 없는 인상을 남긴다. Suso Restaurant에서 서버가 사용하는 다음의 어구를 추천한다.

- 다시 찾아주어서 환영합니다.
- 당신이 찾아 주셔서 기쁩니다.
- 다시 만나게 되어 기쁩니다.
- 당신이 좋아했으면 좋겠습니다.
- 당신이 즐거웠으면 좋겠습니다.
- 접시를 가져가도 괜찮을까요?
- 오늘 저녁이 어떠셨습니까?
- 기다리게 해서 죄송합니다.

■ 실례합니다. 오른쪽으로 놓겠습니다.
■ 편안한 귀가길 되십시오.

마법의 화술과는 다르게 다음 10가지 서버의 제안은 레스토랑 컨셉의 특성과 형태에 따라서 철저히 이행되어야 한다.

1. 미소를 지으며 1분 내에 당신을 소개하라.
2. 눈높이를 낮추고 상대방의 눈을 응시하라.
3. 고객을 환영하고, 레스토랑과 특별 음료에 관한 내용을 설명하라.
4. 고객이 궁금해 하는 요리에 대해 설명해주어라.
5. 와인의 선택을 돕고 제안하라.
6. 레스토랑의 업태를 준수하라. 주요리 서빙시 "중요" 인물^{anchor person}에게 우선적으로 제공하고, 이어서 모든 서빙은 나이 많은 여성 고객부터 시작하라. 또는 요리의 내용에 따라 누가 무엇을 드시는가 직접 묻는 방법^{auction method}을 사용하라. 캐주얼 레스토랑은 이런 방법을 선호하고, 격식을 차린 레스토랑은 중요인물 우선제공방법을 사용한다.

New York시의 21 Club에서는 보조 테이블을 이용한 서비스^{table-side service}를 통해 고객의 정찬 경험을 북돋아 주고 있다.
21 Club 제공

7. 고객이 언제 무엇을 요구하는지 알 수 없기 때문에 테이블에서 시선을 떼지 않는다.

8. 고객이 접시를 치워주기를 원할 때 치워라. 대화를 방해하지 말고 누군가가 접근하지도 못하도록 하라.

9. 넌지시 디저트와 식후 음료를 제안하라.

10. 계산서 뒷면에 감사의 글을 남겨라. 계산서를 기재하고, 행복한 표정을 지으며, 팁 바구니를 내밀어라.

다음은 고객불만에 응대하는 추천된 답변이다.

사과드립니다.

이러한 사실을 알려주셔서 감사합니다.

당신의 입장이라면 저도 같은 기분이었을 겁니다.

당신은 확실히 인내심이 강하시군요. 이런 귀한 말씀을 해주시기 위해 시간을 할애해 주셔서 감사드립니다.

답변은 간략하고 진솔하게 하라. 비록 당신이 개인적으로 책임이 없다고 하더라도 그 문제에 관한 한 당신이 책임자이다.

만약 고객이 잘못되었다고 지적하면 이를 받아들여라. 고객 자신이 바보스럽다고 느끼지 않도록 하라. 요령은 다음과 같다. "다음번에 고객께서 미디엄으로 구운 쇠고기를 드시고 싶다면, 우리에게 굽는 정도를 정확히 알려주십시오."

레스토랑의 총지배인은 다음과 같은 틀로서 고객관계를 정립하고 있다. "고객 각자에게 당신의 아주 작은 부분이라도 제공할 용의가 없다면, 당신은 환대산업에 종사할 이유가 없다."

서버의 관점

서버들로 하여금 레스토랑 고객에 관한 이야기를 하도록 하면 아마도 호기심 가는 정보가 드러날 것이다.

나를 가장 힘들게 하는 것은 고객이 음식을 거의 다 먹고 조각만 조금 남기고는 먹을 수 없다고 불만을 제기하는 것이다. 때때로 그들은 샌드위치는 돌려보내고 빵 한 조각만 남게 될 것이다! 다른 고객은 치킨수프에 담긴 국수 가락을 셀 수 있을 정도밖에 남겨두지 않은 상태에서, 고객들은 전부를 먹어도 양이 충분히 흡족하지 않다고, 우리가 표준국^{Bureau of Standards}의 규정을 위반한 것처럼 불평한다.

노년층이 가장 무례하다. 그들은 웨이터를 인간답게 취급하지 않는다. 그들은 레스토랑 음식이 어떨 것이라고 상상하고 확실히 기대하지만, 만족스럽지 못할 때는 화를 내며 비난한다. 그들 역시 당신을 저능아로 취급할 것이다. "물 가져와!" 또는 "화장실은 어디야?" 등과 같이 말하며, 결코 "제발", "고맙다."라는 말을 사용하지 않는다. 다음으로 나쁜 경우는, 어린 아이를 데리고 온 가족이다. 그들은 최상의 서비스를 요구하며, 매우 부산스럽고, 팁에는 가장 인색하다.

나의 가장 큰 불만은 "웃어."라고 말하는 사람이다. 한 여자 서버는 웃으라고 말한 고객에게 "화를 냈다"고 말했다. 그녀는 "웃고 계시군요 손님. 지금 8시간째 웃고 계시군요. 이 바보같은 자식아!"라고 대응했다.[3]

어떤 서버들은 대형 연회에서 식사후 계산서를 제시하면 각자 계산할 수 있도록 해달라고 요구하는 고객이 있다고 불평한다. 다른 어려움은 단체고객에게 커피를 원하느냐고 물었을 때, 단지 한 사람만이 예스라고 대답하는 경우이다. 이 경우는 늦어지더라도 남은 고객에게 일일이 무슨 음료를 원하는지 확인해야 한다.

한 서버는 말한다. "나의 주의를 끌려고 손가락을 까딱거리는 것이 싫어."

서버가 보이지 않는 것처럼, 또는 보조원처럼, 사람이 없는 것처럼 취급하는 고객이 있다. 어떤 고객은 어떻게 해서든 흠을 잡으려 한다. 만약 서버가 매력적이라면 단체의 여성들이 서로 다투게 될 것이다.

한 레스토랑 사장은 불평한다. "한 무리가 들어왔을 때, 그들은 자신이 가장 높은 의자에 앉으려고 한다. '나를 먼저 봐주고, 나에게 우선적으로 신경을 쓰고, 나에게 먼저 음식을 주고, 나를 이 세상에서 가장 중요한 사람으로 만들어 달라.'는 듯이, 그들의 태도는 마치 떼쓰는 어린애와 같았다."

서버 얼굴의 끊임없는 미소를 보면서 다음처럼 말하는 편안한 고객도 있다.

"당신이 그렇게 웃고 있을 필요는 없다. 나는 당신이 감정이 있다는 것을 안다, 바비인형처럼 행동할 필요는 없어."라는 말에 서버는 "나는 소심한 사람보다는 취객을 다루는 편이 더 나아요. 그들을 다루기가 더 쉬워요."라고 반박한다.

까다로운 고객

다른 고객이나 서버 또는 매니저에게 개인적으로 그의 남성스러움이나 무례한 언행을 하는 까다로운 고객과 상대하기도 한다. 하루종일 영업이 진행되기 때문에 그런 고객을 더 자주 접하게 되는 대형 커피숍 체인은, "물리력의 억제 hands-in-the-pocket" 정책을 고수한다. 이 정책은 고객이 아무리 불쾌하게 만들더라도 매니저가 그 상황에 대처할 때에는 결코 물리적인 대응은 고려하지 않아야 한다는 것이다.

고객불만의 대부분은 직원이 처리해야 한다. 직원들은 문제를 올바른 방법으로 즉각적으로 해결하도록 훈련받아야 한다. 아주 순진하게 "무엇을 도와드릴까요?"라고 접근한다. 매니저가 따끈한 커피를 대접하면서 고객의 무례한 행동을 잠시 진정시키는 것이 좋다. 매니저의 체격이나 성별은 그다지 중요하지 않다. 단지 조용하게 말하고 문제를 중재하거나 해결하기 위해서 행동하는 매니저는 화난 고객을 진정시킬 수 있다.

만약 진정시키는 접근법이 실패하면, 매니저는 직원들에게 수신호 시스템을 가동할 것이다. 이는 "경찰 호출"을 의미하는데, 경찰이 오고 있음을 암시하는 것은 위급상황에서는 효과적이다. 문제 고객이 완전히 분별력을 상실했다면, 가장 좋은 처방은 나가달라고 요구하는 것이다. 제공된 음식은 모두 무료로 처리한다.

바 관리자는 과음하는 고객에 대해서는 "만약 떠나신다면 마신 술값을 제가 모두 계산할게요."라고 말하는 것이 효과적인 접근방법이라고 말한다. 그 고객이 운전을 하기에 너무 취한 상태라면 택시에 탑승시킨다. 필요하다면 택시요금을 지불할 수도 있다. 법규상 소위 제3자의 책임은 지나친 알코올 제공에 대한 과오에 대한 책임을 레스토랑이 부담할 수도 있다. 취객이 교통사고에 연루되면 레스토랑 운영자는 고소를 당할 수 있다. 어떤 경우에는 수십만불이 연루된 피해에 책임을 질 수도 있다. 당신이 다른 방법으로 문제를 해결할 수 없거나 폭행이 발생하여 문제 고객을 처리해야 한다면 경찰을 요청하라.

고객불만 해결 전략

고객의 불평을 듣기 좋아하는 레스토랑은 없다. Hobee's Franchising Corporation의 훈련담당이사 Kay McCleery에 따르면 윈-윈win-win의 결과는 다음과 같은 그들의 실행 요령을 실천함으로써 획득된다고 한다.

- 고객불만은 즉각적으로 조치하라.
- 당신을 돕는다는 사실을 고객이 알도록 하라.
- 문제를 인정하고 개선 의지를 보여줌으로써 고객을 진정시켜라.
- 문제의 대처상황에 대해 정직하게 전달하라.
- 그의 감정을 표현할 수 있도록 고객을 유도하라.
- 결코 고객을 무시하거나 고객의 잘못으로 돌리지 마라.
- 적절하고 온당한 개선을 제시하라.
- 미소로 관계를 증진시키고 다시 한 번 고객에게 감사하라.[4]

다른 전략 역시 더 나은 상황을 만들 수 있다. 비록 뒤따르는 특별한 단계가 없다고 하더라도 운영자나 스텝 구성원이 화난 고객의 감정이 누그러뜨려지도록 만들 후속 조치를 할 필요가 있다. 이러한 대응들은 고객충성도를 회복하고 영업을 정상적으로 재개하는데 중요하다.

- *외교관처럼 처리하라.* 고객의 불만이 정당한지 아닌지가 아니라, 그들이 정당하다고 느끼는 한 그들은 정당하다는 사실이 문제이다. 당신이나 당신의 직원이 행하는 초기 대응도 상황을 처리하기에 효과적인 방법은 아닐 수도 있다.
- *평상심을 잃지 말아라.* 비록 개인적으로 고객에게 공격을 받는다고 느끼더라도 당신 때문이 아니라 고객은 그 상황 때문에 화가 난다는 사실을 기억하라. 개인적인 감정은 제쳐두고 전문가답게 냉정하게 그 상황을 대처해야 한다. 이미 화가 난 고객과 언쟁을 벌이는 것은 승산이 없는 게임이다.

- *경청하라.* 고객이 화가 나게 되면, 기분을 회복시키기 위해서 화를 분출해야 한다. 그의 말을 끊지 말고 모든 내용을 경청하라. 그가 자신의 말을 듣고 있다고 느끼는 순간 그는 감정을 삭히게 될 것이다.

- *공감하라.* 가장 좋은 대응은 고객불만 상황에서 공감을 나타내주는 것이다. 공감은 다른 사람이 느끼는 것처럼 느끼는 감정이다. 당신의 목적은 고객의 감정을 확인하고, 당신이 이해한다는 사실을 그가 알도록 하는 것이다. 아무튼 문제나 불만에 어떤 변명도 하지마라.
당신은 문제의 내용과 고객의 감정을 달리 표현하면서 공감을 나타내어라. 예를 들어, "나는 고객께서 스테이크가 덜 익혀져서 화가 난 사실을 압니다. 그래서 얼마나 화가 났을까 이해합니다."라고 말할 수 있다. 사태 발생에 사과하고 고객의 기분이 레스토랑에는 중요하다는 사실을 알려주어라. 또한 당신이 그 문제를 즉시 처리할 것임을 고객에게 말해주어라.

- *목소리를 조절하라.* 목소리의 강도와 빠르기, 높낮이는 어려운 상황을 해소하는데 도움이 된다. 고객이 큰소리로 말하더라도 목소리의 강도를 결코 높이지 마라. 조용하게 말하고 천천히 말함으로써 당신이 그 문제에 실제 관여하고 있고 해결할 준비를 하고 있다는 것을 고객에게 나타내줄 것이다.

- *내용을 기록하라.* 외투를 분실했다든가 카드계산서의 실수 같은 것은 해결하기 어렵다. 당신이 할 수 있는 최대한의 자료를 수집하고 모든 것을 기록하라. 자세한 기록은 상황을 진지하게 받아들인다는 사실을 고객에게 보여주며, 정보를 기억하도록 도와준다.

- *문제에 즉시 대처하라.* 음식이 적절히 준비되지 못했든가, 유리잔이 지저분하여 테이블에 불쾌감을 준다면 즉시 치워라. 고객이 원하는 응대에 대해 확신할 수 없다면, 예를 들어, "내가 그것을 가져가고 메뉴(아니면 다른 유리잔)를 다시 가져올까요?"라고 묻는 것이 좋다.

- *고객의 주요리를 교환해야 된다면, 모임 참석자와 함께 식사할 수 있도록 그들의 음식을 따뜻하게 데워달라고 주방에 요청하라.* 음식이 대체되기를 기다리는 동안 다른 일행들이 식사를 즐기는 모습을 보면서 앉아 있게 된다면 그는 더 화가 날 것이다.[5]

청소년 그룹을 상대하는 패스트푸드 레스토랑은 용이하게 그들의 아지트가 되고 말다툼의 장소가 된다. 여기도 규칙은 정해져야 한다. 어떤 경우는 질서유지를 위해 보안요원을 고용하여야 한다. 다음은 만약의 상황을 대비한 효과적인 지침이다.

- 무리 속에 다소 문제를 일으킬 만한 소지가 있다든가 서비스가 방해되는 상황이 확인되는 즉시 경험 많은 영접직원을 고용하라. 만약 문제 고객이 레스토랑에 계속 남기를 고집하면 바로 경찰을 요청하라.
- 문제유발자가 인근 학교에 적을 두고 있다면, 호스트나 매니저는 그를 훈육하도록 학교당국과 협력하라. 예를 들어, 벽에 케첩을 뿌려대는 학생은 그것을 깨끗이 청소시키도록 요구하고, 학교당국은 그들이 레스토랑의 출입을 금지하는 규칙을 시행한다.
- 영접직원은 해당 장소에서 문제의 발단을 즉시 확인하고, 그 상황을 피하기 위해 필요한 것을 실행한다. 학생들이 햄버거 레스토랑에서 서빙 직원에게 햄버거를 던지며, 바닥과 벽에 양념을 쏟고, 그들끼리 큰 소리로 욕하며 다툰 사실을 알게 되었다. 그 문제가 감당할 수 없게 된다면, 모든 행동은 즉시 진압되어야 한다.

가족으로서의 서비스 직원

많은 매니저들은 식음료 직원들 간에 가능한 한 어떤 방법을 통해서든 가족의식을 창조할 수 있도록 한다. 그들은 1/3 또는 절반 가격으로 그들의 식사 요금을 할인해 주면서 가족의식을 고취시킨다. 직원회식은 때때로 주류와 음식의 세공으로 기원된다. 어떤 경영자들은 비번인 직원의 회식 참석은 허용하지 않는다.

대개 서빙 직원은 레스토랑 내에서 고객과 즐겁게 교류하는 엘리트이다. 많은 레스토랑에서는 서버들을 용모 중심으로 선발하는데, 외관상으로는 가장 예쁜 여성이며 멋진 남성들로 선택된다.

영접직원 또는 교통순경

레스토랑의 영접직원은 방문하는 고객을 환영하고, 간단한 친절한 말을 전하고, 고객을 기쁜 마음으로 레스토랑에 방문하도록 만드는 직무이다. 방문고객과 만나게 되는 레스토랑의 첫 대표자로서 영접직원을 통해 전체 레스토랑 경험의 품격이 결정된다. 그들의 환대 또는 결례는 전체 식사 경험에 영향을 미쳐 긍정적 또는 부정적인 인상을 야기한다.

바쁜 레스토랑의 영접직원으로의 첫 몇 주 동안은, 사교적이고 온화하고 친근한 신입사원rooky이 고객에게, "성함을 남기시면 전화 드리겠습니다." 또는 "테이블이 정리될 때까지 저쪽에서 기다려 주십시오."라며 교통순경처럼 지시하는 식으로 쉽게 바뀐다는 사실을 볼 수 있다. 피곤해지면 큰 환영 음성이 작아지거나 아예 하지 않게 되는 것을 알 수 있다. 하지만 친밀성 또는 새로운 문제에 대한 대응이 아닌 다른 개인적 감정을 직원이 갖게 되면, 미소를 짓거나 친근한 행동을 하기는 어렵다.

영접담당의 급여가 서버들보다 적지만 레스토랑 경험에서는 서버만큼 힘들거나 더 많이 공헌한다는 사실을 인식하기에는 그렇게 오랜 시간이 걸리지 않는다. 일부 예외로, 호스트는 최소임금에 가까운 급여를 수령하지만 서버들은 그 액수의 3배를 받는다. 호스트들이 뛰어난 직무를 수행하는 동안 다소 열정을 잃어버린다는 사실이 놀라운 일이 아니다. 해결책의 하나는 영접담당에게 서버의 결원 발생시 기회를 주는 것이다.

요 령

"몇 분이나 되시죠?" 또는 "대기시간은 30분입니다," "바에 앉아 주시겠습니까?"와 같은 부가적인 말로 환영인사를 받으며 얼마나 자주 레스토랑에 방문했는가?

"그냥 혼자?" 또는 "혼자세요?"라고 말하지 마라. 이러한 질문은 좌석이 찼을 때는 "오픈 테이블과 칸막이 테이블 중 어느 쪽을 선택하시겠습니까?"라는 오해를 살 수가 있다.

레스토랑 서비스 품질에 대한 고객만족도는 여러 핵심 서비스접점으로 정해진다.

핵심영역은 다음과 같다.

좌석 예약

접근용이성

주차(주차서비스 포함)

고객환대

영접직원 접점

테이블 준비

영접직원의 좌석 안내와 메뉴 제공

서버의 자기소개와 음료 주문받기

주문시 "특별요리"의 설명

전채요리 제공

전채요리의 정리 및 음료 다시 채우기 점검

주요리 제공

주요리 정리

후식 제안 판매

후식 정리 및 커피나 식후 음료 제공

요청시 계산서 제공

이러한 각 항목들에 점수를 부여하여 레스토랑 서비스에 대한 만족도 평가

○ 그림 11-1 고객들은 레스토랑의 서비스 수준에 대해 평가한다.

고객에게 만면에 미소를 띠고, "손님의 외투를 걸어드릴까요?"라고 말하는 것이 얼마나 보기 좋은가. 고객은 평범한 예우를 원한다. 이는 인식, 존중, 친근한 환대를 의미한다.[6] 사람들이 외식을 하는 중요한 이유가 사교적 욕구임을 우리 모두는 안다. 이러한 기본적인 욕구를 충족시켜주지 못하는 것은 우선순위를 뒤섞어버린 무책임한 서비스 직원 때문에 발생하는 고객의 불필요한 상실감을 초래한다. [그림 11-1]은 레스토랑의 핵심 서비스 영역을 보여준다.

summary 요 약

고객관계는 흥미와 좌절 속에 레스토랑을 유지시켜주는 요소 중 하나이다. 고객관계는 계속되는 도전과제로서, 이는 소심하고, 피곤하고, 불만으로 가득 찬 사람들을 위한 도전은 아니다. 완벽주의자나 예민한 사람은 변수가 너무나 많은 고객관계 게임에서 이길 수 없다. 유머감각, 건강미, 생동감 있는 지혜가 가치로 결정된다. 물론 즐거움을 주고 서비스를 만족시키는 것이 더 중요한 가치이다.

endnotes 주

1) Kristen Kasle과의 개인적 인터뷰, 2006.

2) Wikipedia, Online Encylopedia, http://en.wikipedia.org/Oscar_Tschirky,2006.

3) Nichole Dainey와의 개인적 인터뷰, 2006. 5. 16.

4) Kathy L. Indermill, "Calming Complainers," Restaurant Hospitality 74, no. 10(October 1990): 70.

5) Bob Losyk, "Placating Patrons. How to Satisfy Dissatisfied Customers," National Restaurant Association 16(May 1996): 5.

6) Jay R. Schrock과의 개인적 인터뷰, 2006. 7. 24.

바와 음료

학 습 목 표

- 주류판매면허 취득 방법 설명
- 바의 설계와 배치 개발시 고려할 요소 확인
- 메뉴에 수록할 권유 와인에 대한 지침
- 주류 판매와 관련된 법률 조항 확인
- 바와 음료부서 직무수행시 바텐더와 그외 직원들이 속이는 방법들

최근 주류 소비에 대한 특별한 관심과 고액의 소송비용, 레스토랑의 바^{bar}와 음료부문 관리 요령의 설정과 운영은 새로운 도전과제이다. 바는 가구배치, 내장, 조명, 음악과 서비스를 반영하는 **책임 있는 주류 서비스**를 위한 즐거운 분위기를 조성함으로써 레스토랑 경영자들은 휴식과 사교, 오락을 위한 장소를 제공하게 된다. TGI Friday's의 경우와 같은 몇몇 레스토랑에서 바는 초점이 되거나 메인의 역할을 담당하고 있다. Oliver Garden과 같은 경우에는 바의 기능이 **대기구역**^{holding area}으로서 다소 복합적이다.

레스토랑의 총매출 중 음료 매출이 차지하는 비중은 상당히 큰 편이며, 총매출 중 음료 매출은 25~30%, 식료 매출은 70~75%가 적정비율에 해당한다. 미국의 경우, 음료 매출의 비율이 기준 보다 높아지면 **주류통제국**^{Department of Alcoholic Beverage Control}**(ABC)**, 주류연초국^{Alcoholic Beverage and Tobacco}(ABT) 등 여러 기관으로부터 관찰의 대상이 되며, 또한 고객이 음주운전으로 재판을 받을 경우 주류판매 업소는 지방검찰청의 통제를 받게 된다.

원가 비율상 음료는 요리보다 더 많은 이익을 창출한다. 와인 한 병을 판매할 경우, 구매원가는 약 9달러이지만 27달러에서 36달러에 판매되며, 3.5달러에 판매되는 스카치위스키 한 잔의 구매원가는 70센트에 지나지 않는다. 결과적으로 생산원가를 비교해 볼 때 바가 주방보다 더 높은 이윤을 창출한다.

주류판매면허

미국은 주(州)마다 주류통제국(ABC)이 있다. 예를 들어, 캘리포니아의 경우, ABC는 주 정부기관으로서 헌법개정에 의해 개설되었다. 주지사의 임명을 받은 ABC국장이 업무를 주관한다. 이 ABC는 제정된 법률에 의거하여 주내에서 제조 및 수입, 판매되는 모든 알코올성 음료의 허가와 규제에 대한 강력한 통제권을 쥐고 있다.

ABC법에 따라 발급되는 판매허가 이외의 행위는 불법으로 간주되는데 법률이나 정부부서규칙에 의거해서 위반시 해당정부에 의해 일시 영업정지나 허가취소를 당하게 되는 일종의 권리라기보다는 통제권이다. 판매면허의 유형은 다음과 같다.

- *제한적 일반주류 판매면허(On-sale general)*　점포 내의 판매로 제한하는 맥주, 와인, 증류주 등 모든 종류의 주류 판매 허가권
- *비제한적 일반주류 판매면허(Off-sale general)*　봉인된 채로 판매되어 점포 밖의 소비를 위한 모든 종류의 주류 판매 허가권
- *제한적 맥주-와인 판매면허(On-sale beer and wine)*　점포 내의 판매로 제한하는 맥주, 와인, 맥아주 종류의 주류 판매 허가권
- *비제한적 맥주-와인 판매면허(Off-sale beer and wine)*　봉인된 채로 판매되어 점포 밖의 소비를 위한 맥주, 와인, 맥아주 종류의 주류 판매 허가권
- *제한적 맥주 판매면허(On-sale beer)*　4% 이하의 주정농도를 가진 맥주와 맥아주 음료의 점포 내 판매로 제한하는 주류 판매 허가권

◐ Roy's New York City의 바는 하와이언 풍 유럽형 아시아음식에 잘 조화되는 다수의 수상경력을 가진 와인리스트를 확보하여 고객들을 맞이한다. *Paul Warhol 사진. Roy's New York City 제공*

주류판매면허 신청 방법

레스토랑에서의 주류판매면허는 일반주류 판매권과 맥주-와인 판매권 두 종류가 있다. 두 면허 모두 해당 주정부의 주류취급 담당부서에 신청해야 한다. 신청 절차는 수 주 이상 길어질 수도 있으며, 그리 쉽게 진행되지 않을 수도 있다. 주정부는 알코올 판매에 대한 관할권을 가지고 있다. 몇 곳은 자격심사규정이 상당히 엄격하다. 새로운 허가를 얻는데 있어서 뉴욕주는 다소 관대한 대신 인근 뉴저지주는 매우 엄격하다. 새로운 허가가 인구증가에 따라 제한되어 있다. 게다가 신규면허는 주정부뿐만 아니라 해당도시 관련부서에서도 승인을 받아야 한다.

레스토랑은 면허를 승인받기 위해서는 어떤 규정을 충족시켜야 한다. 캘리포니아에서는 일반면허를 취득하기 위하여 개인은 면허받은 레스토랑을 인수하거나 판매를 위한 ABC면허를 매입해야 한다. 레스토랑의 인수시 이 면허는 조건부 날인증서가 되며, 이는 정규 인허가시 면허의 소유권은 레스토랑의 소유권으로 변경된다. 어떤 주는 기존 면허를 승계하지 못하고 신규로만 취득해야 한다. 이러한 신규발급 때문에 그 가치는 증가하고 경영자들은 주류판매면허를 취득하기 위해 상당한 지출을 감수해야 한다. 따라서 레스토랑 인수시 주류판매면허가 양도될 때 주와 지방정부의 인가사항이 계약상에 정확히 명시되도록 해야 한다. 면허의 최근 가격은 2만 달러에서 2만5천 달러 정도이다. 면허는 양도가 가능하나 지역을 벗어날 수는 없다. 신청이 이루어지면 신청자가 중범죄자 경력이 있는지 집행유예기간인지 등에 대한 조사가 진행된다. 플로리다주는 맥주 판매면허권 280달러, 맥주-와인 판매면허권 392달러, 주류일체 판매면허권 1,820달러이다.

면허의 내용에 대해서는 30일 내에 신문지상에 고시해야 하고 레스토랑 창문에도 부착해야 한다. 45일 뒤에 주민이나 경찰서, 보안관서 등에서 이의제기가 없으면 그 지역에서의 조건적 판매가 허락되는 것이다. 면허가 취득되면 주류는 단지 도매상이나 제조업자에게서만 구매할 수 있다. 각 주나 지방정부마다 나름의 규정이 있기 때문에 예비사업자는 관련 지역 안내를 위해 해당 ABC와 협의해야 한다.

바의 레이아웃과 설계

레스토랑에서 바의 레이아웃과 설계의 결정은 많은 사람들에게 지적되는데, 이는 중요한 요소들을 초보자가 빠뜨리는 중대한 실수를 하기 때문이다. 가능하면 바의 창업에 경험이 풍부한 전문 레스토랑 설계사를 구하든지, 아니면 바의 실용성에 대해 2중으로 체크할 수 있도록 바텐더가 계획을 꼼꼼하게 점검해야 한다.

다음은 레스토랑 바의 위치와 설계에 영향을 주는 요소들이다.

- 레스토랑의 업태type of restaurant
- 레스토랑의 전반적인 레이아웃과 설계
- 바의 의도된 부각
- 바와 음료서비스에 수행되는 바텐더의 수
- 예상 매출
- 바의 자급 정도

◎ 고객이 광범위한 와인 리스트에 대한 선택의 즐거움을 누릴 수 있는 21 Club의 특별 연회실
21 Club 제공

- 전기와 수도설비
- 전기와 수도 공급을 위한 설비 비용
- 저장고와 분배 시스템과의 거리
- 생맥주 통과 냉장 시설의 위치

레스토랑 경영자들은 특정 상황에서 이상적인 바의 형태를 유지하려다 보니 종종 난관에 봉착한다. 벽에 붙일 것인지 아니면 룸의 중앙에 설치할 것인지. 대부분의 레스토랑에서는 경비 절감을 위해 벽에 붙여서 배치하는 방식을 택한다. 홀 중앙에 배치하는 방식은 고급 레스토랑에 적합하다. 하지만 값비싼 고급가구들로 잘 배치하지 않으면 고객들에게 볼품없이 보일 수 있다.

바의 구성은 **프론트 바**^{front bar}, **백 바**^{back bar}, **언더 바**^{under bar} 등 세 구역으로 구분된다.

- 프론트 바^{front bar}   고객 서비스 구역과 바텐더 준비 구역으로 나뉜다. 작업대에는 기물, 음료, 진열용 랙^{speed rack}, 얼음, 유리잔 등이 보관된다.
- 백 바^{back bar}   주로 바의 뒷 벽면이 되는데, 저장과 진열을 위해 미적, 기능적 요소가 고려된다. 일정 수준 이상의 레스토랑에서는 냉장고 외에 거울이나 다른 장식 그리고 프리미엄 주류들이 진열된다. 매출 규모는 필요한 냉장 저장공간의 크기를 결정한다. 냉장고 중 하나는 와인용으로 다른 하나는 맥주 보관을 위해 필요하다. 대부분의 레스토랑에서는 분위기 조성을 위해 백 바에 프리미엄 주류와 리큐어를 진열하며, 이는 의도적인 광고 효과를 유발한다.
- 언더 바^{under bar}   전방 카운터의 아랫부분으로서 바텐더가 음료를 준비하는 공간이다. 언더 바의 주된 기구는 고품격 브랜드 또는 사용중인 주류를 담아두는 진열용 랙^{speed rack}이다. 진열용 랙은 일반적으로 바텐더 허리 정도의 위치에 배치되어 있어, 신속하고 능률적인 업무를 돕는다. 랙에는 여러 종류의 하우스 브랜드라 불리는 스카치위스키 2병, 버번 1병, 보드카 2병, 진 2병, 럼 1병, 테킬라 1병, 베르무트^{vermouth} 2병, 혼성주 코디얼^{cordial} 등이 놓여진다.

제빙기는 대부분 주방 안이나 주방 근처에 배치되어 있는데, 간혹 고급 레스토랑은 바 내에 설치되기도 한다. 위생 아이스박스는 바 운용에서 중요하다. 아이스박스는 배수가 요구되는데, 소규모 점포에서는 비닐백을 내부에 장착한 수 거용 팬^{bus pan}을 사용한다. 아이스박스 상단은 바텐더가 음료를 준비하는 동안에 잔이 놓여지는 구역이다. 생맥주통은 바 아래나 저장고 근처에 위치한다. 맥주 브랜드명과 로고는 공급자에 의해 제공되는 당김 손잡이^{pull handle}에 표시되며, 바 카운터나 백 바 카운터에 고객 방향으로 위치를 잡는다. 최상의 생맥주를 제공 하기 위해서 통에서부터 전 라인을 매주 청소용역회사에 맡겨 불순물의 증식을 제거시킬 필요가 있다.

레스토랑의 바 위치

레스토랑에서 바의 위치는 표적시장에 따라 좌우된다. 표적시장이 노동계급 이나 다른 인구집단으로 구성되어 있는가? 바를 밝은 조명으로 할 것인가, 어두 운 조명으로 할 것인가? 바의 좌석은 높은 의자로 할 것인가, 각종 병류의 보관 은 탁월한 전시형태를 갖출 것인가? 와인은 온도 조절장치로 분리된 별도 구역 에 진열할 것인가? 바에는 얼마나 많은 의자가 필요한가?

Roy's New York은 설계상 바(평면도 상 6번)가 입구(1번)에서 접근이 용이 한 위치로 배치시켰다([그림 12-1] 참조). 만약 레스토랑 경영자가 바를 돋보이 게 하고자 한다면 일반적으로 입구 부근에 현저히 밝게 배치한다. 고객이 휴식 을 취할 수 있도록 바에 편안한 의자를 제공하는 곳도 있지만, 대부분의 경우 고 객이 바에 기댈 수 있도록 작고 높은 철제의자가 제공된다. 의자는 대화를 나누 기에 적합하도록 밀착 배치를 한다. Roy's New York에서는 주방과의 연결 및 조리 상황(8번)이 보일 수 있도록 설계되어 있어(4번) 식사의 즐거움을 배가시 켜 준다.

스피드 건

스피드 건^{speed gun}은 바텐더의 음료혼합과정을 편리하게 도와주는 장치로 탄산 음료, 주스, 달고 신 혼합음료 등을 따를 수 있다. 보통은 스피드 건 안에 두 종

◉ 티키^{tiki} 바는 Anna Maria Oyster Bar에 열대의 분위기를 더해준다.
플로리다 주 *Sarasota*의 *Anna Maria Oyster Bar* 제공

◉ 플로리다 주 Tampa시 Columbia Restaurant의 온도조절 와인저장실에서 포즈를 취하고 있는 Richard Gonzmart씨.
Columbia Restaurant 제공, *"the Wine Spectator Best Award of Excellence"*와 *"the Award of Excellence from Distinguished Restaurants of North America"*를 수상

1. 현관
2. 의류보관실
3. 객장
4. 오픈 주방
5. 피자 화덕
6. 바
7. 카페
8. 주방
9. 노천 카페

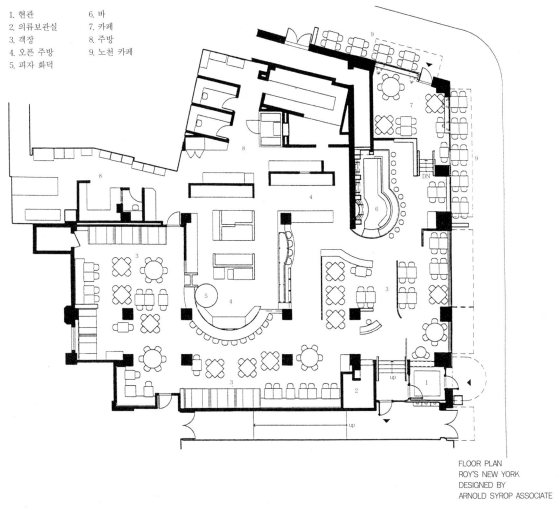

FLOOR PLAN
ROY'S NEW YORK
DESIGNED BY
ARNOLD SYROP ASSOCIATE

○ 그림 12-1 Roy's New York City의 평면도
Roy's New York City 제공, Arnold Syrop Associate 설계

류의 탄산음료(대개 콜라와 스트라이프와 같은 청량음료)와 주스(크랜베리 주
스, 레모네이드, 오렌지주스), 소다수, 진저엘, 토닉워터를 저장하며, 각 음료

Tip

여러 곳의 레스토랑 바에 방문하여 바텐더들의 업무를 둘러보고, 그들이 어떻게 단계별로 수행하며, 그것이 음료
제조에서 어떻게 쉽고 어려운 상황을 발생시키는가를 메모하라. 이러한 과정이 레스토랑 바 구성에 도움이 된다.

제조 구역에 배치한다. 이 장치는 주류 주입과 혼합이 동시에 가능하도록 모든 믹스기가 하나의 디스펜서 내에 있기 때문에 바텐더가 빠르게 음료 제조를 할 수 있도록 도와주어서, 음료 제조과정이 신속해진다.

유리잔 세척

유리잔은 바 카운터 하단이나 3조 싱크대 내에 설치된 식기세척기로 세척한다. 경우에 따라서는 세척되어져 따로 보관할 수 있는 준비장소가 필요하기도 하다. 위생에 적합한 3조 싱크대의 첫 수조에는 더운 물이 채워지며, 솔질을 하고 바의 유리잔류를 위한 특수 세척제가 사용된다. 두 번째 수조에서는 세척과 린스작업이 이루어지며, 세 번째 수조에서는 살균 소독이 이루어진다. 마지막으로 고무매트 위에 잔을 놓고 물기를 제거하는데, 유리잔은 가장 신선한 공기로 건조시켜야 한다.

바텐더

유능한 바텐더의 채용과 선발은 레스토랑 음료부문의 성공적 운영을 위해 중요하다. 바텐더가 수행해야할 10 가지 과업은 다음과 같다.

1. 고객 환대와 친근한 태도로 식음료의 주문 받기와 준비하기
2. 음료 관련 금전등록과 지불 부분의 정확한 확인
3. 유리잔류를 포함한 바와 바 구역의 청결 유지
4. 원활한 영업을 위한 과일, 주스류, 주류, 기타 저장품의 충분한 사전준비
5. 다음 근무조를 위해 사용한 재료의 정리정돈
6. 취기가 오른 고객에게 서빙 거절 및 중단, 그리고 안전한 귀가를 위한 여건 조성
7. 고객에게 흥미로운 대화 제공
8. 서버의 주문에 따라 음료 및 칵테일 제공

　9. 당일 최종 주문 이후, 모든 음주류의 재고 확인

10. 모든 방문고객의 이름 기억[1]

오전조morning shift의 근무 동안, 바텐더는 서비스를 위해 과일 절단, 피나콜라다와 마가리타 등의 혼합, 바의 정돈과 준비를 한다. 그들은 현금을 확인하고 그것을 서랍 속에 둔다. 오후 4시에 출근하는 오후 근무조swing shift는 중간영업시간happy hour부터 저녁 근무evening rush까지 근무한다. 마감조closing shift는 오후 6시에 출근하여 마감시간까지 고객 서빙을 계속한다. 그들 역시 바에 필요한 재료들을 채우고 준비를 한다. 바텐더는 레스토랑과 그 운영과정에 정통하기 위해 서버로써 영업장에 가장 먼저 근무 준비하기를 원한다.

성공적 바텐더의 필요조건으로는 긍정적 태도, 고객과의 대화 능력, 성실성, 인내성, 숙련도, 정직성, 고객 재방문 유도 능력 등이 있다.

바의 기본 재고

바의 기본 재고는 레스토랑 유형에 따라 약간의 차이가 있다. 최근의 고급 레스토랑들은 이탈리아 레스토랑에는 없는 고급 브랜드들을 비치하고 있는 추세이다. 거대한 컨벤션 도시의 유적지에 있는 120석 규모 캐주얼/고급 레스토랑에서는 다음과 같은 기본 재고를 비치하고 있다.

글라스 와인	하우스: 좋으나 이름 없는 레드/화이트와인
	레드: 카베르네 소비뇽, 메를로
	화이트: 샤르도네, 소비뇽 블랑
샴페인	Korbel, Moët & Chandon
셰리Sherry	Fino
코냑	Rémy-Martin
진	Tanqueray, Gordon's
베르무쓰vermouth	Martini & Rossi 레드/화이트
보드카	Absolute, Grey Goose, Smirnoff
럼	Bacardi, Captain Morgan, Mount Gay

테킬라	Cuervo Gold and 1800, Sauza Hornitos
스카치위스키	Chivas Regal, 하우스, Johnnie Walker Red/Black/Gold and Green, Glenlivet
라이위스키	Crown Royal, Canadian Club, Seagrams VO and 7
혼성주 코디얼^{Cordials}과 리큐어^{liqueurs}	Bailey's, Chambord, Cointreau, Drambuie, Grand Marnier, Kahlúa, Tia Maria
생맥주	Budweiser, Bud Light, Michelob Altra, Michelob Light, Amberbok, Rolling Rock, Killians, Samuel Adams
병맥주	Budweiser, Bud Light, Corona, Dos Equis, Heineken, Samuel Adams
청량음료^{soda}	Coca-Cola, Diet-Coke, Dr. Pepper, Sprite
생수	Evian
주스	Apple, Cranberry, Orange, Pineapple, Tomato

Tip

고유의 와인리스트를 만들고자 한다면, 고객이 원가를 알 수 없는 알려지지 않은 와인을 사용하면 된다. 슈퍼마켓에서 8달러면 살 수 있는 잘 알려진 와인을 30달러에 판매한다면, 고객들은 기분이 나쁠 것이다. 품질은 좋으나 주류판매점 가격과 비교하기는 어려운 와인을 선택하라.

와 인

신선한 포도를 발효시킨 주스인 와인은 전세계에 걸쳐 온대지역에서 생산된다. 유럽에서는 프랑스, 이탈리아, 독일 등 여러 국가들에서 여러 종류의 포도품종을 통해 우수한 와인이 생산된다. 북미의 캘리포니아와 오레곤, 워싱턴, 뉴욕주, 브리티시 콜롬비아, 온타리오는 잘 알려진 와인 생산지역이다. 남미에서는 칠레와 아르헨티나, 우루과이가 주요 생산지이다. 호주의 뉴사우스웨일즈와 빅토리아, 호주 남부에서도 양질의 와인이 생산되고, 뉴질랜드와 남아공 역시 생산 적지이다.

토양과 기후, 재배 모두가 와인 품질에 중요한 영향을 미친다. 한 가지 필수요소가 지나치게 많거나 부족하다는 것은 풍미가 낮은 와인을 의미한다. 태양이 지나치게 강하면 포도가 말라버리고 수확이 줄어든다. 강수량이 너무 많으면 일조량이 부족하여 포도가 설익게 된다.

와인은 색깔에 따라 레드, 화이트, 로제rosé로 구분된다. 그리고, 음료성 와인light beverage wines과 스틸와인still, 탄산와인sparkling, 주정강화와인fortified, 향첨가 와인aromatic으로 세분된다. 대부분은 기포가 없는 스틸와인이다.

미국에서는 포도의 품종에 따라 와인의 이름이 붙여진다. 잘 알려진 화이트 와인으로는 샤르도네Chardonnay, 소비뇽 블랑Sauvignon Blanc, 푸메 블랑Fumé Blanc, 피노 블랑Pinot Blan, 화이트 진판델White Zinfandel, 피노 그리지오Pinot Grigio, 리슬링Riesling이 있고, 레드와인으로는 카베르네 소비뇽Cabernet Sauvignon, 메를로Merlot, 피노누아Pinot Noir, 진판델Zinfandel, 쁘띠 시라Petite Syrah가 있다.

와인 제조

와인은 여섯 공정으로 제조된다.

파쇄(crushing) ⇒ 발효(fermenting) ⇒ 압착(racking)
⇒ 숙성(maturing) ⇒ 여과(filtering) ⇒ 병입(bottling)

포도는 가을에 성숙도와 산도, 당도를 측정한 후에 수확하며, 수확한 포도는 줄기제거와 파쇄를 위해 신속하게 압착실pressing house로 보내진다. 추출된 주스는 포도액must이라 한다.

다음 단계는 포도액의 **발효과정**fermentation으로 포도껍질에 자연적으로 효모를 생성시키는 과정이다. 또한 효모를 첨가시킨다. 효모는 와인의 당분이 약간 남거나 또는 완전히 소멸될 때까지 포도의 당을 에틸알코올로 변환시킨다. 와인의 당도나 드라이 정도는 첨가되는 알코올에 따라 조절되고, 효모는 여과과정이나 이산화황sulfur dioxide의 첨가로 통제된다. 레드와인은 발효과정에서 적포도 껍질이 포도액must으로 변하여 생긴 색소를 통해 원하는 색깔을 얻는다.

발효가 완료된 와인은 압착용기로 옮겨진다. 이어서 대형 스테인리스 탱크나 오크통(양질의 와인을 위한)에 부어진다. 오크통에서 숙성되는 동안 와인은 풍미와 품질이 향상된다. 숙성과정을 통해 레드와인은 와인의 수명을 연장시켜주는 목재에서 탄닌tannin성분을 추출한다. 몇몇 화이트와인과 대부분의 레드와인은 2개월에서 2년 정도 오크통 숙성을 한다.

숙성 후, 와인은 안정을 위해 여과과정을 거치며, 청징fining 과정을 통해 단단한 입자들을 제거한다. 그 다음, 달걀흰자나 벤토나이트bentonite(화산재의 풍화로 된 점토의 일종)를 첨가하여 와인을 정제clarification하고, 탱크 바닥으로 불순물을 침전시켜 제거한 후, 와인을 병에 담는다.

훌륭한 빈티지vintage 와인은 병에서 장기숙성 시켰다가 수년 뒤 정점에서 마시게 된다. 화이트와인은 레드와인보다 숙성기간이 짧기 때문에 병입 후 몇 달 내에 소비해야 한다. 하지만 고품질의 화이트와인은 수년간 숙성시킨다. 고품질의 레드와인이 완벽한 정점에 이르기 위해서는 오랜 기간 숙성을 시켜야 한다.

유럽은 날씨의 변화가 심해서 항상 좋은 와인이 생산되는 것은 아닌데, 좋은

☕ Tip

샴페인은 와인과 마찬가지로 코르크의 습기 유지를 위해 랙에 눕혀서 보관한다. 최적의 저장 온도는 50~55°F(10~12.8℃)이며, 43~47°F(6.1~8.3℃)의 상태에서 얼음통에 넣어 서빙한다. 샴페인의 제공과 개봉 및 서빙에는 여섯 단계가 있다.

1. 품격있는 레스토랑에서는 천으로 된 냅킨으로 일부분을 감싸서 병째로 고객에게 제공된다. 이는 주문한 대로 정확하게 제시되는지 2중 확인을 하기 위함이다.
2. 와인 병을 제자리에 두거나 개봉을 기다려 얼음통으로 되돌려 놓는다.
3. 샴페인이나 발포성와인의 개봉시는 각별한 주의가 필요하다. 흔들지 말고, 우선 끈과 상단의 호일을 제거하고, 병과 고객과는 거리를 두는 것이 중요하다.
   코르크 마개 상단을 냅킨으로 부드럽게 감싸쥐고, 병에서 부드럽게 튀어 나갈 때까지 한 방향으로 코르크를 비틀어 돌린다.
4. 코르크가 튀어 나가면 병을 진 채로 45두 각도로 기울여 가스 분출을 위해 5초 정도 기다린다. 만약 병을 세우게 되면, 가스와 함께 샴페인도 분출된다.
5. 두 번의 동작으로 샴페인 따르기: 먼저 잔에 따르고 거품이 진정되는 것을 기다렸다가 잔의 3/4 정도까지 채운다.
6. 모든 와인과 마찬가지로, 먼저 주빈이 시음을 하고난 후 고객의 잔에 따르고 최종적으로 주빈의 잔을 채워준다.

기후를 가진 명백한 빈티지 연포의 와인은 고가로 추천된다. 전문가들은 1점에서 10점까지의 척도로 와인의 우열을 가린다.

발포성와인

샴페인과 스파클링 화이트와인, 스파클링 로제와인은 **발포성와인**sparkling wine으로 알려져 있다. "발포"의 성분은 자연적 발생 또는 와인에 주입할 수 있는 이산화탄소carbon dioxide의 첨가로 생성된다. 발포성와인으로 가장 잘 알려진 샴페인은 주로 축하용으로 사용된다. 샴페인의 독특한 발포성 품질은 병 속에서 샴페인 방식methode champenoise이라 부르는 과정인 2차 발효를 통해 생성된다. 다른 지역의 발포성와인도 샴페인 방식을 사용할 수는 있지만, 프랑스의 샹파뉴 지방에서 생산되는 제품만을 샴페인이라 칭할 수 있도록 프랑스와 국제법은 명문화 하고 있다.

주정강화와인

셰리Sherry와 포트Port, 마데이라Madeira, 마르살라Marsala는 브랜디나 와인알코올이 첨가된 **주정강화와인**fortified wine이다. 브랜디나 와인알코올은 와인의 알코올 도수를 20% 정도 증가시켜서 독특한 맛을 제공한다. 주정강화와인은 일반 와인보다 더 달고, 또한 여러 가지 특성의 향과 맛을 가진 다양한 종류, 즉 드라이한 것에서부터 단 와인까지, 색깔은 밝은 것에서부터 짙은 와인까지 있으며, 요리에도 사용된다.

스페인에서 생산되는 셰리Sherry는 보통 식전에 마시며, 포르투갈에서 생산되는 포트Port는 치즈를 곁들여서 식후에 마신다.

향첨가와인

향이 나는 와인은 주정이 강화되고, 허브, 뿌리, 꽃, 껍질 등의 향기를 함유하고 있다. 향첨가와인aromatic wine은 드라이하거나 단 것도 있으며, 식전주aperitif로 잘 알려져 있는데, 보통 소화 촉진을 위해 식사 전에 마신다. 향첨가와인에는 뒤보네dubonnet(레드는 스위트, 화이트는 드라이)와 베르무트vermouth(레드는 스위트, 화이

와인 시음

와인 시음^{wine tasting}은 레스토랑의 매력을 높이고, 고객으로 하여금 와인에 대한 즐거움과 지식획득을 돕는다. 와인은 세 가지 감각으로 평가된다. 색상을 통한 시각, 향을 통한 후각, 그리고 미각이 있다. 감정가는 와인을 평가할 때 세 단계의 의식을 거친다. 각 단계는 각각의 감각을 통해 와인이 가진 매력의 향유와 보완을 극대화하도록 설계되어 있다.

1. 시각 : 와인잔을 불빛 방향으로 들어 올려 색깔을 본다. 색상이 맑고 밝은가? 색상이 더 짙고 더 충만하면 와인의 풍미가 좋을 것이다.
2. 후각 : 더 많은 향을 발산시키기 위해 와인잔을 빙빙 돌리며 향기를 맡는다. 와인의 특성과 향미가 드러나게 된다 (예로, 카베르네 소비뇽은 체리와 서양자두, 가벼운 후추향이 나야 한다). 그리고 후미의 징후를 제공한다.
3. 미각 : 입 주위로 굴려서 와인의 맛을 음미한다. 동시에 입술 사이로 약간의 공기를 빨아들이면 혀의 미뢰가 자극되며, 와인이 가진 복잡 미묘한 특성의 발산을 도와준다.

트는 드라이), 비르^{byrrh}(스위트), 리터^{littet}(스위트), 뿐떼 메즈^{punte mes}(드라이), 세인트 라파엘^{St. Raphael}(레드는 스위트, 화이트는 드라이) 등이 있으며, 자체로 또는 다른 음료와 혼합한 칵테일로 애용된다.

와인리스트 선택 방법

와인리스트를 작성하는 일은 즐겁고, 또한 시음 등을 통해 새로운 고객을 창출할 수 있도록 해준다. 실질적인 도움을 줄 시음을 하기 이전에 보유한 예산과 저장공간은 충분한지 점검하라. 와인은 반드시 구매하여야 하는데, 이때 와인목록이 복잡해질수록 와인저장소에 더 많은 예산이 소요될 것임을 명심해야 한다. 또한 화이트와인은 영업시간 전에 와인냉장고에 채워두어야 할 것이다. 어떤 와인은 입구 근처에 안전하게 전시되어야 한다. 이는 와인이 식사를 즐겁게 하고 레스토랑 분위기에 활기를 넣어줄 것이기 때문이다.

제공되는 와인의 선택은 레스토딩에 적합헤야 한다. 이탈리아 레스토랑은 캘리포니아나 다른 국가들의 경우처럼 이탈리아산 와인을 특징으로 해야 한다. 미국의 지역 캐주얼레스토랑은 캘리포니아나 워싱턴, 오레곤 등에서 생산된 미국산 와인을 제공할 것이다.

다음으로, 포도품종을 고려해야 하고, 더 중요한 것은 메뉴상의 음식을 고려하는 것이다. 음식과 와인의 조화는 식사의 보완이든 별개이든 간에 식사의 즐거움을 주는데 중요한 요소이다.

다음으로 고려되어야할 사항은 배치와 메뉴 구성, 와인 리스트이다. 요즘은 고객이 용이하게 선택을 할 수 있도록 둘을 함께 배치한다. 각각의 메뉴마다 어울리는 추천 와인을 기재해둘 수도 있다.

인기 있는 화이트와인으로는 샴페인과 발포성와인이 있다. 대형 레스토랑이 아니라면 그중 한 가지를 선택해야 한다. 와인목록에 다양한 와인의 이름을 수록하는 수고를 덜기 위해서는 엄선된 화이트와인이란 용어를 사용해야 한다. 다양한 지역과 국가로부터 생산된 하나 이상의 와인을 선택하라. 와인 공급자로부터 항상 자문을 받을 수 있지만, 그들은 자신의 상품으로 와인리스트를 채우고자 한다. 각 타입별로 선택을 위한 와인 테스트가 필요하다.

● Seeger's Restaurant의 바
Seeger's 제공

메뉴에 적합한 와인을 선택하여 가격을 책정해야 한다. 일반적인 레스토랑의 와인 원가율은 30%이다. 즉 와인 한 병의 원가가 10달러라면 30달러 정도에서 판매된다. 와인은 가장 고가를 상위에 두거나 사이에 섞어서 리스트를 구성하는 것이 최상이다. 하지만 최저가에서 최고가의 순서로 나열하는 것은 바람직하지 않다. 글라스와인은 대개 하우스와인으로 두 잔이나 고급와인으로 두 잔이 제공된다.

레드와인은 상온에서, 화이트와인은 저온장소에서 보관하며 서비스 전에 냉장시킨다. 냉장고에 보관시킬 특별한 와인을 구매하려면 구매원가는 레스토랑의 업태와 와인 소비에 적합한가를 고려해야 한다. 화이트와인을 저온장소에서 보관하고 서비스 전에 냉장보관 시키는 것은 서늘한 적정온도를 유지시켜 식사에 맞추어 준비하는 사려 깊은 준비성을 의미한다. [그림 12-2]는 고급 레스토랑의 와인리스트의 예를 보여주고 있다. 각 범주별로 제공되는 와인의 제조연도는 이러한 레스토랑에서 안성맞춤이다.

와인리스트(화이트)			와인리스트(레드)		

샴페인과 스파클링와인	*Glass*	*Bottle*	카베르네 소비뇽	*Glass*	*Bottle*
Veuve Clicquot Ponsardin		75.00	*Jordan, Alexander Valley '95*		75.00
Veuve Clicquot Ponsardin (1/2 bottle)	14.00	37.50	*Napa Valley Wine Company, Napa '96*		60.00
Tattinger "La Française" Brut		70.00	*St. Clement, Napa '96*		53.00
Roederer Estate "L'Ermitage" Brut '93		65.00	*Clos Pegase, Napa '97*		50.00
Moet & Chandon "White Star"		60.00	*Freemark Abbey, Napa '95*		50.00
Iron Horse "Wedding Cuvee" '96		50.00	*Pine Ridge Rutherford, Napa '96*		48.00
Jordan Vineyards "J" '94		45.00	*Alexander Valley Vineyard "Wetzel Estate" '97*	11.00	42.00
Roederer Estate Brut	11.00	42.00	*Beaulieu Vineyards, Rutherford, Napa '96*		36.00
Domaine St. Michelle Brut	6.00	22.00	*Lockwood, Monterey '96*	9.00	34.00
			Beringer "Founders Estate" '97	7.00	26.00
샤르도네			*Beaulieu Vineyard "Coastal", Napa '97*	6.50	24.00
Rutz Cellars "Dutton Ranch" '96		60.00			
Chalk Hill Estate '97		60.00	진판델		
Chalone, Monterey County '97		50.00	*Edmeades " Ciapusci Vineyard", Mendocino '96*		65.00
Jordan, Sonoma County, '97		50.00	*Kunde "Century Vines", Sonoma '96*		45.00
Ferrari Carano, Alexander Valley '97		48.00	*Grgich Hills Cellar, Napa '96*		38.00
Stonestreet, Sonoma '96	12.00	46.00	*Storybook Mountain "Mayacamas Range" Estate '97*		33.00
ZD, Napa '97		45.00	*Chateau Souverain, Dry Creek Valley '97*	8.00	30.00
Steele, California '97		46.00			
Sonoma-Cutrer Russian River Ranches '98	10.00	38.00	메를로		
La Crema, Sonoma '97		36.00	*Chalk Hill Estate '96*		70.00
Silverado, Napa '97		36.00	*Clos Du Val, Napa '96*		60.00
Bernardus, Carmel Valley '97		36.00	*ZD, Napa Valley '97*		55.00
Clos Pegase, Napa '97		34.00	*St. Francis, Sonoma '97*		50.00
Cambria, "Katherine's Vineyard", '98		32.00	*Franciscan "Oakville Estate", Napa '97*	12.00	46.00
J. Lohr, Monterrey '98	8.00	30.00	*Markham, Napa '97*		40.00
Benzinger Carneros, Sonoma '98		30.00	*Voss, Napa '97*		38.00
Chateau St. Jean, Sonoma '98	7.50	28.00	*Kunde, Sonoma '97*		36.00
Beringer "Founders Estate" '98	7.50	26.00	*Chateau Ste. Michelle, Washington '97*		34.00
Presidio, Santa Barbara '98		24.00	*Presidio, Santa Barbara '98*	8.00	30.00
Flora Springs, Napa Valley '98	6.00	22.00	*Camelot Vineyards, California '96*		28.00
			Kenwood "Yulupa" '97	6.50	26.00
소비뇽 블랑과 푸메 블랑					
Sauvignon Blanc, Cloudy Bay, New Zealand '99		39.00	피노누아		
Fume Blanc, Grgich Hills, Napa Valley '97		38.00	*Acacia, Carneros '98*		48.00
Sauvignon Blanc, Gainey, Santa Ynez Valley'97		36.00	*Wild Horse, Central Coast '97*	12.00	46.00
Sauvignon Blanc, Matanzas Creek, Sonoma '98		33.00	*Sanford, Central Coast '97*		45.00
Fume Blanc, Ferrari-Carano, Sonoma '98	8.50	32.00	*Saintsbury, Carneros '98*		42.00
Sauvignon Blanc, Villa Maria, New Zealand '99	7.00	26.00	*La Crema, Sonoma '97*		36.00
Sauvignon Blanc, Markham, Napa '98		22.00	*Presidio, Santa Barbara '97*	9.00	34.00
			Van Duzer, Oregon '97		32.00
엄선한 화이트와인과 로제와인			*Kenwood, Russian River Valley '98*	8.00	30.00
Pinot Grigio, Santa Margherita, Italy '98		38.00	*Eola Hills, Oregon '97*	7.50	28.00
Pinot Blanc, Saddleback Cellars '98	9.50	36.00			
Viognier, Cambria, Tepusquet Vineyard '98	9.00	34.00	엄선한 레드와인		
Pinot Gris, Willamette, Oregon '97	8.50	32.00	*Petite Syrah, Stags Leap, Napa '96*		55.00
Riesling, J. Lohr, Central Coast '98	6.00	22.00	*Sangiovese, Venge "Family Reserve", Napa '97*		49.00
White Zinfandel, Beringer, Napa '98	5.50	21.00			

빈티지(생산연도)는 변경될 수 있음 　　　　　빈티지(생산연도)는 변경될 수 있음

○ 그림 12-2 San Diego, Blue Point Coastal Cuisine의 와인리스트
Cohn Restaurant Group 제공

매장 저장와인 리스트

샴페인
Louis Roederer Cristal '93	275.00
Perrier Jouet "Fleur de Champagne" Rose '88	225.00
Moet & Chandon "Dom Perignon" '92	200.00
Veuve Cliquot "La Grande Dame" '89	160.00
Salon "Blanc de Blancs" '88	150.00
Veuve Cliquot "Gold Label" '93	85.00

샤르도네
Far Niente, Napa '97	80.00
Kistler, Sonoma Coast '98	80.00
Mer Soleil, Central Coast '96	78.00
Arrowood "Cuvee Michel Berthoud" '97	75.00
Silverado "Limited Reserve", Napa '96	75.00
Steele "Durell Vineyard" '96	70.00
Merryvale "Reserve", Napa '97	58.00
Plumpjack "Reserve", Napa '97	55.00
Sonoma-Cutrer "Les Pieres" '97	55.00

피노누아
Ponzi "Reserve", Willamette Valley '96	80.00
Chalone, Monterey County '98	60.00
Bear Boat, Russian River '96	40.00

카베르네 소비뇽
Lokoya, Mount Veeder '95	175.00
Caymus, Napa '96	130.00
Grgich Hills Cellars '91	125.00
Silver Oak, Napa Valley '94	125.00
Kenwood "Artist Series", Sonoma '94	125.00
Kenwood "Artist Series", Sonoma '95	120.00
Kenwood "Artist Series", Sonoma '93	115.00
Silverado "Limited Reserve", Napa '95	115.00
Silver Oak, Alexander Valley '95	100.00
Bell Cellars "Baritelle Vineyard", Napa '94	100.00
Grgich Hills Cellars '94	100.00
Heitz Cellars "Trailside", Napa '94	90.00
Girard Reserve, Napa Valley '94	90.00
Staglin, Napa Valley '96	85.00
Altamura, Napa Valley '95	80.00
Frazier "Lupine Hill Vineyard", Napa '95	75.00
Chateau Ste. Jean "Cinq Cépages", Sonoma '96	75.00
Saddleback, Napa '96	65.00

메리티지
Opus One, Napa '96	190.00
Stonestreet Legacy '96	150.00
Conn Creek, "Anthology" '94	140.00
Cain Five, Napa Valley '95	125.00
Merryvale "Profile" '96	110.00
Lancaster Reserve, Alexander Valley '95	115.00
Metisse, Napa Valley '95	90.00
Flora Springs "Trilogy", Napa '96	80.00
Spring Mountain, Napa '96	85.00
Bernardus "Marinus", Carmel Valley '95	70.00

메를로
Chalk Hill Estate '95	75.00
Matanzas Creek '96	75.00
Jade Mountain "Caldwell Vineyards" '97	60.00
Fisher Vineyards "RCF" '95	60.00
Newlan "Reserve", Napa '94	50.00
Pride Mountain Vineyards '96	48.00

빈티지(생산연도)는 변경될 수 있음

식후주 리스트

포트와인
Warre's '77	36.00
Dow "Silver Jubilee" '77	30.00
Dow "Quinta do Bonfim" '84	26.00
Dow '97	23.00
Dow '85	21.00
Warre's 97	20.00
Warre's '85	18.00
Warre's '68 Tawny	14.00
Fonseca 20 year Tawny	11.00
Sonoma Portworks Deco	9.00
Taylor LBV '94	8.00
Graham's Six Grapes	7.00
Sandeman Reserve N/V	7.00
Fonseca Bin 27	7.00

디저트와인
Dolce by Far Niente	21.00
Grgich Hills Violetta	17.00

그라빠
Ornellaia Grappa Di Merlot	14.00

브랜디와 칼바도스
Raynal VSOP Napoleon	5.75
Calvados, Busnel VSOP	8.00

꼬냑과 아르마냑
Louis XIII	125.00
Paradis	55.00
Hennessey XO	20.00
Martell Cordon Bleu	17.50
Delemain Pale & Dry	12.00
A. de Fussigny "Cigar Blend"	10.00
Janneau Reserve De La Maison	9.00
Hennessey VSOP	8.00
Remy Martin VSOP	8.00
Courvosier VS	6.00

스카치
Johnnie Walker "Blue Label"	22.50
Macallan 18 Year	14.00
Lagavulin 16 Year	10.00
Glenmorangie Port Wood	10.00
Glenmorangie Madeira Wood	10.00
Glenmorangie Sherry Wood	10.00
Laphroig Islay Malt 15 Year	8.50
Talisker Skye Malt 10 Year	8.50
Oban 14 Year	8.00
Glenfiddich	8.00
Glenlivet	8.00

버번
Bookers Small Batch	8.00
Bakers Small Batch 7 Year	8.00
Blanton's Single Barrell 12 Year	7.50
Basil Hayden's 8 Year	7.50
Crown Royal Reserve	7.50
Woodford Reserve	7.50
Knob Creek Small Batch 9 Year	7.00

테킬라
Herradura Seleccion Suprema	25.00
Jose Cuervo La Familia Reserva	10.00
Don Julio Anejo	8.50
Chinaco Anejo	8.00
Chinaco Anejo	8.00
Patron Anejo	8.00
Patron Silver	8.00
Sauza Tres Generaciones	7.50

◎ 그림 12-2 (계속)

음식과 와인

훌륭한 음식과 와인의 조합은 삶에 있어 최상의 즐거움 중 하나이다. 요즘은 고객이 흰색 육류에 레드와인을 원한다 해도 전혀 이상한 것이 아니다. 단골고객은 음식과 와인에 어떤 선택을 하든 편안함을 느낀다. 경영자는 무슨 와인이 어떤 요리를 보완해주는지 조언해주고 싶어 한다. 다년간의 경험으로는 다음과 같은 조합을 추천한다.

- 화이트와인과 흰색 육류: 돼지고기, 칠면조, 닭, 송아지, 생선, 조개류
- 레드와인과 적색 육류: 쇠고기, 양, 오리, 수렵류
- 샴페인과 모든 음식
- 포트와인, 레드와인과 치즈
- 당도가 높은 디저트와인: 디저트, 산도가 낮은 신선한 과일
- 와인으로 조리된 요리: 각종 와인
- 지역 음식: 그 지역 생산 와인
- 와인에 적합하지 않은 음식: 향을 지나치게 강하게 하거나 산도를 높이는, 비네가르 드레싱과 초콜릿, 강한 맛의 카레가 포함된 샐러드

음식과 와인은 풍미^{flavor}와 질감^{texture}으로 묘사된다. 질감^{texture}은 음식과 와인에서 입으로 느끼는 품질이며, 뜨거움, 차가움, 거침, 부드러움, 옅음, 두터움과 같은 촉감 및 온도감에 해당한다. 음식과 와인의 조합으로는, 가벼운 음식에는 가벼운 와인이 신뢰할 수 있는 결합이다. 바디감이 좋은$^{full-bodied}$ 와인과 기름진 음식$^{rich food}$도 지나치게 기름지지 않다면 훌륭한 결합이다. 곧, 와인 선택에서 고려되는 2가지 중요한 품질은 음식의 기름짐^{richness}과 와인의 무게감^{body}이다.

Charlie Trotter's는 식사 경험에 곁들여서 선택할 수 있는 30종의 놀랄만한 와인을 잔으로 제공한다.
Charlie Trotter 제공

* **질감**texture
  – 연함(softness), 부드러움(smoothness), 풍부함(roundness), 걸쭉함 (richness), 옅음(thinness), 크림성(creaminess), 쫀득쫀득함 (chewiness), 기름짐(oiliness), 까칠까칠함(harshness) 등

풍미flavor는 후각신경에 의해서 지각되는 음식과 와인의 요소이며, 혀와 코를 사용하여 판단한다. 질감과 풍미의 훌륭한 조합은 음식과 와인을 즐기는 기쁨을 안겨준다. 음식과 와인 사이의 바람직한 결합은 심지어 기억할만한 특별한 추억을 만들어주기도 한다. 어떤 레스토랑은 특별 판촉 이벤트로 와인 시음을 제공하기도 한다.

* **풍미**flavor
  – 과일향(fruity), 박하향(minty), 허브향(herbal), 나무열매향(nutty), 치즈향(cheesy), 훈제향(smoky), 꽃향(flowery), 토양향(earthy) 등

책임 있는 주류 서비스

책임 있는 주류 서비스를 실행함으로써 알코올 위험을 관리하는 것은 수익성을 보호할 뿐만 아니라 레스토랑의 안전과 고객 보호를 위해 중요하다. 책임 있는 주류 서비스 프로그램의 개발은 소송시 강력한 방어수단이 된다. AHMA(미국호텔모텔협회)가 발간한 Lodging이란 잡지에 수록된 가이드라인은 안전과 소송대비에 초점을 맞추고 있다.

1. 음주와 안전에 대한 직원 직책을 설명하는 책임 있는 주류 서비스 임무의 설정. 운영자는 설정된 임무를 근거로 정책과 계획을 수립
2. 시와 주의 주류관리법 검토
3. 고객의 평가
4. 담당 공무원과 유통조직과의 관계 개발 및 유지를 위한 계획 수립
5. 실무직원 종합 훈련 프로그램 구축

6. 정책 및 실행의 관리 감사 일정 개발

7. 책임 있고 유쾌한 음용의 지원을 증명할 실행체계의 개발

책임 있는 주류 서비스 프로그램은 역시 책임 있는 실행이 따라야 한다. 예를 들어, 연령의 확인을 위한 ID 카드 체크, 주류를 소지하고 나가는 고객의 차단, 고객의 음주운전 예방 등에 대해 잘 훈련된 직원을 입구에 배치한다. 레스토랑과 바 운영자는 무료 또는 저가의 무알코올 음료를 제공하는 지명 운전자 프로그램을 장려한다. 또한 공중전화 옆에 택시호출번호를 부착하여 음주 고객을 상대하는 서버들이 이용할 수 있도록 한다. 실행에 좋은 예는 음식 소비를 권장하는 것이다. 결국 모든 관련 사건은 기록되어야 한다. 판매시간, 일자, 상황, 응대, 고객 신원, 제공된 대체 교통수단, 목격자의 성함과 주소 등 가능한 모든 사항이 기록되어져야 한다.

NRA의 바코드는, 주류 서비스 프로그램에 대한 법과 책임, 그리고 알코올이 인체에 미치는 영향, 책임 있는 주류 서비스 기법, 곤란한 상황에서의 서비스에 대한 직원 교육훈련에 바람직한 방법으로 높이 추천되고 있다.

주 입법부에 의해 제정된 주류판매소^{dram shop} 관련법은 첫머리에 음주주의교육을 기술하고 있는데, 이러한 내용이 법으로 규정되어 있지 않으면 주류면허가 취소될 수도 있기 때문이다. 대부분의 주에서는 주법이나 관습법에 따라 음주운전 사고에 대해 주류담당 서버들이 책임을 진다. 일부 주에서는 술 취한 고객에게 주류를 제공하는 것은 범죄행위가 된다. 주류 제공 장소에 대한 판결에 따라 사건이 너무 확대되면 사업이 망할 수도 있다. 소송거리를 찾고 있는 공급과잉 상태의 변호사들에게는 칵테일라운지와 바가 주요 표적이 된다. 음주운전 사망자 수에 대한 공개가 음주운전에 대한 경각심을 불러일으켰고, 주류가 일반인에게 제공되는 장소에서는 음주주의교육이 필수사항으로 인식되었다.

바텐더와 서버, 매니저 등 주류를 제공하는 많은 종사자들은 매출규모에 가장 큰 관심을 갖는다. 과음에 대한 관심은 고객이 문제를 발생시킨 뒤에야 갖게 된다. 해피아워와 투포원^{two-for-ones} 프로그램이 주류 소비를 증가시키고 술 마시는 고객을 과음하게 만든다.

바텐더 훈련에서 미성년자로 추정되는 고객의 연령확인 요구가 얼마나 중요한지 인식시키고 있다. 많은 레스토랑들은 과음을 한 것처럼 보이거나, 특히 호전적으로 변하는 일부 고객을 차단한다. 과음의 정도를 판단하기는 어렵다.

Rutgers Center of Alcohol Studies에서 수행되는 검사의 기준에 있어 사교적 음주가^{social drinker}와 바텐더, 경찰관들도 단지 25% 정도만이 과음수준을 판별한다. 결국 이 세 집단도 음주자의 수준이 과음으로 짐작은 되지만 술에 취하지 않았다고 말할 수밖에 없다.

S&A 레스토랑 그룹(Steak and Ale, JJ Muggs 소유)은 그 이하의 연령도 허용하는 주 법과 상관없이 그룹내 대부분의 레스토랑에서 오후 9시 이후에는 21세 미만의 출입을 금하도록 하였다.

제 3자 책임

제 3자 책임^{third-party liability}: 미성년자나 취객에게 주류제공을 했을 경우에 경영주를 비롯, 매니저, 바텐더, 서버 모두에게 엄격하게 적용되는 법률적 책임. 주류판매에 적용되는 법을 주류판매소 법령^{dram shop legislation}이라고 한다. 주류판매소법이나 시민배상법은 1850년대에 제정되었으며, 이는 취객에게 주류를 제공한 연유로 입은 피해에 대한 책임을 업주가 지도록 기술되어 있다. 레스토랑과 바의 미성년자 음주권 문제에 대해서는 대형 주류회사가 각 주 운전면허증의 실제 디자인과 배치를 보여주는 팸플릿에 삽입하여 주류판매면허를 취득한 업체에 배포하고 있다. NRA와 같은 상거래 협회는 다른 주요회사와 함께 책임 있는 음주류 서비스를 위한 몇 가지 예방 척도와 프로그램을 제작했다. 이러한 노력의 주요 취지는 음주주의 프로그램과 책임 있는 주류 서비스를 촉진하는 Responsible Alcohol Service인 ServSafe와 같은 의무교육훈련 프로그램을 인식시키고자 하는 것이다. NRA가 후원하는 '안전 주류판매 프로그램^{ServSafe Alcohol}'은 알코올과 알코올에 따른 영향, 과음에 대한 일반적 징후, 고객이 과음하지 않도록 돕는 방법 등을 가르치는 자격증 과정 프로그램이다. 책임 있는 주류 서비스 프로그램은 보험 혜택과 법률수수료의 경감과 같은 시행업체들에게 보상을 제공한다.

통제

주류 재고가 적절하게 통제되지 않으면, 흘려버림, 절취, 순수한 실수 등에 의해서 레스토랑 순익이 심각하게 영향을 받을 수 있는데, 마치 1병의 술을 100달러의 현금이라고 생각하고 신중하게 관리해야 한다. 실제로 주류의 분실이나 절취는 모든 레스토랑에서 발생한다. 기회가 된다면 누구나 어떤 방법으로든 훔쳐간다는 생각을 염두에 두는 것이 위험을 줄일 수 있다.

주류 통제문제의 예방 또는 해결을 위해서 매주 또는 격주로 감사를 실시하도록 한다. 이는 정확한 지식을 가진, 대형 또는 고품위 레스토랑에서는 외부 감사가 추천되며, 내부적으로는 올바른 시설을 구비한다. 추천된 감사는 개봉되었든 미개봉 상태이든 간에 모든 주류와 와인은 병을 세고, 맥주통은 무게를 측정한다. 병맥주와 코디얼 같은 모든 다른 재고품은 병의 수를 파악한다. 판매 및 구매의 내용도 감사대상인데, 감사는 주입원가pouring-cost 비율도 계산할 수 있다. 분실된 주류의 내용과 수량은 이때 확인하며, 분실물을 조사하고 재발이 방지되도록 개발된 계획의 유무에 대해서도 확인한다.

외부 감사 서비스를 실시하는 레스토랑들은 목표로 하는 문제의 영역에 필요한 정보를 경영진이나 경영주에게 매주 보고서로 전달한다. 일반적으로 감사를 통해서 절취를 줄이고 수익을 증대시키는 것이다. 감사 비용은 175달러에서 300달러이며, 재고품목의 위치와 감사 빈도에 좌우된다.

주류 주입원가를 계산하고 자체감사의 시행하고자 하는 운영자들을 위해 공급자들은 PC와 휴대용 측정기, 바코드 스캐너를 활용한 시스템을 제공한다.

분실 통제

여러 일반적인 척도를 바와 음료 운영관리에 적용시킬 수 있다.

- 바텐더가 바의 접근을 통제시키도록 하여 주입원가 결과에 책임을 지도록 한다.
- 훌륭한 결과에 대해서는 격려 보상금을 지급한다.
- 음료가 만들어지기 전에 음료 주문 내용이 금전등록기의 벨로 울리도록 한다.

- 서버는 바텐더에게 가기 전에 주문사항을 미리 알리는 원격 시스템을 이용한다.
- 비디오 카메라의 설치
- 바의 문에 알람 설치
- 바의 내부로 개인 가방을 들여놓지 말 것
- 다른 공간에 라커 제공
- 바텐더의 실수 발생시, 경영관리상 경위서를 작성하고 서명하게 함.
- 쿠션 바의 바닥재는 파손을 감소시키는 자재 사용
- 직원이 익명으로 상황을 보고할 수 있는 시스템 구축
- 음료 관리 직원의 고용시 신중을 기하고, 경력과 배경을 점검 함.

레스토랑이나 바에서의 절취 방법

　외식산업에서 직원의 25%는 관리와 무관하게, 50%는 기회가 주어진다면 업장에서 절취행위를 하는 것으로 추정되며, 25%만이 관리와 무관하게 정직한 근무를 하는 것으로 알려져 있다. 즉, 레스토랑 업장의 관리는 25%의 직원이 훔치느냐 75%의 직원이 훔치느냐의 차이다. 『개인출판사의 외식사업체 가이드(Practitioners Publishing Company's Guide to Restaurant and Bar)』는 외식업체에서 절취하는 99가지 방법을 알려주는 웹사이트(www.profitable.com/results/articles/011.html)를 경유해야 접근이 가능하다. 레스토랑에서 발생하는 것과 유사한 다양한 사례들이 아래에 열거되어 있다. 바의 근무중 고객과의 정산과정에서 발생하는 절취행위는 변호사도 혀를 내두를 정도로 상상을 초월한다.

금전등록담당: 경영주가 피해자

1. 근무가 끝나거나 야간에 금전등록을 마감하거나 또는 리본이나 테잎을 교체하는 동안, 식음료를 제공하고 현금을 수령함
2. 지불거부 허위보고phony walkout: 현금을 가진 고객이 지불을 거부하고 영업장을 떠난 것으로 처리함
3. 할인 절취short ring: 고객에게는 실제 요금을 받고, 금전등록기에는 할인 요금을 입력함

4. 미판매 절취^{no sale}: 고객에게는 실제 요금을 받고, 판매기록을 남기지 않음. 종종 바텐더들은 팁 단지^{tip jar}나 그들의 호주머니에 슬쩍 넣거나 서랍에 현금을 놓아둠

5. 신용카드 영수증을 조작하여 현금 부분을 팁으로 바꿔서, 팁을 더 받은 것으로 처리하여, 요금을 적게 받은 것으로 진술함

고객이 피해자

6. 중요시간에 고의로 현금 서랍의 작동을 중단시켜서 열어 둔 채로 내버려 둠
7. 고객에게 거스름돈을 적게 지불함
8. 고객의 신용카드 전표에 서명을 미리 받아둔 뒤, 음주류 계산에 바가지를 씌움
9. 신용카드 계산시 금액을 변경함
10. 신용카드를 두 번 긁음

바: 경영주가 피해자

1. 바텐더가 판매기록을 누락함
2. 무료증정^{give away} – 내부통제가 없다면, 바텐더는 그의 친구들이나 고액의 팁이 예상되는 고객에게 음료를 무료로 증정함
3. 고액의 팁이 예상되는 고객에게 음료 요금을 적게 부과함
4. 고액의 팁이 예상되는 고객에게 주문한 내용 보다 고가의 주류를 제공하고 그 사실을 귀뜸함
5. 유령 술병^{phantom bottle} – 바텐더가 자기 소유의 술병을 가져와서 그것을 판매한 후 현금을 수수함. 이 의도는 레스토랑의 술병을 훔치는 것보다 더 심각한 상황을 초래함. 주류절취 행위는 원가에 비해서는 보잘 것 없는 내용이지만(예, 10달러), 잃어버린 판매마진으로 환산하면 상당한 손실이 야기됨(아마도 90달러)
6. 바텐더와 칵테일 서버 양측이 2중 재고조사시스템을 공모함. 사전조사에서 칵테일 서비기 음료주문을 입력하고, 바텐더는 기록시스템에 근거하여 음료를 제공함. 두 시스템은 양립될 수 있는 개인 누계로 집계됨. 결국 두 사람이 공모한다면 서버가 시스템에 입력하지 않고도 바텐더는 음료를 만들고 제공할 수 있음

7. 교환^{barter} – 바텐더가 무료 식사와 무료 음료를 맞바꿈

8. 떼어먹기^{kickbacks} – 주류 분배기^{distributor}로 절취가 가능함. 떼어먹기 의도는 눈치채기가 어려움. 예를 들어, 바텐더가 9잔의 가격으로 10잔을 만들 수 있다면, 남은 1잔분은 개인적 용도로 활용이 가능함. 분배기는 10잔 분량으로 되어 있고 10잔으로 정산됨

9. 바텐더 방문자에게 무료 음료 제공

10. 바텐더의 술병 절취

고객이 피해자

11. 적게 따르기^{short-pour} – 바텐더가 무료증정이나 별도 판매를 목적으로 규정량 보다 적게 제공함. 어떤 바텐더는 1.25온스 대신에 1온스잔을 가져오기도 하기에 실제로는 정량을 따르는 것처럼 보임

12. 적게 따르기는 역시 컴퓨터로 처리된 잔 보관기기^{dispenser} 시스템(바텐더가 잔을 뽑으면 시스템은 한 잔^{one shot}으로 등록됨)으로 설치될 수 있음. 어떻든 바텐더는 술을 두 잔 분량으로 만듦

13. 고객에게는 정상 요금을 받고, 할인 요금^{happy-hour price}으로 등록함(바텐더가 고객에게 등록사항을 모르게 하기 위해서 개나 보트, 어린이 등이 인쇄된 장식보로 금전등록기를 덮어서 가림)

14. 할인시간 전채요리^{hors d' oeuvres}와 바 스낵을 무료로 제공함

15. 대부분 혼합 과일음료에 주류를 누락시킴(특히 여러 종류의 음료 제공시)

16. 먼저 약간의 주류가 제공된 뒤 저품질의 주류를 제공하고 고품질 가격으로 청구함

17. 실제 서빙된 양보다 더 많이 제공한 것으로 청구함

18. 남은 음료의 재판매(고객이 고가의 주류를 남겼다면, 모아두었다가 다른 고객에게 재판매함)

19. 바에 두고 간 고객의 돈을 절취함(몇몇 직원들은 음료 쟁반의 바닥에 물기를 두고 고객 현금의 위로 쟁반을 내려놓음. 그러면 쟁반 바닥에 현금이 붙게 됨)

20. 두 고객의 음료를 합산해서 양쪽 모두에게 청구함. 만약 눈치채면 담당의 착오로 둘러댐

음식 서비스: 경영주가 피해자

1. 서버가 영수증 제시 없이 고객으로부터 직접 현금을 수수함
2. 서버와 조리사의 공모 – 서버가 선결재로 받은 주문사항을 기록하지 않은 채, 조리사는 타당한 권한 없이 음식을 만들어서 전달함
3. 음식과 주류의 절취(대형 냉동고와 주류창고는 절도 특별 취약 지역). 때때로 직원들은 부족한 재고분에 대해 거래처 반품이나 손상품으로 보고함
4. 조리하고 남은 음식을 귀가시 가져감
5. 대부분의 금전등록기는 포장음식을 입력하도록 설정됨. 호텔 레스토랑에서 자주 발생되는 상황으로, 예를 들어, 테이크아웃을 요구한 고객에게 커피와 케이크를 팔고 직원이 입력 없이 현금을 수수함
6. 음식을 비닐에 싸서 뒤편 박스나 쓰레기통에 집어넣고 나중에 가져감
7. 거래처로부터 뒷돈 수수^{kickbacks} – 대개 주방장은 커미션을 받고 저품질의 육류나 농산품을 인수함
8. 소량 인수 – 예를 들어, 구매품 검수시 검수담당이 정상적으로 상품을 개봉하지 않았다면 상자 속에는 얼음덩어리가 채워져 있을 확률이 있음
9. 친구들에게 무료로 음식 제공
10. 주방장은 직원이나 개인적 목적으로 재고품목이 아닌 특별 품목을 구매함. 주방장은 납품업자에게 공급처 변경을 구실로 개인적 향응을 요구함. 향응의 대가는 레스토랑에 납품단가의 상승 또는 저품질 식재료 납품의 결과를 초래함

고객이 피해자

11. 홀직원이 고객 전표에 특별 품목을 첨가함. 이는 종종 고객이 이해하기 어렵거나 기억이 희미하여 전표를 혼동하면서 발생됨
12. 연회 행사 고객에게 과다요금 징수 – 예를 들어, 6주전자분의 커피를 서빙하고 10주전자분을 청구함

회계담당^{bookkeeper}

1. 회계담당이 현금을 절취하고 수입이 적은 것처럼 기록함
2. 회계담당이 현금을 절취하고 부적절하게 수령한 수표로 인한, 비금융권

(NSE)의 반송 수표 또는 잘못된 신용카드 처리 등 악성부채비용으로 기록함.

3. 회계담당이 기록하고 현금을 수수하면서, 연방보험기금세$^{FICA\ taxes}$를 금전등록기에 입력한다.(통상적으로 지출되는 공공비용처럼 거의 장부를 검토하지 않음)

4. 회계담당/매니저가 가공 거래처를 만듦

5. 회계담당이 은행 예치를 수일간 지연시키면서 공급을 사적으로 유용함

6. 회계담당이 입금전표에 '현금부족'으로 처리하여 은행에서 현금을 수령함

급 여

1. 유령직원 – 매니저가 그들의 임금대장에 유령직원을 첨가하고 급여를 수령함

2. 매니저가 직원임금대장에 가공의 근무시간을 기재하고 직원 간에 차등분배함

3. 직원들의 근무시간을 부풀림 – 예를 들어, 점심 근무 직원이 저녁 근무 전까지 몇 시간 동안 개인용무로 회사를 떠나 있었지만 외출 확인을 하지 않음

기 타

1. 시외전화 사용

2. 자동판매기의 현금 절취

3. 기름통 전달을 통한 현금 절취

4. 은기물류와 유리잔류, 냅킨, 식탁보 등의 절취

5. 강도가 든 것으로 날조

6. 무료 증정 또는 레스토랑 장식물의 판매(그림이나 조각 등)

7. 봉사료의 절취

8. 절삭기, 세척기, 리넨, 분쇄기 등 바 기기의 절취

9. 바 판매용 담배의 절취

10. 마감시간에 레스토랑으로 되돌아가서 닥치는대로 절취

11. 다른 금전등록기로 교체시, 완전 정산을 하지 않고 차액 절취

12. 매니저의 열쇠를 빌려서 중복 제작하고, 완전 취소 또는 부분 판매 처리함(한 레스토랑은 이러한 경우가 17명이나 발생된 사례가 보고됨)[2]

summary ....
요 약

레스토랑에서 바와 음료 운영은 운영자에게 도전과 기회를 제공한다. 도전은 교육
훈련이나 주류면허로의 전환과 철저한 관리 운영으로 시작된다. 프로그램의 설정
과 유지는 레스토랑의 성공을 위해 중요할 뿐만 아니라 사회적 책임도 따른다. 기
회는 흥미진진한 칵테일의 창조와 음식과 와인의 결합으로 존재한다.

endnotes ....
주

1) Shanni Tayla, webtender.com, 2006. 4. 19.

2) Troy Brackett and Producing Profitable Results, 1999. 11. 11., www.Profitable.
com/results/articles/011.html.

CHAPTER

13

레스토랑 산업에서의 기술

학 습 목 표

- 레스토랑 산업에서 중요 기술의 종류 확인
- 주요 소프트웨어 프로그램 종류의 분류 및 내용
- 레스토랑 장비 선택시 고려사항

레스토랑 산업에서의 기술

　레스토랑 운영자가 ASPs나 WAN, LAN, SAN, VPN, SQL, POS 등으로 알려진 이해하기 어려운 용어를 묻는다면, 당신은 어리둥절한 표정을 짓거나 당신이 알고 있는 레스토랑 기술의 전문용어를 덧붙인 대답을 할 것이다. 우리는 줄곧 부모님들이 운영하던 방식과 담배연기가 밴 고색창연한 분위기를 고수해 왔다. 개인 운영자들은 체인 운영자들이 사용하는 세련된 기술을 필요치 않으며 그럴 여유도 없다. 그러나 개인 레스토랑은 그들에게 유용하고 적합한 기술 프로그램을 간과하기는 어렵다. 본 장은 레스토랑 산업에서 더 나은 형태로 알려진 시스템들을 설명하고 그 적용법을 확인하고자 한다.

　대부분의 레스토랑들은 그들의 기술을 두 영역으로 구분하는데, 전방부서와 후방부서가 그것이다. 많은 시스템들은 운영자들이 두 프로그램을 통한 정보의 투입과 산출을 통해 이들을 종합한다.

후방부서의 기술

　후방부서back-of-the-house 또는 *back-office*의 레스토랑 기술은 구매와 재고관리, 메뉴관리, 인건비와 기타 원가관리, 팁 보고, 식음료원가율, 인사관리, 재무보고 등 생산관리시스템이 고려된다.

구매와 재고관리　생산관리는 재고조사 주기의 각 단계를 통한 제품 추적과 어느 재고품목이 평균재고수준 이하로 떨어져서 재주문에 들어갈 때 자동적으로 매니저에게 확인된다. 조리표recipe 상의 재료는 구매비용과 판매가격으로 원가계산된다. 어떤 품목의 구매단가가 증가하면, 이러한 정보를 산입하여 새로운 판매가격을 설정할 수 있다. ChefTec과 ChefTec Plus와 같은 소프트웨어 솔루션은 판매자의 온라인 발주시스템을 통한 수입구매와 함께 기존의 구매가격과 구매명세서 가격을 비교할 수 있는 옵션이 포함된다. 또한, 소프트웨어는 사용자 지정 평균 수준에 맞춰 레스토랑에서 자동 발주가 가능하며, 세부 구매, 입찰, 신용 등의 주문제작도 가능하다. [그림 13-1] 참조.

　ChefEx라고 불리어지는 Sysco에 의해 제공된 새로운 서비스는 독특성과 부패성 또는 판매 규모 때문에 창고에 저장할 수 없는 상품 목록이다. ChefEx

는 전국적인 소규모 장인 생산자에 의해 제공되는 상품을 요청하는 고객의 수를 증가시켰다. 주문은 평범한 방법으로 진행되고, 품목은 레스토랑으로 직송되기에 그들은 창고를 이용하지 않는다. ChefEx는 www.chefex.com에서 찾을 수 있다.

재고관리　　후방부서back-office 시스템은 재고상황의 신속한 기록과 새로운 추가 저장품의 편리한 공간확보를 통해서 재고관리를 돕는다. 계산은 신속히 이루어지고 재무일지가 누적된 총합과 함께 각 항목별로 정리된다. 재고상황이 재주문

Date: 11/6/2007
Time: 10:42 AM

버섯을 채운 시금치 파스타 크레이프
조리매뉴얼 소프트웨어 서비스

Categories Cycle 1, Main Course, Pasta/Rice
Tools French Knife
Locations
Plate/Store

생산	24	ea	준비 조리사	
1인분	3	ea	마무리	
고객수	8		선반	

식재료			Cost	%of Total
1	lb	파스타	$0.95	10.6%
0.75	lb	버섯 두욱셀	$1.41	15.7%
1.5	cups	벨루테 소스	$0.60	17.9%
1.5	cups	싱글크림	$0.63	7.0%
5	ea	토마토	$2.08	23.2%
1	cup	케이퍼	$2.29	25.5%
			$8.97	

	1인분	앙트레 레시피
Cost	$1.12	$8.97
Price	$3.44	$27.53
[%] Cost	32.6%	32.6%
Margin	$2.32	$18.56

○ 그림 13-1 외식사업 운영을 위한 소프트웨어 솔루션인 ChefTec은 조리표와 메뉴 가격결정, 재고관리, 영양분석 프로그램을 보유하고 있다. *Culinary Software Services, Inc.*의 Copyright @ 1995–2006. 모든 권리는 저작권자에게 있음.

Date: 11/6/2007
Time: 11:08 AM

버섯을 채운 시금치 파스타 크레이프
조리매뉴얼 소프트웨어 서비스

Author
Categories Cycle 1, Main Course, Pasta/Rice
Tools French Knife
Locations
Plating

			준비
생산	24	ea	조리사
1인분	3	ea	마무리
고객수	8		선반

영양요소

제공 크기 3개
회당 8접시 제공

회당 제공량
지방 125칼로리가 포함된 전체 397칼로리

	1일권장량 비율(%)
총지방 14g	21%
포화지방 6g	29%
콜레스테롤 139mg	45%
나트륨 105mg	4%
총 탄수화물 55g	18%
식이섬유 4g	17%
단백질 13g	
비타민A 22%	비타민C 38%
칼슘 7%	철 23%

*1일권장량 비율은 2,000칼로리에 기준하고 있음

○ 그림 13-1 (계속)

Date: 11/6/2007
Time: 12:04 PM

전 식재료 원가율
조리매뉴얼 소프트웨어 서비스

기준일: 4/1/2007　마감일: 4/15/2003
매출: %5,342.25
원가산출도구: 이론적 재고
플레이트 부서/ 저장부서

육류

항목	단위	원가	원가율(%)
등지방	lb	$4.80	0.1%
베이컨 지방	lb	$2.98	0.1%
베이컨(비스듬히 썬)	lb	$5.16	0.1%
베이컨(평편한)	lb	$2.86	0.1%
베이컨(슬라이스)	lb	$37.60	0.7%
소뼈	lb	$3.00	0.1%
소 가슴살	lb	$4.75	0.1%
소 갈비 109호	lb	$35.70	0.7%
립아이 무뼈(립온)	lb	$559.44	10.5%
안심 무뼈(1×1)	lb	$41.65	0.8%
상부 엉덩이	lb	$8.89	0.2%
어린양 등심	lb	$17.34	0.3%
어린 양갈비	lb	$224.35	4.2%
어린양 정강이	lb	$13.76	0.3%
돼지 어깨살(무뼈)	lb	$13.47	0.3%
돼지 갈비살(센터컷)	lb	$78.75	1.5%
돼지등심(무뼈)	lb	$10.49	0.2%
훈제 돼지등심	lb	$54.75	1.0%
돼지 정강이	lb	$1.21	
프로슈토햄	lb	$2.20	
소시지, 앙두이으 소시지	lb	$4.80	0.1%
	총원가:	$1,127.94	
	총매출:	$5,342.25	
	식재료원가율(%):	21.1%	

○ 그림 13-1 (계속)

시점에 도달하면 소프트웨어 프로그램이 가동된다. 시스템에 신메뉴가 첨가되면 가격인상을 고려하여 원가와 가격이 산출된다.

주방 영상시스템

효과적인 주방배치는 고객만족의 보장과 깊은 관련이 있다. 주방영상시스템 Kitchen Display System(KDS)은 효율적인 주방 경영과 관리에 대한 실시간 정보를 시각적으로 제공한다. 신뢰에 반하는 이러한 시스템은 요즈음 패스트푸드점이나 캐주얼레스토랑 보다는 좀더 고급스러운 레스토랑에 설치되고 있다.

POS point-of-sale 시스템으로 완전히 통합되어 이해하기 쉽고 도식화된 소프트웨어 방식은 주방이나 조리준비구역에 편리하게 설치된다. 모든 주방직원들에게 보여줌으로써 준비가 필요한 음식의 주문과 신속한 서비스를 위한 적절한 순서를 모니터할 수 있도록 도와준다. 이는 각 테이블 상태에 대한 피드백을 제공하고 경영보고상의 서비스 횟수를 집계하여 준다. 주문 준비의 특징으로는 준비시간이 초과하게 되면 표시되는 칼라경보를 포함하고 있다는 것이다. 이는 다양한 주문의 표현 선택, VIP에 대한 아이콘 표현, 바쁜 시간의 주문 또는 취소, "하루종일 all day", "주문 완료 order done", "재주문 order recall" 등의 영상기능을 포함한다. 심지어 영상은 비디오와 요리코스의 이미지도 재생가능하다. 획득가능한 통계와 보고는 고객별 점검과 테이블에 대한 서비스 시간, 다양한 준비구역에서 각기 다른 코스로 전달되는 평균 준비시간, 그리고 주방업무에 대한 보고를 즉각적으로 제공한다.

호출시스템을 포함한 영업장 운영처리에 있어 주방시스템의 끝과 끝이 화면으로 연결되어 주방의 의사소통을 원활하게 해준다. 레스토랑이 풀서비스이든, 한정서비스이든, 퀵서비스이든 더 많은 시간을 고객에게 초점을 맞추어야 하고, 매니저는 즉각적인 주의가 요청되는 주방에서 발생되는 문제들을 파악할 수 있게 된다. 이 장치는 음식을 주방 밖으로 신속히 이동시킬 수 있도록 도와주며, 음식의 재가열 방지와 인건비의 감소, 그리고 더 나은 고객관계 rapport를 구축해준다.

Silver Diner의 정보기술이사인 Mike Snow는 말한다. "KDS(주방영상시스템)의 변경사항 modifiers과 특별 지시사항들이 더 분명하게 제시되었기 때문에 우리는 재조리의 횟수를 감소시킬 수 있었다." KDS를 설치하기 전에는 우리가 준수해야 할 제공시간^{ticket times}을 알지 못했다. KDS는 당신에게 메뉴의 조리 시간과 제공 시간에 대한 정확한 정보를 제공해 준다."

식재료 원가계산　식음료 원가율을 계산할 때 휴대용 기기(PDA)로도 재고량을 입력할 수 있다. 레이저 바코드 스캔 장비는 재고조사 과정을 신속히 진행시키고 더 정확하게 계산해준다. 자료가 시스템에 입력될 때, 변경된 보고자료가 만들어지고, 어떤 유의한 변화 요인이 조사된다. 기술적 개선은 레스토랑의 식음료 원가계산에 소요되는 시간을 1/3로 줄여주면서 더 정확한 결과가 가능하도록 만들어 주었다.

ChefTec과 ChefTec Plus 소프트웨어 기술은 조리표와 메뉴 원가, 재고관리, 영양분석 등의 프로그램을 통합한다. [그림 13-2 참조]. 조리표와 메뉴 원가 프로그램을 통해서 원가와 계량, 조리표의 무한한 저장이 가능하다. 또, 조리표와 메뉴의 1인분 또는 산출원가를 즉시 분석하고, 가격 업데이트, 모든 조리표의 재료 변경, 전 연회 또는 출장연회의 원가, 정확한 연회 제안가의 계산, 준비과정과 교육훈련의 비디오자료 첨가, 그리고 서비스의 일관성 유지를 위해 접시 정리와 테이블 세팅의 사진도 첨가가 가능하다.

재고관리 특징들을 살펴보면 식음료 원가의 상승을 자동적으로 추적하고, 구매 또는 제시에 대한 거래처 가격의 비교, 송장 입고, 구매와 가격 변동, 제안가, 신용도에 대한 보고서 작성, 그리고 다른 언어로 표기된 식재료목록 등도 추적이 가능하다는 것이다. ChefTec은 PDA를 사용한 재고품의 청구도 가능하도록 설정되어 있다.

몇몇 구매와 주문에서의 특징으로는 평균재고량에 근거하든지, 최저가 또는 최저 제시가에 근거하든지, 그리고 다수의 판매처 또는 단일거래처에 따른 주문의 발생도 해결할 수 있다는 것이다.

영양 분석은 영양적 가치, 특별 아이템들을 추가하고 그 아이템의 영양적 가치를 산출하는 능력과 '영양성분' 내용을 밝혀줄 능력에 대한 신속하고 정확한 분석의 특징을 갖추고 있다.[1]

메뉴관리　식재료 원가계산과 메뉴관리는 명확히 연결되어 있다. San Diego에 본사를 두고 Arby's 60곳 매장과 Baja Fresh 5곳 매장을 운영하고 있는

ChefTec

재고 보유량
조리메뉴얼 소프트웨어 서비스

재고조사일: 4/15/2007

육류

항목	단가/단위	기초량	구매량	판매량	생산	생산사용	이론적 재고	실제 재고	실제 사용	폐기	축소	문제점
등지방	$0.60lb	20	25	8			37		45		37	Open amount is theoretical
베이컨 지방	$0.60lb	35	35	5			65	7	63		58	Open amount is theoretical
베이컨(비스듬히 썬)	$2.58lb	15	15	2			28	2	28		26	Open amount is theoretical
베이컨(얇게편한)	$2.15lb	15	15	1			28.67	1	29	33	26.67	Open amount is theoretical
베이컨(습슬라이스)	$0.80lb	15	15	47			-17		30		-17	Open amount is theoretical
소폐	$0.50lb	30	10	6			34		40		34	Open amount is theoretical
소 가슴살	$0.53lb	64	100	9			155	7	157		148	Open amount is theoretical
소 갈비 109호	$7.14lb	64	50	5			109	1	113		108	Open amount is theoretical
립아이 무뼈(립온)	$6.66lb	28	28	84			-28	5	51		-33	Open amount is theoretical
안심 무뼈(1×1)	$5.95lb	2	10	7			5	10	2		-5	Open amount is theoretical
상부 엉덩이	$1.78lb	15	47	5			57	5	57		52	Open amount is theoretical
어린양 등심	$8.67lb	22	22	2			42	4	40		38	Open amount is theoretical
어린 양갈비	$14.96lb	6	6	15			-3	5	7		-8	Open amount is theoretical
어린양 정강이	$3.44lb	34	34	4			64	4	64		60	Open amount is theoretical
돼지 어깨살(무뼈)	$1.05lb	60	60	3		7,692	107,169	105	15	2,138	2,169	Open amount is theoretical
돼지 갈비살(센터컷)	$3.75lb	10	10	21			-1	3	17		-4	Open amount is theoretical
돼지등심(무뼈)	$1.31lb	40	40	8			72	52	28	20	0	pen amount is theoretical
훈제 돼지등심	$1.05lb	72	72	52			92	20	124		72	Open amount is theoretical
돼지 정강이	$1.21lb	30	30	1			59	4	56		55	Open amount is theoretical
프로슈토햄	$2.20lb	25	25	1			49	4	48		47	Open amount is theoretical
소시지, 앙두이으 호시지	$1.60lb	25	25	3			47		50		47	Open amount is theoretica
		674		289					1,064		764,839	

그림 13-2A ChefTec의 재고관리 프로그램은 레스토랑 운영자의 많은 특성을 나타내고 있다.
Culinary Software Services, Inc.의 Copyright @ 1995–2004. 모든 권리는 저작권자에게 있음.

● 그림 13-2B   재고품
요약

Date: 11/6/2007
Time: 11:48 PM

Inventory Extensions Summary
Culinary Software Service

Inventory Date 4/15/2007

Accpimt Category	Extension
Cheese	$169.98
Dairy	$55.55
Dry Good	$79.46
Fish	$93.97
Meat	$338.03
Poultry	$74.11
Produce	$372.56
Total	$1, 483.66

Cambridge Investment사가 그 좋은 예이다. Cambridge Investment사는 매니저의 제품 구매를 평가하고, 제안된 조리표와 가격변동을 검정하고, 그리고 식재료 사용에서 계획과 실제가 어떤 차이가 있는지 비교해줄 MenuLink를 사용한다. 메뉴 관리의 기능은 주문자가 가장 능률적으로 일할 수 있도록 도와주는 것이다. MenuLink의 사용 이후, 식재료 원가의 2% 감소와 인건비 절감의 결과를 가져 왔다.[2]

최근에 MenuLink는 원재료 자동전달자[Automated Raw Material Transfer]라고 불리어지는 일종의 후방부서지원[Back Office Assistant]기능이 새롭게 개발되었다. 한 업장이 다른 업장으로부터 식재료를 차용하고자 할 때, 그 ARMT 프로그램이 가동된다. 이러한 새로운 특성은 수령 업장에서 식재료가 전산주문과 송장의 인수가 가능하기 때문에 식품거래처로부터 구입된 것처럼 동일한 방법으로 ARMT 프로그램이 가동되도록 만들어준다.[3] 이전에는 이러한 전달이 수동으로 진행되었지만, 새 기능의 개발로 인해 대부분의 수작업이 필요 없게 되었다.

노무관리   **노무관리** 시스템은 전방부서와 후방부서 양측 직원 근무시간 모두와 접속하며, 인적자원관리도 동시에 연동된다. 노무관리 시스템은 지원서(요즘은 인터넷이나 통신으로 가능하다)와 채용, 직원 정보, 취업비자(I-9 status),

납세실적, 적합성, 휴가와 수당 정보 등이 점검되는 구성단위로 되어 있다. 또한, 이 시스템은 각 식사시간 동안 예산되는 영업규모에 기초한 일과표를 보여주며, 매니저는 원가관리를 감안한 일과를 점검한다. 실제 근무상황이 기록되고, 팁 관련 자료도 입력되고, IRS 지침에 따라 차후 보고된다. 급여 규모와 급여 계산이 이루어지며, 메일로도 확인할 수 있다.

윈도우 프로그램에 따른 근로 일정표 작성자 프로그램은 레스토랑 운영자들이 최대한으로 통제 가능한 비용의 처리를 더 용이하게 만들어준다. California 주 Emeryville의 Constellation Concepts 특별 프로젝트 감독인 John Gloe는 말한다. "당신이 그 비용의 처리를 원활하게 해결하지 못한다면, 당신의 손익계산서에 큰 흠집을 남길 것이다."

Commeg Systems(www.commeg.com)의 TimePro는 시간과 출근상황, 스케줄 특성을 보여준다. 매니저가 한번 스케줄 작성을 완료하면, 직원은 매니저의 승인 없이 10분을 앞당기거나 또는 5분을 늦추는 조정을 할 수가 없다. 이는 이른 방문의 고객처리 문제와 후방에서 발생하는 사적인 문제를 예방할 수 있다. 명백하게 일정은 예상 고객과 예상 매출에 조정되어 있다. 이는 주마다 같은 일정의 반복을 방지하는데 효과적이다. 그렇게 함으로써 두 가지의 판매 시기가 동일하지 않기 때문에 인건비 예산과 고객비용 중 한 요소는 힘들어질 것이다. 예상수치는 실제 수행으로 점검되는데, 두 수치는 영업종료 시점에서 예상과는 다르게 나타나고, 다음 주의 예상수치를 수정하도록 만들어준다. 이는 중요한 수행으로서 예산 절감뿐만 아니라 매니저가 고객만족에 주력할 수 있도록 한다.

정통한 경영자들은 다음 주와 4주간의 매출을 추정하고, 예산과 추정매출을 비교하고, 매일 그 내용을 업데이트한다. 매니저들이 빈번하게 상여금 계획을 수립하고 인건비를 충족시키려는 것은 프로그램의 중요한 부분이다.

재무보고   전방부서와 후방부서 시스템은 메인서버로부터 데이터 전송을 통해 시 접속된다. 손익계산서, 비용과 변수, 일일보고서, 그리고 대차대조표는 소프트웨어 프로그램에서 지원된다. 이 기술의 장점은 실시긴으로 정보가 제공되기 때문에 관리자가 신속하게 의사결정할 수 있도록 도와준다는 점이다. 신속한 의사결정은 매니저가 레스토랑의 '상황을 잘 파악하도록keep their fingers on the pulse' 해준다.

전방과 후방부서 시스템이 접속되면, 서비스 시간과 POS 식재료 원가, 인건비, 그리고 방문고객 수의 점검 관리가 용이하게 된다. 이러한 정보들을 통해서 매니저는 더 많은 정보에 근거한 의사결정을 할 수 있다.

E-러닝   E-러닝^{E-learning}으로 알려진 컴퓨터를 이용한 교육훈련은 인터넷 또는 인터넷 사이트 소유자를 경유하여 전달되며, 직장에서의 지식을 확장시켜 준다. Darden Restaurant의 매니저와 시급사원들은 새로운 소프트웨어를 학습하기 위해 E-러닝을 사용한다. Fortune의 1천개 회사 중 약 85%가 유용한 E-러닝 계획을 이미 실행하고 있다. 미국내 1,200개 점포에서 13만명 이상을 고용하고 있는 Darden Restaurant은 최근 Darden의 인터넷 사이트를 통해 직원이 편익과 기타 정보를 접할 수 있는 PeopleSoft 소프트웨어를 도입했다. 교육훈련은 손쉽게 온라인으로 검색할 수 있는데, 예를 들어, 접시에 재료들이 어떻게 보기 좋게 차려져야 하는가 하는 것들이다.

직원들에게 이러한 소프트웨어 사용법의 교육훈련은 획기적인 발전을 가져왔다. 최근까지만 해도 교육훈련 과정은 매뉴얼로 장황하게 설명되어 있었다. 이제는 훈련의 대부분이 클릭 한번이면 되는 온라인으로 가능하게 되었다.

NRA 교육재단은 ServSafe Food Safety Training과 ServSafe Manager Certification Online Course 등 여러 온라인 과정을 보유하고 있으며, Responsible Alcohol Service Program인 바 코드^{Bar Code}과정도 있다. 모든 전방부서 직원들은 Bar Code 과정을, 모든 후방부서 직원들은 ServSafe 과정을 교육받아야 한다.

전방부서의 기술

전방부서^{front-of-the-house}의 기술은 POS^{point-of-sale} 시스템과 무선 휴대장비가 기본이 되고 있다.

POS 시스템   최근 경영자들은 좋은 POS 시스템이 사업 운영에 필수적이라는 것을 알고 있다. 기술혁신은 더 빠르고, 더 멋있고, 사용이 더 간편해지고, 더 신뢰할 수 있는 POS 시스템의 생산을 가져 왔다.

오늘날 점점더 경쟁적으로 변화하는 외식산업에서 품질이 우수한 POS 시스템에 대한 투자는 운영비용의 기본요소가 된다. 대다수 운영자들은 "POS의 투자로 어떻게 최대한의 능력을 끌어 올릴 수 있는지, 운영방식을 개선시킬 수 있는 다른 기술은 더 없는지?" 묻고 있다.

다행스럽게도 현재는 찾을 수 있는 최상의 해결책이 원하는 형태로 디자인되고 있다. 최근의 POS 시스템은 전체고객 경험, 홀과 주방 운영, 관리부서 시스템, 사업정보, 그리고 충성고객관리 프로그램에 대한 향상된 관리기능을 가진 지원과 도구의 두 가지 기능을 담당한다. 나아가, 이러한 각각의 해결책은 독립사업체 또는 거대 체인기업에도 적합한 완벽한 기업 해법으로 통합될 수 있다.

다음은 최근의 레스토랑 기술 경향에 대해 언급하고 있다.

POS 장치는 이제 레스토랑에서 없어서는 안 될 일꾼이다. 그렇지만 이 장치는 매일 레스토랑에서 수행되는 모든 사항들에 대한 정확한 처리력을 포함하여, 주문 내용과 고객 관련 사항들을 효율적으로 입력할 수 있는 다양한 기능을 필요로 한다.

레스토랑 운영자들은 최근의 조건에 부합하는 POS 장치를 점점 더 요구하지만, 확장과 적응에 대한 여지를 남겨두고 있다. 즉 윈도우가 내달 또는 내년에도 리눅스(Linux, PC용 UNIX 호환 운영 시스템)가 되기를 원한다. 대부분의 운영자들은 자신의 POS 장치로 충분하다고 생각하지만, 곧 그들은 웹을 통한 원격 장치를 원하게 된다.[5] 운영시스템과 주변시스템, 응용프로그램의 선택을 위한 POS의 선두주자인 개방형 플랫폼 구성open platform architecture 운영시스템이 레스토랑 운영자들에게 더 탄력적인 관리가 가능해지도록 도와준다. 반면에, 개선된 디자인은 유휴공간을 감소시키고 신뢰성을 제고시킬 것이다.

▌ 테이블 관리

고객경험은 고객이 영접받는 시점부터 시작해서 레스토랑을 떠날 때까지 계속된다. 그들은 좌석에 앉아서 테이블서비스를 받는 내내, 그리고 요금지불에 이르기까지 전 과정에 걸쳐 의식적이든 무의식적이든 레스토랑에 대한 의견을 형성한다. 능률성, 일관성, 정확성은 고객 기대를 충족시키고 동시에 서비스 속도를 개선시키는 성공적인 핵심목표가 된다. 이는 좌석회전율을 높이고 매출과 이익을 증대시켜준다.

상당히 발전된 테이블관리 소프트웨어는 레스토랑의 필수적인 기능을 세심하게 통제해 준다. 레스토랑은 사용이 편리한 자동화를 통해서 시간에 민감한 고객들의 요구에 따라 예약과 대기시간 문제를 함께 통합하여 손쉽게 처리할 수 있다. 소프트웨어는 자료의 획득과 계산을 원활하게 하고, 더 정확한 식사제공 시간과 최종적으로 테이블을 떠나는 시간을 결정해 줌으로서 이러한 것들을 가능하게 만든다. 흡연석/금연석과 좌석 위치를 포함한 고객선호도는 역시 자료 획득 모듈^{data capture module}로 구축된다.

테이블 관리 솔루션 역시 무선호출기의 사용을 통해서 정확한 형태로 구체화된다. 영접직원은 버튼을 눌러서 페이저의 진동이나 반짝임, 음성 메시지 등을 통해서 고객에게 테이블이 준비되었다는 사실을 알려준다. 매니저 역시 VIP 서비스와 같은 중대한 상황에도 대처가 가능하다. VIP 고객이 레스토랑을 방문했을 때, 테이블세팅이 완료되어 착석이 가능해지면 페이저를 통해 즉시 통보가 가능하다.

관광산업과 소매업의 정보시스템 공급의 선두주자인 MICROS Systems사의 레스토랑 개발담당 부사장 Ed Rothenberg는 "테이블 관리, 대기자 명단, 예약 등과 같은 사항에 대한 전통적인 방식은 필기도구를 사용하는 것이다. 하지만 기술의 사용으로 레스토랑은 POS를 이용한 더 정확한 실제 데이터를 활용하게 되었다."고 말한다. 그는 이러한 해결책이 정확한 대기시간의 적용, 예약 과정에서의 실수 여지의 감소, 웹사이트를 통한 예약의 증가, 고객의 첫 방문에서부터 지금까지의 모든 이용 기록 등을 통해 매우 높은 수익을 가져다준다고 믿는다.

테이블에서의 계산

고객들의 신용카드 사용에 대한 보안 위험이 매우 중요한 고려요인이다. 미 연방거래위원회^{Federal Trade Commission}의 '소비자 기만 및 명의도용 민원^{Fraud and Identity Theft Complaint Data}' 보고서는 2005년 신용카드 사기의 26%가 가장 평범한 형태인 명의 도용의 형태로 나타났다고 보고하고 있다. 레스토랑 산업도 일반 소매업자와 마찬가지로 고객의 시야 밖으로 신용카드를 가지고 가서 결제를 도와주는 방식이 아닌 지불방식을 취하고 있다. 즉 테이블 지불방식이라 부르는 이러한 선택방식은 새로운 레스토랑 기법의 중심이 된다.

고객이 음식값을 지불할 때 스스로 계산서를 확인하고, 팁을 포함하여 카드를 긁고, 영수증을 출력할 수 있는 휴대용 기기^{handheld device}를 서버가 제공한다. 최근 기술제공자들은 많은 고객들이 선호하는 안심 PIN(개인고유번호^{personal identification number})으로서 신용카드 대신 직불카드 사용을 허용하는 기기로 디자인하고 있다. 테이블 지불방식은 고객으로 하여금 지불과정을 관리하도록 하며 은폐의 위험을 감소시켜준다. 일반적인 신용사기는 서버가 고객의 카드로 정산을 할 때 발생하고 마그네틱에 입력된 암호화된 정보를 읽어내는 기기를 통해 진행된다. 고객은 자신의 카드 정보가 도용당했다는 사실을 모른 채 카드를 서버로부터 돌려받게 되면, 서버들은 요금계산시 고객을 기만하기 쉬워진다.

테이블 계산은 고객에게 두 가지 장점이 제공된다. 보안문제에 대한 염려가 소멸되고, 서버를 기다리지 않고 좌석에서 계산이 가능하기에 신속하게 레스토랑을 떠날 수 있다. 이는 전반적인 고객경험을 더해줄 뿐만 아니라 레스토랑의 회전률을 제고시키고 신속한 서비스를 가능하게 해준다. 경영주는 특히 경로상의 비용이 감소되기 때문에 직불거래를 통한 재무수익의 혜택을 획득할 수 있다. 메릴랜드 주 Gaithersburg 시의 Potomac Pizza 경영주인 Adam Greenberg는 최근 '테이블 계산' 장비에 투자하면서 "고객의 시간과 서버의 시간을 단축시켜줄 것이다."고 말한다.

ASI는 활용하기 쉬운 교육훈련 방식과 함께 유명한 Restaurant Manager POS([그림 13-3] 참조)를 보유하고 있다. 이는 Restaurant Manager POS와 Wright-On Handheld POS system 간의 유연한 통합이 가능한데, 서버가 고객 주문을 간단히 메모하여 첨필로 가볍게 두드려 주방으로 전송하는 것을 의미한다. 또한 Wright-On Handheld POS는 와인리스트와 오늘의 특별메뉴, 조리표 등을 서버들이 쉽게 알 수 있도록 도와준다.

Handheld 시스템은 서버가 각 주문을 두 번 기록하지 않도록 하면서 더 빠른 좌석회전을 가져와 상당한 레스토랑 수익을 제공해준다. 다른 장점으로는 서버가 요리 온도 또는 샐러드드레싱 같은 세부적인 부분을 다시 묻는다든가 하는 실수를 줄여준다. Handheld 시스템은 서버가 1번 끄넘부터 시작하여 테이블을 돌아서 받은 주문내용을 시스템에 신속하게 입력할 수 있으며, 특정상품을 주문하는 고객을 추적하는 것이 편리하게 만들어져 있다. 이는 바쁜 저녁시간에 요리 공급담당이 필요로 할 때 특히 유용하다. 또한 이 기능은 주문이 합산된 이후라 하더라도 개별 계산서도 간단하게 제공할 수 있다. Handheld의 다른 특징은 서버는 모든 메뉴가 그들의 손바닥 내에 있기 때문에 더 많은 상품을 권유판매하거나 추가판매하기가 쉽다. 고정된 설비인 POS 구역으로 갈 필요 없이 두 번째 주문을 진행하고, 판매완료된 메뉴의 확인을 위해 주방으로 점검할 필요가 없다.[6] 만약 상품이 판매완료 되었다면, 그 장치의 화면에 나타날 것이고 서버는 즉시 알게 될 것이다.

○ 그림 13-3 레스토랑 상품에 대한 Aloha의 유명한 POS 시스템에는 레스토랑을 보다 효율적이고 효과적으로 만들어주는 여러 프로그램을 제공하는 테이블서비스를 포함하고 있다.
Aloha Technologies 제공

　　Restaurant Manager 시스템은 바-코드 스캐너, 현금 인출, 동전 배분, 발신자 ID 장치, 고객용 화면, 직불카드 인식기, 지문 인식기, 주방용 화면장치, 주류관리 장치, 카드 마그네틱 인식기, 주문확인용 화면, 인쇄출력기, 저울, 비디오 이동모니터를 포함한 주변장치의 전반적인 보완을 가져 왔다.

▌웹에 근거한 기업 포털사이트

　　레스토랑 산업의 기술제공자들은 전방부서 운용을 위한 해결책을 지속적으로 생산하고 있으며, 후방부서를 위한 해결책도 구축하고 있다. 더 자세한, 정확한, 실시간 계량의 요구는 레스토랑 운영자들이 더욱 신요미게 요구하는 사항이다. 오늘날 이러한 영역의 발전은 웹에 근거한 기업의 솔루션으로서 설치되고 있다.

　　인터넷 포털사이트의 기본적인 역량은 독립경영점이든 체인경영점이든 간에 상당한 장점이 제공되는 응용프로그램의 집중에 있다. 내용이 풍부한 포털은 데이터 저장과 재고관리, 메뉴 및 가격분석, 손실방지와 같은 분야를 위한 단순 관리 도구로 접근할 수 있도록 제공해준다. 완전한 보고 형태를 갖춘 선물용 카드와 누적포인트 프로그램을 설정하고 관리하는 능력이 이러한 기술의 핵심적 특징이다.

선물용 카드와 충성도 프로그램

고객관계경영(CRM)은 레스토랑 산업에서 더이상 새로운 것이 아니다. 하지만 단독경영점이 필요한 구성요소를 한 가지 가치 있는 CRM 솔루션에 결합시킬 수 있는 능력이 최근에 개발되었다. 고객 데이터베이스 구축과 전망, 충성도 캠페인, 일반적 고객관리에 대해 상당히 달라진 혁신적 접근과 더불어 통합된 CRM 솔루션이 고객활동을 360도 관점으로 전달해준다. 전반적인 활동은 중앙 데이터베이스로부터 추적되고 통제된다. 레스토랑 운영자들은 매우 빈번한 소비패턴을 가진 고객들을 인지하고, 가장 유용한 유인기술을 결정하며, 방문이 뜸한 고객과 새로운 접근고객이 얼마나 핵심고객층으로 확산되는가를 측정하도록 해준다. 이러한 분석 형태는 현금충전된 선물용 카드와 누적포인트제 프로그램을 수립하는 도구이다.

NRA(2006 Fact Sheet)에 따르면, 테이블 서비스 레스토랑 운영자의 48%는 선물용 카드gift card가 2006년 총매출의 상당 비율을 나타낼 것이라고 예상한다.[7] 선물용 카드는 레스토랑의 매출 증대를 가져올 것이다. 흥미로운 예는, 스타벅스 "Duetto" 카드와 Visa 신용카드이다. 대부분의 메이저체인들은 선물용 카드를 판매하며, 이는 레스토랑 산업의 중요한 매출재원이 되고 있다.

가장 최근의 CRM 솔루션은 운영자들에게 고정가격이나 현재가격으로 카드를 발행하고, 재충전하고, 충전된 액수만큼 지출하고, 잔액을 다른 카드로 이관시키는 등의 활발한 거래가 이루어지도록 하는 것이다. 또한, 이름과 우편번호와 전화번호로 선물용 카드 계좌를 검색 가능하게 하고, 카드의 발행과 충전을 중앙통제방식으로 운영관리하도록 해준다.

누적포인트 충성도 프로그램point-based loyalty programs을 통해 고객들은 차기 방문시 사용가능한 쿠폰 발행에 의해 보상받을 수 있고, 일정한 포인트가 누적된 고객 계좌를 통해 현금으로도 보상받으며, 현장에서 할인받을 수도 있다. 또한 고객의 등급이 상위 단계로 상향조정되기도 한다.

통합은 당기순이익을 제공한다. 최근 레스토랑 운영자들은 전반적인 운영상 다기능 솔루션으로 통합하기 위한 대안을 보유하고 있다. 이 솔루션의 가장 두드러진 장점은 단독경영점이 자신의 기술과 서비스 원가, 관리 전반에 대한 업무능력을 보유하고 있는 여러 제 3의 경영점들과 동반할 수 있다는 데에 있다. 점포 간의 제휴는 필요 인력의 감축과 낮은 실수율, 더 나은 지식을 제공한다.

아무리 좋은 POS 시스템이라 하더라도 성장을 위한 가능성을 점점 확장하고, 더 강력해지기 위해서는 보완이 요구된다. 테이블 관리, 주방배치시스템, 테이블에서의 정산, 인터넷 기업포털과 같은 솔루션들을 통합함으로써, 레스토랑은 고객만족도와 직원생산성, 운영효율성의 향상을 가져오기 용이하다. 최종적으로는 투자에 대한 긍정적인 보상이 따를 것이다.

고객서비스와 웹 사이트

레스토랑 기술은 테이블과 메뉴, 와인, 서버들의 고객선호를 저장하고 확인할 수 있는 상황까지 발전하였다. 좌석 예약 형태로서 신용카드를 통해 언제든지 인터넷으로도 예약이 가능하다. 특히 대도시에서는 일상적인 업무시간대에도 예약이 가능하다. 영접직원은 좌석이 다시 예약되기 전, 한 시간반 이후라고 확인을 시켜준 뒤에 테이블 배치를 위한 프로그램을 활용한다. 고객 계산시 필요에 따라 여러 사람이 분할하여 지불할 수 있다. 고객청구서에 팁이 포함되더라도 정산이 가능하다.

일부 커피하우스는 고속 인터넷 접속 같은 고객서비스도 제공한다. 스타벅스가 그러한 모임장소가 될 것이다. 모임이 지루해지면, 당신의 이메일을 점검하면 된다. 다른 레스토랑은 고객의 대시시간 난숙을 위해 레스토랑은 페이저의 분실에 대비해서 무선호출기의 사용 대신 무선호출시스템을 활용하는데, 고객이 자신의 이름을 말하면 여직원이 고객의 휴대폰 번호를 물어본다. 이는 "Trinity" 시스템에 해당한다. 좌석이 준비되면, 사전 녹음된 메시지가 고객에게 전달된다. 고객이 레스토랑을 떠나기 전에 피드백을 위해 무선조사가 실시되고, 테이블탑 호출기를 이용하여 고객은 무언가 요구사항이 있을 때 서버를 호출할 수 있다.

레스토랑 웹 사이트는 접근성과 상호작용을 포함하여, 요청과 사용자 친화 디자인, 기능성이 필요하다. Joe Public이 당신의 사이트에 접근을 시도하면, 실패 없이 접속이 잘 되는가? 홈페이지 창에는 도움이 되는 메뉴와 레스토랑 사진, 찾아가는 방법, 주차 정보, 자주 묻는 질문(FAQs), 안전거래서비스가 제공된다. 우수한 웹사이트 관리회사로는 Red Robin, TGI Friday's, Outback Steakhouse, Hard Rock Café가 있다.

Chicago의 첫 타파스^{tapas} 레스토랑인 Café Ba-Ba-Reeba는 훌륭한 메뉴 리스트의 관리를 위해 소프트웨어 프로그램으로 Nextology(www.nextology.com)를 선택했다. 그 레스토랑은 "반드시 예약이 요구되는$^{reservation\ required}$" 조리교실과 와인 테이스팅, 상품 전시쇼와 같은 일련의 특별 이벤트를 실시하고 있으며, 이는 지속적인 업데이트로 제공하는 것이 중요하다. 또한, 특별 메뉴와 메뉴 변경, 고객의 흥미를 유도할 정보들의 목록도 필요하다. 요즘은 온라인에서 이벤트의 예약과 결제가 가능한 사이트도 있다. 또한 즉석에서 정보의 편집과 변경, 업데이트가 가능하다. Café Ba-Ba-Reeba의 총지배인 Michael Cunningham은 레스토랑의 명성과 이미지 때문에 일반적인 웹사이트로 디자인할 수는 없다고 말한다. 요즘 그의 직원들은 전화예약 보다는 인터넷 예약률이 더 높다고 한다.

레스토랑 관리 경보 시스템

MICRO Alert Manager는 예외적인 관리가 가능하다. 시스템은 상태를 감시하고 구축된 표준들을 비교한다. 예외들은 즉시 통일화하고, 주의와 경보는 관리자의 호출기나 PDA, 휴대폰, 이메일로 전달된다. MICRO Alert Manager는 RES라는 상품과 MICRO 보조품인 JTECH에 의해 유용하게 제작된, 앞서 언급한 호출과 의사소통 솔루션 기능을 가진 흥미로운 새로운 통합상품으로 제공된다.[8]

summary

요 약

본 장에서는 레스토랑의 전방부서(FOH)와 후방부서(BOH)의 운영을 위한 기술과 응용프로그램을 검토하였다. POS시스템과 다양한 소프트웨어 프로그램들도 설명 하였다.

endnotes

주

1) www.culinarysoftware.com, 2006. 6. 27.

2) Lisa Terry, "Building a Better Menu," *Hospitality Technology*, www. htmagazine.com, 2006. 6. 29.

3) "MenuLink User Group Is Coming Soon," *The Link* 8, no.1 (2006), www. menulinkinc.com.

4) Curt Harler, "Hard Labor Made Easy," http://htmagazine.com.

5) Adapted from Lisa Terry, "Hard Choices," Hospitality Technology 6, no. 7 (July/August 2002): 16.

6) Restaurant Manager, an ASI Technology, www.actionsystems.com, 2006. 7. 2.

7) National Restaurant Association 2006 Fact Sheet 12.

8) Louise Casamento와의 사적인 서신왕래, Micros Systems, 2006. 7. 7.

레스토랑 운영, 예산과 통제

- 전방부서front-of-the-house 운영 관리 기술
- 후방부서back-of-the-house 운영 관리 기술
- 식음료원가와 인건비 원가 관리방법 확인
- 고객정산 관리 방법들의 토의

레스토랑 운영

레스토랑 운영^{restaurant operations}은 업소의 전방부서와 후방부서로 구분된다. 후방부서, 즉 주방부서는 구매와 검수, 저장, 출고, 조리 준비와 서비스, 세척 영역, 위생, 회계, 예산, 관리 등이 해당된다.

전방부서

전방부서^{front of the house}, 즉 영업장부서는 영접담당과 바텐더, 서버, 버서가 이에 해당한다. 각각의 개점 매니저와 폐점 매니저가 배치된다. 필요하다면 효과적인 고객 응대를 위해 영업장의 구역마다 효율적인 직원들의 분산배치를 위해 오전조^{opener}와 오후조^{swing-shift person}, 저녁조^{closer}로 배정할 수 있다. 고객들은 종종 전화로 예약이나 위치 문의를 하는데, 전방부서 직원들의 대우 태도에 따라 레스토랑의 첫인상이 좌우된다. 도로변에서 고객을 유인하는 요소^{curbside appeal} 또한 첫인상에 영향을 미친다. 멋진 외관적 요소로 인해 고객이 차를 세울 것이다. 건물의 외관과 주차장은 잠재고객에게 중요하다. 입구를 청결하고 깔끔하게 할 것인가, 아니면 담배꽁초나 잡동사니들로 지저분하게 둘 것인가. 청결한 입구문과 온갖 손때가 묻은 문이라면? 영접직원이 환영을 하는가? 이러한 모든 요소들이 레스토랑 첫인상에 중요한 영향을 미친다.

매니저의 가장 중요한 업무 중 하나는 고객의 수요예측과 주방과의 정보공유이다. **고객수**는 전년도 같은 날의 결과와 오늘의 날씨, 요일 등의 요소를 통해 예측된다. [그림 14-1]의 대형 레스토랑 일일매출보고서^{daily flash report}를 보면, 10월 한달간의 일일매출과 전년도 같은 날의 매출 상황을 알려준다. 정확한 기록의 보존은 외식사업의 중요한 업무로서 전년도의 기록은 금년의 계획에 도움을 준다. 월매출누계 등 여러 변수와 더불어 방문 고객수, 평균객단가 등 여러 정보를 제공한다. 수요예측은 적설안 시비스 수준과 직원 수준을 결정하도록 한다. 레스토랑 마다 각기 다른 구성으로 식탁이 배치된다. 임차료가 높은 시역에서는 테이블이 사방 24인치(약 61cm)밖에 되지 않고, 옆 테이블과의 간격도 동일한 폭이어서 서버들은 가끔 팔꿈치가 수프에 젖기도 한다. 최적의 테이블은 2인용

Daily Flash

As of 09/30	Sales To Date 2007 3,852,448.64			Sales To Date 2008 4,105,336.69			MTD 2007	MTD 2008	MTD Variance 2007–2008	YTD 2007	YTD 2008	YTD Variance 2007–2008
	Daily Sales	GST/$CH	Retail	Daily Sales	Gst/$CH	Retail						
01-Oct	5,048.39	357/14.39	88.99	5,923.31	341/18.81	490.58	5,048.39	5,923.31	874.92	3,857,497.03	4,111,260.00	253,762.97
02-Oct	7,416.94	505/14.96	142.70	8,415.06	597/14.87	465.63	12,465.33	14,335.37	1,870.04	3,864,913.97	4,119,672.06	254,758.09
03-Oct	10,436.67	648/16.52	268.89	18,958.86	1089/17.75	374.78	22,902.00	33,294.23	10,392.23	3,875,350.64	4,138,630.92	263,280.28
04-Oct	16,149.93	1048/15.94	558.73	20,744.17	we/1344/15.81	513.93	39,051.93	54,038.40	14,986.47	3,891,500.57	4,159,375.09	267,874.52
05-Oct	19,897.08	we/1348/15.26	673.68	13,074.03	we/896/14.96	333.77	58,941.01	67,112.43	8,163.42	3,911,397.65	4,172,449.12	261,051.47
06-Oct	13,655.00	we/900/15.65	431.06	8,807.25	598/15.19	281.35	72,604.01	75,919.68	3,315.67	3,925,052.65	4,181,256.37	256,203.72
07-Oct	9,439.82	595/16.77	542.42	10,037.79	669/15.73	488.29	82,043.83	85,957.47	3,913.64	3,934,492.47	4,191,294.16	256,801.69
08-Oct	8,714.72	648/13.96	335.88	9,979.03	641/16.13	364.62	90,758.65	95,936.50	5,177.95	3,943,207.19	4,201,273.19	258,066.00
09-Oct	10,105.22	696/14.74	157.95				100,863.77					
10-Oct	9,042.58	637/14.89	442.49				109,906.35					
11-Oct	16,940.07	1126/15.74	785.41		we		126,846.42					
12-Oct	19,019.89	we/1254/15.69	667.20		we		145,866.31					
13-Oct	15,433.36	we/1026/15.57	545.95				161,299.67					
14-Oct	8,469.89	h/r/550/16.11	386.68				169,769.56					
15-Oct	5,073.38	r/355/15.85	554.68				174,842.94					
16-Oct	9,241.20	603/16.07	452.89				184,084.14					
17-Oct	11,505.97	723/16.66	540.74				195,590.11					
18-Oct	17,775.63	1198/15.34	609.30		we		213,365.74					
19-Oct	18,692.93	we/111317.21	453.42		we		232,058.67					
20-Oct	12,137.37	we/850/14.63	301.73				244,196.04					
21-Oct	9,338.07	635/15.18	320.65				253,534.11					
22-Oct	9,752.52	679/14.94	397.92				263,286.63					
23-Oct	9,011.51	599/16.03	590.73				272,298.14					
24-Oct	12,925.34	708/19.12	615.76				285,223.48					
25-Oct	17,504.63	964/18.97	783.48		we		302,728.11					
26-Oct	18,790.51	we/1315/14.72	570.62		we		321,518.62					
27-Oct	13,365.76	we/960/14.29	354.40				334,884.38					
28-Oct	12,104.74	781/15.74	349.72				346,989.12					
29-Oct	8,119.43	556/15.17	316.84				355,108.55					
30-Oct	7,016.80	466/15.37	149.89				362,125.35					
31-Oct	6,425.25	425/15.78	281.74				368,550.60					
Total	388,550.60	13,672.54		95,936.50								

	2006	2007	2008	Average
JAN	265,910.27	277,170.15	267,633.02	270,237.81
FEB	465,575.02	393,856.56	406,657.17	422,029.58
MAR	517,305.12	619,728.81	656,074.68	597,702.87
APR	563,230.27	564,188.03	639,666.97	589,028.42
MAY	471,499.80	482,067.26	556,313.22	503,293.43
JUN	428,233.94	429,103.38	414,830.33	424,055.88
SUBTL	2,711,754.42	2,766,114.19	2,941,175.39	3,312.95

	2006	2007	2008	Average
JUL	427,282.31	447,676.15	487,680.15	454,212.87
AUG	371,443.39	372,076.64	388,821.95	377,477.33
SEP	225,733.12	266,581.66	287,659.20	259,991.33
OCT	307,391.00	368,55.60	0.00	225,313.87
NOV	328,428.24	321,977.07	0.00	216,801.77
DEC	294,560.80	270,770.83	0.00	188,443.88
PTD TOTAL	4,666,593.28	4,813,747.14	4,105,336.69	

그림 14-1 10월 한달 동안의 일매출과 고객수, 평균객단가, 월매출누계, 연매출누계, 그리고 변수, 전년 동일 일자 매출들을 나타내주는 대형 레스토랑의 일일매출보고서

과 4인용 테이블 또는 펼쳤을 때 6인용이 되도록 고안된 것이다. 서버들은 손쉽게 다양한 수의 고객들을 처리할 수 있다. 영업장과 바가 세팅되고 준비가 끝나면, 영업장직원들은 그날의 특이사항 검토와 세심한 부분의 훈련을 위한 긴급 서비스회의를 가지고난 후, 직원식사를 마치고 업무에 들어간다.

영접담당이 고객을 맞이하고, 어느 한 서버에게 집중되지 않도록 섹션별 순환 원칙에 따라 좌석으로 안내한다. 대개 영접담당은 메뉴판을 건네고 담당 서버가 누군지 알려준다. 이따금 고객들은 잠시 기다려줄 것을 요청받는다. 잠시 기다리는 동안 고객이 메뉴를 선택할 시간을 주고, 주방에는 여유를 주게 된다.

고객이 메뉴를 결정하는 동안 서버는 자신을 소개하고, 특선 음료를 설명하며, 음료주문을 받고 음료를 제공한다. 오늘의 특별메뉴가 설명되고 질문에 대한 답변이 진행된다. 메뉴의 설명을 위해 서버는 메뉴에 대한 지식을 가져야 하며, 설명 중에 넌지시 제안메뉴를 판촉할 수 있다.

주문이 이루어지면 주방으로 전달되고 적절한 식기가 고객마다 제공되는데, 수프 스푼은 필요에 따라서 제공되기도 하고 제외되기도 한다. 버서나 서버는 식탁에 빵이나 유사한 음식을 제공한다. 서버에 의해서 음료 주문이 이어지고 제공된다.

○ Anna Maria Oyster Bar에서 고객과 함께 시간을 갖고 있는 Gary
플로리다 주, Sarasota 시 Anna Maria Oyster Bar에서의 Gary Harkness와 John Horn 제공

전채요리가 테이블로 옮겨져, 누가 어떤 음식을 먹을 것인지 묻지 않아도 각 고객에게 정확히 서빙된다. 고객이 식사를 즐기는 동안 고객에게서 눈을 떼지 않고, 동시에 3~4테이블을 주시한다.

주요리가 제공되고 비워진다. 테이블이 정리되고 디저트 식기가 테이블 위에 준비되어 있다면 고객 옆으로 옮겨지고, 디저트 메뉴가 제공된다. 커피와 식후주 역시 제안된다. 마지막으로 계산이 이루어진다.

매니저는 더욱 즐거운 식사 경험이 될 수 있도록 고객과 직원을 어떻게든 도와서 모든 사항이 원만하게 진행되도록 한다. 매니저는 고객이 조만간 지인들과 재방문할 수 있도록 고객과 적절하게 대화의 시간을 가질 필요가 있다.

Union Square Hospitality Group 회장인 Danny Meyer는 그의 레스토랑을 기계로 묘사하고 있다. 청소는 한밤중에 실시된다. 오전 6시, 점심 조리팀이 출근하고 식재료가 인수되면, 조리사는 조리를, 제빵사는 빵을 굽는다. 매니저는 8시반, 서버는 10시 15분에 출근한다. 그 사이, 주방장과 부주방장^{sous chef}은 신선한 식재료의 구매를 위해 시장을 본다. 11시에 모든 준비가 끝나고, 전체 서버와 조리사가 함께 직원식사를 한다. 이 시간에 그들은 서비스 요점과 점심특선에 대해 숙지한다. 11시반에 최종 점검과 유니폼 점검을 마치면, 좌석배치도가 결정된다. 점심 영업 후, 점심 영업의 검토와 저녁 영업 준비에 대한 매니저 미팅이 있다.

저녁 조리팀은 오후 2시반, 저녁 담당 서버는 4시반에 출근하고, 다들 5시에 함께 직원식사를 한다. 특별 또는 특정 서비스에 대한 자세한 사항이 논의되고 난 후 저녁 영업이 시작된다. 매니저는 영업에 대한 사후보고를 듣고 업무일지에 주요사항을 기록한다. 영업장이 한가해질 때 즈음에 매니저와 주방장은 폐점시간을 결정한다. 조장들이 조원들에게 수고했다는 말과 감사의 말을 건네면 오늘의 업무가 종료된다. Union Square Café와 같은 레스토랑의 방문고객수에 대해 당신이 생각해 본다면, Danny Meyer와 그의 동료에 대한 존경심이 매우 커질 것이다.

경영관리에 있어 경영주와 매니저는 레스토랑 성장에서의 끊임없이 많은 도전과 부닥치게 되는 경영요소들을 경험하면서 목표에 도달하고 또는 초과달성하기도 한다. 경영요소에는 계획화^{planning}와 조직화^{organizing}, 의사소통^{communicating}, 의사결정^{decision making}, 동기부여^{motivation}, 통제^{control}가 있다. 목표는 각 **핵심결정영역**^{key}

result area(KSA)에 맞는 구성이다. 예를 들면, 판매목표는 일일 방문고객수와 평균 객단가를 포함한다. 계획 역시 준비된 각 메뉴의 양을 결정하고 메뉴에 곁들여진 특선메뉴에 대한 조리사의 직무를 포함한다.

몇몇 레스토랑은 레스토랑 경영에 도움이 되는 *레드북*^{Red Book}를 사용하는데, 이는 계획에서 통제까지 전 과정에 도움이 된다. 매니저는 판매, 특별사항, 공급업자의 요청, 사직, 해고, 고용, 그리고 영업 중의 돌발사항과 같은 중요한 정보를 *레드북*에 기록한다.

계획의 다른 면은 예를 들어, 주방장은 시간당 인건비와 식재료, 주방재료 구매비를 합산한 38.5%의 총원가를 분석하는 일이다. 또 다른 측면의 계획은 다른 모든 경영요소들을 연계 통합하는 것이다.

일정표와 체크리스트는 레스토랑의 조직화를 돕는다. 리더시트^{lead sheet} 명단은 근무자를 쉽게 파악할 수 있도록 각 근무 조에 직원이 할당되어 편성된다. 내용은 직원명단과 전화번호, 연락이 가능한 파트타이머로 되어 있다. 어떤 섬세한 그리고 특별한 서비스가 수행될 수 있도록 근무 전에 회의를 실시한다. 동기부여를 위해 레스토랑은 때때로 와인이나 칵테일 같은 특별 상품의 판촉을 위한 판매경연대회를 개최하여 DVD에서 TV까지 다양한 부상을 수여하기도 한다. 그러한 경쟁을 통해 직원들은 놀라운 성장을 하게 된다. 통제의 예로, 판매원가를 52% 이하로 유지하면서 판매가 이루어지면 그 결과에 상응하는 보너스를 매니저들에게 지급한다. 판매 총원가에 이러한 보너스를 정해서 판매하는 것은 전방부서와 후방부서 모두에게 적용되는 것이다. 따라서 매니저들은 낭비요소, 구역 통제 등을 주시하게 된다.

몇몇 레스토랑들은 고객을 가장한 체 익명으로 예약하고 식사를 하는 비밀조사요원^{shopper}을 파견한다. 조사요원은 레스토랑에서 [그림 14-2]와 같은 보고서를 작성한다. 보고서에는 레스토랑과 서비스의 모든 영역을 망라하고 있다. 어떤 경우에는 조사요원을 통해 5점 척도로 레스토랑의 평점을 산출하고, 전반적인 결과를 비율(%)로 나타낸다.

업장	업장명	
작성일	9/17/07	
평가자 ID	일자	요일
업장 주소	도착시간	6:10pm
도시명/ 주명	출발시간	7:30pm
전화	총소요시간	$61.18
	고객 분포	#성인 명 #남성 명
		#어린이 명 #여성 명

전화 응대	YES	NO	언급사항
벨이 3번 울리기 전에 전화를 받았는가?	☒	☐	테리는 벨이 2번 울린 후 전화를 받음
고객을 적절하게 환대하였는가?	☒	☐	밝은 목소리로 환대함
고객에게 친화적이었는가?	☒	☐	
당신의 질문에 망설임 없이 대답했는가?	☒	☐	모든 질문에 대답함

환경– 첫인상

	YES	NO
주차장에 쓰레기는 없었는가?	☒	☐
건물 외부는 단장이 잘 되어 있었는가?	☒	☐
조경은 잘 유지되고 있었는가?	☒	☐
출입구 주변에 쓰레기는 없었는가?	☒	☐
대기석은 청결했는가?	☒	☐
창문과 문은 깨끗했는가?	☒	☐
모든 조명등은 제 기능을 다하고 있는가?	☒	☐
조명기구, 팬, 서까래에 먼지는 없는가?	☒	☐
바닥은 깨끗한가?	☒	☐

환경– 식탁 준비

	YES	NO	
좌석은 깔끔하게 정돈되어 있는가?	☒	☐	
식탁은 청결한가?	☒	☐	
의자는 청결한가?	☒	☐	
메뉴판은 청결하고 기름기는 없는가?	☒	☐	
식기는 청결한가?	☒	☐	
조미료통은 채워져 있고 청결한가?	☒	☐	바에 조미료통이 없음
재떨이는 깨끗이 비워져 있는가?	☒	☐	☒ N/A

환경– 분위기

분위기는 적절한가?	☒	☐	
음악수준은 어떠한가?	☒ 훌륭함	☐ 볼륨이 너무 큼	☐ 너무 부드러움
조명수준은 어떠한가?	☒ 훌륭함	☐ 너무 밝음	☐ 너무 어두움
객장 온도는 적절한가?	☒ 훌륭함	☐ 너무 더움	☐ 너무 추움

환경–화장실

화장실은 어떠한가?	☒ Mens	☒ Ladies	
악취는 나지 않는가?	☒	☐	
화장실은 깨끗한가?	☒	☐	
화장지는 적절한가?	☒	☐	
종이수건은 적절한가?	☒	☐ 종이수건이 하나는 홀더에 있고 하나는 비어 있음	

⊙ 그림 14-2   레스토랑 비밀조사요원 보고서

플로리다 주, *Sarasota*시 *Anna Maria Oyster Bar*에서의 *John Horn* 제공

서비스

영접담담- 용모 성명   Carry

요구된 기술(description) 성별: F 머리색: Blonde 머리길이: Shoulder 신장: 5′1′′ 몸무게: 100

	YES	NO	언급사항
직원의 전반적 용모는 단정한가?	☒	☐	검은 탑셔츠에 거을은 바지
직원은 친화적인가?	☒	☐	

영접담담- 서비스

	YES	NO	언급사항
즉각적인 환대를 받았는가?	☒	☐	그녀는 고객석에 앉아 있었으며, 우리가 바에 앉아도 좋은가 라고 물었을 때, "예! 그럼요."라고 대답함
환대는 따뜻하고 친화적이었는가?	☒	☐	
당신은 예상되는 대기시간을 전달받는가?	☒	☐	☒ N/A
그러하다면, 몇분으로 전달받는가?			Minutes
그러하다면, 주어진 대기시간 내에 좌석을 제공받았는가?	☒	☐	☒ N/A
좌석을 선택할 수 있었는가?	☒	☐	N/A
당신의 식탁으로 안내되었는가?	☒	☐	N/A
착석시 메뉴판이 제공되었는가?	☒	☐	N/A
어린이용 메뉴와 크레용이 제공되었는가?	☒	☐	☒ N/A
당신의 서버가 누구인지 전달받았는가?	☒	☐	N/A

서빙담당- 용모   Name   Jim

요구된 기술(description) 성별: M 머리색: Salt/Pepper 머리길이: Short 신장: 5′7′′ 몸무게: 145

	YES	NO	
서버의 전반적 용모는 단정한가?	☒	☐	열대지방풍 셔츠와 거을은 반바지
서버는 친화적인가?	☒	☐	

서빙담당- 서비스

	YES	NO	
적절한 시간 내에 환대를 받았는가?	☒	☐	
환대는 따뜻하고 친화적이었는가?	☒	☐	
음식 제공 전에 식기가 제공되었는가?	☒	☐	
음료는 적시에 제공되었는가?	☒	☐	If NO, how long?
전채요리는 적시에 제공되었는가?	☒	☐	If NO, how long?
주요리는 적시에 제공되었는가?	☒	☐	If NO, how long?
디저트는 적시에 제공되었는가?	☐	☐	If NO, how long? NA
당신의 주문내용과 일치하였는가?	☒	☐	
주문 상품을 제공받고 2분 내에 만족감이 확인되었는가?	☒	☐	
식사를 하는 동안 한번더 만족감이 확인되었는가?	☒	☐	
요구가 없어도 비알콜 음료가 채워졌는가?	☒	☐	
당신의 식탁이 원하는 만큼 존중받았는가?	☒	☐	
테이그아웃 용기가 제공되었는가?	☐	☐	요구하지 않았음
당신의 메뉴에 적합한 테이크아웃 용기가 준비되있는가?	☐	☐	N/A
계산서는 적시에 제시되었는가?	☒	☐	
계산서는 정확했는가?	☒	☐	
계산은 적시에 진행되었는가?	☒	☐	
영수증을 받고 거스름돈을 정확히 돌려받았는가?	☒	☐	

◐ 그림 14-2 (계속)

	YES	NO	Comments
서빙담당– 제안판매			
특정음료를 제공받았는가?	☐	☒	
맥주 주문시 피처로 제안받았는가?	☐	☐	☒ N/A
서버가 특정 전채요리를 제안했는가?			짐은 특별메뉴인 새우요리가 어떤가 하고 말했음
서버가 특정 주요리를 제안했는가?	☒	☐	짐은 메뉴 제안과 다른 메뉴품목에 대한
서버가 커피를 제안했는가?	☒	☐	질문에 응답도 아주 잘했음
서버가 디저트를 제안했는가?	☒	☐	
팀조직– 팀워크			
팀원들이 젊은 고객들을 확인했는가?	☒	☐	
음식 제공시 함께 팀워크를 발휘했는가?	☒	☐	
식탁 정리시 함께 팀워크를 발휘했는가?	☒	☐	
팀조직이 상호작용하고 분위기에 기여했는가?	☒	☐	
팀원 전원이 친화적인가?	☒	☐	
당신의 방문에 감사했는가?	☒	☐	
재방문을 요청받았는가?	☐	☒	우리가 떠날 때는 출구에 아무도 없었음

매니저	성명	관측되지 않음
요구된 기술(description) 성별: 머리색:	머리길이: 신장:	몸무게:

매니저는 객장에서 근무중이었는가?	☐	☒
매니저는 어떤 때에 당신을 환대했는가?	☐	☒
매니저는 고객들과 상호작용을 하고 있었는가?	☐	☒ 우리는 관리영역에서 누구의 활동도 볼 수 없었음

당신의 방문시간 중 부가적으로 상호작용한 팀원을 작성하시오.

위치   성명
요구된 기술(description) 성별: 머리색: 머리길이: 신장: 몸무게:
언급사항

위치   성명
요구된 기술(description) 성별: 머리색: 머리길이: 신장: 몸무게:
언급사항

위치   성명
요구된 기술(description) 성별: 머리색: 머리길이: 신장: 몸무게:
언급사항

비록 그들이 변제할 수는 없지만, 주문된 품목의 목록과 비율을 작성하시오.

메뉴

비율	1-나쁨 전시	2-좋음 맛	3-매우 좋음 온도	목록 영수증 가격	재주문 의도는?
음료					
2-보드카 토닉	☐1 ☐2 ☒3	☐1 ☐2 ☒3	☐1 ☐2 ☒3	8.50	☒ Yes ☐ No
2-커피	☐1 ☐2 ☒3	☐1 ☐2 ☒3	☐1 ☐2 ☒3	3.38	☒ Yes ☐ No
	☐1 ☐2 ☒3	☐1 ☐2 ☒3	☐1 ☐2 ☒3		☐ Yes ☐ No
전채요리					
2-코코넛 새우	☐1 ☐2 ☒3	☐1 ☐2 ☒3	☐1 ☐2 ☒3	11.98	☒ Yes ☐ No
	☐1 ☐2 ☒3	☐1 ☐2 ☒3	☐1 ☐2 ☒3		☐ Yes ☐ No
	☐1 ☐2 ☐3	☐1 ☐2 ☐3	☐1 ☐2 ☐3		☐ Yes ☐ No

◎ 그림 14-2 (계속)

주요리

그루퍼(농어 종류), 포타벨라 버섯요리	☐1 ☐2 ☒3	☐1 ☐2 ☒3	☐1 ☐2 ☒3	13.99	☒Yes ☐No
그루퍼, 디너 튀김요리	☐1 ☐2 ☒3	☐1 ☐2 ☒3	☐1 ☐2 ☒3	11.99	☒Yes ☐No
	☐1 ☐2 ☐3	☐1 ☐2 ☐3	☐1 ☐2 ☐3		☐Yes ☐No

사이드 메뉴

빨간 토마토/마늘 당근	☐1 ☐2 ☒3	☐1 ☐2 ☒3	☐1 ☐2 ☒3	incl	☒Yes ☐No
빨간 토마토/양배추샐러드	☐1 ☐2 ☒3	☐1 ☐2 ☒3	☐1 ☐2 ☒3	incl	☒Yes ☐No
	☐1 ☐2 ☐3	☐1 ☐2 ☐3	☐1 ☐2 ☐3		☐Yes ☐No

디저트

	☐1 ☐2 ☐3	☐1 ☐2 ☐3	☐1 ☐2 ☐3		☐Yes ☐No
	☐1 ☐2 ☐3	☐1 ☐2 ☐3	☐1 ☐2 ☐3		☐Yes ☐No

총 영수액	$53:18
팁	$8.00
총액	$61:18
판매번호	20032
서빙직원 #	Jim
공적으로만 사용가능-변제 총액	$54.27

○ 그림 14-2 (계속)

후방부서

후방부서back of the house는 레스토랑 운영의 '심장'이라고 한다. 레스토랑의 성공은 후방부서의 기능이 얼마나 원활한가에 달려 있다. 주방은 생산의 중심이며, 양질의 음식을 생산하고, 연출하고, 원가 목표에 맞추어 정확히 진행되어야 한다.

특화된 기존 메뉴이든 오늘의 메뉴이든 당일 메뉴를 구성하는 주방장은 다음 날 예상되는 식사 판매량에 충분한 식재료를 확보하기 위해서는 전일 저녁 마감 때에도 재고확인을 해야 한다. 그리고 현장에서 관리직 매니저나 부매니저에게 구매발주를 요청함으로서 완성된다. 주방장은 각 부문별 **생산일지**를 작성한다. 여기는 준비될 품목의 평균재고까지 식재료를 확보하고 제 시간에 전처리가 완료될 수 있도록 필요한 모든 과업을 자세히 기록한다. 프랩 쿠크prep cook가 도착하고 그들에게 역할이 주어지면 표준조리표standard recipe에 따라 예상 고객수에 맞는 다양한 메뉴 품목에 대한 조리가 시작된다. 대부분의 전처리 업무는 이른 아침과 오후 동안에 수행된다.

◐ 훌륭한 근무에 대한 직
원 격려
플로리다 주, Sarasota
시 Anna Maria Oyster
Bar 제공

주방장은 모든 메뉴 품목을 표준조리표에 부합되게 준비하고 모든 라인은 서
비스할 준비를 완료한다. 주방장이나 매니저 둘중 한 사람은 조리과정 중에는
주문과 음식의 신속한 전달과정을 통제하는 차원에서 요청자caller의 역할을 하게
된다. 모든 메모식 주문은 조리사가 정확한 시간에 정확한 음식을 차릴 수 있도
록 쉽게 읽을 수 있고 프린터로 출력이 되어야 한다. 모든 조리직원에게는 적정
타이밍과 음식 표현이 가장 중요하다. 음식은 과다가열이 되지 않도록 적정온도
와 과다조리가 되지 않도록 풍미를 유지할 수 있어야 한다.

서빙이 종료되면 적절히 접시가 빠지고 테이블정리가 이루어진다. 다음 업무
를 위해 전 부서의 평균재고가 점검되면, 주문과 함께 전 부서는 생산스케줄대
로 가동된다. 레스토랑 사업을 원하는 모든 사람들을 사로잡는 매력은 끝없는
도전에 있다. 쉽게 들리겠지만 경험자에게 물어보라 다른 이야기를 들을 수도
있을 것이다. 당일 업무처리가 능숙했던 직원에게 감사의 말을 전하는 것을 결
코 잊어서는 안된다.

원가관리

　　레스토랑 사업에 있어 먼저 누군가 식재료 도난을 막기 전에 식재료 절취 방법을 알아두는 것이 좋다. 레스토랑에는 식음료 품목이 많이 있어서 관리자나 경영주가 각별한 노력을 하지 않는다면 분실의 상황이 발생한다. 만약 부문별 관리를 하지 않을 경우 주방 밖으로 새어나가는 손실을 감수해야 한다. "관리는 다음과 같이 말하는 것과 같다. 즉 코끼리를 어떻게 먹을 것인가의 질문에 적은 양을 자주 먹음으로서 결국은 모두 먹어치울 수 있다. 즉 가랑비에 옷이 젖는 것과 같다." Childs 레스토랑 그룹의 최고운영자^{Chief operating officer}인 Stephen Ananicz 는 다음과 같은 충고를 했다. "원가를 줄이는 경영 보다 매출을 증대시키는 경영을 하라." 최고의 재료를 구매하고 표준조리표를 사용하고, 중량과 갯수를 자주 점검하라. 농산물과 건조품목을 검수할 때 가장 좋지 않은 경우는 책임 없는 사람에게 서명을 맡기거나 박스를 대충 점검하는 것이다. 바닥에 상한 제품이 깔려 있을 수도 있다. 값비싼 품목은 주문대로의 수량, 품질, 무게인지 정확히 확인하라. 박스 밖으로 꺼내어서 그 가격을 지불하기에 문제는 없는지 정확히 점검하라. 과다주문이나 축소주문이 되지 않도록 실제 수요예측된 고객수와 생산하고자 하는 메뉴의 선택에 맞도록 주문하라. 육류와 같은 고가의 품목은 매일 재고조사를 실시하라.

　　ChefTec과 같은 프로그램을 사용하는 것이 좋다. 이 프로그램은 이상적인 식재료원가와 실제 식재료원가를 비교해 주는 식재료 최적화^{food optimization} 프로그램으로 알려져 있다. 내용을 보면, 메뉴상의 모든 품목에 대한 식재료를 통해 산출되는 원가가 계산된다. 하루 영업이 마감되면, 얼마나 많은 품목들이 판매되었는지, 각 품목들의 판매량은 어떻게 되는지를 알려주는 상품믹스^{product mix}가 가동되고, 어떤 음식에 대한 당일의 원가를 알려준다. ChefTec은 또한 원가와 매출, 조리표를 보여준다. 절단과 반죽, 고객맞춤형 활자, 색상, 조리용어 철자검색기를 활용한 조리과정을 알려주고, 일인분과 총생산에 대한 조리표 및 메뉴원가를 즉시 분석한다. 사진과 도표, 비디오, 또는 조리표에 회사 로고 등을 첨부하고, 주방에서 사용하는 부착용 조리표를 인쇄하며, 식재료의 최고 시세와 최근 단가에 기준한 원가를 계산한다. HTML로 조리표를 저장하고, 인터넷을 통해 자료를 공유한다.

ChefTec에는 재고관리를 위해 1,900여종의 식재료 재고리스트를 우선 입력해 두고 있다. 공급자의 온라인 주문시스템을 통해 구매물품을 수입할 수 있다. 구매입찰을 통해 가격을 정하는 공급업자를 추적하고, 구매나 입찰을 통해 공급자의 가격을 비교할 수 있으며, 조리표상 가격 상승의 영향을 즉시 확인할 수 있다. 사용자설정 평균재고 수준에 맞는 주문을 자동화할 수 있다. 구매와 입찰, 신용구매 등의 상세한 내용을 맞춤형 보고서로 제작할 수 있다. 영양 분석 역시 프로그램의 한 부분이다.

식재료원가율^{food-cost percentage}은 적어도 월별로 계산되어야 한다. 다음은 식재료 원가의 계산방식이다.

$$\frac{식재료원가 \times 100}{매출액}$$

품목원가가 1.00달러이고 판매가가 4.00달러이면, 식재료원가율은 1.00÷4.00=0.25×100 곧 25%가 된다. 식재료원가 계산은 다음과 같다.

기초 재고	$500.00
+ 구매	200.00
	700.00
− 보충품 & 직원식사 & 손상품	50.00
− 기말 재고	400.00
= 식재료 판매원가	250.00

식재료 판매원가를 식음료수입(1천달러)으로 나눈 것이 식재료원가율이다. 곧 1천달러 중 250달러는 식재료원가이며 식재료원가율은 25%가 된다. 기억할 것은, '식재료원가율=원가÷매출×100', 그리고 '기초 재고+구매−감산 부분^{any deductions}−직원식사'의 공식이다.

실제 재고조사는 고통스런 업무가 될 수 있다. 하지만 건조창고와 냉장고, 냉동고가 깨끗하게 잘 정돈되어 있고, 정리된 전 품목의 목록을 보유하고 있다면, 게다가 컴퓨터나 휴대용 컴퓨터에 저장하고 있다면, 더 쉽고 신속하게 처리할 수 있을 것이다. 선반의 물품들도 목록화되어 있는지 확인하도록 한다. 경험이 많은 직원은 고가 물품에 대해서는 수시 재고조사를 실시하고, 분실 우려가 있는 특별 품목은 판매숫자를 신속히 점검한다.

많은 레스토랑이 관리상 누락하는 한 가지 형태는 재활용이다. 레스토랑 업무가 마감되면, 잔반, 종이, 병, 특별한 골판지들이 쓰레기 처리를 위해 뒷골목에 설치된 대형 쓰레기수납기 속으로 들어간다. 쓰레기 분리작업은 지저분한 일이며 해당인력과 시간이 요구된다. 하지만 잘 모아두면 노력할만한 가치가 있고, 지구환경을 위한 선행도 된다. 이런 작은 변화를 매일 수행함으로서 샌프란시스코의 Scoma's는 효과를 보았다. 그들은 색으로 재활용을 구분하는 시스템을 사용했고, 직원들의 재활용 습관을 통해 매달 2천달러의 수익 증대를 가져왔다.[1] 또 다른 성공적인 레스토랑의 정책은 캘리포니아 버클리의 Nomad Café에서 연간 1만달러 이상의 수익효과를 가져다준 '쓰레기 제로$^{Zero Waste}$'이다. 한 단계 더 진전된다면, 정원에 퇴비로 사용될 유기농물질을 생산할 수도 있다.[2]

주류 관리

주류관리는 레스토랑 성공에 있어 중요한 영역이다. 주류에는 오용과 절취가 자주 발생한다. 레스토랑에서 사용될 제품을 고급으로 할 것인지 일반용으로 할 것인지를 결정하는 것으로 운영사이클이 시작되며, 먼저 보유하고 있는 음료의 평균재고를 설정한다. 관리자는 맥주와 와인, 주류의 원가를 고려하여 판매가격을 결정한다. **음료원가율**을 위해 표준을 정한다. 표준이 정해지면, 이에 대응하는 실제 업무를 측정하는 기준이 있다. 맥주의 일반적인 원가율은 24~25%이다. 맥주 원가가 60센트라면, 2.40달러에 판매될 것이다. 가격 수준과 구성은 업장마다 다르다. 특정 맥주를 2.75~2.95달러에 판매하고자 할 때, 원가가 60센트라면, 음료원가율은 낮아지고 당신은 더 많은 수익을 올릴 수 있다. 고객이 요구하는 적정가격은 관리자가 가장 잘 알고 있다.

와인의 원가율은 26~30%이다. 30%를 적용하여, 와인 1병의 원가가 10달러라면, 판매가는 33.33달러가 될 것이다. 만약 와인 원가율이 33%라면, 판매가격은 30달러가 될 것이다.

주류 원가율은 16~20%이다. 20%를 적용했을 때, 프리미엄급 Johnnie Walker Gold 1잔의 원가가 83.33센트이므로, 판매가격은 4.16달러 정도가 될 것이다. 병의 크기와 따르는 정도에 따라서도 원가율에 영향을 미친다. 예를 들어, 스카치위스키 1/4병을 주문했을 때 1.5온스를 제공할 것이고, 당신은 그 병으로 21잔을 만들 수 있다. 어떤 병은 리터 단위여서 미국의 척도로 계산할 필요가 있다. 혼합 음료는 기본 주류에 2~3 가지 다른 주류를 소량 혼합하기에 다소 복잡하다. 다행히 유명한 칵테일은 POS시스템에 입력되어 적절하게 원가산정 되어 있다. 혼합음료의 수가 입력되고 각 음료에 할당된 주류의 정확한 양이 설정되어 있어서 음료원가가 계산될 때는 정확한 양이 적용된다.

혼합음료의 원가율은 평균 판매가의 23~25%가 된다. 레스토랑 운영자들은 이러한 원가율에 맞추기 위해 어느 정도 따를지에 대한 자신만의 기준을 정해두고 있다. 모든 음주류는 계량주전자나 지거jigger를 사용하여 따라야 하며 척도 없이 자기 마음대로 제공되어서는 안된다. 관리를 위해서 필요하다면 카메라를 설치하거나 감시인을 고용하여 바를 주의 깊게 관찰할 수 있다.

음료 재고는 항상 안전하게 관리하여야 한다. 저장구역은 자물쇠로 채워져 있어야 하고 매니저는 단 하나의 열쇠만 소지하여야 한다. 재고음료가 소진되었을 때 새 음료를 반출한다. 모든 병류는 지워지지 않는 레스토랑 직인을 찍어야 한다. 그리고 도매상에서 구매한 병류에는 주정부의 납세필증이 부착되어 있는데, 소매점에서 판매하는 병류에 찍혀진 도장과는 다른 색깔로 구별된다.

음료 재고조사는 10병 단위로 '눈의 측량eyeball' 으로 이루어진다. 수량은 용지에 기록하든지 컴퓨터 프로그램이나 휴대용 소형 컴퓨터에 직접 입력한다. 주류의 총액도 기록된다. 와인과 맥주는 병의 수를 집계하여 금액이 작성된다. 모든 음료 재고조사가 완료되면, 총판매가 아닌 평균 판매율로 나타낸다. 계산공식은 식재료원가율 산출과 같다.

기초 재고	$1,000	
+ 구매	500	
		1,500
− 보충분 & 유출분	50	
− 기말 재고	750	
		800
= 음료 판매원가		700

음료매출을 2,800달러로 가정한다면, 음료원가율은 25%가 된다.

식품구매와 함께 새로운 상품의 요구가 있을 때 주류의 부족분을 주문하고 보충할 바텐더가 필요하다. 주문서는 배송된 음료를 인수할 담당자에게 전달되어야 한다. 이는 관리자의 주문에 달려있지 배송담당의 주문서에 달려있는 것은 아니다. 매니저는 안전한 창고 안에 모든 것이 구비되어 있는지 점검해야 하며, 출고issues는 주류 교환에 대한 정확한 요청이 있을 때만이 이루어질 수 있다.

[그림 14-3]은 대형 레스토랑의 계획한 식음료 매출과 원가, 실제 매출과 실제원가, 그리고 레스토랑 매출의 변화를 보여준다. 매출이 떨어진 8월에 원가율을 달성하기가 얼마나 더 어려운지 유의하라. 관리기술은 매출부진 때에도 원가율을 유지하도록 요구한다.

통제가능비용(controllable expenses)

통제가능비용은 단기간에 변화가 가능한 비용 항목이다. 변동비variable cost는 대개 통제가 가능하다. 다른 통제가능한 원가들은 급여와 수당들을 포함하고 수익과 관련이 있다. 곧, 직접 운영비, 즉 음악과 오락비용, 마케팅비용(판매, 광고, 홍보, 판촉 포함), 전기, 조명 등 수도광열비, 행정사무 및 일반 유지관리비가

최적 원가	04/30/2008	05/31/2008	06/30/2008	07/31/2008
레스토랑 1				
요리				
매출	253,943.77	254,048.06	197,163.00	240,348.79
원가	70,624.89	70,848.51	56,608.45	68,858.42
%	27.81%	27.89%	28.71%	28.65%
실제매출	372,505.78	298,191.75	236,082.62	269,029.44
실제원가	113,267.63	97,768.77	76,762.95	84,325.46
실제원가율(%)	30.41%	32.79%	32.52%	32.46%
변수	2.60%	4.90%	3.80%	3.81%
Liquor				
매출	81,736.01	70,985.71	47,267.47	58,580.56
원가	13,081.09	11,537.95	7,667.29	9,670.63
%	16.00%	16.25%	16.22%	16.51%
실제매출	83,531.47	69,673.86	49,798.18	61,300.67
실제원가	13,683.82	13,059.45	8,669.18	11,438.24
실제원가율(%)	16.38%	18.74%	17.41%	18.66%
변수	0.38%	2.49%	1.19%	2.15%
Beer				
매출	32,687.61	26,292.40	18,474.87	24,519.25
원가	8,222.21	6,454.98	4,482.31	6,115.70
%	25.15%	24.55%	24.26%	24.94%
실제매출	33,373.99	26,936.20	20,221.85	24,978.13
실제원가	8,317.40	7,612.03	5,701.85	6,005.33
실제원가율(%)	25.08%	28.23%	28.20%	24.05%
변수	-0.07%	3.68%	3.93%	-0.90%
Wine				
매출	28,264.48	23,012.59	14,514.90	16,206.65
원가	7,299.89	6,294.22	3,761.61	4,237.88
%	25.83%	27.35%	25.92%	26.15%
실제매출	28,982.50	23,279.45	16,569.78	16,741.21
실제원가	8,027.93	5,474.96	3,759.38	4,856.56
실제원가율(%)	27.70%	23.52%	22.69%	29.01%
변수	1.87%	-3.83%	-3.23%	2.86%

◎ 그림 14-3 계획원가와 실제 식음료 판매원가

해당된다. 모든 통제가능한 비용의 총합은 총수익에서 차감된다. 임차료와 기타 점유비용은 이자와 감가상각비, 세금 공제전 수익에서 차감된다. 이 모두가 공

입출금내역서Statement Period					
	계획예산(단위:$천)	비율	실제비용	비율	변수
매출					
식료(Schedule D-1)	750.0	75.0			
식료(Schedule D-2)	250.0	25.0			
총매출	1,000.0	100.0			
매출원가					
식료	232.5	31.0			
음료	55.0	22.0			
총원가	287.5	28.2			
매출이익	712.5	71.2			
기타수익(Schedule D-3)	4.5	0.5			
총이익	717.0	71.7			
통제가능 비용					
급여 및 수당(Schedule D-4)	240.0	24.0			
직원복지비(Schedule D-5)	40.0	4.0			
직접운영비*(Schedule D-6)	60.0	6.0			
음향오락비(Schedule D-7)	10.0	1.0			
마케팅비(Schedule D-8)	40.0	4.0			
수도광열비(Schedule D-9)	30.0	3.0			
일반관리비(Schedule D-10)	40.0	4.0			
유지보수비(Schedule D-11)	20.0	2.0			
총통제가능비용	480.0	48.0			
임차료 및 기타 경비(Schedule D-12)	50.0	5.0			
이자 및 감가상각비, 세금 전 수익	187.0	18.7			
이자	15.0	1.5			
감가상각비	23.0	2.3			
합계	38.0	3.8			
세전이익	149.0	14.9			
세금	50.0	5.0			
당기순이익	99.0	10.7			

* 전화, 보험, 회계/법률 사무용 품I 종이, 자기류 유리잔류, 은기물류, 메뉴판, 실내장식품, 세척/청소용품 등등

자료: *Raymond S. Schmidgall, Hospitality Industry Managerial Accounting, 2nd ed* (East Lansing, Mich.: Educational Institute of the American Hotel and Motel Association, 1990), 94.을 수정함.

◎ 그림 14-4 계획과 실제의 통제가능 비용을 보여주는 손익계산서

제되면 당기순이익이 남는다. [그림 14-4]는 통제가능비용을 나타내는 손익계산서^{income statement}의 예이다.

저수익에 고에너지 비용이 발생하면 경영주는 그들의 에너지 비용을 절감할 방법을 찾아야 한다. 에너지 점검 옵션을 통해서 공실일 경우 에어컨이나 히터를 차단하도록 한다. 폐점시간이 가까워지면 온도를 조정하고 불필요한 조명의 소등, 더 효율적인 저전압으로 조정하거나 단순 노출형 전구를 사용한다. 그리고 히터와 에어컨, 조리기, 제빙기, 냉장고를 정기적으로 점검하고 조정하며, 사용하지 않는 기기의 전원 차단, 자동기기 점검, 저수온으로 조정, 가능한 반사경을 가진 고효율의 외부조명을 사용한다. 몇몇 주는 에너지 효율성을 증진시킬 때 인센티브를 제공한다.(참조: http://www.eere.energy.gov/states)³⁾

인건비

대부분의 풀서비스 레스토랑에서 가장 복잡한 내용이 인건비 항목이다. 레스토랑의 형태와 제공되는 서비스 수준에 따라 좌우되는 인건비는 퀵서비스레스토랑에서는 대략 매출의 16% 정도이며, 캐주얼레스토랑은 24%, 고급레스토랑은 30% 정도 된다.

인건비의 계획은 직원 일정과 임금률 설정에 대한 준비를 요구한다. 직원배치 형태는 당해연도의 기간별로 다르게, 즉 성수기의 적용 또는 다양한 판매 형태에 따라서 변경된다. 이러한 변화는 어느 한 주의 인건비 지급 계획과 고객수, 예상매출 계획과의 비교에 적용되는 일정표 양식에 따라 확인되고 구분된다.

레스토랑 운영자는 매달 초에 예산을 수립하고, 매출을 일별로 나누고, 주방에서의 소요시간도 나눈다. 영접담당과 서버는 가장 낮은 급여로 책정된다. 주방은 시급 9달러에서 14달러로 관리하는 것이 중요하다. 노무서식에는 성명은 기재하지 않고 인원배치상황만 기재한다.

프렙 조리사^{prep cooks} 3명

조리사^{cooks} 2명

팬트리담당^{pantry} 1명

세척담당^{dishwasher} 1명 × 7시간 × 평균임금 × 근무조당 원가^{cost per shift}

소프트웨어 프로그램으로 인건비 원가를 산출할 수 있지만, 수작업도 가능하다. 전방부서는 매출 대비 9.2%, 후방부서는 13%의 원가비율이 바람직한 기준이다. 전방부서의 직원 계획에서 섹션당 4개의 테이블을 기준으로 볼 때, 25개의 테이블을 보유한 레스토랑의 경우 1일 6명의 서버가 필요하다.

주 7일 운영하는 레스토랑소에서 각 서버당 주 4일 근무시, 주당 총 근무조의 수 또는 매 근무조에 요구되는 직원수는 몇 명이 될 지는 다음과 같이 계산할 수 있다.

$$7일/주 \times 서버\ 6명/일 = 서버\ 42명/주\ 또는\ 42\ 근무조^{shift}$$
$$42\ 근무조^{shift} \div 4일/주 = 10.5\ 근무조/주$$

반명을 고용할 수 없기 때문에 파트타임으로 대체하여 주당 0.5개 근무조도 필요하다. 하지만, 이는 25개 테이블을 기준으로 한 것이며, 여러 형태가 될 수도 있고 그 때마다 서버들은 각자 자신의 위치를 지키게될 것이다. 25개 테이블을 모두 사용할 수는 없다는 것이 파악되면, 인원배치를 축소시키면 된다. 버서의 역할도 필요하다. 바쁜 시간대에는 근무조당 3~4명, 조용한 시간대에는 그 이하의 인원이 필요하다.

바는 레스토랑의 규모에 따라 좌우된다. 만약, 점심시간에 문을 열고 고객도 많다면, 점심에 1명, 저녁영업에 1~2명의 바텐더가 있어야 한다. 필요하다면 바의 업무를 도울 2명의 서버가 2가지 업무를 볼 수 있도록 훈련시켜서 바텐더의 비번 날짜에 활용하는 것이 좋은 방법이다. 영접부서 역시 업무를 도와줄 대체 직원이 필요하다. 주 7일간 점심과 저녁영업의 정산과 비번 날짜를 감안하면 3~4명이 필요하다. 모든 구역에서, 교육담당은 신입 서버 등 직원들의 빠른 직무 습득을 위해 도움을 주고, 이러한 그들의 노력에 따라 부가적 보상을 받게 된다. 교육훈련은 직원의 이직을 감소시키는데 확실한 효과가 있다. 미래 시점에

Tip

웬디스의 원가절감 방식을 주당 30시간으로 정하여 점포의 급여수준을 줄였다. 이는 팬에 고기굽기를 다른 방법으로 하면서, 또 현금을 세지 않고 무게를 측정하는 방법의 도입을 통해 성취하였다. 다른 인건비 절감 방법은 주전자와 팬, 양념통을 문지르는 방식의 자쿠지식 식기세척기의 사용이다.

JOB TITLE	RATE	HOURS PLANNED							WEEKLY TOTAL		SUMMARY	
		SAT.	SUN.	MON.	TUES.	WED.	THURS.	FRI.	HOURS	AMOUNT		
											PROJECTED SALES	
											ESTIMATED PAYROLL	
											PAYROLL RELATED	
											TOTAL PAYROLL	
											% TO SALES	
											DATE PREPARED	
											PREPARED BY	
TOTAL HOURS											APPROVAL	
PROJ. CUST. COUNT												
PROJ. CHECK AVER.												
ESTIMATED SALES		$	$	$	$	$	$	$				

(UNIT NAME / UNIT NUMBER)

● 그림 14-5 예상 급여총액을 계획하기 위한 양식

서의 예상 급여총액에 대한 계획과 원가관리 목적을 위한 차후의 예상매출을 비교하기 위하여 [그림 14-5] 양식의 사용이 가능하다.

경우에 따라서, 1년 52주 동안 각 주마다 이러한 노력이 완수되는 것이 바람직하다. 더 나아가, 표준화를 통해서 다양하게 수용될 수 있다. 또한 셋 또는 넷 단위의 기본주간이 설정되어 더 간단한 계산방식에 근거하여 사용되기도 한다. 상당수의 주간이 하나의 패턴으로 개발되고 같은 방식으로 사용된다. 각 주를 더 정확하게 분류할수록 결과는 더 정밀해질 것이다. [그림 14-6]은 직원의 인건비 원가를 정확하게 요약해주고 있다. 레스토랑의 직원구성은 경영 관리, 생산, 서비스와 정산^{cashier}, 위생 등 4개 범주로 분류되었다. 분류된 내역^{breakdown}은 직원근무시간과 급여 관리뿐만 아니라 활동계획도 고려한다.

급여와 관련된 원가는 변동비^{variable}(인건비율)와 고정비^{fixed}(직원 평균급여액)의 두 범주로 구분된다. 변동비 항목은 법으로 규정된 사회보장(FICA), 실직보험(주와 연방정부), 근로자 보상보험, 장애보험(주정부)을 포함한다. 고정비 항목

점심 평균객단가 $9.00, 저녁 평균객단가 $16.00

Ⅰ. 경영관리진		
총지배인 1		$50,000 + 보너스
부매니저(개장과 폐장) 2		48,000
사무 관리 1		20,000
		118,000
Ⅱ. 생산부서		
주방 매니저 1		$35,000 + 보너스
라인 조리사 7	@시간당 평균 9.50	138,320
식기세척 3	@시간당 6.00	37,440
전처리 조리담당 4	@시간당 7.00	58,240
		$269,000
Ⅲ. 서비스부서		
영접담당 3	@시간당 6.00	37,440
서버, 버스 20	@시간당 6.00	249,600
바텐더 3	@시간당 6.00	36,440
케셔 3	@시간당	36,440
		$360,920
Ⅳ. 위생사 1	@시간당 6.25	$13,000
요약		
Ⅰ. 경영관리진		118,000
Ⅱ. 생산부서		269,000
Ⅲ. 서비스부서		360,920
Ⅳ. 위생부서		13,000
합계		$760,920

은 때때로 근로자 복지와 관련되어, 건강보험(월별 직원당 해당금액)과 조합복지보험(월별 직원당 해당금액), 생명보험, 직원관련 다른 복지들을 포함한다.

직원식사는 인건비에 산정되기도 하고 식재료원가의 부분으로 또는 수당으로 처리되기도 한다. 일반적으로 레스토랑의 운영 효율을 위해 직원식사는 식재료원가로 처리된다. 운영자는 직원식사의 가격을 설정할 필요가 있지만 IRS 시스템을 통해 비과세 비용으로 정리한다.

레스토랑의 스케줄에 따라 직원의 수를 결정할 때, 좌석수를 확인한 후 각 서버에게 할당할 테이블 수나 좌석수를 결정한다. 월요일 점심의 경우는 3천달러의 매출이 예상되고 금요일은 6,800달러가 기대된다면, 금요일에 더 많은 직원이 필요하다. 주방에는 팬트리와 박스형(스토브, 컨벡션 오븐, 스티머 같은 박스형태의 기기들), 그릴/소테, 튀김/브레더breader, 운반담당wheel person, 식재료공급담당expediter, 세척담당 등 다양한 구역을 담당할 수 있어야 한다. 대형 레스토랑에서는 모두가 협력해야 한다. 만약 한 구역이라도 뒤처지게 되면 모두에게 문제가생긴다. 운반담당은 실질적으로 협력해야 한다. 비록 조리를 담당하는 파트는아니지만 모든 구역에서 조리된 음식을 통합해야 하며, 주문대로 조리되었는지재점검해야 한다. POS를 통해 각 구역에 직접 주문이 전달되면 더 쉬워진다.이는 작업동선(음식 접시가 서버에게 전달되는 더운 요리 구역의 활동 공간)에서 큰 소리로 주문을 외치지 않아도 되기 때문이다. [그림 14-7]은 주당 계획임금과 실제임금을 비교해 보여준다. 일일 또는 주간 총매출액뿐만 아니라 홀또는 주방부서의 매출계획과 실제판매, 계획원가와 실제원가를 주목하라.

성공적인 레스토랑을 보유하고 있는 4곳의 레스토랑에서 매니저 보너스제도를 시행하고 있다. 경영 파트너와 4곳의 매니저들은 회의에서 정한 기준 또는수행목표를 초과하여 매달 1천달러씩을 보너스로 지급받을 수 있다. [그림 14-8]은 세 가지 다른 판매규모 수준을 표현하는 COGScost-of-goods-sold 보너스 척도를보여준다. 8월 한달은 총판매원가 56.60%, 매출 36,612달러로 집계되어 보너스가 지급되지 않았다.

오른쪽 칼럼을 보게 되면, 칼럼 하단에 '+56.5%=$0'라고 되어 있다. COGS가 56.5%가 되면 각 매니저는 100달러씩을 받게 된다. 이 레스토랑의 경우 인건비 원가에 교육비가 포함되는지 논의가 필요하다. 이러한 계절성 레스토랑은다른 업소들보다 임시직 직원을 더 활용한다. 물론, 경영과 리더십은 직원 이직을 최소화해야한다고 주장하지만 쉬운 일은 아니다.

고객 계산서 관리

고객 계산서guest check 가 제대로 관리되지 않으면, 운영자가 이미 사인해 버린빈 계산서와 같다. 고객 계산서 관리 없이도 서버는 식음료를 제공하며 매출을

인건비: 실제 대 계획 대비
2008년 5월 26일-6월 1일 주간

	26MON	27TUE	28WED	29THUR	30FRI	31SAT	1SUN
예상매출	$3,000	$4,500	$4,600	$4,600	$6,800	$5,400	$5,200
누적 예상매출		$7,500	$12,100	$16,700	$23,500	$28,900	$34,100
실제매출	$3,673	$4,307	$3,773	$5,148	$6,851	$5,103	$4,527
누적 실제매출		$7,980	$11,753	$16,901	$23,752	$28,855	$33,382
실제 대 계획간의 일일 차이(%)	22,44%	-4.29%	-17,98%	11,91%	0.75%	-5.49%	-12,94%
실제 대 계획간의 일일 차이($)	%673	($193)	($827)	$548	$51	($297)	($673)
실제 대 계획간의 누적 차이($)		$480	($347)	$201	$252	($45)	($718)
실제 대 계획간의 누적 차이(%)	22.44%	6.40%	-2.87%	1.20%	1.07%	-0.16%	-2.11%
후방부서(BOH)							
BOH 계획 인건비	$398	$440	$470	$467	$640	%561	$515
BOH 누적 계획 인건비		$838	$1,308	$1,775	$2,415	$2,976	$3,491
BOH 실제 인건비	$438	$492	$446	$460	$616	$503	$474
BOH 일일 실제 인건비율(%)	11.93%	11.42%	11.82%	8.94%	8.99%	9.85%	10.46%
BOH 누적 실제 인건비		$930	$1,376	$1,837	$2,453	$2,956	$3,429
실제 대 계획간의 일일 차이(%)	10.14%	11.80%	-5.11%	-1.44%	-3.73%	-10.35%	-8.05%
실제 대 계획간의 일일 차이($)	$40	$52	($24)	($7)	($24)	($58)	($41)
실제 대 계획간의 누적 차이($)		$92	$68	$62	$38	($20)	($62)
실제 대 계획간의 BOH 인건비 누적 차이(%)		11.66%	11.71%	10.87%	10.33%	10.24%	10.27%
전방부서(FOH)							
BOH 계획 인건비	$246	$248	$284	$275	$458	$310	$307
FOH 누적 계획 인건비		$494	$778	$1,053	$1,511	$1,821	$2,128
FOH 실제 인건비	$291	$312	$283	$275	$380	$309	$316
FOH 일일 실제 인건비율(%)	7.92%	7.25%	7.50%	5.35%	5.55%	6.05%	6.99%
FOH 누적 실제 인건비		$603	$886	$1,161	$1,542	$1,850	$2,167
실제 대 계획간의 일일 차이(%)	18.18%	25.85%	-0.34%	0.18%	-16.96%	-0.42%	3.08%
실제 대 계획간의 일일 차이($)	$45	$64	($1)	$0	($78)	($1)	$9
실제 대 계획간의 누적 차이($)		$109	$108	$108	$31	$29	$39
실제 대 계획간의 FOH 인건비 누적 차이(%)		7.55%	7.54%	6.87%	6.49%	6.41%	6.49%
총인건비							
총 계획 인건비	$644	$688	&754	$742	$1,098	$871	$82
누적 계획 인건비		$1,332	$2,086	$2,828	$3,926	$4,979	$5,619
실제 인건비	&729	$804	$729	$736	$996	$812	$790
누적 실제 인건비		$1,533	$2,262	$2,998	$3,994	$4,806	$5,596
실제 대 계획간의 일일 차이($)	$85	$116	($25)	($6)	($102)	($59)	($32)
실제 대 계획간의 누적 사이($)		$201	&176	$170	$68	$9	($23)
계획 총인건비 비율(%)	21.47%	15.29%	16.39%	16.13%	16.15%	16.13%	15.81%
계획 총인건비 누적비율(%)		17.76%	17.24%	16.93%	16.71%	16.60%	16.48%
실제 총인건비 비율(%)	19.85%	18.67%	19.32%	14.29%	14.55%	15.90%	17.45%
실제 총인건비 누적비율(%)		19.21%	19.25%	17.74%	16.82%	16.66%	16.76%

◎ 그림 14-7 실제급여 대 계획 급여

Managers' BONUS
AUGUST 2008

COGS Bonus Scale

Volume +55,000 per week		Volume 40–5,000 per week		Volume <40,000 per week	
〈50.0%	$1,000	〈51.0%	$1,000	〈52.5%	$1,000
〈51.0%	$750	〈52.0%	$750	〈53.5%	$750
〈52.0%	$500	〈53.0%	$500	〈54.5%	$500
〈53.0%	$250	〈54.0%	$250	〈55.5%	$250
〈54.0%	$100	〈55.0%	$100	〈56.5%	$100
+54%	$0	+55%	$0	+56.5%	$0

2009 Total Volume	$146,448.00	Wkly Avg		$36,612.00
2009 Food Volume	$127,409.76	87.00%		
2009 Bev Volume	$18,306.00	12.50%		
2009 Retail Volume	&732.24	0.50%		
Food Purchases	$52,714.00	41.37%		36.00%
Supplies	$0.00	0.00%		0.00%
Total Food Purchases	$52,714.00	41.37%		36.00%
Bar Purchases	$5,190.00	28.35%		3.54%
Total Purchases	$57,904.00	39.54%		39.54%
Labor	$24,987.00			17.06%
Total Cost of Goods S	$82,891.00			56.60%

		Total Bonus:		$0.00

Bonuses Paid

John	$0.00	DJ		$0.00
Fred	$0.00	Jenn		$0.00
Gary	$0.00	Shawn		$0.00

Total	$0.00	Date Paid

Authorized

◉ 그림 14-8 매니저의 보너스. 불행하게도 어느 매니저도 금월 보너스를 받지 못했다.

발생시키고 수입을 유지할 수 있다. 고객 계산서에 대한 검산의 소홀로 인해 관
리가 서버 또는 고객의 호의에 묻혀 버릴 수 있다. 일련번호가 부여된 계산서는

서버에게 발행된다. 각 계산서는 적어도 한 가지 이상이 기록되고 정확한 가격으로 확인되어야 한다.

만약, 고객 계산서가 정확하게 확인되지 않는다면 서버는 유혹을 받게 된다. 서버는 자신의 계산서를 가져와서 고객에게 제공하고 지불 금액을 착복할 수 있다. 일련번호가 없는 계산서를 수정하거나 다른 것으로 대체할 수도 있다. 이러한 유혹을 막기 위해 대부분의 레스토랑들은 고객으로부터 받은 계산서에 서명을 하고 임무교대시 사용하지 않은 계산서는 반환해야 한다.

계산서는 150장으로 된 묶음으로 인쇄된다. 철저한 관리를 위해 모든 고객 계산서는 검산되고, 합산을 점검하며, 숫자로 확인된다. 체인 레스토랑은 체인 본부에서, 개인 레스토랑은 누군가의 집에서 고객 계산서 검산이 이루어진다. 대부분의 레스토랑들은 철저한 관리 유지를 위해 각 번호당 3장씩으로 묶여진 사본계산서^{duplicate-check} 시스템을 사용한다. 계산서의 2번째 사본은 음식 주문을 위해 조리사에게 전달된다. 계산서 없는 요리는 없다. 커피 한 잔을 포함해서 모든 메뉴는 고객 계산서에 기록된다.

어떤 운영자는 캐셔 역할도 겸한 서버에 의해서 레스토랑 수입을 관리한다. 서버는 그들에게 주어진 업무에 충실하도록 해야 하며, 금전등록기를 조작해서는 안된다. 단지 그들의 수입금은 은행의 야간금고에 예치시켜 둔다. 사본 계산서에 '지불약속^{paid for}' 스탬프가 찍히지 않고는 주방에서는 어떤 요리도, 바에서는 어떤 주류도 제공되지 않는다. 곧, 사본 계산서는 분명한 판매기록을 제공하며, 이 모든 책임은 전적으로 서버에게 있다. 이 시스템은 캐셔에게 요구되는 업무가 아니라, 서버가 정산을 하는 캐셔와 같은 기능을 수행한다.

회계담당은 서버들의 모든 계산서를 합산하고, 이 총합은 근무 교대 끝에 서버를 통해 레스토랑 계좌 예치분의 합계와 비교된다. 서버는 종종 자신이 직접 사업을 하는 것 같은 느낌을 받는다. 이 계획은 더 나아가 한 단계 다음을 유추하게 해준다. 런던에서 실패한 어느 레스토랑이 그 해답을 주고 있다. 그 곳의 시비들은 주방에서 조리되는 요리마다 조리사에게 현금을 지불해야 한다. 이 얼마나 웃기는 상황인가?

영업장 내에서 근무하는 조건을 가진 정규직 회계담당을 채용하는 레스토랑은 거의 없다. 캘리포니아의 한 작은 레스토랑 체인인 Restaurant Adventures는 다른 아이디어를 갖고 있다. 연간 1백만불 이상 매출을 기록하는 점포는 정

Tip

Streamlining은 드라이브-인 서비스에 소요되는 평균 시간을 160초에서 100초로 떨어뜨렸다. 이러한 도약은 피크타임에 진입하는 승용차중 40대는 일렬로, 30대는 지그재그로 정렬하는 효과적인 전략을 통해서 포장판매 비율을 56%에서 63%로 증가시켰다.

자료: Peter Romeo, "Less Is More: Wendy's Initiatives Cut Labor, Boost Sales," _Restaurant Business_ 98, no. 21(1 November 1999): 13-14.

규직 회계담당과 감사를 둔다. 그들은 오후부터 근무를 시작하여 밤 2시까지 감사를 한다. 그날의 영업이 완벽히 기록되고 다음날 아침 분석된다. 인건비와 식재료비, 다른 비율들이 매일 계산된다.

소규모 레스토랑은 일용직을 고용하여 일일 기준으로 자신의 집에서 레스토랑 매출을 결산하도록 한다. 회계회사는 월간 결산을 위해 고용되며, 세금 정산을 돕는다. 체인 운영에는 통상적으로 전사적인 회계가 이루어지고, 본부에서 분석되며, 단위업장에서의 기록 관리는 최소화한다.

생산성 분석과 원가관리

여러 가지 생산성 척도가 개발되어 왔다. 매일 직원당 생산된 음식, 매 시간 직원당 생산된 음식, 근무조 인원당 제공된 고객, 매출에 기초한 식사당 인건비 등의 척도로 개발되었다. 단순직종의 생산성 척도는 연간 직원당 발생된 매출에 해당된다.(연간 총매출을 정규직에 상응하는 직원의 수로 나눈 것임)

간편하고 의미 있는 척도는 시간당 수입을 직원의 수로 나눈 것이다. 몇몇 레스토랑은 생산수율로 시간당 70달러를 달성했다. 인건비 원가가 제대로 정산되지 못할 때, 그 문제점을 찾기 위해서 매니저는 근무조당 원가나 시간당 생산성을 분석한다.

각 비용 항목이 총매출의 비율이 된다는 것을 모르면 매니저는 명백한 손실에 직면하게 된다. 예를 들어, 수도광열비는 대부분의 레스토랑에서 매출 대비 4%를 넘지 않는다. 또한 디너하우스의 음료원가는 매출액의 25%를 초과하지 않거나 그 이하이며, 임차료는 대다수의 경우 총매출의 8%를 초과하지 않는다는 사실을 관리자는 알아야 한다. 비율분석은 커피점, 패스트푸드점, 디너하우스 등 레

매출	100%
판매원가	33.0%-43.0%
총수익	57.0%-67.0%
운영비	
변동비	
급여(매니저 포함)	23.0%-33.0%
직원복지비	3.0%-5.0%
직접운영비	3.5%-9.0%
음향오락비	0.1%-1.3%
광고판촉비	0.8%-3.0%
수도광열비	3.0%-5.0%
일반관리비	3.0%-6.0%
유지보수비	1.0%-2.0%
고정비	
임차료, 재산세, 보험	6.0%-11.0%
이자	0.3%-1.0%
프랜차이즈 로열티(가맹점일 경우)	3.0%-7.0%
감가상각 전 수익	12.0%-19.0%
감가상각비	0.7%-5.0%
세전순이익	5.0%-15.0%

* 이 수치들은 California 소재 레스토랑들의 운영비율에 대한 전형적 범위를 나타내고 있다. 자료를 수직적으로 합산할 수는 없다. 예산의 대차 계정이 일치하기를 원하는 운영자는 인건비와 같이 한 항목에 높은 비율을, 직접운영비와 같은 다른 부문의 낮은 비율을 통해 상쇄되어야함을 알게 될 것이다. 수치는 캘리포니아의 Small Business Reporter가 개발하였다.

스토랑의 형태에 따라 적절하게 주기적으로 실시되어야 한다.[그림 14-9 참조]

더구나, 비율은 지역에 맞게 적절하게 구성된다. 예를 들어, 레스토랑의 인건비 원가는 미 북부 보다 미 남부가 낮다.

좌석회전율

몇몇 레스토랑 운영자들은 전체 운영에서 가장 중요한 수치로 시간당 좌석회전수를 고려한다. 이 수치는 대략적인 매출 규모를 나타내며, 전체 운영의 효과적인 지표가 된다. 시간당 좌석이 몇 회전해야 하는가? 이 수치는 운영 형태에 따라 다르고 운영자의 목표에 따라 다양하다. 바의 매출을 특징으로 하는 레스토랑은 고객에게 한 종류의 음료만을 판매하기 보다는 여러 종류의 음료를 즐기도록 유도하여 좌석회전율^{seat turnover}이 낮아지기를 바라기도 한다. 다른 한편에서는 점심식사를 위해 줄을 서서 기다리는 레스토랑에서는 가능한 한 신속한 좌석회전에 관심을 갖는다.

시간당 좌석회전율이 7회인 레스토랑도 있고, 2시간에 1회전하는 곳도 있다. 일반적으로 높은 좌석회전율을 보이는 레스토랑은 객단가가 낮으며, 높은 매출 규모를 나타낸다. 이러한 레스토랑은 반가공 제품의 사용이나 신속한 준비가 요구되는 급속 생산 메뉴^{rapid-production menu items}의 특징을 갖고 있다.

summary

요 약

레스토랑의 운영은 전방부서와 후방부서로 구분된다. 기대되는 영업 규모와 고객 메뉴선택의 추정에서 요구되는 평균 수준에 근거하여 일일 생산 스케줄을 작성하는 주방장은 표준조리표^{standard recipe}를 사용한다. 주방장은 내내 조리과정을 감시하고 요리를 점검한다. 주방장이나 매니저는 지나다니면서 모든 조리과정이 순조롭게 진행되는가를 점검한다.

전방부서에는 오프닝 매니저와 클로징 매니저가 있다. 오프닝 매니저는 전년도 사업현황과 그날의 일기, 그리고 여러 관련 요소들에 근거하여 예상되는 매출수준을 점검한다. 서버들에게 담당구역이 배정되고, 영업회의에서는 모두에게 특정한 정보가 전달되며 중점적인 부분은 자세한 훈련도 겸해진다. 그 다음 직원들은 담당구역에 따라 식사를 한다. 매니저와 서버들은 훌륭한 고객 서비스를 통해서 고객이 기뻐할 것을 확실하게 한다.

식음료관리는 레스토랑의 전체 성공에 결정적인 요소이다. 재고조사가 이루어지고 식음료 원가 비율이 계산된다. 통제가능비용은 논의되었으며, 통제가능 항목이 손익계산서를 통해 확인된다. 인건비는 가장 큰 통제가능비용이며, 계획으로 예시되고 인건비 지출을 검열한다. 생산성분석과 운영비용, 좌석회전율 역시 중요하게 논의된다.

endnotes 주

1) Jamie Popp, Trash Talk Restaurants & Institutions Chicago:
   2006. 5. 1, Vol. 116, Iss. 9; pg. 75-76.
2) 같은 논문.
3) Steve Kiesner, Ten Tips to Tame Your Energy Tab Restaurant
   Hospitality. Cleveland: Oct 2006. Vol. 90, Iss. 10; pg. 26.

조직, 채용과 배치

고유의 컨셉과 입지, 메뉴, 보건국과 소방서의 허가, 주류판매면허, 그리고 기타 지역의 인허가들을 보유하고 있어야 한다. 자금조달처를 찾고 법규상의 행정적인 문제들을 처리해야 한다. 또한 직무의 설정과 **레스토랑 조직**을 고려하여 레스토랑의 기능인 고객 접대와 수익 창출을 위해 기능을 원활히 수행할 수 있도록 해야 한다. 기존의 레스토랑에서 직무내용과 조직 개선이 가능할 것이다. 새로운 컨셉의 레스토랑의 경우 직무 구성에 앞서 과업task이 정의되어야 하며, 직무는 상호 연계되어야 한다. 이 장은 직무분석 방법과 조직도 구성을 위한 직업 간의 연계방법을 논의할 것이다. 먼저 과업과 직무분석에 대해 알아보자.

과업과 직무분석

과업task은 연계된 작업의 연속이며, 일련의 연계된 과업에는 책임이 부여된다. 따라서 **직무**job는 일련의 연계된 책임이다. 이러한 임무를 체계적인 형식으로 작성한 것이 **직무설명서**job description이다. 전반적인 인적자원 기능의 기본은 수행되어야 할 업무와 직무의 상세한 수행평가가 되는 과업과 직무분석이다. 이러한 분석을 통해 직무설명서가 작성되며, 이는 직원의 **선발**selection과 **교육훈련**training, 그리고 업무수행 기준 설정에 필수적이다. **직무명세서**job specification는 업무수행에 필요한 자격요건과 기술들을 나타낸다. 업무지시서job instruction는 교육훈련을 위한 단계적인 세부항목을 제공한다. 직무수행 기준은 해당 업무의 결과를 나타낸다.

과업과 직무분석에는 두 가지 주요 접근법이 있다. 하의상달bottom-up 방식은 현존하는 조직과 직무가 분석의 기초가 될 때 가장 유용하게 사용된다. 하의상달 방식은 숙련된 직원이 그들의 노력을 경감시킬 수 있는 장점이 있다. 예를 들어, 숙련된 서버는 빈손으로 영업장을 드나들지 않는다.

반면, 신규 레스토랑의 경우 분석의 기초가 되는 기존직원이 없으므로 상의하달top down 방식을 사용해야 한다. 어떠한 과업을 수행해야할 지를 결정하기 위해서는 해당 레스토랑의 목표와 목적 등이 조사되어야 한다. 운영자는 유사한 조직의 직무를 분석하는 것과 1~2년 정도 운영해왔던 레스토랑의 목표나 목적과 관련시켜 직무를 재분석하게 되는데, 이러한 분석을 통해 교육훈련과 직무명세서job specification의 개선에 필수적인 직무설명서가 구성되게 된다.

일단 직무가 여러 단계로 분류되고 과업이 구체화된다면, 이러한 정보에 기초하여 교육훈련 프로그램을 개선하는 것이 가능하다. 이러한 정보는 직무수행을 평가하는데 활용될 것이다. [그림 15-1]은 평가를 위한 과업과 직무분석에서부터 평가에 이르기까지의 순서를 보여준다. 직원의 업무수행이 기준을 충족시키거나 기준을 넘어설 경우 직원은 칭찬뿐 아니라 급여의 인상까지 보장받게 된다. 만약 직원의 업무수행이 기준에 미달된다면 다음 단계로, 업무수행의 개선을 위한 기준에 도달할 때까지 단계별 지도에 들어간다. 상황의 심각성에 따라 직원은 구두 혹은 문서상 경고를 받거나 해고될 수 있다. 전문적인 용어로 직무, 직책, 책무와 과업은 별개이며 구별된다. 서버의 직무에는 많은 직책이 있다. 즉 한 직무 내에도 여러 직책이 구성될 수 있다.

서버의 직무는 다음과 같은 과업을 수행한다.

- 식사제공 전 테이블세팅
- 주문받기와 권유판매
- 고객 식사 시중과 서빙
- 커피제조
- 간단한 샐러드와 디저트의 준비
- 보조업무 수행(소금과 후추통 정리, 냅킨 접기, 케첩병 정리, 재떨이 청소)

서버들은 좌석배열이나 테이블 정리와 같은 일반적으로 다른 직원의 책무인 과업을 수행해야할 지도 모르는데, 이는 레스토랑이 번잡할 때 발생한다. 또한, 서버들은 레스토랑 각 직책의 기능을 알아야 한다. 바쁜 저녁이나 일손이 부족한 저녁에 서버들은 와인이나 다른 음료를 곁들인 정찬을 준비해야 하며, 각 담당구역에 필요한 물품이 비축되어 있는지, 커피포트가 채워져 있고 접시와 은기물이 모든 구역에 구비되어있는지 등을 확인해야 한다.

레스토랑에서 직원들을 성공적으로 직무를 수행하도록 준비시키기 위해서는 그들을 잘 훈련된 상태로 유지시키는 지속적인 교육훈련이 필요하다. 직무설명서는 해당 직무를 수행함에 있어서 직원에게

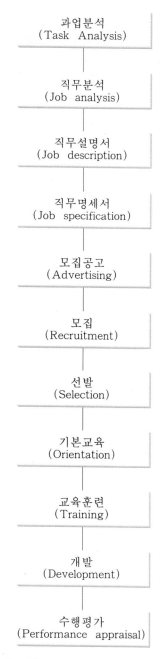

과업분석
(Task Analysis)

직무분석
(Job analysis)

직무설명서
(Job description)

직무명세서
(Job specification)

모집공고
(Advertising)

모집
(Recruitment)

선발
(Selection)

기본교육
(Orientation)

교육훈련
(Training)

개발
(Development)

수행평가
(Performance appraisal)

⊙ 그림 15-1 과업부터 수행평가에 이르기까지의 직무 순서

요구되는 자격요건들을 알아내기 위한 기초가 된다. 이러한 자격요건은 직무명세서나 더 정확하게는 개인명세서를 구성하게 된다.

채용되는 직원의 종류와 교육훈련에서 배우는 내용은 과업과 직무분석에 기초한다. 이러한 분석에 기초하여 각 직무에 적합한 사람을 선별하는 것은 성공적인 직무수행을 위해서 필수적이다. 교육훈련의 양이 아무리 많더라도 개인의 적성에 맞지 않는다면 진실되고 친근한 환대를 하기 어렵다. 대부분의 교육훈련은 인사담당 수뇌진의 요구에 의해 기초한다. 이것은 매우 중요한 정보이지만, 잘 조직되어 있지 않거나 효과적인 훈련을 위한 시스템으로 제시되는 형태는 아니다. 하지만 체인조직은 구체화된 훈련과정과 매뉴얼을 보유하고 있다. 대규모 체인으로의 변화를 꾀하는 소규모 체인의 경영주들은 체계적인 방법으로 조직을 구성하고 훈련을 제시하기 위해 인사담당 이사와 교육책임자를 고용한다. 그들은 기본적인 정보를 얻기 위해 반드시 직무와 과업분석을 해야 한다.

회사 별로 다양한 기술적 과업

직무를 다양한 과업으로 세분화할 때, 분석가는 별도의 과업들로 도출될 수 있고, 책무와 수행, 기술의 논리적 순서로 습득하는 요소나 논리적 업무순서를 결정하기 위해 노력해야 한다. 각 과업의 설정은 다소 다른 직무와 직무내의 과업으로 구성될 것이다. 주방 업무 중 브로일러 담당 조리직무의 과업은 다음과 같다.

- 브로일러의 관리
- 주문에 따라 해산물을 제대로 굽기
- 주문에 따라 스테이크를 제대로 굽기
- 명세서에 따른 닭고기 굽기
- 브로일러 세척

Tip

최근 직무설명서는 노사문제 관련 법률소송에서 중요한 역할을 하게 되었다. 예를 들어, 직원은 그들이 수행해야 할 책무에 대한 충분한 지시를 받지 못하였다고 주장하며, 부당한 해고로 고용주를 고소할 수 있다.

과업과 직무를 분석할 때 직무의 목적을 강조해야 한다. 예를 들어, 어떤 사람은 청소부로 생각될 수도 있지만, "좌석회전담당자"로 묘사될 수도 있다. 버서^{buser} 직책의 직무 목적은 다음과 같이 서술되어있다. 버서의 일반적인 임무는 고객을 편안하게 하면서 가능한 신속하고 효율적으로 테이블을 정리하고 세팅하여 좌석회전율을 높이는 것이다. 좌석회전율을 높임으로써 대기시간이 단축되어 고객의 만족도는 매출과 팁을 동반 상승시켜준다.

전체 직무를 해당 직무의 부분보다는 과업으로 분석하는 것이 추세이다. 하지만 과업들을 개별적으로 조사하여 기술하고 교육훈련의 기초로써 분석에 활용하는 것이 더 수월하다. [그림 15-2]는 그린샐러드의 전처리를 위한 과업명세를 제시하고 있다. 이는 레스토랑에 따라 샐러드 담당자나 조리사 직무의 한 부분일 수 있다.

친절한 전화매너나 응급처치, 특별 요구사항이나 불평 처리, 응급사항 때의 대처나 청소와 같은 일련의 과업들은 레스토랑 내에서 하나의 직무라기보다는 일상적으로 발생하는 일이다. 레스토랑 운영은 예절과 협력, 기민성, 친근함과 같은 공통분모를 가지고 실행되어야 한다.

직 무: 샐러드 담당　　　　　　　　**장 소:** 전처리구역^{Pre-prep Area}

목 표: 질 좋고 깔끔한 형태로 배송된 신선한 채소 상태의 그린샐러드로 준비 및 제공할 것
　　　　(수행 기준: 샐러드 하나는 3분 내에 제공)

조리기구와 식재료		
대형 샐러드 볼; 탈피기^{peeler}	파슬리	붉은 토마토
껍질까기 칼, 강판	양상추 결구	당근
채썰기(shredder)	적채 결구	

업무(What to do)		내용(How to do it)	주의점(중요 정보)
1. 채소준비	A. 양상추	1. 겉잎 분리 2. 잎을 떼어서 조각 크기로 자름	잎이 깨끗하고 싱싱하며 품질에 문제가 없는지 확인
	B. 적채	1. 겉잎 제거 2. 슈레더^{shredder}로 양배추 채썰기	물기를 지나치게 털어내지 않도록/ 슈레더 사용시 손가락 조심
	C. 당근	1. 완전 세척 2. 껍질 제거 3. 아주 작은 조각으로 갈기	작은 조각으로 갈기
	D. 토마토	1. 완전 세척 2. V모양 8조각으로 절단	토마토의 형태 유지를 위해 껍질은 그대로 둠
2. 샐러드 준비		1. 샐러드볼 안쪽에서 바깥쪽으로 양상추를 넓게 펼침 2. 양상추, 양배추, 당근을 함께 섞어둠 3. 토마토는 샐러드의 상단부에 끼움	토마토는 다른 샐러드와 혼합하지 않는 것이 중요함
3. 샐러드 장식		1. 파슬리로 샐러드 장식(선호에 따라) 2. 가리비 모양으로 자른 토마토로 중앙부 장식	지나친 장식은 피할 것/ 고객이 원하는 것은 장식어 아니라 샐러드임을 인지
4. 서빙		1. 즉시 서빙하거나 서늘한 장소에 보관	따뜻한 곳에 너무 오래둘 경우 신선도 저하 초래

◔ 그림 15-2　**과업명세서**^{Task breakdown}: 야채샐러드의 준비

▎직무설명서

　　　잘 조직된 레스토랑은 문서화된 직무설명서^{job description}나 직무명세서^{job specification}를 구비하고 있다. 개인소유 레스토랑들은 직무분석 수행의 중요성을 인식하고

는 있지만, 실제는 경영주나 매니저의 개인적인 지식에 좌우되는 것이 대다수이다. 체인 운영자는 보통 매니저와 직원 모두에게 적용되는 문서화된 직무설명서와 직무명세서를 보유하고 있다. [그림 15-3]을 참조하라. 종종 직무설명서와 직무명세서는 편의에 따라 합쳐지기도 한다. 잘 구성된 직무설명서는 강조할 필요가 없을 만큼 중요하다. 직무설명서는 다수의 소송과 **고용기회균등위원회(EEOC)** 소송 건의 증빙자료로 사용되어왔다. 더 중요한 것은 이것이 각 직무의 목적과 예상 결과에 대한 명확하고 일반적인 이해를 가능하게 한다는 것이다. 모든 레스토랑은 각 부서에 필요한 직무설명서를 구비해야 한다.

직무설명서 작성을 위한 가이드라인

- 해당 직무와 무관한 사람이 직무를 기술할 것.
- 시간 동작 연구의 결과가 될 정도로 세밀하게 기술하지는 말 것.
- 짧고 간단하고 요점이 되는 문장을 사용하라. 설명서에 적합한 단어와 문구만을 사용할 것.
- 사용되는 전문용어는 설명해 줄 것.
- 직무의 모든 면을 포함할 만큼 충분히 자세하게 기술할 것.
- 직무의 중요 기능과 직무 수행에 있어서 기대되는 결과를 포함할 것.[1]

직 위: 부매니저

보고대상: 매니저

직위 개괄: 서비스 정책과 절차 매뉴얼에 따라, 매니저의 총괄적인 감독아래 고객만족과 최상의 즐거운 식사를 위한 지속적이고 일관된 관리.

책임과 책무

A. 계획과 조직

1. 과거의 판매 경험 기록에 관한 연구나 매니저와의 협의, 휴일이나 특별행사에 대한 관심집중 등; 서비스 직원들이 고객의 요구조건을 충족시키기 위해 사전에 업무량을 예측하여 스케줄을 작성한다.
2. 고객의 반응을 살피고, 수시로 웨이터와 상의하여 고객의 만족과 불만족, 메뉴의 상대적인 인기도 등을 결정하고 몇 가지 권고와 함께 해당 정보를 매니저에게 전달한다.
3. 매일 영업장의 모든 시설과 장비의 상태를 점검하고, 필요시 매니저에게 교체와 개선을 위한 요구를 한다.
4. 모든 식재료의 수요와 공급을 예측하고 주문내용과 동일한 물품의 입고여부를 확인한다.

○ 그림 15-3 직무설명서의 예시

5. 모든 직원과 시설, 재료가 각 식사 기간 전에 완벽한 서비스가 가능하도록 완전히 준비되었는지를 점검, 계획하고 관리한다.

6. 채용의 필요성을 감지하고 필요성이 제기될 때, 이를 충족시킬 수 있는 채용 계획을 매니저에게 제안한다.

7. 모든 신메뉴의 완전한 이해를 가능하게 하기 위해 웨이터와 메뉴 변화에 대해서 사전에 의논한다.

8. 적절한 시기에 서비스 직원들과 회의를 한다.

9. 웨이터와 웨이트리스 그리고 버서에게 다음 제시되는 인간관계에서의 책임감을 정의하고 설명한다.
   - 직원들 상호관계
   - 고객
   - 영접직원
   - 매니저
   - 캐셔
   - 주방직원

B. 협조

1. 웨이터와 웨이트리스가 모든 메뉴 아이템들에 대해서 충분히 숙지하고 있는지 확인한다. 그 메뉴들이 어떻게 준비되고, 사용되는 식재료는 무엇이며, 1인분에 해당하는 양이 얼마인지를 알고 있어야 한다.

2. 주기적으로 직원들과 회사의 목적과 고객, 인사정책에 관해서 토론과 검토를 한다.

3. 서비스 수행과 과정, 그리고 주요 문제점들이 매니저에게 항상 전달되도록 한다.

C. 감독

1. 신입사원의 채용에 적극적으로 참여한다. 채용 정보의 제안과 지원서 검토, 추천서 확인 그리고 면접을 담당한다.

2. 기본교육 시에 신입사원에게 레스토랑과 레스토랑 정책, 동료 직원들을 소개한다.

3. 교육훈련 계획에 따라 신입사원과 기존 직원을 훈련시킨다.

4. 정해진 서비스 기준에 부합하지 않는 것은 즉시 시정한다.

5. 직원의 직무와 개인적인 문제에 대해 상담을 해준다.

6. 웨이터와 웨이트리스의 부서 배치에 대해 정해진 정책을 따른다.

7. 매니저의 승인을 받아 관리와 몸단장, 개인적 위생, 복장 등에 대한 기준을 설정한다.

8. 의논과 매니저와의 논의와 승인을 통해, 웨이터와 웨이트리스, 버서들을 위해 적용되는 직무수행의 기준을 준비한다.

9. 승진 대상 직원이나 특별 표창 또는 포상 받을 탁월한 직무수행자를 추천한다.

10. 팀워크나 단결심 그리고 개인적 집단적 자부심과 같은 애사심의 확립을 위해 항상 좋은 인간관계와 리더십을 수행하려고 노력한다.

11. 모든 영업장의 상황에 대해 예리하고 끊임없는 관심을 집중하고 관리하고, 어떤 돌발 상황이나 문제에 대해서나 기민하게 대처하며, 그러한 문제의 시정에 있어서 고객의 불만을 조정하면서 신속하고 차분히 처리하도록 도울 책임을 갖는다.

12. 고객을 정중하고 예의 바르게 환대하고 좌석으로 안내하여 즐거운 식사가 될 수 있도록 진심어린 환대의 긴정한 관심을 보여준다.

○ 그림 15-3 (계속)

D. 관리

　　1. 규정된 정책과 기준, 절차에 따라서 직원의 수행과 업무, 복장, 위생, 공중위생, 그리고 개인 용모를 관리한다.

　　2. 시간이나 재료 등 모든 낭비의 원인을 발견하여 예방을 위한 권고를 한다.

E. 기타

　　1. 긴급 상황시 고객을 접대하거나 캐셔의 업무를 대행한다. 특히 매니저에게 할당된 책무를 수행한다.

　　2. 고객과 직원들에게 상냥함과 친절함을 보이고, "회사에서 근무하는 것이 즐겁다"거나 "고객을 접대하는 것이 자랑스럽다"는 인상을 보여준다.

○ 그림 15-3　**(계속)**

직무명세서

　직무명세서^{job specification}에는 해당 직무의 요구사항을 만족스럽게 수행하기 위한 교육, 기술적 · 개념적 기술들이 목록화되어 있다([그림 15-4] 참조). 일단 직무상 수행되는 과업이 기술되면, 직무설명서 양식의 개별 섹션이 만들어질 수 있다. 어떤 직무도 개인의 모든 능력을 요구하지 않는다는 사실을 염두에 두어야 한다. 즉, 대다수의 직무는 능력이 다소 떨어지거나 특정 과업을 수행하기에는 신체상 장애가 있는 사람도 수행할 수 있다. 대다수의 직무는 정신적, 정서적으로 장애가 있는 사람도 감당할 수 있다. 예를 들어, Olive Garden 레스토랑에서는 장애가 있는 사람들이 샐러드를 만들고 접시 닦기 등을 수행한다.

직 위: 영접직^{Hostess/Host}

1. 숙련도 − 본인보다 나이가 많거나 적은 고객과 직원들과 효과적으로 관계를 맺을 수 있는 능력. 눈에 띄는 개인적 역량과 안정성

2. 교육 − 최소한 고등학교 교육이수는 필수이며, 대학교는 우대사항

3. 경력 − 웨이터 · 웨이트리스 경력은 필수이며, 영접직원의 경력은 우대사항. 캐셔 수행능력이나 테이블 정리 수행 능력 보유. 관리자 경력 우대사항. 음식, 서비스 기술, 위생, 그리고 영업장 장비에 대한 기본적인 이해

4. 육체적 요건 − 적당한 신장과 양호한 시력과 청력. 피로감 없이 장시간 서있거나 걸어 다닐 수 있는 체력

5. 정신적 요건 − 평균 이상의 지능과 고객 좌석배치에서의 질서와 균형 유지 능력

6. 일반적 특성 − 양심적 성격과 단정한 차림새, 선천적 쾌활함과 협동적 태도. 개인적 권한에 대한 책임감 있는 태도 보유. 맑은 목소리와 적당한 볼륨과 억양. 개인적 자신감 소지.

○ 그림 15-4　**직무명세서**

직무지시서

과업 분석은 직무지시로 전환될 수 있으며, 단순히 신입사원을 위한 지침으로서 뿐만 아니라 업무기준의 유지를 위한 품질보증 척도로서 제공될 수 있다. 직무지시서job instruction sheet는 업무에 자연스런 사이클이 존재한다면, 연속되는 순서로 수행되어지고 정리되는 업무단계의 목록으로 구성되어 있다. 직무설명서와 직무지시서에는 약간의 차이가 존재한다. 직무설명서가 잘 정리되어있다면, 직무지시서의 양식을 만들기 위해서는 몇 가지 정보만 가감시켜서 재조정하면 된다. 이는 트레이너와 교육생 모두에게 사용된다.

직원과 직무의 조직화

한 두가지 방법으로, 모든 레스토랑은 조직화되어 다음의 기능들을 수행한다.

- 인적자원관리와 감독
- 식음료 구매
- 검수, 저장 그리고 발주
- 조리 준비
- 음식 제공
- 음식 청결 : 식기와 용기 세척
- 마케팅/판매
- 판촉, 광고, 홍보
- 회계와 감사
- 바 서비스

1인 피자 가게처럼 모든 기능을 한 사람이 수행하거나, 대형 레스토랑체인처럼 수많은 직원들이 수행할 수도 있다([그림 15-5] 참조). 조직도는 직무간의 관계와 커뮤니케이션 체계를 나열하고 있다. 또한, 권한, 책임, 그리고 책무, 즉 직무는 반드시 구조적이고 명확히 정의되어야 해야 한다는 것을 암시한다. 누가 어떤 업무에 책임이 있는가? 누가 누구에게 보고해야 하는가? 결정을 내릴 권

매니저 – 최고의 품질과 예의바른 음식서비스를 확인하기 위한 전반적인 운영을 조정하고 감독함. 전반적인 직원관리를 하는데, 소규모에서는 주방과 객장 직원들을 직접 감독함. 레스토랑 전 직무에 대한 관리사항을 숙지해야 함.

예약담당 – 고객 전표를 감사하고, 일일 매출상의 현금과 경비를 정산하고, 은행에 예치하며, 재무기록을 작성함.

부매니저 – 매니저의 감독 하에 특정부서의 감독을 의무 수행하고, 매니저 부재시 전 직무의 감독을 대행함. 전반적인 운영에 완전히 숙련되어야 하며 훌륭한 관리기술을 보유해야 함.

구매담당 Purchasing Agent 과 창고 수퍼바이저 Storeroom Supervisor – 각 조리부서에 분배하기 위한 모든 식재료의 주문, 검수, 조사, 저장을 담당한다. 재고관리와 최근 가격의 추적을 위한 시장조사를 실시함. 이 직무는 때때로 매니저와 조리장의 책임임.

조리 매니저 – 모든 음식준비와 주방직원의 감독을 책임진다. 음식준비와 음식 기준에 대한 완벽한 지식을 갖추어야 함. 직원들과 함께 일하고, 감독하는 방법을 알아야 함.

영업장 매니저 – 영업장활동과 교육훈련을 조정하고, 영접직원과 서버, 버서들을 감독함. 리더십과 목표의식, 공정성을 보유해야 함.

캐셔 – 판매된 식음료비를 수령하고, 전 전표를 점검함. 신속하고 정확하게 계산하고 정직하게 수행함. 지식을 갖추어야 함. 직원들과 함께 일하고, 감독하는 방법을 알아야 함.

팬트리 수퍼바이저 – 샐러드와 샌드위치, 음료담당 직원을 감독하고, 음식 데코레이션 창조능력을 보유. 공급물품의 요구와 청소담당 직원의 감독 책임 있음.

쉐프와 조리사 – 제공되는 모든 음식을 준비하고 분배함. 대형 레스토랑 운영시, 채소와 냉동육, 수프, 소스, 그리고 일품요리의 주문과 같은 단일 메뉴 컨셉에 책임을 지는 개인 쿡이나 쉐프로 직무를 전문화시킬 수 있음.

영접직원 – 예약을 받고, 현재 또는 예상되는 영업장 예약에 대한 정보를 기록 관리함. 고객에게 메뉴판을 제공하고 담당서버를 소개함. 레스토랑 번잡 시에도 침착함을 유지할 수 있어야 하며, 매력적인 미소와 다정한 태도로 고객을 영접해야 함.

음료담당 – 커피와 차, 핫초코 같은 뜨거운 음료를 준비함. 번잡시간에 팬트리부서를 지원하고, 주방도 도와줌. 서빙의 시작 직책임.

주방보조 – 조리장의 감독 하에 자신에게 주어진 과업을 수행함으로서 쿡과 쉐프, 제빵사를 지원함. 주방보조는 채소와 샐러드 재료를 계량하고, 모으고, 세척하고, 잘게 써는 일을 하기 때문에 조리준비 단계를 배우고자 하는 개인을 위한 입문직무로 적합함.

홀캡틴 – 격식 있는 분위기로 수행함으로써 영업장 직원들의 활동을 감독하고 조정함. 직원의 근무기록을 보관하고 업무 구역을 할당함으로써 시간과 근무일정을 계획하는 임무가 부여됨.

샌드위치담당 – 샌드위치 조리를 기본적으로 수행하지만, 음식의 속을 채우거나 드레싱 준비도 함. 이 직책은 신속하고 주의 깊은 특성을 가진 창조력을 요구하는 직무를 원하는 직원에게 적합함. 습득된 기술은 보다 나은 급여를 받는 직책으로 이동하고자 하는 직원에게 도움이 됨.

패스트리 쉐프와 제빵사 – 케이크와 쿠키, 파이, 기타 후식을 구워냄. 빵과 롤, 즉석빵을 구워냄. 일부 레스토랑에서는 케이크 장식에도 숙련된 기술이 요구됨.

서버 – 음식의 주문을 받아 고객에게 식사를 제공함. 핵심 직원으로서 거의 동시에 발생하는 수많은 요구를 조정하고 이에 대응할 수 있도록 완벽한 준비가 되어 있어야 하고, 자기통제력을 갖추어야 하며, 신속하고 정확하게 이동해야 함. 이 직책은 직원들의 경력이 되는 필수코스임.

위생/관리담당 – 청결한 조리용기와 장비, 내벽과 바닥을 유지 관리함. 최근 레스토랑에서는 식기세척기나 다른 장비들로 인해 직무의 일부가 단순화됨. 후방부서의 직책은 특정 직무나 미래에 대한 방향을 선택하기 전에 다양한 주방직무를 습득하도록 요구함. 이 범주는 운반담당, 식기세척담당, 대형기물세척담당을 포함함.

버서 – 영업장에서 테이블을 정리하고, 청결한 린넨과 식기로 테이블을 재정비하며, 물잔을 채우고, 기타 영업장의 허드렛일을 지원함. 레스토랑 사업을 배우는 첫 단계로 바람직한 방법임.

○ 그림 15-5 대형 레스토랑에서의 직능

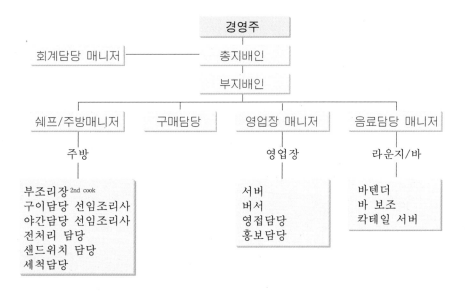

● 그림 15-6 가상의 디 너하우스/레스토랑의 조직도

한을 보유한 사람은 누구인가? 누가 그 상황을 해명할 수 있는가? [그림 15-6] 은 가상의 조직도를 보여주고 있다.

레스토랑이 성장할수록 직능의 전문화는 필수적이다. 경영주/매니저는 계획 과 감독, 동기부여, 재무와 관련된 결정 등의 주요한 결정사항을 포함한, 관리를 제외한 레스토랑 직능의 대부분 또는 모든 사항을 총괄해야 한다. 직원들을 채 용하고 전문가는 구매나 조리, 서빙을 위한 책임을 맡는다. [그림 15-8]은 Red Lobster 레스토랑의 사원모집 과정을 제시하고 있다.

● 그림 15-7 매니저나 경영주는 고객을 돌보 는 서버들을 지원하고 있다.

어떤 조직도는 수평적이어서 직위 단계가 복 잡하지 않다. 이런 종류의 조직은 작거나 큰 레 스토랑사업, 독립적인 개인사업과 비공식적이 거나 덜 권위적인 체인기업에서 폭넓게 적용된 다. 수평적 조직도의 변형이 피라미드이며, 특 히 고객을 최상위에 그리고 매니저/경영주를 최 하위에 배치하는 역 피라미드형이다. [그림 15-7]은 역 피라미드형 조직도를 제시하고 있다.

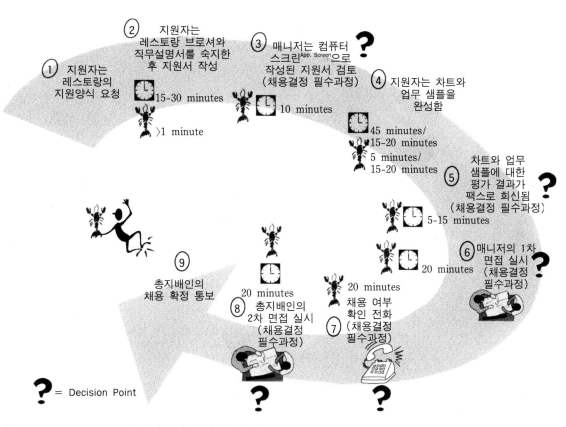

지원자는
레스토랑 브로셔와
직무설명서를 숙지한
후 지원서 작성

② 지원자는
레스토랑의
지원양식 요청

③ 매니저는 컴퓨터
스크린App. Screen으로
작성된 지원서 검토
(채용결정 필수과정)

④ 지원자는 차트와
업무 샘플을
완성함

15-30 minutes

10 minutes

>1 minute

45 minutes/
15-20 minutes

5 minutes/
15-20 minutes

⑤ 차트와 업무
샘플에 대한
평가 결과가
팩스로 회신됨
(채용결정 필수과정)

5-15 minutes

⑥ 매니저의 1차
면접 실시
(채용결정
필수과정)

20 minutes

⑨ 총지배인의
채용 확정 통보

20 minutes

⑧ 총지배인의
2차 면접 실시
(채용결정
필수과정)

20 minutes

⑦ 채용 여부
확인 전화
(채용결정
필수과정)

? = Decision Point

● 그림 15-8 Red Lobster 레스토랑의 신입사원 채용 절차
Red Lobster Restaurant 제공

레스토랑의 직원배치

레스토랑은 지속적으로 성장하여 해당 입지에서 최종적으로는 최대의 매출을 달성한다. 경영주는 실패한 매장을 인수하거나 레스토랑을 신축하여 확장한다. 레스토랑에서의 적합한 직원 채용과 성공적으로 직무를 수행할 수 있도록 준비시키는 데에 있어서의 키워드는 모집, **채용전 시험**pre-employment testing, 면접, 선발, 채용, 배치, **기본교육**orientation, 그리고 교육훈련이다. [그림 15-9]는 레스토랑에서의 직원배치 단계들을 보여준다.

가장 중요한 채용결정은 조리장chef의 모집과 선정이다. BonAppetite

모집

↓

채용전 시험

↓

면접

↓

선발

↓

고용

↓

배치

↓

기본교육

○ 그림 15-9 레스토랑 직원배치 단계

management Co.의 지역매니저인 Brian Wilber에 따르면 조리장은 재무상 운영비의 60%에서 80%와 식재료원가의 95%에 대한 책임을 담당한다고 한다.[i] Como's and Bistro Zinc의 오너셰프인 Joseph Keller는 반드시 주방에서 함께 일해 본 뒤 조리사의 고용여부를 결정한다고 한다. 그는 레스토랑을 오픈하기 위해 5명의 후보를 1~2주간 하루에 4~5시간을 주방에서 함께 일하면서 '오디션 했다'고 한다.[ii] 직무상 대인관계의 중요성뿐 아니라 재무의 중요성을 고려할 때, 고심하여 준비한 재무관리 계획과 인사관리에 관한 질의 목록을 보유하는 것은 필수적이다.

누군가가 해당 사업에 참여하고 싶어 하는 이유에 대해 자문해 보는 것도 필요하다. 요즘처럼 경쟁이 치열한 노동시장에서도 조리사 자신이 함께 일하고 싶은 동업자를 선택하기도 한다. 해당 사업장에 근무하기를 간절히 원하는 적합한 사람을 채용하는 것이 가장 중요하다. 채용예정자와 대화를 나눌 때 과거의 노사간 문제나 도전과제들을 질의해 보아야 한다. 과거에 근무했던 레스토랑에 대해 불평이나 험담을 하는 사람은 분명 문제를 일으킬 소지가 있는 인물이다.

모 집

모집recruitment은 고용을 위한 적격의 지원자가 선택될 수 있도록 채용예정자가 해당 레스토랑에 매력을 느끼는 과정이다. 모집은 기존의 연방과 주 고용관련 법안과 규정, 그리고 시민권 관련 규정에 따라 진행되어야 한다. 레스토랑은 다음을 포함한 수많은 원천을 통해 직원을 모집한다.

- 지역 취업박람회
- 기존직원의 추천
- 대학의 취업설명회를 통해
- 멘토로 근무했거나 해당 레스토랑에서의 인턴직 수행
- 지역신문에 광고 게재
- 레스토랑 홈페이지를 통해
- 헤드헌팅 – 레스토랑을 포함한 타 산업에서 근무 중인 사람과의 미팅에서 재치있게 자신의 레스토랑 채용 기회에 관해 언급함

■ 레스토랑 내에서의 직원모집 공고

■ 유용해 보이기는 하지만 자격미달의 지원자가 몰려들 수 있는
  Monster.com과 같은 웹사이트

어떤 방법이건 직원모집 내용은 일관되어야 한다. 다음과 같이 잠재적 지원
자가 알고자 하는 바를 공지해야 한다.

1. 직무
2. 회사의 위치
3. 근무시간대

⊙ 그림 15–10 Red Lobster의 관리자 선발 흐름도
Red Lobster Restaurant 제공

4. 자격요건

5. 지원방법

6. 임금이나 복지후생 등과 같은 직무상 특성

지원자에게 지원시기와 지원방법을 정확히 공지하라. 예를 들어, 팩스전송 또는 화요일 오후 2시에서 4시 사이에 방문제출 등이다. [그림 15-10]은 Red Lobster 레스토랑의 관리자 선발 진행절차의 예를 보여주고 있다.

채용전 시험

연방과 주 법규와 규정은 채용전 시험이 타당하지 않거나 신뢰할 수 없다면 시험 실시를 제한한다. 채용전 시험의 타당성은 시험으로 측정하고자 하는 것을 검정하는지 그리고 시험 결과가 성공적인 직무수행을 예측할 수 있는지와 관련이 있다. 시험은 근본적으로 해당 결과가 반복적인 실시에 의해서도 동일한 결과가 도출된다면 신뢰할 수 있을 것이다.

고용주가 선발하기 위해 실시하는 시험에는 지능 테스트와 적성 테스트, 성취도 테스트가 있는데, 이는 인사권을 가진 직위 또는 경영주나 관리자가 직원 선발의 단계로서 해당 테스트에 대한 욕구 여부에 따라 레스토랑에 필요할 수도 그렇지 않을 수도 있다.

어떤 레스토랑 기업은 최고의 직원을 선발하기 위해 정직성과 재산의 남용 정도를 점검하기도 하고, 어떤 곳은 심리 테스트를 활용하기도 한다. 예를 들어, 캐셔의 직위는 범죄기록부^{police background check}를 요구할 것이다. 하지만, 먼저 지원자는 권리포기증서^{waiver}에 서명을 해야 할 것이다. 조리사 역시 채용전 조리능력을 검증받아야 할 것이다.

면 접

면접 대상자는 모두가 최선의 준비를 하고 임하기 때문에 면접에 기초하여 채용 결정을 내리는 것은 쉽지 않다. 훌륭한 직업윤리를 가진 사려 깊고 능력을 갖추었으며, 사교적이고 양심적이며 성실한 사람을 선발하고 싶다고 하더라도, 특정 인물이 이러한 자질을 갖고 있다는 것을 면접시의 짧은 시간 안에 어떻게 판단할 수 있겠는가?

면접은 성공적인 채용 결정을 가능하게 하는 어떤 행동적 특성을 확인하기 위한 것이다. 면접은 다음과 같은 명확한 목적이 있다.

- 경영진이나 면접담당자는 지원자가 지원한 해당 직무의 수행이 가능한 인물인지를 판단할 수 있는 충분한 정보를 얻어낸다.
- 지원자가 해당 회사와 직무가 모두 자신에게 적합한지를 판단할 수 있도록 도움이 되는 정보를 제공한다.
- 합법적이지만 유도성 질문을 통해 직무에 부적합한 지원자를 가려낸다.

첫인상은 쌍방 모두에게 중요하다. 즉, 레스토랑 역시 좋은 첫인상을 제공해야 한다. 면접에는 주의 깊은 계획이 요구된다. 면접 장소는 지원자에게 편안하게 배치되어야 한다. 편안하지만 업무적이며 장애요소가 없도록 해야 한다.

일단 지원자가 환영을 받는다는 느낌을 받는다면, 작성된 지원서는 심의의 좋은 출발점이 된다. 만약 지원자가 10년간 9종의 직무에 종사했다면, 이는 안정적이지 않으며 고용될 경우 장기근로하지 않을 것으로 판단할 수 있다. 이력 간에 시간적 간격이 있다면 갭이 발생한 기간 동안의 내역에 대한 철저한 조사가 수반되어야 한다.

대다수의 지원자는 도전 받고, 스스로를 성장시키고 발전하도록 만드는 직책에 배치되는 것을 원한다. 그외 지원자들은 변화없이 동일한 직무를 원할지도 모른다. 윈-윈 할 수 있는 경우는 고용주와 직원의 목표가 일치될 때이다. 공통된 목표가 더 많을수록 바람직하다. [그림 15-11]이 이러한 내용을 잘 나타내고 있다. 고용주와 직원 둘 중 어느 한쪽이 너무 강한 개인적 사항을 요구한다면 문제가 발생할 것이다.

직원의 목표　　공통 목표　　고용주의 목표

⊙ 그림 15-11 **고용주와 직원의 공통 목표**

이상적인 직원 프로파일　　직원은 레스토랑의 분위기와 정신, 효율성에 많은 영향을 미치기 때문에 경영진은 어떤 형태의 직원이 레스토랑의 형태에 가장 적합한가를 결정해야 한다. 사교적인 성격의 인물은 항상 단정하고 긍정적이며 건강하고 사교적인 특성이 요구되는 레스토랑의 전방부서에 적합하다. 주방은 그다지 사교적이지 않은 사람도 근무할 수 있다.

외식사업에 종사하는 모든 직원에게는 건강과 선의가 분위기에 더해서 외식 경험의 추억을 창출하는데 도움이 되는 확고한 자산이다.

이상적인 조리사가 이상적인 서버가 되기 위해서는 교육훈련이 필요하며, 이상적인 바텐더는 이상적인 부매니저가 될 수 있을 것이다.

레스토랑은 직원의 자기개발을 지원해야 한다. 직원은 처음에는 서버로 시작할지 모르지만, 주방에서 일정 기간을 거친 뒤 바텐더가 되고 부매니저의 지위에 오르게 된다. 어떤 레스토랑은 공식적인 관리자 교육훈련 프로그램을 갖기도 하고, 기회가 되면 직원을 타 부서로 옮겨주거나 승진시키는 곳도 있다. 두 경우 모두 레스토랑 사업에서 직원이 성공할 수 있도록 계획하고 그에게 기회를 제공하는 것이 중요하다.

Norman Brinker가 레스토랑 사업에 끼쳤던 효과를 생각해보라. Steak and Ale의 전성기를 살펴보면, 그는 부매니저와 매니저들을 다수 양성하였으며, 이들은 현재 성공한 대형 레스토랑 체인의 경영주가 되어 있다. 아웃백스테이크하우스의 Chris Sullivan이 그 좋은 예이다.

잘 훈련된 조리사를 주방장으로 보유한 주방을 소유하고 싶은 유혹을 떨칠 수 없을 것이다. 그러나 전체 레스토랑 중 약 1/3만이 조리장^{chef}이라는 직책을 가진 사람을 채용하고 있다. 때때로 주방매니저$^{kitchen\ manager}$나 수석조리사$^{head\ cook}$라는 용어도 사용된다. 일반적으로 대형호텔은 여러 명의 조리장을 보유하고 있다. 풀서비스 레스토랑은 일반 레스토랑과는 달리 당연히 조리장을 보유하고 있을 것이다. 그리고 레스토랑의 절반은 셰프라는 직책을 가진 주방장을 고용한다. 퀵서비스 레스토랑에서는 누군가를 셰프라고 부르지만, 이는 단지 업그레이드된 명칭에 불과하다. 조리장이 필요할 정도로 조리기술이 요구되는 것은 아니기 때문이다. 고수익의 레스토랑은 상대적으로 고정메뉴로 구성되어 있어서 주방에서는 제한적인 기술만을 요구한다. 이런 레스토랑에는 노련한 조리사 보다는 10대의 직원이 더 적합할 것이며, 영업장 직원은 거의 10대 학생들로 채워질 것이다.

채용에 있어서 과제는 지원자가 자격 미달인지, 자격 과잉인지, 그리고 그들이 직무에 만족하는지를 판단하는 것이다. 레스토랑의 채용결정에 있어서 또 다른 큰 과제는 지원자의 정직성과 책임감의 정도를 판단하는 것이다. 원가관리는 절대적인 정직성에 대한 요구를 감소시키고, 생산성 기준은 책임심을 확보하는데 도움이 된다.

면접과 평가양식   California Café는 지원자 면접과 평가양식([그림 15-12] 참조)을 사용하여 매니저가 면접 직후에 작성하여 지원서에 첨부할 수 있도록 한다. 매니저는 지원서 상에는 기재할 수 없다.

캘리포니아 카페 바 앤 그릴
지원자 인터뷰와 평가서
(면접 후 작성하고 지원서에 첨부)(지원서류에 기입 금지)

1차 면접일 ___/___/___/　　　　　　매니저: _____

2차 면접 요청: 1차 시도: _/_/_/　2차 시도: _/_/_/　3차 시도: _/_/_/

2차 면접일: ___/___/___/　시간: _____　　매니저: _____

총지배인의 이니셜(사인): _____

부서: _____　　　　　　　　희망 급여: _____

1에서 5까지 각 범주별로 평가:

용모와 태도: _____

지식: _____

경험: _____

사회적 기술: _____　(개인적 특성)

안정성: _____

　　　　　　총점: _____

언급사항:

　_____
　_____
　_____

추천인: _____　접촉자: _____

일자: ___/___/___/　언급사항: _____
　_____
　_____

고용일자: ___/___/___/　　　　　　　　급여: _____

시민권 확인(근무 허가): _____　　매니저 이니셜(사인): _____

음식취급자 카드(해당시): _____　　검토일: ___/___/___/

직원관리카드 작성: ___/___/___/　매니저/ 장부담당 이니셜(사인): _____

직원관리카드 필수 포함사항:　　　　　　데이터마스터에게 전달:

사본: 운전면허증, 사회보장카드　　　　　세금신고서 W4 복사
　　　직무 적격성을 증빙할 추가 서류　　데이터마스터 신규채용 서류
　　　서명된 주차정책 서류 등
　　　출입국신고서 19호
　　　세금신고서 W4
　　　지원서와 평가서
　　　서명된 매뉴얼 영수증 서류
　　　데이터마스터 신규채용 서류

○ 그림 15-12　지원자 면접과 평가양식

레스토랑 서비스 직무를 보면, 태도가 능력보다 훨씬 더 중요하다. 그리고 방대한 취업 시장에서 운영자는 매우 까다롭게 직원을 선발할 여유를 가질 수 있다. 고급 레스토랑은 20명의 지원자 중 1명밖에 뽑지 않는다. 대부분의 레스토랑에서 지불하는 저임금 때문에 운영자는 폭넓은 선택을 할 여지가 없으며, 높은 서비스기준을 충족하기 위해서 지속적인 교육훈련을 실시해야 한다. 평가양식을 사용하는 것은 면접관이 지원서 상에 기재되어 있지 않은 특성이나 태도를 관찰하는데 도움이 된다.

직원선발

직원선발은 선발가능한 직원의 적격성과 적합성을 판단하는 과정으로서, 단지 해당자가 요리나 서빙을 얼마나 잘 수행할 수 있는가 뿐만 아니라 어떻게 팀에 적응할 수 있는가를 고려해야 한다. 개인적인 외모와 복장, 그리고 위생도 중요하다. 직원선발의 목적은 팀원으로 활동할 수 있고 고객과 경영진의 기대치를 넘어설 수 있는 직원의 채용에 있다.

미성년자의 고용

미국레스토랑협회(NRA)와 다수의 주 레스토랑협회는 젊은 고용주에 대한 평판을 고양시켜주고자 하는 시도를 긍정적으로 추진해왔다. NRA는 소외계층 젊은이를 위한 취업지원사업Youth at Work Initiative의 장려를 위해 고용기회균등위원회 Equal Employment Opportunity Commission(EEOC)와 파트너십을 맺었다. 이는 NRA와 EEOC가 최초로 맺은 제휴의 사례이다. 이 제휴는 경력과 고용기회를 보상해 주는 초석인 레스토랑산업에서 청년 근로자와 관련된 주요 문제를 조장하고 인식시키는 데 도움이 되고자 협정되었다.[2]

협정된 결과는 양질의 근로 경험을 제공하기 위해서 법이 요구하는 바를 초원하여 노동부(DOL), 의회, 그리고 NRA의 공무원으로 구성된 T/F팀에 의해 더욱 제고되었다. 다음은 학생을 위한 프로그램의 5가지 특별조항이다.

1. 교육이 최우선이다.
2. 해당 레스토랑은 청년 근로자를 고용하기 전에 부모의 동의서를 받아야 한다.

3. 레스토랑은 학교로 고용확인서를 송부해야 한다.

4. 고용주는 학생의 학업에 부담이 되지 않도록 유연성 있는 근무시간의 조정 계획에 서약해야 한다.

5. 프로그램에 따라 부모의 근무처 방문을 독려한다.[3]

대형 레스토랑 체인들은 테이블정리와 식기세척에서부터 조리와 주문 수령까지 거의 모든 레스토랑 직무를 위해 16세부터 일을 시작하는 10대들이 가장 훌륭한 지원자라는 사실을 확인했다. 어떤 레스토랑은 10대 시프트 매니저와 부매니저를 두어서 직원을 관리하도록 조치했다. 미국내 모든 퀵서비스 체인과 다수의 테이블서비스 레스토랑은 청소년에 관한 눈에 띄는 경영방법을 정착해왔다. 그중 가장 성공한 사례인 맥도날드는 10대의 고용 비율이 높은데, 그들이 근무하는 시간 동안은 최고의 효율성을 발휘할 수 있도록 가능한 파트타임만으로 운영을 하고 있다. 지치고 기력을 잃은 직원은 맛없는 음식만큼이나 레스토랑의 이미지를 급격히 저하시킨다.

미성년자 고용 제한 다수의 연방 법률은 16세 이하 미성년자의 근로가 허가된 업무의 종류를 제한하고 있다. 주법 또한 이를 적용하고 있으나, 연방정부의 규정과는 차이가 날 수 있다. 주법이 더 제한적일 경우 상위법인 연방법의 판례를 따른다. 법률은 해석하기에 따라서 때때로 규정이 바뀌게 된다. NRA는 16세 이하의 미성년자가 근로할 수 없는 업무를 제시하고 있다.

- 기계나 장비의 수리나 유지관리와 관련된 업무
- 창턱에서의 일을 포함한 외벽창문청소와 사다리, 발판 또는 대용품의 사용을 필요로 하는 모든 업무
- 조리(음료 판매기, 점심 도시락, 스낵 바 또는 구내레스토랑의 서빙 카운터를 제외한)와 제과제빵
- 냉동고나 육류저장고, 그리고 판매용 육류의 준비와 관련된 모든 업무(랩핑이나 밀봉작업, 라벨 부착, 무게 측정, 가격표 부착과 상품 정리를 제외한)
- 트럭이나 기차, 컨베이어에 물품을 싣고 내리는 업무
- 차량용 피트나 랙이나 승강용 기구의 사용과 관련되거나, 이동가능한 휠로 장착된 림(휠 가장자리)에 올려진 타이어의 팽창과 관련된 자동차와 트럭 주변 업무

- 차량 운전이나 차량 주변의 보조 업무
- 사무직을 제외한 창고업무와 DOL에 의해 위험하다고 지정된 모든 업무[4]

16세에서 18세 사이의 미성년자가 근무할 수 없는 업무는 다음과 같다.

- 엘리베이터나 동력 기중기의 작동
- 동력 절삭기나 제빵 기기의 작동
- 원형 톱, 동력 분쇄기, 띠톱, 그리고 절단기의 작동

견습생이나 초보자 교육 프로그램에 참가한 학생들을 위한 예외 조항도 있다. 물론, 연방과 주법은 절대적 기준을 설정하고 있고, 미성년자 고용에 대한 추가 요구사항을 명시하고 있다. 18세의 청소년은 어떤 업무든지 합법적으로 일을 할 수 있으며, 문의사항은 지역 DOL 사무실에 전화를 하여 법률이나 규정의 해석을 확인할 수 있다. 16세 이하의 미성년자는 18세 이하의 미성년자에게 위험하다고 지정된 업무를 제외한 직업을 부모의 동의하에 취득할 수 있다.

최대 근로시간과 심야근무의 제한

- *14, 15세*   학기 중에 미성년자들은 하루에 최대 3시간까지, 주당 18시간까지 근로가 가능하지만, 휴일에는 하루에 최대 8시간, 주당 40시간까지 근무 가능하다.
- *16세 이상*   학기 중에도 근무시간의 제한은 없다. 하지만, 주법이 더 엄격하게 적용되어 있다면 주법을 준수해야 한다.
- *14, 15세*   미성년자들은 학기 중에 오전 7시 이전과 오후 7시 이후에는 근무할 수 없다. 6월 1일부터 노동절(9월 첫 일요일)까지는 오후 9시까지 근무할 수 있다.

어떤 고용주는 제한규정 때문에 16세 이하 미성년자들의 고용을 고려조차 하기 않는다

연방법은 워싱턴의 노동부 산하 고용기준정, 임금 및 근로시간국(DOL, Employment Standards Administration, Wage and Hour Division, Washington, DC 20210) 주관으로 시행된다. 아동노동요건Child Labor Requirements을 고의로 위반하는 자에게는 과징금을 부과한다.

불법체류자의 고용

1986년의 이민 개정 및 규제 법령^{Immigration Reform and Control Act of 1986}은 고용주의 불법체류자 고용을 금지하고 있다. 고용예정자의 합법적 이민자 신분과 미국에서 일할 수 있는 권리를 입증하는 것은 고용주의 책임이다. 고용주가 제출한 문서의 신빙성을 입증할 필요는 없다. 하지만 인사 담당자는 모든 문서의 진위여부를 검증하는데 최선을 다해야 하며, 의심이 가는 경우는 이민귀화국(INS)에 확인을 의뢰한다. 정부 감사를 대비하여 모든 제출된 문서의 사본을 보관해야 한다. I-9 양식은 직원들의 서류를 검열 받았다는 증거이다. 적절한 기록을 하지 않을 경우 과징금을 물어야 하며, 경우에 따라서는 피크 타임인 금요일 저녁영업이 시작되기 전에 직원을 잃을 지도 모른다. 다음의 문서들은 고용예정자의 신분을 판단하는데 사용된다.

- 여권
- 시민권
- 외국인 등록증
- 개인이 일을 할 수 있도록 허가하는 INS의 직인이 찍힌 외국 여권
- 귀화 증명서
- 사진이 부착된 출생증명서

불법체류자 고용의 결과는 부주의한 기록 보관과 서류 검증 탓으로 납부하기에는 상당한 금액의 과징금이다. 한 레스토랑 체인은 위반으로 인해 150만 달러의 과징금을 납부하기도 하였다.

직원 정보

가장 유용한 직원의 정보는 믿을 만한 기존 직원의 소개이다. 다른 원천들은 그 당시의 고용 상황과 지역에 따라 달라진다. 다음은 가능한 정보들이다.

- 창업멤버로서의 기존 직원
- 주 고용서비스 부서
- 구인광고
- 학교 – 고등학교 소비조합, 조리기술학교, 대학, 지역 취업 프로그램

고용주들이 항상 경력을 보는 것은 아니다. 내가 Olive Garden에 지원할 때 나는 영접부서로 지원을 했지만, 그들은 내가 서버로 일하기를 원했다. 그리고 그들은 훌륭한 교육훈련 프로그램을 보유하고 있었으므로 나의 이전 경력은 문제가 되지 않았다.

- 노점
- 고객
- 청소년 단체(예를 들어, 보이스카우트, 걸스카우트)
- 남학생단체, 여학생단체
- 직접 방문
- 인터넷
- 소수 정보처
- 교회 단체
- 버스 광고
- 라디오
- 베테랑들의 단체
- 은퇴자들의 단체(사용되지 않은 귀중한 인력)
- TV(광고시간은 보통 지역 케이블 방송국에서 합리적인 가격으로 가능하다.)
- 지자체 게시판
- 취업 박람회
- 지역 협력업자

직원을 배치할 때 명심해야 할 몇 가지 중요한 법적 문제가 있다. 이는 레스토랑에 영향을 미치는 고용관련법의 개관이다.

시민권법

시민권법civil rights laws은 고용주들은 개인의 인종, 종교, 피부색, 성별, 출신국, 결혼 유무, 연령, 경력 정도, 가족관계, 장애 혹은 말소된 청소년 범죄기록 등을 기초로 고용에 있어 차별을 불허하고 있다. 고용주는 불평을 호소하는 과정에 있다거나 차별의 관행에 반대하거나 이와 관련된 문서를 제출한 직원에 대해 어떤 방법으로든 보복을 하거나 해고해서는 안 된다.

연방과 주의 차별에 관한 법률은 비슷하다. 주는 연방 시민권법의 시행을 담당한다. 다른 주 정부기관은 다양한 측면의 법을 시행할 책임이 있다. 예를 들어, Oregon주에서는 노동국$^{Bureau\ of\ Labor}$은 EEOC에 대한 연방정부의 고소건을 처리하는 반면, DOL의 임금 및 근로시간 담당국$^{Wage\ and\ Hour\ Division}$은 성별과 **연령의 차별**을 다룬다. 다른 내용은 DOL의 연방계약준수국$^{Office\ of\ Federal\ Contract\ Compliance}$과 보건복지부$^{Department\ of\ Health\ and\ Welfare}$에서 직접 처리한다. 몇 곳의 정부기관이 연계되어 있으면 법의 해석에 동의를 해야 할 필요 없이 상위법에 따른다.

고용기회균등

고용기회균등(EEO)은 개방적인 직원모집과 경쟁적인 선발, 그리고 실적에 기초한 승진제도를 통해 가능하다. 명확하게 정의되고 직무 관련 기준에 따라 평가된 실적은 최적의 지원자가 해당 직무에 선발될 것임을 보증해준다.[5]

⊙ 직원채용 면접을 통해 채용예정자와 고용주는 서로에 대해 알 수 있는 기회를 갖게 된다. *Ann Jenson 제공*

고용기회균등의 제공은 법적으로 인종, 성별, 종교, 피부색, 출신국, 경력 정도, 연령, 그리고 직무와 무관한 정신적 혹은 신체적 장애에 따른 차별을 할 경우 적용이 된다. 법안의 취지는 앞서 언급된 사항 중 한 가지 이상의 이유로 승진이 안되는 직원이나 차별을 받게 되는 채용예정자를 보호하기 위한 것이다. EEOC는 직원이나 채용예정자가 차별을 받는다고 생각될 때 호소할 수 있는 기관이다. 만약 EEOC가 동의한다면 해당 정부기관은 개인 또는 기관에 고소장을 발부하게 된다.

1986년의 이민 개정 및 규제 법령^{Immigration Reform and Control Act of 1986}은 미국의 합법적 이민자에 대한 차별을 금지하고 있다. 이는 모든 직원에 해당하며 어떤 정사원도 임시직 사원보다 유리한 대우를 받을 수 없다.

연령차별금지법^{Age Discrimination Act}은 1967년도에 통과되었으며, 40세 이상인 국민을 차별하지 못하도록 보호하고 있다.

장애인차별금지법

장애인차별금지법^{Americans with Disabilities Act}**(ADA)**은 장애가 있는 직원에 대한 차별을 금지하고 있으며, 그들이 불편 없이 근무할 수 있도록 근로환경과 작업 관행에 대한 "진정성 있는" 변화를 요구한다. ADA는 다음에 제시된 분야에서 장애인들에 대한 포괄적인 시민권 보호조치를 취한다.

- 고용(Title Ⅰ)
- 주 정부와 지방 정부 운영의 전반(Title Ⅱ)
- 대중을 상대로 하는 공공 숙박시설과 개인사업(Title Ⅲ)
- 통근(Title Ⅱ와 Ⅲ 모두 포함)
- 원격통신(Title Ⅳ)

이 법은 특별히 레스토랑이 장애인에게 제공되는 서비스나 편의시설로의 접근에 문제가 없도록 장애 요소를 제거한 후 이들을 영접하도록 요구하고 있다.

현재, 미국에는 4천 3백만의 장애인이 있으며 시간이 지날수록 그 수는 꾸준히 증가할 것이다.

어떤 사람이 장애인인가? 인구조사국^{Census Bureau}에 따르면, 미국인의 1/5이 장애를 가진 것으로 나타났으며, ADA는 정신적 혹은 신체적 장애를 보유한 채 근로하는 것과 같은 주요한 삶의 활동을 실제적으로 제한받는 직원을 보호하고 있다.[6] ADA는 장애인을 다음에 제시된 세 가지 범주로 분류하여 정의하고 있다.

1. 걷기, 보기 또는 듣기와 같은 하나 이상의 주요한 삶의 활동에 실제적으로 제한을 받는 신체적, 정신적 장애를 가진 자
2. 심장병이나 암과 같은 병력을 갖고 있는 자
3. HIV 양성판정을 받았거나 심각한 부상을 당한 사람과 같이 장애를 가졌다고 인식되는 자

ADA가 레스토랑에 어떻게 영향을 미치는가?   레스토랑에서 고객이 이용가능한 모든 구역은 ADA가 공공 편의시설로 규정하는 장소이며, 그 때문에 이는 레스토랑이 제공하는 서비스와 물리적 시설로의 접근을 규정하는 Title Ⅲ에 해당된다. 물리적 시설로의 접근으로는 1993년 1월 26일 이후에 디자인된 신축건물은 ADA 접근지침(ADDAG)에 근거해야 한다. ADAAG는 신축되는 시설에 장애인이 접근 가능하도록 하기 위한 기술적 디자인 요구사항을 제시한다. 이후에 진행되는 개축에서도 반드시 이 가이드라인에 따라야 한다. 하지만 변경이 용이한, 즉 심각한 문제나 비용의 부담 없이 손쉽게 수정가능한 장애물 제거는 모든 기존건물에서 요구된다. 어느 정도까지 진정성 있게 장애물을 제거할 수 있는가를 결정하는 요소는 NRA가 발행한 *Americans with Disabilities Act: Answers for Foodservice Operators*에서 제시하고 있다.[7]

정신적, 신체적 장애인의 고용

지금껏 관대한 대우를 받는 직원은 정서적, 정신적 그리고 신체적 중증 장애인이다. 수많은 레스토랑 운영자들은 실제 그러한 장애인들이 더 성실하고 더 열심히 일하고, 직원 평균 보다 직무만족도가 더 높으므로 이들을 고용하고 있다고 밝혔다. 수많은 연구들이 이를 뒷받침해준다.

레스토랑에서 최저임금을 받는 직책에서 어떤 직무의 요구도가 가장 높으며, 만족도는 가장 낮은지, 또한 가장 제한적인지 자문해보라. 대답은 세척담당 또는 대형기물 세척담당, 청소담당 직원일 것이다. 이러한 직무들은 이직률이 가장 높다. 대부분의 레스토랑에서 세척구역은 물기가 많고 소음이 많아서, 때로는 주방에서 보잘것없는 일을 하는 직원들은 정서적 장애를 갖고 있거나 중독자

들만으로 구성되기도 한다. 다수의 레스토랑에서는 세척구역에 식기세척기, 성능 좋은 환풍기 시설, 밝은 조명, 보호장갑 등이 구비되어 있어서 직무를 더 만족스럽게 수행할 수 있도록 하고 있다.

신체적인 장애를 가진 사람들은 주기적으로 쉴 수 있도록 다리가 높은 의자가 구비된 환경이 제공되기도 한다. 이러한 지원은 신체적인 장애를 가진 직원뿐만 아니라 전 직원에게도 도움이 된다. 그 의자에 큰 바퀴가 부착되어 있다면 직원이 쉽게 이동할 수도 있을 것이며, 등받이도 있다면 더 좋을 것이다. 두꺼운 고무나 비닐 매트는 미끄러짐과 하지정맥류의 발생을 막을 수 있을 것이다.

고용주는 그들이 수행할 과업에 사용되는 설비를 고려하여 직원을 선발해야 함을 명심해야 한다. 이러한 직무는 높은 지능이 요구되지 않기 때문에 자기개발을 원하는 직원들은 쉽게 회사를 떠날 것이다. 이러한 사람들은 고용하지 않는 것이 좋다. 간질 병력이 있는 사람은 검수나 회계업무에는 지장이 없겠지만, 라인조리사의 업무는 자신뿐 아니라 다른 직원에게도 위험할 수 있다. 회복중인 알코올 중독자는 바텐더를 제외한 다른 직무는 잘 수행할 수 있을 것이다.

어떤 레스토랑 체인은 장애인의 고용을 적극적으로 지원하고 있다. Bob Evans는 1991년부터 시각장애인을 포함한 다수의 장애인을 고용했다. 맥도날드와 피자헛 그리고 Olive Garden은 신체적, 정신적 장애를 가진 이들을 고용하고 있다. Olive Garden의 인사담당 부사장은 장애인을 위한 직업훈련 프로그램을 통해 잘 훈련된 지원자를 고용하고 있다고 강조한다. 게다가 취업 기회를 제공하는 것 이외에도 다양한 능력을 가진 장애인들을 고용하여 좋은 홍보가 되었다.

레스토랑 직무는 보통 레스토랑의 전방부서와 후방부서 둘로 나뉜다. 서버와 접객담당은 외모와 고객을 즐겁게 하려는 욕구가 있으면 바람직하다. 한 운영자는 "서버를 채용할 때, 당신은 행복한가 하는 단 하나의 질문을 한다."고 한다. 행복은 레스토랑의 후방부서에서 필수사항은 아니지만 도움이 된다. 조리장의 직무는 가장 중요하고, 절대 금주 또는 자기감정의 통제와 음주의 절제가 가능한 사람을 요구한다. 유머감각까지 있다면 더욱 훌륭하다.

대부분의 사람들은 어떤 방식으로든 장애를 갖고 있고, 그리고 스트레스를 받는다. 지나친 근로시간은 효율성을 떨어뜨린다.

AIDS[8]

후천성 면역 결핍증(AIDS)은 공기나 물, 또는 음식으로 전염되지는 않는다. 의학적으로 입증된 전염 방법은 몸 안의 유동체fluids를 교환하거나 주사 바늘을 공유하는 경우(주로 마약 중독과 관련이 있음), 오염된 혈액의 수혈, 그리고 모체로부터 태반을 통해 태아로 전달되는 경우가 전부이다. AIDS는 레스토랑의 일상적인 업무로는 전염되지 않는다. AIDS를 앓고 있는 사람과 함께 일을 하거나 이들이 조리한 음식을 먹는다고 해서 AIDS가 감염되지는 않는다. 질병대책센터Centers for Disease Control는 다음과 같이 언급하고 있다.

모든 역학적, 그리고 실험적 증거들은 혈액을 통하거나 성적으로 옮겨진 전염병은 조리와 음식과 음료의 서빙시에는 전염되지 않으며, HBV나 HTV-III/LAV[AIDS를 발생시키는 바이러스]의 어떠한 경우에도 감염된 사례가 확인되지 않았다.

군의무감Surgeon General은 위의 경우보다는 덜 기술적이지만 동일한 맥락에서 다음과 같이 언급하고 있다.

어떠한 AIDS도 ...... 레스토랑의 식사를 통해 전염되지 않았다.(레스토랑 근무자가 AIDS를 앓고 있거나 AIDS 바이러스를 보유하고 있다고 하더라도)

적용 가능한 모든 주법을 포함하여, AIDS 환자나 HIV 양성반응의 직원에 대한 처우를 위해서 또 다른 2가지의 법률 조항인 장애인차별금지법(ADA)과 가족 및 의료휴가법Family and Medical Leave Act(FMLA)을 고려해야 한다. 고용, 승진 혹은 특별한 이익을 제공하는 데 있어 차별을 두어서는 안 된다. 또한, 이러한 직원들이 직무의 주요 업무를 수행함에 있어서 "적절한 편의시설"을 요구한다면, "필요 이상"을 요구하지 않는 이상 이를 제공해야 한다.

지원서와 인터뷰 도중 피해야 할 질문

시민권법은 특정한 질문을 금하지는 않지만 직원 선발에 있어서 차별적인 정보의 사용을 금지하고 있다. 따라서 고용주는 요구된 정보의 필요성과 직원 채용에 있어 어떻게 그 정보가 사용될 것인가를 고지해야 할 의무가 부담이 된다. 지원서에 인종과 성별에 대한 작성이 요구된다면, 고용주는 긍정적인 목적을 위해 질문이 제시되었으며, 이에 따른 정보는 차별적인 방법으로 사용되지 않을 것임을 밝히는 문서를 지원자에게 함께 제공해야 한다. [그림 15-13]은 피해야 할 질문을 제시하고 있다.

보호 영역	부적합한 질문	조언
결혼 유무	결혼하셨나요? 이혼하셨나요? 별거중인 가요?	혼인상태에 대한 차별은 불법이므로 이러한 질의는 부적절하다. 결혼유무는 직무수행 능력과는 무관하며, 이는 개인의 특성을 구별하는 효과적인 수단이 될 수 없다.
연령	생년월일은? 나이는 어떻게 되나요?	합법적인 근거를 위해로 연령초과의 확인이 필요하다면, "21세 이상인가요?"라고 질문하는 것이 좋다.
출신국	당신은 내국인입니까 아니면 귀화자입니까? 시민권 증빙자료가 있나요? 출생국은 어디죠? 부모의 출신국은 어디죠?	직무상 지원자의 출신국이 요구된다면, 이 질의는 다른 증빙자료 없이 직접 물어서 출신국을 확인할 수 있다. 시민권이나 이민자 신분의 증빙자료가 필요하다면 자료제출 상황에 따라 고용이 가능하다.
가족관계	최근 우리 레스토랑에 취업한 친척이 있나요?	친척이 관리자가 아니거나 다른 가족에 대한 불만 조정 권한을 가지고 있지 않다면, 이미 고용된 친척이 있다는 이유로 입사 지원자를 탈락시킬 수는 없다.
정신적, 신체적 장애	암에 걸리셨나요? 암에 걸린 적이 있는 가요? 발작증상은 없나요? 마약이나 알코올중독은? 직무상 상해의 경험은? 정신질환 치료경험이 있나요?	지원자가 직무의 기능을 수행할 수 없는 정신적, 신체적 장애로 인해 고용시 차별을 받을 수 없다. 지원자의 신체적, 정신적 능력에 대해 문제가 있다면, 직무에 따라 자해나 타인에게 피해를 끼치지 않을 것이라는 의사의 소견이 첨부된다면 채용할 수도 있다.
인종 및 성별	당신은 어떤 인종/성인가요? 사진을 제출하시오. 머리카락과 눈의 색은 어떻게 되나요?	질문에 앞서, 이러한 정보는 긍정적인 조치와 보고 목적으로만 사용되며, 차별 목적으로 사용되지는 않을 것이라는 것을 언급한다. 외모는 지원자의 직무 수행능력과는 무관하므로 사진을 요구하지는 말아야 한다.
성(sex)	임신 중인가요?	일부 주법에는 임신에 대한 차별이 성차별이라고 규정하고 있다. 임신에 대한 합법적인 채용거부를 위해서는 해당 직무를 여성으로는 수행할 수 없거나, 직책상 출산휴가를 허용할 수 없는 확고한 이유(의사소견과 같은)를 고용주가 제시해야 한다. 임신도 다른 신체장애와 같이 처우해야 한다.
상해근로자	산재보상금을 신청한 적이 있나요?	지원자가 산재보상금을 신청한 적이 있다는 이유로 고용을 거부하는 것은 불법이다. 직무를 수행하기 위한 지원자의 신체상태에 대해 확인할 필요가 있다면 그 정보에 대해서는 직접 물어보는 것이 더 좋다.

⊙ 그림 15-13 **피해야 할 질문**

보호 영역	부적합한 질문	조 언
종교	어떤 종교를 믿나요? 어떤 클럽/협회의 회원인가요? 토요일 근무가 가능한가요? 일요일 근무는 가능한가요? 입건된 적이 있나요? 교통위반 같은 사소한 내용이 아닌 범죄로 유죄판결을 받은 적이 있나요?	처음의 두 질문은 부적절하다. 종교문제는 업무능력의 지표가 아니다. 회원정보에 대한 요청으로 종교 유무는 밝혀질 수도 있다. 지원자가 종교적인 문제로 토요일이나 일요일 근무의 가능 여부를 고용주는 확인할 필요가 있다. 그러나 사업상 부당한 부담을 주지 않는다면 종교문제는 수용해야 한다.
기타	입건된 적이 있나요? 교통위반 같은 사소한 내용이 아닌 범죄로 유죄판결을 받은 적이 있나요?	입건되거나 유죄판결을 받은 미성년자가 성인보다 훨씬 많으므로, 이러한 질의는 직무기회상 미성년자를 배제시키기 위해 사용될 수 있다. 입건되었다는 이유로 유죄여부를 판단할 수는 없으므로, 입건기록은 그다지 중요하지 않다. 유죄판결을 받은 범죄가 직무와 관련되어 있다면, 범죄기록은 고용거부를 위해 사용될 수 있다는 판례가 있다. 예를 들어, 고용주는 고객의 소유물을 취급하는 벨보이의 직무에 절도나 장물경력이 있는 자의 채용을 거부할 수 있다.
	주택을 소유하고 있나요?	미성년자가 성인과 같은 비율로 집을 소유하고 있지 않으므로, 이 질문은 미성년자를 배제시킬 의도일 수 있다. 주택 소유 여부가 지원자의 직무 수행 능력에 대한 지표는 아니다.

⬤ 그림 15-13 (계속)

- *성명과 주소*
  - 귀하의 전체 이름^{full name}이 어떻게 되는가?
  - 주소가 어떻게 되는가?
  - 전화번호가 어떻게 되는가?
- *연령과 시민권*
  - 해당 주에서 근로 가능한 최저연령에 부합하는가?
  - 고용된다면 연령을 증명할 수 있는 자료를 제시할 수 있는가?
  - 18세 이상인가?
- *업무 일정*

  허용 가능한 것은 정규 근무일자, 근무시간 그리고 정규적인 출근 약속에 관해 고용주에게 응답할 진술이다.
- *신체 장애의 정도*

  채용 예정자가 적절한 편의시설의 여부에 따라 특정 직무를 수행할 수 있는가에 대한 질의는 허용된다.

모든 지원자에게 공통적인 질문인, 즉 "정시 출근이 불가능한 이유를 말하시오." 같은 문항은 타당성이 있다. 지원자가 중죄를 저질러 고소를 당한 적이 있다면, 그 이유가 무엇인지 물어봐도 문제가 되지 않는다. 그런 다음 배치가 요구되는 직책에 타당한 직원배치를 결정을 해야 한다. 즉, 바텐더로서 절도행위로 고소당한 적이 있는 지원자나 급여담당자로서 고소를 당한 경험이 있는 자는 타당하지 않을 것이다.

채용 예정자에게 위생 태도, 습관, 지식에 대해 반드시 질문해야 한다. 교육훈련 프로그램 내용을 설정하기 위하여 그들이 어떤 수준의 위생교육을 받았는지 확인해야 한다. 안전한 서비스에 대한 습관과 태도를 지닌 지원자를 직원으로 채용하는 것이 좋다.

허용 가능한 질문

일반적인 질문의 시작

- 당신의 근로 경험에 대해 간단하게 말해주시오.
- 레스토랑 성공에 있어 가장 중요한 요소는?

경 험

- 선호하는 레스토랑과 그 이유는?
- 홀 서비스나 조리의 경험은 있는가?
- 현재 당신의 임무와 책임은?
- 당신의 책무를 얼마나 잘 완수할 수 있는가?
- 이상적인 직무를 설명해보라.
- 당신의 미래에 이 레스토랑이 얼마나 도움이 된다고 생각하는가?

통 근

- 교대근무를 위한 출퇴근에 문제는 없는가?

근무 가능성

- 가능한 근무시간이 어떻게 되는가?
- 근무할 수 없는 시간대가 있는가?

- 필요시 초과근무가 가능한가?
- 근무교대시간에 대한 특별 요구사항이 있는가?

취미/관심사

- 취미나 관심사가 무엇인가? (이는 지원자가 마음을 터놓고 얘기할 수 있도록 도와주는 일반적인 질문이다.)

목표/포부

- 목표 또는 포부가 어떻게 되는가? (레스토랑 경영주는 확실한 목표를 갖고 있는 사람에게 지원과 상담, 전반적인 격려를 해줄 수 있다.)
- 향후 몇 년간 근로와 관련 없는 목표를 설정한 적이 있는가, 그 이유는?
- 3년 후 당신의 모습은?

스포츠

- 관전하거나 실제로 즐기는 스포츠는?

언 어

- 한 언어 이상 구사할 수 있는가?

업무 경험

- 당신의 업무에 대한 이전의 고용주 평가는?
- 이전의 직무에서 가장 좋았던 것과 가장 좋지 않았던 것은 무엇인가?
- 만취하거나 시끄러운 고객은 어떻게 대처하는가?

기술과 특정 직무에 관련된 질문

- (조리사의 경우) 메뉴에 있는 아이템들을 어떻게 준비할 것인지 설명하라.
- (서버의 경우) 특정 음식 아이템을 어떻게 제공할 것인지 설명하라.
- 본 레스토랑의 고용 이유가 될 만한 당신의 능력은 무엇이라고 생각하는가? 해당 직무와 본 레스토랑이 당신에게 해줄 수 있는 것은 무엇이라고 생각하는가?
- 본 레스토랑에서 얼마나 오랫동안 일할 것인가?

기타 질문

- 최상의 목표를 이루기 위해 가지고 있는 계획은?
- 자신의 강점과 약점이 무엇이라고 생각하는가?
- 당신의 이전 고용주에게 추천서를 요구한다면 당신을 어떻게 평가할 것이라 생각하는가?
- 당신의 직장동료 또는 부하직원이 당신을 어떻게 평가할 것 같은가?
- 자신이 최고로 노력할 수 있도록 성장하게 만든 계기는?
- 당신을 고용해야 하는 이유는?
- 레스토랑 사업에서 당신을 성공하도록 만들어줄 수 있는 당신의 자격요건은?
- 매니저로서 성공하기 위해 가져야 할 자질은?
- 관리자와 그에게 보고하는 사람 사이에 존재하는 관계를 설명하라.
- 당신을 가장 만족시킨 두, 세 가지의 업적은? 만족 이유는?
- 무엇이 당신에게 레스토랑 산업을 선택하게 했는가?
- 추가적인 공부의 계획이 있는가? 그러한 계획을 실행하기 위해 무엇을 준비해 왔는가?
- 학교 성적이 당신의 능력을 충분히 표현하고 있다고 생각하는가?
- 당신이 가장 편안하게 느끼는 업무 환경은 어떤 종류인가?
- 스트레스를 받을 때 어떻게 일하는가, 예를 드시오.
- 본 레스토랑에서 직무를 구하기로 정한 이유는?
- 본 레스토랑에 대해 아는 내용은?
- 당신이 일하고 싶은 직장을 평가할 때 사용하는 기준은?
- 당신이 직면했던 주요 문제는 무엇이었으며, 어떻게 해결했는가?
- 고객으로부터 받은 유별난 요구나 주문은 무엇이었으며, 어떻게 처리했는가?
- 화가 난 고객의 문제를 어떻게 해결했는지, 예를 드시오.
- 당신의 직무에 있어 두, 세 가지의 중요한 요소는 무엇인가?

Tip

지원서에 의견을 적지 말라. 이는 합법적 과정에서 당신에게 불리하게 사용될 수 있다.

복수 면접

지원자가 많을 경우에는 복수 면접이 단독 면접보다 더 효과적일 수 있다. 1차 면접이 실시되고, 지원자는 성공적인 직무 수행과 관련된다고 생각되는 그 어떤 질문이든지 이에 따라 1점에서 5점으로 등급이 매겨진다. 5점을 받은 지원자만이 2차 면접을 위한 약속을 정하게 된다.

전화 문의

발신자가 질문에 능숙하다면 전화를 통한 지원자에 대한 문의는 서면으로 요청하는 것보다 훨씬 더 효과적이다. 통화는 지원자의 강점과 약점을 조사하는 데에 맞춰져야 한다. 특히 이는 지원자가 이전 직장에서 임금이나 직위, 그리고 근무기간에 대해 언급한 사항을 확인하는데 유용하다.

발신자는 본인의 성명, 직위 그리고 레스토랑명을 언급한 후, 지원자의 이전 관리자와의 대화를 요청해야 한다. 그리고 지원자가 직원모집에 지원했고 수신자를 자신의 추천인으로 제시했음을 설명해야 한다. "몇 가지 질문에 응하실 수 있겠습니까?"라고 요청한 후 발신자는 지원자가 어떤 일을 했으며, 어떤 기여를 했는지를 확인할 수 있다.

대부분은 지원자에 대해 일부러 실제와 다른 내용의 의견을 피력하지는 않는다. 목소리의 톤과 언급되지 않은 것들이 오히려 의견보다 더 중요할 때가 있다. "알 권리"에 관한 법률과 소송이 일상화 된 사회에서는 "지원자가 당신과 함께 얼마나 근무했는가?"와 입사일과 퇴사일, 그리고 업무 능력과 임금 수준과 같은 지원자의 근무 관련 질문만 하는 것이 현명하다. "해당 인물이 채용에 적합한가?"가 가장 중요한 질문 내용일 것이다. 반대로, 레스토랑 경영자는 퇴사한 직원에 대하여 설사 그것이 사실일지라도 임의로 의견제시를 해서는 안 된다. 퇴사한 직원이 친구에게 전화하도록 시켜서 해당 대화를 녹취하여 퇴사한 직원이 명예훼손으로 소송을 할 수도 있기 때문이다.

조사의 필요성을 느끼는 운영자는 지원자를 다섯 등급으로 분류하고 이를 직무상 성패를 예측하는 척도로 사용할 수도 있을 것이다. 잇따르는 직원의 수행 능력은 기존의 등급과 연관지어 평가할 수 있다. 시간이 지남에 따라 운영자는 직원의 수행능력을 예측하는데 자신의 판단이 얼마나 효과적이며, 예측을 더 정확하게 하기 위해 면접 과정을 어떻게 변화시킬 수도 있다.

경험이 풍부한 Chicago 레스토랑 운영자인 Bill Nordhem은 시간이 지남에 따라, 어떠한 서버가 성공하고 성공하지 못하는가에 대한 육감이 발달되었다고 언급했다. 그는 지원자에게서 긍정적인 정신적 태도와 팀의 일원으로서 참여할 의지를 가장 먼저 찾고자 했다. "나는 적합하지 않은 사람은 고용하지 않는다. 나는 5분 안에 사람을 알아볼 수 있다. 나는 나의 직관을 믿게 되었다. 그러지 않았을 경우, 나는 그 대가를 치러야 했다."

자료: Nancy Backas, "Training and Personality," Cheers 9, no. 2 (March 1998): 58.

▌ 신중한 직원 선발

시간과 공을 들여서 직원을 선발하는 것은 가능한 최상의 투자방법 중 하나다. 이미 언급된 긍정적인 이유들을 차치하고서라도 난폭하고 신뢰할 수 없는 사람을 고용하지 않기 위해 방어적인 자세를 취할 필요가 분명히 있다. 직원에 의한 소송은 비용과 정신적인 고통 면에서 재앙이 될 수 있다. 어떤 경우에는 수년간 재판이 진행되어 결국은 변호사만 이득이 되기도 한다. 인종이나 피부색, 교파, 결혼 유무, 연령, 장애, 정치적 성향 등과 관련되었다고 주장하는 부당 해고는 변호사들에게 관심 있는 흥미로운 소송거리다. 명예 훼손, 정서적 스트레스를 주는 의도적 침해, 그리고 성폭력과 같은 문제들로 인해 법률 소송이 제기될 수 있다. 배심원 재판으로 진행되는 사건의 경우, 합법적으로 상당액의 법률 수수료를 수령하는 원고측 변호사의 능력을 차치하고서라도 엄청난 비용문제가 발생되기도 한다.

3가지 주요 고용 대상

1. 당신의 레스토랑에 적합한 이미지와 태도를 가진 사람
2. 당신의 규칙이나 절차, 시스템에 문제를 제기하기보다 함께 일하는데 시간을 쏟을 수 있는 사람
3. 개인적 재무적 요구사항이 당신이 고용하려는 시간과 직위에 적합한 사람[9]

다수의 인사관리 담당자들은 태도와 외모가 매우 중요하다는 데에 의견을 일

치한다. 고용주는 직무 기술은 가르칠 수 있으나 인간성과 인간관계의 능력은 가르칠 수가 없다. ADA는 수많은 질문을 제기한다. 만약 동일한 자질을 갖춘 두 지원자가 있는데, 그 중 한 사람에게 장애가 있다면 시설변경 비용이 들더라도 장애를 가진 지원자에게 우선권을 주어야 하는가? 자질을 가장 잘 갖춘 사람이 직무를 담당해야 한다. 만약 이의제기를 받거나 설명을 요구받는다면, 운영자는 그 직위를 가진 사람의 자질이 얼마나 우수한지를 증명해야 할 것이다. 잘못된 선택은 그 대가를 치러야 할 것이다. 어떤 전문가는 잘못된 고용의 선택으로 5천 달러 이상의 비용이 요구될 것이라고 예측한다.

수천명의 장애인이 세척담당, 주방 보조, 서버, 조리사 그리고 대형기물 세척담당자로 레스토랑에서 근무하고 있다. 그 중 대부분은 주나 연방의 지원으로 운영되는 직업훈련소에서 첫 훈련을 받는다. 완전히 시력을 잃은 사람은 탁월한 세척담당자가 될 수 있다. 그 외 수많은 직무들은 근로에 필요한 시력, 즉 이동하고, 일반적인 상황 진행을 파악할 수 있는 시력만을 요구한다. 레스토랑에서 청각장애를 이유로 부적격하다고 할 수 있는 직무는 없다.

약물 남용자의 고용 차단

알코올의 남용은 레스토랑 매니저에게 있어 매우 큰 문제이다. 레스토랑에서는 주류 판매와 과도한 스트레스 환경으로 인해 그 중요성이 더욱 커진다. 최근 직원들의 코카인, 마리화나, 히로뽕^{speed}, 그리고 다른 마약의 사용은 관리자들의 근심을 가중시켜 왔다. 약물 남용은 직무수행을 악화시킨다. 더 심각한 것은, 중독자들이 종종 그들의 약물 복용을 위해 절도를 범하는 것이다.

약물 남용자의 고용 차단은 고용 절차에 있어 첫 번째 단계이다. 습관성 약물 복용자는 건강 악화의 징후를 나타내게 된다. 자료조사로는 약물 남용에 대한 명쾌한 해답을 이끌어내지 못한다. 고용기록부는 장기결근, 보상청구, 장기 병가, 사고, 지각, 그리고 조퇴 등의 지표들을 제공할 수 있다. 만약 지원자가 다른 직원이나 관리자와 언쟁이나 폭행의 이력이 있다면 약물 남용과 관련이 있다고 볼 수 있다. 수전증, 지나친 발한, 불분명한 언행, 그리고 부정확한 걸음걸이는 약물 남용의 신체상 지표이다.

더 나은 인터뷰를 위한 다섯 가지 조언

효과적인 면접 기술과 절차는 최고의 자격을 갖춘 매니저의 채용과 양성에 있어서 중요 요건이 된다. 다음은 더 나은 면접을 위한 몇 가지 주요한 사항이다.

1. 직무설명서와 의무 및 책임의 목록, 그리고 이상적인 지원자가 가지고 있는 개인적 특성에 기초한 직업 프로파일을 이용하라

이는 면접 후에 각 지원자의 잠재력을 평가하는 데에 도움이 될 것이다.

만약 레스토랑의 인사담당 부서에 각 직책에 대한 직무설명서를 파일로 보유하고 있다면, 우선 변경사항이 업데이트 되어있는지를 확인하고, 해당 직책의 책임과 채용 예정자의 필수 요건들을 실제 반영하고 있는지를 확인하기 위하여 주기적으로 직무설명서를 검토해야 한다.

2. 면접을 시작할 때 합리적으로 자세히 해당 직무를 설명하라

지원자가 그의 책임이 무엇이며 개인발전을 위해 어떠한 기회가 존재하고, 타 부서는 어떻게 조직되어 있는지 그리고 레스토랑에서 지원자에게 기대하는 바가 무엇인지 주지시켜라.

3. 적절한 질문을 하라

적절한 질문이 무엇인지 아는 것은 효율적 면접상 매우 중요하기 때문에, 미리 질문내용을 준비하고 질문 방법에 대해서도 생각해보라. 예/아니오의 단순 대답을 요구하는 질문은 지원자의 자세한 피력을 방해할 수 있다. 대신, "당신의 관리 하에 있던 직원으로 인해 겪었던 어려웠던 상황을 상기하고 이를 어떻게 해결했는지 설명해보시오."와 같이 초점에 맞춘 질문을 하고 자유로운 대답을 유도하라. 지원자가 과거의 문제들과 상황들을 어떻게 해결했는가는 그가 앞으로 직면하게 될 상황을 어떻게 해결하는가를 평가할 수 있는 좋은 방법이다.

Bethlehem에 있는 St. Luke 병원의 영양사 Tom Cooley는 지원자에게 몇 가지 행동에 기초한 질문을 통해 그들의 업무습관을 판단한다. "나는 지원자에게 일하기를 원하는 지와 자신의 일을 하기 원하는 지를 물어본다. 이는 지원자가 자발적으로 계획을 실행하는 자인가를 판단하는데 도움이 된다. 나는 재촉하는 고객들을 알아서 잘 처리하는 수완가를 원한다."

Ohio주 Athens에 위치한 Ohio 대학의 푸드서비스 담당자 Gene Reed는 지원자에게 월요일과 금요일 중 어떤 날을 더 선호하는지 묻고, "월요일을 선호하는 사람을 찾는다,"고 말했다. "금요일을 선호하는 사람은 일반적으로 이틀의 휴일을 기대하며, 월요일을 선호하는 사람은 전형적으로 그들의 목표를 성취하기 위한 일에 대한 기회로 한 주의 시작을 기대한다."

4. 특성을 찾아라

지원자에게 바람직한 질문은 "이전의 회사에서 어떤 특정한 일을 통해 당신 부서가 효율성이나 생산성 향상을 가져왔는가?"이다. 이에 대한 대답은 지원자의 동기와 기본적인 직무의 요구사항을 뛰어넘는 의욕을 보여준다. 기존의 직장에서 이와 같은 특별한 성취를 이룬 지원자는 당신의 레스토랑에서도 성취를 이룰 것이다.

5. 기록을 하라

고용의 결정은 매우 중요하므로 당신이 면접한 모든 지원자에 대한 당신의 기억에만 의존할 수는 없다. 그러므로 면접할 때마다 기록을 잘 해서 이후에 재검토하도록 하라.

채용 전에 필요한 신체검사와 약물검사

대다수의 레스토랑은 채용 이전에 향후 인사문제를 피하기 위한 수단으로서 약물검사와 신체검사를 실시하거나 시행을 고려하고 있다. 신체검사는 해당 직무(예를 들어, 쟁반이나 쌓은 접시를 드는 일)에 관련이 될 때 실시할 수 있지만, 반드시 ADA 규정에 따라야 한다. 약물검사는 고객과 직원들 모두에게 안전한 작업 환경을 제공하기 위해 요구된다.

summary

요 약

레스토랑에서의 직원배치는 적합한 직원의 선발뿐 아니라 부적격 사원의 차단 때문에도 매우 중요하다. 효과적인 신입사원 모집은 가장 긍정적인 서비스 정신과 전문성을 갖춘 사람을 채용할 수 있게 한다. 기존의 고용관련 법률은 반드시 준수해야 한다.

인력의 순환은 직무의 정의와 레스토랑의 조직과 함께 시작된다. 과업은 연계된 일련의 업무이며 직무는 연계된 일련의 과업이다. 과업과 직무분석은 수행되는 업무의 세부항목을 평가하고 직무설명서의 기초를 형성한다. 직무명세서는 해당 직무를 수행함에 필수적인 자격요건과 기술을 구분한다. 과업과 직무분석에 대한 두 가지 주요한 접근방법은 기존의 레스토랑이 이미 존재할 때 사용되는 하의상달 bottom up 방식과 신규 레스토랑의 개업시 사용되는 상의하달 top down 방식이 있다.

endnotes

주

1) Philip M. Perry, "Recruiting Employees to Play on Your Team," *Restaurants USA* 19, no. 19 (November 1999): 32.

2) National Restaurant Association Partners with EEOC to Promote Youth Employment Initiative, www.restaurant.org/pressroom/print/index.cfm?ID= 974, 2006. 6. 29.

3) Linda Way, *Restaurants USA* (September 1991): 8.

4) Naional Restaurant Association, www.restaurant.org/pdfs/legal/state_ LPSteenlabor.pdf, 2006. 6. 29.

5) http://www.eeo.nsw.gov.au/whatseeo/whatseeo.htm, 2006. 6. 2.

6) Phillip M. Perry, *"Gray Matters: The Do's and Don'ts of Dealing with Disabilities,"*

National Restaurant Association Online, www.restaurant.org/rusa/mag Article.cfm?ArticleID =318, 2006. 6. 29.

7) 같은 사이트.

8) This section draws from the National Restaurant Association, *Basic Facts About AIDS for Foodservice Employees* and *When an Employee Says*, www.restaurant.org/business/magarticle.cfm?ArticleID=10311997, 2006. 6. 29.

9) Stephen Michaellides and Carolyn Watkins, "The Big Talent Search," www.food-management.com/article/12414, 2006. 6. 29.

i Virginia Gn erst, The Ten Minute Manager's Guide to Hiring Chefs, Restaurant & Institutions. Chicago, 2006. 3. 1, Vol. 116, Iss. 5; pg 20-22.

ii 같은 논문.

교육훈련과 개발

Red Lobster Restaurant 제공

레스토랑 직원들의 교육훈련 방법으로 오랜 동안 검증되어 온 직접전달법 hands-on method(교육생에게 직접 보여주고 설명한 후 교육생이 그 과업을 직접 수행하게 하는 방법)이 가장 실용적이고 직접적인 이익을 준다는 사실이 경험을 통해 입증되어왔다. 이 방법은 즉각적인 교육효과를 나타내고 어디에서 훈련되는 것이 더 효과적인가를 보여준다. 하지만 트레이너는 교수법과 적어도 몇 가지의 학습원리를 알고 있어야 한다는 것이 전제된다. 또한 교육생을 일정 능력에 도달시키기 위해 요구되는 단계를 제시해야 한다는 것도 전제된다. 이 장은 직원 교육훈련의 개요와 기본교육 및 능력개발과 관련된 주제를 다루고 있다.

기본교육

기본교육orientation 프로그램은 신입사원이 레스토랑에 정통하고 레스토랑의 일부분이라고 느낄 수 있도록 도와준다. 고용의 처음 몇 주 내에 빈번한 이직이 발생하기 때문에 신입사원과 회사와의 결속력을 다지는 것이 중요하다. 다른 프로그램과 마찬가지로 목표를 설정하는 것이 필수적이다. 기본교육 프로그램의 목적은 다음과 같다.

◑ 기본교육은 신입사원이 레스토랑에 친숙해지고 준수해야할 절차를 학습하도록 도와준다. 캘리포니아 주, 샌디에이고, *Prado* 레스토랑 제공

1. 회사의 연혁, 철학, 임무, 목표, 목적 등의 설명
2. 신입사원이 환영받고 있다고 느끼도록 유도
3. 신입사원의 선발 이유 설명
4. 신입사원 직무의 설명과 잘 모를시 문의처 소개
5. 신입사원에게 기대하고 있는 사항에 대한 설명과 제시
6. 신입사원이 자신의 전 직무를 이해하고 있는가를 신입사원 각자의 과업에 대한 설명과 표현을 통한 관리자의 확인
7. 다양한 프로그램과 유용한 사회적 활동들에 대한 설명
8. 주요 장비들의 위치 안내(저장고와 냉장고 등의 순회)

신입사원이 레스토랑과 메뉴에 익숙해지도록 도와준다. 예를 들어, Oliver Garden에서는 신입사원들의 일상적인 교육훈련에는 시식을 포함한다. 이것은 서버가 고객들의 질문에 잘 응대할 수 있도록 준비시켜주고 직원들이 자신감을 갖도록 도와준다.

교육훈련

대부분의 교육훈련training 프로그램은 직무점검표와 경영관리의 다른 유형들을 활용하는 종합적인 단계별 직무습득을 포함한다. 또한 교육훈련 프로그램은 다양한 판매동기를 강조하는데 도움이 된다.

교육훈련을 위하여 트레이너들은 학습해야 할 내용, 즉 직무를 구성하는 과업을 알고 있어야 한다. 많은 레스토랑 교육훈련은 몰입, 즉 "George를 따르라!" 혹은 "Mary를 보라."는 등 누군가가 어느 정도 직무를 습득하고 있는가를 주시하는 일로 성취된다. 관찰을 통한 훈련이 나름의 이점을 가지고는 있지만, 직무를 분석하고 수행된 과업으로 세분하며, 일상적으로 수행되는 순서에 따라 과업을 교육시킴으로써 교육훈련을 체계적으로 접근시키는 것이 더욱 효과적이다.

경영진은 광범위하게 작성된 직무지시서가 어떻게 구성되어야 하는가를 결정한다. 직무지시서는 간결할수록 좋으며, 만약 과업이 호주머니 크기의 카드로 인쇄될 수 있다면 직원들은 편리하게 활용할 수 있을 것이다. 또한, 직무에 대한 지침은 통합될 수 있는데, 더 포괄적이고 상세한 직무지시서로 확장시켜서 신입

사원들에게 제공되어질 수도 있다. 두 방법 모두 교육훈련 매뉴얼의 일부분이 될 수 있다. 신입사원을 위한 TGI Friday's의 교육훈련 일정은 다음과 같다.

1일차

기본교육
점심식사
각 구역 순회 및 관찰
주류 인지 교육
직원 핸드북 검토
조리법 참고서 1차 1/3 교육
교육훈련 매뉴얼 정독

2일차

조별 직무내 훈련on-the-job training
주류 인지 시험(오픈 북)
직원 핸드북 마무리 검토
조리법 참고서 2차 1/3 교육
주방과 위생 검사의 입문을 위한 교육

3일차

조별 직무내 훈련
주방과 위생 검사의 입문
조리법 참고서 최종 1/3 교육

4일차

조별 직무내 훈련
조리법 참고서 전반의 반복 학습

5일차

조별 직무내 훈련
조리법 참고서 전반의 반복 학습

6일차

조별 직무내 훈련

매니저와 함께 복습

최종 시험

업무 수행은 조별로 평가된다. 필요하면 필수요건의 성공적인 충족을 위해 추가적인 교육훈련 일정을 계획할 수도 있다.

직원을 만족하고, 능력 있고, 자신감 있으며, 유능하게 유지시키기 위해 개인 훈련은 중요하다. 교육훈련은 직원들에게 자신감을 부여할 수 있다. Texas주 Deburne에 있는 한 레스토랑 경영주는 고객당 0.25달러까지 매출의 증가를 원했다. 그 목표는 서버들이 판매 훈련 프로그램에 참여한지 1주일 만에 달성되었는데, 객단가 대비 점심에는 0.91달러, 저녁에는 1.10달러가 증가되었다. 이러한 매출증가는 서버가 사용하기 위해 개발된 매뉴얼 덕분이었다. 직원들은 그들 개인의 판매 목표를 초과달성한 수익의 일정 비율을 분배받을 수 있었다.

교육훈련에 대한 열정이 없다면 학습은 고통스럽다. 박식한 교수들의 강의에 단지 소수의 학생들만이 출석한다면 그 수업은 얼마나 지루할까? 최고의 연설가는 이성뿐만 아니라 감성에도 호소하는 엔터테이너가 되어야 한다. 전문적인 연설들은 관심을 집중시키기 위해 유머를 사용하며, 유머는 연설 중에 적절히 삽입된다. 컨셉은 모델과 슬로건 속에 응축되어야 한다. 주방 게시판에서 볼 수 있는 매력적인 훈련용 표어는 다음과 같다. "당신이 고객에게 제공하는 것을 제외하고는 어떤 실수도 용서할 수 있다."

Tip

레스토랑 직무와 경력을 위한 교육훈련은 고등학교와 지역 대학, 그리고 전문화된 조리교과를 통해 제공된다. 조리전문대학인 CIA가 좋은 예이다. 이 대학은 Hyde Park와 New York, 그리고 California의 Napa Valley에 캠퍼스를 가지고 있다. 교과과정은 기본적인 조리기술에서부터 4년제 학위 프로그램에 이르기까지 제공된다.

Tip

Lettuce Entertainment 교육훈련 프로그램은 매일 8시간씩 5일 동안 진행된다. 신규직원은 오전에 현장에서 회사의 훈련지침을 학습하고 오후에는 서버들을 따라다닌다.

일용직 사원

파트타임 사원의 고용은 장점도 있고 단점도 있다. 운영자에게 있어 장점 중
에 하나는 급여의 28%에 이르기도 하는 이익 배당금을 지불하지 않아도 된다는
점이다. 단점 중에 하나는 계속근무의 가능성이 낮다는 것인데, 이는 높은 이직
률로 인해 교육훈련에 대한 요구도를 증가시킨다.

노동통계국$^{Bureau of Labor Statistics}$은 외식산업 종사자 중 절반이 훨씬 넘는 수가 파
트타임으로 근무한다고 보고하고 있다. 퀵서비스 분야에서는 일용직 사원의 비
율이 더 높은데, 영업 최고점과 최저점에 따라서 근로 일정을 계획하기가 용이
하기 때문에 그 산업에 적합하다. 통계국 보고에 따르면 대다수가 파트타임으로
근무하기를 원하기도 하고 또한 근무할 수도 있다. 파트타임 근무자를 활용한다
는 것은 더 많은 교육훈련을 제공해야 한다는 것을 이미한다. 대부분의 파트타
임 근무자는 외식사업을 영구적인 직업으로 생각하지 않기 때문에 레스토랑에
서 교육을 받는 사람도 증가하지만 상위 직무를 배우는 데에는 관심이 없는 사
람들의 수도 늘어나고 있다.

교육훈련과 개발

교육훈련과 개발의 목적은 요구된 행동인 고객을 즐겁게 하는 음식과 서비스의 제공에 적합한 태도와 기술을 양성하기 위한 것이다. 직원들은 다양한 프로그램으로 기획된 교육훈련을 통해 일련의 행동들을 준수하도록 훈련되어진다. 일련의 행동인 미소 짓기, 커피 따르기, 메뉴 제공, 와인 권유 등이 롤 플레이를 통해 학습되어지며, 이는 다른 직원과 매니저에 의해 평가된다.

일반적으로 경영훈련으로 여겨지는 직원 개발은 부분적으로 계획되지만, 그 또한 문제 상황들에 유연하게 대처하기 위한 배경이 되는 지식에 기반을 둔다. 영업장이 고객들로 다 찼을 때, 스파게티를 쏟았을 때, 고객이 화가 났을 때, 냉장고나 제빙기가 갑자기 멎었을 때, 어떻게 대처할 것인가?

직원 개발은 문제 해결 능력을 개선하고, 분석적 기술과 새로운 인지능력, 방법론들을 제공한다. 개발은 절차와 과정을 포함하는 훈련에 대한 원리를 다룬다. 교육훈련의 두 가지 유형은 어떤 사업에서도 요구된다. 경영과 관리를 위한 교육훈련은 개발을 강조한다. 직무내 훈련(OJT)은 프로그램이 더 자세하고, 다른 유형은 훨씬 개념적이다.

훈련은 "감사합니다."라고 말하기, 그리고 "안녕히 가십시오, 또 방문해주십시오."라고 미소지으며 응대하는 로봇과 같은 행동을 만들어 낸다. 훈련은 기술을 여러 부문으로 세분하여 일련의 과정으로 통합함으로써 신속히 기술을 습득하게 한다.

- 육즙이 위로 올라왔을 때 햄버거를 뒤집어라.
- 스테이크를 3/4인치 두께로 자르고 각각의 조각을 1인분씩 저울로 양을 확인하라.
- 매시간 마다 신선한 커피를 추출하라.

경영 개발에서 규칙을 학습하거나 모델을 따른다.

- 직원들을 꾸짖을 때는 더하기-빼기-더하기 모델대로, 칭찬으로 시작하고, 그 다음에 꾸짖고 칭찬으로 마무리하라.
- 사람들 앞에서는 절대 꾸짖지 마라.
- 모든 직원들은 항상 칭찬받고 싶어 한다.

비록 이러한 관리에 대한 규칙들은 원리와 유사하여 개념적 수준이지만, 그것들을 적절히 활용하기 위해서는 학습되고 기억되어져야 한다.

교육훈련은 대상에게 무엇인가를 실행하도록 하고 그들이 보유하지 않은 기술을 가르치는 것이다. "우리는 신입 직원들에게 음식은 고객의 왼편으로 제공하며 음료는 고객의 오른편으로 제공하라고 훈련시킬 것이다." 하지만 예외적인 상황도 있는데, 즉, 벽을 보고 앉아있는 고객들의 경우는 왼쪽부터 제공하는 것이 어색하거나 어려울 것이다.

직원 개발 프로그램은 레스토랑과 직무, 고객, 경영주에 대한 기대감과 태도, 감성을 다루고 있다. 태도도 교육시킬 수 있는가? 모든 감독은 팀원이 성공에 대한 확신을 가지도록 교육시키고자 한다. 레스토랑 경영주 또한 활력과 낙천성을 원한다. 오래된 맥도날드의 슬로건인 "음식, 사람들, 그리고 재미$^{food, folks and}$ ^{fun}"는 그것을 명확하게 요약하고 있다.

여기에 리더십과 훈련이 포함된다. 경영진은 직원들이 칭찬과 성취, 존엄, 인정받기 위한 그들의 요구가 레스토랑의 성공과 부합한다는 사실을 이해하는데 도움을 주기 위해 노력한다. 만약 매니저가 성공을 믿고 활기차게 수행한다면, 직원들도 활력을 얻게 될 것이다. 감독은 선수에게 이기는 방법을 가르치듯이 레스토랑에서는 식기와 근무영역을 청결하게 유지하는 방법과 스테이크를 미디엄으로 굽는 방법, 생선의 포를 뜨는 방법, 폭찹을 만드는 방법, 모르네이^{Mornay} 소스를 만드는 방법 또는 테이블 세팅법의 교육으로 응용된다.

문제해결도 어느 정도까지는 프로그램화 된다. 관리시스템 상에 명시되지 않은 문제가 발생하거나 예상되지 않은 상황 또는 위기가 발생했을 때에는 어떻게 해결해야할 것인가? 레스토랑에서 발생 가능한 위기 상황과 실행될 행동은 다음과 같이 제안된다.

- 강도
- 세척기의 고장
- 고객의 기설
- 정전
- 영업장 내에서의 폭행
- 음식을 엎지른 취한 고객

- 고객에게 엎지른 커피
- 화장실의 역류
- 계산에 대한 언쟁
- 무전취식 고객

우연한 사고에 대한 대책을 수립하는 것은 개발의 한 부분이다. 직원의 근무 일정을 짜는데 실수가 발생한다면 어떻게 해야 하는가? 근무시간에 직원이 나타나지 않으면 어떻게 해야 하는가? 팁을 절취할 때는 어떻게 해야 하는가? 한정된 해결책으로 모든 사례를 처리한다는 것은 불가능하겠지만, 문제 상황으로 받아들여지는 조치들로 냉정을 유지하고, 숙고하고, 대안이 무엇인가 찾도록 훈련되어진다. [그림 16-1]은 Red Lobster의 직원개발계획을 나타내준다.

폭넓은 해결책들이 프로그램화 될 수 있지만 때로는 정확한 해결책이 아닐 수도 있다.

AIDS 교육

NRA 교육재단은 교육용 비디오테이프와 CD-ROM을 개발해 왔다. 현재 대기직원과 후방부서 교육, 와인 교육, 농산물을 통한 수익, 그리고 비디오 교육의

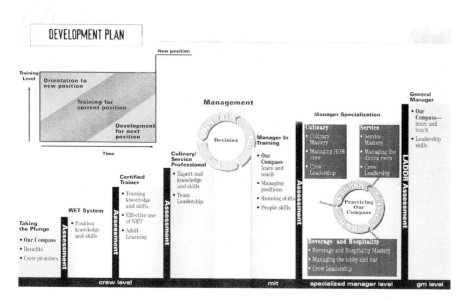

○ 그림 16-1 Red Lobster의 직원개발계획
Red Lobster 레스토랑 제공

실시법 등 5개 분야의 주제가 이용가능하다. 게다가, 각 테이프는 최근 업계의 관심사인 팁에 대한 보고, 이민법, AIDS 문제, 그리고 주류 인지 교육 등에 초점을 맞추고 있다.

지침서는 가능한 한 다양한 운영상 필요성의 충족을 위해 실용적으로 작성되어 있다. NRA 교육재단이 있는 Illinois주 Chicago의 West Jackson Boulevard 175, Suite 1500(우편번호 60604175), 또는 전화 (800)775-2122로 문의가 가능하다.

NRA 교육재단은 외식사업경영전문자격증(FMP)을 개발했다. 이 자격증은 최소한의 요구조건과 자격증을 획득하기 전에 통과해야 하는 5개 분야의 인증시험으로 시행하고 있다. 시험은 푸드서비스 매니저들에게 요구되는 회계와 재무, 관리, 인사, 마케팅, 그리고 운영 등 5개 분야의 주요 능력을 검정하고 있다.

교육훈련과 개발의 결합

모든 직무는 몇 가지 교육훈련과 개발을 요구한다. 서버용 교육훈련 프로그램은 기본적으로 적용된다. 고객에게 다가가서 어떻게 말해야 하는가? 고객에게 메뉴판은 언제 제공해야 하는가? 물은 언제 제공해야 하는가? 더구나 각 직무는 적응력을 요구하는데, 일부 직무는 다른 직무 보다 더 많은 적응력을 요구한다. 육류를 취급하는 부서는 적응력이 거의 요구되지 않는 반면 관리부서는 상당한 적응력이 요구된다.

서버가 간단한 대화를 하도록 권고되기도 하지만, 간단한 대화는 프로그램화하기가 힘들다. 지침서는 정치나 종교와 같은 주제는 가급적 피해야 한다고 제안한다. 고객과의 언쟁을 금하고, 고객에 대한 냉대를 금하라. 고객의 요청에 서버는 어떻게 대처해야 하는가? 재치 있게 대처하라. 하지만 재치 있는 행동은 프로그램화되기 힘들기 때문에 냉정함을 잃지 않는다든가, 관심을 재빨리 다른 주제로 돌리는 등 몇 가지 기본적 요령이 지침서에 언급될 수 있다.

서버와 고객 간에 농담이 필요할까? 레스토랑 특성에 따라서 레스토랑의 정책상 농담을 장려할 수도 있고 금지할 수도 있다. 만약 장려한다면, 비인격적 농담은 자제하라, 민감한 주제는 자제하라, 대화는 간결하고 친절하게 하라와 같은 지침이 도움이 될 것이다.

슬로건의 역할

대부분은 슬로건의 내용처럼 "함축된 사고의 포장^{thought packages}"을 좋아한다.

당신의 일을 계획하고, 그 계획을 실행하라.

(Plan Your Work, Work Your Plan)

당신의 발을 아끼고 위해 머리를 써라.

(Use Your Head to Save Your Feet)

확고하고 공정하며 일관성을 유지하라.

(Be Firm, Fair, and Follow Through)

KISS – 단순 무식하고 성실하게 일하라!

(Keep It Simple, Stupid!)

통제가 당신의 직원을 보호한다.

(Protect Your Employees with Controls)

단계별 교육훈련

어떤 일을 하는 방법뿐만 아니라 그 일의 중요성에 대한 이유도 설명하는 것이 필요하다. 직원의 교육훈련은 세분하여 단계별로 학습되어진다. 또한 그것은 적용하기 쉽고 호주머니에 넣고 다니기 쉽도록 작은 카드로 요약되어질 수 있다. TGI Friday's에서는 신규 직원은 전방부서 또는 후방부서 트레이너를 통해 검정 받아야 한다. TGI Friday's에는 30명에 이르는 트레이너가 있다. 자질을 갖춘 트레이너는 아침마다 소그룹 훈련과 개인훈련을 제공한다. 신규 직원은 지필고사를 통과해야만 하며, 건강관리증과 주류 인지 시험에서 능력을 인정받아야 한다. 또한, 담당부서 시험도 통과해야만 한다.

TGI Friday's는 통상적인 일정을 보여주는 영접담당의 점검표를 개발했으며, 현재 훈련의 지침으로 사용되고 있다. TGI Friday's에서 근무하는 영접담당을 위한 통상적인 일정은 개인이 파티를 개최하는 것과 유사하다. 자신의 친구를 초대하듯이 고객을 생각하고, 친구를 자신의 집을 방문하는 귀빈으로 다루듯이 동일한 방법으로 고객을 맞이하라.

해당 직원은 자신의 근무시간에 치러지는 파티의 주인이다. 고객이 도착할 때 영접을 하고, 그들의 식사 경험이 기대 이상이라는 것을 보증하고, 그들이 떠날 때 배웅인사를 하라.

1. 적절한 유니폼을 준비하라.
2. 자신의 출근카드에 출근시간을 기록하라.
3. 매니저는 당신의 출근카드에 서명을 하고 유니폼을 점검한다.
4. 담당 구역의 청소상태와 구성팀을 확인하라. 필요한 물품에 대한 재고를 확인하고, 영역에 필요한 표준량을 채워두어라. 그 이후 매니저와 문제점을 협의하라.
5. 메뉴판의 청결상태를 확인하라.
6. 적용가능한 모든 청구서를 작성하라.
7. 15분마다 화장실의 표준 청결상태를 확인하라.
8. 근무 교대시 의무사항
    a. 각 고객 마다 문을 열어 주어라.
    b. 입장하는 고객을 영접하라.
    c. 저녁 8시 이후에는 미성년자가 아닌지 확인하라.
    d. 미소와 함께 활기차며 예의바른 자세를 유지하라.
    e. 단정하고 청결하며 전문가적인 이미지를 유지하라.
    f. 고객을 "파악하라," 그리고 가능한 한 신속히 고객들을 적절한 좌석으로 안내하라. 다음과 같은 고객에 유의하라.
        • 나이 많은 고객
        • 자녀를 동반한 고객
        • 장애를 가진 고객
        • 흡연/비흡연 고객
    g. 고객에게 반드시 **깨끗한** 메뉴판을 제공하라. 메뉴판의 애피타이저에 해당하는 부분을 열고 필요하다면 조언을 하라.
    h. 고객에게 자신의 이름을 밝혀라.
    i. *어떤* 고객이라도 최소한의 불쾌함이라도 있음이 인지되면 매니저에게 알려라.
    j. 대기고객을 적절히 도와주어라.

○ 레스토랑의 첫인상은
영접담당의 환영인사
에서부터 시작된다.
*Cohn Restaurant
Group* 제공

k. 탁자가 비어지면 1분 내에 다시 고객을 맞이할 수 있도록 버서를 도와
주어라.

l. 떠나는 고객마다 배웅인사를 건네라. 모든 것이 만족스러웠는가를 확
인하고 고객이 재방문할 수 있도록 제안하라.

m. 전화는 벨이 두 번 울리기 전에 받아라.

n. 적절하게 식탁을 세팅하고 정돈하는 것을 도와주어라.

o. 근무 교대와 업무 마감을 수행하라.

9. 자신의 구역 담당 매니저를 찾아가서 출근카드에 서명을 받아라.

교육훈련 이론

교육훈련의 학습과 실무에 관한 이론서적은 상당수 간행되어 있다. 트레이너
를 위한 검증된 지침은 다음과 같다.

■ 모든 직원은 징계와 벌칙에 반응한다. 징계의 예로는 불승인, 견책, 명백
한 진보의 부족이 있으며, 보상은 칭찬, 미소, 인정 등을 포함한다.

■ 바람직한 학습에 대해 보상해 주고, 바람직하지 않은 행동에 대해서는 보

상하지 않음으로써 스스로 근절할 수 있도록 교육하라.

- 관찰된 행동 후 즉시 칭찬이나 벌칙을 적용하라.
- 일정한 간격을 두고 실시되는 교육훈련이 장시간 실시되는 교육훈련보다 더 효과적이다. 시간적 간격을 두는 학습이 흡수력이 빠르고 피로감도 감소시켜 준다.
- 학습이 비정규적으로 진행될 수도 있음을 예상하라. 명백한 학습효과가 나타나지 않아서 변화가 필요할 수도 있다.
- 학습능력에 다양한 차이가 있음을 염두에 두어라. 수많은 레스토랑 직원들은 학습능력이 뛰어난 것은 아니지만, 그들이 학습을 하고나면 대부분 업무를 훌륭히 수행해 낸다. 학습능력이 더딘 직원이 종종 학습능력이 뛰어난 직원보다는 교육훈련에 대해 덜 지루해 한다.

트레이너 시험에 교육훈련 이론이 포함된다. 스스로 검정해보고 자신의 답과 다음의 내용과는 어떤 차이가 있는지 비교해 보라.

트레이너로서 자기 평가

참 혹은 거짓으로 답하라.

일반적 사항

1. 레스토랑은 직원이 직무를 수행하기 위해 필요한 기술을 제공해야 하는 의무가 있다
2. 직원의 이직은 종종 교육훈련 내용 또는 교육훈련의 부족과 관련이 있다.
3. OJT가 신규 직원들을 위해 필요한 학습 제공의 유일한 방법은 아니다.
4. 숙련되지 않은 직원의 교육훈련도 숙련된 직원의 교육훈련만큼 중요하다.
5. 교육훈련에 앞서, 신규 직원에게 회사의 규칙과 규정을 설명하라.
6. 교육훈련에 앞서, "마음속에 담아둔 질문은 무엇입니까?"와 같이 모든 교육생의 마음속에 있는 차마 말 못하는 질문에 답하라
7. 유명인사가 훌륭한 트레이너가 될 수 있다는 것은 자명하다.
8. 교육훈련에 앞서, 레스토랑 전반의 관련 직책들을 설명하라.
9. 직무를 잘 수행하는 직원은 다른 사람에게 직무에 필요한 기술을 가르칠 자격이 있다.

10. 교육을 할 수 있는 능력은 얼마든지 개발가능하다.

11. 트레이너는 항상 교육생과 친밀해야 한다.

12. 트레이너는 실제 수업과 유사하게 교육을 준비하는데 가능한 많은 시간을 투자해야 한다.

13. 트레이너는 교육 전에 과업지시서를 작성해야 하며 지시서의 요지를 목록화해야 한다.

14. 트레이너는 교육훈련 시작 전에 직원이 직무에 관하여 알고 있는 정도를 파악하고 있어야 한다.

15. 트레이너는 일일 교육일정과 일일 예상 학습량에 관한 일정표를 가지고 있어야 한다.

교육훈련 시의 유의사항

16. 교육훈련 목표를 설정함에 있어 교육생들이 그들의 기준을 상향조정하여 업무를 진행할 수 있도록 달성 가능한 능력보다 더 많은 업무량을 부여하라.

17. 교육생이 정확하게 업무를 수행할 때, "좋아, 잘했어!"라는 칭찬으로 보상해 주어라.

18. 트레이너는 과거나 현재의 실수를 반복하지 않도록 해야 하며, 질문에 대해 답을 정확히 알도록 해야 한다.

19. 교만한 교육생을 다루는 최고의 방법은 다른 사람들 앞에서 당황하게 만드는 것이다.

20. 신규 직원을 훈련하는데 있어서는 형식보다 속도에 집중하라.

21. 트레이너는 교육생의 태도와 감정을 지속적으로 파악해야만 한다.

22. 돌발 퀴즈와 시험은 높은 수준의 업무 수행을 확인하는 좋은 방법이다.

23. 교육훈련 기간 동안에 눈으로는 확인할 수 없는 발전이 있을 것이라는 사실을 예측하라.

24. 일부 직원은 다른 직원들 보다 2~3배 정도 교육효과가 빠르다는 사실을 예측하라.

25. 교육생들이 관련된 기술을 어떻게 수행하는지를 언급해주고 실행해 보여라.

26. 직원들이 부정확하게 수행을 했을 때, "아니, 그렇게 하면 안 돼."라고 말하라.

27. 업무가 학습된 후 교육생에게 업무를 어떻게 개선하는 것이 좋은지에 관한 제안을 요구하라.

이 퀴즈에서 전문가에 따르면 1번부터 6번까지의 항목은 옳은 내용이다. 교육생의 관심을 이끌어 내기 위해서 그에게 편익을 설명하고 회사의 규칙과 규정을 설명하라. 직원레스토랑과 라커룸의 위치에 관한 질문처럼 확실한 질문에 대해서는 정확하게 답변하라. 모든 편익과 요구사항에 대한 설명들은 기술 교육훈련으로 진입하기 전에 마무리되어야 한다.

7번 항목은 틀린 내용이다. 인기는 훌륭한 트레이너가 되는 것과는 반드시 밀접한 상관관계가 있는 것은 아니다. 교육훈련은 필요하며, 훈련을 통해 능력은 어느 정도까지 개발될 수 있다. 8번은 옳은 내용이다. 특정 직무를 레스토랑 전체의 한 부분으로서 바라본다는 것은 중요하다. 9번은 거짓이고, 10번은 사실이다.

12번에서 15번까지는 훈련이 실제로 이루어지기 전, 교육훈련 준비단계와 관계가 있으며, 이 항목들은 사실이다. 16번은 잘못된 내용이다. 교육훈련은 전 단계에서의 성공여부가 중요하기 때문이다. 달성 가능한 기준이 설정되어야 하며 실패한 경험은 피해야 한다. 17번은 사실이다. 18번은 거짓이다. 어느 누구도 완벽한 트레이너가 될 수는 없다. 19번은 틀렸다. 교육생이 도가 지나치더라도 그를 당황스럽게 하는 것은 좋은 방법이 아니다. 오히려 그에게 개인적 조언을 하는 것이 더 좋은 방법이다.

20번은 잘못된 내용이다. 형식이 우선되어야 하며 속도는 그 다음으로 고려되어야 한다. 21번은 사실이며, 22번은 잘못되었다. 놀라게 하는 것은 좋은 훈련 방법이 아니다. 23번은 사실이다. 기술적 발전이 이루어지지만 관찰할 수 없는 경우도 있다. 24번은 일반인들에게서 나타나는 개인적 차이를 언급하고 있다. 24번과 25번은 사실이다. 26번은 부정적 교수법을 나타낸다. 긍정적인 부분을 강조해주는 것이 훨씬 더 좋다. 마지막 항목은 올바른 내용이다. 모든 과업은 새로운 기법, 새로운 방법, 새로운 장비, 새로운 기술에 의하여 발달되어질 수 있으며, 불필요할 시 적용하지 않을 수도 있다.

직원 교육훈련 방법

학습 유형이 존재하는 만큼 직원을 훈련하는 많은 방법이 있다. 여기서는 행동모델과 학습자 통제 교수, 감독으로서의 매니저 등 교육훈련의 세 가지 방법을 살펴본다.

행동모델

오랫동안 활용한 역할연기와 밀접한 관련이 있는 행동모델은 개인적인 문제를 다루는 올바른 방법을 묘사하고, 지원자의 면접과 평가에 대한 방법을 보여주고 결정을 내리는 기법이다. 대인관계 기술, 즉 사람다루기^{people handling}에 관한 강조는 레스토랑이나 경영자 입장에서는 아주 중요한 요소가 되어왔다. 하지만 이론보다는 대인관계 방법을 강조하는 것으로의 변화는 신선하다.

모든 사람들은 부모, 교사, 운동코치, 친구 그 외 사람들과 같은 행동모델을 가지고 있다. 어떤 모델을 닮아야 할까? 조직에 의해 선호되고 있는 모델에 따른 체계적인 방향이 훈련을 구성한다. 트레이너나 회사 경영진이 문제를 다루기 위한 올바르거나 승인된 기법을 보여주는 시청각 자료가 여러 외식사업체에 의해 사용되어진다. 교육생 업무수행에 대하여 동료와 비디오테이프를 통한 피드백은 교육생에게 그들이 다른 사람들을 어떻게 보며 그들이 얼마나 진보하고 있는지를 보여주는 이점을 제공한다.

외국인 영접은 1주일 간격으로 교육훈련을 개최하고, 교육생에게 각각의 새로운 기술이 현장에서 실습할 수 있도록 요구하라. 교육생은 각 교육이 끝나는 시점에서 기술을 실제상황에서 어떻게 적용시킬 것인가를 설명한다.

학습자통제 교육

학습자통제교육^{learner-controlled instruction}(LCI)은 직원이 달성해야 할 직무기준을 받아서 그들 자신의 능력에 맞는 기준에 이르도록 요구 받는 프로그램이다. 많은 사람들은 LCI 방법론이 이론교육보다 비용이 적게 소요되며, 직원들의 서로 다른 수준의 동기와 에너지 그리고 능력을 반영한다고 믿는다. 교육생은 자기 스스로 동기화 되며, 그들이 편하게 여길만한 속도로 단계적으로 발전할 수 있다.

LCI는 다양한 학습자료를 활용하는 것이 효과적이다. 이용 가능한 학습자료는 서적이나 문서화된 실행지침과 정책의 형태, 또한 기술과 정보를 보유하고 이를 전수하고자 하는 교육자의 형태들이다. 캘리포니아의 C&C Services of Cucamonga가 수집한 매니저의 학습자료 매뉴얼은 교육생을 바텐더와 조리사, 프렙담당, 육류담당, 칵테일담당, 캐셔, 서버, 영접담당, 그리고 부매니저 등 9개 부문의 학습단위를 통해 경영부문 교육생에 이르게 하기 위한 업무수행 표준을 설정하고 있다. 각 학습단위는 교육생이 80점 이상의 점수로 통과했을 때 종료됨과 동시에, 그 학습단위를 위해 규정된 과업 경험은 완수된다. 각 학습단위가 만족스럽게 종료된다면, 감독관은 서명을 하고 교육생은 다음 학습단위로 진출하는 것에 대하여 고려할 수 있다.

태도 인식을 위해 제안된 자료는 트레이너와 함께 한권의 책에 대한 토론을 병행하면서 진행된다. 바^{bar} 운영의 교육에 있어서 교육생은 바텐더로서의 능력이 성취될 때까지 주 일일 바에서 근무하도록 계획된다. 바텐더 필기시험은 바 메뉴에 있는 각 음주류에 사용되는 유리잔과 다양한 음주류와 함께 사용되는 장식물, 사용되는 바 전문용어, 그리고 제공된 모든 음주류의 성분에 관한 항목들을 포함한다. 섹스온더비치$^{Sex on the Beach}$ 혹은 롱아일랜드아이스티$^{Long Island Iced Tea}$ 안에 무엇이 들어있는지를 알고 있어야 한다. 경영부문 교육훈련은 $2\frac{1}{2}$ 규칙을 따르도록 요구한다. 이 규칙은 한 고객이나 단체고객이나 식사 과정 동안 레스토랑에서 직원과의 접촉회수이다.

고객 방문시의 환영인사는 $\frac{1}{2}$ 접촉에 해당된다.

피드백을 얻기 위한 식사중의 접촉은 1 접촉에 해당된다.

식사 종료 후의 접촉은 1 접촉에 해당된다.

교육생은 20~30분마다 일정수의 테이블을 확인한다. 매뉴얼은 4~5개의 테이블을 점검하는데 단지 5분 정도 소요된다고 기록되어 있다. 테이블점검이 15~20분마다 행하여진다면 대부분의 테이블이 1시간 이내에 확인될 수 있다.

조리사 단위를 위한 식능시험은 다음과 같은 점을 다룰 만큼 충분히 세분화되어 있다.

- 닭요리의 완성 시간에 대해 설명하시오.
- 버터 화로의 조절 방법에 대해 설명하시오.

- 각 오븐의 적정온도에 대해 설명하시오.
- 스테이크는 몇 번 뒤집는가 설명하시오.
- 1인분에 소요되는 당근의 양을 설명하시오.
- 황새치 조리법에 대해 설명하시오.
- 다음과 같은 상황일 때, 대처방법에 대해 설명하시오.

    a. 바닥에 주문한 게를 떨어뜨렸을 때

    b. 감자 반접시를 떨어뜨렸을 때

- 주키니 요리의 완성 시간에 대해 설명하시오.
- 오래된 버섯 감별법에 대해 설명하시오.
- 부요리에 제공될 레몬은 얼마나 필요한지 설명하시오.

모든 과업에 대해 알고 있으며 수행할 수 있는 매니저에 의해 행해지는 모든 사항에 대한 기준들이 설정된다. 아주 포괄적인 LCI 프로그램을 통합하는 것은 여러 달이 소요되는 방대한 과업이다. 그 자료는 삽입과 제거가 용이한 바인더 식$^{loose-leaf}$으로 정리되어져 있다.

LCI 프로그램의 성공여부는 관심을 가진 전 구성원의 협력에 달려있다. 교육생은 다양한 직무로 일정이 계획되며, 관리자에게 뿐만 아니라, 직원들로부터도 교육받아야만 한다. 그들은 교육생이 정보와 교육을 얻기 위해 의지하는 주요한 교육자료이다.

코치로서의 매니저

전문적인 교육훈련과 개발 프로그램은 관련된 모든 사람들이 성공하는 상황을 만든다. 고객과 직원은 더 나은 상품, 더 나은 서비스, 더 훌륭한 고객 및 직무만족을 즐긴다. 유명한 축구 지도자인 Vince Lombardi는 "승리는 모든 것이 아니다. 유일한 것이다."라고 말했다. 훈련 경험에서 패배자는 없고 오직 승리자만 존재해야 한다. 훈련의 노력은 조정되고 그 결과 승리는 첫째 날부터 시작된다. 모든 사람은 계속 성공하고 싶어 한다. 성공에 대한 경험을 얻기 위해 학습한다.

축구팀과 마찬가지로 레스토랑 직원은 지도자, 매니저 그리고 교육훈련과 동기부여를 위한 직원을 보유하고 있다. 경영에서는 타이밍과 협력, 신호, 그리고 성공에 대한 의지가 필요하다. 아침과 점심, 저녁의 마감시한은 지켜져야 한다.

다양한 요구조건이 제시간에 충족되어야 한다. 개성과 조리, 설비, 그리고 직원들의 기술에 많은 변수가 포함된다. 어떤 변수든지 잘못될 수 있다. 고객으로 레스토랑이 가득 찼을 때, 행동은 흥분 상태이고, 긴장감은 높다. 매니저는 약속된 신호를 보낸다. 관리자는 감독하며 직원들에게 어떻게 수행하는가를 보여준다. 필요하다면 비평도 받지만, 더 중요한 것은 올바른 방법이 강조되는 것이다. 대형기물을 담당하는 직원을 포함하여 모든 직원들은 긍정적인 피드백, 올바른 방법의 강조, 그리고 어떻게 영업이 진행되는가에 관한 정보를 필요로 한다.

목표는 수익 창출과 더불어 고객을 만족시키는 것이다. 감독은 승리를 위한 의지를 유도하면서 지속적으로 동기부여한다. 감독은 여러 사업체를 관리하는 것이 아니라 한 레스토랑의 운영을 관리하는데, 업무수행에 대한 교육훈련과 시스템을 통하여 레스토랑 전반을 통합하여 운영한다.

축구팀과 마찬가지로 레스토랑에도 부침이 있다. 직원의 교체에 따라서 기술수준도 변화한다. 주위에는 항상 인기가 상승하는 경쟁자들이 존재하기 마련이다. 어떤 감독에게 지식이 많다고 해서, 그가 그의 팀에게 성공의 정신을 주입시킬 수는 없다. 오히려 레스토랑의 성공을 위해서는 팀워크가 더 중요하다.

어떤 감독은 승리한 감독이 될 수 있지만, 그가 열정과 추진력을 잃거나, 그의 핵심 선수 중 일부를 잃는다면 그들 없이 통합할 수 없을 것이다. 그가 팀에 대한 관심을 잃고 저녁 휴식시간에 집중하는 것을 더 좋아하게 될 수도 있다. 또한 그가 너무 이른 나이에 여유시간을 많이 가지게 되면 성공과 함께 따르는 명성과 돈을 성취할 수 없다. 과거에는 식사 시간마다 영업장을 감독하던 한 책임자가 현재는 바쁜 식사시간에도 그의 사무실에 앉아서 *Wall Street Journal*을 읽고 있었다. 또 다른 책임자는 고객을 영접하고, 직원에게 업무를 지시하고 교육하고, 세부사항을 점검하면서 영업장에 활력을 불어넣어 주고 있었다.

관리하다^{manage}라는 어휘는 주어진 목표를 위한 자료의 목적과 운용을 함축한다. 레스토랑 매니저는 수익의 창출과 함께 고객만족을 통해 레스토랑의 목적을 성취하기 위한 자료를 가지고 있다. 매니저의 재량으로 관리가 가능한 자료는 레스토랑 그 자체와 직원, 보유물품, 그리고 운영 자본이다. 매니저는 동기부여하고, 교육하며, 위임하고, 사업을 예측하고, 메뉴를 계획하고, 마케팅하는 방법에 대한 다양한 기술을 보유하고 있다. 시스템 또는 프로그램이 설정되고, 해당 레스토랑은 매니저에 의해 운영되어진다.

리더십

리더십^{leadership}은 문제를 도전과제로 바꾸고, 상상력을 자극시키며, 자부심을 불러일으키고, 성취도를 향상시키고, 장애 극복의 기회를 제공한다. 성공가도인지, 방해하는 장벽인지 매니저나 관리자가 문제를 바라보는 방법은 결정의 중요한 요인이 된다. 야망과 열정뿐만 아니라, 좌절에 대한 극복의 수준이 어떤 상황을 도전으로 보는지, 위기로 보는지의 시각과 관련이 있다. 잘못된 일정으로 화가 난 두 신규 서버와 마주했을 때, 매니저는 공감을 갖고 그 문제에 뛰어들어 도움을 줄 수 있다. 서버들이 그 상황을 처리할 수 있다고 느낀다면 그 상황은 도전과제가 될 수 있다. 도전과제의 해결은 개인적 도전의 충족뿐만 아니라 별도의 팁 형태로도 확인된다.

문제를 도전과제의 형태로 바꾸는 것은 리더십의 일부이다.

역류하는 하수구를 고칠 수 있나요?

다음 시간동안 전기 없이 업무를 수행할 수 있나요?

전기기사를 부르지 않고 저녁을 보낼 수 있다고 생각하나요?

그러한 문제는 몇 번은 도전과제로 볼 수 있지만, 지속적인 문제발생은 분노와 좌절을 낳을 수도 있다.

더 나은 경영 행위

이론과는 달리, 대부분의 경영전문가들은 어떠한 유형의 경영 행위는 훨씬 뛰어난 결과를 얻는다는 데에 동의한다. 다음의 질의에 예라고 답할 수 있는지를 자문해 보자.

- 판매와 원가관리, 그리고 다른 목표를 직원들 함께 토론하는가?
- 직원과의 언쟁이 있더라도 직원의 생각이 옳은지 고려는 해보는가?
- 뛰어난 수행을 기대하고 그 수행에 대해 신뢰하는가?
- 직무에 대해 더 많은 것을 알 필요가 있는 직원들의 지도를 위해 시간을 할애하는가?
- 직원들이 실수로부터 배울 수 있다면 그 실수를 용인할 수 있는가?

팀워크는 레스토랑 사업
의 성공에 필수적이다.
*Red Lobster
Restaurants* 제공

■ 레스토랑을 통해 성공하려는 직원들을 돕고 있는가?

■ 모든 직원들에게 동일한 수준의 기준을 한결같이 적용하는가?

- 직원들에게 "우리"가 목표와 예산을 충족하는 방법을 정기적으로 말하고 있는가?
- 직원이 그들의 직무나 개인적인 문제를 공유할 때 좋은 감정을 가지는가?
- 개인적인 문제를 회사에까지 연장시키지는 않는가?

유능한 매니저의 특징

경영전문가들은 수행능력이 뛰어난 유능한 매니저들의 다양한 방식으로 언급된 행동 특징을 다음과 같이 묘사하고 있다.

- 과거의 행동을 개선하고 다른 레스토랑과 경쟁하기 위해 노력한다.
- 과거의 영광에 안주하지 않고, 스스로를 업무상 나태해 지지 않도록 노력한다.
- 문제 해결자이며 도전을 즐긴다.
- 유연하며 변화에 적극적으로 대응한다.
- 예측되는 사건들을 예행연습하면서 미래의 문제를 준비한다. 미해군이 장교들에게 "유비무환의 태세를 갖추어라"라고 역설했다. 그들은 미래지향적인 경향이 있다.
- 엎질러진 물에 눈물을 흘리지 않고 잘못된 것에 비난하지 않는다.
- 융통성 없는 관료처럼 행동하거나 책임을 회피하지 않고 책임감을 추구한다.
- 심하게 낙담하지 않고 거절이나 일시적인 실패를 원만히 처리한다.
- 완벽주의자가 아니다. 하지만 완벽한 정보 없이도 행동할 수 있고, 자신의 방법으로 직원이 일반적인 목표에 도달할 수 있도록 도와준다. 다시 말해서, 훌륭한 매니저들은 위임과 팀워크를 통하여 직원들을 성장시킨다.
- 수단이 아니라 목표로서 직원을 인식한다.
- 직원들을 위하여 책임감을 가진다.
- 직원의 독립심과 독창성을 개발한다.
- 자신감과 회사의 발전가능성을 전달한다.
- 자신이 롤모델이어서 직원들이 자신의 습관과 가치관, 타인에 대한 관심, 그리고 결단력을 배운다는 것을 기억하고 있다.

- 직원 복지를 위한 관심과 공감을 가지고 있다.
- 일관성과 공정성을 가지고 관례에 따라 이끌어간다.
- 직원의 동기부여를 목표로 한다.

관리자가 유의할 세부사항

경영전문가는 매니저에게 중요한 사항, 즉 부서의 성공과 특히 매니저와 직원의 성공을 위해 수행해야 하는 사항이라고 매니저가 느끼는 것에 관하여 직원이 알아야 한다고 권고한다. 매니저가 중요하다고 생각하는 사항들을 직원의 동기부여를 위하여 설명해야 한다. 매니저의 마음에 품고 있는 성공을 명확하게 알기 위해, 직원 자신이 수행해야 하는 사항들을 알아야 한다.

마찬가지로 직원은 자신의 성공을 위해 중요하다고 느끼는 요소가 무엇일까? 기대치에 대한 두 요소, 즉 매니저와 직원의 교감을 통해 함께 근무할 수 있는 무대가 설정된다. 거의 모든 동기부여 이론은 바람직한 행동을 강화시키는데 역점을 두고 있다. 행동주의 과학자들은 특정 행동이 일반적인 칭찬보다 더 강조되어져야 한다고 주장한다. "일 잘했어!"와 같은 칭찬은 직원의 기분을 유쾌하게 만들어줄 수는 있지만, 너무 일반적이어서 예상되는 특정 행동을 강화시켜주지는 못한다. 따라서 다음과 같이 구체적으로 칭찬하는 것이 더 좋다.

어제 밤 당신은 바닥 청소와 식기 세척을 정말 잘했어.
당신의 보고서가 완벽하게 작성되었던데.
카펫 청소해줘서 고마워, 먼지하나 없던데.
당신이 그 고객을 다루는 방법은 정말 맘에 들었어.
오늘 아침 아주 바쁠 때 침착성을 유지하는 네가 너무 멋졌어.

특정 행동에 대해 칭찬을 받을 때, 직원은 그 행동을 반복하고자 한다. 고조된 만족감을 가지고 직무를 고안하라. 매니저는 긍정적인 피드백의 힘을 과소평가해서는 안된다. 직원이 어떤 일을 올바로 수행했을 때 그들을 인정해주는 것을 결코 잊지 말아야 한다. 긍정적 피드백의 부여는 직원 동기부여를 위한 강력한 도구이다.

전문가들이 말하기를 바람직하지 않은 행동은 어느 정도 유사한 방법으로 처리된다. 바람직하지 않은 사항을 지적하고 직원에게 왜 그것이 바람직하지 않은 지를 설명해주고, 가능하다면 직원들이 바람직하지 않은 사실을 인정하도록 요구하라. 지각한 직원이 좋은 예이다.

1. "당신이 5분 지각한 때문에 Mary와 Carolyn을 당신 담당부문에 배치시켰다."
2. "당신은 현재 세 번이나 지각을 했으며, 레스토랑을 나쁜 상황으로 만들고 있다. 이는 나와 여기 있는 다른 직원들을 모두 힘들게 만든다."
3. 대립이 필요할지도 모른다. "우리가 이런 식으로는 계속할 수 없다. 당신은 여기서 계속 일을 하기를 원하는가?"

고용주가 어떤 행동에 대하여 짜증을 낸다든가 불쾌하다는 사실을 직원이 들어야만 할까? 전문가들은 그렇다고 말한다. 상관의 불쾌함에 대한 직원들의 반응은 매우 다양하다. 일부는 반항심을 가지며, 다른 이들은 수동적이며, 또 다른 이들은 반목하기도 한다. 일부 직원은 반응으로 자신의 머리를 때리기도 하며, 다른 이들은 인상을 찌푸릴 정도로 기분이 상할 수도 있다. 각 개인에게 가장 효과적일 것 같은 표현을 파악하는 것은 매니저에게 달려있다.

배려의 문화로 발전시키고자 하는 회사의 사명에는 반드시 장기적 목표가 내포되어 있어야 한다. 직원들은 그것을 읽고 이해하며 신뢰할 필요가 있다. 이러한 유형의 방법을 사용함으로써 직원들이 자신의 수행능력을 개선시킨다면, 그들은 다른 방법으로 보상을 받을 수 있다. 일반적인 보상의 유형으로는 장려금과 상여금, 그리고 이달의 직원으로 선정되는 것 등이 있다.

동기부여에 대해서는 보상과 징계 방법에 관하여 많이 언급된다. 이는 동물을 훈련시킬 때 사용하는 방법으로서 행동수정이론이라는 이름하에 빈번히 제기되고 있다. 징계 측면은 경시되거나 소멸될 수 있다. 행동수정이론은 바람직한 행동이 무엇이든 즉각적인 보상을 권장한다. 중독성 흡연 습관을 없애기 위해 노력하는 사람은 흡연에 대한 충동을 제어할 때마다 스스로에게 보상을 한다. 조리사는 오믈렛이 잘 만들어질 때 "좋았어."라는 말로 보상받는다. 버서는 테이블의 신속하고 정숙한 정리에 대한 고개의 끄덕임 같은 인정의 신호로 보상받는다. 영접직원은 화가 난 고객을 진정시킨 후 "정말 잘 대처했어."라는 말로 보상받는다.

행동수정이론은 특정 행동이 강화되었을 때 행동이 수정된다는 것을 보여준

동물연구에 기반을 둔다. 만약 보상이나 징계가 없다면 그 행동은 점차적으로 근절되거나 사라질 것이다. 징계는 불쾌하거나 보상이 없는 것으로 인식되는 광범위한 조치로 사용된다. 매니저가 직원에게 "안녕하세요."라고 말하는 것은 보상이다. 아무것도 말하지 않는 것은 징계로 해석될 수 있다. 그러한 개념은 아주 단순하지만 효과적이며 많은 사업 환경에서 그렇게 입증되어 왔다. 웨이트리스가 테이블을 신속하고 효과적으로 그리고 올바른 방식으로 세팅했을 때, 감독관은 "좋았어."라고 말한다. 그 "좋았어."라는 말이 올바른 행동을 강화시키며 보상 한 형태가 된다. 발생가능한 바람직한 상황을 찾아서, 그들을 칭찬하라.

설비담당직원이 마루를 청소할 때, 관리자는 이를 즉시 알아차려서 "정말 깨끗한데?"라고 말해 준다면 그 행동은 강화된다. 핵심은 각 개인이 정확한 절차를 스스로 알아서 수행할 때까지 매번 반복적으로 강화시키는 것이다. 비평가들은 아마도 기법이 너무나 분명하고, 단순하지만 모든 단계에서 작용할 수 있다고 말한다.

거의 모든 사람은 칭찬을 원하며 인정을 원하고, 다음이 아닌 지금 당장 보상받기를 원한다. 행동에 즉각적으로 수반되는 칭찬은 즉각적인 효과를 가진다. 어떠한 상황에서든 동일한 기법이 적용될 수 있다. 요구되는 행동을 개발하고, 그것을 설명하면서 반복적으로 그것을 강화시켜라.

- 이것은 말하고, 저것은 말하지 마라.
- 칼은 접시의 오른쪽에 두어라. 잘했다.
- 파이의 끝부분을 고객 방향으로 놓아라. 잘했다.
- 매일 출근 전에 탈취제를 사용하라. 잘했다.
- 안녕하세요. 오늘은 산뜻해 보이네요. 큰 귀걸이는 집에 두고 오셨군요.
- 와우, 미소가 아주 멋지군요.
- 쟁반위에 적당하게 접시를 올리고, 접시를 너무 많이 쌓지 마라.

지분소유권을 통한 동기부여

한 몫^{a piece of the action}이라는 것은 매장 매니저가 관리하는 현 매장의 지분 매입을 권장하는 일부 레스토랑에서 사용되어지는 용어이다. 소유권의 이점은 아마도 그의 노력과 개인소득 사이의 직접적인 관계를 확인하기 원하는 사람들을 통해

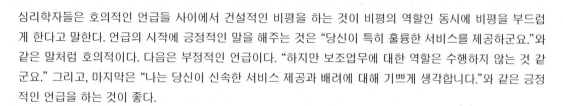

심리학자들은 호의적인 언급들 사이에서 건설적인 비평을 하는 것이 비평의 역할인 동시에 비평을 부드럽게 한다고 말한다. 언급의 시작에 긍정적인 말을 해주는 것은 "당신이 특히 훌륭한 서비스를 제공하군요."와 같은 말처럼 호의적이다. 다음은 부정적인 언급이다. "하지만 보조업무에 대한 역할은 수행하지 않는 것 같군요." 그리고, 마지막은 "나는 당신이 신속한 서비스 제공과 배려에 대해 기쁘게 생각합니다."와 같은 긍정적인 언급을 하는 것이 좋다.

다른 수준의 경영 재능을 이끌어낸다. 그러한 계획은 독립 경영에서 오는 높은 위험 부담 없이, 모든 매장 매니저를 자본가이며 지분소유자로 만든다. 그 계획은 기업가 정신을 가진 사람들이 최소한의 투자와 실패에 대한 최대한의 보호로 사업을 즐겁게 운영하도록 해준다.

팁 관련 정책

레스토랑은 IRS에 적절한 액수의 팁 소득을 보고해야만 할 뿐만 아니라, 직원이 공정하게 생각하는 팁 관련 정책을 마련해야 한다. 팁 소득과 팁을 받는 사람, 그리고 팁에 대한 직원들의 인식은 유럽으로 그 역사가 거슬러 올라간다. 옥스퍼드 대사전에 따르면 팁[tip]이라는 단어는 1755년에 상관이 하급자에게 주는 선물을 의미하기 위해 사용되었다. 함축된 의미는 팁을 주는 사람과 팁을 받는 사람을 성가시게 했다. 사회과학자들은 주어진 팁의 액수는 팁을 받는 직원의 자존심과 관계되는 만큼, 팁을 주는 사람인 고객의 의견이 반영되어 있다고 보고한다. 팁을 받는 사람의 사회적 지위는 팁의 액수로 판단된다. 상급자나 인기가 있는 서버는 더 양질의 테이블을 할당받아서 더 많은 액수의 팁을 기대한다. 패스트푸드점의 직원은 소비자들에게 퀵 서비스를 하는 대중성을 가지고 있다는 이유로 좀처럼 팁을 받지 못한다.

정책은 다양하다. 많은 레스토랑 경영주는 설정된 정책에 따라 팁 소득은 주방직원과 영접담당직원에게도 배분되어야 한다고 판단한다. 수많은 레스토랑에서는 버서만이 서버의 팁 소득을 공유한다.

청구서상 팁으로 남겨진 비율에는 개인차가 있다. 대도시와 고급 레스토랑에서는 팁이 많다. 소도시나 시골 지역에서는 적게 받으며, 단체고객도 팁이 적은 경향이 있다. 뉴욕에서의 팁은 아마도 대부분의 도시보다 많은데, 20%에 이른다. 전형적으로 일반도시의 팁 비율을 보면, 평균 15~20%이다.

유럽에서의 팁 소득은 공동자금으로 들어가며, 설정된 시스템에 따라 경영자에 의해서 분배된다. 서버는 상대적으로 많이 받으며, 버서나 영접직원 등은 일정 비율이다. 공동자금 시스템^{pool system}은 미국에서도 널리 사용되지만, 이 시스템은 레스토랑마다 다양하다. 미국에서 사용되는 가장 인기 있는 시스템은 서버가 알아서 다른 직원들에게 적절한 "팁 분배"의 책임을 갖는 것이다.

summary ·
요 약

레스토랑은 종종 십대나 젊은 성인들을 고용하고 그들 대부분은 파트타임이거나 그들의 첫 번째 직업이 된다. 그들 대부분은 레스토랑을 통해 성공할 것이라고 예상하지는 않는다. 임금은 낮고 이직률은 높다. 여러 이유들 때문에 교육훈련과 개발이 중요하다. 교육훈련은 기본교육과 직무교육훈련으로 나눌 수 있다. 훈련의 목표는 일을 하는 특별한 방법을 가르치는 것이다.

경영개발은 직원과 고객들에 관련되어 매니저가 사용하는 원칙이나 정책을 다룬다. 행동모델은 관리자의 태도와 직무수행능력을 직원이 모방할 것이라고 가정한다. 학습자통제교육은 학습자 스스로에게 맞추어 학습하고 수업할 수 있는 학습자료를 제공한다. 코치로서의 매니저 모델은 레스토랑 매니저를 운동선수의 코치로 간주한다. 그들은 대부분의 시간을 보여주기와 설명하기, 수정과 칭찬하기, 방향제시와 같은 비공식적인 교육훈련에 관여하고 있다.

endnotes ·
주

1) Jennifer Wilkens와 개인 면담, 2006. 7. 2.

2) TGI Friday's training manual.

3) Lagreca, Gen, "Training for Profit," *Restaurant Business 90*, no. 7(1991. 5. 1): 110.

4) TGI Friday's training manual.

5) Wilkens와 개인 면담

6) F. John Reh, "How to Give Positive Feedback," *Your Guide to Management*, management.about.com, 2006. 6. 30.

Glossary

A

Action plan(실행계획) 마케팅 계획을 실행하는 방법을 지시할 때 사용. 이는 개인에 대하여 특정한 책임과 완수일자를 지정한다. 실행계획은 개별 목표를 달성하기 위해 고안된 전략과 전술을 실행하기 위한 단계에 대한 상세한 목록이다.

Amortize(할부상환하다) 예정된 주기적 지불을 통하여 부채를 점진적으로 상환하다.

Appreciation(증식) 시간의 흐름에 따른 자산 가치의 증가.

ASP 애플리케이션 서비스 제공자Application service provider

B

Back bar(보조바) 바나 서비스 카운터 공간 또는 뒤쪽 선반.

Back of the house(후방부서) 주방과 식기세척 구역, 저장소, 검수구역 등 통상적으로 고객들에게 노출되지 않는 공간의 부서.

Back of the house technology(후방부서 전문기술) 재고조사와 임금대장 정리, 식음료 원가계산, 메뉴관리, 매니저 영역 등 후방부서 관련 전문기술.

Bain marie(뱅 마리) 이중 스팀 작업대.

Balloon payment(만기 일시상환) 이전의 최소 분할 상환금이 충분히 상환되지 않은 경우, 대부금 전체 잔금의 일시상환.

Bay(베이) 직원들의 휴식을 위해 지정된 특별 구역.

Beverage cost percentage(음료원가율) 음료 매출에 따른 음료원가 비율.

Booster heater(순간가열기) 식기세척기에 180℉(82.2℃)의 온수를 공급하는 기계.

Brazier(브라지에) 뚜껑이 있는 매우 튼튼한 스튜용 팬.

Breading machine(급속 코팅기) 닭이나 생선처럼 조리되지 않은 음식을 급속히 코팅하기 위한 수동 또는 기계식 장치.

Break even point(손익분기점) 레스토랑을 운영하는 데 있어 이익이나 손해가 없는 시점.

Broiler(브로일러) 조리음식이 올려진 랙에 직열을 가하는 조리기구.

Buyout(기업매수) 보통 차용 자금으로 기업을 완전 매수함. 어떤 기업의 주식 통제권을 취득함.

C

California menu(캘리포니아 메뉴)　고객이 당일의 어느 시간대든 어떤 요리든 주문이 가능한 메뉴를 일컬음.

Capital(자본)　개인 또는 기업의 순가치. 채무 공제후의 고정자산과 유동자산의 합. 사업을 시작하거나 자본금 총액을 정하기 위해 사용되는 자금.

Cash flow position(기업의 현금입출 상황)　기업 운영시 재활용을 위한(때때로 긍정적이거나 부정적인 현금입출로 알려진) 잉여 현금이 있거나 없는 상황.

Chafing dish(차핑 디시)　테이블에서 휴대용이나 캔 형태의 가열기구를 사용하여 음식을 준비하기 위해 장치된 팬.

Cheese melter(치즈용해기)　샐러맨더salamander와 비슷하며, 치즈의 용해, 착색, 빵 굽기, 윤내기, 접시 데우기, 양파수프나 멕시코 특별요리 같은 메뉴의 마무리 가열용으로 사용되는 기기.

Civil Rights Law(시민권법)　고용주가 개인의 인종, 종교, 피부색, 성별, 출신국, 결혼 유무, 연령, 가족관계, 정신적 또는 육체적 장애나 말소된 청소년 기록에 근거하여 고용 시 차별금지를 기술한 법.

Collateral security(부담보)　부채 상환에 대한 담보로서 차용인이 대금업자에게 양도하는 개인이나 기업 재산. 만약 차용인이 대부금을 상환하지 못한다면, 대금업자는 부담보를 취할 수 있다.

Commercial kitchen equipment(상업적 주방설비)　50종 정도의 요리나 5천인분 정도의 조리를 위해 설비되거나 그 정도의 대규모 조리시설.

Commissary(중앙주방)　다른 점포 또는 여러 점포에 대량으로 공급하기 위해 음식이 준비되는 대형주방.

Communication mix(커뮤니케이션 믹스)　광고와 판매촉진, 섭외와 홍보, 직접판매 등 상품을 소비자에게 알리기 위해 사용되는 다양한 방법들.

Compactor(분쇄기)　쓰레기를 분쇄하거나 압축하기 위한 기계. 병이나 깡통을 분쇄하기도 함.

Compartment steamer(찜통)　팬을 넣을 수 있는 공간이 있는 주방 기구.

Competition analysis(경쟁 분석)　경쟁업체와 환경을 비교함으로써 상권 내 경쟁사의 강점과 약점 분석.

Construction loan(단기융자)　융자기간 동안에 분할 방식으로 이루어진 융자.

Contribution margin(CM, 공헌이익)　판매가와 상품원가 사이의 차이.

Controllable expenses(통제가능비용)　단기간에 변화시킬 수 있는 비용.

Convection oven(대류식오븐)　굽는 요리를 담은 용기 주변에 뜨거운 공기를 주입하는 송풍기가 있는 오븐으로 굽는 시간을 줄임.

Convenience food(인스턴트식품)　최소한의 공간에 저장을 가능하게 하는 형태로 나오는 음식.

Conveyor(컨베이어)　요리나 다른 메뉴를 한 장소에서 다른 장소로 나르는 벨트로 경사지고, 모퉁이를 돌 수 있으며, 각 방으로 갈 수도 있음.

Co-op(협동조합)　이윤을 추구하는 식료품 조달자가 제공하는 것보다 저렴한 비용으로 음식과 식품을 레스토랑에 제공하는 비영리 협회.

Creel(크릴)　요리를 나르기 위한 손잡이가 있는 선반.

Current assets(유동자산)　정상적인 기업 운영에 있어서 현금으로 전환할 수 있는 외상 매출금과 상품목록과 같은 자산이나 현금.

▌D▐

Demographics(인구통계학)　연령, 수입, 교육수준, 성별과 직업에 의한 시장 인구 지표.

Depreciation(감가상각)　자산원가 대비 유용한 기간을 비용에 대비하여 탕감하는 과정.

Desgustation menu(별미메뉴)　주방장이 가장 잘 만드는 요리 메뉴.

Difference between marketing and sales(마케팅과 판매의 차이)　마케팅은 고객의 요구와 만족에 초점을 맞춤; 판매는 고객에 대한 상품의 분배에 초점을 맞춤.

Dishwasher(식기세척기)　식기를 세척하기 위한 기계.

Disposal(음식물 쓰레기 분쇄기)　음식물 쓰레기를 분쇄하여 배수로로 유출시키는 싱크대에 부착된 기계.

Dolly(돌리)　무거운 물건을 이동하거나 나르기 위해 사용되는 작은 수레나 바퀴달린 대(臺).

Dough divider(도우 디바이더)　밀가루 반죽을 동일한 크기로 둥글게 자르기 위해 사용되는 기계.

Dumbwaiter(덤웨이터)　층 간에 음식을 나르기 위한 주방용 소형 엘리베이터.

▌E▐

E-learning(이-러닝)　인터넷과 관련된 다른 전문기술을 받아들이는 학습.

Environmental analysis(환경 분석)　조직과 시장에 영향을 미치는 환경요인에 대한 분석. 환경요인은 정치적, 경제적, 사회적, 그리고 기술적인 표제 하에 분류됨.

Equal employment opportunity, EEO(평등고용기회)　고용과 승진을 위해 각자의 능력과 공적에 근거하여 모든 개인을 고려할 법적 권리.

Equal Employment Opportunity Commission; EEOC(평등고용추진위원회)　고용인이나 구직자가 차별을 받았다고 느꼈을 때 호소하는 기관.

Equity(에쿼티)　(1) 기업 가치 혹은 자유롭고 깨끗하게 소유한 재산; (2) 공정한 자금이나 투자를 통해 소유권을 구매한 돈.

| F |

Fabricate(제작하다) 다른 용도의 농기구용 기기 제작과는 대비되는 개념으로서 주방용 기기를 제작하다.

Filter(여과기) 종이나 천 또는 금속으로 만들어진 채와 같은 기구.

Fixed assets(고정자산) 정상적인 기업 운영에 있어서 전매하거나 현금으로 전환할 수 없는 토지와 건물, 기계류, 시설과 같이 영구적인 기업 재산.

Floor machines(플로어머신) 농기구용 기기와 비유되는 것으로 동력을 장착한 주방용 기기.

Food checker stand(식품검사대) 식품검사기가 위치한 장소.

Food-cost percentage(식재료원가율) 음식 매출에 따른 식재료원가 비율.

Franchise(프랜차이즈)

　　(1) 어떤 회사의 독특한 상품과 서비스를 다른 회사에 판매할 권한
　　(2) 프랜차이즈를 하고 있는 기업 체제나 상품의 이름.

Franchisee(프랜차이지) 프랜차이저의 상품과 서비스를 사용하거나 판매할 권리를 매수한 사람.

Franchiser(프랜차이저) 상품이나 서비스를 다른 사람이나 회사에 판매하도록 허가한 개인이나 회사.

Freezing unit(냉동기) 냉동식품이 저장된 장소로 종종 사람이 들어갈 만한 크기의 냉장고의 일부분을 지칭.

Front bar(프론트바) 손님이 바에 곧장 들어가는 장소나 바텐더가 음료를 준비하는 곳 모두를 지칭.

| G |

Glass washer(컵 세척기) 컵을 세척하기 위해 회전하는 솔이 장착된 기계.

Griddle(그리들) 팬케이크나 햄버거처럼 그 위에 직접 쏟아 붓거나 올려놓은 음식을 요리하기 위해 가열할 수 있는 큰 사각형의 두꺼운 철판구이 기기.

Gross profit(총수익) 표준회계 기입에 있어서 판매액에 판매원가를 제한 금액.

Guest count(고객수) 고객의 숫자.

| H |

Hearth(노상, 爐床) 가열한 음식을 굽는 표면이나 바닥.

Host or Hostess(영접담당) 레스토랑에서 손님을 맞이하고 좌석을 안내하는 사람.

Hot plate(전열기) 가열하거나, 튀김요리, 소테용 요리를 위해 사용되는 보통은 두 개의 가열 나선관(coil)이 있는 카운터에 놓을 수 있는 모델의 전기 가열기.

I

Ice machine(제빙기) 얼음을 각빙(角氷), 빙수 또는 플레이크로 만들거나 보관할 수 있는 기기.

Infrared warmer(적외선 워머) 적외선을 방출하는 석영관이 윗부분에 장착된 워머. 음식을 따뜻하게 유지함.

Intermediate loan(중기 대부) 5년 동안까지 체결한 대부.

J

Job description(직무설명서) 어떤 특별한 직무와 연루한 의무와 책임에 대한 기술서.

Job instruction(직무지시서) 교육을 위해 필요한 단계별 세부 설명.

Job specification(직무명세서) 어떤 업무를 수행하기 위해 필요한 자격과 기술. 사람이 직업의 필요조건을 만족스럽게 수행하기 위해 필요한 교육과 기술적/개념적 기술.

K

Kitchen floor coverings(주방바닥재) 보통 사각형타일, 대리석, 테라초, 아스팔트나 방수가 되며, 청소하기 쉽고, 청소용 화학물질에 내구성이 있는 봉인된 콘크리트로 만든 표면.

L

Labor-cost percentage(인건비원가율) 판매를 백분율로 나타낸 인건비 원가.

Labor management(인건비관리) 운영자가 노무계획과 원가를 관리하는데 도움을 주는 소프트웨어 프로그램.

Learner-controlled instruction, LCI(학습자통제교육) 고용인이 달성하기 위해 부여받은 직무표준과 자신의 속도에 맞춰 직무표준에 도달하도록 요청하는 프로그램.

Leverage(차입자본이용) (1) 어떤 기업이 부채에 의해 융자받은 범위; (2) 부채의 투입에 의해 기업이 운용할 수 있는 자금을 끌어올림.

Leveraged buyout, LBO(기업 담보 차입 매수) 회사를 취득하기 위해 진 부채의 자금조달을 위해 표적회사의 자산을 사용. 회사의 원금을 거의 사용하지 않거나 전혀 사용하지 않고 대부분 내출받은 사금을 사용한 기업매수.

Liquidate(유동화하다) 자산을 현금으로 바꾸다.

Liquidity(유동성) 개인 또는 회자 자산이 현금 형태로 있거나 빠르게 현금으로 전환할 수 있는 정도.

Liquor control(주류관리) 주류관리는 전반적인 음료관리의 한 부분임. 주류는 주문 배송/검수, 저장, 출고, 판매, 계산을 통해 통제됨.

Loading dock(적하장) 음식과 공급품을 개봉하지 않은 배달 상태로 있는 시설 밖의 승 강대, 주로 레스토랑 뒤편에 있음.

Loan principal(대출 잔금) 이자부담금을 포함하지 않은 원래의 대부금 양 또는 지불하 지 않은 대부금의 차감잔액.

▌M▐

Magic phrases(마법의 표현) 고객을 맞이하거나 환송하기 위해 영접담당이 사용하는 어구.

Market assessment(시장평가) 조직의 성공적 계획 또는 손실의 감소에 도움이 되는 초기 정보로 제공되는 평가.

Market positioning(시장포지셔닝) 가격과 서비스에 의해 어떤 레스토랑과 다른 레스 토랑을 구별하는 전반적인 시장에 있어서의 위치 결정.

Market segment(시장세분) 유사한 특징(욕구, 요구, 수입, 배경, 구매, 습관 등)을 지 닌 인구 집단. 레스토랑은 특정한 세분시장의 요구와 욕구를 파악하여 목표를 정한 다. 상품이 설정된 세분시장의 요구와 욕구에 부합될 때, 성공적인 마케팅 관계가 성 립된다. 같은 방법으로 다른 반응집단들도 동일화할 수 있고, 측정할 수 있으며 적절 한 크기로 구성된다. 게다가, 광고매체에 의해 그들의 마음을 움직일 수 있다.

Marketing(마케팅) 고객의 욕구를 충족시키고 만족시키는 상품과 가격, 유통, 판매촉진 의 결합을 개발하는 것과 연관된 일체의 활동.

Marketing mix(마케팅 믹스) 마케팅의 4가지 요소인 4P's 즉, 상품, 가격, 장소와 판 매촉진의 조합.

Marketing planning(마케팅 계획) 미래에 실행될 것으로 기대되는 마케팅 목표와 마케 팅 프로그램 디자인의 설정.

Microwave(전자레인지) 고속의 전자오븐.

Mixer(믹서) 재료를 혼합하기 위해 회전하는 기계장치; 여러 작동 속도를 지닌 다양한 크기로 나오며, 카운터 위에 놓거나 일정 장소에 설치할 수도 있다.

Mobile(모빌) 바퀴가 달려 이동할 수 있는 장비를 지칭.

Module(모듈) 크기와 모양에 어울리는 선반이나 냉장고 공간, 의자에 적절한 팬과 같이 장비나 가구를 위해 선택되는 측정 단위.

▌N▐

Nappy(내피) 때로 손잡이가 하나인 얇고 뚜껑이 없는 서빙용 접시.

Net worth(순자산) 자산에서 채무를 공제했을 때 개인이나 기업의 장부 또는 서류상 달 러 가치.

▎O▎

Off-sale beer and wine(비제한적 맥주-와인 판매면허) 원래의 용기 상태로 구내 밖으로 가지고 나가 소비를 하기 위한 모든 종류의 맥주, 와인, 맥아음료에 대한 판매권.

Off-sale general(비제한적 일반주류 판매면허) 원래의 봉인된 용기 상태로 구내 밖으로 가지고 나가 소비를 하기 위한 모든 종류의 알코올음료에 대한 판매권.

On-sale beer(제한적 맥주 판매면허권) 알코올 함량이 4%이하인 맥주와 다른 맥아음료에 대하여 허가받은 구내에서 판매할 수 있는 권한.

On-sale beer and wine(제한적 맥주-와인 판매면허) 모든 종류의 맥주, 와인과 맥아음료를 구내에서 판매할 수 있는 권한.

On-sale general(제한적 일반주류 판매면허권) 구내에서의 소비를 위해 맥주, 와인과 증류주 등 모든 종류의 알코올음료에 대한 판매권.

Operating ratios(운영비율) 주요 운영분야에서의 업무수행을 나타내는 중요한 비율.

Oven(오븐) 음식을 구울 수 있도록 고안된 장비; 특히 스토브로 음식을 굽거나 가열하거나 건조시키기 위한 방;

▎P▎

Paddle(주걱) 이중솥(steam kettle) 안에 있는 재료를 젓거나 혼합하기 위해 사용되는 긴 금속 용구.

Pan tree(팬 보관대) 팬을 보관하기 위한 나무 모양의 도구로 보통 머리 위에 설치.

Pantry(팬트리) 식품이나 도자기류를 저장하기 위한 공간. 조리를 마무리하거나 쟁반위에 있는 음식을 버무리거나 야채나 해초 따위를 곁들이기 위한 지역.

Par stock(평균재고량) 항시 유지되어야 할 재고품목의 수준.

Partnership(동업) 두 명 이상의 사람이 이익을 창출하기 위해 노력하는 어떤 모험으로서 (Uniform Partnership Act합명회사법) 하의 법적인 정의.

Pass(패스) 음식이 주방요리사부터 시중드는 사람에 이르기까지의 통로.

Pass-through(창구) 서비스를 위해 가져 나가도록 준비된 음식이 놓여있는 양쪽에 문이 있는 뜨겁거나 찬 구획.

Pastry bag(짤주머니) 조그마한 끝에 금속 고리가 달린 콘 모양의 주머니. 케이크를 장식하거나 화려한 토핑을 준비하고, 속을 넣기 위하여 사용된다.

Pastry cart(페스트리 카트) 테이블에 가지고 나갈 후식용 과자를 담은 손수레.

Personal digital assistant(PDA) 개인휴대용정보단말기

Pellet(펠릿) 요리를 따뜻하게 유지하기 위해 요리 밑에 놓여진 작은 가열된 금속 디스크. 간혹 그 디스크는 요리를 차갑게 유지하기 위해 요리 밑에 얼려진 상태로 놓여질 수도 있다.

Pickup counter(조리카운터) 주방 직원이 준비된 음식을 가져가 서빙하기 위해 위치하는 장소.

Piece of the action(한 몫) 관리자로 하여금 구매를 통해서 그들이 관리하는 점포의 20%를 취득하게 하는 일부 레스토랑에서 사용하는 용어.

Plus-minus-plus model(PMP 모델) 비평이 따르는 칭찬으로 시작하여 칭찬으로 끝나는 훈육 기술.

Point-of-sale system(POS 시스템) 개별 손님의 주문에 대한 자료를 기록하고 수요에 따른 다양한 자료를 제공하도록 프로그램 될 수 있는 소프트웨어.

Prime rate(최저금리) 위험도가 가장 낮은 대부를 위해 개별 은행에 의해 설정된 이자율. 보통 어떤 특정한 지리적 영역 내에서 가장 크고 가장 신용도 높은 고객에게 무담보 단기 신용대부.

Product development(상품개발) 새로운 상품 생성과 그 상품을 시장에 소개하는 것과 관련된 마케팅 기능.

Product differentiation(제품차별화) 경쟁회사의 제품에 비해 돋보이게 하는 제품의 여러 면을 구매자의 주의를 끄는 마케팅 전략.

Product life cycle(제품수명주기) 어떤 제품의 판매 연혁에 대한 도식적 기술을 제공하는 마케팅관리 개념.

Product/Service mix(제품/서비스 믹스) 무료나 판매목적을 위한 것이든 아니든 간에 표적 시장의 요구를 만족시키는 것을 목표로 삼는 상품과 서비스의 조합.

Production sheet(생산전표) 근무교대자의 음식생산을 계획하기 위해 주방장/주방관리자가 사용하는 종이.

Promotion(판촉) 음식점 경영자가 첫 구매자뿐만 아니라 반복적인 고객을 설득하기 위한 활동.

Proof cabinet(발효기) 준비된 음식을 굽거나 담기 위하여 준비 중인 반죽을 보관하기 위한 용기. 몇 가지 모델은 물통이 장착되어 있다.

▌R▐

Rack(랙) 포트와 팬, 구운 상품 등을 보관하기 위해 고안된 덮개가 없는 선반.

Ramekin(램킨 접시) 얇은 구운 자기 그릇이나 접시.

Range(레인지) 가열한 윗부분이 있는 요리용 레인지; 오븐을 내포할 수도 있음.

Receiving room(검수실) 들어오는 물품을 검사하고, 무게를 측정하고, 운영하는 장소 내에서 보낼 곳으로 발송하는 장소.

Refrigerator(냉장고) 손으로 열고 닫거나 사람이 서서 드나들 수 있는 크기의 식품을 차게 저장하기 위한 냉각 장치.

Retarder(억제기) 제과점 제품이 천천히 부풀어 오르게 하기 위해 사용되는 장비.

Rotisserie(회전식 꼬치구이기) 가열재료 앞이나 위에 음식을 회전시키는 쇠꼬챙이를 끼워넣은 조리기구.

Rule of 72(72룰) 어떤 특별한 이자율로 돈을 두 배로 늘리기 위해 요구되는 연도를 계산하는 단순한 방법. 결과를 얻기 위해 2배율을 72로 나눔.

❙ S ❙

Salamander(샐러맨더, 열원구이기) 위나 선반 아래에서 가열하는 브로일러 같은 스토브; 음식에 어떤 재료를 입히기 위해 낮은 선반 위에 요리를 넣을 수 있도록 덮개가 없는 앞면이 있음.

Scorporation(S 주식회사) 회사가 회사의 세금 납부를 피하기 위해 허가한 것으로 기업이 운영하도록 허가한 기업 형태.

Scullery(식기 보관실) 조리용 도구와 식기류가 청결하게 보관되는 장소.

Self-leveling dispenser(자동정리분배기) 조리대 높이로 자동적으로 보관하고 식기류를 분배하는 장비.

Single-use real estate loan(단기사용 부동산대부) 전형적으로 20년 보다 적은 기간 동안에 계속되는 대부.

Slicing machine(슬라이서) 고기와 다른 식품을 얇게 썰기 위한 모터로 움직이는 기계.

Slip and fall(낙상) 고객이나 고용인이 젖은 바닥에 미끄러지거나 바닥 위의 무엇인가에 걸려 넘어지거나 상처를 입은 행동.

Soufflé cup(수플레 컵) 수플레 재료를 요리하기 위해 사용되는 컵; 수플레는 계란 흰자위를 요리하는 동안에 부풀어 오르게 하여 만든다.

Speed gun(스피드건) 대중적인 소다를 서빙하기 위한 분배기와 음료 주문을 정리하기 위한 혼합기.

Speed rack(스피드 랙) 빠른 서비스를 위해 유명 브랜드가 보관된 바에 비치된 랙.

Steam cooker or steamer(찜통/스티머) 팬에 요리되는 음식을 증기로 가열하는 구획(칸막이)이 있는 장비. 어떤 종류는 송풍기로 항상 증기를 이동하게 하는 강제 대류식의 특징을 포함하고 있다.

Steam-jacketed kettle(이중덮개 솥) 증기가 유입되는 이중덮개로 된 솥. 증기는 솥의 내용물을 가열하기 위해 사용된다.

Steam table(증기 대) 순환하는 증기나 뜨거운 물 위에 조리된 음식 용기를 넣을 구멍이 있는 대(臺).

Stockpot(수프용 냄비) 수프나 고기국물을 위해 식품이 준비되는 큰 포트.

Stored labor(비축노무기술) 고객이 붐비는 기간 동안에 사용하기 위해 고객이 별로 없는 기간 동안 음식을 준비하는 기술.

| T |

Target market(표적시장) 레스토랑의 가장 큰 잠재력을 지닌 것으로 확인한 세분된 고객시장.

Term loan(텀론) 만기시기에 완납하고, 대부 마지막 날까지 이자만 지불하기를 요구하는 대부; 보통 자본시설에 자금을 조달하거나 운전자본을 제공하기 위하여 상업적인 금융보험회사나 상업적인 재정회사가 기업에 승인한 중장기 담보대부.

Thermostat(자동온도조절기) 조리장비, 가열장비나 냉각장비의 온도를 자동으로 조절하는 장치.

Tourist menu(관광객용 메뉴) 어떤 특별한 레스토랑에 관광객의 주의를 끌기 위하거나 외국 손님의 수용을 위해 고안된 메뉴.

Tureen(튜린) (수프, 소스나 달걀처럼) 조리된 음식이 테이블에 차려지는 덮개가 있는 깊고 발이 달린 용기.

Two-and-a-half times rule($2\frac{1}{2}$ 규칙) 코스 식사 동안에 개별 고객과 모임과의 계약 척도. 그들이 들어올 때 한 인사는 1/2 계약과 동등하다. 식사 동안 반응을 받은 계약은 1 계약과 동등하다. 식사가 끝났을 때 계약은 1 계약과 동등하다. 이에 덧붙여 전체 $2\frac{1}{2}$ 계약을 준다.

| U |

Under bar(언더바) 바텐더가 음료를 준비하는 프론트 아래에 있는 바의 일부분.

Underliner(언더라이너) 응축물이나 엎질러진 것으로부터 습기를 흡수하기 위해 접시나 컵 밑에 놓인 냅킨이나 얼룩진 고리.

Urn(언) 차나 커피 같은 음료를 서빙하기 위한 보통 주둥이가 있는 밀폐 용기.

Utensil(주방기구) 음식을 저장하고, 준비하고, 나르고, 서빙하는데 사용되는 테이블용 식기류나 주방세간(국자와 스크레이퍼, 자, 칼, 껍질 벗기는 기구, 조리사의 숟가락, 거품기, 포트, 팬과 같은 품목을 포함함).

| V |

Variable costs(변동비) 판매의 변동에 비례적으로 바뀌는 비용.

Vegetable cutter(채소절단기) 채소를 자르고, 얇게 썰고, 갈고, 조각내는 장치. 감자를 프렌치프라이 용이나 잘게 썬 크기로 자르기 위한 접시를 포함하기도 한다.

Vendor(자동판매기) 판매기. 공급기

| W |

Walk-in refrigerator(대형냉장고) 상품을 나르는 사람이나 수레가 들어갈 수 있는 문이 있는 대형냉장고.

Waterless cooker(무수분조리기) 식재료 자체의 즙 또는 육즙으로 음식을 조리하는 중금속의 조리용 용기.

Working capital(운전자본) 유동부채에 대한 유동자산의 초과분이거나, 정상적인 기업 운영을 기꺼이 유지할 수 있는 원천.

Index

■ 역 / 자 / 소 / 개

■ 김 천 서

· (현) 경동대학교 교수(외식사업경영학과)
· 중앙대학교 국어국문학과 졸업(문학석사)
· 동아대학교 대학원 관광경영학과 졸업(경영학 박사)
· e-mail : shsir@k1.ac.kr

■ 오 현 근

· (현) 경동대학교 교수(호텔조리학과)
· 동국대학교 식품공학과 졸업(이학석사)
· 강릉대학교 대학원 식품과학과 졸업(이학박사)
· e-mail : ohk@k1.ac.kr

■ 조 진 관

· (현) 경동대학교 교수(외식사업경영학과)
· 한양대학교 영어영문학과 졸업(문학석사)
· 한양대학교 대학원 영어영문학과 졸업(문학박사)
· e-mail : jkcho@k1.ac.kr

외식사업경영론 - 레스토랑의 기획에서 운영까지

2012년 6월 11일 1판1쇄 발행
2017년 1월 10일 2판1쇄 발행

저 자 John R. Walker
역 자 김천서 · 오현근 · 조진관
펴낸이 임 순 재
펴낸곳 **한올출판사**
      등록 제11-403호

주 소   서울특별시 마포구 모래내로 83(한올빌딩 3층)
전 화   (02)376-4298(대표)
팩 스   (02)302-8073
홈페이지 www.hanol.co.kr
e-메일   hanol@hanol.co.kr
정 가   28,000원